下蜀艺术稻田中国梦（张志成）

JURONG YEARBOOK

句容年鉴

2016 总第13卷

句容市人民政府 主办 句容市史志办公室 编

方志出版社
Publishing House of Local Records

《句容年鉴（2016）》
编审人员

主　　审	许　文	潘　群		
副 主 审	高庆华	马云明	孙卫军	侯华锋
	张荣海	王乙焯	袁广军	扎西朗杰
执行副主审	陈　斌	桑学军		
主　　编	欧红卫	张　俊		
副 主 编	倪定胜	许朝斌		
编辑部主任	丁　阁			
责任编辑	丁　阁	赵　霞	韩崇俊	刘明亮
	陈龙浩	朱　峰		
特约摄影	王义华	陈洪泽	王　军	李行华
	张志成	蔡苏宁		
彩页设计	吴　林	王　博		

编辑说明

一、《句容年鉴》是句容市人民政府公报性质的大型资料性工具书。本刊由句容市人民政府主办，句容市史志办公室编撰，1996 年创刊。第 2 卷于 2001 年编辑出版，系 1996 年—2000 年合刊。第 3 卷于 2006 年编辑出版，然后逐年出版，每年一卷，《句容年鉴(2016)》为总第 13 卷。其宗旨是通过综合整理，全面、系统、翔实地记录句容经济、社会的基本面貌和发展情况，为广大读者了解句容、研究句容，进而建设句容提供准确可靠的信息资料和基本数据，为全市精神文明建设和各项社会事业协调发展服务。

二、《句容年鉴(2016)》共设 36 个类目。个别分目下设立次分目，其标题前后加 · 表示。不同层次的标题，在字号、字体和版式设计上有明显标识。全书条目标题统一用黑体字加【 】表示。《市情综述》类目“组织机构及领导人名录”中的 * 表示“兼职”。《大事记》中的“△”为“同日和同月”。全书稿件均按市政府批准的《句容年鉴》组稿大纲和撰稿要求，由各镇政府、各部门、各有关单位指定专人负责撰写，并经主要领导审定。所用统计数据，由于统计的来源、口径、方式、方法和时间不同而有一定差异，引用时请以市统计局提供的“句容市国民经济和社会发展统计资料”数据为准。

三、人物入鉴标准：“市领导简介”，收录年度内新任职者，介绍简历，配照片；年度内职务调整者，配照片，简历参见前鉴。“模范人物简介”，收录省委、省政府以上表彰者，各类比赛国际前三名，国家前二名，省第一名，有重大贡献的新闻人物，介绍简历，配照片。“逝世人物”，收录年度内去世的市领导，介绍简历，配照片。省以上各类荣誉获得者和集体，句容“十佳”类人物以名录形式收录。

四、本刊在排版上，双页书眉为刊名，单页书眉为类目标题；同时，设要目、索引等，以便读者查阅。

五、为丰富内容，本刊收集部分补白资料，以及随文图照；此外，还选编有彩色图片专辑，力求做到图文并茂，形象、生动地反映句容市的发展面貌。

六、本刊的编辑工作得到全市各级领导机关、市有关部门、各有关单位及广大编撰人员的大力支持和协助，在此深表谢意。本刊在框架、版式、编排等方面尚有诸多不足；疏漏、错误之处，诚请广大读者批评指正。

七、由于内容需要，本刊压题图片和随文图片得到王镇容、陈东方、唐淑萍、何宪政、徐群、蔡苏宁、包柏凤、钟诚柏、张长才、曹小华、金秀兰、徐波、房建民等同志的大力支持。个别作者不详，未能署名，敬请见谅，并致谢意。请作者见书后与市史志办联系。

句容市地图

宝华新城
临港工业集中区
江苏省句容经济开发区
句容市
世业洲
至镇江
To Zhenjiang
至上海
To Shanghai
至南京
To Nanjing
至丹阳
To Danyang
至南京禄口国际机场
To Lukou Airpart of Nanjing
新生圩港
栖霞
龙潭
宝华镇
宝华山站
下蜀镇
高资
石马
韦岗
边城镇
白兔镇
华阳镇
汤山
上会
312国道
122省道
104国道
沪宁高速
沪宁高速铁路
京沪高速铁路
南京仙林大学城
南京经济学院桥头校区
中黄墅
鲍亭
石佛庵
宝华山
隆昌寺
宝华山国家森林公园
大华山
红门楼
六里甸
韩墅
亭子
杨冲
武岐
武夷山
句容林场
巢凤山
高仑
观音山
高骊山
韦岗战斗纪念碑
东谢
胄王
中浮山
北山水库
安基山水库
伏牛山
九华山
阳山碑材
汤山温泉溶洞
北山
大芦塘
小衣庄
边城国际度假村
句东农场
九华茶场
南巷
柳桥
吴岗
开发区
盘上新村
石泉村
凌塘水库
千年古银杏树
黄岗
陈武
江苏省农林科技示范园
仙涧桥
冯岗头
前塘巷
大卓
句容旅游学校
北相
土祥
居家边
上峰
新塘
黄梅
下荫
句容水库
沈铁
幸福水库
妙干
北丁
柘溪
暨南农场
赵塘头
东南礼品有限公司
行香
张小虎葡萄园
万山红遍农业科技示范园
朱下隍
寨里
城头山新石器遗址
王庄水库
山南
白合
杨家庄
庄里
坞塘
徐家边
南朝石刻—辟邪
河桥
石狮
句容皮业城
土桥
高庙
周古隍

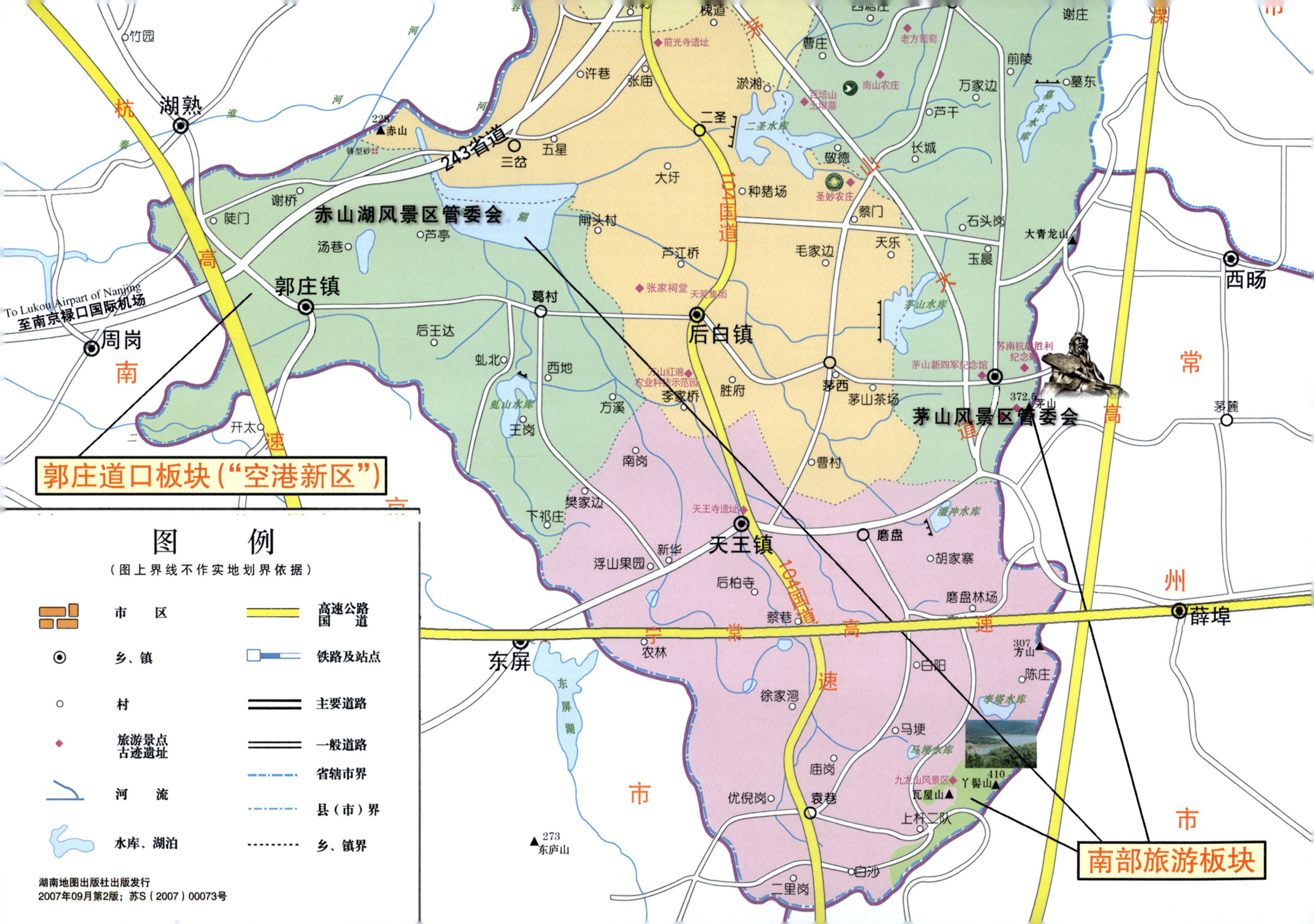

郭庄道口板块（“空港新区”）
南部旅游板块
赤山湖风景区管委会
茅山风景区管委会
郭庄镇
后白镇
天王镇
湖熟
周岗
东屏
薛埠
西旸
104国道
243省道
To Lukou Airport of Nanjing
至南京禄口国际机场
南
常
州
市
图 例
（图上界线不作实地划界依据）
市 区
乡、镇
村
旅游景点古迹遗址
河 流
水库、湖泊
高速公路
国 道
铁路及站点
主要道路
一般道路
省辖市界
县（市）界
乡、镇界
湖南地图出版社出版发行
2007年09月第2版；苏S（2007）00073号

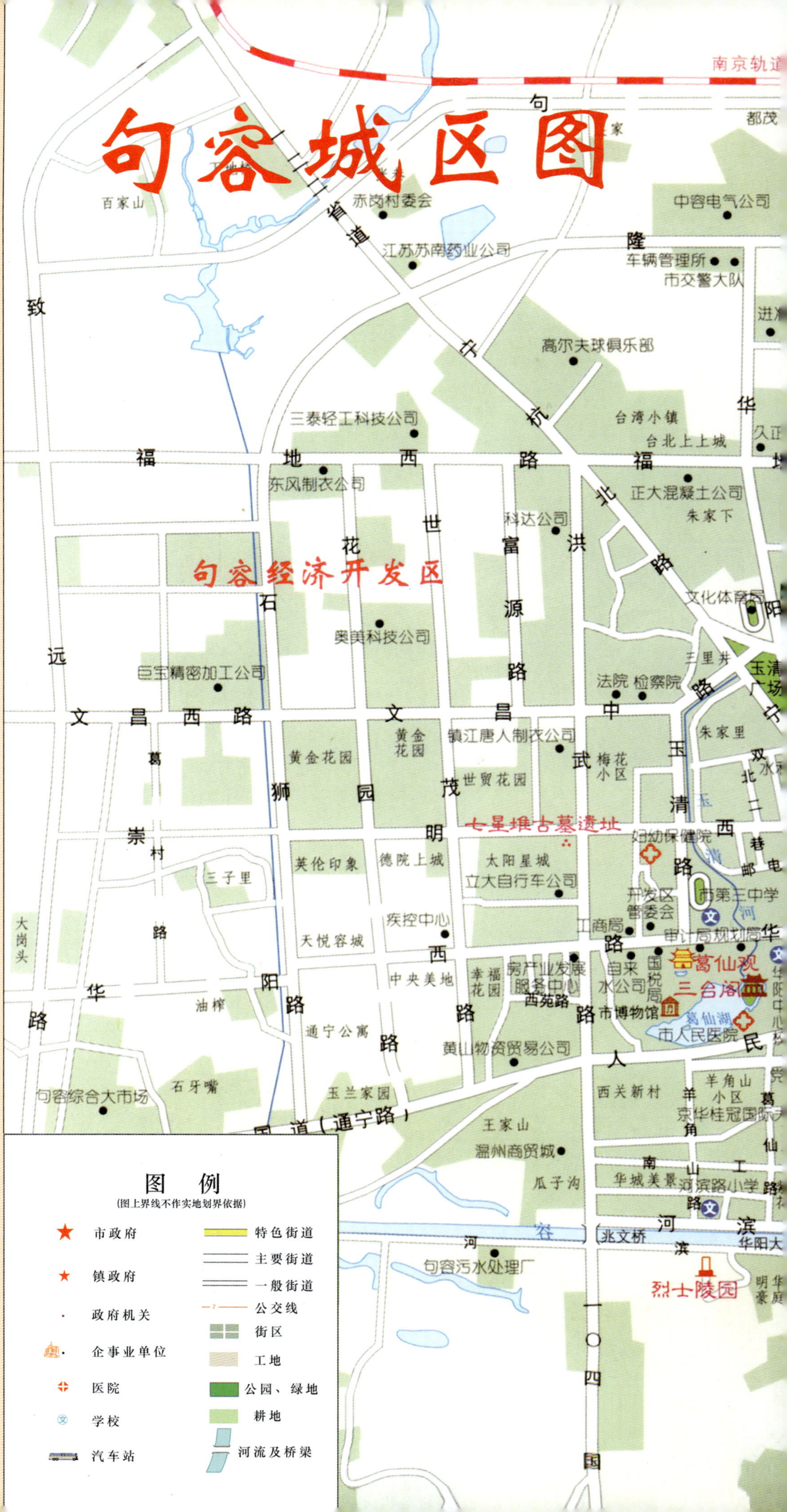

句容城区图
南京轨道
都茂
百家山
赤岗村委会
中容电气公司
省道
江苏苏南药业公司
车辆管理所
市交警大队
致
高尔夫球俱乐部
华
台湾小镇
三泰轻工科技公司
台北上上城
杭
福
地
西
路
福
东风制衣公司
正大混凝土公司
北
朱家下
科达公司
世
花
富
洪
句容经济开发区
石
源
路
文化体育园
奥美科技公司
远
三里井
玉清广场
巨宝精密加工公司
法院
检察院
文
昌
西
路
文
昌
中
黄金花园
黄金花园
镇江唐人制衣公司
朱家里
葛
武
梅花小区
玉
狮
园
茂
世贸花园
清
七星堆古墓遗址
崇
明
妇幼保健院
西
村
英伦印象
德院上城
太阳星城
立大自行车公司
三子里
路
市第三中学
开发区管委会
大岗头
路
疾控中心
工商局
天悦容城
路
审计局
规划局
西
自来水公司
国税局
葛仙观
三台阁
华
阳
幸福花园
房产业发展服务中心
中央美地
西苑路
油榨
路
路
市博物馆
葛仙湖
市人民医院
路
通宁公寓
路
黄山物资贸易公司
民
句容综合大市场
石牙嘴
玉兰家园
西关新村
羊角山小区
京华桂冠国际
国道（通宁路）
王家山
温州商贸城
南
山
瓜子沟
华城美景
河滨路小学
北文桥
河
滨
华阳大
河
句容污水处理厂
烈士陵园
一〇四国
图例
（图上界线不作实地划界依据）
市政府
镇政府
政府机关
企事业单位
医院
学校
汽车站
特色街道
主要街道
一般街道
公交线
街区
工地
公园、绿地
耕地
河流及桥梁

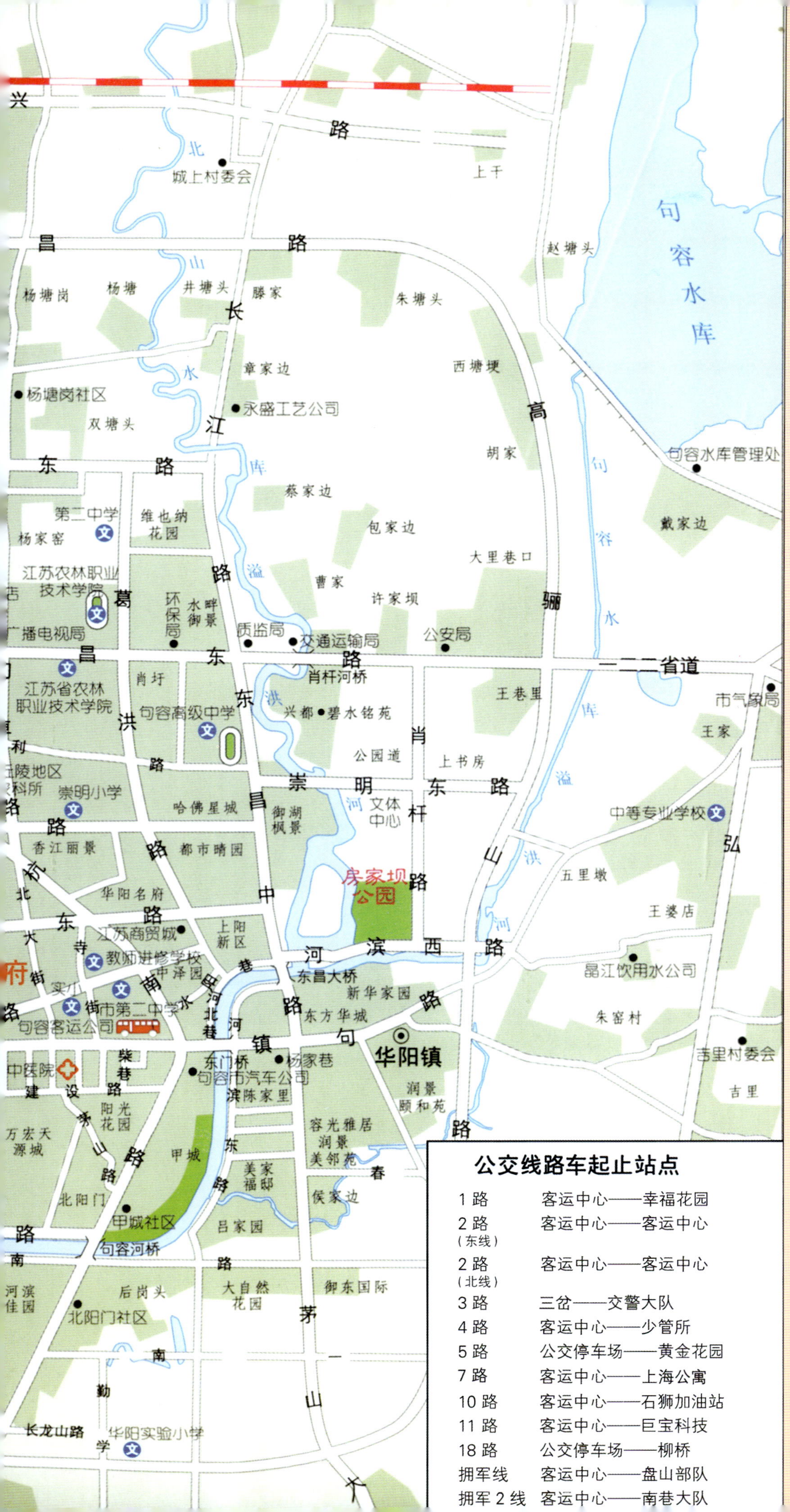

公交线路车起止站点

1 路	客运中心——幸福花园
2 路（东线）	客运中心——客运中心
2 路（北线）	客运中心——客运中心
3 路	三岔——交警大队
4 路	客运中心——少管所
5 路	公交停车场——黄金花园
7 路	客运中心——上海公寓
10 路	客运中心——石狮加油站
11 路	客运中心——巨宝科技
18 路	公交停车场——柳桥
拥军线	客运中心——盘山部队
拥军 2 线	客运中心——南巷大队

晚霞映圣湖（陈洪泽）

2015年3月4日，市长许文考察宝华镇欢乐购家居建材市场

2015年8月31日，新四军苏南抗日斗争历史陈列馆开馆

2015年9月4日，镇江市纪念中国人民抗日战争暨世界反法西斯战争胜利70周年活动在句容市茅山苏南抗战胜利纪念碑广场举行

全市庆“七一”文艺晚会暨市级机关文艺汇演

2015年8月15日，第二届民间葡萄节暨圆梦慈善纳凉晚会在白兔镇举行

2015句容市第二届樱花节

第七届“句容·茅山杯”全国象棋冠军邀请赛

高铁从我家乡过（陈洪泽）

2015年9月，句容市团市委、人社局共同举办“回乡看发展 梦是故乡圆”——暑期就业指导实践活动

2015年11月4日，第六届环太湖国际公路自行车赛（句容赛段）在赤山湖国家湿地公园开赛，共有22支参赛队伍参加

句容市人民代表大会

市人大专题视察郭庄空港新城建设情况

市人大机关召开“三严三实”专题党课

市人大常委会视察并听取市政府废弃宕口整治工作汇报

开展镇江市五级人大代表统一接待选民日活动

视察并听取市政府贯彻《安全生产法》情况汇报

政协句容市委员会

2015年1月11日下午，市政协组织视察协鑫高科技产业园东昇光电项目

召开专题研讨现代服务业发展协商会

2015年4月15日，市政协围绕“促进民营企业发展”召开了九届十九次常委会议。市政协主席孙昌桂，副主席黄培、倪定胜、胡现龙出席会议

市政协召开民主评议行政审批”三集中三到位“工作动员会

在九届十九次常委会议上，委员们为民营企业发展积极建言献策

中共句容市委组织部

省委常委、组织部长王炯到句容市调研基层党建工作

以专题党课启动全市“三严三实”专题教育

全市党（工）委（党组）书记抓基层党建和履行党风廉政建设主体责任述职会

全市双型村（社区）党组织书记专题培训班

开展“双学一争”演讲比赛

全面开展干部综合分析研判

中共句容市纪律检查委员会

市委书记许文到市纪委做专题调研

全市第一轮“两个巡查”动员会

全市基层纪检监察组织述职述廉会议

中国共产党句容市第十一届纪律检查委员会第六次全体会议

句容市纪检监察审理系统贯彻“两项法规”培训会

省委第七巡视组巡视句容市工作动员会

中共句容市委宣传部

2015年4月1日，召开市文明委组成人员全体（扩大）会议

2015年11月12日，召开创建全国文明城市迎检动员会

赵亚夫、徐克成为句容市首个好人广场揭牌

春节走访慰问老党员

中共句容市委政法委

市委政法委全体委员（扩大）会议

全市政法工作会议

全市政法系统先进事迹报告会

市委政法委到结对帮扶社区开展扶贫帮困活动

句容市法学会第一次会员大会

句容市人民武装部

江苏省委常委、省军区政委曹德信（左二）到市人武部调研指导工作

市领导与军分区司令员曹寅、政委宋建新观看句容地形图

人武部政委陈志勇在天乐村参加“双百双建”活动

组织民兵营（连）长集训

组织民兵进行抗洪抢险演练

中共句容市委统战部

省政协副主席、省委统战部长王雪非视察“同心”工程实验区建设并座谈

市委统战部到丹阳学习考察民主党派工作

市委统战部领导班子深入开展村村到户户访活动

市委统战部到宜兴市委统战部考察学习党派工作

市委统战部召开党外代表人士调研座谈会

常州市委常委、统战部长张跃带领常州统战系统机关干部到句容市考察学习

句容新貌（陈洪泽）

城东美景（王军）

城南风光（李行华）

雪中茅山景区喜客泉

要　　目

目　录

特　载

专　文

大事记

市情综述

人口·资源·环境

中共句容市委员会

句容市人民代表大会

句容市人民政府

政协句容市委员会

人民团体

民主党派·工商联

法　治

国　防

综合经济管理

人力资源和社会保障

农　业

水　利

工　业

对外及对港澳台经贸合作

民营经济

旅游业

商贸流通

财政·税务·审计

金　融

交通·邮政·通信

城乡建设和管理

科学技术

教　　育

文化·体育

卫　生

社会生活

开发区建设和管理

镇（街道）·管委会

人物·荣誉

规范性文件

工作生活便览

表格目录

加快创新转型　推进特色发展
向着“强富美高”新句容阔步前行

——在中共句容市十一届九次全委(扩大)会议上的报告

市委书记、市长　许　文

2015 年 12 月 29 日

这次市委全会是在两个五年规划承前启后、句容发展加快转型的重要时刻召开的,会议的主要任务是:深入贯彻落实党的十八届五中全会、中央经济工作会议、省委十二届十一次全会、全省经济工作会议、镇江市委六届十一次全会精神,认真总结“十二五”发展历程,科学谋划“十三五”美好蓝图,全面部署明年工作,动员全市上下凝心聚力、开拓奋进,为加快建设“强富美高”新句容而共同奋斗。

下面,我代表市委常委会,向全会作报告。

一、圆满收官“十二五”,句容发展迈入新的历史起点

今年以来,面对错综复杂的宏观环境和持续加大的经济下行压力,我们以习近平总书记系列重要讲话特别是视察江苏重要讲话精神为根本遵循,主动适应经济发展新常态、加快经济转型升级、破解改革攻坚难题、应对各种风险挑战,全力争当新常态下全面赶超的典范,奋力推动各项事业迈上新台阶。预计,全年实现地区生产总值 470 亿元,增长 10%;一般公共预算收入 40 亿元,增长 11.4%;完成实际利用外资 2.87 亿美元,全面实现外贸稳增长目标;全国百强县排名跃升至第 59 名,跻身全国中小城市发展潜力前三强。一年来,市委常委会聚焦“五个突出”,经济社会发展实现了“五个新提升”:

(一)突出转型升级、提质增效,产业发展实现新提升。把调结构、转方式、抓创新摆在更加重要的位置,坚定不移打好转型升级组合拳,推动经济进入增长中高速、质量中高端的轨道。农业现代化步伐加快。扎实推进国家现代农业示范区建设,提升农业综合效益和竞争力,新增高效设施农业面积 3 万亩,获得“全国林下经济示范基地”称号。积极顺应“互联网 +”趋势,“亚夫优品”等一批电商平台正式上线,唐陵村荣获全国“一村一品”示范村称号,后白镇创成省级农村电子商务示范基地。新型工业化水平稳步提升。坚持把突破重大项目作为拉长工业“短板”的关键,圣诺木业、东昇光伏等一批项目建成投产,华电二期进场施工,抽水蓄能电站具备开工条件。预计全年实现工业

应税销售收入353亿元，增长10.7%，其中新兴产业增幅达到30%以上。现代服务业提速增效。赤山湖景区试点运营，奥特莱斯一期建成营业，戴庄村荣获“中国最美休闲乡村”，岩藤农场创成“全国休闲农业与乡村旅游五星级园区”，句容旅游人气更足、名气更响，全年接待游客数、旅游综合收入分别增长16%、12%。注重发挥比较优势，加快发展现代物流、总部经济和健康产业等高端服务业态，普洛斯物流园、深国际综合物流港等项目签约落户；碧桂园华东总部基本竣工；中华健康园加快建设。预计全年服务业增加值占GDP比重达43.5%。科技创新成效显著。通过国家知识产权试点市验收，创成省创新型城市试点市。深入推进“福地英才”计划，举办首届青年大学生创业大赛，新增“千人计划”①专家5名，省“双创团队”②和国家级博士后工作站均实现零的突破。预计全年高新技术产业产值突破500亿元，占规模工业总产值比重达35.6%；研发经费占比达2.02%；万人发明专利拥有量实现翻番，达到13件/万人。

（二）突出改革创新、重点突破，体制活力实现新提升。围绕重点领域和关键环节精准发力，推出一批具有重大牵引作用和句容特色的改革举措。深化行政审批制度改革，探索实施企业投资项目“多评合一”③机制，推行商事制度“三证合一、一照一码”④改革，优化审批服务流程，加强事中事后监管，以行政审批“瘦身”为企业减负、让市场发力。积极开展“多规合一”⑤试点工作，试点方案得到国家发改委充分肯定。深化投融资体制改革，规范PPP模式⑥融资建设，出台相关制度和管理办法，赤山湖整体开发PPP合作项目完成公司注册，浦发银行入驻，天工股份、南瓷股份新三板上市。深化农业经营体制改革，抓好“戴庄经验”推广，开展农村承包土地确权登记颁证工作。积极培育新型农业生产经营主体，新增全国示范合作社5家。稳步推进司法体制改革，深化“一案三防”责任制⑦建设，推进涉法涉诉信访机制改革，审判权运行机制改革列入全省首批试点。

（三）突出规划引领、功能提升，城乡环境实现新提升。坚持以新型城镇化引领城乡发展，城乡建设继续保持高强度、快节奏，“精致、宜居、秀美”的现代城市正初现雏形。基础设施建设扎实推进。加快城市总体规划纲要修编，启动新一轮镇村规划编制。加快推进基础设施建设，沿江城际铁路完成预可研报告编制。104国道句容城区段连接线即将建成通车，开工建设西部干线、266省道（北五环）、宁茅公路等一批干线公路，镇村公交通达率100%，广大城乡居民出行更加便捷舒心。城市功能品质持续提升。有序推进城市有机更新，扎实开展老城改造，甲城片区、南大街棚户区房屋征收接近尾声。加快建设城市综合体，雨润中央商务区主体封顶。实施城市水系景观改造，开展句容河二期风光带、玉清河环境整治工程，完成肖杆河风光带升级改造，城区绿化覆盖率达41.28%。生态环境显著改善。全面贯彻落实主体功能区规划，扎实抓好水环境和边城片区生态环境综合整治，累计关闭污染企业63家，全市空气优良天数占比达77%，PM2.5年均浓度同比下降37%，饮用水源地取水水质累计达标率保持100%；下蜀镇创成镇江首家美丽宜居镇。

（四）突出富民惠民、共建共享，民生改善实现新提升。按照“守住底线、突出重点、完善制度、引导预期”的思路，推动“幸福句容”建设，人民群众获得感、幸福感进一步提升。城乡居民持续增收。始终把群众

① 千人计划：围绕国家发展战略目标，从2008年开始，在国家重点创新项目、学科、实验室以及中央企业和国有商业金融机构、以高新技术产业开发区为主的各类园区等，引进2000名左右人才并有重点地支持一批能够突破关键技术、发展高新产业、带动新兴学科的战略科学家和领军人才来华创新创业。

② 双创团队：为“江苏省高层次创新创业人才引进计划”中的一个项目，要求团队由1名领军人才、2名以上核心成员组成，团队在我省科技、教育、文化等领域，合作承担过重大项目，领军人才应为诺贝尔奖获得者、两院院士、千人计划专家或者省双创人才等高层次人才。

③ 多评合一：将项目前期推进阶段所涉及的评估，包括节能评估、环境影响评价、碳排放影响评估、安全评价、水土保持方案、地质灾害危险性评估、地震安全性评价等，实行统一受理、统一评估、统一评审、统一审批的服务新模式。

④ 三证合一、一照一码：企业登记时依次申请，分别由工商部门核发工商营业执照、质监部门核发组织机构代码证、税务部门核发税务登记证，改为一次申请、由工商部门核发一个加载法人和其他组织统一社会信用代码营业执照的登记制度。

⑤ 多规合一：将地方经济社会发展规划、城乡规划、土地利用规划、生态环境保护等规划有机融合，形成一个市县一本规划、一张蓝图。

⑥ PPP模式：指政府公共部门与私营部门合作过程中，让非公共部门所掌握的资源参与提供公共产品和服务，从而实现合作各方达到比预期单独行动更为有利的结果。

⑦ 一案三防责任制：执法人员办理每一件案件，都要做到预防腐败、预防差错、预防引发涉法涉诉信访。

增收作为民生工作的核心任务，坚持以创业带动就业，建设农民创业园和劳务合作社，城镇新增就业 1.05 万人。预计城镇居民人均可支配收入、农村居民人均可支配收入分别达到 3.77 万元、1.75 万元，分别增长 9% 和 10%。加大扶贫攻坚力度，"百村万户"双达标行动圆满收官。民生实事协调推进。努力办好人民满意教育，推进教育布局调整和校安工程，加快提升教育教学质量，市三中、实验高中通过省四星级高中评估。扎实抓好基层卫生综合改革，推进形成分级诊疗服务模式；加快完善医疗卫生服务体系，市人民医院、精神病防治医院、华阳社区卫生服务中心等一批重点工程开工建设。新便民服务中心一期工程主体基本完工。积极开展文化惠民，完成基层综合性文化服务中心国家试点，市文化馆通过"国家一级馆"现场评估。大力培育和践行社会主义核心价值观，接受全国文明城市创建首次测评，先后创成江苏诗词之乡和中华诗词之乡，后白镇创成镇江首批全国文明镇。社会保障体系不断健全。完成"金保工程"①一期建设，实现被征地农民"即征即保"。积极实施困难群众托底保障工程，城乡低保标准提高至每人每月 580 元。连续五年上调城乡居民社会保险养老金，城乡居民社会养老保险缴费标准提高到每人每年 600 元。出台养老服务业系列扶持政策，市养老服务中心完成主体工程，市残疾人综合服务中心建成使用。社会大局和谐稳定。深化"六级三化"②建设，市社会管理服务中心实现实体化运作。依法调处社会矛盾，严厉打击非访行为，全市信访形势平稳可控，公安机关命案、八类案件破案率继续保持 100%。成立市法学会，建成市法治宣传教育中心、法检"两院"便民服务中心，全市法治建设水平、全民法制意识显著提升。

（五）突出党要管党、从严治党，党的建设实现新提升。坚持把抓好党建作为最大政绩，切实在思想上重视、责任上明晰、工作上担当，推动全面从严治党要求落到实处、取得实效。思想政治建设旗帜鲜明。把学习贯彻习近平总书记系列重要讲话作为首要政治任务，多次召开专题会议进行学习交流，做到领会精神实质、把准努力方向、指导推动实践。扎实开展"三严三实"专题教育，紧紧围绕"六查六看六整治"主线，先后开展三个专题六次集中学习研讨，引导党员干部践行"三严三实"。认真学习贯彻新修订的《中国共产党员廉洁自律准则》和《中国共产党员纪律处分条例》，开展"三学一测"，做到政治信仰不动摇、政治方向不偏移。组织工作有力有序。完成领导班子和领导干部综合分析研判，推行科级干部选拔任用全程纪实，扎实开展超职数化解、企业兼职、干部人事档案专项审核等专项整治，构建防止"带病提拔"制度体系。强化基层导向，推行基层党建工作项目化管理，深入推进"双型"③先进党支部建设工程，深化"亚夫精神"扎根行动，实施千名书记万名党员集中轮训，4 名村党组织书记荣获全省"吴仁宝式优秀村书记"称号，赵亚夫同志成为全国"道德模范"。党风廉政建设常抓常新。严格落实"两个责任"，以条目化责任清单、压茬式廉政谈话、刚性化问责追究，逐级传递压力、构建闭环链条。强化依规治党，制定《公共资源交易廉政监管办法》、《关于严明纪律规矩鼓励干事担当营造良好政治生态的意见》等一系列制度，营造风清气正、干事创业的政治生态。充分发挥反腐败协调小组作用，坚持纪法分开、纪在法前，严肃查办违纪违法案件。驰而不息纠"四风"，通过抓重要节点、抓执纪监督、抓通报曝光，保持正风肃纪高压态势。全力支持、自觉接受省委巡视工作督查。一年来，人大、政协与党委、政府合心合拍，展现了新作为，统战、人武、群团、双拥、老干部等工作取得新业绩。

今年的工作，实现了"十二五"规划的圆满收官，同时也为"十三五"的发展打下了坚实的基础。过去的五年，是句容战胜多重风险考验、经济社会深刻变化的五年，也是句容发展史上新型城镇化步伐最快、人民群众得实惠最多的五年。五年来，市委团结带领全市人民开拓创新、砥砺奋进，创造了发展新业绩、开辟了发展新境界。

（一）坚持以科学理念谋划全局，转型升级迈出了坚实步伐。理念管全局、管方向，具有战略性、引领性

---

① 金保工程：利用先进的信息技术，支持劳动和社会保障业务经办、公共服务、基金监管和宏观决策等核心应用，统一的劳动和社会保障电子政务工程。

② 六级三化：社会管理方法，分为城市和农村"六级"服务管理体系（农村：镇—行政村—组—片—中心户—户；城市：街道—社区—网格—楼栋—楼道—户）；"三化"指社会治理方式，管理网格化、服务社会化、手段信息化。

③ 双型：法治型、服务型。

作用。五年来，我们始终坚持以理念领先带动发展争先，提出符合句容比较优势和客观实际的发展思路。我们在全省率先开展丘陵地区农业综合开发，积极做好“提一接二连三”文章，探索推广以“戴庄经验”为特色的农业发展新模式，拿到了国家现代农业示范区、国家农业综合标准化示范市等一系列高含金量的牌子，农业正成为有奔头的产业、重建农民信心的产业；我们提出“培植百亿产业、打造千亿句容”目标，坚持点状分布、产业集聚，电力能源、建材、新材料等产业向百亿级阔步迈进，句容新型工业化的“龙头”正在昂起；我们提出建设旅游强市，推动旅游从传统观光向休闲度假转型，茅山风景区一举跻身5A级，句容旅游的品牌更响、影响力更大；我们发挥区位、生态的叠加优势，有针对性地发展总部经济、现代物流、科技服务等新型服务业态，服务业增加值占GDP比重比“十一五”末提高7.3个百分点，产业结构显著优化。

（二）坚持以高点定位激发斗志，综合实力实现了新的跨越。句容底子薄、基础差，要实现后发先至，就必须比别人吃更多的苦、流更多的汗。五年来，我们始终以高目标高追求激发赶超热情，自觉拉高标杆，主动自我加压，使广大干部心中有目标、肩上有担子，不断增强奋力赶超的斗志。2012年，我们提出了“奋战三五年、再创新辉煌，昂首挺进苏南强市之林”的奋斗目标，力争三年迈上新台阶、五年实现五倍增；今年，我们提出了“争当新常态下全面赶超的典范”的奋斗目标。五年里，我市经济总量大幅增长，综合排名持续跃升，GDP年均增长11.8%，一般公共预算收入年均增长22.4%。在宏观环境复杂、要素制约增多、发展压力加大的情况下，我们创造了句容历史上最好的发展成绩，收获了作为赶超者的自信，找到了苏南城市应有的自豪。

（三）坚持以重点突破谋求跨越，发展平台发生了重大变革。长远发展看思路，工作成效看力度。我们聚焦制约句容发展的重点难点问题持续用力，以重点突破之功收全局发展之效。我们敢于担当、大胆创新，全力突破发展的空间制约、要素制约，干成了一批打基础、利长远的事，五年拆迁面积累计突破500万平方米，争取建设用地指标突破2万亩，为句容未来发展争取了宝贵资源和空间；我们紧紧抓住新型城镇化战略机遇，坚持不懈打造“五大板块”，干成了一批提信心、振士气的事，五年累计投入超百亿元，建设120多项重点工程，122省道句容段快速化改造、沪宁高速城区道口等一大批事关全局、影响长远的重大基础设施取得突破，城乡发展平台发生质变；我们坚持开发开放、集聚集约，干成了一批壮实力、增后劲的事，五年累计实施157个重大产业项目，引进外资19.7亿美元，建设了18个产业园区，各类资本正加速集聚、抢滩登陆，全市发展后劲显著增强、空间载体愈发坚实。

（四）坚持以民生导向促进和谐，后发赶超凝聚了强大合力。我们积极顺应人民过上美好生活的新期待，在财力并不宽裕的情况下，每年坚持把新增财力的80%以上用于民生投入，先后投入20多亿元完成历史被征地农民参加社会养老保险工作，彻底解决9万多被征地农民的“后顾之忧”；投入13亿元完成区域供水工程，全市人民都喝上了干净放心的自来水；我们着重强化公共服务的制度性安排，大力实施教育、卫生布局调整，五年新建、扩建学校45所，新增医疗用房12万平方米；我们认真履行维稳第一责任，深入推进平安法治建设，民主法治村创建全省领先，社会大局更加和谐稳定；我们致力创业富民、就业惠民，大力发展三次产业让农民就近转移就业创业，“两个收入”接近翻番，全市上下形成了共享发展、共创和谐的生动局面。

成绩来之不易，奋斗充满艰辛。在此，我代表市委，向所有为句容发展作出努力的同志们，表示衷心的感谢！

在肯定成绩同时，我们也必须清醒认识到发展中存在的不足和问题，主要表现在：句容的产业经济特别是实体经济发展还不充分，发展质量和效益有待提升；影响发展的体制机制障碍还没从根本上消除，深化改革需要进一步向深处着力；全社会创新创业氛围还不浓；基本公共服务与群众期望还有一定差距；党员干部的担当意识、责任意识还不够强，等等。我们要高度重视这些问题，并切实加以解决。

二、审时度势，精心描绘“十三五”发展宏伟蓝图

经过“十二五”的探索实践，句容已经走上了一条有自身特色的赶超之路。“十三五”期间，我们要立足新的起点，以宽广的视野谋划未来，以科学的理念指导实践，以务实的举措推动跨越，向着更高、更远的目标阔步前行。

（一）整体把握句容面临的发展形势。从外部环

境看，世界经济仍将延续疲弱复苏态势，经历深度调整，美国等一些发达国家宽松货币政策转向正常化，新兴市场国家加快经济发展方式转变、推进结构性改革，全球大宗商品价格从泡沫化回归常态，但鉴于国际关系复杂程度前所未有，世界经济不确定、不稳定性仍然比较大，预计主要经济体增长速度将低于潜在增长率；国内经济虽然面临很多困难和挑战，下行压力仍然较大，但潜力大、韧性强、回旋余地大，新动力正在强化，新业态不断出现，发展长期向好的基本面没有变，仍处于可以大有作为的战略机遇期；"一带一路"、长江经济带、苏南自主创新示范区等国家重大战略在江苏密集实施，为我市的发展提供了新的机遇。从句容自身看，我们面临改革开放以来最具体、最现实、最富含金量的多重叠加机遇：句容紧邻南京，随着宁镇扬同城化的加快推进，为我们大力发展科技服务、休闲旅游、现代物流等都市近郊型服务业提供了难得机遇，这将是句容最大的发展动力；"绿色化"与"新四化"①上升到"新五化"，随着生态文明建设的深入实施，句容优质的生态资源对高端生产要素、具有环境高敏感度的新兴产业、新型服务业态极具吸引力，将倒逼我们实现更有效益和质量的增长；随着深化改革和法治建设的全面推进，双重红利将极大激发我市的内生活力、优化发展的体制机制，这将是句容最大的潜力和空间。我们一定要顺势而为、乘势而上，加快把现实机遇转化为增长动力，让句容发展的步履更加坚实、特色更加鲜明、活力更加彰显。

（二）准确把握句容所处的发展阶段。经过多年的努力，句容已经进入一个可以实现跨越发展的新阶段。一方面，句容正进入发展动力接续转换期。句容由于工业基础薄弱，近年的发展主要依靠新型城镇化汲取外向动力，房地产及关联产业成为句容的支柱产业。受宏观环境的影响，这种动力的加速作用正逐步减弱，但同时创新引领增长的动能已开始初步显现。因此，我们要理性辩证看待发展动力的接续转换，不是非此即彼的单一选择，而是一种交替发力的综合动能，是一个均衡协同、优化增强的过程。我们既要立足当下，改善提升现有动能，继续抓住未来几年房地产市场的窗口期，丰富房地产业态，加快向多元化、多层次市场转型；更要着眼长远，积极培育和快速增强新的动能，加快由过去的投资要素驱动向创新驱动转变，让知识创新、技术创新、制度创新、管理创新尽快成为推动句容发展的引领力量。另一方面，句容正处于后发赶超的重要关口期。这几年，我们不遗余力打造基础设施新平台，句容基本打开了对外通道，随着"十三五"期间沿江城际、扬马城际等重大基础设施的建设，句容的互联互通将更加便捷，区位优势将更加凸显，句容吸纳各类要素的能力将越来越强；我们不遗余力构筑产业集聚新平台，大力建设"三集"园区，构筑了吸引各类产业集聚的优质载体；我们不遗余力营造城市环境新平台，句容投资环境、生态环境、人居环境等方面的竞争力不断增强。更为重要的是，近几年的顽强拼搏锻炼了干部队伍的能力素质，一大批干部冲在开发建设一线、拼在改革攻坚火线，全市上下人心思齐、人心思变、人心思进，树起了句容一定行的强烈自信。可以说，句容已经具备了再出发、再跨越的条件，只要我们自加压力、奋发作为，就一定能推动句容发展再上新台阶。

（三）科学把握句容新常态下的发展逻辑。综观"十三五"开局之年的宏观形势和我市经济发展走势，我们必须突出认识新常态、适应新常态、引领新常态这个大逻辑，必须做到认识深一层、适应快一步、引领高一招，切实以认识的领先、创新实践的争先，实现发展的率先。新常态要有新认识。新常态是发展之态，不是停滞之态；是竞争之态，不是缓和之态；是创新之态，不是守成之态。我们必须彻底抛弃用旧的思维逻辑和方式方法再现高增长的想法，通过转型升级、创新驱动、深化改革等多种方式，培育全新动力、营造持久动能，使句容运行始终处于合理区间。新常态要有新状态。新常态之"新"，意味着改革创新；新常态之"常"，意味着相对稳定。我们要保持战略定力，理性看待发展条件和环境的变化，切实摆脱"速度情结"、走出"换档焦虑"，既不因一时的增速波动而悲观失望，更不因一时的调整阵痛而畏缩不前，必须坚定不移地把我们各项既定的目标、思路、举措坚持好、落实好，一步一个脚印地扎实推动句容更好更快发展。新常态要有新作为。新常态不是不要速度，而是要合理速度；不是无所作为，而是大有可为。新常态对经济发展提

① 新四化：新型工业化、信息化、城镇化、农业现代化。

出了许多新的挑战，这是一个绕不过去的历史关口。“狭路相逢勇者胜”，我们要切实增强拼搏意识，在战术上积极作为，顺势而动、精准发力，着力攻坚克难，努力化危为机，统筹抓好稳增长、促改革、调结构、惠民生、防风险各项工作，打开句容快速发展的新局面。

“十三五”时期，全市经济社会发展的指导思想是：以习近平总书记系列重要讲话特别是视察江苏时重要讲话精神为根本遵循，深入贯彻党的十八大和十八届三中、四中、五中全会精神，深化落实“四个全面”战略布局，自觉践行“创新、协调、绿色、开放、共享”五大发展理念，适应经济发展新常态，坚持稳中奋进，坚持改革创新，加快转型升级，统筹城乡发展，全面改善民生，推进依法治市，加快建设“强富美高”新句容。

总思路是坚持“生态领先、特色发展”，巩固和放大句容在生态、区位等方面的叠加优势，走出一条特色发展、转型跨越的路径；总战略是坚持创新驱动、绿色发展、空间协调、开放融合、包容共享五大发展战略，这是未来引领句容发展的顶层设计，是全市上下必须遵循和运用的实践逻辑，我们必须将其镌刻在思想深处，贯彻到经济社会发展全过程和各方面；总基调是坚持“稳中奋进”，确保主要经济指标增幅实现“三个高于”，即高于全省平均水平、高于苏南平均水平、高于镇江平均水平；总定位是把句容建设成为宁镇扬同城化先行区、南京都市圈创新创业示范基地和现代宜居宜业宜游城市、苏南绿色发展示范区、长三角重要生态功能区和休闲旅游目的地；总布局是着力打造“两横两纵”发展框架，促进经济社会建设“由点到面”全面升级。“两横”即沿长江岸线打造沿江发展轴，沿沪宁高速打造沿沪宁线发展轴；“两纵”即沿扬马城际打造东接镇江的经济发展轴，沿西部干线打造环南京产业经济带。上述“五个总”，关键要以“五个争创”为抓手，即争创国家级经济技术开发区、国家农业科技园区、国家级旅游度假区、全国文明城市和省级高新区。

“十三五”期间，全市经济和社会发展的总体目标是：

经济强。地区生产总值年均增长9%以上；一般公共预算收入年均增长10%以上；全社会固定资产投资年均增长18%以上；服务业增加值占GDP比重达到48%以上；全社会研发投入占GDP比重达到2.5%（新口径，下同），高新技术产业产值占规模以上工业产值比重40%以上。百姓富。城镇居民人均可支配收入、农村居民人均可支配收入分别达5.7万元、2.5万元，年均增长8.5%、9.5%；教育、文化、卫生等事业加快发展，公共服务水平明显提高；城乡社会保障体系基本实现全覆盖。环境美。城镇化率达到60%；城区绿化覆盖率达到45%；年均空气质量达标天数达到80%以上。社会文明程度高。社会主义核心价值观深入人心，力争创成全国文明城市。

三、扭住重点关键，奋力实现“十三五”发展强势开局

明年是“十三五”开局之年。做好明年工作，对于“十三五”开好头、起好步，具有重要意义。明年的主要工作目标是：地区生产总值增长10%以上；一般公共预算收入增长10%以上；固定资产投资增长18%以上；实际利用外资达到2.8亿美元；全社会研发投入占GDP比重达到1.96%；服务业增加值占GDP比重提高0.5个百分点；城乡居民收入增长与经济增长基本同步。明年要重点抓好七个方面的工作：

（一）以创新转型为关键，努力培育经济增长新动能。当前，“大众创业、万众创新”理念深入人心，我们要准确把握经济运行新趋势，顺势而为促成长，因势利导聚动能，推动经济增长更有质量、更有效益、更可持续。一是提升创新驱动力。牢固树立“抓创新就是抓发展，谋创新就是谋未来”的理念，积极对接苏南国家自主创新示范区建设，进一步做好集聚南京创新创业要素的文章，让创新成为句容发展新的动能。要把创新平台建得更好。进一步做强做优宝华、开发区和郭庄等板块平台，加速科研成果、科技企业的转移转化和产业化，以抢占技术的制高点，打造新的经济增长点。发挥企业创新主体地位，推动企业与南京科研院所的深度合作，让创新成为企业转型发展的内生动力。大力推广新型孵化模式，鼓励创业、创新、创投、创客“四创联动”，发展众创、众包、众扶、众筹“四众模式”，建设一批低成本、便利化、全要素、开放式的众创空间，省高创中心句容分中心争创国家级众创空间，下蜀、边城的新型建材和交通工程材料园区争创国家火炬计划特色产业基地。要把创新机制理得更顺。健全技术创新市场导向机制，围绕产业链部署创新链、围绕创新链完

善资金链，发挥科技金融专项资金“四两拨千斤”作用，吸引社会资本进入科技创新领域，通过政府产业引导基金参股的形式，有计划地引进一批创投、风投基金，形成多元化、多层次、多渠道的科技创新投融资体系。要把创新人才队伍建得更强。人才是创新的第一要素、第一资源，对高层次创新创业人才，要不遗余力地引、不拘一格地用、不惜重金地扶，努力打造众“智”成城创新创业的热土。二是推进新型工业化。实施工业强基工程，围绕光伏、电力能源、装备制造、绿色建材、新材料、智能电网六大百亿级产业，走传统产业现代化、新兴产业规模化之路。落实和完善企业技改政策，策应“两化融合”，加快工艺、技术、装备和产品更新迭代，助推传统产业迈向价值链、产业链高端。设立战略新兴产业发展引导基金，积极培育新能源、节能环保等新兴产业，快速提升新兴产业占比，让新兴产业成为句容发展的爆发点。力争工业应税销售增长10%以上。三是打造现代服务业新亮点。充分发挥毗邻南京和综合交通优势，大力发展现代物流、专业市场，注重功能提升、业态融合，培育第三方、第四方物流骨干企业，推动物流与市场融合发展，努力打造南京都市圈和华东地区现代物流基地。重点抓好深国际物流港、普洛斯产业园、五洲国际工业博览城等项目，确保明年开工建设。

（二）以壮大市场主体为核心，努力取得发展后劲新突破。项目是主抓手，没有项目就没有发展；大项目是主支撑，没有大项目就没有大发展。要把“抓招商就是抓发展，抓发展必须抓项目”的观念变成自觉行动，真正以一批重大项目的开花结果，为即期稳增长、长远增后劲注入强劲动力。一要优化招商选资。针对门槛提高、难度加大的实际，把主观能动性发挥得更好，认真研究项目招引的规律，配强工作队伍，健全激励机制，综合运用以商招商、中介招商、定点招商等有效方式，开展主导产业“建链补链强链”，特别是对大项目、好项目，要一天一天地盯，一个环节一个环节地抓，力争卓尔电商产业园等项目签约落户。二要全力推进项目。继续发扬“盯、粘、抢”的劲头，保持抓项目的高压常态，完善重大项目定期会商、现场会办机制，提高推进的系统化、并行化、精细化程度，尤其是对镇江重点产业项目，要明确时间节点、分项倒排工期，力争抽水蓄能电站开工建设，冠美现代商务办公用品、丰铃传动设备等项目投产达效。三是真诚服务企业。推进涉企政策落地生根，强化领导挂钩责任和属地、职能部门服务责任，更加重视市场主体意见，倡导“马上就办、真抓实干”，强化土地、金融等服务保障，让企业安心、专心发展。更加注重营造政策优势、规则接轨优势，着力构建法治化、便利化的营商环境，绝不允许因不作为、乱作为让企业失去信心。

（三）以彰显特色为追求，努力增创产业发展新优势。我们要立足现实产业基础，放大比较优势，在现代农业、休闲旅游、健康产业上打造更多的特色亮点。一是提升现代农业水平。以建设国家现代农业示范区为统领，扎实推进8个现代农业园区建设。围绕东部干线建设集生产、加工、销售、休闲观光为一体的现代农业精品示范区，加快形成特色鲜明、专业生产、集约高效的发展新布局，高水平建设国家农业科技园区的核心区。注重引进农产品精深加工项目，全面提高农产品附加值，力争实现国家级农业龙头企业零的突破。大力发展生态有机农业，打造一批地理标识标志农产品。实施推进“农业＋互联网”，鼓励引导有竞争力的企业和农产品主动“融网”、深度“触网”，力争苏南规模最大的农产品电商产业园对外营业。二是做响旅游经济品牌。强化规划引领、突出高点定位、树立精品意识，按照全市域旅游理念深入推进旅游产业。充分发挥茅山景区带动作用，加快建设“十大观光园区”、“十大旅游项目”、“五大旅游集聚区”，加快赤山湖湿地公园、茅山湖旅游度假区建设，有序推进九龙山开发，科学设计旅游黄金线路，做到点上提升、线上串联，打造具有“远程号召力”的旅游产品，真正让旅游业成为句容的支柱产业。深入实施景区创建工程，以创建倒逼景区形象、管理、服务的全面提升，启动以茅山风景区为核心的国家旅游度假区创建工作，积极谋划宝华山争创5A级景区的前期工作。三是打造健康产业亮点。顺应人口老龄化和消费升级趋势，整合真山真水、道教文化、中医养生等特色资源，抢先布局、精准定位、差异发展，以茅山湖、赤山湖、仑山湖“三湖”为核心，加快中华健康园、赤山湖原生园等项目建设，着力打造茅山湖中医药养生养老基地、赤山湖生态养生养心基地、仑山湖运动健身基地，争当南京都市圈健康养老首选地、全国一流康体养生示范区。

（四）以重点突破为切入，努力开创深化改革新局面。转型升级越往纵深推进，越要向改革要红利、以改革增活力，破除制约转型的体制弊端，努力实现资源配置最优化。一是加大简政放权力度。深化完善“多评合一”制度，做到“一个窗口受理、一站式审批、一条龙服务”，努力实现企业投资领域“六个一”①。扎实开展相对集中行政审批权改革试点工作，推进“三集中三到位”②，适时组建行政审批局，实现“一枚公章管审批”。全面完成事中事后监管责任清单，切实把该管的管起来、管到位。全面清理无法律依据各类证明，推行“一窗制”收费，切实减轻群众负担。二是优化资源要素配置。以“多规合一”试点为契机，修编完善全市土地利用总体规划，科学控制发展空间、优化用地结构布局。推进城镇低效用地再开发利用，通过收储置换、“退二进三”、就地转型等方式，建立健全深挖增量、盘活存量、提升效率的土地节约集约开发机制。积极推进银政企对接，加快发展产业基金、政府债券、PPP 等新型融资模式，撬动更多社会资本投入实体经济和基础设施项目。密切关注注册制推进时间，强化企业股改、挂牌及上市培育力度，形成上市梯队，宁武新材料争取主板上市。按照中央供给侧改革的要求，积极稳妥推进房地产市场去库存，鼓励引导企业发展适应市场需求的产能、压减传统过剩产能，加强金融市场全方位监管，切实推动句容发展行稳致远。三是激发农村发展活力。深化农村土地制度改革，完成土地确权登记颁证工作。稳妥推进集体资产股份合作制改革，加快农村产权交易市场建设。积极构建现代农业经营体系，引导土地有序流转，拓展“戴庄经验”内涵，推动家庭经营、适度规模与专业化生产、产业化经营相融合。

（五）以绿色生态为引领，努力打造美丽句容新亮点。坚持生产和生活两头入手、治理和保护两手齐抓、约束和激励两端发力，真正把环境敏感期变成生态建设的加速期、环境质量的改善期。一是推进生产方式绿色化。将“为环境减负、为生态增值”理念贯穿于产业发展的全过程，大力实施“低碳升级＋循环改造＋绿色替代”工程，持续挤出高耗能 GDP，不断植入更多绿色 GDP，开发区争创国家级生态工业园区，下蜀镇建好省级循环经济产业园。严格执行项目准入负面清单，建立完善不达标污染企业退出机制，大力淘汰落后产能，真正使经济发展代价更小、效益更好、更可持续。二是加强生态环境综合整治。要顺应人民群众过去“盼温饱”、现在“盼环保”，过去“求生活”、现在“求生态”的殷切期盼，大力开展民生环保行动，组织开展对喷涂、建材、化工等高能耗、高排放企业的专项整治，持续加大矿山、宕口整治力度，继续抓好“一江、两湖、三河”水环境综合整治，扎实开展空气“五大源头”治理，让句容青山常在、清水长流、空气常新。三是建立完善制度体系。严格落实主体功能区制度，推动各地依据主体功能定位发展，实施差别化管控，保障生态空间安全。建立健全生态保护补偿制度，加大对生态红线区转移支付力度，形成体现生态价值和代际补偿的激励机制。探索建立生态文明政绩考核制度、干部生态环境实绩公示制度、生态环境损害责任追究和惩治制度，切实夯实生态文明建设的制度保障。

（六）以城乡一体为方向，努力建设市域面貌新形象。把握城镇化加速发展的重大机遇，大手笔规划、高品质建设、精细化管理，使城市有城市的品质、乡村有乡村的味道。一是继续抓好基础设施建设。积极争取协调，力争沿江城际铁路、宁句 S6 线、122 省道后续工程取得突破。实施宁杭高速句容西通道改造，推进大道河沿线港口岸线整治工程。抓好西部干线、266 省道城北绕城段、宁茅公路（郭庄至后白段）等交通工程，建成北部新城杨塘岗片区、南部新城上路片区、东部房家坝片区等路网工程，进一步提升市域通达能力。二是全面提升城市建设品位。深入挖掘句容历史文脉，对城市色彩风貌、建筑形体、环境小品等进行系统研究，打造句容独有的城市风格。加快北部新城基础设施建设，有序开展老城改造，推动新城区快出形象、老城区有机更新。全力推进雨润中央商场、碧桂园时代城、南大街精品商业古街区等功能性项目建设，加快繁荣城市经济。加快句容河景观带、玉清河景观带等城市水系景观改造，打造滨水景观休闲空间。三是精心打造美丽镇村。围绕苏南现代化建设示范区规划目标，加快建设下蜀、宝华、黄梅、郭庄四个跨界新城，打造宁镇扬同城化先行区中的示范区。结合新一轮镇村布局规划，全面开展“美丽乡村”建设，推动公共设施

① 六个一：一本蓝图管规划、一个窗口管审图、一张表格管评估、一辆汽车管勘验、一票单子管收费、一枚印章管审批。

② 三集中三到位：部门许可职能向一个科室集中，审批科室向政务大厅集中，审批事项网上办理集中，做到事项进驻大厅到位，审批授权窗口到位，电子监察到位。

向农村延伸、公共服务向农村覆盖、文明新风向农村辐射，加快建设一批整洁村、康居村，让句容农村留足乡土味、充满田园情。

（七）以群众满意为导向，努力创出民生改善新业绩。围绕习近平总书记关于民生工作“七个更”①的要求，聚焦重点、持续用力，不断加大民生惠及力度，让句容的发展更有“温度”，让老百姓的幸福更有“质感”。一是大力实施脱贫攻坚。按照“标准再提高、重点再聚焦、内涵再丰富、底线再织牢”思路，用足用好老区扶贫开发政策，强化精准扶贫，大力推进“富民强村”行动，不断拓宽农民增收渠道，形成“多点给力、多轮驱动”的增收局面，确保43个省定重点村、659户低收入户达到省定标准。二是协调发展社会事业。坚持尽力而为、量力而行，实施新一轮民生实事工程，加快推进教育现代化，建成一批中小学校、幼儿园，缓解入学压力，基本完成教育“双创”任务。深化公立医院改革、基层卫生综合改革，建立完善纵向联合、基层首诊、双向转诊等工作机制。抓好新建市人民医院、市妇幼保健院、市精神病防治院等重点工程建设。全面开展全国文明城市创建，深入推进“美德善行”系列活动，营造健康向上的社会风尚。完善公共文化设施网络，实现各级公益性文化场所免费开放，建设引人入胜、养人心志、育人情操的文化事业。三是稳步提升社会保障水平。全面建成覆盖城乡居民的社会保障体系，城乡居民社会养老保险覆盖率达98%以上。继续抓好“五险合一”工程建设，建立健全社会保险地方标准体系，实现参保人员标准化管理和均等化服务。大力推进以居家为基础、社区为依托、机构为支撑的社会养老服务体系建设，力争市养老服务中心明年投入使用。四是推进社会治理体系建设。巩固完善社会治安防控体系，提升防范和打击犯罪能力，深入开展系列创安活动，强化安全生产和食品药品日常监管，织密公共安全保障网，坚决守住不发生系统性区域性风险的底线。完善大调解机制，按照法定途径分类处理信访投诉，规范信访秩序，整治恶意信访，强化以法治思维和法治方式化解各类矛盾，切实保障职工权益，积极构建和谐劳动关系，真正把“三安”②工作做到群众心坎里。全面启动“七五”普法工作，加强法治工作队伍建设，提高全民法治素养，建设一批村法治文化广场，切实形成办事依法、遇事找法、解决问题用法、化解矛盾靠法的良好法治环境。

四、坚持全面从严治党，为强势开局提供坚强保障

实现“十三五”强势开局，关键在党，关键在干部。要把全面从严治党作为首要责任、刚性要求，切实强化主责主业意识，严格依纪依规管党治党，更好地提振党员干部担当干事精气神，为改革发展提供有力的政治保证。

（一）从严抓好思想政治建设，树立引领发展的前行航标。要坚持精神上“补钙”，加强党委（党组）中心组学习制度化、规范化建设，开展形式多样的读原著、学原文、悟原理活动，推动党员干部壮骨补钙修身，做到学而信、学而用、学而行。要坚持政治上“汲养”，强化广大党员干部的党章意识、规矩意识，自觉把纪律和规矩作为从政之绳、工作之纲、人生之镜。推动建立健全党委意识形态工作责任制，强化政权意识、阵地意识，有针对性地做好舆论引导，打好意识形态斗争主动仗。要坚持能力上“充电”，时刻保持本领恐慌的危机感、时不我待的紧迫感，加强学习调研、加强实践历练，切实提高科学决策能力、驾驭复杂局面能力、依法办事能力和管党治党能力。

（二）从严抓好干部队伍建设，打造引领发展的骨干中坚。认真落实《干部任用条例》，严把“20字”好干部标准，以市镇两级换届为契机，深化“三显三潜”③综合分析研判，统筹考虑干部的科学布局和梯次配备，选优配强新一届领导班子。突出正向引导激励，加强干部队伍日常思想教育和谈心谈话，及时关心帮助、澄清是非，让各级干部感受到“家”的温暖。坚持以严的措施管理干部，实行领导干部个人重大事项报告制度，扩大一把手“三责联审”④覆盖面，健全干部轮岗交流机制，构建干部管理监督风险源点控制体系，最大限度地避免犯错误、犯重复性错误、犯大错误。认真落实中央

① 七个更：更好的教育、更稳定的工作、更满意的收入、更可靠的社会保障、更高水平的医疗卫生服务、更舒适的居住条件、更优美的环境。

② 三安：生产安全、生活安宁、社会安定。

③ 三显三潜：干部的显德与潜德、显能与潜能、显绩与潜绩。

④ 三责联审：由组织部门、编制部门、审计部门联合对党政领导干部开展“用人责任审查、编制责任审核、经济责任审计”。

《关于推进领导干部能上能下的若干规定》，坚持"治不正"与"治不为"两手齐抓、同向发力，把庸官懒官果断调整下去，把实干担当干部坚决使用起来，让"为官不易"者"不易为官"，让"为官不为"者"无官可为"，真正实现能者上、庸者下、劣者汰。

（三）从严抓好基层组织建设，建强引领发展的战斗堡垒。基础不牢，地动山摇；基层给力，事业有力。突出问题导向，以党建工作项目化管理为抓手，健全党委（党组）书记抓党建工作"四个清单"①，试行党建工作责任审计制，把管党治党责任落实到"神经末梢"。突出实效导向，深化"双型"先进党支部建设工程，持续循环整顿软弱涣散基层党组织，推动基层党组织全面进步、全面过硬，打造"最实最优最强一公里"。进一步选优配强基层党组织带头人队伍，切实把"四会"②型优秀人才充实到基层班子中。高度重视党员队伍建设，严把"入口"，畅通"出口"，保证党员队伍肌体健康。深化"三同"③活动，让更多的"亚夫式"好党员、好干部、好榜样在基层涌现。突出创新导向，扎实推进党建工作创新工程，在村社合一、小微企业党建等方面创特色、树品牌，以点带面推动基层党建工作水平整体提升。

（四）从严抓好党风廉政建设，塑造引领发展的过硬形象。当前，反腐败斗争依然严峻复杂，必须把纪律挺在法律前面，准确运用"四种形态"④，科学有效治腐防腐，持续强化正风肃纪。要营造"不敢腐"的高压态势，以高度政治自觉落实履行好"两个责任"，全力支持纪检监察机关推进"三转"⑤，开展机关效能专项整治，对重大腐败案件实施"一案双查"⑥，做到查处一起案件、教育一批干部，形成强有力的震慑。要扎紧"不能腐"的制度笼子，健全监管制度，堵塞制度漏洞，切实看紧干部手中的"印把子"，拆掉腐败滋生的温床。要筑牢"不想腐"的思想防线，严格贯彻执行两项法规，开展经常性廉政教育、常态化廉政体检，树立道德"高线"、守住纪律"底线"，切实把牢做人做事、用权交友的边界。要牢固树立作风建设永远在路上的思想，以更高标准、更严要求抓好省委巡视组反馈意见的整改落实，从预防抓起、从源头盯紧，严管严查、寸步不让，推动党风政风根本好转。

实现"十三五"强势开局，需要广泛凝聚全社会的合力。我们要全力支持人大依法履职、政协参政议政，认真贯彻中央统战群团工作会议精神，扩大团结面、凝聚正能量，合力推动句容改革发展迈上新台阶。

同志们，困难和挑战激发斗志，责任和使命催人奋进。让我们以更加昂扬的斗志、更加充沛的干劲、更加扎实的作风，适应新常态，抢抓新机遇，开拓新局面，为建设"强富美高"新句容而努力奋斗！

---

① 四个清单：责任清单、问题清单、整改清单、实绩清单。

② 四会：会抓党建、会抓发展、会抓服务、会抓稳定。

③ 三同：与亚夫同行、与群众同心、与时代同步。

④ 四种形态：党内关系要正常化，批评和自我批评要经常开展，让咬耳扯袖、红脸出汗成为常态；党纪轻处分和组织处理要成为大多数；对严重违纪的重处分、作出重大职务调整应当是少数；而严重违纪涉嫌违法立案审查的只能是极极少数。

⑤ 三转：转职能、转方式、转作风。

⑥ 一案双查：既要查清当事人的违纪问题，又要查清主管领导或分管领导的责任范围及责任。

政　府　工　作　报　告

——在句容市第十五届人民代表大会第五次会议上

市委书记、市长　许　文

2016年1月7日

现在，我代表市人民政府向大会做工作报告，请予审议，并请市政协委员和其他列席人员提出意见。

一、2015年和“十二五”工作回顾

过去的一年，在市委的正确领导下，全市上下坚持“稳中奋进”的总基调，主动顺应新常态，奋力谋求新作为，经济社会保持了良好的发展态势，较好完成了市十五届人大四次会议确定的各项目标任务。预计，完成地区生产总值470亿元，增长10%；一般公共预算收入40.01亿元，增长11.4%；固定资产投资304.6亿元，增长18%；社会消费品零售总额130.9亿元，增长12.8%；实际利用外资2.87亿美元，进出口总额5.18亿美元；城镇居民人均可支配收入37700元，增长9%；农村居民人均可支配收入17500元，增长10%。

（一）持续推动转型升级，产业层次不断提升

工业经济快速发展。工业应税销售358亿元，增长11.7%，增幅列镇江第一；新兴产业销售收入增长30%。高新技术产业产值占规模以上工业总产值比重36.5%。新增规模以上企业20家，达到585家；新增亿元以上企业5家，达到55家。新增省民营科技企业30家、国家高新技术企业12家、省高新技术产品45个。唐邦机电获批省级“两化融合”示范企业。工业固定资产投资118亿元，增长16%；工业技改投资39亿元，增长24%。企业上市再创佳绩，天工科技、南瓷绝缘子在新三板挂牌。

现代农业稳步发展。新增高标准农田2.5万亩、设施农业3.6万亩，农业综合机械化水平达到87.1%。新认证“三品”①品牌56个，“三品”认证产量占食用农产品生产总量的45%。新增市级以上农业龙头企业15家、农民专业合作社106家、家庭农场183家，农业规模经营比重达到70.7%。创成“国家现代农业示范区”和“全国林下经济示范基地”。后白镇创成“省农村电子商务示范基地”，丁庄村创成“省农村电子商务示范村”。唐陵村获得“全国一村一品示范村”称号。

现代服务业提速发展。服务业增加值占地区生产总值比重达43.5%，同比提高0.8个百分点。房地产市场总体平稳，商品房销售164万平方米。金融业健康发展，浦发银行正式营业，全市金融机构各项存贷款余额分别为487.8亿元和374.6亿元，增幅列镇江第一，再获“省金融生态优秀县”称号。商贸物流业发展迅速，奥特莱斯一期建成营业，雨润中央商务体主体封顶，可一数字出版基地投入运营。外包经济稳步增长，服务外包执行额增长13.2%。旅游业活力彰显，旅游接待总人数达1500万人次，旅游综合收入达150亿元。赤山湖国家湿地公园试运营。宝华山“千华古村”一期投入运营，岩藤农场创成“全国休闲农业与乡村旅游五星级园区”，戴庄村创成全省唯一的“中国最美休闲乡村”。

（二）大力实施创新驱动，发展水平不断提高

重点载体集聚能力增强。“三集”园区功能不断完善，完成固定资产投资125亿元，增长21%；集聚水平显著提升，新建标准化厂房30万平方米，新增入园企业65家。省级开发区在全省开发区综合排名跻身20强。下蜀临港工业集中区工业应税销售突破100亿元。宝华万城总部经济园创成“省级服务外包示范基

① 三品：指无公害农产品、绿色食品和有机农产品。

地”。郭庄空港新城产出水平大幅提升，工业应税销售近40亿元，增长134.3%。边城交通新材料产业园特色彰显，高铁、土木工程新材料园区顺利推进。

重大项目支撑能力增强。81个重点产业项目完成投资156.5亿元，增长19%，占固定资产投资的51%。总投30亿元的圣诺木业一期建成投产；总投30亿元的中华健康园建设顺利；总投80亿元的华电二期和总投30亿元的五洲国际工业博览城一期开工建设；一期总投30亿元的深国际物流港签约落户；总投80亿元的抽水蓄能电站具备开工条件；总投17亿元的华电煤炭储运码头取得核准。4个项目列为省重大项目。

科技创新引领能力增强。顺利通过“国家知识产权试点市”验收，创成“省创新型城市试点市”。新增省级研发机构11家、省级以上科技企业孵化器2家，开发区高新技术创业园获省级众创空间备案，华阳金属管件创成国家级博士后科研工作站。新增国家“千人计划”专家5人、省“双创计划”①专家6人，省“双创团队”实现零的突破。引进高层次创新创业项目38个，实施产学研合作项目63个，引进转化科技成果15项，研发经费支出占地区生产总值比重达2.02%。新增授权专利2800件、发明专利400件，增幅列镇江第一，万人发明专利拥有量达13.3件。

（三）精心统筹城乡建设，功能布局不断优化

城市品质不断提升。以“多规合一”②试点为契机，修编新一轮城市总规和镇村布局规划，规划纲要通过省级专家评审。稳步推进旧城改造，完成南大街、甲城等片区房屋征收拆迁50.4万平方米，建设城区安置房132.8万平方米，改造城市棚户区近3000套。深入开展城市环境综合整治，整治城中村2个、农贸市场3个，农贸综合批发市场即将投入运营。完善市政配套设施，改造人行道板7.6万平方米，铺设燃气管道50公里，改造、新增公共停车位1163个，新增城市公共自行车1000辆、站点46个。实施华阳南路、华阳北路升级改造工程，实施华阳东路、华阳西路美化亮化工程，华阳东路创成省级城市管理示范路。完成肖杆河风光带和城市出入口6个节点升级改造，城区绿化覆盖率42.2%，人均公共绿地面积11.6平方米。

镇村面貌不断改观。中心镇集聚能力增强，完成村庄整理130万平方米，建设集镇安置房190万平方米。铺设城镇污水处理配套管网35公里，城镇污水集中处理率达85.5%。升级改造10座乡镇垃圾中转站，农村生活垃圾无害化处置率达100%。疏浚乡级河道35公里，整治河塘400座，配套小型水利设施900座，恢复治理水土流失面积4.5平方公里。后白镇、天王镇创成“国家卫生镇”，下蜀镇创成“省级美丽宜居镇”，西冯村创成“长三角最美乡村”，丁家边村等10个村创成“省级卫生村”。

基础设施不断完善。104国道句容城区段连接线建成通车，完成宁茅公路（后白至茅山段）拓宽改造主体工程，开工建设西部干线、句宝公路、河滨西路东延段等道路。完成农路提档升级工程100公里，改造危桥12座。开通城市公交夜班线路2条，新增城市公交线路1条、镇村公交线路2条，新增城市、镇村公交车各15辆，新增纯电动公交车40辆。完成城北垃圾填埋场扩建工程，生活垃圾焚烧发电厂进入调试阶段。开工建设220千伏容西变和110千伏东门变，新上、改造配电变压器914台，改造、维修中低压线路1500公里。

生态环境不断优化。全面推进“省级水生态文明城市”建设试点工作，继续开展“一江、两湖、三河”③水环境综合整治和太湖水污染治理，对84个村庄实施生活污水综合整治，全市饮用水源地和太湖过境断面水质达标率均达100%。启动京沪高铁沿线废弃矿山地质环境治理工程。推进边城片区生态环境综合整治，新关闭污染企业21家。开展工业废气治理，关闭挥发性有机气体生产线3条，改造粉尘污染生产线3条，淘汰、改造高污染锅炉82台。实施重点清洁生产项目4个、节能减排项目21个，单位地区生产总值能耗下降3%。全年空气优良天数达260天，同比增加81天。成片造林6500亩，创成“省级村庄绿化示范村”15个、

① 双创计划：指江苏省高层次创新创业人才引进计划。
② 多规合一：指将地方经济社会发展规划、城乡规划、土地利用规划、生态环境保护规划等规划有机融合成一本规划、一张蓝图。
③ 一江、两湖、三河：“一江”指长江（提水口）；“两湖”指北山湖、句容湖；“三河”指句容河、玉清河、肖杆河。

“省级生态村”7个。

（四）协调推进社会发展，人民生活不断改善

社会保障更加健全。财政用于民生的资金达到37.9亿元，增长15.5%。城镇新增就业1.05万人，扶持创业1934人，创业带动就业1万人，农村劳动力转移7700人，城镇登记失业率控制在2.16%以内。17个经济薄弱村和2038名低收入人口实现脱贫，全面完成“百村万户”双达标①任务。新农合筹资标准提高到每人每年580元，城乡居民基本养老保险缴费基本标准提高到每人每年600元，城乡低保标准提高到每人每月580元，五保集中供养、分散供养标准分别提高到每人每年7800元和7200元。发放尊老金1258万元、城乡低保金2808万元、五保供养金1283万元，发放慈善救助金1204万元、残疾人补助金3300万元、优抚安置金2626万元。发放经济适用房货币化补贴792万元。新增住房公积金归集人数5400人，发放住房公积金贷款2.4亿元。

社会事业全面发展。教育现代化进程加快，教育装备提档升级，教育质量不断提升，实验高中、市三中通过省四星级高中评估。投入5.08亿元加固、新建校舍20.6万平方米，建成2所中学、4所幼儿园。扎实抓好基层卫生综合改革，推进分级诊疗服务模式，基层医改经验获国家卫计委表彰。开工建设新人民医院、精神病防治医院、华阳社区卫生服务中心和黄梅社区卫生服务中心。农家书屋和文化基层共享点实现全覆盖，人均拥有公共文化体育设施面积达2.76平方米。开展文化“三下乡”活动120余场，送书2.5万余册，建成20个基层综合文化服务中心。市文化馆通过“国家一级馆”现场评估，创成“江苏诗词之乡”“中华诗词之乡”和“省科普示范市”，开通“句容文物网”。《茅山小道士》完成拍摄并在央视播出。成功承办环太湖（句容段）国际公路自行车赛。吉利福利中心主体封顶，残疾人综合服务中心投入使用。高质量完成全国1%人口抽样调查工作。

社会环境和谐稳定。全国文明城市创建接受首个年度测评，后白镇创成镇江首批“全国文明镇”，下甸村创成“全国文明村”。赵亚夫同志被评为“全国道德模范”。建成市法治宣传教育中心和市法院、市检察院便民服务中心，全面完成“六五”普法任务。市镇两级调处中心实现实体化运作，信访案件化解率95%，城乡和谐社区建设达标率97%。“八类案件”②大幅下降，全市重点单位技防覆盖率100%，连续创成“省平安市”。加大安全生产监管力度，强化食品药品安全专项治理，健全应急管理体系，建成城区消防特勤站，公共安全形势良好，防灾救灾减灾能力不断增强。在百年一遇的特大暴雨洪灾面前，全市上下一心、军民一心，筑就了抵御灾害的钢铁长城，谱写了抗洪抢险的胜利凯歌。

（五）着力加强自身建设，行政效能不断提升

依法行政更加规范。完善市政府常务会议学法制度，开展领导学法活动。组建市镇两级政府法律顾问服务团队。严格执行重大行政决策程序规定，深入推进“两法”衔接③工作，全面落实“权力清单”④制度。加强政府规范性文件合法性审查，审查率、合法率和报备率均达到100%。行政复议办结率90.6%，行政负责人出庭应诉率97.4%。推进政务公开和信息公开，建立政府网站集群。主动接受市人大法律监督、工作监督和市政协民主监督，办理人大代表议案、建议171件、政协委员提案187件，满意和基本满意率达100%。

工作作风明显转变。深入开展“三严三实”⑤专题教育活动，机关作风和干部作风不断转变。加强服务效能建设，推行行政许可网上审批，平均办理时限缩短3个工作日。组建市场监督管理局，推行“三证合一、

① “百村万户”双达标：指从2013年起，利用三年时间，实现124个经济薄弱村、10823名低收入人口脱贫转化，使所有经济薄弱村集体年经营性收入达到70万元，低收入户家庭年人均可支配收入达到6000元。

② 八类案件：指社会治安工作中对杀人、纵火、投毒、抢劫、强奸、绑架、爆炸、故意伤害等八种暴力恶性案件的总称。

③ “两法”衔接：指行政执法与刑事司法的衔接。

④ 权力清单：指各级政府根据法律法规规定，对其部门行使的行政职权进行梳理，并对外公布、接受监督的行政权力事项目录。

⑤ 三严三实：指严以修身、严以用权、严以律己，谋事要实、创业要实、做人要实。

一照一码”①。畅通群众诉求渠道,办结人民来信266件;“12345”热线接受诉求28853条,办结率100%,群众满意率98.7%。

廉政建设持续深化。严格落实党风廉政建设责任制,深入推进“三查一监督”②联动督查,出台农村干部“三资”管理③“十不准”规定,严查群众身边的“四风”和腐败问题。从严执行中央“八项规定”和省委、市委“十项规定”,严格落实增收节支、厉行节约有关规定,“三公”经费下降10%。有序推进公车改革,一般公务及执法执勤等车辆总数核减率达35%。加强重要领域、重点项目、重大资金审计监督,完成竣工结算审计项目193个,审计核减8.5亿元,核减率17%。

此外,妇女、儿童、青少年等群体的权益得到切实保障,民族宗教、外事侨务、台湾事务不断进步,工会、广播电视、新闻报道、机关事务、红十字会、科普、档案、史志、工商联、文联、残联、供销、粮食、人防、气象、防震减灾、科技镇长团等工作取得新的成绩。

这里还要特别向各位代表说明的是,去年十件为民办实事之一的异址新建市妇幼保健院,由于用地性质调整和设计方案变更等原因,未能如期开工。目前,正在加紧推进各项准备工作,确保今年开工建设,决不辜负全市人民的期望。

各位代表,过去的一年为“十二五”发展画上了圆满句号。“十二五”时期,既是我市经历挑战最大、经受考验最多、发展任务最重的时期,也是经济社会发展最快、城乡面貌变化最大、人民群众得益最多的时期。

五年来,我们持之以恒抓投入、抓产出,综合实力持续壮大。地区生产总值年均增长11.8%;财政总收入年均增长22.4%;社会消费品零售总额年均增长14.14%;累计完成固定资产投资1086亿元,是“十一五”的2.09倍。华电、抽水蓄能等一批大项目相继落户。全国百强县排名跃升至59位,五年上升了31位。

五年来,我们持之以恒抓创新、抓转型,经济结构持续优化。三次产业结构调整到8.2∶48.3∶43.5,服务业增加值占地区生产总值比重较“十一五”末提高7.3个百分点。科技创新对经济增长的贡献率达到59.7%。新兴产业销售收入是2010年的3.6倍。创成“国家农业标准化示范市”。茅山景区跻身国家5A级,赤山湖列入国家湿地公园创建试点。

五年来,我们持之以恒抓改革、抓开放,发展活力持续增强。顺利完成投融资平台改革,不断推进国有资产管理体制改革,加快推进行政审批制度改革,有序推进农村土地制度改革,积极开展供销合作社综合改革试点,有效激发了各类主体的活力。注册登记企业、注册资本分别是“十一五”末的2.31倍和2.28倍。累计实际利用外资19.78亿美元,是“十一五”的2.07倍。农业规模经营比重较“十一五”末提高30个百分点。

五年来,我们持之以恒抓规划、抓建管,城乡质态持续提升。城市规划区面积扩大到46平方公里,建成区面积拓展到29平方公里,拆迁面积累计达500万平方米,城镇化率达到53.92%。累计投入18亿元完善水利设施,水生态文明进程明显加快。累计完成670个村庄的环境整治,全市林木覆盖率达30.02%。通过“国家卫生城市”复审,创成“国家环保模范城市”和“国家生态市”,实现“国家生态镇”全覆盖。

五年来,我们持之以恒抓就业、抓保障,生活质量持续提高。财政用于民生的资金累计达146.4亿元,是“十一五”的3倍。积极拓宽就业渠道,累计新增就业5.78万人、创业带动就业7.39万人、农村劳动力转移3.39万人。完成124个经济薄弱村、10823名低收入人口脱贫任务。城乡居民人均可支配收入年均分别增长10.6%和11.9%。基本建成统筹城乡、覆盖全民的多层次社会保障体系和救助体系,累计投入20多亿元,完成9万多历史被征地农民参加社会养老保险工作。社会事业全面进步,五年新建、扩建学校45所,新增医疗用房12万平方米。“平安句容”“法治句容”建设深入开展,公众安全感和法治建设满意度持续提高。

各位代表,五年来的成绩来之不易,这是市委正确

① 三证合一、一照一码:“三证合一”指将企业依次申请的工商营业执照、组织机构代码证和税务登记证三证合为一证,提高市场准入效率;“一照一码”则是在此基础上更进一步,通过“一口受理、并联审批、信息共享、结果互认”,实现由一个部门核发加载统一社会信用代码的营业执照。

② 三查一监督:指日常自查、专项检查、重点督查和接受社会监督。

③ “三资”管理:指农村资金、资产、资源管理。

领导的结果，是市人大、政协监督支持的结果，更是全市人民团结拼搏、努力奋斗的结果。在此，我代表市人民政府，向全市人民，向所有关心、支持句容发展的社会各界人士和海内外朋友，表示衷心的感谢并致以崇高的敬意！

回顾五年来的工作，我们也清醒地认识到，经济社会发展中还存在一些矛盾和问题。主要是：实体经济发展还不充分，运行质量和效益不高，经济持续增长的动力不足；产业竞争力不强，转型升级的任务依然艰巨；企业创新能力较弱，有效科技投入不足，成果转化率低；城乡发展不平衡，统筹发展的任务繁重；城乡居民收入还不高，持续改善民生的压力较大；政府的工作效能和公共服务水平需要进一步提升，等等。对此，我们将高度重视，并在今后的工作中切实加以解决。

二、"十三五"发展展望

"十三五"时期是句容率先建成全面小康社会的决战决胜时期，也是推动经济转型升级的关键时期，更是发展动力的接续转换时期。我们必须以战略的思维谋划科学发展，以改革的勇气寻求整体性突破，以创新的举措推动各项工作迈上新台阶。

今后五年，全市经济社会发展的指导思想是：以习近平总书记系列重要讲话特别是视察江苏时重要讲话精神为根本遵循，深入贯彻党的十八大和十八届三中、四中、五中全会精神，深化落实"四个全面"战略布局，自觉践行"创新、协调、绿色、开放、共享"五大发展理念，适应经济发展新常态，坚持稳中奋进，坚持改革创新，加快转型升级，统筹城乡发展，全面改善民生，推进依法治市，加快建设"强富美高"新句容。

今后五年，全市经济社会发展的总体要求是：

总思路是坚持"生态领先、特色发展"，巩固和放大句容在生态、区位等方面的叠加优势，走出一条特色发展、转型跨越的路径。

总战略是坚持创新驱动、绿色发展、空间协调、开放融合、包容共享五大发展战略，这是全市上下必须遵循和运用的实践逻辑，我们必须将其镌刻在思想深处，贯彻到经济社会发展全过程和各方面。

总基调是坚持"稳中奋进"，确保主要经济指标增幅实现"三个高于"，即高于全省平均水平、高于苏南平均水平、高于镇江平均水平。

总定位是把句容建设成为宁镇扬同城化先行区、南京都市圈创新创业示范基地和现代宜居宜业宜游城市、苏南绿色发展示范区、长三角重要生态功能区和休闲旅游目的地。

总布局是着力打造"两横两纵"发展框架，促进经济社会建设"由点到面"全面升级。"两横"即沿长江岸线打造沿江发展轴，沿沪宁高速打造沿沪宁线发展轴；"两纵"即沿扬马城际打造东接镇江的经济发展轴，沿西部干线打造环南京产业经济带。

总抓手是"五个争创"，即争创国家级经济技术开发区、国家农业科技园区、国家级旅游度假区、全国文明城市和省级高新区。

今后五年，全市经济社会发展的奋斗目标是：

经济强。地区生产总值年均增长9%以上；一般公共预算收入年均增长10%以上；固定资产投资年均增长18%以上；服务业增加值占地区生产总值比重达到48%以上；研发经费支出占地区生产总值比重达到2.5%，高新技术产业产值占规模以上工业总产值比重达到40%以上。

百姓富。城镇居民人均可支配收入达到5.7万元，年均增长8.5%；农村居民人均可支配收入达到2.5万元，年均增长9.5%；教育、文化、卫生等社会事业加快发展，公共服务水平明显提高；城乡社会保障体系基本实现全覆盖。

环境美。城镇化率达到60%；城区绿化覆盖率达到45%；年均空气质量达到二级标准的天数比例达到80%以上。

社会文明程度高。居民文明素质明显提升，居民科学素质达标率达到8%以上，居民综合阅读率达到75%以上，注册志愿者人数占城镇人口比重达到12%以上；社会主义核心价值观深入人心，力争创成全国文明城市。

三、2016年主要工作安排

2016年是实施"十三五"规划的开局之年，做好今年的政府工作至关重要。我们将认真贯彻中央、省、镇江有关会议和句容市委十一届九次全会精神，加快创新转型，推进特色发展，统筹兼顾稳增长、调结构、促改革、控风险和惠民生，确保开好局、起好步。

今年全市经济社会发展的主要预期目标是：地区生产总值增长9.5%；一般公共预算收入增长9%；固定资产投资增长18%；实际利用外资2.8亿美元；社会消费品零售总额增长10%；高新技术产业产值占规模以上工业总产值比重达到37%；服务业增加值占地区生产总值比重达到44%；城乡居民人均可支配收入分别增长8.5%和9.5%；城镇登记失业率控制在2.5%以内；单位地区生产总值能耗下降3.5%。

同时，着力为民办好10件实事：

1. 新建1所中学、3所小学、5所幼儿园①，实施校安工程5万平方米；

2. 开工建设新妇幼保健院，推进新人民医院主体工程建设；

3. 建成吉利福利中心，实施农村五保供养服务机构“三有三能六达标”②升级改造；

4. 加快在建的200万平方米安置房建设，确保拆迁户按期入住，改造城市棚户区3500套；

5. 西部干线（开发区至宝华段）建成通车，实施农村公路提档升级工程60公里，改造农路危桥10座；

6. 新增纯电动公交车60辆，新建、改造公用停车位1500个；

7. 启动句容河二期景观提升工程，改造城区主截污管网10公里，完成50个村的污水处理设施；

8. 疏浚乡级河道36公里，整治河塘350座，新建改造塘坝66座，配套小型农田水利设施2000座；

9. 推进4.5万立方米/日南部应急水厂建设，提高区域供水保障能力；

10. 淘汰、改造燃煤锅炉100台，关闭轧石企业20家、石灰窑8座。

围绕上述目标，重点抓好以下六个方面工作：

（一）突出创新发展，转变经济发展方式

完善技术创新体系。实施创新平台提升工程，开发区富达创业园创成国家级科技企业孵化器，省高创中心句容分中心争创国家级众创空间，新增省级科技产业园和省级科技企业孵化器各1家。推进企业研发机构建设，力争新增省级以上研发机构9家。推进协同创新，实施产学研合作项目40个、引进转化科技成果16项。加快科技创新投融资体系建设，打造“1+4”科技金融新模式③，引进创投、风投企业2家以上。加强专利申报工作，新增发明专利授权200件，万人发明专利拥有量达到16件。研发经费支出占地区生产总值比重达到2.08%。

加强科技人才工作。把人才工作重点放到“主攻南京、主攻平台、主攻创业”上来，大力实施“智汇容城”聚才工程和园区平台转型升级工程。引进高层次创新创业人才项目30个、国家“千人计划”专家3名、省“双创人才”5名、园区专业化运营团队3家以上。落实“企业家队伍素质提升计划”，举办科技型企业家研修班。开展“教授博士句容行”“百名专家进百企”等引才活动，引进重点行业紧缺人才300名。实施“313人才工程”，培养学术技术带头人30名、科技骨干100名、乡村优秀人才300名。

推进重点领域改革。推进重点领域和关键环节改革，全面激发市场主体创新创业的活力。积极推进财政投入方式改革，运作好产业投资引导基金，放大财政资金推动创新的杠杆作用。继续推进审批制度改革，做好下放审批事项承接和市级行政审批项目的调整工作，推动不动产登记中心挂牌运转。全面探索相对集中审批权改革试点，深化商事制度改革，持续推进企业登记便利化。继续推广“戴庄经验”，积极推行“村社共建”模式④，不断创新农村经营体制。稳妥推进农村资源产权交易、经营分配方式等改革。完成农村土地确权登记颁证工作，开展农村土地承包经营权抵押贷款试点工作。

---

① 1所中学：指赤岗中学；3所小学：指福地小学、石狮中心小学和黄梅中心小学；5所幼儿园：指文昌路幼儿园、华阳一幼、石狮幼儿园、郭庄幼儿园和陈武幼儿园。

② 三有三能六达标：“三有”，指敬老院每个房间内有卫生间、有保暖降温设备、有电视机；“三能”指老人不出院门就能洗澡、能看病、能康复娱乐；“六达标”指消防、卫生、环境、五保老人供养标准、管理服务人员配比和管理服务人员工资待遇达到相关目标要求。

③ “1+4”科技金融新模式：指依托市科技金融服务中心、科技小贷公司、中小企业担保中心等科技金融服务平台，探索打造“科技型企业+政府+产业园区+银行+保险”的“1+4”科技金融新模式。

④ “村社共建”模式：指以行政村为单位组建龙头型合作社，合作社与村集体在人员、“三资”、公益事业等方面互融互促，充分放大农户“分”的积极性和合作社、村集体“统”的优越性，最终实现农业增效益、农民增收入、集体增实力、基层增活力的目标。

（二）突出特色发展，增强产业竞争实力

加快发展先进制造业。加强特色产业培扶，着力培育光伏、电力能源、装备制造、绿色建材、新材料、智能电网等6个特色产业，开工建设抽水蓄能电站、苏博特新材料、中友光伏等项目。加强规模企业培扶，新增规模以上工业企业10家、亿元以上企业5家，确保工业应税销售增长10%以上，新兴产业销售收入增长15%以上。加强科技型企业培扶，新增国家高新技术企业10家、省民营科技型企业40家。推进企业信息化改造，培育省级“两化融合”示范企业2家。加强企业上市培扶，力争新增3家企业上市交易。

积极发展现代农业。以创建国家农业科技园区和建设国家现代农业示范区为抓手，扎实推进农业“三集”园区建设。新增高标准农田1.5万亩、设施农业3万亩。实施农业“三新”工程①，引进良种20个、推广农业新技术10项、种植养殖新模式10种，科技对农业产出贡献率达到67%。新增“三品”认证20个，“三品”认证产量占食用农产品生产总量的46%。提升农业装备水平，农业综合机械化水平达到87.5%。力争新增市级以上农业龙头企业10家，产值突破120亿元。加强名优农产品展示平台建设，沿东部干线打造农产品精品展示区。加快电子商务平台建设，建成2万平米农产品电商产业园，新增新型“上线”经营主体150家以上。保障农产品质量安全，新建5个基地监测点。

大力发展现代服务业。以茅山景区为龙头，启动“国家级旅游度假区”创建工作。谋划宝华山创建国家5A级景区的前期工作。启动赤山湖4A级景区和省级旅游度假区创建工作。江苏茶博园、碧桂园欢乐城创成国家4A级景区。加快“省乡村旅游发展综合实验区”建设，创成省三星级以上乡村旅游点3家。充分发挥生态和道教养生文化优势，加快发展健康产业。以中华健康园为依托，将茅山道家养生文化和中医药文化相结合，打造中医药养生养老基地；以赤山湖国家湿地公园为依托，打造生态养生养心健康产业基地；以仑山湖为依托，打造以运动健身为核心的健康产业基地。充分利用交通和区位优势，加快发展现代物流业。着力引进一批知名企业，重点推进深国际物流港、普洛斯物流产业园、德国DHL跨境电商物流园、五洲国际工业博览城等一批大项目，努力打造南京都市圈和华东地区现代物流基地。加大房地产市场供给侧结构改革力度，推动房地产业转型发展，构建顺应市场需求的多元化、多层次地产新格局。

重点打造特色园区。按照产业“三集”的发展要求，继续完善基础设施，提高特色产业园区的集聚水平。突出主导产业招商、产业链招商和以商引商，力争引进总投资超亿元的项目20个、注册资本超3000万美元的项目3个。开发区统筹好西部工业园区、科技新城、乌背山等片区的规划，启动国家级开发区争创工作。郭庄空港新城加快华君光伏、协鑫高效电池组件等项目建设进度，积极争创省级高新技术产业开发区。下蜀新型绿色建材产业园、边城交通新材料产业园争创“国家火炬计划”特色产业基地。加快宝华新城博济智慧产业园、碳纤维研发中心等载体建设，确保部分园区年内运营。

（三）突出绿色发展，优化生态环境质量

提高资源利用水平。健全节约集约用地制度，加大闲置土地处置力度，推行节地水平和产出效益综合评价，提升土地开发利用水平。力争清理闲置土地1000亩、工矿废弃地复垦1600亩、镇村建设用地布局调整1000亩。抓好工业、建筑、交通运输和公共机构等重点领域节能，积极推动环境、能源管理体系建设和节能、低碳产品认证工作。实施企业循环式生产、产业循环式组合、园区循环式改造，加强再生资源回收循环链接。开发区争创国家级生态工业园区，下蜀镇建好省级循环经济产业园。

加强环境综合整治。全面落实新《环保法》，严厉打击环境违法犯罪行为，突出打击非法盗采活动。开展农业面源污染治理，着力抓好规模化畜禽养殖污染防治，推进畜禽养殖业废弃物无害化、减量化处理。扩建市污水处理厂，新增2.5万吨/日污水处理能力。继续推进“一江、两湖、三河”水环境综合整治。强化大气污染防控，抓好粉尘、尾气、扬尘和油烟等四类专项整治，扎实做好秸秆综合利用和禁烧、工业污染防治等

① 农业“三新”工程：指农业新品种、新技术、新模式更新工程。

工作，空气质量达到二级标准的天数比例达75%以上，PM2.5①年均浓度下降2.5%以上。

实施生态功能修复。完成成片造林4000亩，创建“省级村庄绿化示范村”10个。启动被污染土壤的治理修复工程。推进空青山、大南山15个废弃宕口的生态修复。实施湿地生态修复工程，加快赤山湖国家湿地公园建设。实施“水美乡村”示范工程，加快修复中小河流水生态，重点管护好句容河以及秦淮南、中、北河等4条水生态走廊。完善生态保护补偿机制，构建多元化的生态投入格局。

（四）突出协调发展，改善城市镇村质态

提升城市品质。修编城市重点区域和重要节点规划，完成城市出入口设计，启动南部新城商贸区规划和北部新城高新技术产业园规划。推进东部城区碧桂园时代城商务区建设，加快西部城区洪武路沿线企业“退二进三”②进程。挖掘城市历史文化，着手打造南大街精品商业古街区。继续开展旧城改造，推进老农科院等片区房屋征收拆迁。实施西五环连接线等城区干道绿化亮化工程。完成玉清河、句容河二期等景观提升工程，打造滨水景观休闲空间。

打造美丽镇村。围绕苏南现代化建设示范区规划目标，加快建设下蜀、宝华、黄梅、郭庄四个跨界新城，打造宁镇扬同城化先行区中的示范区。加快天王、茅山、边城、白兔等集镇改造工程，改造商业街区，提升集镇形象和功能。全面开展“美丽宜居镇村”建设，争创美丽宜居村3个。推动公共设施向农村延伸、公共服务向农村覆盖、文明新风向农村辐射，加快建设一批整洁村、康居村。

优化基础设施。争取沿江城际铁路、宁句S6线、122省道后续工程取得突破。实施宁杭高速句容西通道改造。推进266省道城北绕城段、宁茅公路（郭庄至后白段）等交通工程，建成北部新城杨塘岗片区、南部新城上路片区、东部房家坝片区等路网工程。实施凤坛河、鲍亭河等区域防洪除涝工程，启动赤山湖白水荡滞洪区整治。推进大道河沿线港口岸线整治工程。完善城乡生活垃圾收运体系，新建城区大型垃圾中转站1座，升级改造镇垃圾中转站7座。推进220千伏容西变建设，扩建并投运110千伏东门变，改造低压线路1000公里。着手建设电动汽车充电站和充电桩。新增电信4G网络站点220个。

（五）突出共享发展，提高群众幸福指数

完善社会保障体系。新增城镇就业9500人、扶持创业1000人、创业带动就业5000人，转移农村劳动力3000人。继续推动“百村百园”③和“百村百社”④建设，新增劳务合作社50家，村（社区）全员就业率90%。强化精准扶贫，扎实推进茅山老区“富民强村”行动，确保43个省定重点村、659户低收入户达到省定标准。继续做好被征地农民“即征即保”工作，城乡居民社会养老保险覆盖率达98%以上。新农合人均筹资标准提高到每人每年665元。降低住房保障门槛，扩大住房保障覆盖面，发放经济适用房货币化补贴540万元。扩大公积金受益面，新增住房公积金归集人数4000人以上，发放公积金贷款2亿元以上。

推进社会事业发展。继续推进苏南教育现代化示范区建设，扩大优质教育资源，基本完成教育现代化“双创”⑤任务。全面深化教育教学改革，大力提升教育满意度。深化医药卫生综合改革，实施“智慧健康”工程。建成市精神病防治院、华阳社区卫生服务中心、黄梅社区卫生服务中心等工程，新建茅山、天王、白兔等卫生院门诊综合楼。完善院前医疗急救网络，实现15分钟救护圈全覆盖。开展生育关怀行动，推进幸福家庭创建。推进公共文化服务体系均等化建设，建成省级公共体育服务示范区，力争村（社区）综合文化服务中心全覆盖。积极推行“医养一体化”服务模式，提高养老服务水平。扎实开展第三次全国农业普查。

提高社会治理水平。继续实施全国县级文明城市创建三年行动计划，努力提升城乡文明水平。实施社区综合服务提升工程，实现全市城乡和谐社区建设合

① PM2.5：指环境空气中空气动力学当量直径小于等于2.5微米的颗粒物。
② 退二进三：指在产业结构调整中，缩小第二产业，发展第三产业。
③ 百村百园：指在全市100个行政村（社区）建立100家农民创业园。
④ 百村百社：指在全市100个行政村（社区）建立100家劳务合作社。
⑤ 教育现代化“双创”：指创建镇江市教育现代化先进学校（幼儿园）、镇江市教育现代化先进镇（街道）。

格率、城乡和谐社区综合服务中心建设合格率均达98%以上，创成2个省级城市管理示范社区。启动“七五”普法工作，继续开展“法律八进”①活动，提升社会治理法治化水平。推进“法治句容”创建，法治建设满意度达90%以上。加强社会稳定风险评估，及时化解各类矛盾。开展防范和处置非法集资工作，优化金融生态环境。深化“平安句容”创建，严厉打击各类刑事犯罪。创新双拥工作机制，积极开展六创“省级双拥模范城”活动。严格落实企业安全生产主体责任，杜绝重特大事故发生。强化市场监管，保障人民群众食品药品安全。全面落实应急管理责任，建设各类应急救援队伍，提高应对突发事件的处置能力。

（六）突出自身建设，提升公共服务能力

建设法治政府。把政府工作全面纳入法治轨道，用法治思维和法治方式履行职责。始终坚持法无授权不可为、法定职责必须为。健全政府重大事项决策规则，严格遵守公众参与、专家论证、风险评估、合法性审查和集体讨论的决策机制。推进“两法”衔接，做好行政复议工作。自觉接受人大的法律监督、工作监督和政协的民主监督，以及社会公众监督和舆论监督，认真办理人大代表议案、建议和政协委员提案。

建设诚信政府。紧紧围绕人民群众最关心、最直接、最现实的利益问题，做好政府信息公开和新闻发布工作，提高政府工作的透明度和公信力。严格履行向社会作出的承诺，把政府履约和守诺服务纳入政府绩效考核评价体系。把经济社会发展目标落实情况和为群众办实事情况作为评价政府诚信程度的重要内容。提高政府工作人员的诚信素养，以诚信办事、诚信服务取信于民。

建设高效政府。积极转变政府职能，着力解决影响行政效能的突出问题，为企业发展和创新创业营造良好环境。完善行政权力网上公开透明运行制度。加强工作调度、督查考核、第三方评估，倡导“马上就办、真抓实干”的工作作风，切实做到敢担当、能担当、善担当，形成干部在一线服务、问题在一线解决、成效在一线体现的良好局面。

建设廉洁政府。认真落实党风廉政建设责任制，严格执行廉洁从政各项规定，进一步完善惩治和预防腐败体系，严肃查处违纪违法案件。严肃机关工作纪律，继续加大“慵懒散”整治力度，着力打造一支风清气正、廉洁高效的政府公务员队伍。加强节约型机关建设，继续压缩“三公”经费支出。加强对重点领域、重点环节、重点岗位、重点人员的行政监察和审计监督，加大行政问责力度，从源头上有效预防和治理腐败。

各位代表，勤奋成就事业，实干创造未来。让我们在市委的正确领导下，以更加宽广的视野谋划发展，以更加昂扬的斗志迎接挑战，以更加务实的作风开创未来，为建设“强富美高”新句容而努力奋斗！

① 法律八进：指送法进单位、送法进机关、送法进企业、送法进社区、送法进农村、送法进学校、送法进监所、送法进军队。

句容市第十三个五年总体规划纲要

《句容市国民经济和社会发展第十三个五年总体规划纲要》主要阐明“十三五”乃至未来一段时期的发展目标、空间布局、发展任务、发展重点和政策取向，是政府履行职责的重要依据，是今后五年句容经济社会发展的宏伟蓝图，是全市人民共同奋斗的行动纲领。

一、发展背景

“十二五”时期，句容全面实施同城同建、创新引领、城乡一体化、富民优先、生态文明五大战略，圆满完成了“十二五”规划确定的目标任务，为“十三五”乃至更长时期发展奠定坚实基础。

取得的主要成就有：经济持续较快增长，转型升级成效明显；创新引领战略全面实施，创新创业能力大幅提升；民生幸福工程大力推进，生活水平和质量显著提高；基础设施建设不断加强，城乡面貌明显改善；生态文明建设稳步推进，环境质量持续保持优良；同城同建步伐加快，宁句一体化成效明显；改革开放深入推进，发展活力动力不断增强。

“十三五”时期，句容与全省全国一样，仍处于可以大有作为的战略机遇期，经济长期向好的基本面没有变，但也面临诸多矛盾叠加、风险隐患增多的严峻挑战。与此同时，句容经济社会发展中一些不平衡、不协调、不可持续的深层次矛盾和问题尚未得到根本解决。

二、总体要求

（一）指导思想

全面贯彻党的十八大和十八届三中、四中、五中全会精神，以邓小平理论、“三个代表”重要思想、科学发展观为指导，深入贯彻习近平总书记系列重要讲话特别是视察江苏时重要讲话精神，按照“五位一体”总体布局和“四个全面”战略布局，自觉践行创新、协调、绿色、开放、共享的发展理念，适应经济发展新常态，坚持稳中奋进，坚持改革创新，以提高发展质量和效益为中心，以生态领先、特色发展为主线，加快转型升级，统筹城乡发展，全面改善民生，推进依法治市，全面建成更高水平小康社会，加快建设经济强、百姓富、环境美、社会文明程度高的新句容。

（二）发展战略

创新驱动。将创新作为引领发展的第一动力，不断推进科技、制度、管理等各方面创新，让创新在全社会蔚然成风。推动大众创业万众创新蓬勃开展，培育发展新动力。以注重供给侧结构性改革、强化产业科技创新、发挥特色优势引领科学发展和转型发展。

绿色发展。必须坚持把优良生态环境作为句容发展的第一优势、第一品牌，坚定走生产发展、生活富裕、生态良好的文明发展道路，加快建设资源节约型、环境友好型社会，努力创造山清水秀天蓝的健康宜居环境，为优质要素和高端人才集聚提供生态保障，促进人与自然和谐发展。

空间协调。坚定不移实施主体功能区制度，统筹协调各类空间边界和功能分工，坚持“一本规划、一张蓝图”干到底。坚持以人为本，促进中心城市、特色风情小镇、绿色美丽乡村的协同建设，推动城乡协调发展。

开放融合。不断扩大开放合作，在更高平台、更广领域、更深层次的开放合作中集聚新要素，进一步融入南京大都市和苏南地区，获取发展新空间、新优势、新动力。加快推动新型城镇化和工业化的互动发展，促进产城融合。以绿色化、服务化、品牌化引领新型工业化和农业现代化，促进经济串联发展。

包容共享。把增进人民福祉、促进人的全面发展作为出发点和落脚点，着力提升人民生活水平和质量，维护社会公平正义，提升社会文明程度，真正使广大群众在包容共享发展中有更多获得感和幸福感。

（三）发展定位

宁镇扬同城化先行区。依托链接宁镇的区位优势和同城共建基础，全面构建创新创业合作共赢、基础设施互联互通、公共服务共建共享、生态环境联防联治、跨界区域统筹规划的同城化发展新格局，打造成为宁镇（扬）同城化“粘合带”，推动宁镇扬同城化乃至南京都市圈一体化。

苏南绿色发展示范区。积极发展高效绿色制造业和服务业、高品质健康农业，建设苏南绿色产业集聚区和长三角绿色安全农副产品供应基地。推进低碳循环生产，倡导健康生活方式，创新绿色发展体制机制，在镇江生态文明建设先行示范区建设中发挥更大作用。

南京都市圈创新创业基地和现代宜居宜业城市。充分利用南京科教人才资源，着力打造产业科技成果转化基地和中高层次人才创业示范基地。以高质量生活配套、高性价比房地产、优良生态环境吸引南京及周边城市居民到句容置业创业、安居乐业，成为南京都市圈颇具吸引力的现代化宜居城。

长三角重要生态功能区和休闲旅游目的地。保护山水资源优势，建设宁镇生态屏障。发挥生态文化优势，在加强生态资源保护和修复基础上，积极发展休闲旅游，为长三角地区发展提供生态和休闲服务支撑。

（四）发展目标

按照到2020年全面建成更高水平小康社会的奋斗目标，“十三五”乃至更长一段时期全市经济社会发展主要目标是：经济发展跃上新台阶，经济保持中高速增长，地区生产总值年均增长9%左右，人均GDP达到11.5万元，一般公共预算收入年均增长10%以上，居民收入与经济发展实现同步增长；转型升级取得新进展，服务业增加值占地区生产总值比重达到48%以上，高新技术产业产值占规模以上工业总产值比重超过40%，R&D支出占GDP比重提高到2.5%左右，基本实现农业现代化；城乡协调出现新景象，常住人口城镇化率、户籍人口城镇化率分别达到60%和55%以上；生态环境得到新改善，地表水国控断面优于III类水质的比例达到80%以上，空气质量达到二级标准的天数比例达到80%以上；民生幸福得到新提升，城镇和农村居民人均可支配收入分别达到5.7万元和2.5万元左右；深化改革取得新突破，探索权力清单、责任清单、负面清单管理新模式，法治句容建设扎实推进。

（四）全力实现“5+1争创”

争创国家级经济技术开发区。充分发挥区位、科教人才和特色产业组合优势，以西部干线为重点畅通区域联系通道，促进宝华、经济开发区、下蜀亭子片区融合发展，重点提升宝华科技创新和现代服务业发展水平，推动经济开发区先进制造业、高新技术产业跨越式发展，努力形成“研发在宝华、产业化在开发区”的联动发展格局，夯实国家级经济技术开发区创建基础。

争创国家现代农业示范园。以国家现代农业示范区试点为契机，加快转变农业发展方式，示范推广农业生产的新技术、新模式，大力发展优质高效和绿色有机农业，提升农产品附加值和品牌美誉度，全力打造现代农业科技示范基地、农业科技成果转化基地、农村科技创新创业基地以及农村人才培养基地，力争创成国家现代农业示范区和国家农业科技园区，实现农业增效、农村发展、农民增收。

争创国家级旅游度假区。充分发挥“两山两湖”位置相近、知名度高的优势，以茅山5A级景区为龙头，串联九龙山、茅山湖（二圣湖）、赤山湖等南部旅游资源，坚持整体规划、统筹考虑、突出特色、打造精品，创新政府主导、企业主体、市场运作的体制机制，规划、培育一批更具特色的旅游业态，大力发展生态文化与乡村旅游，积极争创国家级旅游度假区，打造长三角重要休闲旅游目的地。

争创全国县级文明城市。以文明城市创建为抓手，统筹推进党的建设、生态文明建设和政府自身建设，不断提高人民思想道德素质、科学文化素质、健康素质与法治意识，实现社会文明程度高的目标要求，力争2017年通过全国县级文明城市考核验收。

争创省级高新技术产业开发区。强化郭庄空港新城区位和产业优势，加快高科技产业园以及南京中小企业创业园等载体建设，推进光伏、1GW高效电池组件等重点产业项目，着力打造光伏产业集群和现代装备制造集群，努力将郭庄打造成集研发、孵化、投资、创业服务于一体的高新技术产业基地，力争在"十三五"期间创成省级高新技术产业开发区。

争创国家级火炬计划特色产业基地。支持宝华、下蜀、边城等地区主动参与镇江国家级高新区建设，充分利用国家级高新区品牌、政策与资源要素优势，促进软件与服务外包、新型建材、交通新材料等特色优势产业和高新技术产业发展壮大，积极创建国家级火炬计划特色产业基地。

三、重点任务

为实现"十三五"规划目标，《纲要》提出今后五年全市经济社会发展的重点任务，主要包括以下八个方面：

（一）分区管控优化空间结构。为调整优化空间结构，合理划定三类空间，将经济社会发展任务与空间布局融为一体，《纲要》提出，要以主体功能区规划为基础统筹全市各类空间规划，实施"多规合一"，调整优化空间结构，加快构建主体功能区建设并合理划分城镇农业生态空间。《纲要》明确，句容市未来将构建"两横两纵"（"两横"是指沿江发展轴、沿沪宁线发展轴，"两纵"是西部发展轴和沿扬马线发展轴。）的开发格局，着力打造以中心城区、宝华、郭庄为主体的"一主两副"城镇体系和以宝华山、赤山湖、茅山"三大片区"为主体的生态安全格局，大力构建以"三大片区"和中部、西南部农业片区为主体的农业发展格局。

（二）创新创业推动产业转型升级。为深入实施创新驱动发展战略，推进大众创业万众创新，促进产业融合共进，构建先进、绿色、高效的现代产业新体系。《纲要》提出，要加快推进产业结构调整和转型升级，积极发展新兴产业和支柱产业，改造提升传统产业，进一步引导制造业和服务业升级发展；要加快转变农业发展方式，大力推进农业现代化；要做大做强特色旅游，进一步提升旅游业发展水平；要优化产业"三集"布局，按照集中、集聚、集约的原则，促进产业集中度，提高发展效率；要创新产业组织方式，推动产业融合串联发展；要强化企业技术创新主体地位，推动科技科技成果产业化基地建设，促进大众创业万众创新。

（三）绿色低碳建设宜居城乡。《纲要》指出，要加快建立城乡一体化长效管理机制，推进城镇化与城乡协调发展；优化中心城区空间布局，提升中心城市品质；要完善宝华、郭庄、下蜀、天王等重点城镇功能，推进小城镇建设；进一步完善城乡基础设施体系，科学谋划村庄布局，着力建设一批绿色宜居乡村。

（四）共享包容增进民生福祉。为实现更高质量的就业、千方百计增加居民收入、统筹推进城乡社会保障体系建设、实现发展成果更多更公平的惠及全市人民。《纲要》强调，要促进公共服务优质均等；进一步巩固扩大社会保险覆盖面，健全社会保障体系；要建立扶贫资金稳定增长机制，加大贫困人口扶持力度；全力保障食品药品、安全生产与管理、社会治安等方面公共安全，构建应急管理平台与体系。

（五）引育结合提升人口素质。为更好地满足高层次人才、大学生、外来普通劳动力、本地居民等不同群体需求，加快提升人口素质。《纲要》指出，要创新创业人才引进与使用；加快发展现代职业教育与终身教育；促进就业稳定增长，促进各类劳动力有序就业；要鼓励全民建设，大力推进全民健康工程；积极践行社会主义核心价值观，提升公民道德文明素质。

（六）防治结合保护生态环境。优质生态环境是保持和提升句容城市吸引力的关键要素，是经济社会发展的生命线。《纲要》指出，要节约集约利用土地资源，加快实施建设用地总量和强度双控制度，科学合理利用水资源，加快建设节水型社会，全面提高能源使用效率；要注重生态保护与修复，加快实施生态红线区域保护工程和关停矿山宕口综合整治工程，完善环境保护基础设施建设；要加大环境污染防治力度，大力倡导绿色生产与生活，引导绿色生活方式。

（七）内联外通构建开放新格局。顺应区域一体化发展趋势，在更高层次上加快城市集聚是加快城市化的必然选择。《纲要》指出，要推进区域创新创业合作，打造便利快捷的同城交通网络，统筹边界区域跨界建设，建立健全同城化协调发展机制，充分发挥宁镇同城化“粘合带”作用，加快推进与宁镇同城化进程。要积极对接上海融入苏锡常，强化与沿江城市联动发展，积极参与长江经济带和“一带一路”建设，实现高水平“引进来”与“走出去”并重，全面扩大开放与合作。

（八）体制改革增强发展动力活力。“十三五”期间要以深化改革、创新机制为突破口，加快构建有利于科学发展的体制机制。《纲要》指出，要继续全面深化经济体制、生态文明建设、空间规划协调、农村综合改革、社会领域和科技体制等方面的改革，建立现代政府管理体制；要加快“法治句容”建设，完善地方性法规体系，构建开放、动态、透明、便民的阳光司法机制，提高司法公信力，推进法治政府、法治社会一体化建设。

四、规划实施

（一）加强组织领导

完善党领导经济社会发展工作的体制机制，提高决策科学化水平。优化领导班子知识结构和专业结构，提高专业化水平。深化干部人事制度改革，完善政绩考核评价体系和奖惩机制。

（二）加大宣传推介

通过政府新闻发布会和利用各类媒介对规划进行及时发布与全面解读。组织各乡镇、园区、社区对规划进行系统学习，让规划理念和目标任务深入人心。借助各类企业、科研院所及社会各界力量，营造全社会关心和参与规划的浓烈氛围。

（三）强化监督评估

建立规划实施情况动态反馈机制，成立规划实施领导小组，建立健全督查考评办法。强化规划实施的阶段性评估，成立以学者、企业家、民众等各界人士组成的社会团体对规划实施过程进行监督。

（四）推动规划衔接协调

完善规划编制体系，加快“多规合一”与各类规划整合，形成以发展总体规划为引领、相关空间规划和专项规划为支撑的定位清晰、功能互补、统一衔接的规划体系。促进规划有序衔接，以总体格局和城镇、农业、生态空间为基础，促进各类规划在区域战略、发展目标、规模结构、空间边界、重大项目、政策措施等方面的协调统一。（发改经信委）

句容市综合分析研判试点的实践与思考

新修订的《党政领导干部选拔任用工作条例》明确要求，组织部门要“综合有关方面建议和平时了解掌握的情况，对领导班子进行分析研判”。我市从2014年9月份试点，历时一年，完成了对市管领导班子、领导干部和后备干部的研判，在干部群众中产生了热烈反响。通过一年试点的实践和探索，我们深深感到，综合分析研判既是新形势下干部制度改革的重大创新，也是全面从严治党的重要举措，更是加强基层干部队伍建设的一项基础工程。

一、基本做法

综合分析研判是一项创新性工作，为确保取得实效，市委周密谋划、精心部署，扎实推进研判的每一项具体工作。

1. 把思想先导抓深抓透。作为试点，一些干部最初对综合研判缺乏了解。为了增进共识，市委召开全市研判动员大会，明确指出开展分析研判是贯彻落实新《条例》的具体要求，研判不是以提拔任用为目的的考察，而是“运用各种评价分析方法，对领导班子的整体结构、运行情况、优化方向和领导干部履职情况、工作状态、能力绩效等方面作出客观评价判断，为市委加强领导班子建设、管理调配干部提供科学依据的工作机制”。通过深入宣传发动，大家对研判有了清晰的认识，形成了市委高度重视、组织部门全力以赴、相关单位协同联动、研判对象密切配合、广大干群积极参与的工作格局。

2. 把研判力量配强配精。市委成立研判工作领导小组，组织部长担任组长，下设办公室、评估组、分析小组。市委书记亲自把关研判人员选配，从各单位抽调有丰富领导经历和干部工作经验的同志组成研判工作队伍。各研判分析小组的组长，全部在多个乡镇或部门担任过主要领导，有丰富的基层工作经验和识人察人能力。研判机构成立后，集中组织专业培训，帮助研判人员迅速理清思路、进入角色；签订“保密、廉洁”承诺书，对研判人员自身提出严格的纪律要求，并实行严格的工作回避制度，做到“打铁先得自身硬”。

3. 把分类指导做细做活。市委制定研判工作总的“路线图”，明确“进点动员、驻点调研、民意调查、专项调查”四大必要环节、18 项规定程序。同时，要求各研判小组在正式进驻前，根据被研判单位实际，制定个性化“施工图”，不求千篇一律，鼓励大胆创新，做到“规定动作”一个不少、“自选动作”合理高效。比如研判卫生、人社等窗口部门时，强化民意调查和走访服务对象等环节；研判交通、住建等涉及重点工程项目的部门时，采取统计、审计、财税等多部门协同的方案，确保研判点到穴位、击中要害。

4. 把干部信息收全收准。把收集信息作为研判的基础和前提，力求全面、翔实。一是多方调阅资料。广泛收集研判对象的工作总结、年度考核、绩效考核以及纪检、信访、审计、档案等方面信息，作为多方印证的第一手依据。二是充分谈话了解。借鉴巡视工作“漫谈”的做法，谈话涉及面大、深入细致，许多部门做到从在职人员到离退休人员谈话的全覆盖，真正做到让知情人说知情话、公道人说公道话。三是广泛调查民意。通过问卷调查、发函调查，征集上级领导、条线部门、服务对象以及基层群众的评价意见。四是深入实地走访。通过对领导干部分管工作进行现场查看、到干部所住社区走访等，直观了解干部的八小时内外表现。五是开展专项调查。对群众反应比较强烈以及群众路线教育实践活动中反映出来的问题，重点调查，掌握实情。

5. 把分析研讨抓严抓实。一是集中讨论，主要进行数据分析、民意分析、比较分析、案例分析、实绩分析等，所有参与研判的工作人员都要发表意见，各抒己见。二是撰写报告，对领导班子、领导干部进行定性、定量评定，并提出班子优化配备、干部培养使用和适岗性推荐建议。研判报告的每句话、甚至每个字，都要集体讨论、仔细推敲，防止有失偏颇或带有个人倾向。三是评估确定，由研判评估组审核、修正研判报告，向研判领导小组作专题汇报。

6. 把研判结果用足用好。一是向市委反馈。市委充分尊重研判结果，把研判作为干部调整的前置环节，做到干部不研判就不动议，研判不优秀的一般不提拔重用。对发现的问题，或谈话提醒，或调整交流，问题严重的则交有关部门核实处理。二是建动态档案。把研判中的各类谈话记录、测评数据等一一纳入，妥善保管。组织部门也据此充实后备干部库，并动态调整、择优选用。三是与单位见面。召开班子集体谈心谈话会，及时肯定成绩、指出不足，有针对性地提出整改意见。四是和个人交流。采取书面或当面反馈的形式，让被研判者知晓自己的“身体状况”，认清自我完善的方向。

二、几点突破

研判工作中，我们按照“努力形成系统完备、科学规范、有效管用、简便易行的制度机制”要求，边实践、边探索，边总结、边提升，力求做到大胆创新，重点突破。

1. 推进研判基础数据化，在干部考评的方式方法上求突破。改变干部考察重情况了解、轻数据分析的状况，把数据收集和分析作为研判工作的重要基础，数据汇集上做到“三个字”：一是“全”。小到学历证明、荣誉证书原件，大到近年来工作总结、干部考察材料等基础资料，都一一收录。二是“细”。专题进行“德”的测评，把“德”细分成 19 项具体表现逐项评级。三是“新”。实行“双画像”，班子成员递交个人德才“自画像”，党政主要负责人对班子成员逐个“画像”。对收集的各方面基础信息，一人一档建立“数据库”，多维度、立体化考量班子和干部。一位研判工作人员深有感触地说，“以前我也参加过干部考察工作，如果把过去干部考察比作‘照 X 光’的话，那么现在的研判就是‘做 CT’，评价更加立体、更加全面”。在注重信息“量”的同时，也注重信息的“质”，突出搜集最有说服力的核心信息。比如在市科技局研判时，协同财政等部门，重点核查近三年科技专项资金的分配情况，高新企业扶持资金、科技兴农惠民资金、知识产权申报资金等大量数据全盘列出，形成深度调查材料。在对一些专业性强的部门研判中，还进行专业知识考试，内容包括该行业的政策法规、工作重点、业务技能等，考试结果形成“成绩报告单”，录入数据库。

2. 推进研判队伍协同化，在干部考评的组织优化上求突破。综合研判成立“协同作战”机构，克服了过去干部考察中组织部门“单兵作战”的不足。研判办公室综合调度，发挥“指挥部”作用；研判分析小组自主开展工作、相互交流经验，履行“主力军”职责；研判评估组动态跟踪，当好“智囊团”角色。此外，研判工作机构中，既有从事过干部人事工作的行家里手，又有担任过乡镇、部门主要领导的外援支撑，这些同志阅历、经验都很丰富，能够对一些疑难复杂信息做出正确判断，也能够跳出组织部门识人察人的框框，起到了“第三方”研判的作用。

3. 推进研判指标科学化，在干部考评的深度拓展上求突破。在综合研判工作中，坚持从表象考评向具象考评转变，做到既看到“显”的一面，又看到“潜”的一面。创新提出“三显三潜”考评要求，围绕显德与潜德、显能与潜能、显绩与潜绩6个核心要素，细化为18个研判分析指标，德、能、绩均依据民意测评、领导评价、绩效考核等方面的结果加权折算成分值。同时，在考评指标的权重分配上，体现“德才优先、实绩优先、民意优先”的原则。比如对镇党委书记岗位，其班子绩效考核权重为40%，民主测评占30%，而领导和研判小组评价分别只占10%和20%，体现出重实绩、重民意的导向。通过加权量化，研判结果是“优秀”“称职”“基本称职”还是“不称职”，都有了比较科学的区分标准，等次评定避免了随意性。

4. 推进研判触角社会化，在干部考评的多维全面上求突破。改变过去干部考察局限于工作圈的做法，把研判面扩大到干部“八小时之外”的表现，对消除研判“盲区”、防止“带病提拔”具有重要意义。为此，专门开展“两圈”研判，将“探照灯”照射到干部“生活圈”“社交圈”。主要方式是：到干部家庭及其所在社区，重点了解夫妻相处、孝敬长辈、子女教育、邻里关系、经济状况、健康状况、家务劳动、物业费缴纳、有无违建等方面情况；到司法、公安等部门，有针对性地了解核查干部有无不良信用记录、酒驾及其他违章违法行为。这样，从工作到生活、从单位到社会，实现了全面了解、综合分析。一位参与研判的干部说，“虽然被研判对象家属反馈的大多是正面信息，但无论是正面信息还是反面信息，都具有参考价值，更何况我们也确实听到了一些问题反映，获取了一些平时难以掌握的重要情况”。

5. 推进研判结果精准化，在干部考评的人岗相适上求突破。研判改变了过去平均用力、例行考察的做法，坚持把领导干部的“人岗相适度”作为研判的重点。一是研判“适应性”。对党政主要领导，研判其相互磨合、相互协作情况；对上任不久的领导干部，了解其进入角色快慢、打开局面能力；对多岗位锻炼培养的干部，横向比较其不同领域的表现，评估其适应能力。二是研判“适时性”。研判领导干部是否及时贯彻十八大以来党的各项方针政策，理念思路和关键措施是否与时俱进，是勇于创新还是墨守成规，是敢于担当还是为官不为。三是研判“适岗性”。把干部的个性、特长等与所在岗位的特点结合起来评价，看干部是否放对了位置、发挥了优势，究竟适合哪些岗位。通过“人岗相适度”研判，分类提出正副职领导干部以及优秀年轻干部、女干部、党外干部的培养方向和适岗建议，最大限度调动积极因素、消化不利因素，为市委选人用人和市管领导班子建设提供了有效参考。

三、初步成效

综合分析研判实现了对领导班子运行和领导干部德才表现的科学评判和有效监测，提高了选人用人的科学化水平，基本达到了干部认同、班子优化、群众认可的预期目的。

1. 工作导向更鲜明。在研判工作中确立“三显三潜”干部考评新体系，树立“品德优、能力强、业绩好、作风实”的鲜明导向，切实推动“好干部”标准在基层落地生根。既重“显德”又重“潜德”，使干部更加注重政治品质和道德修养。“显德”研判包括讲政治、守规矩、敢担当等方面，“潜德”研判包括敬业精神、群众观念、作风品行等方面，表面的、内在的都要研判，但重点在挖“潜”。去年以来有3名人选因“德”的研判不过关，在干部调整动议时被取消动议提名资格。既重“显能”又重“潜能”，使干部更加注重真抓实干和学习提升。开阔选人视野，不但看决策能力、落实能力、应变能力等“显能”，也看学习能力、创新能力、自律能力等“潜能”；不但看客观条件，也看主观努力；不但看在现有岗位能不能干事，更看适合在什么样的岗位去干事。“潜能”研判使干部的自信心增强了，学习、锻炼的自觉性也提高了。既重“显绩”又重“潜绩”，使干部更加注重打好基础和谋划长远。针对少数干部“GDP挂帅”、掺水政绩工程、同一成绩多人争功等现象，在研判中既扫描显绩，又透视潜绩，把目标完成、特色亮点、奖励表彰等“显绩”，与人才培养、基础建设、遗留问题化解等“潜绩”结合起来，进行深度分析，不让老实人吃亏。开展研判以来，市委结合研判结果运用，在超职数化解任务较重的情况下，对13名在民生、发展、维稳一线埋头干事、业绩突出的“老黄牛”式干部进行了提拔重用，占同期新提拔干部数的70%以上。

2. 考评识别更深入。综合分析研判采取正面研判、跟踪研判和延伸研判等方式，近距离聚焦每一名被研判对象，听到了真话，看到了真相。正面研判体现直观性。改变以外围评价、侧面了解为主的方式，通过面对面“漫谈”，让研判对象充分表达，重点听取对重大问题的思考、对群众的感情、对名利的态度、处理复杂问题的过程和结果等。比如在对某镇研判前，许多同志对该镇党委书记的印象是“温和、缺乏魄力”，通过正面交谈，大家发现，该同志不仅思路清晰、思维缜密，而且敢闯敢试，招商引资有独到的方法，这个镇后来蓬勃的发展势头也印证了这一点。跟踪研判实现近距离。全程参加驻点单位的党政联席会、民主生活会、工作协调会，并对研判对象分管领域实地调研，基本做到“管农业的研判到田头，管工业的研判到企业，管建设的研判到工地，管教育的研判到学校”。事后研判组的同志都感叹，没有真正、深入的调查，就没有研判的发言权。延伸研判扩大信息面。纵向延伸到干部以前的工作单位，横向延伸到家庭生活，编织了一张动态、历史了解干部的“信息网”。“一些干部调到新岗位时间不长，谈话了解时普遍反映不是很熟悉，这时到原单位研判就很有必要，而且干部调走后，原单位反映的情况反而更客观些。”一位研判干部深有体会地说。

3. 干部管理更严实。综合分析研判是把“三严三实”要求落实到干部工作中的有效途径。研判工作逐步形成与干部日常管理监督相对接的机制，成为完善干部管理制度的新方式，实现了研判、管理一体化。双向交流促进及时整改。组织部门对研判发现的问题和不足，有针对性地反馈给研判对象，并督促其整改，实现了组织部门与研判对象的良性互动。群众参与强化干部监督。民意测评、调查走访、业绩公示、设立意见箱等，大大提高了群众的关注度和参与度，促使干部各项工作更加注重对上负责与对下负责相统一、组织满意与群众满意相统一。部门联动前移防腐关口。结合当前形势，着重围绕“为官不正、为官慢为、为官假为、为官不为、为官乱为”等问题开展研判。对研判中发现的苗头性问题，研判小组分别与纪检、审计、住建、国土、财政等部门沟通交流、整合信息，发出预警信号，加强腐败风险防控。研判组在了解干部信用记录时发现，一名干部长期经商，存在重大债务纠纷，影响了本职工作，市委听取汇报后及时做出了免职处理。

4. 班子建设更优化。根据研判建议，市委针对不同情况，采取“三法”调整领导班子。做“减法”，班子结构更加精干。着力化解班子超职数问题，但不是一减了之、机械操作，而是根据研判情况优化调整、削峰填谷，使交流出去的干部增强了动力和干劲。做“加法”，班子能力实现互补。根据各部门的行业特点、各镇（街道、园区）的产业结构，按配强骨干的要求，对一些存在“短板”的班子充实了力量；突出了适岗性，坚持以事择人、以岗选人；通盘衡量使用各类别、各年龄段的干部，班子配备的合理性、互补性、协调性得到加强。做“乘法”，班子合力明显增强。围绕构建和谐班子、切实减少内耗的目标，着力建设一支气质性格相容、团结合作共事的干部队伍。在研判某单位时发现，该单位党政“一把手”个性都很强，每次开会少不了针锋相对，导致一系列问题多次议而不决，下属单位意见很大。根据研判建议，市委对该单位领导班子及时做出调整，使班子运转迅速步入正轨。

综合分析研判是基层干部队伍建设中一项创新性的系统工程，虽然我们进行了一些有益探索，取得了一些成效和经验，但要真正做到全面、历史、辩证地研判班子和干部，还需要不断探索和完善。今后，我们将进一步推进综合分析研判从传统型向现代型、从平面化向立体化、从封闭式向开放式深度转变，加强研判工作制度化、常态化、规范化建设，重点开展“适岗性”“创新型”“紧缺型”干部等专项研判；进一步推进研判工作信息化，建立信息共享平台，安全高效地实现上下互通、实时查询；进一步推进研判流程、指标设置、结果运用“标准化”，提高研判工作科学化水平。通过上述努力，真正让研判成为常态化开展、规范化执行、科学化运用的一项更加成熟、更加定型的制度，在完善识人选人用人管人机制、推动干部能上能下等方面发挥更大作用。

（中共句容市委组织部）

大事记

责任编校：丁 阁

1月

1日 句容绿色建材产业园正式启动市场化运作。该园区系镇江市先进制造业3个试点园区之一，也是句容市唯一的先进制造业试点园区。

△ 句容市1路夜班公交正式开通。

12～14日 中国人民政治协商会议句容市第九届委员会第四次会议在市文化艺术中心大剧院举行。市委书记、市人大常委会主任尹卫东到会发表讲话。市政协主席孙昌桂作大会工作报告。

13～15日 句容市第十五届人民代表大会第四次会议举行，市长许文代表市政府向大会做政府工作报告。

15日 位于下蜀镇境内的220kV临港变电站投入运营，该座变电站也是句容市第一座220kV智能化变电站。

19日 徐州市贾汪区代表团到句容市考察乡村旅游发展工作。市委常委高庆华、副市长王琴陪同考察。

△ 省第一督学责任区（南京、镇江）“一日督导”专题研讨活动在句容市举行。市政协副主席王道银参加活动。

21～22日 在江苏省草莓协会、省园艺技术推广站在宜兴举办的首届中国江苏“宜兴陶都杯”草莓评比活动暨草莓产业发展培训班上，句容市白兔镇万山红遍家庭农场红颊草莓、白兔镇云兔草莓专业合作社红颊草莓、白兔镇柏生草莓专业合作社红颊草莓获得金奖。

是月 句容市学前教育三年发展规划（2015～2017年）出台，拟到2017年原则上达到按常住人口每万人配置一所幼儿园或性质类似的学前教育机构的要求。全市所有幼儿园达到镇江市优质园建设标准，85%的幼儿园达到省优质幼儿园办园标准，新建幼儿园100%达到省优质园的建设标准。

△ 天王镇戴庄有机农业专业合作社、华甸农产品专业合作社、后白镇西冯花草木专业合作社、天王华安彩叶苗木专业合作社、江苏爱农葡萄专业合作联社5家合作社获“国家农民合作社示范社”称号。

△ 句容市供销合作总社被评为全国百强县级社。

△ 首辆国产自动挡轻客房车在郭庄空港新区内的江苏格瑞德交通科技有限公司下线。

2月

2日 句容市南部中心客运站（天王汽车客运站）正式投入使用。

6日 市委书记、市人大常委会主任尹卫东，市长许文共同会见了浦发银行南京分行党委副书记、纪委书记张炳泉一行，双方就深入展开金融领域合作进行了交流与洽谈。

8日 中共句容市第十一届纪律检查委员会第五

次全体会议召开，回顾总结2014年全市党风廉政建设和反腐败工作，研究部署2015年任务。市领导尹卫东、许文等出席会议。

10日 省委宣传部副部长焦建俊到句容市慰问“时代楷模”赵亚夫。镇江市委常委、宣传部长曹当凌，句容市委常委、宣传部长吕朝霞参加活动。

11日 句容市召开各界人才代表迎春座谈会，听取各界人才代表对全市经济社会发展以及各类引进的人才在各自的工作岗位上如何更好地发挥作用的意见和建议。市长许文，市委常委、组织部长皋古和，副市长仰远出席座谈会。

14日 省水利厅厅长李亚平一行到句容市调研农村农田水利基础设施建设工作。市委书记、市人大常委会主任尹卫东陪同察看。

28日 句容市举办“春风行动2015”农村劳动力转移大型招聘会。市内外328家单位进场设点招聘，提供46个工种6200个就业岗位，近万名城乡劳动力进场求职应聘，近三成求职者与用工单位达成就业意向。

是月 为帮助困难群众度过春节，句容市给五类困难群体每人发放200元节日补助，其中省级资金标准每人100元，市级财政配套每人100元。全市发放资金数额达270余万元。

△ 句容市7个特色农产品入选首届“江苏消费者最喜爱的绿色食品”。

△ 句容市住建局住房保障部门进行了2012～2013年度申请公共租赁（廉租）住房的轮候家庭摇号分配。

△ 句容市北山及茅山两座中型水库除险加固工程通过省水利厅竣工验收。两水库除险加固工程分别于2012年9月、10月开工，2014年9月18日全部完工。

△ 江苏新顺福食品有限公司被国家农业部和镇江市人民政府评为“全国主食加工业示范企业”、“镇江市农业产业化龙头企业”。

△ 句容市在江苏省第三次全国经济普查总结会上获“江苏省第三次全国经济普查先进集体”称号。

△ 南京财经大学食品科学与工程学院分别和江苏新顺福食品有限公司、句容市苏润米业有限公司、句容市虎耳山无花果专业合作社签订协议，建立“南京财经大学教学科研实践基地”，并在江苏新顺福食品有限公司创建“南京财经大学企业研究生工作站”。

3月

3日 “畅享句曲——贺新春·闹元宵”系列活动在市文化艺术中心举行。

6日 省法制办、农开局调研组一行，到句容市就《江苏省农业综合开发条例（草案）》开展立法调研。市委常委、常务副市长潘群陪同调研。

16日 句容市电子商务进村入户工程正式启动。市领导尹卫东、王琴，江苏农业职业技术学院院长巫建华、阿里巴巴农村淘宝事业部李光磊等出席启动仪式。

20日 句容市首届青年大学生创业大赛正式启动。此次大赛由市委组织部、人社局、财政局、科技局、团市委联合主办。

26日 镇江市派驻句容“第一书记”座谈会召开。市委副书记商震出席会议。座谈会上，驻句“第一书记”围绕“百村万户”双达标工作分别进行了汇报与交流。

27日 全市领导干部学习贯彻习近平总书记系列重要讲话和十八届四中全会精神轮训班开班，该市650多名镇局级领导干部共分四期进行培训。

31日 句容市政府与中国农业银行镇江分行签订战略合作协议，市领导尹卫东、许文、潘群出席签约仪式。

是月 江苏茶博园被中国茶叶学会命名为“中国茶叶学会茶叶科普教育基地”。

△ 句容市乡村旅游网及手机客户端（APP）开发应用获省旅游局“旅游体制机制创新奖”。

△ 国家卫生计生委医政医管局监察专员周军、医疗资源处处长焦雅辉等一行到句容市调研分级诊疗工作。

△ 句容市出台《中小学教师拔尖人才津贴实施办法》，中小学教师拔尖人才津贴发放标准提高到每人每年800元至60000元不等。

△ 市气象科普馆被省科协、省科技厅、省教育厅联合命名为“江苏省科普教育基地（2014～2018年）”。

△ 市青年创业帮办服务中心和13个镇（街道、管委会）青年创业帮办服务分中心正式授牌成立。

△ 福建省委办公厅一行到句容市考察经济薄弱村扶贫、村干部培训及农业结构调整工作。市委副书记商震、副市长王琴陪同考察。

△ 由省教育厅、省农委、省经信委等部门联合主办的2015年江苏省职业学校技能大赛农林牧渔项目在江苏农林职业技术学院举办。

4月

3日 苏宁易购镇江首家自营服务站在郭庄镇正式开业。

7日 句容市召开全市科技人才暨省创新型城市建设动员大会。尹卫东、许文等市四套班子主要领导和分管领导出席会议。

14~18日 第七届“句容·茅山杯”全国象棋冠军邀请赛在句容市举行。谢靖通过加赛夺得男子组冠军,唐丹第三次获女子组冠军。孙勇征、王琳娜分获男子组、女子组亚军,赵鑫鑫、尤颖钦分获男子组、女子组季军。

15日 句容市通过国家知识产权试点城市验收。省知识产权局副局长张春平和句容市领导潘群、仰远出席创建工作汇报会。

20日 镇江市2015年一季度产业“三集”发展分析会在句容市召开,镇江市委常委、副市长蒋建明,句容市领导尹卫东、潘群出席会议。

23日 句容市首个“全民阅读日”活动开幕,该活动的主题是“为实现中华民族伟大复兴的中国梦而读书”。市委常委、宣传部长吕朝霞出席启动仪式。

27日 国家、省宗教局一行到句容市调研宗教工作。市委书记、市人大常委会主任尹卫东出席调研座谈会。

△ 省委农办主任诸纪录、镇江市委副书记李茂川一行到句容市调研黄茅老区扶贫开发工作,市领导尹卫东、商震陪同调研。

29日 宁杭路快车道改造工程通过竣工验收。

是月 市委、市政府印发“句容市生态文明建设三年行动计划”的通知,对句容市2015—2017年重点开展生态文明建设八大行动进行了明确。

△ 句容市人力资源市场举办小微企业专场招聘会。本次招聘会共有60家用工企业参加,提供了财务主管、文秘、销售员、服务员等800多个就业岗位。

△ 句容市民宗旅游局在“梦回丝路·2014中国旅游总评榜颁奖典礼”上被授予全国“最具推广力旅游局”称号。

△ 总建筑面积约7.2万平方米的宝华镇可一数字出版基地投入运营,该基地投入运营后能够年产50万色令印刷产品,印刷书刊10亿码洋。

△ 句容市展开“第二轮小型农田水利重点县”工程建设,共有20多座滚水坝、8座泵站、河塘清淤、河道清淤、渠道衬砌等工程开工建设。

△ 句容市机构编制委员会批复,在白兔、后白、下蜀、开发区和茅山管委会等5个片区分别设立环境监察(监测)所。

△ 第十一届江苏省“五星工程奖”摄影获奖作品在句容市文化馆展出。

△ 经省教育评估院组织评估、省普通高中星级评估专家评审委员会审定,市三中成功创成“江苏省四星级普通高中”,成为句容市第二所四星级普通高中。

△ 句容市总工会与市司法局联合聘请6名资深律师,成立句容市总工会职工法律服务律师团。

△ 中央电视台知名栏目《走遍中国》摄制组到茅山景区,围绕茅山道教养生文化,对景区生态环境、顶宫、印宫、喜客泉等景点以及葛根等中药材进行专题拍摄。

△ 句容市农民纪荣喜被评选为“全国劳动模范”,受到党中央、国务院的表彰。

△ 在全国第九届残疾人运动会上,句容市残疾人运动员胡鹏以202公斤的成绩摘得男子72公斤级举重金牌。

5月

1日 句容市首条城乡线路循环班车正式开通。具体线路走向为:句容城区—下蜀—栗庄—仓头—栏江—南北通道—312国道—宝华高铁站—宝华医院—凤坛花园—句容城区。

6日 省水利厅副厅长陶长生一行到句容市检查秦淮河联防地区的防汛防旱工作,市委副书记商震陪同。

9日 中华全国供销合作总社监事会副主任潘种树到句容市调研基层供销合作社改革发展情况。镇江市委副书记李茂川、副市长胡宗元，句容市长许文、副市长潘群陪同调研。

13日 省侨办到句容市为中凌社区颁发“全国社区侨务工作示范单位”牌匾。句容市副市长王乙焯和省侨办侨政处处长卢胜平、镇江市侨办主任魏宏扬等出席授牌仪式。

△ 天王镇优抚对象服务站正式对外开放，这是江苏省第一个镇级优抚对象服务站。

26日 省义务教育发展基本均衡县专项督查意见反馈会在句容市召开。省政府督查室督查专员蔡琪，镇江市副市长曹丽虹、副秘书长朱金生，句容市领导尹卫东、姚华出席会议。

27日 新疆伊犁州政协副主席艾赛提·艾尼瓦尔一行到茅山道院和茅山新四军纪念馆考察，了解旅游文化资源开发利用情况。

28日 由农业专家、时代楷模赵亚夫亲自指导，句容市农委帮助策划扶持，《农民特产信息网》开发实施的本土电商公益平台“亚夫在线”正式上线运行。

30日 宁杭南路及宁杭南路句容河桥改造工程完成工程验收工作。

31日 句容市召开“三严三实”专题党课暨专题教育动员部署会。市委书记尹卫东围绕“三严三实”的基本内涵、当前干部队伍中存在的“不严不实”问题和争当践行“三严三实”好干部三方面为全市领导干部上专题党课，并代表市委常委会对该市“三严三实”专题教育工作进行动员部署。

是月 由韩中文化交流事业中心、仁川市议会教育委员会、韩国银池小学组成的教育考察团到句容市实验小学，开展中韩文化交流。

△ 央视大型文化纪录片《中华百寺》到宝华山隆昌寺拍摄，为期三天，内容涉及寺庙僧人的日常生活、受戒仪式、寺庙传奇故事等。

△ 江苏省“中江杯”第二届手工制茶能手大赛在江苏茶博园举行。

△ 第九届宁镇扬同城化论坛在句容市举行。35名来自南京市社科联、镇江市社科联、扬州市社科联的代表出席论坛。

△ 句容市的新四军茅山抗日根据地（核心区）文物保护与环境整治工程获江苏省抗战文物抢救保护工程立项。

6月

1日 南京大学——句容科技企业家研修班在南京大学商学院举行开学典礼，市委常委、组织部长皋古和参加开学典礼并作动员讲话。

2日 黄桥茅山革命老区县乡党政领导扶贫政策培训暨富民强村行动计划推进会在句容市举行。省委组织部副部长、省委党建办主任盛克勤作题为《深刻理解“四个全面”战略布局，切实加强革命老区农村基层服务型党组织建设》的辅导报告。句容市领导尹卫东、商震等参加会议。

△ 教育部县域义务教育均衡发展督导检查专家组对句容市2013年创建“全国义务教育发展基本均衡县”进行“回头看”督导。镇江市副市长曹丽虹、市政府副秘书长朱金生，句容市领导许文、姚华、王乙焯等陪同。

5日 江苏唐邦机电有限公司的“唐邦”商标被国家工商总局认定为中国驰名商标，成为句容市第三个获此荣誉的企业。

6日 镇江市委书记夏锦文带领市委党建工作领导小组全体成员到天王镇戴庄村，参观赵亚夫事迹陈列馆，面对面学习赵亚夫同志先进事迹，开展专题座谈交流。镇江市领导李茂川、孙健、李小平、李雪峰、童国祥、秦海涛，句容市委书记、市人大常委会主任尹卫东等市领导参加活动和专题座谈会。

是日 由县长徐耀昌、“议长”游钟钿带领的台湾苗栗县考察团一行到句容市交流。省台办、镇江市台办相关负责人和句容市领导许文、王琴陪同。

10日 江苏省诗词协会会长凌启鸿一行到句容市检查“江苏省诗词之乡”创建工作，镇江市政协副主席赵庆荣，句容市政协主席孙昌桂、副主席王道银陪同检查。

13日 南京邮政在江苏可一文化艺术产业园可一美术馆发行《感恩父亲》特种邮票。省文化厅副厅长高云出席活动，并为《感恩父亲》特种邮票揭幕。

17日 省人大常委会委员、环资城建委主任夏鸣一行到句容市，就《江苏省旅游条例》立法工作进行专题调研。市领导尹卫东、杨庆荣、吴小香、王琴陪同。

18日 句容文明网开通。市委副书记商震、市人大常委会副主任吴小香、副市长王乙焯、市政协副主席谢荣洲出席开通仪式。句容文明网共有18个一级栏目、30个二级栏目，涵盖了该市宣传思想和精神文明建设等方面内容。

27日 省政协副主席、省委统战部部长王雪非到句容市调研“同心工程”实验区建设情况。镇江市政协主席李国忠，镇江市政协副主席、市委统战部部长宦祥宝和句容市领导尹卫东、商震、胡现龙等陪同调研。

28日 香港国际华商联合会一行到句容市参观考察。镇江市侨办主任魏弘扬和句容市领导商震、仰远、王乙焯出席推介会。

△ 市污水处理厂扩建项目签约仪式在深圳举行。市长许文，市委常委、开发区党工委书记王吉武，副市长孙卫军及相关部门负责人参加活动。

29日 句容市召开市法学会第一次会员大会。镇江市委政法委副书记、市法学会常务副会长李明洪，句容市领导尹卫东、章壮钧、戴家俊、姚华、谢荣洲出席开幕式。

是月 市民政局、财政局联合印发《句容市政府购买养老服务实施办法》，在全市范围开展政府购买养老服务工作。凡具有句容户籍且居住在本市符合条件的60周岁以上老年人，可享受政府补助的居家养老信息呼叫服务和居家养老上门服务。

△ 句容市现役军官沈海云在其部队飞行训练保障过程中，因及时发现和排除重大故障隐患，保证了飞行安全，为部队避免了重大损失，荣立二等功，并获得中国空军首届“天梯奖”。

△ 茅山景区福桂小区安置工程正式开建。福桂小区分为南北两个片区，共49幢住宅建筑及6幢商业及公共服务建筑，总建筑面积约18万平方米，安置村庄整理群众1100户。

△ 句容市重要旅游风景路——宁茅公路(后白至茅山段)拓宽改造工程开工建设。宁茅公路全线长9.582千米，按二级公路标准建设。

△ 茅山景区在江苏旅游协会、万达旅业等共同主办的“首届长三角亲子产业博览会”上获“长三角最受欢迎亲子旅游目的地”奖项。

7月

1日 省民政厅副厅长章大李一行到句容市检查暴雨后受灾情况，市领导章壮钧、王琴陪同检查。

△ 句容市在全市范围内实施困境儿童生活保障制度，定期为符合条件的困境儿童发放生活费。

3～4日 省级督导考核专家组对句容市2014年度教育工作进行督导考核。市领导许文、商震、吴小香、姚华、王乙焯、王道银参加督导考核活动。

△ 五洲国际工业博览城项目签约仪式在开发区举行。五洲国际控股有限公司董事长舒策城和句容市领导尹卫东、许文、王吉武、潘群出席签约仪式。

8日 为纪念世界反法西斯战争和中国人民抗日战争胜利70周年，由镇江市委宣传部，中共句容市委、句容市人民政府，江苏荣耀文化教育有限公司联合拍摄的电影《军号密码》在茅山景区开机。镇江市副市长曹丽虹和句容市领导商震、石继刚等出席开机仪式。

15日 省委宣传部副部长韩松林到句容市调研“三严三实”专题教育活动开展情况。市委副书记商震陪同调研。

16日 句容市召开党建工作领导小组第一次会议暨“双型”先进党支部建设工程推进会。市领导尹卫东、商震、高庆华、王吉武、宋飞雄、皋古和出席会议。

23日 市委书记、市人大常委会主任尹卫东，市长许文率领句容市党政代表团到宜兴市学习考察，学习借鉴宜兴市在城市规划建设、城乡公用事业一体化管理、乡村旅游发展、开发区产业园建设等方面的好经验、好做法。

30日 句容市举行纪念抗战胜利70周年暨“八一”军民联欢会，尹卫东、许文等市四套班子领导、驻句部队首长及所属单位官兵代表、驻句单位负责人等参加联欢活动。

△ 句容市举行江苏句容·高校青年大学生创业合作签约仪式。南京大学、南京林业大学等高校的相关负责人和句容市领导许文、高庆华、潘群、皋古和、仰远出席签约仪式。

是月 市人防办联合市教育局发布了《句容市中小学民防知识教育实施意见》，在全市中小学开展民防知识教育。

△ 句容市摄影家王军的摄影作品《雪中喇嘛》荣获孟加拉国际摄影大赛入围奖。

△ 总投资25亿元的正阳汽配商城一期工程全部竣工。

△ 茅山新四军纪念馆入选第三批80个国家国防教育示范基地，这是镇江市首家国家级国防教育示范基地。

△ 位于下蜀镇的110千伏桥头变电站2号主变扩建工程正式投运送电，标志着句容市电网迎峰度夏前单主变改造工程全部完成。

△ 在由中国艺术摄影家协会主办，中国摄影网、中国摄影网、《摄影导报》协办的“第十七届全国艺术摄影大赛”评选活动中，句容市三件摄影作品分获铜奖、优秀奖，其中，王义华作品《白哈巴的早晨》荣获风光摄影类优秀奖、王军作品《虔诚》荣获纪实摄影类铜奖、郁荣奇作品《百鸟惊春》荣获艺术摄影类铜奖。

8月

6日　市委书记、市人大常委会主任尹卫东到苏州开展招商活动。尹卫东一行会见了江苏捷美集团董事长王振明博士，并共同出席开发区与捷美集团健康养生养老项目签约仪式。

14日　南京军区抗战老战士和将军向茅山管委会、茅山新四军纪念馆捐赠书画作品。市委副书记商震，市委常委、茅山风景区党工委书记石继刚，市委常委、人武部部长胡旭出席捐赠仪式。

15日　第六届葡萄节在茅山镇老方葡萄市场草坪广场开幕。市委副书记商震、副市长姚华出席开采仪式。

21日　句容市现代物流港综合开发项目成功签约。深圳国际控股有限公司董事会主席、党委书记高雷等公司高层和句容市领导尹卫东、许文、潘群、侯华锋、仰远出席签约仪式。

25日　重庆市渝北区委常委、常务副区长张德宽带领该区考察团到句容市进行交流考察。市委常委、常务副市长潘群出席座谈会。

31日　由镇江市委、市人大、市政府、市政协主办的“新四军苏南抗日斗争历史陈列馆开馆仪式”在茅山新四军纪念广场举行。镇江市领导夏锦文、李雪峰、曹当凌、王萍、曹丽虹、赵庆荣和句容市领导尹卫东、商震、石继刚、马云明、谢荣洲出席开馆仪式。

是月　开发区与五洲国际集团联合设立“五洲开发助学金”，为辖区内今年新录取的本二及以上院校学生提供生活补助。该助学金首期计30万元。

△ 在江苏省首届新型职业农民暨农业创业致富大赛上，白兔镇云兔草莓专业合作社纪荣喜获“带动之星”称号，茅山镇王大丫家庭农场王娟获“优秀新型职业农民”称号。

△ 市公共资源交易中心会同监管部门共同出台了《建设工程招投标网上资格审查办法》，对建设工程项目施工招标实行网上资格审查，以规范建设工程招投标活动。

△ 住房和城乡建设部、国家旅游局公布了第三批337个“全国特色景观旅游名镇名村”示范名单，天王镇戴庄村入选。

△ 江苏南瓷绝缘子股份有限公司王士维研究员领衔的科技创新团队入选2015年省“双创计划”资助对象，实现了句容市省“双创团队”零的突破。

△ 句容市红星社区保洁员葛树华获首届“绿叶奖”江苏最美环卫工（送报工、投递工、送奶工）。

△ 由江苏省葡萄协会组织的第八届中国南方“中山杯”优质葡萄评比活动在句容市举行，来自上海、江苏等地的96个优质葡萄样品参加评比。

△ 句容市抗战支前模范于秀珍受邀赴北京参加全国抗战胜利70周年阅兵仪式。

△ 市委老干部局开展向全市离休抗日老战士颁发抗日战争70周年纪念章活动。

9月

4日　镇江市纪念中国人民抗日战争暨世界反法西斯战争胜利70周年活动在句容市茅山苏南抗战胜利纪念碑广场举行。镇江市委、市人大、市政府、市政协全体领导，句容市尹卫东、许文等四套班子全体领导参加纪念活动。镇江市委书记夏锦文发表讲话，镇江市委副书记、市长朱晓明主持纪念活动。

7 日 句容市与俄罗斯米哈伊洛夫斯克市缔结友好交往城市关系协议签字仪式举行。市委书记、市人大常委会主任尹卫东出席签字仪式。市委常委、常务副市长潘群,米哈伊洛夫斯克市市长安娜都里耶维奇代表双方签字。副市长侯华锋出席活动。

12 日 江苏省县级市第 46 届门球比赛在句容市举行。市委常委、副市长马云明出席开幕式。

17 日 省委党校副校长朱成荣一行到句容市开展“三解三促”活动,了解县级党校办学情况,梳理存在的困难和问题,听取基层的意见和建议。市委副书记商震参加调研座谈会。

20 日 在中国美术家协会、安徽省文学艺术界联合会主办的“中国梦 · 黄山魂”全国山水画(中国画)作品展上,句容市青年画家卞瑞的山水画作品《梦底夏山》获优秀奖。

24 日 句容市举行 2014 年度“句容市优秀文艺作品”颁奖典礼。市委副书记商震,市委常委、宣传部长高庆华,市委常委、副市长马云明参加活动,并为获奖作者颁奖。

△ 由省委宣传部主办的“百名专家学者千场文艺欣赏讲座”在句容市举行。

30 日 句容市在兆文山烈士陵园举行公祭活动,市委书记、市人大常委会主任尹卫东等市四套班子领导参加活动。

△ 由市人防办和市文联共同举办的首届“人防杯”主题摄影大赛落幕。此次大赛于 3 月 30 日开赛,共收到参赛作品 400 余幅,经专家评审产生 52 幅入选作品。

△ 句容市制定并出台了《句容市政府重大行政决策合法性审查规则》,明确了市政府重大行政决策的遵循原则、范围和程序。

△ 在中国茶叶学会举办的第十一届“中茶杯”全国名优茶评比活动结上,由江苏农林职业技术学院选送的高庙牌“茗苑曲毫”获特等奖。

△ 新便民河支河水利血防整治工程全面完工。该项目于 2014 年开工建设,共整治河道总长 7.031 公里;新建血防硬质化护坡 11.53 公里;拆建涵洞 4 座。

△ 郭庄镇教育集聚区开工建设。该项目含郭庄中学、小学、幼儿园三所学校,建筑面积 51400 平方米,道路、绿化及景观面积 92000 平方米,总投入约 2.3 亿元。

△ 经省民政厅审核评定,句容市 6 所五保供养服务站被评为“江苏省星级敬老院”。其中,华阳街道、天王镇 2 所五保供养服务站被评为“江苏省三星级敬老院”,宝华镇、白兔镇、茅山镇、茅山管委会 4 所五保供养服务站被评为“江苏省二星级敬老院”。

△ 天王中学入选 2015 年全国青少年校园足球特色学校名单。

△ 杨塘岗安置房项目正式开工建设,该项目分安置房和商业配套,占地 193.8 亩,建设规模共计 30 万平方米。

10 月

1 日 市民政局婚姻登记处停开(无)婚姻登记记录证明。

10 日 句容市召开旅游发展推进会,市领导尹卫东、许文、潘群、皋古和、孙卫军出席会议。

13 日 中宣部马克思主义理论研究和建设工程调研组咨询委员、中央党校原副校长李君如一行到句容市调研。省委宣传部部务委员双传学,镇江市委常委、宣传部长曹当凌和句容市市长许文,市委常委、宣传部长高庆华陪同。

15 日 省人大常委会常务副主任、党组副书记张卫国带队走访句容市省人大代表。镇江市人大常委会党组书记、常务副主任张庆生和句容市市长许文,市人大常委会党组书记、常务副主任杨庆荣陪同。

16 日 句容市第二届“金秋诗歌朗诵会暨诗歌朗诵分会成立晚会”在葛仙湖公园举行。市政协副主席王道银出席活动。

18 日 句容市第二届“稻美茶香”文化艺术节在下蜀镇容北茶谷举行。市政协主席孙昌桂,副市长孙卫军、侯华锋参加活动。

△ 第五届“SHIMANO 杯”LTW 国际路亚(BASS)大奖赛在句容市开幕。市委常委、副市长马云明出席开幕式并致辞。

20～21 日 省住房和城乡建设厅副厅长宋如亚一行到句容市调研省优秀管理城市创建工作。市长许文、副市长孙卫军出席调研会。

21 日 国家卫生计生委疾控局副局长雷正龙一

行到句容市调研预防接种异常反应处置工作。副市长贾云亮陪同。

22日 省督查组督查农村危房改造工作汇报会在句容市召开。镇江市副市长雷志强、句容市副市长孙卫军出席会议。

△ 中央电视台《发现之旅》摄制组到戴庄村拍摄纪录片。

28日 句容市在葛仙湖公园举行庆祝省老年人体育节10周年暨体育项目展示大会。市委常委、副市长马云明出席活动。

△ 句容市首家非公有制互联网企业党支部——句容联盛网络党支部正式成立。市委副书记商震为该党支部揭牌。

30日 句容市首个“好人广场”在玉清广场正式落成。市委副书记商震出席活动，市委常委、宣传部长高庆华主持揭牌仪式。

△ 在由中宣部、中央文明办、解放军总政治部、全国总工会、团中央、全国妇联举办的第五届全国道德模范评选中，赵亚夫获“全国道德模范”称号。

△ 江苏爵鼎车业集团二手车交易市场、汽车用品市场正式开业。

△ 位于白兔镇高庙村的江苏竹博园开工建设，该项目总投800万元，以“竹文化”为主题，集观赏、采摘、餐饮、科普娱乐等于一体，一期工程约占地680亩，种植竹林面积达300亩。

△ 赤山湖管委会获“2015年度全国水利风景区宣传信息工作优秀单位”称号，是全国10个受表彰的优秀单位之一，也是江苏省级水利风景区唯一一个。

△ 市建筑行业技能培训中心正式揭牌成立，这是句容市首个也是唯一具备建筑行业技能培训资质的培训中心，设计规模为年培训人次2000人以上。

△ 边城镇医养中心项目开工建设，该工程是镇江市重点民生类项目，总投资达6000万元。

11月

1日 句容市启动2015年1%人口抽样调查入户登记工作。

4日 第六届环太湖国际公路自行车赛（句容赛段）在赤山湖国家湿地公园开赛，22支参赛队伍的132名运动员参加了比赛。市委常委、茅山风景区党工委书记石继刚，市委常委、副市长马云明出席活动并为获奖选手颁奖。

6日 句容市举办“传承艺术，共建公益——‘一善义拍’名人书画大型公益活动”。市委常委、政法委书记章壮钧出席活动。

10日 句容市召开“十三五”规划纲要汇报会。市长许文主持会议，市政协主席孙昌桂，市人大常委会党组书记、常务副主任杨庆荣，市委常委、常务副市长潘群，副市长侯华锋，宁句一体化研究会会长郭道贵出席会议。

11日 环保部华东督查中心到句容市就环保工作开展、经济发展状态与类型结构、环保问题处理等进行调研。市长许文、副市长贾云亮参加汇报会。

18日 参加人民银行南京分行党校培训班的苏皖两省地市中支行长到句容市参观现代农业，学习“亚夫精神”。镇江市委副书记李茂川，句容市市长许文参加活动。

△ 由市住建局承建的市人民医院异地新建项目动工。

21日 2015年江苏省“千名专家进千企”对接暨国家级博士后科研工作站授牌仪式在句容市举行。省人社厅副厅长朱从明，镇江市人社局局长孙沛然，句容市委常委、常务副市长潘群参加活动。

24日 省委常委、省军区政委曹德信，省军区政治部主任李少率领工作组，到句容市检查指导人武部工作和“双百双建”工作。市委副书记商震，市委常委、茅山风景区党工委书记石继刚，市委常委、人武部部长胡旭，市人武部政委陈志勇陪同检查。

△ 句容市边城镇青山村被中国生态文化协会授予“全国生态文化村”称号。

是月 中央电视台发现之旅频道《美丽中华行》栏目摄制组到下蜀镇进行拍摄。

△ 市崇明小学六（6）班曾子杰同学被评为江苏省第三届“美德少年”。

△ 句容市2014年度全省学生资助绩效评价被省教育厅、财政厅评为“优秀”等级。

△ 句容市申报的“春城马灯阵舞”、“精细木作技艺”项目入选第四批省级非遗代表性项目。至此，该市入选省级非遗代表性项目达3项、国家级2项。

△ 天王镇花果原乡有机庄园入选首批“江苏省乡村旅游创新项目”名单，成为镇江地区唯一入选项目。

12 月

3 日 位于下蜀镇的江苏天工科技股份有限公司在“新三板”成功挂牌，成为句容市第二家“新三板”挂牌企业。

4 日 省委宣讲团成员、省委宣传部副部长双传学到句容市就党的十八届五中全会和省委十二届十一次全会精神为全市党员干部作专题辅导。市委副书记、市长许文主持报告会。

△ 市法治宣传教育中心正式开馆，市委常委、政法委书记章壮钧，副市长贾云亮参加活动。

6 日 句容市召开全市领导干部研讨会，总结今年工作，谋划明年及“十三五”期间的主要工作。市委副书记、市长许文等市四套班子领导以及各镇（街道、管委会）、相关部门负责人出席会议。市委副书记商震主持会议。

9 日 江苏南瓷绝缘子股份有限公司与加拿大优拿大公司合作成立江苏优拿大环保科技有限公司，省发改委副主任赵芝明和句容市副市长侯华锋出席公司成立仪式。

△ 中华诗词学会副会长范诗银、省诗词协会会长凌启鸿一行到句容市，检查指导“中华诗词之乡”创建工作。市领导孙昌桂、高庆华、王道银陪同。

10 日 由市委宣传部、市文广体育局和市总工会联合主办的纪念抗日战争胜利 70 周年文艺会演在文化艺术中心大剧院上演。

28 日 总投资 15 亿元的德国 DHL 跨境电子商务产业园项目在郭庄镇正式签约。

29 日 由市委宣传部、市文明办、崇明街道主办的“‘句容农商行杯’幸福瞬间·感动句容”首届睦邻微电影之微视频大赛颁奖仪式举行。市委常委、宣传部长高庆华，市委常委、人武部部长胡旭，副市长孙卫军为获奖者颁奖。

31 日 句容市召开 2015 年度决算汇报会，市委副书记、市长许文出席汇报会。会上公布，2015 年度句容市财政总收入突破 100 亿元大关。

是月 由市文广体育局、市文联主办，市图书馆承办的首届“书香杯”书画大赛落幕。活动期间，大赛组委会共收到作品 182 幅。

△ 华阳金属管件有限公司和天宁香料有限公司技术中心被认定为 2015 年江苏省企业技术中心。至此，句容市共有省级企业技术中心 9 家、镇江市级企业技术中心 24 家。

△ 句容市高炮协调小组办公室牵头成立句容市公路高炮广告协会，在全省属首家。

△ 华阳金属管件有限公司申报的国家级博士后科研工作站获批设立，实现句容市国家级博士后科研工作站“零”的突破。

△ 华电句容电厂获“2014～2015 年度国家优质工程奖金奖”。

△ 句容市购置的 100 辆纯电动公交车全部到位，其中城乡公交车 40 辆，城市公交车、镇村公交车分别为 30 辆。

（陈龙浩）

市情综述

责任编校：鼎　盛

地情概要

【地理位置】　句容位于江苏省西南部，北纬31度37分至32度12分，东经118度57分至119度22分；地处长江下游南岸，东连镇江市丹阳、丹徒、润州和常州市金坛，西接南京市栖霞、汤山、江宁、溧水，南邻常州市溧阳、金坛，北隔长江与仪征相望。　（志　办）

【土地面积】　句容地形南北向较长，约75公里；东西向较短，约40～50公里。全市土地总面积1387平方公里，其中长江水域面积约5.8平方公里。（志　办）

【地质地貌】　句容境内地层出露齐全，化石丰富，岩浆岩发育，构造典型（属扬子古陆台褶带），是中国最早开展地质研究的地区之一。

在距今约8亿年前的元古代震旦纪，地区沉陷呈海相，直到距今约2.3亿年前的中生代三叠纪，地面或海或陆（以海为主）。在中生代三叠纪晚期，境内转为陆地。距今1.8亿年前的印支运动形成宁镇间连绵山脉的雏形。1.3亿到6500万年前的燕山运动开始形成扬子大断裂带，并逐渐发育成长江。同时，奠定宁镇山脉的基本轮廓。在距今6500万年到300万年前的新生代第三纪，逐渐形成低山丘陵、平原山谷、河溪沟涧等地貌。境内已探明的主要地层有古生界寒武系上统地层观音台组、古生界志留系高家边页岩等十余种。部分地名是国内许多标准地层命名地，如泥盆系茅山砂岩；石炭系高骊山砂岩、船山灰岩；中生界白垩系上统赤山砂岩；新生界第四系下蜀黄土等。地质构造有褶皱，如宁镇山脉区宁沪线背斜，以及茅山丘陵区浮山、赤山玄武岩覆盖区等地。较大的断裂带有4条：汤山—东昌—上会；茅山—高淳；溧阳—南京；铜陵—扬州。句容在中生代白垩纪时期，岩浆活动十分活跃，特别是在宁镇山区的北部，大华山以东，仑山以北，空青山前后，多处有火成岩出露，其他地区火成岩分布较少。250～1985年，发生较大地震24次，其中属中强地震3次。明建文元年（1399年），方山发生5.5级地震（茅山—高淳断裂带）。明万历三十三年（1605年），宝华山发生5级地震。明崇祯二年（1629年），境北发生5级地震（铜陵—扬州断裂带）。2008年7月6日18时43分，在南京市栖霞区与句容交界处发生3.6级地震。2013年5月19日23点03分左右，句容发生2.6级地震，震中在仑山湖水库附近。

句容地貌形态主要有低山、丘陵、岗地、平原等四大类型。除长江、水库、河沟、池塘等各种形态的水域外，有低山、丘陵及峰、岗、墩、凹、坡地（陡坡地、斜坡地、缓坡地、平缓坡地）等多样形体，素有“五山一水四分田”之称。其中低山是海拔200～400米之间的山地，面积21.57万公顷，占全市总面积15.64%，主要分布在境北宁镇山脉和境南茅山山脉。近代地图上注明的山丘有159座，主体山10座，低山34座。境内最高山为大华山（437.20米）。丘陵102座，一般海拔在50～200米之间，面积893公顷，占全市总面积的0.65%，主要散处于市境中部。岗地面积98.32万公顷，占全市总面积的71.29%，分布于全市各地，白兔、茅山两镇居多。平原面积17.13万公顷，占全市总面积的12.42%，主要分布于市境西南秦淮河流域和境北沿江冲积地带，以及东部太湖水系中白兔、茅山、边城等镇。（志 办）

【水系河流】 句容地处长江南岸、宁镇山脉中段与茅山丘陵交汇处。南北环山，中部陇岗起伏，间以冲谷平原，西部低洼，东部向东南倾斜，是秦淮东支、太湖西支与沿江3个水系的分水岭。境内河流分属秦淮河水系、太湖水系和沿江水系，共有大小河道44条，总长310.18公里，其中流域性干河14条。市境北部宁镇山脉南侧和南部茅山山脉西侧属秦淮河水系，面积951.3平方公里，干支河道18条，其中句容河最长。境内太湖湖西水系面积264.82平方公里，主要河道有洛阳河、糜墅河。沿江水系面积162.99平方公里，有便民河、大道河2条干河。赤山湖是句容河流域的一片天然湖荡洼地，流域面积520平方公里（1975年前为806.13平方公里），有大小支流24条，其中北河、中河、南河为一级支流，其流域面积均在100平方公里以上。赤山湖东西长约4公里，南北宽约2公里，面积

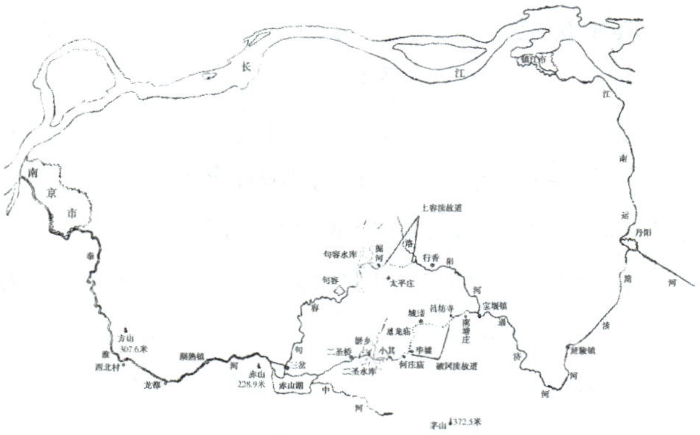

破冈渎、上容渎示意图

7.8平方公里。句容共建成水库95座，其中中型水库6座（北山、句容、仑山、二圣、墓东、茅山），小（一）型水库14座，小（二）型水库75座（有40座尚未注册管理），总库容3亿立方米，灌溉面积1.96万公顷。全市共有大小塘坝60100个，蓄水量1.3亿立方米。（志 办）

【水文水情】 2015年，全市年平均降雨量为1659毫米，与2014年相比多537毫米，较多年平均降雨量多615毫米。汛期（5～9月）全市平均降雨1068毫米，与2014年同期相比多353毫米，较多年平均降雨多405毫米。其中6月份全市遭受三场强降雨袭击，全市平均降雨量634毫米，特别是6月26～29日，全市普降特大暴雨，平均降雨339毫米，最大点雨量达421毫米。强降雨致使全市河、湖、库水位快速上涨，赤山闸闸上最高水位达13.88米，超历史最高水位0.2米，超警戒水位2.88米，闸下（句容河）最高水位13.85米，超警戒水位4.35米。全市6座中型水库均超汛限水位，全部溢洪，48座在册小型水库有25座超汛限水位溢洪；骨干河道内水位均超正常蓄水位2～2.5米；塘坝满溢，圩区内农田平均受淹0.4米以上，其中二圣万亩圩受淹水深达1.5米。（陆秀才）

【气候】 常年特征：句容市属北亚热带季风气候区。根据1981—2010年气候资料统计，常年平均气温15.5℃，年降水量1099.1毫米，年日照时数1999.3小时，年极端最高气温39.2℃，年极端最低气温－14.8℃。2015年全市平均气温16.1℃，较常年偏高0.6℃；年平均降水量1746.0毫米，比常年平均偏多59%。年日照时数为1812.5小时，比常年少186.8小时。年极端最高气温37.3℃，出现在8月4日，年极端最低气温－5.4℃，出现在1月2日。无霜期229天，年极大风速19.3米/秒(4月28日)。（胡丹丹）

2015年度句容市气候资料统计情况一览

表1

时间	平均气温(℃)		降水量(毫米)		日照(小时)		相对湿度(%)		平均风度(米/秒)	
	常年	2015年	常年	2015年	常年	2015年	常年	2015年	常年	2015年
1月	2.5	4.5	48.2	36.0	136.5	117.1	77	73	1.9	2.0
2月	4.6	5.7	54.9	63.2	126.5	121.3	76	75	2.3	2.1

续表1

时间	平均气温(℃)		降水量(毫米)		日照(小时)		相对湿度(%)		平均风度(米/秒)	
	常年	2015年	常年	2015年	常年	2015年	常年	2015年	常年	2015年
3月	8.8	10.0	83.2	101.4	148.6	132.2	76	77	2.2	2.3
4月	14.9	15.2	81.7	139.8	169.5	189.7	76	73	2.5	2.5
5月	20.5	20.9	90.3	121.0	194.3	176.3	76	77	2.1	2.3
6月	24.4	23.9	178.7	752.4	165.0	116.1	79	83	2.4	2.2
7月	27.8	26.2	202.5	138.6	202.6	169.7	83	84	2.0	2.1
8月	27.1	27.0	145.3	102.4	204.5	216.1	84	79	2.3	2.1
9月	22.8	23.2	67.8	118.7	174.2	199.3	83	77	2.2	1.9
10月	17.2	18.1	60.1	39.5	170	173.5	79	76	2.3	1.9
11月	10.8	11.8	56.6	114.3	156.2	78.5	77	84	2.4	2.0
12月	4.6	6.1	29.8	18.7	151.4	122.7	75	75	1.9	1.8
全年	15.5	16.1	1099.1	1746.0	1999.3	1812.5	78	78	2.2	2.1

注：常年资料为1981～2010年气候资料统计。

（胡丹丹）

附：2015年重要天气气候事件及其影响

1. 暴雨。2015年全年暴雨日7天，具体为：受低涡切变线和江淮气旋影响，全市6月2日出现区域性大暴雨，1日20时至2日20时降水量为173.3毫米，并伴有6～7级大风，日降雨量均打破了近30年来6月日降雨量极值。受中低层切变线、西南急流以及地面气旋影响，全市6月16～17日出现强降水天气，16日出现区域性暴雨天气，全市24小时降水量为82.6毫米；17日出现区域性暴雨到大暴雨天气，24小时降水量为116.7毫米。

6月27日受梅雨锋影响，全市出现区域性大暴雨天气，此次降水特点为持续性、稳定性降水，26日20时至27日20时24小时降水量为219.8毫米。6月29日受梅雨锋影响，同时低层切变线和中层副热带高压边缘共同作用，全市出现区域性暴雨天气，24小时降水量为57.0毫米。受第13号台风“苏迪罗”影响，全市8月9日20时至10日20时出现暴雨，局部大暴雨，24小时降水量74.5毫米。9月5日受北方冷空气和中低层切变线的影响，全市出现暴雨天气，4日20时至5日20时24小时降水量85.9毫米。

2. 强对流天气。全年强对流天气频发，主要集中在3～9月期间，出现短时强降水、冰雹等灾害性天气，具体为：4月28日傍晚前后开始到夜里10时全市出现强雷电、8～9级大风、短时强降水、冰雹等强对流天气，其中20～21时1小时降水量为23.6毫米，冰雹直径为2厘米。

受低涡切变线和江淮气旋影响，6月2日全市出现区域性大暴雨天气，此次过程的特点就是短时强降水，17～18时1小时降水量达到了57.8毫米，为历史少见。受中低层切变线、西南急流以及地面气旋影响，全市6月16～17日出现强降水天气，16日19～20时1小时降水量22.7毫米，17日6～7时1小时降水量24.1毫米。8月10日，受13号台风“苏迪罗”影响，全市出现了短时强降水，12～13时1小时降水量31.6毫米。9月5日受冷暖空气共同影响，全市4～5时出现了1小时降水量41.7毫米的短时强降水。

3. 高温。全年高温日10天，极端最高气温为37.3℃，出现在8月4日。

4. 寒潮。全年冷空气势力弱，全市仅出现1次区域性寒潮天气过程。受北方较强冷空气南下影响，11月24日到11月27日全市出现一次寒潮天气过程，72小时最低气温降温幅度达13.2℃，11月27日最低气温为-4.8℃，同时出现了阵风5～6级的偏北大风。

5. 降雪和积雪。全年共出现过3次降雪过程：受冷空气南下影响，1月6日中午和下午，全市出现微量降雪和雨夹雪天气过程；1月27～29日，受北方冷空气和西南暖湿气流共同影响，全市连续三天出现降雪天气，累计降雪量12.3毫米，最大积雪深度5.1厘米，给交通带来一定影响；2月27日和28日受高空槽、西南暖湿气流和切变线影响，出现冰粒和雨夹雪天气，其中27日中午前后由于地面气温降到3度左右,出现短暂冰粒天气。

6. 大雾和霾。全年霾天数多达194天,大雾天气共57天。

7. 梅雨。全年全市6月23日入梅,比常年偏迟5天,7月13日出梅,比常年迟3天,梅长20天。全市平均梅雨量为410毫米,比常年(220毫米)异常偏多。

8. 大风。全年全市出现过1次超过17米/秒的8级大风,极大风速为19.3米/秒,出现在4月28日。

9. 台风。全年全市共受三个台风影响,分别为:7月11日~12日受1509号台风"灿鸿"影响,普遍出现了7~8级偏东大风和中雨,局部大雨。8月9~11日受第13号台风"苏迪罗"和冷空气倒槽结合共同影响,全市出现暴雨、局部大暴雨,并伴有7~8级的偏东大风。9月28日20时到10月1日08时,受第21号台风的外围以及其残留云系和冷空气结合的影响,全市出现中到大雨,同时出现6~7级的东北大风。

(胡丹丹)

【资源】 土地资源:句容地带土壤为黄棕壤。全市土壤分6个土类、13个亚类、17个土属、23个土种(变种)(土壤普查五级分类制)。其中,水稻土类主要分布在丘岗冲、圩区、湖区的高平原及江河一带低洼处,黄棕壤土类主要分布在茅山、宁镇山脉的低山丘岗、平缓坡地及山凹等地,紫色土类主要分布在茅山、赤山、红山、宝华山一带低山山脚处,石灰岩土类主要分布在宁镇山脉一些山脚处,红砂土类主要分布在一些低山山脚处,潮土类主要分布在长江南岸下蜀至宝华一带。据1985年《句容县综合农业区划》,境内5个区划土地资源总量为13.79万公顷。其中,宁镇丘陵区4.82万公顷,占土地总面积的34.93%。茅山丘陵区5.68万公顷,占土地总面积的41.17%。赤山湖平原圩区1.70万公顷,占土地总面积的12.35%。沿江圩区0.49万公顷,占土地总面积的3.58%。亭子山区1.10万公顷,占土地总面积的7.97%。2005年,按新统计口径,全市总面积1386.4平方公里。其中农用地11.09万公顷,占土地总面积80%。全市耕地面积4.69万公顷,其中水田占72%、旱地占28%,人均耕地0.09公顷。

生物资源:市境有宝华山国家森林公园、省级宝华山自然保护区、省级茅山森林公园,有林面积达2.7万公顷,木材蓄积量80万立方米。市境地带性植被为北亚热带含有长绿树种的落叶阔叶林,现仅在宝华山隆昌寺西北、茅山华阳洞和大茅峰下的大洼尚有小片的落叶阔叶林。人工林木植被发展较快。赤山湖等湖荡、河道植被有水生植物和湿生植物群落,沿地地区主要植被为芦苇和杂草,其他丘陵岗地有灌木、草本植物和菌类植被等。宝华山植被保存较好,自然保护区有148.7公顷,有"吃不尽的天宁米,烧不尽的华山柴"之说。植物有林木植物、灌木和草本植物、水生、菌类及多种农作物。宝华山植物共124科352属529种。其中蕨类植物11科13属15种,裸子植物4科5属6种,双子叶植物88科261属480种,单子叶植物6科49属64种。宝华玉兰为特有珍稀树种,还有红豆杉、银杏、樟树、榉树、栎树等。国家和省级珍贵树种保护名录所列的古树名木有榉树、朴树、枫香、樟树、木瓜、黄连木、桤木、槭树、椴树、银杏、檀树、宝华玉兰、紫楠、珊瑚、青冈栎、冬青、四照花、江南桤木、铜钱树、桂花等。树龄在100~199年有139棵,200~299年45棵,300~399年21棵,400~499年13棵,500年以上8棵,最老树龄有3棵达800年,全部列入重点保护树种。动物有鱼纲、哺乳纲、两栖纲、爬行纲、鸟纲等脊椎动物,毛足纲、辨鳃纲、昆虫纲、甲壳纲、蛛形纲、多足纲等无脊椎动物,以及5个纲、120多种野生动物。

国家一级保护植物——宝华玉兰

中药材资源:句容是江苏省药材重点产地。茅山有中草药750多种,仅《本草纲目》就收录有380多种,如茅苍术、太保黄精等。全市各类药材有754种,其中植物类药材153科460属705种,动物类药材32科44种,矿产类药材2种(人灵磁石和钟乳石),其他有人中白、优龙肝、百草霜等3种。全国重点调查的366种药材资源中,句容有157种,占总数的44%。江苏省增加的重点调查35种药材资源中，句容有26种，占74%。境内中药材蕴藏量丰富。据有关部门调查，重点药材品种年产量在25000公斤以上的有39种，20000公斤左右的有39种，5000公斤以下的有11种，2500公斤～1000公斤的有62种；不足1000公斤的有32种。

天王镇磨盘山金蝉花

矿产资源：句容具备较好的成矿条件，资源丰富。探明矿床30余处，矿种25种。其中金属矿8种、非金属矿15种、能源矿2种，水气矿产1种。主要有膨润土、铁、锰、铜、钼、石灰岩、煤、玄武岩等。矿床点分布广，储量大，易开采，具有投资少、见效快等特点。其中膨润土矿品位高，储量达1.5亿吨，被列为全国第二大储区。优质石灰石储量达20亿吨，且含钙量高达55%以上。宝华山发现江苏省内第一处大型红柱石矿。此外，还有储量可观的黄砂、红砂等。

水资源：市境地表水径流总量5.18亿立方米，人均占有量869立方米。全市河道及中、小型水库和塘坝、浅井等水利工程的蓄量为2.47亿立方米。其中水库蓄水量为1.25亿立方米。市境深层地下水资源主要分布在宁镇山脉南、北两侧和茅山丘陵区。全市境内现有深井20余口，一般井深在150～200米左右，日产水量在50～200吨。其中最深一口在城区东（房家坝上游）、井深889米，日产温水2500吨以上。浅层地下水的开发利用在集镇和农户家庭，一般井深在6～10米，直径0.8～1.2米左右。（志 办）

【建置沿革】 句容，春秋属吴，战国属越，楚并越遂属楚，秦属鄣郡。秦置江乘县，治所在今句容市北（三国吴废，晋复置，隋开皇初废），句容境北部属之。汉置句容县，隶丹阳郡。汉武帝元光六年（前129年）封长沙定王刘发之子刘党为句容侯，元朔元年（前128年）党死，复为县。治所即今句容市区。直至南北朝，均属丹阳郡。东晋大兴三年（320年）句容琅琊乡、江乘金陵乡立为怀德县，安置琅琊国人，此为东晋最早侨县。咸康元年（335年）侨置琅琊郡有实土、桓温为太守，治所在金城（今句容市西北宝华镇西）；南朝宋改为南琅琊郡，齐迁治于白下（今南京市金川门外），陈废。隋废郡置州，以州领县，句容属扬州。唐武德三年（620年），以句容、延陵二县置茅州，武德七年（624年）茅州废，句容属蒋州。武德九年（626年）句容划归润州。天宝元年（742年），句容属丹阳郡。乾元元年（758年），昇州辖句容。上元二年（761年）昇州废，句容复归润州。光启三年（887年），复置昇州，句容重归其辖，直至唐末。五代时期，昇州先后改称金陵府、江宁府，均辖句容。宋初复置昇州，天禧二年（1018年），置江宁府，辖句容。天禧四年（1020年）改句容县为常宁县，寻复为句容。南宋建炎三年（1129年）江宁府改称建康府，句容属建康府。元建省设路，建康府改为建康路，后又改名集庆路，句容归其领治。明改集庆路为应天府，句容属应天府。清改应天府为江宁府，句容属江宁府。太平天国时，句容直属天京。民国元年（1912年），江宁府改称南京府，辖句容。民国3年（1914年），废府设道，句容属金陵道。民国16年（1927年），道废，句容直属江苏省政府。民国24年（1935年），江苏省划分10个行政督察区，句容属第十行政督察区。抗日战争时期，句容属江南行署第一行政督察区。民国27年（1938年），新四军进入茅山地区，建立了以茅山为中心的苏南抗日根据地，先后成立了“抗敌总会”和“抗日民主政府”，此间根据地和抗日民主政府归苏南第五行政区专员公署（后又曾与邻县地区建立过镇句、江句等县政府）。民国32年（1943年）后为苏南行政公署。敌占区被日伪统治。民国34年（1945年）抗日战争胜利后，句容重归江苏省第一行政督察区。民国38年（1949年）4月23日句容解放，4月26日句容县人民政府正式成立，属苏南行政公署镇江专员公署。同年12月2日中共中央华东局决定将句容划归南京所辖，1950年1月仍划归镇江专员公署。1953年江苏建省后属镇江专区。1958年镇江专区改为常州专区，后又改为镇江专区，句容仍属之。1983年3月，江苏省实行市管县后，句容属镇江市。1995年4月经国务院批准撤县设市；6月，江苏省人民政府正式发文，句容撤县设市，实行计划单列，仍属镇江市管辖。

2009年12月26日，句容市委十届八次全委扩大会议提出“推进同城同建，打造南京副城——阔步迈向宁句一体化发展新时代”发展战略。10月30日，宁句一体化研究会成立，全面对接南京，承接南京辐射。2010年4月4日《南京日报》电子版郭之纲撰《句容与南京的历史认知和文化认同》一文：句容2138年间，行政隶属，作为茅州治所5年，隶属浙江安吉8年，隶属安徽芜湖11年，隶属扬州12年，隶属镇江321年，隶属安徽宣城391年，隶属南京1390年。

（志　办）

附：句容名称由来

一是以山取名。南宋《景定建康志》、明弘治《句容县志》、民国《今县释名》均注明：县内有勾曲山（即茅山），山形似“己”，勾曲而有所容，故名勾容，又名句曲。古代句、勾二字相通，因此逐渐写成句容。

二是以山、水取名。清乾隆《句容县志》转载明万历《句容县志》称：“句容有句曲山，山形如‘己’字。箕距三茅绛岭，襟带九曲秦淮，县治四面山水环抱，俨若城池。”清《茅山志》载：江水之东，金陵之左，右间有一小泽（今赤山湖），周时名其源泽，为曲水之穴。泽东为句曲山，形如“己”字，故名句曲。山源曲而有容，故其境为句容里。观《赤山湖志》：县境北、东、南三面环山呈“勹”形，“勹”上之水注入赤山湖，湖为“口”，四岸有所容，所以叫句容。还有一说，是以秦淮河取名的。境内宝华山东南侧系秦淮河发源地之一，山水由县城之东北绕经城南流向西南进赤山湖而入秦淮河，弯曲成“勹”状，县城为“口”处于“勹”中，为“句”字；县城有高地，古之称为“容山”，因而县名为“句容”。

三是以语音取名。南京大学语言学专业研究人员认为，句容在春秋战国时代是古越人居住的地方，他们说着一种与华夏语完全不同的语言。“句”、“勾”相通，在古越语中是“个”、“棵”的意思。“容”在上古时读“dōng”，与壮侗语译音“崇”字相同。而“崇”意为森林，壮侗语与古越语又密切相关。因此，两字合在一起就成为“一个森林”之意。事实上，古代“句容”这块土地上树木确实是很多的，与周围各县有明显区别。

（志　办）

【行政区划】　至2015年12月底，全市辖8个镇、3个街道办、3个管委会；23个社区居委会、153个建制村。

（民政局）

2015年句容市村委会、自然村情况一览

表2

市、镇（驻地）	村委会数（个）	自然村数（个）	村民委员会名称	总人口（人）	面积（平方公里）	村民小组数（个）	农户数（个）
华阳镇街道办（杨家巷、市政府驻地）	15	188	周家岗、南亭、吉里、下甸、新生、新坊、钱家边、里巷口、杨家巷、城上、云塘、西岗、吴岗、北相、赵塘	47668	130	326	14123
下蜀镇（下蜀）	10	153	华山、下蜀、祝里、六里、裕课、沙地、桥头、亭子、空青、新村	40543	122	123	12783
宝华镇（丁沙地）	7	138	宝华、铜山、栗庄、仓头、栏江、和平、凤坛	23791	100	155	7755
边城镇（东昌）	14	143	东昌、友谊、衣庄、光明、青山、高仓、桥东、陈武、大华、佴池、双杨、戴村、赵庄、赵村	35491	109	285	10542
白兔镇（白兔）	15	365	白兔、上荣、解塘、茅庄、幸福、唐庄、行香、中心、古隍、太平、龙山湖、马里、西井、高庙、倪塘	40471	115.5	301	11982
郭庄镇（郭庄庙）	18	175	郭庄、端王、甲山、孔塘、朝阳、庄里、经葳、百丈、金星、葛村、刘巷、东岗头、五渚坊、东湖、东方红、方溪、虬北、百里	63271	117	375	19485
后白镇（西孔村）	21	271	后白、芦江、曹村、淮源、古村、李家桥、夏王、东湾、东凤、王庄、延福、西冯、二圣、徐巷、张庙、泗庄、五星、槐道、林梅、西城、长里岗	64113	143	352	17466

续表2

市、镇（驻地）	村委会数（个）	自然村数（个）	村民委员会名称	总人口（人）	面积（平方公里）	村民小组数（个）	农户数（个）
天王镇（天王寺）	16	224	天王、赵巷、前进、西溧、农林、金山、朱巷、蔡巷、唐陵、浮山、唐谷、涧北、袁巷、戴庄、斗门、竹园	55691	131.5	325	17131
茅山镇（春城）	10	102	城盖、丁庄、何庄、长城、永兴、前陵、东霞、袁相、丁家边、蔡门	28954	81	285	8965
开发区管委会（黄梅街道办）	13	166	黄梅、莲塘、后塘、九华、新塘、南巷、大卓、下荫、杜家山、姚徐、后苇、石狮、河桥	46343	120	429	14545
茅山管委会（南镇街）	10	145	茅山、夏林、玉晨、后河、天乐、墓东、潘冲、李塔、上杆、马埂	31925	152	186	9818
赤山湖管委会（赤山湖水利枢纽）	4	37	谢桥、赤山、芦亭、胜利	12476	57	97	3723

（民政局）

2015年句容市社区居委会情况一览

表3

镇、街道、管委会	社委会数	社委会名称
华阳街道办事处	2	上路 北阳门
宝华镇	2	鸿堰 鲍亭
边城镇	—	—
白兔镇	—	—
郭庄镇	—	—
后白镇	—	—
天王镇	—	—
茅山镇	—	—
茅山管委会	—	—
黄梅街道办事处	6	三台阁 三里井 杨塘岗 西庙 赤岗 寨里
崇明街道办事处	13	东门 东风 红旗 红星 茅山 马扎里 中凌 葛仙 甲城 新村 建新 梅花 河滨
合计	23	—

（民政局）

【城市性质和规模】 2015年，《句容市城市总体规划（2015—2030）》论证稿完成专家论证，报省政府待批。句容城市性质为南京都市圈现代化生态宜居城市。2015年城市建设用地为25.79平方公里；2020年其规划人口和城市建设用地规模为28万人、36平方公里；2030年其规划人口和建设用地规模分别为42万、46.2平方公里。

（赵 颖 许文雯）

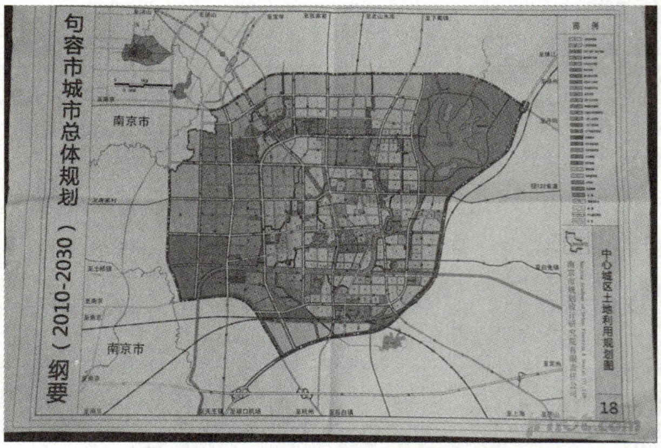

句容市城市总体规划图

【交通】 句容市境内国省干线公路包含G42沪蓉高速、G25长深高速、G312沪霍线、G104京福线、S38常合高速、S122宁小线、S243扬句线、S266下茅线、S337龙铜线、S338沿江线、S340张常溧线。至2015年底，句容市公路总里程达2498.227公里，公路密度达180.12公里/百平方公里。其中，高速公路51.57公里，一级公路163.392公里，二级公路343.091公里，三级公路297.149公里，四级公路1643.025公里。公路客运站场5个。

航道总里程达76.63公里。其中等级航道里程19.16公里，为句容河航道(东门电站—赤山友谊桥，现六级规划五级)；等外级航道里程57.47公里，为秦淮中河航道(赤山湖—后白农场)里程为10.58公里，秦淮南河航道(赤山湖—李家桥)里程为10.35公里，赤山湖航道(赤山闸—北河口—中河口—赤山湖口)里程为14.34公里，便民河航道(桂花庄—长江江口规划五级)里程为5.2公里，大道河航道(栏江桥—长江江口，其中5.4公里规划五级)，里程为17公里。大道河内河岸线3.2公里，长江码头岸线400米，码头总长624米。港口1个，吊机泊位8座，散货栈桥泊位10座，输送机码头5座。

铁路里程达63.08公里，车站2个。其中沪宁铁路途经句容境内(下蜀、宝华两镇)17.8公里；沪宁城际铁路途经句容(下蜀、宝华两镇)境内20.22公里，设有宝华山车站；京沪高速铁路途经句容(下蜀镇)境内17.4公里；宁杭城际铁路途经句容(郭庄镇)境内7.66公里，设有句容西站。 (贺 凯)

【人口】 年末常住人口62.5万人，比2014年末增加0.09万人；户籍总人口59.13万人，比2014年末增加0.08万人；人口出生率9.45‰，人口死亡率6.36‰。 (统计局)

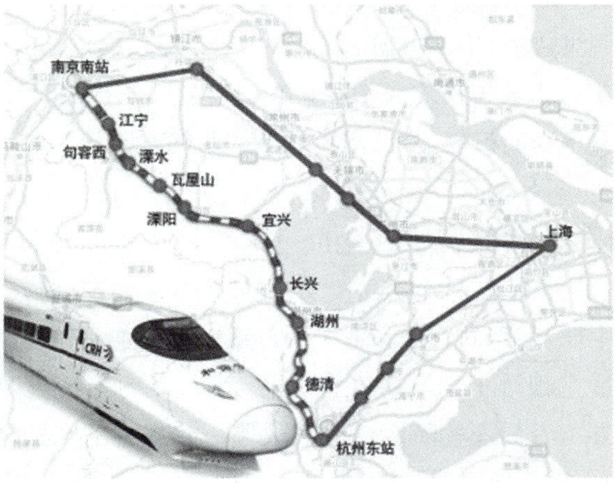

位于郭庄镇的宁杭高速铁路句容西站

2015年句容市百岁老人情况一览

表4

序号	姓名	性别	出生年月	家庭住址
1	张金凤	女	1913-02	茅山镇城塭村
2	梅秀成	女	1914-09	茅山镇长城村
3	沈何英	女	1914-07	边城镇双杨村沈铁村80号
4	张桂英	女	1912-01	白兔镇东余自然村
5	吴志英	女	1913-12	华阳镇振兴一村10号
6	张士英	女	1912-02	华阳镇北阳门吕家园村41号(华阳镇民主巷888号)

续表4

序号	姓名	性别	出生年月	家庭住址
7	糜朝娣	女	1915－01	社区办哈佛星城11幢1单元202室
8	孔祥成	男	1915－06	社区办紫荆花园11栋301
9	张金枝	女	1915－11	开发区后荸花岸村
10	王秀芳	女	1915－12	后白镇槐道村
11	王方珍	女	1915－11	后白镇东风村
12	蒋文英	女	1915－03	郭庄镇东岗村
13	窦绪正	男	1915－02	郭庄镇端王村1队

（民政局）

附一：句容先民移居崇明

据《句容县志》《崇明县志》等记载：崇明人的祖先于周万岁通天元年（696年）最早到东、西两沙定居，为黄、顾、董、施、陆、宋六姓，大多来自句容一带。宋建中靖国元年（1101年），涨三沙，句容人朱、陈、张三姓定居。北宋末年，开封鲁惠公后裔施天寿先迁句容，后于明洪武、永乐年间亦迁崇明。明洪武二十七年（1394年），本县无田农民500余户，迁昆山县定居。明永乐时宋杰的祖先，是从句容迁居崇明的。（志　办）

附二：句容历史上的三次移民

第一次是在两晋交替时期。西晋末年，匈奴入侵中原，朝野的官僚和地主纷纷率家室与部属渡江南逃。晋室琅琊王司马睿在南京称帝后，在句容侨设"怀德县"，专门安置随他自山东琅琊一起出逃的亲朋故旧。不久，晋成帝司马淤在句容的北乡侨置琅琊郡，让琅琊逃来的普通百姓也定居于此。至今，黄梅镇仍有一个村子叫"琅琊界"。过了这个郡界往东，则是"南徐州"（镇江）的辖地，侨置的多是江淮一带的难民。

第二次是在南宋时期。句容民间流传"泥马渡康王"的故事。相传康王当年跑反时，曾被金兀术自江北一直追杀到句容葛村的短落桥，差点儿成了无头冤鬼。江北黎民不愿受异族暴政统治，迁往江南。就连居住在城里的民众，也遵循"大乱入乡"的规律，逃来避乱。如宋太祖的七世孙赵伯珪，曾袭封为金陵（南京）的郡王，元兵南渡后，为了笼络这位王爷，特赐地200顷，其中有20顷在句容境内。赵伯珪誓不与元兵合作，抛弃高官厚禄，隐居偏僻的句容南乡。如今，天王镇赵巷村的赵氏村民，全是这位王爷的后裔。据史料载，南宋前期，句容约有10%的客民，而130年后，居民已有80%的外籍人了。

第三次是在光绪年间。太平天国战争时期，清政府为绞杀农民革命运动，在石头城外筑起"江南大营"，以重兵进行包围。句容因此沦为两军恶战的主战场，历时长达11年之久。经过战乱、兵火、瘟疫、旱灾、蝗灾的重重洗劫，句容"荒榛满地、白骨撑天，数百里内无人觅食，村野为之一空"。战前约有50万居民的句容，一下子锐减的人口高达80%以上。清代文人陈康琪《郎潜纪闻》记载，同治三年至同治四年（1864～1865年）句容等地"到处食人""人肉始卖三十文一斤，后增至八十文一斤。"（志　办）

【民族】　全市37个少数民族，共3139人，占全市总人口的0.5%。其中80%的少数民族生活在农村，绝大多数是从云南、贵州、广西等省区婚嫁而来的少数民族妇女。边城镇佴池村属全省41个民族村之一，是回民族聚居相对集中的地方。全市各镇、管委会均有分布，有回族、蒙古族、藏族、维吾尔族、彝族、壮族、布依族、朝鲜族、满族、侗族、瑶族、白族、土家族、傣族、黎族、傈僳族、佤族、拉祜族、水族、东乡族、纳西族、土族、达尔族、达斡尔族、仫佬族、羌族、仡佬族、阿昌族、鄂温克族、京族等。句容各少数民族一般讲汉语，用汉名，服饰、生活习惯等亦与汉族大致相同。同时，各少数民族仍保持本民族的文化习俗、宗教信仰和生活习惯。

（杜一波）

【宗教】　句容是江苏省宗教工作重点市之一，有佛教、道教、伊斯兰教、基督教四大宗教团体。经批准登

记的宗教活动场所29处，其中茅山道院和宝华山隆昌寺为全国重点对外开放寺观。（杜一波）

老子神像位于茅山印宫，高33米、重106吨，由226块特制紫铜板焊接而成，入选《上海大世界基尼斯纪录》

【方言】 句容市西北方言接近南京话，属江淮次方言；东部接近江淮方言与吴语的分界线，其中几个镇的语音、词汇有些接近吴语；南部乡镇由于历经战乱和灾荒，从河南、湖北等地迁进一批移民，他们的语言属北方方言，对当地有一定影响。语音方面：句容方言有阴、阳、上、去、入等5个声韵调。两个字或几个字连续时会发生变调。句容话两字组轻声一般发生在后字，后字的轻声调值主要取决于前字的声调，与后字原调有时也有一定联系。古入声在普通话中已消失，分别归入新四调中。阴入如“积、黑”等，阳入如“国、绝”等，上入如“塔、葛”等，去入如“特、勒”等；声韵配合上，有很多发音没有什么规律，普通话无拼读关系的，句容方言有的却可以，但为数很少，如“去”读作 kì，“峰”读作 Fōng，“回家”读成“嘎 ki”，“好吃的”读成“好切的”等等。鼻化元音中往往 n、l、in、ing、en、eng 不分。n、l 不分且一律读作 l，如“男、兰”等，鼻舌音 n 对句容人来说很“陌生”。zh、ch、sh 一律读作 z、c、s。卷舌音对句容人亦显困难，如“是的”，读成“似的”；“人生”读成“人森”。j、g、r、y 在个别字中相混，突出的如“讲、江”都读作 gāng；rong 发 yong，比如说“句容”，就发成“ju yong”，毛绒绒，是 mao yongyong。韵母方面，韵母 in、ing 相混且常读作 in，丢失 g，如“阴、英、京、津”这样的字在普通话中，北方人是很容易分得清也读得准的。音节中韵母丢失现象严重，如“罗、堆”等字，读作 lō、dēi，丢失 u。韵母 ian，读作 in，丢失 a，所以北方人听句容人念“天”字，常听成“厅”。

语法方面：句容方言构词特色一是有一些名词后加成分“家”，在词中读“ge”的轻声，习惯上写作“格”，表示强调，如男人格、女人格、往年格，“格”在口语中读“gā”；二是人体及动物名称，以及其他一些事物的名称，有一些词是用重叠法合成的，如大腿瓜瓜（大腿肚）。词汇方面：句容话和普通话之间有很多词是相同的，只是读音不同。句容话和普通话不同的词汇也很多，有些不能用适当的汉字写出来，而只能用同音字或字音相近的字来代替。（王　晓　蒋兆有）

附：句容方言录入国家语言资源有声数据库

2011年1月12～14日，国家语言资源有声数据库调查组专家对句容4名方言发音人进行有声数据采集。采集分为个体数据采集和群体数据采集。个体采集时，发音人需读1000个字音、1200个词汇、50个句子，讲述包括“规定故事”和“自选话题”两部分约20分钟的话语；群体对话由4名发音人围绕句容地方文化特色、衣食住行改变等随机漫谈，对话时长约40分钟。有声数据采集过程运用录音、录像和摄影相结合的手段，相关数据在作技术处理后将进入国家语言资源有声数据库，实现在线点击。（志　办）

2013年11月，句容市政协编著《句容地方话》

【风景名胜】 句容是中国优秀旅游城市，旅游资源丰富，自然景观、宗教文化、红色文化、乡村生态、农业观光、休闲养生等皆有特色，主要景区有茅山（包括九龙山）、宝华山、赤山湖等。茅山是道教上清派发祥地，素称“第一福地，第八洞天”“秦汉神仙府，梁唐宰相家”。茅山道院为全国首批对外开放的21处重点道观之一。茅山是全国六大山地抗日根据地之一，茅山新四军纪念馆和苏南抗战胜利纪念碑为全国爱国主义教育示范基地。“碑下放鞭炮，碑上响军号”成为世界一绝，与高达33米的露天老子铜像一同被载入《上海大世界基尼斯纪录》。茅山风景区是江苏省甲级风景区、国家AAAAA级旅游区、国家有机农业示范区。宝华山风景区是省级自然保护区、国家森林公园、国家AAAA级旅游区，素有“林麓之美，峰峦之秀，洞壑之深，烟霞之胜”四大奇景，享有佛教“律宗第一名山”之美誉。隆昌寺古建筑群被列为全国重点文物保护单位。赤山湖风景区是著名湿地公园，被誉为南京都市圈最大的“天然氧吧”，2014年列入国家湿地公园试点。（志　办）

素以“只闻钟声不见庙、宝华庙门独向北、和尚尼姑齐受戒、厨房大师烧‘荤菜’”“四怪”扬名的全国重点文物保护单位隆昌寺

【历史文化遗存】 句容是江苏省建县2000年以上13个古县之一，历史文化遗存丰厚。市境古遗址27处。青山鱼化石距今有2.25亿年。一种为江苏裂齿鱼，在全省是第一次发现，另一种叫句容鳞齿鱼，在华东地区也是第一次发现。放牛山旧石器遗址距今约30万年，是全省迄今为止发现的最早的旧石器早期遗址，填补了全省在旧石器早期只有古人类化石，没有古人类文化的空白。距今6500～7000年的丁沙地遗址是宁镇地区发现最早的一处新石器文化遗存，是定居农业氏族聚落遗址。城头山新石器遗址上层为湖熟文化层、下层为良渚文化层，填补了良渚文化中晚期的缺环。另有反映吴文化的土墩墓1000多处，获称“2005年全国十大考古新发现”。

城上村遗址是新石器时代至周代的古遗址，它与石狮、隆昌寺、春城土墩墓一起被评为全国重点文物保护单位。另有国家级文物94件。句容民俗文化丰富多彩，被列入非物质文化遗产的有国家级的“秦淮灯彩”“茅山道教音乐”，省级的“二龙戏珠”“灯舞春城（马灯阵舞）”“家具制作技艺（精细木作技艺）”，镇江市级的“芦江张家镗”，还有民间剪纸等。（志　办）

2013年起，南京博物院展出的西周几何印纹四系硬陶瓿盛装的鸡蛋出土于句容浮山果园的一座西周土墩墓葬，鸡蛋蛋壳直径在3.1～4.2厘米左右

【历代名人】 明弘治《句容县志》序文称句容“名宦、人物、师儒、忠良、节义、孝烈比他邑多。”句容历代人才辈出，自唐至清，有进士117人、状元1人。《江苏艺文志·镇江卷》记载句容文史人物272人及其著作。三国时期，葛玄在吴国炼丹行医，被樟树市尊称为“药界鼻祖”；西汉茅盈、茅固、茅衷至句曲修炼，始有茅山之称；东晋葛洪是道教理论家、炼丹术家、医学家，著《抱朴子》等；南北朝时期陶弘景为“山中宰相”，宝志为“帝师”；五代时期周文矩为宫廷知名画家；唐代颜真卿归葬句容，《全唐诗》中有句容籍作者殷遥、沈如筠、樊晃、祝元（天）膺、樊珣、刘三复等6人存诗16首，刘邺官至宰相；宋代刘混康为茅山赢得“镇山四宝”；明代状元李春芳被称为“青词宰相”，“青菜县令”徐九思“画菜辅官”，还有剧作家朱从龙、音乐家朱载堉等；清代笪重光书画兼长；近现代钱立三发现“湖熟文化”，

革命烈士郭纲琳、巫恒通以身殉国……明神宗皇帝为宝华山古刹赐额。清康熙南巡句容登宝华山，为古刹题寺名。乾隆皇帝六下江南，六上宝华山，作诗联句，题书匾额。历代诗人皮日休、王伟、韩愈、李商隐、顾况、范仲淹、王安石、祝允明等，在句容留下诗文200多篇……当代，中科院院士杨樾、戴立信，婚姻法专家巫昌祯，湖北省文联主席骆文，全国劳动模范余锁根、方继生、杨修林、纪荣喜，全国十大“三农人物”、时代楷模赵亚夫，革命烈士周宜顺、王祖修……

（志　办）

东晋道教学者、著名炼丹家、医药学家，所著《肘后备急方》记载“青蒿一握，以水二升渍，绞取汁，尽服之”。屠呦呦受其启发发现青蒿素治疗疟疾的新疗法，于2015年10月，获诺贝尔生理学或医学奖

【历代兵事】　句容地处南京东郊，军事战略地位重要，史称“石城左臂”。三国时，曹丕率水军攻吴之战是《中国军事史》上记载句容建县后的第一仗。其后，东晋刘裕讨伐桓玄、唐时刘展兵败下蜀、南宋黄天荡截击之战，以及元代华山农民起义军击败数万元军进攻等均发生在句容。清代太平天国战争，清军与太平军争夺句容之战达11年，县境四乡百里范围皆战场。北伐战争期间，国民革命军于1927年8月与军阀孙传芳部，在县境北部龙潭、仓头一带激战，史称“龙潭战役”。1932年，国民政府在句容城北建造飞机场，驻守空军，保卫南京。抗战时期，茅山是全国六大山地抗日根据地之一，抗日军民坚持7年多，直至取胜。其间，根据地人民有5万多人参加新四军，新四军7000多人为国捐躯，仅县团以上军政干部就有近百人。句容革命烈士590多人。1949年4月23日，渡江战役胜利后，句容解放。

（志　办）

2015年9月，于秀珍作为抗战支前模范应邀赴北京参加中国人民抗日战争暨世界反法西斯战争胜利70周年阅兵式

【市徽和市花】　1995年8月11日市第11届人大常委会第22次会议通过。市徽：马宏峰设计。圆形环绕，JR（市名汉语拼音声母）居中。市花：月季花。

市徽

月季花

（志　办）

精神文明建设

【概况】　全市持续深化社会主义核心价值观学习宣传和教育实践，积极开展“讲文明树新风”公益广告宣传，推进道德讲堂、道德文化广场、善行义举榜、主题公园、主题小区、道德教育基地等建设。

组织开展2012—2014年度镇江市文明系列先进单位推荐申报工作，市卫计委等21个系统获镇江市文明行业称号，句容市行政服务中心等80个单位获镇江市文明单位称号，后白镇等7个镇获镇江市文明镇称号，华阳街道下甸村等14个村获镇江市文明村称号，崇明街道梅花社区等8个社区获镇江市文明社区称号。举办首届睦邻微电影节微视频大赛，继续推动文明单位与广场文艺团队结对共建活动，举办了“文明句容·舞动精彩——句容第三届广场舞大赛”，发挥文艺团队文明引导作用。积极加强农村精神文明建设，广泛开展了“最美家庭”创建和“好婆媳、好邻里”等评选活动；开展了“晒乡景、抒乡情、赞乡贤、传乡风”系列评比展示活动，征集了一批好家风好家训和乡贤故事；开展了“乡风明德文化墙”、“善行义举榜”示范点建设，有10个村的文化墙建设通过镇江市考核验收成为示范型文化墙。

推动“八礼四仪”养成教育进学校、进课堂、进社区、进家庭。推广“养正学堂”规范化建设。组织开展“中国梦”“我们的节日”等系列主题教育活动。组织开展第二届句容市美德少年评选活动，参加第三届江苏省美德少年评选活动，1人入选江苏省美德少年。按照“五个好”要求，推进乡村学校少年宫建设。

加强全市志愿服务体系和队伍建设，发动全市各地各部门开展志愿者注册工作。组织开展以“志愿行动、情暖句容”为主题的志愿服务活动，分季度开展助学、助残、助老、环保等志愿服务活动。（王　峰）

【“好人广场”】 全年1人入选全国道德模范，成为全国重大先进典型；1人入选“中国好人”、3人入选“江苏好人”、7人入选“镇江好人”。句容市政府投资18万元，在玉清广场建成全市首个“好人广场”，宣传44位道德模范及身边好人事迹，并于10月30日揭牌。

全国道德模范、时代楷模徐克诚（左）、赵亚夫揭牌

（王　峰）

【举办时代楷模电视访谈】 11月14日，市委宣传部、市文明办、市广播电视台联合在句容广播电视台演播大厅举行“弘扬时代楷模精神、共创全国文明城市”——时代楷模、全国道德模范电视访谈。“时代楷模”徐克成与赵亚夫出席，为发展句容生态农业商议良策，助推“三农”事业发展。徐克成系广州复大肿瘤医院院长，曾于10月份到句容考察现代生态农业，了解其运作模式和农民收入情况，希望把赵亚夫的先进生态循环农业经济和现代农业技术引入家乡江苏如东，并为其病人引进一批句容有机大米。（王　峰）

【西冯村创成“江苏最美乡村”】 由江苏省文明办、省委农工办等部门和单位联合开展第三届“江苏最美乡村”评选，后白镇西冯村入选，成为全省20个村之一。西冯村总面积12.8平方公里，总人口2100多人。近年来，该村立足本村丰富的丘陵土地资源，大力发展草坪、苗木种植业，经过十几年的建设发展，西冯村先后获得“长三角最美村”“江苏省最具魅力休闲乡村”“江苏省水美乡村”“江苏省生态村”“江苏省社会主义新农村建设先进村”和“镇江市康居示范村”等多项荣誉称号。2014年，西冯村花草木销售收入1.5亿，村集体收入达148万元，农民人均年收入26800元。

（王　峰）

西冯村一瞥

【诚信建设“红黑榜”】 全市推进诚信建设制度化，开通句容诚信网，建成个人信用信息基础数据库和企业信用信息基础数据库。建立和完善“红黑榜”发布制度，在城区电子大屏、相关网站发布诚信“红黑榜”。

（王　峰）

【全国文明城市创建】 2015年开始全国县级文明城市创建工作。印发《句容市创建全国文明城市行动规划(2015—2017年)》《句容市创建全国文明城市工作考核办法》《全国文明城市创建任务分解表》《关于开展全国文明城市创建“五项整治”工作的通知》等文件,开展文明创建宣传,督查推进市容环境、小区环境、交通秩序、校园周边环境、“五小店”专项集中整治行动等工作。开通中国文明网句容联盟网站。10月份,创建工作接受省和国家检查组第一次考核验收。

(王 峰)

国民经济和社会发展

【概况】 全年实现地区生产总值468.5亿元,按可比价计算,同比增长10.00%,分别快于镇江、全省0.4、1.5个百分点。其中,第一产业增加值41.32亿元,增长4.4%;第二产业增加值223.85亿元,增长10.3%,其中,工业增加值200.51亿元,增长10.2%;第三产业增加值203.33亿元,增长10.6%。三产增速首次超过二产增速。三次产业增加值的比重由2014年的8.4∶48.9∶42.7调整为8.8∶47.8∶43.4。人均地区生产总值(按常住人口计算)75020元,比2014年增加4336元。服务业增加值占GDP比重为43.4%,比2014年提高0.7个百分点。财政总收入突破100亿元大关,达101.79亿元。其中,一般公共预算收入为40.01亿元,增长11.4%。城镇化率达55.4%,比2014年提高1.48个百分点。全国综合实力百强县跃升至第59位。完成全国1%人口抽样调查工作。

(统计局)

【农林牧渔业】 全市实现农林牧渔业总产值70.37亿元,同比增长10.5%。增加值45.89亿元,同比增长4.2%。其中,种植业28.74亿元,增长4.3%;林业2.91亿元,增长3.9%;畜牧业4.34亿元,增长4.0%;渔业5.34亿元,增长4.9%;农林牧渔服务业4.56亿元,增长2.9%。全市总播种面积75.14万亩;总产35.38万吨,增长0.26%;单产470.8公斤/亩,增长0.09%。

(统计局)

【现代农业】 新增高标准农田2.5万亩、设施农业3.6万亩,农业综合机械化水平达到87.1%。新认证“三品”(无公害农产品、绿色食品、有机食品)品牌56个,其产量占食用农产品生产总量的45%。新增市级以上农业龙头企业15家、农民专业合作社106家、家庭农场183家,农业规模经营比重达到70.7%。

(统计局)

【农业特色创建】 创成“国家现代农业示范区”“全国林下经济示范基地”。后白镇创成“省农村电子商务示范基地”,丁庄村创成“省农村电子商务示范村”。唐陵村获得“全国一村一品示范村”称号。 (统计局)

【工业】 全市工业累计用电量达14.76亿千瓦时,同比下降3.9%。规模以上工业实现产值1385.98亿元,同比增长8.77%;实现工业增加值330.07亿元,同比增长10.2%;实现销售收入1353.97亿元,同比增长9.5%;实现利税137.47亿元,同比增长11.4%;实现利润75.06亿元,同比增长15.0%。工业应税销售358亿元,增长11.7%。新兴产业销售收入增长30%。新增亿元以上企业5家,达到55家。新增省民营科技企业30家、国家高新技术企业12家、省高新技术产品45个。唐邦机电获批省级“两化融合”示范企业。工业固定资产投资118亿元,增长16%;工业技改投资39亿元,增长24%。 (统计局)

【高新技术产业】 全市138家高新技术产业完成工业总产值506.1亿元,同比增长25.99%,占规模工业总产值比重达到36.5%,比2014年提高了1个百分点。天工科技、南瓷绝缘子在新三板挂牌。

【工业节能】 全市规模工业综合能源消费量258.36万吨标准煤,比2014年同期下降1.67%;万元产值能耗0.19吨标准煤,同比下降9.52%。 (统计局)

【建筑业】 全市建筑业总产值为99.5亿元,同比增长17.0%。建筑企业在外省完成产值15.5亿元,同比增长19.0%,增幅比2014年提高4.7个百分点,占全市建筑业总产值的比重为15.6%。建筑企业营业收入100.6亿元,同比增长22.4%;营业成本84.7亿元,同比增长22.5%;营业利润为7.8亿元,同比增长

19.9%;利润总额7.6亿元,同比增长15.7%。建筑业企业人员工资总额18.6亿元,同比增长26.5%;平均工资5.8万元/人/年,同比增长42.8%。（统计局）

【固定资产投资】 全市固定资产投资306.4亿元,同比增长18.7%。第一产业投资完成0.31亿元;第二产业投资完成120.6亿元,同比增长18.9%;第三产业投资完成185.5亿元,同比增长26.2%。（统计局）

【房地产投资】 全市房地产投资82.4亿元,同比增长3.5%。全市商品房销售面积为153.1万平方米,同比增长2.2%;商品房销售额97.4亿元,同比增长2.5%;房屋施工面积829.6万平方米,同比增长19.6%。（统计局）

【“三集”园区建设】 “三集”(企业向园区集中,产业向高端集聚,资源要集约利用)园区功能不断完善,完成固定资产投资125亿元,增长21%。新建标准化厂房30万平方米,新增入园企业65家。省级开发区在全省开发区综合排名跻身20强。（统计局）

【重大项目】 全市4个项目列为省重大项目。81个重点产业项目完成投资156.5亿元,增长19%,占固定资产投资的51%。总投30亿元的圣诺木业一期建成投产,总投30亿元的中华健康园建设顺利,总投80亿元的华电二期和总投30亿元的五洲国际工业博览城一期开工建设,一期总投30亿元的深国际物流港签约落户,总投80亿元的抽水蓄能电站具备开工条件,总投17亿元的华电煤炭储运码头取得核准。（统计局）

【服务业】 全市规模服务业实现营业收入23.6亿元,同比增长4.3%。其中,主要行业营业收入4.5亿元,同比增长11.3%。商贸物流业发展迅速,奥特莱斯一期建成营业,雨润中央商务体主体封顶,可一数字出版基地投入运营。服务业增加值同比增长10.6%,增速比上半年提高了0.6个百分点。其中,交通运输仓储和邮政业增加值23.48亿元,增长6.7%;金融业增加值11.46亿元,增长13.2%;房地产业增加值29.96亿元,增长10.0%。（统计局）

【国内贸易】 全市社会消费品零售额129.2亿元,同比增长11.3%。批发和零售业实现零售额117.2亿元,增长10.5%,占全市消费品零售额的比重为90.7%。其中,批发业实现零售额19.9亿元,同比增长26%,零售业实现零售额97.3亿元,同比增长7.8%。住宿餐饮业实现零售额12亿元,同比增长19.8%。（统计局）

【开放型经济】 全市实际利用外资2.8亿美元,同比增长9.3%。完成进出口总额5.28亿美元,同比下降9.0%。其中,出口额4.54亿美元,同比增长0.2%。外包经济稳步增长,服务外包执行额增长13.2%。（统计局）

【改革深化】 重点在简政放权和加强监管上进行改革,推行行政许可网上审批,平均办理时限缩短3个工作日。组建市场监督管理局,推行“三证合一、一照一码”(工商营业执照、组织机构代码证、税务登记证合为一个营业执照和一个统一社会信用代码)。办结人民来信266件;“12345”热线接受诉求28853条,办结率100%,群众满意率98.7%。推进公车改革,一般公务及执法执勤等车辆总数核减率达35%。完成竣工结算审计项目193个,审计核减8.5亿元,核减率17%。（统计局）

【交通运输业】 年末全市公路总里程2498公里。其中,高速公路52公里。实现公路客运量、公路货运量、水上货运量分别为2291万人、2086万吨和342万吨。年末民用汽车拥有36154辆。其中,私人汽车拥有30724辆(不含本地车辆在句容以外领取牌照的车辆),比2014年净增4168辆,增长15.7%。104国道句容城区段连接线建成通车,完成宁茅公路(后白至茅山段)拓宽改造主体工程,开工建设西部干线、句宝公路、河滨西路东延段等道路。完成农路提档升级工程100公里,改造危桥12座。开通城市公交夜班线路2条,新增城市公交线路1条、镇村公交线路2条,新增城市、镇村公交车各15辆,新增纯电动公交车40辆。（统计局）

【邮政电信业】 全年完成邮电业务总量7.74亿元。其中,邮政业务总量1.77亿元,邮政业务收入1.33亿元,增长30.3%;电信业务收入4.92亿元。年末拥有邮政局(所)24处。（统计局）

【旅游业】 全年接待游客达1497.05万人次,同比增长12.12%;实现旅游收入149.6亿元,同比增长12.24%。全市有5A级景区1家、4A级景区1家、3A级景区5家;3个全国农业旅游示范点、3个省级工业旅游示范点、1个国家级湿地公园、1个省级旅游度假区;农庄、农家乐、乡村旅游点200多个。赤山湖国家湿地公园试运营。宝华山"千华古村"一期投入运营,岩藤农场创成"全国休闲农业与乡村旅游五星级园区",戴庄村创成全省唯一的"中国最美休闲乡村"。

(统计局)

【财政】 全年完成财政总收入101.79亿元。其中,一般公共预算收入为40.01亿元,增长11.4%。

(统计局)

【金融业】 金融机构各项存款余额480.82亿元,同比增长12.53%;其中,住户储蓄存款余额266.28亿元,同比增长11.95%;各项贷款余额374.38亿元,同比增长18.29%。信贷结构优化,支持重点突出,在一定程度上缓解了规模企业、重点项目的资金需求。浦发银行正式营业。再获"省金融生态优秀县"称号。

(统计局)

【科学技术】 全年研发经费支出占GDP比重为2.03%,同比提高0.1个百分点。全市专利授权数2857件,同比增长8.4%。万人发明专利拥有量13.78件,同比增加1.09件。通过"国家知识产权试点市"验收,创成"省创新型城市试点市"。新增省级研发机构11家、省级以上科技企业孵化器2家,开发区高新技术创业园获省级众创空间备案,华阳金属管件创成国家级博士后科研工作站。新增国家"千人计划"专家5人、省"双创计划"专家6人,省"双创团队"实现零的突破。引进高层次创新创业项目38个,实施产学研合作项目63个,引进转化科技成果15项。 (统计局)

【教育】 全市学校总数50所,招生1.09万人,在校生4.50万人,毕业生1.16万人,幼儿园在园幼儿1.24万人。实验高中、市三中通过省四星级高中评估。投入5.08亿元加固、新建校舍20.6万平方米,建成2所中学、4所幼儿园。 (统计局)

【文化体育】 全市年末拥有文化馆(站)11个、博物馆2个、电影院5个、图书馆1个、体育场馆12个、各种娱乐设施95个。广播覆盖率和电视覆盖率均达100%。文体惠民活动广泛开展,农家书屋和文化基层共享点实现全覆盖,人均拥有公共文化体育设施面积达2.76平方米。开展文化"三下乡"活动120余场,送书2.5万余册,建成20个基层综合文化服务中心。市文化馆通过"国家一级馆"现场评估,创成"江苏诗词之乡""中华诗词之乡"和"省科普示范市",开通"句容文物网"。《茅山小道士》完成拍摄并在央视播出。成功承办环太湖(句容段)国际公路自行车赛。吉利福利中心主体封顶,残疾人综合服务中心投入使用。

国家一级馆——句容市文化馆

(统计局)

【卫生】 全市年末拥有卫生机构201个,卫生技术人员2457人,医院床位数1869张。推进分级诊疗服务模式,基层医改经验获国家卫计委表彰。开工建设新人民医院、精神病防治医院、华阳社区卫生服务中心和黄梅社区卫生服务中心。 (统计局)

【城市建设】 修编新一轮城市总规和镇村布局规划,通过省级评审。完成南大街、甲城等片区房屋征收拆迁50.4万平方米,建设城区安置房132.8万平方米,改造城市棚户区近3000套。开展城市环境综合整治,整治城中村2个、农贸市场3个,农贸综合批发市场即将投入运营。完善市政配套设施,改造人行道板7.6万平方米,铺设燃气管道50公里,改造、新增公共停车位1163个,新增城市公共自行车1000辆、站点46个。实施华阳南路、华阳北路升级改造工程,实施华阳东路、华阳西路美化亮化工程,华阳东路创成省级城市管理示范路。完成肖杆河风光带和城市出入口6个节点升级改造,城区绿化覆盖率42.2%,人均公共绿地面积11.6平方米。完成城北垃圾填埋场扩建工程,生活垃圾焚烧发电厂进入调试阶段。开工建设220千伏容西变和110千伏东门变,新上、改造配电变压器914台,改造、维修中低压线路1500公里。（统计局）

【镇村建设】 中心镇集聚能力增强,完成村庄整理130万平方米,建设集镇安置房190万平方米。铺设城镇污水处理配套管网35公里,污水集中处理率达85.5%。升级改造10座乡镇垃圾中转站,农村生活垃圾无害化处置率达100%。疏浚乡级河道35公里,整治河塘400座,配套小型水利设施900座,恢复治理水土流失面积4.5平方公里。后白、天王镇创成"国家卫生镇",下蜀镇创成"省级美丽宜居镇",西冯村创成"长三角最美乡村",丁家边村等10个村创成"省级卫生村"。（统计局）

【生态环境】 推进"省级水生态文明城市"建设试点工作,继续开展"一江、两湖、三河"水环境综合整治和太湖水污染治理,对84个村庄实施生活污水综合整治,全市饮用水源地和太湖过境断面水质达标率100%。启动京沪高铁沿线废弃矿山地质环境治理工程。推进边城片区生态环境综合整治,新关闭污染企业21家。开展工业废气治理,关闭挥发性有机气体生产线3条,改造粉尘污染生产线3条,淘汰、改造高污染锅炉82台。实施重点清洁生产项目4个、节能减排项目21个,单位地区生产总值能耗下降3%。空气优良天数达260天,同比增加81天。成片造林6500亩,创成"省级村庄绿化示范村"15个、"省级生态村"7个。（统计局）

【居民收入和消费】 全体居民人均可支配收入为26527.3元,增长8.6%。城镇居民人均可支配收入为37548.1元,同比增长8.3%;消费支出为21497.4元,同比增长7.6%。农村居民人均可支配收入为17355.1元,同比增长9.2%;农村居民人均生活消费支出为13368.7元,同比增长9.2%。（统计局）

【社会保障】 财政用于民生资金37.9亿元,增长15.5%。城镇新增就业1.05万人,扶持创业1934人,创业带动就业1万人,农村劳动力转移7700人,城镇登记失业率控制在2.16%以内。17个经济薄弱村和2038名低收入人口实现脱贫,全面完成"百村万户"双达标任务。新农合筹资标准提高到每人每年580元,城乡居民基本养老保险缴费基本标准提高到每人每年600元,城乡低保标准提高到每人每月580元,五保集中供养、分散供养标准分别提高到每人每年7800元和7200元。发放尊老金1258万元、城乡低保金2808万元、五保供养金1283万元,发放慈善救助金1204万元、残疾人补助金3300万元、优抚安置金2626万元。发放经济适用房货币化补贴792万元。新增住房公积金归集人数5400人,发放住房公积金贷款2.4亿元。（统计局）

【全国文明镇、村创建】 全国文明城市创建接受首个年度测评,后白镇创成镇江首批"全国文明镇",下甸村创成"全国文明村"。（统计局）

【社会稳定】 建成市法治宣传教育中心和市法院、市检察院便民服务中心,全面完成"六五"普法任务。市镇两级调处中心实现实体化运作,信访案件化解率95%,城乡和谐社区建设达标率97%。"八类案件"大幅下降,全市重点单位技防覆盖率100%,连续创成"省平安市"。健全食品药品安全应急管理体系,建成城区消防特勤站,抵御百年一遇特大暴雨洪灾。（统计局）

组织机构及领导人名录

·中共句容市委员会·

书　　记　尹卫东(　~2015.10)
副 书 记　许　文*
　　　　　商　震
常　　委　尹卫东*(　~2015.10)
　　　　　许　文*
　　　　　商　震
　　　　　章壮钧
　　　　　高庆华

石继刚
王吉武（　～2015.07）
宋飞雄
潘　群
吕朝霞（女～2015.05）
马云明（2015.07～　）
胡　旭
皋古和

办　公　室

主　　任　高宏斌（　～2015.07）
　　　　　贡月明（2015.07～　）
副 主 任　贾良明*
　　　　　周大庆
　　　　　桑　毅
　　　　　史永展（　～2015.12）
　　　　　凌定良
　　　　　朱宏琴（女）
　　　　　张红星（2015.12～　）
督查室主任　王小军

机要保密局

局　　长　贾良明
副 局 长　张广铧
　　　　　吴　炜（女）

组　织　部

部　　长　皋古和*
常务副部长　张为俭
副 部 长　高发巧*
　　　　　贡月明（　～2015.07）
　　　　　陈　斌
市委组织员　戴志勇（　～2015.07）
　　　　　　方春喜
　　　　　　杨　健
市电教中心主任

新经济社会组织党工委

（与市委组织部合署）

书　　记　陈　斌*
副 书 记　胡继发
　　　　　阎艳齐（女）

宣　传　部

部　　长　吕朝霞（女～2015.09）
　　　　　高庆华（2015.09～　）
副 部 长　戴晓伟*
　　　　　汪荣春
　　　　　张　俊
宣传指导员　夏　永
　　　　　　纪　萍（女）
　　　　　　王　莉（女）

精神文明建设指导委员会办公室

（与市委宣传部合署）

主　　任　张　俊*
副 主 任　李云鹏（　～2015.12）
　　　　　张传军
　　　　　王　峰（2015.12～　）

统一战线工作部

部　　长　胡现龙*
副 部 长　郑学胜（　～2015.07）
　　　　　赵　军（2015.07～　）
　　　　　刘明祥
　　　　　陈桂生

政法委员会

书　　记　章壮钧*
副 书 记　李洪根
　　　　　窦宏刚
　　　　　汪四红
政治处主任　姜建兵（　～2015.07）

社会管理综合治理委员会办公室

（与市委政法委员会合署）

主　　任　窦宏刚*
副主任　周龙强（　～2015.07）
张国庆　巫方平（2015.07～　）

国家安全领导小组办公室
（与市委政法委员会合署）

主　　任　汪四红＊
副 主 任　严慧英（女）

台湾工作办公室

主　　任　张彦飞
副 主 任　胡　新
　　　　　石少华

机构编制委员会办公室

主　　任　贡月明＊（　～2015.07）
　　　　　耿　忠（2015.07～　）
副 主 任　张军桓
　　　　　吴孝海（　～2015.12）
　　　　　徐国华（女 2015.12～　）

市级机关党工委

书　　记　许德根
副 书 记　沈春生（　～2015.12）
　　　　　王　伦
　　　　　陈志清（女 2015.12～　）
纪工委书记　沈春生＊（　～2015.12）
　　　　　　陈志清（女 2015.12～　）

信　访　局

局　　长　徐晓飞（　～2015.09）
　　　　　唐富祥（2015.09～　）
副 局 长　刘寿根
　　　　　张映旭
　　　　　聂家勇

老干部局

局　　长　严廷才
副 局 长　刘伟来（　～2015.12）
　　　　　牛风华
　　　　　曹　丽（女）
　　　　　贡道金

史志办（党史办）

主　　任　欧红卫
副 主 任　倪定胜＊
　　　　　许朝斌

党校（行政干部学校）

党校校长　高庆华＊（　～2015.09）
　　　　　商　震＊（2015.09～　）
行干校校长　潘　群＊
常务副校长　戴晓伟
副 校 长　陶　强
　　　　　王成军
　　　　　凌建林
校务委员　周　文＊

接　待　办

主　　任　雍正金
副 主 任　徐　俊（女）
　　　　　陈延军（　～2015.12）

档案局（档案馆）

局　　长　冯家旺
副 局 长　汤文龙（　～2015.07）
　　　　　王自清（2015.07～　）
　　　　　周长兵

新闻报道中心

主　　任　王金涛
副 主 任　俞小俊
　　　　　徐　进
　　　　　王　峰（　～2015.12）

·句容市人民代表大会常务委员会·

主　　任　尹卫东＊（　～2015.12）
党组书记　杨庆荣
党组副书记　周春芳
副 主 任　杨庆荣＊
　　　　　周春芳＊
　　　　　吴小香（女）
　　　　　戴家俊
党组成员　戴家俊＊
　　　　　吕兴齐＊

胡　敏＊（女）
陈学东＊
茅　进＊
巫罗才＊
周　俊＊（　～2015.07）
刘志鹏（2015.07～　）
严伯金＊

办　公　室

主　　任　吕兴齐
副 主 任　田顺之
　　　　　刘　宁
信访室主任　张　瑾（女）

人事代表联络委员会

主　　任　胡　敏（女）
副 主 任　张晓晖（女）

内务司法委员会

主　　任　陈学东
副 主 任　翁天强

财政经济委员会

主　　任　茅　进
副 主 任　曾宪明

社会事业委员会

主　　任　周　俊（　～2015.07）
　　　　　刘志鹏（2015.07～　）
副 主 任　王广平

农业和农村经济委员会

主　　任　巫罗才
副 主 任　张忠玉

环境资源城乡建设委员会

主　　任　严伯金
副 主 任　李晓军（2015.09～　）

茅山风景区人大工委
（2015年1月撤销）

主　　任　陈德明（　～2015.01）

赤山湖人大工委
（2015年12月撤销）

主　　任　李如祥（　～2015.12）

华阳街道人大工委

主　　任　朱群峰

崇明街道人大工委

主　　任　华天宝

黄梅街道人大工委

主　　任　宋敬超

·句容市人民政府·

市　　长　许　文
党组书记　许　文
常务副市长　潘　群
党组副书记　潘　群
副 市 长　王　琴（女～2015.07）
　　　　　马云明（2015.07～　）
　　　　　贾云亮（2015.07～　）
　　　　　彭良豪（　～2015.05）
　　　　　王　华（援疆）
　　　　　姚　华
　　　　　孙卫军
　　　　　侯华锋（2015.07～　）
　　　　　仰　远（挂职）
　　　　　王乙焯（挂职2015.04～　）
党组成员　王　琴＊（女～2015.09）
　　　　　马云明＊（2015.09～　）
　　　　　贾云亮＊（2015.09～　）
　　　　　王　华＊（援疆）
　　　　　姚　华＊
　　　　　孙卫军＊
　　　　　侯华锋＊（2015.09～　）
　　　　　吕　康＊

桑学军＊

办　公　室

主任、党组书记　桑学军

副 主 任　金　宇＊（　～2015.07）

胡文成＊

谢　兵

杨海平＊（2015.07～　）

张世海

张　凯（　～2015.03）

董　群

赵　军

丁　琼

周　伟（　～2015.07）

朱庆峰（2015.07～　）

纪检组长　徐国华（女～2015.12）

吴孝海（2015.12～　）

法制办公室

（在市政府办公室挂牌）

主　　任　金　宇

副 主 任　王笑冰（　～2015.12）

杨海平

金　融　办

（在市政府办公室挂牌）

主　　任　胡文成

应　急　办

（设在市政府办公室）

主　　任　唐广智

副 主 任　钱永保

发展改革和经济信息化委员会

主　　任　戴兆方

党委书记　徐嘉惠

党委副书记　戴兆方＊

副 主 任　经　军

杨金国

刘宏伟

陈永祥（　～2015.12）

金　泉

李云鹏（2015.12～　）

张　伟（挂职2015.09～　）

纪委书记　王志平

物　价　局

（在市发展改革和经济信息化委员会挂牌）

局　　长　董明祥（　～2015.07）

徐嘉惠＊（2015.07～　）

党组书记　董明祥（　～2015.07）

副 局 长　华　平（　～2015.07）

人力资源和社会保障局

局　　长　高发巧

党委书记　吕才林

党委副书记　高发巧＊

糜　艺（　～2015.12）

副 局 长　糜　艺＊（　～2015.12）

吕存明（　～2015.12）

臧国良

高　新

刘红梅（女）

杨俊魁

张芬清

朱代先（挂职2015.09～　）

纪委书记　朱德保

人才服务中心主任　谭玉芬（女）

劳动就业管理中心主任　吴小蕾（女）

社会劳动保险基金管理中心主任　张芬清＊

医保中心主任

监　察　局

（与市纪委合署）

局　　长　马志勇

副 局 长　凌云鸿

沈雪琦

科　技　局

局长、党组书记　齐兴武

副 局 长　戴　俊

朱　燕（女）

杜永刚
罗水忠(挂职~2015.08)
戎志丹(挂职2015.09~　)
纪检组长　元彩武(　~2015.07)
孙平国(2015.07~　)

公　安　局

局长、党委书记　吕　康
督 察 长　吕　康＊
政委、党委副书记　裔玉诚
副 局 长　曹当明＊
章丽明＊
王庆春
包俊生
朱金根(　~2015.07)
蔡成贵
副 政 委　张方龙(　~2015.12)
纪委书记　甘文顺(　~2015.12)
张方龙(2015.12~　)

610办公室

主　　任　曹当明
副 主 任　张其荣
高和平

维　稳　办

主　　任　章丽明
副 主 任　方忠云　丁义新

公安局政治处

主　　任　施正林

公安局指挥中心

主　　任　陶正庚
政治教导员　戴　斌

公安局治安警察大队

大 队 长　丁贤林
教 导 员　包邦友

公安局刑事警察大队

大 队 长　梅新贤

公安局交通警察大队

大 队 长　王世界
教 导 员　朱华健

公安局经济犯罪侦查大队

大 队 长　王志敏
教 导 员　韩明富

公安局国内安全保卫大队

大 队 长　黄　平
教 导 员　滕庆平

公安局巡逻防控大队

(2015年9月更名为公安局巡特警大队)

大 队 长　陈　荣
教 导 员　陈洪军(　~2015.07)
徐　伟(2015.12~　)

公安局警务督察大队

大 队 长　吕益银
教 导 员　谭游海

公安局法制大队

大 队 长　郭存星
教 导 员　邹小红

公安局网络安全保卫大队

大 队 长　万　俊
教 导 员　邵　林

公安局出入境管理大队

大 队 长　黄庆远
教 导 员

看　守　所

所　　长　笪宏杉
教 导 员　张宗周(　~2015.07)

华阳派出所

所　　长　邵兴林
教 导 员　孔庆辉

下蜀派出所

所　　长　刘卫明
教 导 员

宝华派出所

所　　长　张　进
教 导 员

边城派出所

所　　长　杨国正
教 导 员　魏旺荣

白兔派出所

所　　长　刘尚彬
教 导 员　张　炜（　～2015.07）

茅山派出所

所　　长　贾　臣
教 导 员

郭庄派出所

所　　长　易善智
教 导 员　汪　龙

后白派出所

所　　长　程　飞
教 导 员　陈德林

天王派出所

所　　长　周巧生
教 导 员　蒋瑞银

开发区派出所

所　　长　刘华国
教 导 员　王克钉

茅山风景区派出所

所　　长　吴玉琢
教 导 员　许永兵

赤山湖派出所

所　　长　夏祖明
教 导 员　谈国祥

黄梅派出所

所　　长　潘良军
教 导 员　琚卫军

石狮派出所

所　　长　陈兴贵
教 导 员　张方军

直属派出所

所　　长　陈洪军（2015.07～　）
教 导 员　张宗周（2015.07～　）

司　法　局

局　　长　李爱林
党组书记　唐富祥（　～2015.09）
　　　　　李爱林（2015.09～　）
党组副书记　李爱林*（　～2015.09）
副 局 长　华恩慧（女）
　　　　　袁继宏
　　　　　李晓军（　～2015.09）
　　　　　庞文革（2015.09～　）
纪检组长　朱建平（　～2015.12）
　　　　　顾　鹏（2015.12～　）

民　政　局

局　　长　纪先荣
党委书记　杨　银
党委副书记　纪先荣*
副 局 长　朱小虎（　～2015.07）
　　　　　倪洪波（　～2015.07）
　　　　　韦　刚
　　　　　高启福
　　　　　姜建兵（2015.07～　）

徐　玮（女 2015.07 ~　）
武益飞（2015.12 ~　）
纪委书记　胡世广
福利中心主任　徐　玮（女 ~ 2015.12）
孙　青（女 2015.12 ~　）

财　政　局

局　　长　吴新梅（女）
党委书记　张广新
党委副书记　吴新梅＊（女）
副 局 长　薛学祥＊（　~ 2015.07）
糜　艺（2015.12 ~　）
眭亚伟（　~ 2015.12）
袁建东
笪洪侠（2015.07 ~　）
巫维国
王余进
吴开臣（挂职 2015.09 ~　）
纪委书记　兰　玮（女）

国有资产监督管理办公室

主　　任　吴新梅＊（女）

镇江市住房公积金管理中心句容分中心

主　　任　巫维国＊

教　育　局

局　　长　刘志鹏（　~ 2015.07）
高宏斌（2015.07 ~　）
党委书记　刘志鹏（　~ 2015.07）
董明祥（2015.07 ~　）
党委副书记　潘小勤（　~ 2015.07）
高宏斌＊（2015.07 ~　）
副 局 长　潘小勤（2015.07 ~　）
刘志平
王咸松
许艾岷
纪委书记　孙平国（　~ 2015.07）
王　挺（2015.07 ~　）

市教育督导室

（在市教育局挂牌）

主　　任　王道银＊（女）
副 主 任　张双林
陈雪花（女）

江苏省句容高级中学

校长、党总支书记　王泰山
党总支副书记　李芳荣（　~ 2015.07）
副 校 长　庄静平
郭朝东
胡文靖
经庆录

实验高级中学

校　　长　王荣佩
党总支书记　王荣佩（　~ 2015.07）
黄光斌（2015.07 ~　）
党总支副书记　王荣佩＊（2015.07 ~　）
副 校 长　冯义平
陈　敏
薛国强

教师进修学校

校　　长　方扬平

江苏省句容中等专业学校

校　　长　赵健康
党总支书记　孔祥富
党总支副书记　赵健康＊
副 校 长　孔祥富
冯树云（　~ 2015.07）
黄　新
赵贤民

第二中学

校　　长　邱梦标
党总支书记　邱梦标（　~ 2015.07）
蒋　明（2015.07 ~　）
党总支副书记　邱梦标＊（2015.07 ~　）
副 校 长　汪　涛

严　健(　~2015.07)
侯红宝
纪争春(2015.07~　)

第三中学

校　　长　刘德海
党总支书记　吴发清
副 校 长　刘应林(　~2015.12)
严　飞
刘瑞宏
蒋龙贵

崇明中学

(2015年7月撤销建制)

校　　长　黄光斌(　~2015.07)
党总支书记　蒋　明(　~2015.07)
党总支副书记　黄光斌*(　~2015.07)
副 校 长　蒋　明*(　~2015.07)
纪争春(　~2015.07)
陈远勇(　~2015.07)

实验小学

校　　长　李能斌
党总支书记　陈远勇(2015.07~　)

卫生和计划生育委员会

(2015年3月组建)

主　　任　叶本强(2015.03~　)
党委书记　王灵飞(2015.03~　)
党委副书记　叶本强*(2015.03~　)
副 主 任　文德忠(2015.07~　)
黄　培*(2015.07~　)
滕　静(女2015.07~　)
吴晓军(2015.07~　)
朱晓静(女2015.07~　)
王　丽(女2015.07~　)
纪委书记　文茂根(2015.07~　)
疾病预防控制中心主任　吴晓军(　~2015.01)
刘　敏(2015.01~　)
疾病预防控制中心党总支书记
吴晓军(　~2015.01)

人民医院

院　　长　周　华
党总支书记　梁本初*
党总支副书记　周　华*
陈　明(　~2015.12)
副 院 长　刘庆伟
王卓群
刘业锋

中　医　院

院　　长　周　华(　~2015.01)
梁本初(2015.01~　)
党总支书记　刘业锋*(　~2015.01)
副 院 长　刘业锋*(　~2015.01)

市场监督管理局

(2015年3月组建)

局　　长　刘冬友(2015.03~2015.09)
洪礼荣(2015.09~　)
党委书记　冯忠祥(2015.03~　)
党委副书记　刘冬友*(2015.03~2015.09)
洪礼荣*(2015.09~　)
赵　民*(2015.07~　)
焦桂葆(2015.07~　)
副 局 长　焦桂葆*
盛金玉
张传斌
卞英军
童秀峰
王　昕(女)
笪　伟
张锐方
武　莉(女)
裔　秀(女)
张　云
纪委书记　陈祥福

食品药品监督管理局

(在市市场监督管理局挂牌)

局　　长　赵　民

环境保护局

局　　长　金　伟(　～2015.07)
　　　　　凌　华(女 2015.07～　)
党组书记　耿　忠(　～2015.07)
　　　　　周法祥(2015.07～　)
党组副书记　金　伟*(　～2015.07)
　　　　　　叶向荣
副 局 长　叶向荣*
　　　　　张玉春
　　　　　王　明
　　　　　凌　华(女～2015.07)
纪检组长　郦雷明

环境监察大队

大 队 长　马国兵(2015.12～　)

住房和城乡建设局

局　　长　陈　刚
党委书记　包华根(　～2015.07)
　　　　　金　伟*(2015.07～　)
党委副书记　陈　刚*
　　　　　　余立超
副 局 长　吉田刚
　　　　　项梅珍(女)
　　　　　冯义进
　　　　　苏　红(女)
　　　　　徐小明
纪委书记　余立超*

市政公用事业服务中心

主　　任　苏　红*(女)

拆迁安置服务中心

主　　任　苏安定

房产业发展服务中心

主　　任

人民防空办公室

(在住房和城乡建设局挂牌)

主　　任　樊金云(　～2015.07)
　　　　　金　伟(2015.07～　)
党组书记　樊金云(　～2015.07)
副 主 任　文茂根(　～2015.07)
　　　　　骆守喜(　～2015.07)
　　　　　李义龙

交通运输局

局　　长　邵国一
党委书记　徐　明
党委副书记　邵国一*
副 局 长　吴　清
　　　　　刘俊锋(　～2015.12)
　　　　　吴迎春
　　　　　李本春
　　　　　薛宣明(2015.12～　)
　　　　　张　昆(挂职)
纪委书记　笪　萍(女)
工会主席　薛宣明(　～2015.12)

公路管理处

处　　长　吴迎春*
党总支书记　陈　敏

运输管理处

处　　长　李本春*
党支部书记　杨庆华(　～2015.07)

航道管理处

处　　长　李卫东

规　划　局

局　　长　陈建业
党组书记　彭长江(　～2015.09)
　　　　　陈建业(2015.09～　)
党组副书记　陈建业*(　～2015.09)
副 局 长　程　勇
　　　　　张远娥(女)
纪检组长　李　宏

城市管理局

局　　长　徐龙喜

党委书记　曹青松
党委副书记　徐龙喜＊
副 局 长　汪　海（　～2015.07）
曲秀祥
戴志勇（2015.07～　）
徐正春
朱　军
纪委书记　杜　娟（女）

农业委员会

主　　任　王建祥
党委书记　王文才
党委副书记　王建祥＊
李　祥（　～2015.07）
副 主 任　杨留虎（　～2015.07）
江明月（　～2015.07）
李　祥（2015.07～　）
桑学钱
潘茂亮
葛安明
王友成
常谦明（挂职～2015.08）
雷礼纲（挂职2015.09～　）
纪委书记　李　祥＊（　～2015.07）
华　平（2015.07～　）
农业技术推广中心主任　赵九红（女）

农业资源开发局

（在农业委员会挂牌）

局　　长　王文才＊

粮　食　局

（在农业委员会挂牌）

局　　长　于建胜＊

水利农机局

局　　长　眭国荣
党委书记　方道宏（　～2015.07）
李家云（女2015.07～　）
党委副书记　眭国荣＊
张正杰（女）
副 局 长　张正杰＊（女）
张新义（　～2015.12）
罗宜喜
窦鹏飞
纪委书记　朱益平

长江提水站管理处

主　　任　王德根

商　务　局

局长、党组书记　洪礼荣（　～2015.09）
徐晓飞（2015.09～　）
党组副书记　赵　军（　～2015.07）
副 局 长　赵　军＊（　～2015.07）
曹玉坤
张耀生（　～2015.07）
戴　蓉（女）
周　伟（2015.07～　）
纪检组长　朱　健（　～2015.07）
骆腊生（2015.07～　）

投资促进中心

主　　任　孙良俊

文化广电体育局

局　　长　严建华
党委书记　杨冬梅（女2015.01～　）
党委副书记　严建华＊
副 局 长　陈玉林
周孝荣
陆志荣（援疆）
吴　敏
王海明（2015.12～　）
纪委书记　王海明（　～2015.12）
徐开国（2015.12～　）

审　计　局

局长、党组书记　阎巧根（　～2015.07）
马志勇（2015.07～　）
党组副书记　宋维生
苏士清

副 局 长　宋维生＊
　　　　　巫进圣
　　　　　熊秉军
　　　　　黄晓敏(女)
纪检组长　王万青

安全生产监督管理局

局长、党组书记　涂长坤(　～2015.07)
　　　　　　　　方道宏(2015.07～　)
党组副书记　诸一忠(　～2015.07)
副 局 长　诸一忠＊(　～2015.07)
　　　　　谭恩成
　　　　　丁邦元
　　　　　吴士军(2015.07～　)
　　　　　周正辉(2015.12～　)
纪检组长　陈高祥

安全生产监督执法大队

大 队 长　王　容

统　计　局

局长、党组书记　唐红生
副 局 长　沈容戈
　　　　　焦一明
纪检组长　赵向梅(女)

行政服务中心

主　　任　许发毅
副 主 任　钟小平(　～2015.12)
　　　　　石亨根
　　　　　潘建农
　　　　　包永祥

机关服务中心

主　　任　陈建强
党组书记　陈一勤(女)
副 主 任　万晓忠
　　　　　孙桂荣
　　　　　冯宏国
纪检组长　徐　钧

民族宗教旅游局

(2015年3月更名为民族宗教事务局)

局长、党组书记　陈一江
党组副书记　柳福才(　～2015.03)
　　　　　　赵　明(　～2015.03)
副 局 长　柳福才＊
　　　　　赵　明＊
　　　　　陈巧根
　　　　　龙明锋(挂职2015.09～　)
纪检组长　陈　铭

广播电视台

台长、党组书记　许家荣
党组副书记　王　斌
　　　　　　余成萍(女)
副台长　王　斌＊
　　　　顾　鹏(　～2015.12)
　　　　史兰生
　　　　程贤锋
　　　　徐开国(　～2015.12)
　　　　杨言宏
纪检组长　余成萍＊(女)

粮食收储中心

主任、党委书记　于建胜
副 主 任　冯章喜(　～2015.07)
　　　　　庞文革(　～2015.09)
　　　　　王银宝
　　　　　周雪松(2015.09～　)
纪委书记　顾德飞

供销合作总社

主任、党委书记　袁功前
副 主 任　李海涛
　　　　　高　昕
　　　　　高云才
　　　　　常谦明(挂职2015.09～　)
纪委书记　赵　进

国有资产经营总公司

总 经 理　薛学祥

党委书记　王发顺（　~2015.07）
薛学祥（2015.07~　）
党委副书记　薛学祥*（　~2015.07）
副总经理　周金德
程　刚
纪委书记　许同彬

地　震　局

局　　长　谭素平
副 局 长　高　翔

茅山风景区

党工委书记　石继刚
管委会主任　王素俊
党工委副书记　王素俊*
陈　健
龙明锋（挂职2015.09~　）
管委会副主任　陈德明（2015.01~　）
程昌军（2015.01~　）
王　霞（女）
戴荣国
王惠宇
胡基兵
笪爱华
李迎节
纪工委书记　严宜荣
人武部长　李迎节*

宝华山国家森林公园

管委会主任　嵇晓群*（　~2015.01）
高庆华*（2015.03~2015.09）
梁　亮*（2015.09~　）
管委会常务副主任　谢庚明
管委会副主任　王自清（　~2015.07）
汤继红（女）
万　俊（　~2015.07）

赤　山　湖

党工委书记　潘　云
管委会主任　袁　民
党工委副书记　袁　民*
杨春光
管委会副主任　杨春光*（　~2015.01）
李文富
俞　伟
夏兴华
纪工委书记　许仪震（　~2015.12）
沈信志（2015.12~　）
人武部长　沈信志（　~2015.12）

江苏句容茅山湖旅游度假区

党工委书记　查兆娣*（女）
管委会主任　周法祥（　~2015.07）
党工委副书记　周法祥*（　~2015.07）
孙太元（援疆）
管委会常务副主任　孙太元*（援疆）
管委会副主任　张　俊
钱　勇
张　琦

江苏省句容经济开发区

党工委书记　王吉武*（　~2015.07）
管委会主任　王大金
党工委副书记　王大金*
徐　飞*（　~2015.03）
王　勇*（2015.03~　）
黄建清
姚卫东（挂职~2015.08）
李小强（挂职2015.09~　）
管委会副主任　王仁俊*
吴　阳
章壮志
王玉林
魏金河
党工委组织委员　张金豹
党工委宣统委员　张金网
纪工委书记　马久根
党工委政法委员、人武部长　冯百灵
办公室主任　王　波（　~2015.01）
高　然（2015.01~　）
党群工作局局长　郜广平（女2015.01~　）
经济发展局局长　吴　珏（女2015.01~　）

规划建设局局长　朱　斌(2015.01～　)
招商一局局长　王　波(2015.01～　)
招商二局局长　杨　瑞(2015.01～　)
综合执法办公室主任　王学军(2015.01～　)
投促中心主任　葛　娅(女 2015.01～　)
投促中心书记　任　振(2015.01～　)
农村事务中心主任　吴　越(2015.01～　)
农村事务中心书记　王致伟(2015.01～　)

黄梅街道

党工委书记　徐　飞(　～2015.03)
王　勇(2015.03～　)
管委会主任　王仁俊
管委会副主任　刘　迎(女)
李开忠
朱红莉(女)
熊满胜

华阳街道

党工委书记　侯华锋(　～2015.09)
纪文华(2015.09～　)
管委会主任　包俊华
党工委副书记　包俊华*
陶显忠
严道顺
方　亮(挂职～2015.08)
吴开臣(挂职 2015.09～　)
管委会副主任　孔　斌
徐富祥
尹小计(女)
周龙斌
吴　勇
杨　勇
邰小雪(女　挂职)
纪工委书记　丁学平
党工委组织委员　徐　峰
党工委宣统委员　张元慧(女)
党工委政法委员、人武部长　王　军

崇明街道

党工委书记　高志祥
管委会主任　陆　卫
党工委副书记　陆　卫*
孔凡峰
管委会副主任　凌继才(　～2015.07)
吴　文
骆守喜(2015.07～　)
雍　军
纪工委书记　张蓉娟(女)
党工委组织委员　王广成
党工委宣统委员　宋康文
党工委政法委员、人武部长　于秉喜

中国人民政治协商会议句容市委员会

主　　席　孙昌桂(女)
党组书记　孙昌桂(女)
党组副书记　谢荣洲
副 主 席　谢荣洲*
黄　培
倪定胜
王道银(女)
胡现龙(2015.01～　)
秘 书 长　张业华*(女)
党组成员　张业华*(女)
程柏林*
杨定旺*
郭均敏*
包华根(2015.07～　)
王　平*(　～2015.07)
袁启亮*
钱润红*(女)

办　公　室

主　　任　张业华(女)
副 主 任　陈绍林
李　玮
张红星(　～2015.12)

提案联络委员会

主　　任　程柏林

学习文史委员会

主　　任　杨定旺

经济科技委员会

主　　任　郭均敏

社会事业委员会

主　　任　王　平（　～2015.07）
　　　　　包华根（2015.07～　）

海外联络委员会

主　　任　袁启亮

民族宗教委员会

主　　任　钱润红（女）

华阳街道联络委员会

主　　任　严道顺＊（　～2015.12）

下蜀镇联络委员会

主　　任　庞　勇＊（　～2015.12）

宝华镇联络委员会

主　　任　罗　荣＊（　～2015.12）
副 主 任　张金先＊（　～2015.12）

白兔镇联络委员会

主　　任
副 主 任　张　虎＊（　～2015.12）

茅山镇联络委员会

主　　任　吕长江＊（　～2015.01）
副 主 任　王慧慧（女～2015.12）

天王镇联络委员会

主　　任　沈　政＊（　～2015.01）
副 主 任　程　伟＊（　～2015.07）

郭庄镇联络委员会

主　　任　戴红梅＊（女～2015.12）
副 主 任　刘　军＊（　～2015.12）

边城镇联络委员会

副 主 任　夏宏伟＊（　～2015.12）
　　　　　王　婷＊（女～2015.12）

开发区联络委员会

主　　任　王玉林（　～2015.12）

茅山风景区联络委员会

主　　任　程昌军（　～2015.01）

赤山湖政协联络委员会

副 主 任　杨春光＊（　～2015.01）

·中共句容市纪律检查委员会·

书　　记　宋飞雄
副 书 记　马志勇＊（　～2015.07）
　　　　　施育成
　　　　　金　宇（2015.07～　）
纪委常委　李家云（女～2015.07）
　　　　　王　挺（　～2015.07）
　　　　　滕振林　周　云（女）
　　　　　李兴国（2015.07～　）
办公室主任　王　挺＊（　～2015.07）
纪检监察室主任　滕振林＊
案件审理室主任
干部教育室主任　杨　华
执法监察室主任　袁友新
党风廉政建设室主任　李兴国
行政效能监察室主任　杨建勋
信访室主任　李家云＊（女～2015.07）
农村纪检监察一室主任
农村纪检监察二室主任　朱孝成
重点派驻纪检监察室主任　周　云＊（女）
副局级纪检员　刘富金
　　　　　　　喻　萍（女）

·句容市人民法院·

院长、党组书记　董友洪
党组副书记　张巧林

副 院 长　张巧林＊
　　　　　唐世民
　　　　　姜　波
党组成员　唐世民＊
　　　　　姜　波＊
　　　　　裔明根＊
　　　　　王　蔚＊(女)
　　　　　张　路＊
纪检组长　张　路
审判委员会专职委员　裔明根
政治处主任　王　蔚(女)

·句容市人民检察院·

检察长、党组书记　毛康林
党组副书记　鸦连军
　　　　　　王肖瑭
副检察长　鸦连军＊
　　　　　王肖瑭＊
　　　　　徐光云(女)
党组成员　谢上芳＊(女～2015.07)
　　　　　徐光云＊(女)
　　　　　步　玲＊(女)
　　　　　周宜安＊
纪检组长　步　玲(女)
检察委员会专职委员　梁治国
政治处主任　谢上芳(女～2015.07)

反渎职侵权局

局　　长　周宜安

职务犯罪侦察局

局　　长　韩学明

·社会团体·

总　工　会

主席、党组书记　颜利平
副 主 席　管春平
　　　　　张　健
　　　　　陈志清(女～2015.12)
　　　　　方海军
纪检组长　沈春生(2015.12～　)

共青团句容市委员会

书　　记　胡光亮(　～2015.03)
　　　　　张　凯(2015.03～　)
副 书 记　蒋嘉文(女)
　　　　　张　博(2015.07～　)

妇女联合会

主席、党组书记　张腊英(女)
副 主 席　叶梅声(女～2015.12)
　　　　　陈　梅(女)
　　　　　周菲菲(女 2015.12～　)

科学技术协会

主　　席　陈长城
副 主 席　胡正平
　　　　　张德成
　　　　　施江华

工商业联合会

主　　席　钟诚柏
党组书记　郑学胜＊(　～2015.07)
　　　　　赵　军＊(2015.07～　)
驻会副主席　陶文才
　　　　　　王明怀
不驻会副主席　应　军＊
　　　　　　　张小祥＊
　　　　　　　杜盛钢＊
　　　　　　　李　鸣＊(女)
　　　　　　　方荣富＊(　～2015.07)
　　　　　　　任春香＊(女)

文学艺术界联合会

主　　席　马宏峰
副 主 席　王庆涛
　　　　　陈东方(　～2015.12)

残疾人联合会

主　　席　王　琴＊(女～2015.09)

姚　华＊（2015.09～　）
副主席、理事长　纪书生
副理事长　周　舟
刘小燕（女）

归侨侨眷联合会

主　　席　王金涛＊
副 主 席　郑长明＊（不驻会）
汪海滨＊（不驻会）

红十字会

会　　长　彭良豪＊（　～2015.07）
贾云亮＊（2015.09～　）
常务副会长　傅丽莉（女）
副 会 长　周菲菲（女～2015.12）
郑所勤（女）

·人口和计划生育协会·

会　　长　彭良豪＊（　～2015.07）
贾云亮　（2015.09～　）
副会长

·各镇党委、人大、政府·

下　蜀　镇

党委书记　蔡家红
党委副书记　梁　亮＊（　～2015.09）
郭　江＊（2015.09～　）
庞　勇
陈建兵
罗水忠（挂职～2015.08）
郎　中（挂职2015.09～　）
党委委员、纪委书记　陈国民
党委组织委员　陈太军
党委宣统委员　谭红军
党委政法委员、人武部长　朱华伟
党委委员　宋念东＊
王忠琴＊（女）
陈　华＊
人大主席　王发顺（2015.07～　）
人大副主席　吴士军（　～2015.07）
镇　　长　梁　亮（　～2015.09）
郭　江（2015.09～　）
副 镇 长　宋念东
王忠琴（女）
陈　华
戴　裔
孔　飞
毛可进
刘嘉畅（挂职～2015.11）

宝　华　镇

党委书记　嵇晓群（　～2015.01）
高庆华＊（2015.03～2015.09）
梁　亮（2015.09～　）
党委副书记　贾良旭＊（　～2015.09）
罗　荣
党委委员、纪委书记　骆腊生（　～2015.07）
朱　健（2015.07～　）
党委组织委员　朱庆峰（　～2015.07）
梅铭凤（女2015.07～　）
党委宣统委员　张金先
党委政法委员、人武部长　张远云
党委委员　陈兴荣＊
张柯华＊
人大主席　胥兴华
镇　　长　贾良旭（　～2015.09）
彭长江（2015.09～　）
副 镇 长　陈兴荣
张柯华
杨　玲（女）
高庆松（　～2015.03）
孙洪钰
万　俊（2015.07～　）
吴冬蕾（女　挂职～2015.08）
汤　帅（挂职～2015.11）

边　城　镇

党委书记　周　俊
党委副书记　吕长江＊（2015.01～　）

夏宏伟
胡晓健(挂职~2015.11)
张　昆(挂职)
党委委员、纪委书记　陈　鑫
党委组织委员　陆　萍(女)
党委宣统委员　王　婷(女)
党委政法委员、人武部长　裔建祥
党委委员　刘　刚*
陈智彬*
人大主席　段续文
镇　　长　周　俊(　~2015.01)
吕长江(2015.01~　)
副镇长　刘　刚
陈智彬
谢天成
陈才俊

白兔镇

党委书记　王　涛*
党委副书记　杨冬梅*(女~2015.01)
沈　政*(2015.01~　)
张　虎
胡唐明(挂职~2015.08)
朱代先(挂职2015.09~　)
张崇文(挂职~2015.11)
党委委员、纪委书记　陈和平
党委组织委员　张　博(　~2015.07)
党委宣统委员　谢巧根
党委政法委员、人武部长　樊　磊
党委委员　张世军*(　~2015.01)
洪　浩*
许仪震*(2015.12~　)
褚小明(女　2015.01~2015.09)
人大主席　严　群
镇　　长　杨冬梅(女~2015.01)
沈　政(2015.01~　)
副镇长　张世军(　~2015.01)
褚小明(女　~2015.09)
许仪震(2015.12~　)
洪　浩
杨　军
程　伟(2015.07~　)

茅山镇

党委书记　刘冬友(　~2015.03)
徐　飞(2015.03~　)
党委副书记　张　晶*
吕长江(　~2015.01)
高庆松(2015.03~　)
常谦明(挂职2015.09~　)
束吕蕾(女　挂职~2015.11)
党委委员、纪委书记　刘　凯
党委组织委员　钱　莉(女)
党委宣统委员　王慧慧(女)
党委政法委员、人武部长　李建权
党委委员　侯　伟*
王吉军*
人大主席　陈喜春
镇　　长　张　晶
副镇长　侯　伟
王吉军
樊苏春
戴显斌
周红霞(女　挂职~2015.08)

后白镇

党委书记　查兆娣(女)
党委副书记　张明飞*
杨　宇(　~2015.07)
任　刚(2015.07~　)
蒋嘉文(女 挂职)
常谦明(挂职~2015.08)
戎志丹(挂职2015.09~　)
党委委员、纪委书记　唐　慧(女)
党委组织委员　赵　文
党委宣统委员　许学智
党委政法委员、人武部长　余　兵
党委委员　王　勇*
任　刚*(　~2015.07)
刘　聪*(2015.07~　)
人大主席　李如祥(2015.12~　)
人大副主席　冯思贵(　~2015.07)

镇　　长　张明飞
副 镇 长　王　勇
　　　　　任　刚（　～2015.07）
　　　　　刘　聪（2015.07～　）
　　　　　马时宝
　　　　　罗元清

天　王　镇

党委书记　纪文华（　～2015.09）
　　　　　贾良旭（2015.09～　）
党委副书记　王　勇＊（　～2015.03）
　　　　　　胡光亮＊（2015.03～　）
　　　　　　沈　政（　～2015.01）
　　　　　　张世军（2015.01～　）
　　　　　　雷礼纲（挂职）
　　　　　　高　广（挂职～2015.02）
党委委员、纪委书记　巫建林
党委组织委员　刘吉花（女）
党委宣统委员　程　伟（　～2015.07）
　　　　　　　陈东方（2015.12～　）
党委政法委员、人武部长　袁　健
党委委员　徐　进＊
　　　　　徐　燕＊（女）
人大主席　高　平
镇　　长　王　勇（　～2015.03）
　　　　　胡光亮（2015.03～　）
副 镇 长　徐　进
　　　　　徐　燕（女）
　　　　　鲁学谦
　　　　　万　震（女）

郭　庄　镇

党委书记　段永齐
党委副书记　郭　江＊（　～2015.09）
　　　　　　褚小明＊（女 2015.09～　）
　　　　　　戴红梅（女）
　　　　　　秦华成
　　　　　　邵小强（挂职～2015.08）
　　　　　　张　伟（挂职 2015.09～　）
　　　　　　蒙呈魁（挂职～2015.11）
党委委员、纪委书记　冯正平
党委组织委员　范迎春
党委宣统委员　刘　军
党委政法委员、人武部长　周　涛（　～2015.06）
党委委员　杨世祥＊
　　　　　赵德生＊
　　　　　金　峰＊
人大主席　汪太平
镇　　长　郭　江（　～2015.09）
　　　　　褚小明（女 2015.09～　）
副 镇 长　杨世祥
　　　　　赵德生
　　　　　金　峰
　　　　　笪　雷（女）
　　　　　陈　健

（市委组织部）

人口·资源·环境

责任编校：丁　阁

人口和计划生育

【概况】 2015年，全市人口和计划生育工作以抓好计划生育服务管理工作，深化依法行政、规范执法。全年出生3660人，出生率6.13‰，出生政策符合率99%以上，人口自然增长率0.52‰。市人口和计生委被句容市委、市政府授予法治建设先进集体，被句容市级机关工委表彰为先进党支部。

2015年做好“十二五”人口计生目标管理责任制终期评估工作。及时掌握并客观评估人口协调发展先进市创建工作的进展情况，稳步推进“十二五”人口计生的目标任务的落实和省人口协调发展先进市的创建。9月份开始，开展县级自查，并撰写、上报自查报告和相关专题报告。通过自查分析、日常考评、相关部门数据核查等较为全面的评估，所有指标均达到省定标准，单项指标实现程度均在95%以上，群众对人口计生工作的满意率在90%以上，顺利通过省、镇江市的考核复查。

调整完善生育政策。全年共受理再生育申请1470件，其中单独两孩申请1012件，占68.84%，符合新政增加的城市单独176件，占11.97%。12月份，在全市范围内开展全面两孩政策摸底调查及数据测算工作，主要通过入户访谈、电话访谈等方法，对2015年年满20～49周岁已生育一个子女的部分初婚育龄妇女进行问卷调查。加强基层计生行政执法人员能力建设，年内组织镇村相关工作人员业务培训12场次。对117例违法生育对象下达社会抚养费征收告知书、决定书。

（王　丽）

【落实计生家庭奖励扶助政策】 2015年，全市巩固实施好农村部分计生家庭奖励扶助和计生特别家庭扶助制度，落实好持“独生子女父母光荣证”企业退休职工和城镇非从业人员独生子女父母一次性奖励政策，全年审核发放奖励扶助金1899.914万元，受益对象15119人，其中奖扶对象13416人、特扶对象658人、企业退休职工903人、城镇非从业人员142人。联合财政局、人社局制定出台机关事业单位终身无子女退休人员享受加发5%退休金的政策。

（王　丽）

【流动人口服务均等化】 2015年，开展流动人口关怀关爱行动，重点对返乡的流动人员进行走访慰问并提供免费技术服务。核查完善流动人口个案信息，完成国家提供的9086条外省登记的、户籍地是本地的跨省流出人口个案信息核查工作。做好全国流动人口卫生计生动态监测年度调查工作，按要求完成花名册的编制、入户调查及问卷平台录入，实现流入地监测零差错，全国县区质量评估排名第一。加强流动人口集中地免费药具服务网点建设，增设11台二代身份证自助药具发放机。加强新版“江苏省流动人口卫生计生服务管理信息系统”的应用，印发《关于加快推进流动人口基本公共卫生计生服务均等化工作的实施方案》。

（王　丽）

【孕前优生促进项目】 2015年，全市计划生育工作把免费孕检项目列为重点，市优生技术服务小组全年无休全方位为群众服务。开展项目服务“延伸”活动，建立村、镇、市分级负责的“计划怀孕夫妇信息摸底——健康教育——优生检查——评估建档——高风险人群随访”的出生缺陷一级干预模式。1月～12月份，全市共4742人接受免费孕检服务，目标人群覆盖率达107.8%。 （王 丽）

【家庭健康服务行动】 2015年，开展“关爱母亲健康服务基层”活动，市计生指导站下基层为育龄妇女进行乳腺、子宫附件等超声检查，各镇级计生办联合镇卫生院开展与查环、查孕相结合的“两癌”筛查。句容市被列入江苏省首批避孕药具首诊排查登记监测示范点，9月份召开全市避孕药具首诊排查登记培训班，把避孕药具不良反应监测关口前移到首诊。全年避孕药具首诊登记215例，避孕药具不良反应事件746例，其中器械报告617例，健康报告129例，报告率达到年百万人口600例的优秀标准，市计生指导站获得国家卫计委监测先进集体。 （王 丽）

【关爱计划生育特殊家庭】 2015年，联合句容市心理咨询师协会，在城区率先开展“爱之岛”心理救助项目活动，设立特扶家庭活动中心，为特扶家庭提供一对一心理疏导，组织特扶家庭参加各种团辅活动，向特扶家庭赠送便利服务联系卡。 （王 丽）

土地资源开发与管理

【概况】 2015年，全市共审查上报省国土资源厅建设用地12个批次，总面积648.6公顷（9729亩），获得点供26.66公顷（400亩）用地指标。配合做好“多规合一”试点各项工作，试点方案上报国家发改委；全力推进国土部工矿废弃地复垦利用试点，完成工矿废弃地复垦130.87公顷（1963亩），建设规模在镇江各辖市区最高；启动下蜀镇江苏省同一乡镇范围内村庄建设用地布局调整试点，项目实施后可新增挂钩指标70.87公顷（1063亩）；开展城乡一体化地籍数据整合试点，成果通过国土部验收；在茅山镇和赤山湖管委会开展村庄地籍管理信息化试点；按时成立不动产登记机构，推进全市不动产登记职责整合。（国土局办公室）

·土地管理·

【耕地保护】 2015年，全市严格落实耕地保护责任制，市、镇、村三级层层签订基本农田保护责任状，落实基本农田保护面积59060公顷（88.59万亩），基本农田划定落地到户，上图入库。2015年土地利用总体规划修改完善获省政府批准。 （国土局办公室）

【土地整理】 2015年全市完成耕地占补平衡项目30个，新增耕地31.27公顷（469亩）；完成城乡建设用地增减挂钩拆旧区复垦项目26个，新增耕地157.8公顷（2367亩）。启动后白长里岗和郭庄镇葛村等4个村两个高标准基本农田建设。进一步在全市开展耕地占补平衡后备资源调查。 （国土局办公室）

【地籍管理】 2015年，全市累计办理土地登记发证7708宗、融资登记发证26宗、土地抵押他项权利登记982宗。全市地理国情普查通过省级验收。

（国土局办公室）

·土地市场·

【土地供应】 2015年，落实句容市主体功能区规划，实行差别化用地政策，严格执行国家各类建设用地标准，严把项目准入门槛。全年土地市场公开出让土地157宗268.67公顷（4030亩），其中经营性用地出让面积169.22公顷（2538.4亩），工业用地出让面积99.44公顷（1491.6亩）。在全市范围内集中开展批而未供和闲置土地核查、清理工作，分类制定处置方案，提高土地利用率。完善土地利用动态巡查制度，强化建设用地批前、批中、批后监管。 （国土局办公室）

·地矿管理·

【概况】 2015年，全市102座砖瓦窑厂已关闭73座。启动第三轮县（市）矿产资源总体规划编制工作。对全市地质灾害隐患点开展动态摸底调查，建立健全调查评价、监测预警、防治应急体系，落实地质灾害防治责任，切实维护人民群众生命财产安全。

（国土局办公室）

【废弃矿山整治】 2015 年，全市按要求序时推进北山水库水源地废弃宕口、镇江西南（边城）片区矿山生态环境整治项目；仑山湖桃花源废弃矿山地质环境治理项目荣获省厅科技创新奖；台泥绿色矿山建设被国土资源部授予“国家级绿色矿山”。（国土局办公室）

【执法监察】 2015 年，全市以土地矿山卫片执法检查工作为抓手，狠抓违法用地查处整改工作，做到查处、执行、追究、移送四到位，全年共向法院移送案件 47 宗，向纪检监察部门移交 10 宗，因破坏耕地向公安机关移交 2 宗。高压打击非法盗采行为，全年共查处非法盗采案件 62 宗，扣押非法盗采机械 81 台，有力维护了矿产资源管理秩序。（国土局办公室）

环境保护

・综述・

【概况】 2015 年是实现“十二五”环保规划的收官之年，全市环保工作以“改善民生，服务发展”为主题，以“促转变、减总量、提质量、保安全”为主线，全面实施“环保优先”、“生态立市”、“绿色发展”理念，在污染减排、总量控制、太湖流域水污染治理、执法监管、依法行政、实施强制性清洁生产、环境宣传教育、加大环保办实事力度和加强环保自身建设等方面取得明显成效。7 月，句容市作为太湖水污染治理县市区先进代表发言。2013—2015 年度太湖治理目标考核责任考核中，市环保局被省政府表彰为太湖治理工作成绩突出单位。（张叶兴）

・环境建设・

【概况】 2015 年，全市环境建设工作以太湖流域水污染防治、落实小康社会和基本实现现代化环保指标考核为重点，加强生态环境保护工作，强化生态红线保护，圆满完成了镇江市政府下达的太湖流域水污染防治任务。（张叶兴）

【签订太湖水污染治理目标责任书】 2015 年 3 月，在全市环境保护工作会议上，市政府与各镇、开发区、各管委会和各有关部门及各主要污染企业签订太湖水污染治理目标责任书。每月对太湖污染治理工程进行督察，并向镇江市太湖办及时上报进展情况，对季度太湖水污染治理进行专项检查，促进治理工程的顺利进行。同时，配合市发改委完成太湖八期项目资金切块和申报工作，做好省太湖办组织 2015 年度句容市太湖治理审计及目标责任书检查工作。（张叶兴）

【生态村建设】 2015 年，市环保局做好 7 家省级生态村（宝华镇铜山村、边城镇佴池村、白兔镇龙山湖村、茅山镇丁家边村、后白镇西冯村和五星村、天王镇斗门村）的现场和台账资料，7 家行政村于 9 月份通过省级生态村的验收。同时做好国家级生态文明建设示范村天王戴庄村台账资料、纪录片准备工作。（张叶兴）

【农村环境综合整治】 2015 年，选择宝华镇、下蜀镇和边城镇作为整治片区，工程涉及宝华镇的 4 个行政村、下蜀镇的 9 个行政村和边城镇的 14 个行政村，共 27 个行政村。建成农村污水处理设施 21 套，新增污水处理能力 630 吨/天，同时配套建设管网 30 公里。

（张叶兴）

・环境管理・

【概况】 2015 年，全市环境管理工作推进污染减排，抓太湖流域水污染治理；严格环境准入，落实建设项目环境管理；抓好农村环境综合整治工作，加强环境监测现代化建设，加大清洁生产和 ISO14000 环境管理体系认证工作，在全社会开展多层次、立体化的环境宣传教育活动，提高广大市民的环境意识，城乡环境质量得到持续改善，为句容的经济发展提供环境空间。

2015 年 3 月 29 日，市政府召开了“全市环境保护工作会议”，会上市政府与相关部门负责人签订环境保护目标责任状，规定把环保目标责任状列入各级党政主要领导干部环境保护工作实绩考核的重要内容中，考核结果作为各镇、开发区、管委会、各有关部门干部

政绩评定、选拔任用和奖惩的依据之一。 (张叶兴)

【建设项目环境管理】 2015年,市环保局对新建项目实施环境准入制度,对不符合产业政策、增加氮磷项目和污染严重而且无成熟治理方案的项目拒绝审批。全年共审批建设项目环评文件199件,已验收54个,否决和劝退选址不当、不符合国家产业政策或区域总体规划的建设项目15个。对有污染的新、扩、改建项目,实行环境影响评价制度,并根据环评结果制定相应的污染防治措施。项目竣工后,立即组织人员对项目"三同时"(即污染治理设施与主体工程同时施工、同时投产、同时投入使用)进行竣工验收,确保项目建成投产运行后,污染物能够实现稳定达标排放。环保局行政服务中心窗口被评为优胜服务窗口。 (张叶兴)

【水环境保护】 2015年,市环保局加强全市河流和水库及主要塘坝的监管力度,主要河流和水库每月监测一次,一般河流和水库及主要塘坝每季度监测一次,发现水质异常,立即查找原因,告知有关部门,并采取相应的对策和治理措施,全市主要河流和水库及塘坝水质均保持在国家Ⅲ类水质标准。 (张叶兴)

【大气环境保护】 2015年,全市推广使用天然气、管道煤气、太阳能等清洁能源。强化城市扬尘管理,城区运输垃圾、渣土以及其他散发粉尘的机动车辆均实现密闭装运,所有建筑工地实施围挡作业。餐饮业全部使用管道燃气或天然气。加强机动车排气污染监督管理,建成机动车尾气检测线。开展油气回收改造工作,市区大气环境质量保持在国家Ⅱ级标准 (张叶兴)

【工业烟粉尘】 2015年,市环保局以化工、水泥、火力发电等行业为重点,通过实施提标改造、推行清洁生产、加强在线监管等方式,推进工业废气治理。截至2015年年底,句容台泥水泥有限公司新增脱销设施2套,成为全省首批实行脱硝改造的项目,台泥水泥1#、2#生产线电改袋除尘提标工程已完成并投入运行。依法关闭挥发性有机气体生产线3条;完成重点行业清洁生产审核4家。完善大气污染监测预警系统,重点企业除尘脱硫设施在线监管。 (张叶兴)

【饮用水源地保护】 2015年继续开展饮用水源地环保专项行动,对饮用水源地Ⅰ级、Ⅱ级、Ⅲ级和准保护区实行严格监管。加强饮用水源取水口的监测工作,对全市17个饮用水源地19个取水口监测每月监测一次,在汛期由每月监测一次改为每旬监测一次,发现问题,立即查找原因,并采取相应措施。同时,实行各镇、各管委会饮用水源水质日报制,确保市民饮水安全。一年来,饮用水水质均优于Ⅲ类水质标准。 (张叶兴)

【强制性清洁生产审核】 2015年全市有4家企业被列入到重点企业清洁生产审核,分别为江苏宁鑫标准件制造有限公司、江苏华神特种橡胶制品股份有限公司、天宁(江苏)香料有限公司、句容振尧包装容器有限公司。截至2015年年底,江苏宁鑫标准件制造有限公司已通过验收,江苏华神特种橡胶制品股份有限公司正在整改当中,另外2家企业申请延期验收。 (张叶兴)

【处置危险废物】 2015年全市共处置工业危险废物转移处置量1265.0吨,医疗废物172.3吨。重点产废企业全部进行了网上申报,同时也进行规范化整治,上报规范化整治材料"一厂一档"。 (张叶兴)

【机动车排气污染检测】 2015年共发放环保标志14621张,其中绿标14614张、黄标7张,10月起,黄标车不予检测、不予发标。 (张叶兴)

【核与辐射环境管理】 2015年,市环保局调整核与辐射管理机构,加强放射源和辐射安全许可证管理,全面启动移动通信基站"三同时"验收工作。全年共检查涉源单位4家、使用射线装置单位24家。全年未出现核与辐射安全事件。 (张叶兴)

【企业信息公开】 2015年,共对235家企业进行了企业环保信用评价工作,其中国控企业5家、非国控企业230家,评价结果黑色12家,红色80家,黄色6家,蓝色136家,绿色1家,其中黑红黄企业达98家,占41.7%的比例,其最主要的原因为环保手续不完善,扣分较多。对被评价结果上局域网进行公开。根据江苏省环保厅《关于启动企业环保信用动态管理工作的通知》,对评级较差的企业现场送达评价结果文件或电话通知来拿评价结果文件,同时要求评级较差的国控企业做好环保信用修复工作。 (张叶兴)

·环境监测·

【概况】 2015年,市环保局坚持以“科学监测、持续改进、诚信服务、客户满意”为方针,克服“人员少、任务重、问题多、难度大”等问题,巩固标准化建设,注重监测人员的自身建设,强化环境监测管理,提高监测质量,在提供技术支持、技术服务与技术监督上做了大量工作,圆满完成了全年的监测任务。 (张叶兴)

【环境监测】 2015年,市环保局环境监测站完成环境质量例行监测、污染源委托监测、污染源监督监测、事故应急监测和重点污染源监测等监测任务。市监测站共编制12份环境质量月报、12份工作月报和1份2014年度环境质量报告书;全年共获得监测数据10831个。 (张叶兴)

【水质自动监测】 2015年,市监测站投入资金近800万元用于饮用水源地北山水库水质自动监测站的升级和备用饮用水源地水质自动监测站建设,北山水库自动站新增5项重金属和18项挥发酚性有机物检测能力,句容水库自动站建成,并投入试运行,完成与镇江市中心站网络平台联网,实时上传数据。 (张叶兴)

【空气自动监测】 2015年,市监测站完善空气自动监测工作,按照质量保证程序对标准样品进行追踪标定,对仪器设备标定及技术指标考核,对监测数据进行检查、检验、系统运行情况分析;对备用设备定期保养,确保随时处于正常备用状态。做到每日按时上报日报数据并向公众媒体发布。做到与镇江市空气质量实时公布平台和国家空气质量实时公布平台实时联网。空气自动站有效运行率为96.84%,全年联网率为98.79%,达标率为76.26%。 (张叶兴)

·环境质量·

【概况】 2015年,市环保局以生态文明建设为主线,加大生态环境建设和保护力度,加大对各类污染源的监管力度,全市环境质量得到明显改善。 (张叶兴)

【水环境质量】 2015年,全市主要河流和水库水质都保持在国家Ⅲ类水标准,句容河城区段优于Ⅳ类水标准,其他段面保持Ⅲ类水标准,市区内无劣Ⅴ类水体存在。句容市集中式饮用水源水质优于三类水标准,市区和各镇饮用水水质达标率均为100%。

(张叶兴)

【空气环境质量】 2015年,全市城市建成区的烟尘控制区面积覆盖率为100%。空气累计优良天数为263天,占比为74.5%,同比上升24.33%。PM2.5年均浓度47微克/立方米,同比下降33.80%。 (张叶兴)

·环保执法·

【概况】 2015年,全市坚持依法行政,文明执法,加强环境执法监管,采取例行检查、突击检查、重点抽查、后督查等方式,加大监督检查力度。全年共出动环境执法人员2808人次,检查企业厂759次,下达责令改正通知书130份,立案查处环境违法案件32起,共计处罚40.97万元,其中查封扣押企业设备5家,按日计罚3家。 (张叶兴)

【边城片区生态环境综合整治】 2015年,在边城地区生态整治项目上配合市政府累计关闭污染企业63家、石灰窑88座。在化工、水泥、火力发电行业专项整治上,推进工业废气治理,新增句容台泥水泥有限公司脱销设施2套,关闭挥发性有机气体生产线3条。全市大气投诉量比去年下降了11.3%。

(张叶兴)

【“一江两湖三河”水环境综合整治】 “一江”即通江河道北江河;“两湖”即城区水源地北山水库和备用水源地句容水库;“三河”即城区内的句容河、肖杆河、玉清河三条河道。2014年5月,市政府印发《句容市“一江两湖三河”水环境综合整治工作方案的通知》,还对北山水库引水沿线进行摸排,关闭北山水库及饮水线沿线24家企业。 (张叶兴)

【环境信访】 2015年,市环保局共受理各类信访投诉1585件,受理率100%、结案率和回复率均为100%,并被评为2015年环境信访工作成绩突出县市。

(张叶兴)

中共句容市委员会

责任编校：许朝斌

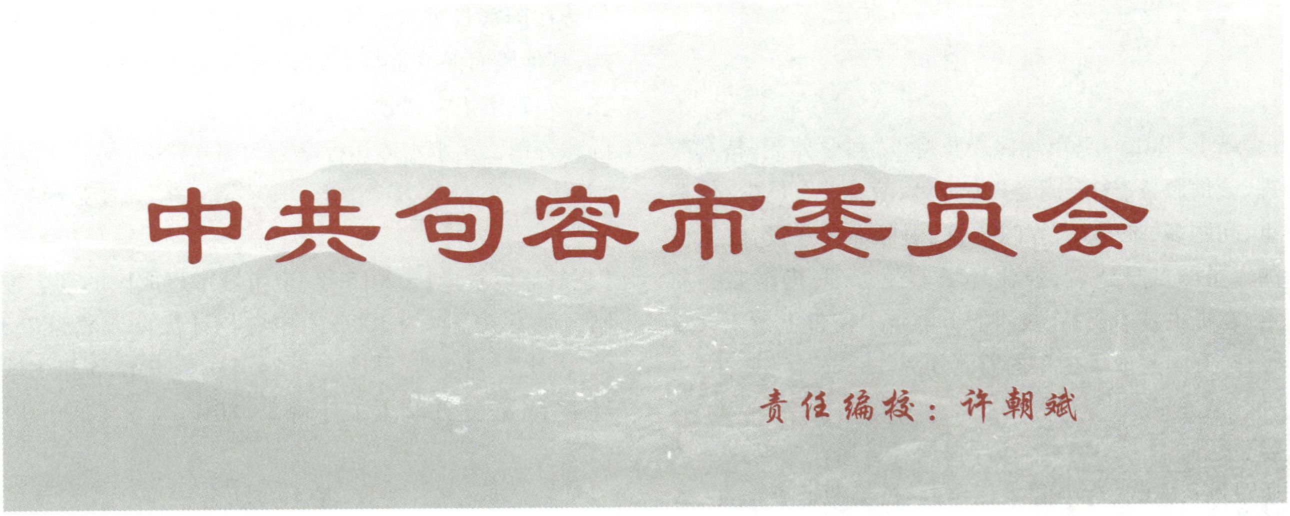

市委工作

【市委常委会2015年重点抓的十件大事】 2015年是全面深化改革的关键之年，是贯彻十八届四中全会精神的开局之年，是“十二五”规划的收官之年。为加快推动句容改革发展，全力争当新常态下全面赶超的典范，市委常委会决定，在扎实抓好各项工作的同时，重点抓好打基础、利长远、惠民生的“十件大事”。

狠抓经济发展，力争主要指标增速领先苏南、总量在全省升档进位。地区生产总值增长11%；公共财政预算收入突破40亿元；固定资产投资增长18%；高新技术产业产值占规模工业产业比重达36.5%；服务业增加值占GDP比重达43%（牵头领导：许文；责任单位：发改经信委，财政局，商务局，科技局，统计局）。

强化基础设施对接力度，加快推进宁镇扬同城化先行区建设。积极做好沿江高铁规划的对接工作，争取站点布局城区；积极协调122省道十车道的全线通车运行；积极做好S6线对接工作，争取早日开工建设（牵头领导：姚华；责任单位：交通运输局，发改经信委）。整合空间资源，扎实推进下蜀、宝华、开发区、郭庄四个跨界新城开发建设，打造“环南京城镇发展带”（牵头领导：潘群；责任单位：发改经信委，规划局，国土局，下蜀镇，宝华镇，开发区，郭庄镇）。

注重发展质量，推动三次产业转型升级。围绕“百亿产业、千亿句容”目标，提升工业实力。重点打造光伏、电力能源、装备制造、绿色建材、新材料、智能电网六大百亿级产业，力争当年开票销售增长20%以上。积极争取华电二期、抽水蓄能电站这两个重大项目开工建设，推进东升光伏、天工、大亚等项目投产达产，推进碧桂园产业园、五洲国际工业品博览城等项目落户建设。力争3家企业上市，确保全年开票销售超亿元企业70家以上（牵头领导：潘群；责任单位：发改经信委，相关镇、街道、管委会）；启动国家级开发区创建（牵头领导：王吉武；责任单位：开发区）。发挥“国家级现代农业示范区”品牌优势，加快农业现代化进程。实施“百亩家庭农场、千亩现代农业园区、万亩高标准农田”的“百千万”工程，实现国家级农业龙头企业零的突破，推进农产品“三品”认证和产地认定，积极发展农村电商，提高农业效益，增加农民收入（牵头领导：王琴；责任单位：农委，财政局，市场监管局，各镇、街道、管委会）。提升现代服务业质态，推动现代服务业更快发展。积极创建省级、镇江市级服务业集聚示范区（牵头领导：潘群；责任单位：发改经信委，商务局，财政局，国税局，地税局）；研究设计旅游黄金线路，整合旅游资源；继续推进“十大观光园区、十大旅游项目”建设，开展“十大旅游活动”，创成省三星级乡村旅游点4家，全国五星级休闲农业与乡村旅游园区1家（牵头领导：彭良豪；责任单位：宣传部，旅游局，相关镇、街道、管委会）；大力发展总部经济、科技服务业、文化创意产业（牵头领导：潘群，吕朝霞；责任单位：宣传部，发改经信委，财政局，商务局，科技局，相关镇、街道、管委会）；加快康缘中华健康园项目建设（牵头领导：石继刚；责任单位：茅山风景区管委会）；积极创建“美丽宜居镇”，深入实施“美丽乡村”建设行动计划，建成一批省三星级康居乡村（牵头领导：孙卫军；责任单位：住建局，城管局，规划局，相关镇、街道、管委会）；科学布局现代物流产业、专业市场（牵头领导：潘群；责任单位：发改经信委，规划局，商务局）；大力发展商业地产、养老地产、旅游地产等复合型地产，推进地产转型升级（牵头领导：孙卫军；责任单位：住建局，规划局，国土局，相关镇、街道、管委会）。

全面深化各项改革，增强发展活力。开展地方金融创新，加快市镇财政体制改革步伐（牵头领导：许文；责任单位：金融办，财政局）；加大简政放权力度，推动行政审批制度改革（责任领导：潘群；责任单位：政府办、编办、行政服务中心、法制办、监察局、发改经信委）；深化农业农村改革，加大“戴庄经验”推广力度，开展土地承包经营权确权登记颁证工作，探索建立农村综合产权交易平台（牵头领导：高庆华，王琴；责任单位：农委，各镇、街道、管委会）。

深入推进国家生态文明示范区建设，争当全省生态文明建设排头兵。严格落实主体功能区规划（牵头领导：潘群；责任单位：发改经信委，环保局，规划局，国土局，财政局）；继续抓好“一江、两湖、三河”水环境综合整治以及边城片区生态环境综合整治（牵头领导：姚华；责任部门：环保局，农委，水利农机局，城管局，相关镇、街道、管委会）；开发区争创国家级生态工业园区，下蜀镇争创省级循环经济产业园（牵头领导：王吉武，姚华；责任单位：发改经信委、环保局、开发区、下蜀镇）。

全面启动全国文明城市创建工作，推动文明城市创建常态长效。编制《句容市创建全国文明城市行动规划（2015—2017年）》，探索建立文明城市创建常态长效机制，坚持创建为民、利民、育民导向，促进社会主义核心价值观的全方位融入，推动巩固创建成果、持续提升城市文明程度（牵头领导：商震，吕朝霞；责任单位：宣传部，文明办）。

坚持惠民便民，加快发展各项社会事业。继续加大扶贫力度，推进“百村万户”双达标行动（牵头领导：高庆华，皋古和，王琴；责任单位：各镇、街道、管委会，农委，组织部）；落实好“黄茅老区”新政策（牵头领导：高庆华，王琴；责任单位：农委）；实施城乡居民增收计划，确保城乡居民收入增长10%以上（牵头领导：潘群，王琴；责任单位：农委，财政局，人社局，统计局）；开工新建市人民医院、妇幼保健院等工程（牵头领导：彭良豪；责任单位：卫生局）；推进教育现代化创建，争创省义务教育优质均衡市、省职业教育创新发展试验区，完成校安工程66.9万平方米，新建小学5所、中学4所、幼儿园6所（牵头领导：彭良豪；责任单位：教育局，相关镇、街道、管委会）。

开展全国“多规合一”试点工作，优化规划布局。促进“十三五”经济发展规划、城乡规划、土地利用规划、生态环境保护规划的衔接，形成市域空间规划“一张图”、人口和生产力布局“一盘棋”（牵头领导：许文；责任单位：发改经信委、规划局、国土局、环保局）；强化“三集”园区建设，提升经济发展的集约化水平（牵头领导：潘群；责任单位：发改经信委，相关镇、街道、管委会）。

推进依法治市，建设法治句容。推进司法体制改革，深化“一案三防”责任制建设（牵头领导：章壮钧；责任单位：政法委，公安局，法院，检察院）；构建法治社会，创新“大调解”工作机制，加快信访工作法制化进程，做好“六五”普法宣传工作（牵头领导：章壮钧；责任单位：司法局，信访局，法制办，矛盾调处中心）。

坚持从严治党，不断夯实党建基础。认真落实党风廉政建设主体责任，全面落实从严治党责任（牵头领导：尹卫东；责任单位：各基层党委）；深入开展“三严三实”主题教育活动，扎实推进干部综合分析研判工作，制定出台《关于从严管理领导干部的意见》，先进党支部（“三星”党支部及以上）覆盖率40%以上（牵头领导：皋古和；责任单位：组织部）；落实党风廉政建设监督职能，深入推进作风建设，坚决有力惩治腐败，强化执纪监督问责，坚持整治“四风”，落实《党政机关厉行节约反对浪费意见》，严格控制“三公”经费（牵头领导：宋飞雄；责任单位：纪委，监察局，财政局）。

各牵头领导和责任单位要抓紧对“十件大事”排出具体工作方案，切实抓好推进落实。市委将对“十件大事”加强督查推进和考核问责，采取专项督查和随机抽查相结合的方式，对进展情况进行不定期检查。年底考核完成情况，结果与评奖评优、干部任用挂钩，对没有完成任务的进行严格问责（牵头领导：商震，责任单位：市委督查室）。

（张　浩）

2015 年句容市委重要文件目录一览

表 5

序号	文件名
1	中共句容市委句容市人民政府关于印发《加大改革创新力度推动现代农业发展迈上新台阶的意见》的通知
2	中共句容市委句容市人民政府印发关于推进新型城镇化和城乡发展一体化的意见
3	关于印发《句容市人民政府职能转变和机构改革实施意见》的通知
4	中共句容市委句容市人民政府关于进一步加强农村集体资源资产资金管理的意见
5	关于印发《句容市创建全国文明城市行动规划(2015—2017 年)》的通知
6	关于印发《关于进一步加强党管工作人才工作的实施意见》的通知
7	中共句容市委关于全面推进依法治市工作的意见
8	句容市茅山革命老区富民强村行动计划实施方案
9	关于印发《市委常委会 2015 年十件大事》的通知
10	关于印发《句容市农村土地承包经营权确权登记颁证工作实施方案》的通知
11	关于严明纪律规矩鼓励干事担当营造良好政治生态的意见
12	中共句容市委句容市人民政府关于印发句容市深化医药卫生体制改革建设现代医疗卫生体系的意见的通知
13	关于印发《句容市加强高层次人才引进工作实施办法》的通知
14	中共句容市委句容市人民政府关于印发《句容市关于发展众创空间推动大众创新创业的实施意见》的通知
15	关于印发《关于推动全市文化建设迈上新台阶的实施意见》的通知

（张　浩）

市委办公室

【概况】 2015 年，在市委的正确领导下，市委办公室坚持“服务领导、服务基层、服务群众”的宗旨，贯彻“用心服务、激情奉献、追求卓越”的工作理念，政治理论水平显著增强。围绕十八大以来的重要会议和习近平总书记系列重要讲话精神开展集中学习，采取专家讲学、领导领学、个人自学等多种方式深刻领会中央和省、市全会精神，筑牢思想根基，补足精神之“钙”，确保政治上坚定、理论上充实。学习载体不断创新。坚持办好“夜校”，开展“书记”上党课专题教育等活动，邀请从市委办走出去的老领导来办讲课；增设电子网络学习平台，创办《内部参考》，每周由各个科室轮流负责编辑，激发全办活力；参观“亚夫馆”，走进“沐正苑”法治教育基地，提高全办人员的参与度和代入感；积极组织全办人员参加市委、市政府举办的各类学习培训和专题报告会，进一步开拓视野、增长知识。确保当好市委的“坚强前哨”和“巩固后院”。先后获得党支部先进集体、外宣先进集体、全省机要系统先进集体和镇江市密码工作先进集体等多项荣誉称号。

（张　浩）

【文稿起草工作】 围绕市委中心工作，协助市委谋划好总体工作和阶段性重点工作，做到参在点子上、谋在关键处。强化以文辅政，做到上级要求、领导意图和句容实际有机结合，注重出思路、出精品，力争站位准、谋得实。坚持严谨细致、准确及时、安全高效的原则，处理上级文件 380 份，制发市委文件 160 份，市委办文件 137 份，承办转办领导批示 330 件，做到准确、及时、规范、保密。全年共起草领导讲话稿、发言稿、工作汇报等材料约 500 多篇，十一届八次、九次全委会报告等重要讲话材料受到市委领导肯定。（张　浩）

【外宣工作】 加强新闻和信息的报送，聚焦中心工作、基层特色，全年在《新华日报》《镇江日报》等媒体发表新闻70多篇、《句容乡村旅游游出美好前景》被宣传部评为优秀外宣作品；在省、镇江市党委信息平台发表信息162条，其中省37条。深入开展调查研究工作，全年发表调研12篇，其中《我市企业对“营改增”即将收官的反响和建议》受到镇江市长朱晓明批示，《关于加快农村电商建设助力农业跨越发展思考》得到镇江市领导李茂川、李国忠批示，《句容绿色化发展的实践与启示》得到镇江市委常委、副市长张洪水批示。（张　浩）

【督查工作】　对领导交办事项、重大产业项目、重点工程建设、群众迫切需求等重点工作，认真开展专项督查、联合督查、实地督查。联合相关职能部门就全委会贯彻落实、行政审批制度改革、“百村万户双达标”、经济“双过半”等专项督查20余次；接待镇江市委、市政府专项督查20余次。全年累计形成《督查专报》27期，《各镇、街道及管委会主要领导重点工作情况快报》43期。（张　浩）

【机要保密工作】　严守24小时值班制，狠抓密码工作管理，主动适应新形势，努力实现职能转变。严格电文办理程序，全年业务能力考核均是优异，传统工作始终保持“零失误”。累计为市人社局“金保工程”新制CA证书62张，续签249张，商用密码领域不断拓宽。研究制定《秘密文件管理办法》，组织举办全市保密知识专题培训，协同参与镇江市机要局句容野外应急通讯演练，会同人武部开展人武系统保安检查，四项工作首次实现“零突破”，机要保密工作迈上新台阶。

（张　浩）

【会务安排工作】　按照高效快捷、规范有序、按时办结的要求，认真做好市委有关会议会前、会中、会后以及其他重大活动的服务工作，承办协办全市性会议100余次，做到会前制定方案，会场细致服务，材料准备无错，会后及时存档。（张　浩）

组织工作

【概况】　围绕中心、服务大局是组织工作的生命线。聚焦全市收官“十二五”攻坚年，全市组织工作坚持以“四个全面”战略布局为统领，以落实“四个全力”要求为目标，始终贯穿“全面从严治党”这条主线，勇于担当，创新实干，有力推动各项工作迈上新台阶。

（吴玉伟）

【“三严三实”专题教育】　把组织开展“三严三实”专题教育作为一项重大政治任务，充分发挥组织部门牵头作用，切合市情实际，扎实有序推进，让“三严三实”专题教育更接地气，更具成效。

突出问题导向抓整改落实。突出“四专题一强化”，市委常委会带头示范、县处级干部积极参与、基层党委主动跟进、组织部门协调推进，市“四套班子”分别完成3个专题6次交流研讨，开展了“六个一”专题调研，走访慰问困难党员、群众100余人，帮助基层解决实际问题50余件。县处级领导干部带头查摆梳理问题清单234条、整改清单285项，排查整改基层干部不作为乱作为等损害群众利益问题11项，巩固了党的群众路线教育实践活动成果。

突出地域特色抓红色传承。充分发挥茅山革命老区红色资源、本土教材的现实教育作用，深入持久开展学习先烈先辈活动，组织党员干部参观新四军纪念馆、廉政史实馆，重温入党誓词、重读入党志愿，举办纪念抗战胜利70周年图片史实展，拍摄制作《致敬抗战老兵》专题片，联系实际开展“三个想一想”大讨论，在追忆革命战争年代“血与火”的考验中弘扬优良传统，接受精神洗礼，传承铁军精神，争做有觉悟、有担当、有作为的“后来人”。

突出典型带动抓示范引领。注重运用党员群众身边鲜活典型，深入开展“与亚夫同行，与群众同心，与时代同步”活动，通过举办第二届身边“最美党员”评选、“双学一争”主题征文演讲比赛、“三个自问”专题研讨等活动，引导广大党员干部立足岗位、深入基层，与最有困难的群众交友、与最有意见的群众交流、与最难沟通的群众交心，涌现出了“日行百里的投递员”陈小三、“孤寡老人的‘孝顺女’”范来香等一大批“亚夫式”好党员、好干部、好榜样，为全市党员干部诠释了“把简单事做到最好就是不简单，把平凡事干到极致就是不平凡”的“严”“实”表现。（吴玉伟）

【干部工作】　党要管党，首先是管好干部；全面从严治党，关键是从严治吏。一年来，市委组织部把“认真”二字贯穿干部管理工作始终，着眼于破解干部工作的重点难点问题，创新手段，完善机制，着力提升干部工作的科学化水平。

创新开展综合分析研判。开展综合分析研判，是《干部任用条例》提出的新精神新要求。按照这一要求，创新实施了“三显三潜”综合分析研判，研判既重“显德”又重“潜德”，使干部更加注重政治品质和道德修养；既重“显能”又重“潜能”，使干部更加注重真抓实干和学习提升；既重“显绩”又重“潜绩”，使干部更加注重打好基础和谋划长远。围绕显德与潜德、显能与潜能、显绩与潜绩6个核心要素，细化成18项指标体系，明确“进点动员、驻点调研、民意调查、专项调查”4大必要环节、18项规定程序，通过“正反双向测评”“工作圈、生活圈”双区考核等方式，从工作到生活、从单位到社会，实现了对干部“八小时内外”的全面了解、综合分析。研判工作开展以来，在干部交流、培养与选拔任用等方面充分尊重研判结果、坚持以研判结果说话，树牢“品德优、能力强、业绩好、作风实”的鲜明用人导向，有力推动了“好干部”标准在基层落地生根。

完善干部教育培训模式。大规模培训干部，是大幅度提升干部素质的重要渠道。出台干部教育培训“百分制”考核管理办法，坚持集中轮训和专题培训相结合，分期分批对600余名市管干部，开展了习近平总书记系列讲话集中轮训；对全市650名基层单位党组织书记，开展了党建业务集中培训；对2000多名市级机关党员，进行了党性教育集中轮训。同时着眼于解决干部的工学矛盾，创新开设并先后举办了36期领导干部“周末学堂”，实行领导干部周末自主式选学、邀请专家名师菜单式授课，得到干部队伍一致好评，打造了句容干部队伍家门口的“百家讲坛”。

拓宽年轻干部培养渠道。年轻干部培养关乎队伍长远建设、关乎事业长远发展。为加快优秀年轻干部培养，市委专门出台加强优秀年轻干部培养选拔实施办法，先后通过开展年轻干部集中荐选、后备干部集中调整、优秀年轻干部集中轮训等方式，着力打造和储备一批干部队伍建设的“源头活水”。大力度推进上下互派挂职锻炼，实施了选派一批年轻干部到省级机关、一批机关干部到镇村一线、一批乡镇干部到市级机关、一批优秀干部到外地学习的“四个一批”工程，全年新选派46名干部赴省级机关和基层一线，一批干部在服务发展、服务基层中经风雨、见世面，快速成长了起来。

构建干部管理监督网络。为落实好省委从严管理干部“五个要”文件精神，专门出台《关于严明纪律规矩、鼓励干事担当、营造良好政治生态的意见》，并针对不同层次、不同类型干部，制定了系列管理规定，形成了衔接配套、具有句容特色的干部工作“1+X”制度体系，切实让各级干部在日常行为点点滴滴中感受了组织的严管厚爱。与此同时，加大干部管理数字化、信息化建设，建立了干部管理系统、综合研判系统、个人事项系统、测评分析系统、村官考核系统等“1+X”平台体系，实现了干部工作的大数据分析。（吴玉伟）

【基层基础建设】 基础牢则政权稳，基层治则天下安。一年来，全市各级党组织坚持以“双型”先进党支部建设为主线，持续抓基层打基础，不断推动基层党组织全面进步、全面过硬。

从严落实管党治党责任。牢固树立“抓好党建是最大政绩”的理念，坚持党委定期议党制度，创新推行党建工作项目化管理，以18个共性项目和48个个性项目，建立党委书记抓基层党建工作责任清单，推动基层党委特别是书记把抓好党建作为最大的政绩、最大的主业，聚精会神抓好党的建设。首次推行书记抓党建双向述职评议，多次召开党建工作现场观摩会、调度会，促使抓党建由重“评时”结果到重“平时”工作转变。出台《基层党建工作问责办法》，对不完全履职或履职不到位的相关责任人进行了约谈问责，使党建责任传递到位、压力传导到位，浓厚了“大抓基层，大抓党建”的氛围。

全面加强基层组织建设。围绕“法治型、服务型”先进党支部建设“五有”目标，集中开展基层党组织排查摸底、调优理顺等基础性工作，推行“两新”组织党务工作者资格认证、特殊津贴发放制度，“一村一策”、滚动整顿软弱涣散村（社区）党组织17个，新调整、增派18名“第一书记”驻村开展帮扶工作，新改扩建村（社区）综合服务中心11个，全市“双型”先进党支部占比达7%。中组部组织一局、组织二局、省委组织部先后来句专题调研基层党建工作并给予充分肯定。

突出加强带头人队伍建设。火车跑得快，全靠车头带。大力实施“领头雁”素质提升行动，先后举办了全市村（社区）、市级机关、规模以上非公企业党组织书记全覆盖轮训班，着力培育“会抓党建、会抓发展、会

抓服务、会抓稳定”的基层党组织带头人队伍。重点推进村党组织书记“双培双带”行动，建立了352人的村（社区）党组织书记后备人才库，全市55%以上村党组织书记带头领办创办致富项目，刘树安、李治顺等4名村书记荣获全省“吴仁宝式优秀村书记”称号。

*持续加强党员教育管理。*扎实开展党员组织关系排查和不合格党员处置试点工作，严格发展党员“双推双考”制度，全覆盖轮训新发展党员，使党员队伍底数更清、结构更优、素质更高。坚持“一月一主题”支部党日活动，常态推进在职党员到社区报到志愿服务行动，关爱帮扶老党员、生活困难党员690余人，创成镇江市党员教育示范基地4个。

*积极打造党建特色品牌。*注重发挥党建引领、合作富民作用，重点在77个农业主导村推行“村社合一”党建模式，推动农业增效、农民增收、集体增实力、基层增活力，荣获全省村级“四有一责”建设先进市、镇江市“双达标”行动帮扶先进集体。持续深化“四定四联”“五事”民情工作法等联系服务群众长效机制，常态化开展“党代表服务直通车”活动，试点推行小微企业党建联盟，《亚夫的梦》入选中组部践行“三严三实”的好榜样党员教育电视片，基层党建不断在更多领域、更深层面彰显创新发展活力。（吴玉伟）

【人才创新工作】 人才是创新的根基，是创新的核心，是推动发展的第一抓手。一年来，组织部门围绕创新驱动扎实推进“项目聚才”工程，广泛吸纳各类优秀高层次人才，人才集聚效应显著增强。

*以更严的制度增强工作合力。*充分发挥组织部门牵头抓总职能作用，高规格召开全市人才工作大会，将人才工作纳入全市综合考核，明确和量化各单位职责任务。建立市领导联系专家和优秀人才制度，全市27名县处级领导与55名高层次、本土人才挂钩联系，形成了前所未有的人才工作合力。

*以更优的政策推进园区发展。*围绕多个园区“管理粗放、形式单一”的运营实际，原创性出台了园区运营管理政策，对新引进的专业化、市场化园区运营管理团队给予20～80万元经费扶持，切实将园区的运营管理、创业服务交给市场。目前，南京大学、南京邮电大学、清华大学社会实践联合会等园区运营团队纷纷落户。

*以更大的力度实施重点人才工程。*高层次人才是企业转型发展的中坚力量，实施重点人才工程，大力引进高层次人才是人才工作的重中之重。3～10月份，与南京19家高校院所签订了青年大学生创业长效合作协议，举办了首届青年大学生创业大赛，首批58个优质创业项目落户发展。先后7次举办“福地英才计划”“南京高校句容行”等活动，全年引进各类高层次人才300多名，其中，引进国家“千人计划”5名、获省“双创计划”和镇江市“331计划”资助10名，省“创新团队”和国家级博士后工作站均取得了“零”的突破。

*以更新的方式提升企业家素质。*企业家素质决定着企业发展水平，为有效提升企业家培训效果，与南京大学签订了“动态培育”协议，各企业家可针对自身需求随时选择南京大学的精品培训课程。并于6月份，打破常规培训模式，在南京大学举办了一场别开生面的“培训与合作相融、老总与教授互动”企业家高级研修班，50位高新企业老总既学到了知识、又交到了朋友、更找到了合作。

*以更实的成效提升人才贡献率。*人才工作成效体现在产才融合、引领发展。全年促成50多家企业与高校院所达成合作协议110多项，63个省级高新技术产品走向市场，有力推进华阳管件、华桑食品等一批高新企业提档升级，推进兆鋆科技成功上市，并为港峰科技、天晟药业2家企业明年上市打下了坚实基础，电子信息、新材料、新型建材等多个产业因为有了人才支撑保持了持续、稳定、高速增长。（吴玉伟）

【组织队伍自身建设】 打铁还需自身硬。一年来，组织部门主动作为，勇于践行，努力打造“讲政治、重公道、业务精、作风好”的模范部门和“忠诚、干净、担当、奉献”的组工干部队伍。

*锤炼过硬品行。*开展“对党忠诚、公道正派”专项教育活动，通过赴延安、井冈山接受党性教育，开展现实标准讨论、召开专题组织生活会等形式引导组工干部进一步坚定理想信念，增强政治定力。提出习总书记讲话精神必学、重要会议精神必学、《求是》杂志每期必看、组织人事报每期必读、市委市政府重点工作每项必熟等“五个必”要求，促进组工干部主动融入大局、服务中心，做理论政策贯彻落实的坚定执行者。专题开展“干净做人、干净干事、干净用权”研讨，赴警示教育基地开展廉洁自律教育，促组工干部思想更纯洁、行为更自律、执纪更严明。

锤炼过硬本领。建立组工阅览室和手机学习平台，开展“好书荐读”“佳文研讨”活动，每天“晨读微党课”手机推送、每周“周末学堂”点名调训、每月“组工例会”分享交流、每季度“组工讲坛”集体学习，切实提升组工干部专业能力。同时，实施组工干部成长计划，采取新人入部青蓝结对、到镇江市委办轮流挂职“学一课”、到企业和农村挂钩联系“补一课”、上组工讲坛交流业务“讲一课”等形式，使组工干部成长为“多面手”。今年以来，部机关在镇江市级以上媒体发表宣传、调研、信息共124篇，其中：中央电视台、《中国组织人事报》、《新华日报》等省部级以上媒体发表16篇，荣获全市外宣工作先进集体。

锤炼过硬作风。带头开展“三同”活动，努力把全国道德模范赵亚夫“做给农民看，带着农民干”的为民作风熔铸成组织部门薪火相传的家风；组织“微服务先锋行”活动，公开岗位承诺，开展微笑服务、组团服务，让学亚夫真正落实到行动中、体现在岗位上；健全项目化管理、督查通报等10项规章制度，狠抓重点工作，以求实、务实、落实的精神确保各项工作一抓到底。带头做“四定四联”表率，建立部机关干部挂钩联系基层制度，与最有意见的群众交流、与最难沟通的群众交心、与最困难的群众交友，把密切联系群众、坚持为民服务真正落实到群众心坎上，在一线解决问题、推进工作、服务群众已成为常态。（吴玉伟）

·老干部工作·

【概况】 2015年全市老干部工作以学习贯彻全国和省、镇江市老干部“双先”表彰会精神为主线，立足新起点，再创新佳绩，全面推进了句容市老干部工作科学发展。截至2015年12月31日，全市在册离休干部135人，其中市管离休干部117人，垂直系统17人，离地安置3人。原四套班子老领导28人，其中离休2人，退休26人。市管离休干部平均年龄86.9周岁。2015年度去世离休干部15人，全部为市管离休干部。（唐善根）

【组织老干部参观考察】 为让老干部及时了解句容市经济建设和各项社会事业发展情况，2015年市老干部局三次组织14级以上离休干部和原四套班子老领导参观考察。6月11日，组织参观后白、天王乡村旅游项目；9月24日，组织参观下蜀镇重点工程，考察华电二期工程、建华管桩生产现场，听取了这两个企业领导的情况介绍；11月13日，组织视察郭庄空港新区宁杭高铁句容西站、江苏东昇光伏科技有限公司、碧桂园世纪城邦、南京东郊奥特莱斯等重点工程，听取郭庄镇领导有关空港新区发展的情况汇报，并征求了老干部们的意见建议。（唐善根）

【老干部活动中心维修改造】 在市委市政府的关心下，2015年6月11日至10月10日，市老干部局对市老干部活动中心进行了维修改造。对活动中心各活动室进行了维修出新，对空调、活动桌椅、乒乓球桌进行了更换，添置了影视室、电动麻将机等活动设施，对活动中心绿化工程进行了提档升级，对院内环境进行了美化。该工程总投资近300万元，为老干部打造了舒适的学习和活动环境。（唐善根）

【老干部住房补贴发放工作】 句容市老干部住房补贴工作于2013年正式启动，分三年完成住房补贴的兑付工作，2015年共发放离休干部住房补贴699272.06元，三年累计发放4607163.26元。全市离休干部住房补贴工作已全部完成，并做到无一起差错。（唐善根）

【走访慰问老干部】 2月3日，句容市四套班子全体领导分五个组走访慰问14级以上离休干部和原四套班子的老领导，广泛听取了老干部们对市委市政府的意见建议，了解和帮助解决老干部存在的实际困难；市老干部局也对生病住院和家庭有特殊困难的老干部进行登门入院的走访慰问；在抗日战争胜利70周年到来之际，市老干部局分五个组走访慰问28名抗战老战士，向他们颁发抗战纪念章、送上慰问金、送上党的关怀；2015年句容市有15名离休干部去世，对每位去世的离休干部都由局长或分管副局长带队，协助所在单位和家属办理好丧事，进行慰问，妥善处理好遗属抚恤及困难补助等工作。（唐善根）

【向老干部通报情况】 2月3日，召开全市离退休干部情况通报会，市委书记尹卫东、市委常委常务副市长潘群、市委常委、组织部长皋古和向全市离休干部和副镇局级以上退休干部通报2014年度全市经济建设和各项社会事业发展情况及2015年度市委市政府主要工作安排。市委全委会、市人代会、政协会等重要会议都邀请部分老干部参加，让老干部们及时了解句容市各方面的情况，更加理解和支持市委市政府的工作。

（唐善根）

【为老干部办理一键通】 2015年，市老干部局借助社区养老服务平台，免费为100名离休干部和原四套班子老领导办理了一键通，在老干部医疗保健、家政服务、实时监护、通讯服务等各方面高龄养老提供帮助，每位老干部免费额度为720元。（唐善根）

【实施老干部医药费"二次报销"】 2014年，全市离休干部看病就医共产生自费部分28.25万元。在市财政的大力支持下，继续实行离休干部医药费"二次报销"，共发放报销经费24.2万元，及时减轻了部分离休干部家庭负担。（唐善根）

【组织老干部开展文体活动】 2015年，市老干部局在保证老干部活动中心对老干部正常开放的同时，积极创造条件组织老干部进行各种形式的文体活动。丰富老干部的晚年生活。于4月底举办"迎五一"老干部扑克牌比赛；于10月下旬举办全市"茅宝杯"副科级以上离退休干部乒乓球比赛；配合市人社局、广电台、老年协会举办"健康人杯"中老年人才艺大赛；组建老干部文艺表演队，在认真排练的基础上，赴镇江市参加纪念抗战胜利70周年文艺演出，句容市"中国梦"节目的表演受到镇江市领导及观众的好评。（唐善根）

【引导老干部为党的事业贡献正能量】 2015年，市委老干部局通过搭建平台，创设载体，组织老干部围绕中心、服务大局，为全市产业优化升级、推动科技进步、保障改善民生、创新社会管理、关心教育下一代献计出力、发挥余热，积极为党的事业增添正能量。目前，句容市有11位原四套班子领导在各类涉老部门或社会团体中奔波劳碌，他们通过组建组织网络，团结带领一大批老同志奉献社会。为对接南京成立的宁句一体化发展研究会，通过举办高层研讨，撰写了多篇宁镇扬同城化建设发展的调研文章，为市委市政府对接南京和苏南现代化示范区建设发挥了"智囊团"和"参谋部"作用；以老同志为主体的关心下一代工作委员会，通过加强青少年校外活动阵地建设、组织375名"五老"网吧义务监督员净化青少年成长环境、加强青少年思想道德教育和科技文化教育，为培育充满活力的新一代句容人做出了积极贡献；以扶贫济困为宗旨的慈善会，从2007年在全市推出每年的"慈善捐赠月"活动以来，共募集善款1.52亿元，实施慈善救助5万余人次，2015年又为500名考取各类高等院校的寒门学子提供资助；以健康养老为宗旨的老年协会、老年体协等组织在引导老同志强身健体、推进健康文明的生活方式、弘扬尊老敬老的传统美德做了大量工作，在句容市城区和农村晨练点、晚练点，老年人红红火火的健身活动已形成一道靓丽的风景线；以"学乐为"为一体的老年大学，坚持正确的办学方向，开设了41个专业，每学期都有400余名老同志入学；以老专家为主体的老科技工作者协会和老促会，在组织农民进行实用技术培训，推广农业新品种新项目，帮助农民解决资金、技术、项目等方面的发展难题，为农业增效、农民增收做了大量扎实有效的工作；句容市老干部牵手大学生村官工作又有新突破，全市新增大学生村官创业项目21个，面积780亩，收益364万元，带动417个农民增收致富；弘扬社会正能量的见义勇为基金会，基金规模达1600万元，对一大批见义勇为先进典型进行表彰奖励，大力倡导了社会正能量。2015年我市1名老干部获省先进个人，2个集体和4名老干部获镇江市表彰。

（唐善根）

·市级机关党的工作·

【概况】 2015年，市级机关工委认真落实基层党建工作主体责任，全面落实从严治党的要求，紧紧围绕中心、自觉服务大局、着力建设队伍，全力推进"学习型、服务型、创新型、勤廉型"党组织建设，为加快建设"强富美高"新句容的提供了坚强的政治保证。至2015年底，隶属机关工委管理的党员3108名，党组织共138个。其中，机关党委1个，机关党总支14个，机关党支部123个，新成立一家互联网党支部（联盛网络）。2015年，市级机关工委抓机关党员教育的做法被省级机关工委以简报形式转发。（闫　群）

【机关读书节】 第六届"市级机关读书节"，以"阅读美丽人生"为主题，开展了推荐好书及优秀读后感评选、诗词征集、名家讲座、“三走进三服务”活动成果展以及机关文艺会演等活动，提升机关党员干部素质。征集机关党员干部创作的现代诗和古体诗词近二百首，编辑《美丽句容》诗词选集。展出“三走进三服务”活动图片2100多幅。（闫　群）

【机关文艺会演】　以“奋进的机关”为主题，举办近20年来首场机关文艺会演。48个机关部门选送相声、小品、诗朗诵、舞蹈等9大类、51个节目，近六百名机关干部参演。经预赛、复赛，19个节目进入决赛。复赛以晚会的形式在文化广场进行惠民演出，3000多名群众观看。决赛暨句容市庆“七一”文艺晚会，在市文化艺术中心大剧院举行，市四套班子领导观看了演出。（闫　群）

【三走进三服务】　机关党组织紧紧围绕市委市政府工作中心，以“携手共进”为主题，深入开展“三走进三服务（四定四联）”活动，圆满完成“百村万户”双达标结对帮扶工作任务。完善机关党员志愿者服务体系，建立市级机关“心连心”党员义工总队，在册机关党员志愿者1600人，在市全国文明城市创建中发挥了重要作用。（闫　群）

【党员示范岗创建】　2015年，党员示范岗创建活动从科室拓展到个人岗位。全年共创成“党员示范岗”40个，其中党员个人示范岗10个，彰显市级机关党员服务发展、服务基层、服务群众的先进风采。（闫　群）

【双型党支部创建】　扎实开展“服务型、法治型”先进党支部创建活动。通过创建工作推进会和创建工作现场交流会，组织机关各党组织相互学习、扬长补短。市级机关参加“双型”创建的党支部共93个，经考核认定四星级9个、三星级51个、二星级28个。（闫　群）

【“双学”活动】　机关工委联合市委组织部在全市各级党员、干部中开展以“学习先烈先辈，学习时代楷模，争当践行‘三严三实’好党员好干部”为主要内容的“双学一争”主题征文、演讲比赛活动，引导各级党员干部积极参与，自觉继承先烈先辈优良传统，自觉践行作为时代楷模的“亚夫精神”。活动开展以来，各级累计投报征文235篇。（闫　群）

【主题党日】　机关各党组织结合部门工作实际，积极开展主题党日活动。全年，工委直属机关党组织开展的各类主题党日活动800多次。通过党日主题活动，丰富了组织活动形式，严格了党内组织生活，有力推动了机关党建活动开展。（闫　群）

【党员教育培训】　从党员教育培训入手，落实全面从严治党要求。历时8个月，分十期集中轮训机关所有在职党员2183人，分四期集中轮训机关党组织书记（含事业单位、国有企业党组织书记及其所属二级党支部书记）481人。通过“两集中”轮训，进一步坚定机关党员干部的理想信念，强化服务意识和组织纪律观念，提振了干事的精气神。（闫　群）

【党员管理】　制定出台《党员年度积分制管理办法（参考）》，推动机关党支部对机关在职党员进行日常量化管理。坚持标准，严格程序，认真抓好党员发展工作。2015年，工委直属机关党组织发展新党员36名，按期转正预备党员31名。在市级机关党组织中继续开展为党员过“政治生日”活动，增强党组织的凝聚力和党员的归属感。对困难党员和离退休老党员开展走访慰问活动，全年累计投入慰问资金达10万元。（闫　群）

【党内关怀】　以“一起动手，共享家的温暖”为主题，在市级机关党员中开展“机关党员寄家语”手机微教育活动。活动以市级机关电子党务系统为平台，每周向机关党员推送一条短信，密切党组织与党员之间的沟通和联系。在机关党员中开展“寄家语”短信征集活动。机关党员将自己的所见所思，编写成一句真心话、一句有意义的话，发送到机关工委“寄家语”短信公众平台上，对遴选出的优秀短信家语，通过电子平台向全体机关发送。（闫　群）

【社会评议】　2015年，机关工委组织4500名评议代表对72个市级机关部门和45个重点科室开展社会评议。评议分半年评议和年终评议，以信函问卷形式进行，并邀请市纪委和市人大代表、政协委员现场监督。认真抓好评议意见的整改落实，全年向18个机关部门反馈实名意见和建议34条。2015年，市级机关社会评议群众满意度达98%。（闫　群）

【机关作风建设】 认真落实党风廉政建设主体责任和监督责任，并将党风廉政建设纳入党建目标管理。组织开展机关党组织书记双向述职评议考核，促进两个责任落实。开展党员廉政教育，组织机关党员观看警示教育片、参观警示教育基地和党员轮训，强化廉洁自律意识。强化机关作风监督检查，通过短信提醒、明察暗访等方式，促使各单位改进工作作风。加大执纪问责力度，严肃查处3名党员的违纪问题。（闫 群）

宣传工作

【概况】 2015年，围绕市委、市政府中心工作，句容电视台、句容快报开设“贯彻全委会精神—新常态下创辉煌”、“群策群力 真抓实干 推进现代服务业大发展”、“人才驱动创新 创新驱动发展”、“持续作力整改 深化活动成效—党的群众路线教育实践活动后续工作专栏”、“创业青年在句容”、“全民动员再攻坚 奋力实现‘双过半’”、“奋战四季度 实现新突破”等专栏专题，刊发专题系列报道390多篇，为句容市上半年经济社会建设营造浓厚的舆论氛围。（办公室）

【主题活动宣传】 一是牵头市文明办和市崇明街道党工委等单位联合举办的“幸福瞬间、感动句容”句容市首届睦邻微电影节之微视频大赛启动。大赛以“幸福瞬间，感动句容”为主题，旨在挖掘句容优秀文化传统底蕴，发现感动句容的人和事，展现句容人民的精神风貌。参赛者将通过个性化的视角、微拍等手法，制作“小城睦邻故事”等影视作品，展示感动句容的故事。本次大赛互动时间为3个月。大赛共设5类奖项，所有获奖作品将在句容市市民宣传平台、主要网络媒体选播和“微眼看句容”“崇明街道办”“句容农村商业银行”等微信公众平台刊登。6月17日，主办单位召开了“幸福瞬间、感动句容”句容市首届睦邻微电影节之微视频大赛新闻发布会，拉开了活动帷幕。8月15日，大赛活动圆满结束，共收到近200部作品。根据活动公告及评审办法，专家组经过初评和终审以及网络投票，曹煜制作的《进城》作品荣获一等奖，糜雯洁制作的《变数》等2部作品获二等奖，王娇制作的《一位耄耋老人的一天》等3部作品获三等奖，毛买珍制作的《因为是医生》等6部作品获提名奖，茅山管委会等10个单位获优秀组织奖。

二是举办“兴文”杯“大爱句容 最美慈善”征文活动。为宣传弘扬慈善事业，增强全民的慈善意识，推动我市现代慈善事业的发展，进一步深化和推动全国文明城市创建，培育和践行社会主义核心价值观，市委宣传部、市教育局、市民政局、市新闻报道中心、市慈善总会联合举办“兴文”杯“大爱句容 最美慈善”征文活动。

三是举办“《南京日报》万名小记者看句容”暨“发现美丽句容”有奖征文活动颁奖活动。4月19日，市委宣传部和南京日报社主办的“《南京日报》万名小记者看句容”暨“发现美丽句容”有奖征文颁奖仪式在后白镇岩藤农场举行。市委常委、宣传部长吕朝霞出席活动。在颁奖仪式上，吕朝霞说，去年4月起，天王镇十万樱花海拉开了“南京日报万名小记者看句容”活动的序幕，“发现美丽句容”有奖征文活动也同期启动。《南京日报》为该活动启动了多方位、立体式的宣传模式，通过公众微信以及官方网站同步进行专版、专题报道，吸引了南京市民来句容踏青赏花、采摘、休闲，享受田园生活乐趣。随着活动的持续开展，影响力已辐射到湖北、吉林、安徽、浙江等地。她表示，为进一步扩大句容对外宣传，句容市将进一步加强与南京日报社的合作，深化南京与句容市两地市民的互动。

四是开展句容市“撤县设市”20周年大型摄影大赛及摄影展活动。7月，会同市文广体育局、市文联，做好作品的征集、评选工作，并举办大型摄影展，印制摄影画册，11月，在全市进行巡展。（办公室）

【先进典型宣传】 2015年，重点是精心设计改造赵亚夫先进事迹展示馆。一是实物展。设计制作玻璃展柜，主要展示赵亚夫工作的“四件宝”、时代楷模发布会对联、出版的书籍、奥运火炬、全国人代会历年提出的建议案和戴庄村有机农业发展规划等；二是布置大型LED屏，播放“赵亚夫——时代楷模”发布会、焦点访谈、省委先进事迹报告会等视频短片；三是安装触摸一体机，设计赵亚夫先进事迹网上展览馆，链接“亚夫在线”联盟和农民特产信息网，并设计互动环节，便于领导和各类参观人员留言、点赞；四是制作赵亚夫硅胶人物像，按照1∶1的比例设计制作。五是改造门头、展厅，聘请名家题写“赵亚夫事迹展示馆”，用钢化玻璃把进口处全部封闭，扩大展厅面积。10 月，为深化赵亚夫先进事迹宣传，设计印刷了赵亚夫先进事迹宣传册 15000 册，放置在赵亚夫先进事迹展示馆内进行宣传。

此外，开展各类好人事迹展。利用近几年来句容市各个方面涌现出的全国时代楷模、全国道德模范、中国好人、江苏省道德模范、江苏好人、镇江市大爱之星和句容好人等各类先进人物的先进事迹，设计制作文明宣传栏和立德行善榜，在全市各小区和社区进行先进事迹宣传。据统计，全年共制作宣传牌和宣传栏 370 块，为句容市争创全国文明城市营造了浓厚的社会舆论氛围。

（办公室）

【完善制度抓外宣】 2015 年，通过进一步完善累加积分制的外宣工作考核办法，充分调动各单位抓外宣工作的积极性，构建全市“大外宣”格局，句容市对外宣传工作迈上新的台阶。一是与《新华日报》合作，用整版形式在《新华日报》宣传句容旅游。8 月份，在《新华日报》刊发三个整版，版面用精美的图片、精练的语言与巧妙的构思，全面反映和展示句容市旅游的发展壮大情况，进一步提升句容市旅游在全省的知名度和美誉度。二是做好与《南京日报》的合作，在都市圈专版刊发句容社会经济等各方面取得的显著成就。督促市新闻报道中心，精心策划好每期的宣传主题，争取每期都出精品。三是做好《镇江日报》美丽句容专版的组稿刊发工作。与《镇江日报》句容记者站保持对接，协调好每期专版稿件的收集、整理和上报工作。四是督促句容电视台加大对央视和省台的发稿力度，继续保持在全国和全省县级台对外发稿的领先地位。据统计，全市在中央电视台用片 35 条，其中《新闻联播》16 条；在省台《江苏新时空》用片 101 条，用稿在全省县级台排名中均名列前茅。《新华日报》用稿 160 多条，其中头版头条 1 条、专版 8 个；《镇江日报》、《京江晚报》用稿 1500 多篇，其中《镇江日报》、《京江晚报》头版头条 50 条，在镇江市名列辖市区第一；《人民网》、《新华网》等国家级重点网站用稿 600 余篇，6 篇稿件获得省、市“好新闻奖”，有力地宣传和推荐了句容，提升了句容在省内外的知名度和美誉度。

（办公室）

·广播电视工作·

【概况】 2015 年，广播电视台围绕市委、市政府的中心工作和重大部署，适应新常态，迎接新挑战，抢抓新机遇，创新克难，越位奋进，争先创优，顺利完成全年目标任务，先后获得全市政法工作先进集体、全市文明城市创建先进集体等荣誉称号。在 12 月初结束的中央电视台新闻中心中国电视新闻协作网 2015 年度通联工作评比中，广电台捷报频传，取得两个“首次”（通联记者首次被评为全国优秀通联编辑，一篇稿件首次获得一等奖）；再夺江苏省电视新闻繁荣奖。 （许明华）

【新闻宣传】 始终保持“履薄临渊”的责任感，引领舆论，当好“喉舌”。在实现新闻宣传“零事故”的前提下，力求新闻出亮点。抓时政，提振全市上下的精气神；抓民生，成为服务群众的贴心人；抓外宣，充当扬句容美名的宣传员。

配合市委市政府中心工作的开展，开设了近 20 个专栏。从《新年新开局》到《冲刺双过半》再到《奋战四季度》，唱好了“四季歌”。对创建文明城市、诗词之乡等重点工作，开设专栏，及时跟进。面对百年未遇的特大洪涝灾害，第一时间启动新闻报道应急响应机制，打破播出惯例，周日加播新闻，每半小时发布一次最新雨情水情信息。运用无人机航拍灾情，积累了第一手的灾情视频资料。乡村旅游是句容的发展特色和亮点，在樱花节期间推出《带你看樱花》专栏，集中一个星期的时间对乡村旅游进行报道。在郁金香节期间开设“主播带你游后白”系列报道，以主持人现场出镜的方式，以民生的视角和鲜活的电视语言，全面报道“乡游后白”系列活动和景点。精心组织纪念抗战胜利 70 周年宣传报道，两路记者历时 4 个月采制 58 篇系列报道《致敬抗战老兵》和《我家的抗战故事》。又派出记者，奔赴上海、南京等地，制作三集纪录片《夜袭句容城》，回顾烽火岁月，弘扬抗战精神。

电台《行风热线》全年共开办 96 期，接听听众电话 287 个，其中，咨询类电话 153 个，投诉类 134 个，问题解决率分别为 100% 和 99.6%，得到了社会和广大群众的认可。电台的《供求热线》栏目，全年免费为市民发布上千条供求信息，打造了公益便民服务的信息平台。《听文说事》推出了《直通 12345》专栏，对 12345

政府热线的投诉、咨询、求助等问题第一时间跟踪报道,让市民反映的情况能够及时得到回复和解决。节目开播以来,先后解决热点、难点问题27件,赢得了市民的广泛赞誉。《渣土车搅起漫天灰尘　周围住户“苦不堪言”》《热线追踪:500亩水体集体受污染　养殖户损失惨重》等跟踪报道,最后都得以协调解决,受到了观众的称赞和好评。市民袁女士的房产纠纷在新闻报道后得到圆满解决,她高兴地送来锦旗表示感谢。对车祸女孩庞顺丽、换肝妈妈陈红尾这些不幸群体,及时跟踪报道,引发社会各界关注,纷纷捐善款,献爱心。全年共采播各类好人好事新闻近30篇,弘扬好风气,传播正能量。

改版是2015年广电提升宣传影响力、激发传统媒体活力、吸引广大受众的一个重头戏。电视改版全国性招投标,经过运作修改,已经正式推出,全新亮相。电台改版本着“适应听众”、“适应市场”的要求,对节目进行了重新编排和制作包装,重点打造《早安句容》,新推出一档文学阅读类节目《阅读时间》,打造一档晚高峰生活类节目《快乐方向盘》,满足听众需求。

《今日句容》报重点打造头版大篇幅、独家性报道,加强选题策划和通联工作,全年整版自采稿件达40余篇。同时,针对受众,强化服务,新改版设置了6个服务类专版(直通交警、健康生活、畅游天下、福地美食、城市发现、信息服务)。

新媒体部成立后,积极探索,将电视、广播、报纸通过句广网、句容TV带入互联网,带到网友面前。通过句广网手机客户端(APP)实现了句容新闻想看就看。一年来,新媒体句广网发稿总数近1.8万条,总点击量达67万人次。“句容TV”微信平台推送条目3200条,阅读量达55万人次,转发21万多次,实现了零的突破,被市委宣传部评为优秀“微信公众平台”。同时,在电台、电视、报纸与新媒体的融合互动上也进行了积极有益的探索。《听文说事》与新媒体微信平台合作互动,推出了为期两个月的“句容美景我来拍”第一季春景有奖征集活动,活动一经推广得到众多网友的积极参与,共收到作品800多张。电台也开通了微信公众平台,在和听众互动的同时,充分发挥音频优势,尝试将广播自办节目的音频精华剪接出来发送到平台上供用户点播收听。早安句容新闻、阅读时间精粹等,听众点播留言,参与互动。《今日句容》报尝试通过“句容TV”微信平台推介“福地美食”和市场互动,当天即有200多人参与,效果较好。　(许明华)

【对外宣传】　结合句容实际,挖掘特色亮点,重点在生态农业、乡村旅游、好人好事、突发事件等方面精心策划、组织采制了一大批特色稿件积极向央视、省市台等上级媒体发稿。1～12月份,句容台在央视用稿58条,其中新闻联播用稿达15条。全年在省台用稿突破800条,其中江苏卫视《江苏新时空》用稿就达112条。在主攻央视的外宣上,主动出击,切准央视的重点选题,及时对接,取得了联播单条时长的重大突破。5月6日晚上,《新闻联播》“生态文明、美丽中国”专栏首篇以时长1分40多秒的篇幅重点报道了《江苏句容:差异化发展　激活生态农业》。《新闻联播》以如此长的篇幅单条报道句容,这还是历史上首次。外宣采制方式也取得突破,今年省台卫星直播车两次开进句容,对后白郁金香节和防汛救灾第一线进行了现场卫星直播连线。今年的抗洪抢险,省台播出句容稿件10条,并被镇江日报、扬子晚报等多家纸质媒体转发。

【事业投入】　2015年,市广电继续强投入、快更新,全年投入近500万元用于技术设备的数字化升级改造。

为适应全媒体时代对新闻工作者的新要求,提高一线记者的采访效率,经多次和财政部门协调,统一为一线记者配备了联想平板电脑,提高了一线记者的采访装备水平,为下一步培养全媒体记者打好基础。

2015年台里投入150万元对电视播出机房进行全面升级改造,同时又投入130万元升级扩容了四通道的全数字硬盘播出系统,以适应频道节目改版的实际需求。经过半年的紧张工作,新播控机房已正式启用。新型的空调、UPS电源系统,先进的监控系统,满足了台三个自办主频道、三个测试频道,以及转播两个南京台的安全优质播出。此外,高清双机位虚拟演播室系统是市广电台2014年另一项重点建设项目,在通过调研比较了几个主流虚拟演播室系统后,通过政府采购购置了由进口核心设备组成的技术先进的高清虚拟演播室系统,经过节目改版后正式运行,系统稳定、操作方便,大大丰富了节目制作手段,提升了节目制作效果,降低了节目制作成本。

强化培训,全面提升技能水平。以赛代训,组织参加省广电局举办的金帆奖和金鹿奖节目制作评比。把新购置的高清转播车作为业务学习的重点，相关人员掌握了设备的拆卸、安装、调试等一整套流程要求。先后3次邀请了厂商技术人员进行新产品、新技术的现场培训。6月中旬安排两名技术人员到南京学习舞台灯光等技术，12月初安排一名副主任到南京参加安全播出知识培训，进一步提升技术人员专业素质。

（许明华）

【产业发展】 2015年，针对客户个性化需求，先后策划举办了一月的汽车展，二月的浪漫情人节，三月的建材展，四月的汽车展，五月的撞福星送欢乐、天一购物节和春季房展会，六月的主持人大赛、汽车团购会和中老年才艺大赛。再到下半年的郎酒演唱会等大型活动。一年下来，总共策划举办了20场大大小小的活动，规模之大、场次之多、频率之高、时间跨度之长、效果之好都是历年之最。全年大型活动带动创收总额达350万多元，占年度任务的30%，同比增加了100多万。

（许明华）

【数字电视】 2015年公司完成经营收入（分成模式）4947.88万元，较2014年实绩增长16.82%；实现利润534.79万元，较2014年实绩增长26.77%。营收和利润继续保持较大幅度增长。用户继续保持平稳增长，全年新发展客户6489户，有效客户达到12.48万户，其中缴费客户达到11.27万户，较2014年净增长915户，有效遏制了用户流失，用户基础进一步巩固，确保实现了缴费用户净增长这一根本目标。持续开展高清惠民行动，互动（高清）终端新增6769个，互动终端数达到3.32万个，互动率29.43%；加快发展宽带数据用户，新增宽带用户6072户，宽带用户数达到1.08万户，宽带用户比9.62%，互动率和宽带用户比继续位列全省县级公司前列。加强市场营销工作，策划高清融合产品和宽带电视套餐，大力推广主营增值业务；积极拓展延伸领域业务，数据专线、视频监控、智能交通等业务均取得良好业绩；强化配套费收缴，积极拓展小区安防工程。2015年公司月视费收入与总收入占比首次低于50%，业务结构得到明显优化。

（徐智敏）

【内部管理】 2015年，对全台的固定资产进行了一次全面的普查登记，清产核资，核销了多年积余的报废资产1733万元，理顺了固定资产管理机制，并实行了电脑联网和条形码登记的定置管理，纳入财政部门的固定资产管理体系。此外，全年又投入近15万元，对排查出的安全隐患进行了整改，特别是大楼玻璃幕墙的除险加固，更换了不锈钢支架，使之焕然一新。

纪检监察室和办公室从小处入手，强化规章制度的约束力和执行力。对两起违反规章制度的部门和个人进行政治上问责，经济上处罚，真正使制度这根“高压线”通上“高压电”。

打破“铁饭碗”，破除“大锅饭”。不搞论资排辈，只看能力水平。对创收部门实行风险抵押，完成的拿奖金，完不成的扣押金，做到奖的心动，罚的心痛。通过竞争上岗，中层干部重新“洗牌”，一些年轻人走上部门负责人岗位。

通过在岗培训，激发职工队伍的活力。与人社局合作，招聘引进了专业对口，业务精通的各类人才5名，为广电发展补充了新鲜“血液”。

4个党支部全部完成“三星”级申报创建。将创建工作有机地融入各项业务工作之中，做到领导干部带头，全力创建做表率。开展的“三会一课”、“统一活动日”等活动，形式丰富多彩，内容互动有活力不死板，提高了党员参与率。

台党总支专门研究制定读书节活动方案，成立以总支书记为组长的领导小组。活动共征集推荐好书20多本，党员干部撰写读后感70余篇。编排的《鼓乐龙腾》节目，场面恢宏大气，参演“奋进的机关”市级机关文艺会演。排版的“三走进三服务”展板参加了机关工委的展出。征集到高质量的诗词10余首全部编入《美丽句容》诗集。记者杨志国入选全市最美党员。

走进农村，结对帮扶活动富有成效。将“三走进三服务”、“四定四联”以及“村村到、户户访”等活动有机结合，台领导与9个贫苦户一对一结对帮扶，下基层调研42天，走访农户40次，撰写民情日记23篇。与甲城社区结对共建，全台在职党员认领社区公益服务岗位67个，开展自愿服务181小时。投入帮扶款20多万元为民兴办实事。

7月起党总支组织开展的“我为广电发展献一策”主题征文演讲比赛活动，共征集论文近50篇，10名选手进行了激情演讲，活动有效挖掘了广电发展的新理念、新思路、新办法和新举措，调动了从业人员的积极性，增强了凝聚力。

（许明华）

·新闻报道工作·

【概况】 2015年，市新闻报道中心深入学习贯彻十八大、十八届三中、四中、五中全会和习近平总书记系列重要讲话精神，积极落实上级宣传思想工作会议精神，围绕市委市政府中心工作进行宣传策划，重点从加强制度建设，加强人才队伍建设入手，积极推进“走转改”工作，推进媒体融合，不断提高报网质量，提高舆论影响力。2015年全年共编辑出版《句容快报》245期，在一版先后开设近20个重点专栏。中心记者全年在国家、省、市报刊、网站发表各类宣传句容的稿件约100多篇，其中完成省市重点报纸宣传用稿94篇；刊发《南京日报》都市圈专版30个；《句容手机报》每天编辑、发送10—11个栏目的信息，《福地句容网》、手机报APP即时维护、更新。

2015年度市新闻报道中心荣获江苏省县市新闻中心系统先进集体、全市“法治句容”工作先进集体、外宣工作先进集体、先进党支部、文明城市创建先进集体等荣誉。 （明庭舒）

【宣传经济社会发展成果】 围绕市委市政府中心工作，在《句容快报》一版先后开设“新春走基层”、“人才驱动创新驱动发展”、“持续发力整改深化活动成效”、“推进现代服务业大发展”、“立德行善身边好人”、“创业青年在句容”、“走进系列”、“新常态下创辉煌”、“项目建设巡礼”、“党代表服务直通车”、“纪念抗日战争胜利70周年”等近20个专栏。 （明庭舒）

【加快融媒体建设步伐】 2015年4月，经句容市编委会同意，市新闻报道中心融媒体部正式成立。将原网络部、手机报等电网媒体合并至融媒体部。以“福地句容网”与《句容快报》为代表的“报网”及其他多种电网宣传渠道相互融合，形成内外联动宣传。《句容手机报》作为句容“最快媒体”，每天编辑、按时发送10～11个栏目的信息，并做好手机报APP的维护与更新工作；目前，已发放手机报二维码文明宣传牌2000多个；使受众在获取新闻的速度、数量和质量上实现动态平衡。接下来，中心将继续加大、巩固建设步伐，让单一媒体的竞争力变为多媒体共同的竞争力，实现资源通融、内容兼融、宣传互融。 （明庭舒）

【加大对外宣传工作力度】 2015年，在《镇江日报》刊发了《坐同一条板凳听农民说心里话》、《花为媒，句容赏花赏景经济升温》、《句容：依法行政优化环境百姓赞》等94篇好稿，其中，头版20篇，头版头条6篇，在《新华日报》、新华网发稿3篇，被人民网、光明网等国家级新闻网站转载稿件16篇，被江苏网、江苏新闻网等省级网站转载稿件18篇。 （明庭舒）

【提升党建工作水平】 将“四定四联”活动作为联系服务群众、转变机关工作作风的一块“试金石”，定期组织党员干部进村入户，了解村情民情，沉下心去帮群众办实事，尽心尽力地帮助完成与群众生产、生活息息相关的道路、脱贫致富、村级阅览室等民心工程。同时积极开展社区共建活动，让广大党员在走访、恳谈、志愿活动中，找到了自己作为一个共产党员的正确定位。继续深入开展“走进系列”、“微型党课”、“党员统一活动日”等主题活动，并创新推出了“七个一”党员教育活动。2015年，1人荣获市级机关优秀党务工作者，1人荣获市级机关优秀共产党员，编辑部荣获市级机关党员示范岗奖，“党员教育管理‘七个一’工作法”荣获市级机关党建创新奖，“学习亚夫精神，践行三严三实”主题党日活动荣获优秀党日主题奖。 （明庭舒）

·党校工作·

【内设机构调整】 2015年，经市编委会、市委组织部批准，党校大幅度调整内设机构和职能配置，重新设置“五科室一中心”：办公室、教务科、教研室、电教室、后勤服务部，原有社会科学信息中心转型为社会培训中心，承担原有培训科、职教科的主要职能。同时开展中层干部交流，人员序列进一步优化，管理机制进一步完善，人员活力进一步增强。 （李　燕）

【干部教育培训】 全年与市委组织部、市级机关工委举办五类主班次，举办全市领导干部十八届四中全会精神和习近平总书记系列重要讲话精神轮训班4期，“周末学堂”23期，干部选学内容扩大为10个，扩大到四套班子领导，2015年12月获得镇江市学习型党组织建设十大优秀品牌称号。党员培训掀起新高潮，举办市级机关党员轮训10期，市级机关党组织书记培训4期，举办党员发展对象培训班、村（社区）基层党组织书记培训班、非公有制企业党建培训班、全市中青年后备干部培训班等班次近20期，参训9000多人次，比上年增长50%。培训质量进一步提升，得到社会各界好评。 （李　燕）

【社会培训】 党校成人学历教育、继续教育、网络远程教育稳中有升。2015年，继续开展职业技能培训、执业资格培训、计算机高新技术培训；继续教育培训方面，全年共组织会计、职称、新型职业农民、城管执法人员、安全生产、人社等短期培训近20期，培训3000多人次；与南京林业大学合作开办在职研究生班，成功录取30人；与南京工业大学合作开办建筑类专科、本科班，成功录取39人；西南科技大学网络远程教育招生46人；江苏经贸学院新增学员20人；市人大干部培训班开拓到井冈山教育培训，校外合作教学基地向“三大学院”和周边现场教学点进一步拓展。

（李　燕）

【市情研究】 完成省委党校立项重点课题1个，镇江市委党校立项课题2个。《关于推进宁句　“十三五”发展实现新突破》的调研报告被市政协列为重点提案；《关于我市公共文化事业和文化产业发展的建议》被市政协列入专题协商内容，《关于南大街改造中增加文化元素的建议》被市政府领导批转规划局；代表句容参加“第三届宁镇扬同城化发展战略研讨会”，《关于句容争当宁镇扬同城化先行示范区》的研究报告入选优秀论文。《句容市新型城镇化和城乡一体化的创新研究》在《镇江日报》专版发表。 （李　燕）

【党员干部队伍、师资队伍建设】 在干部综合分析研判中，党校领导班子被评为优秀，推选优秀中青年干部1名，参加在省委党校举办的培训班。经市委组织部批准，安排1名教师到省委党校挂职锻炼一年；安排1名中层干部到茅山镇挂职锻炼半年。新招录研究生1名，新发展党员2名，另有2名预备党员如期转正。

（李　燕）

【结对帮扶工作】 自2013年以来，按市委要求结对帮扶郭庄镇经戴村，党校安排“第一书记”驻村帮扶。2014年初步通过考核，2015年顺利通过镇江市考核验收，一举完成“双达标”任务。三年来，落实帮扶资金16万元，会同建设银行资助经戴村近30万元，落实门市房物业500平方米，开展慈善捐赠、村级居家养老、村级信息工作站建设。积极与葛仙社区开展结对共建。 （李　燕）

【思想作风建设】 按照市委要求，开展“三严三实”专题教育，积极参与“双学一争”活动。严格执行中央八项规定和省市委十项规定，持续整治“四风”问题。严控“三公经费”，公务接待总额连续三年下降；按要求开展办公用房清理达标和新一轮车改；积极参与第六届机关读书节，获得全市机关文艺会演三等奖。开展“双型”党组织创建活动，党校党总支获得“先进党总支”称号，机关一支部创成“四星级”党支部，教务科创成“党员示范岗”，一人获得“党员示范岗”。加强校园文化建设，提炼形成“忠诚、担当、务实、创新”的新时期党校校训。 （李　燕）

纪检监察工作

【概况】 2015年，在上级纪委和市委的坚强领导下，按照“把纪律挺在前面”要求，聚焦主业主责，坚守责任担当，将“四种形态”贯穿到监督执纪问责全过程，积极构建“不敢腐、不能腐、不想腐”有效机制，为建设“强富美高”新句容营造良好政治生态。

*推动“两个责任”落地生根。*坚持把落实党风廉政建设责任制作为“龙头”紧抓不放，从领责、履责、问责、考责等入手，构建责任闭环链条，狠抓“两个责任”落实。

*以责任书分解细化责任。*协助市委制定出台党风廉政建设“两个责任”实施意见、责任清单及责任追究办法“1+2”文件，分层签订责任书，明确相应责任内容和追责条款，以条目化的形式，层层压实责任。制定《党政领导干部廉政谈话实施方法》，自上而下，压茬谈话，以谈话归档留痕，推动“一岗双责”形成自觉。

*以项目化推进强化责任。*印发《党风廉政建设“两个责任”重点工作任务》，分党委、部门和纪委两大类，明确5类60项重点工作任务。坚持“一般项目季度推进、专题项目专项推进、重点项目即时推进”的原则，通过手机短信提醒市委常委、副市长当月责任项

目，强化“两个责任”日常督促。

以警醒式问责压实责任。按照“动员千遍不如问责一次”的要求，依据《党风廉政建设责任追究实施办法》，共追究责任9起，其中责成书面检查3起，批评教育4起，组织调整1起，诫勉谈话1起。

以规范化考核硬化责任。年底由市委常委、党员副市长带队，对照考核办法逐一上门考核，并将考核结果与评先评优、提拔任用相挂钩。

加大监督执纪力度。始终把纪律和规矩挺在前面，加大日常监督和纪律审查力度，确保纪律立起来、挺起来、严起来。

强化纪律约束。强化对政治纪律、组织纪律和政治规矩的监督检查，坚决查处违反纪律规矩的行为。强化对中央和省、市重大决策部署的监督检查，严肃查处政令不畅、行动迟缓、推诿扯皮等问题。强化对工作落实中“打折扣、做选择、搞变通”现象的监督检查，坚决查处有令不行、有禁不止的行为。严格监督执行党政机关厉行节约反对浪费条例，严格监督控制全市楼堂馆所建设，严格监督做好党政机关和领导干部办公用房清退后续工作。2015年，全市“三公”经费同比下降10%。

强化作风监督。以“四风”问题为切入点，抓住元旦、春节、五一、端午等关键节点，深入推进“三查一监督”联动督查。组织开展明察暗访和重点督查，严查公款旅游、公车私用、公款吃喝等违规违纪问题，先后对12起“四风”案件进行查处，并通报曝光9起典型问题。

强化效能建设。出台《关于加强机关作风效能建设暗访督查实施办法》，做到暗访督查常态化。坚持有责必问，建立问责档案，现已办结问责案件132起，先后通报了3个部门5名责任人。出台《关于严明纪律规矩鼓励干事担当营造良好政治生态的意见》，营造风清气正、干事创业的政治生态。

深入开展履职督查。按照上级纪委统一部署，扎实开展“依法履职、有责有为”专项督查行动，加大对行政审批、行政执法违规违纪行为的责任追究力度，及时发现部门及其工作人员失职、渎职等违纪违法问题，严肃查纠好大喜功、盲目攀比、弄虚作假等行为，先后开展监督检查24次，发现存在问题16个，制定完善制度121项，严肃问责追究5起，全面推进部门依法履职不缺位、有责有为不推诿。

保持惩腐高压态势。2015年，全市纪检监察机关共接收信访举报315件次，立案查处党员违纪违法案件109件。

突出审查重点。坚持“系统查、查系统”的办案理念，重点锁定领导干部以权谋私、国有企业损公肥私、农村基层侵占济私等三类案件，先后查处了交通运输局等腐败窝案，以及宝华镇原党委书记、国土局原局长、市场监督管理局原局长等“一把手”腐败案件。

提升审查能力。制作信、访、网、电、短信“五位一体”标准化举报模块，引导群众依纪依规参与信访举报。出台《案件线索管理实施办法》，推行问题线索扎口管理，按照五类处置标准和“签字背书”的流转要求，将在手线索早处理、问题早惩戒。

改进审查方式。坚持有统有分、抓早抓小、快查快结和安全文明办案的理念，充分发挥反腐败协调小组作用，强化与司法、审计等机关统筹协调，保持惩治腐败高压态势。

完善制度约束权力。紧盯党风廉政建设新变化新问题，及时跟进相应对策措施，建章立制，切实增强制度系统性、有效性和严肃性，使制度成为人人遵守的硬约束。

探索建立纪委对党委提醒监督机制。发挥纪委廉政提醒监督作用，对党委及其成员存在苗头性、倾向性或一般性党风问题及时提醒，必要时提请党委书记或上级纪委领导，对其进行约谈提醒，帮助同级党委及其班子成员立正身、讲原则、守纪律、拒腐蚀。召开党委（党组）书记抓基层党建和履行党风廉政建设主体责任述职会，由市纪委委员对其进行民主评议。

健全公共资源交易廉政监管机制。牵头财政局、交易中心，对全市范围内2014年度政府采购电子类供货产品开展监督检查，对违规采购人、相关行政主管部门进行问责。出台《公共资源交易廉政监管办法》，先后对13个已招标工程和政府采购项目的招投标及标后情况开展廉政抽查，累计发现工程监理不招标、提前支付工程款等9类问题，共问责处理责任人7名，挽回直接经济损失1200多万元。

深化农村村级财务管理监督机制。出台《农村干部三资管理“十不准”规定》，开出“三资”管理“负面清单”，标明纪律“红线”，倒逼村干部规范权力行使行为，促进农村干部廉洁履职。

构建反腐倡廉教育长效机制。以“三学一测”、争当“四个表率”为抓手，抓好《廉洁自律准则》和《纪律处分条例》的学习贯彻。建成新茅山新四军廉政史实馆，并被评为省廉政教育示范基地。组织全市镇局级以上干部赴句容监狱、部门中层干部赴市看守所接受警示教育。利用科级干部轮训，组织全市650名科级干部分四批集中收看《作风建设永远在路上》专题片。组织廉政文化活动月，发放《反腐倡廉教育口袋丛书》1100余套。利用近年来查处典型案例及悔过书，编印《忏悔录》，拍摄《不可触碰的红线》专题警示教育片，获镇江一等奖。

打造纪检监察“铁军”。按照“严管就是厚爱”、“信任不能代替监督”的要求，对纪检监察干部坚持严字当头、实字托底，加强管理、严格监督。

从严抓教育。依托“纪检监察干部大讲堂”，组织集中收看中纪委警示教育片、王岐山同志“三严三实”专题党课和在纪检监察干部监督工作座谈会上的讲话。分层召开镇、部门“把纪律挺在前面”专题研讨，提出处理好挺纪在前五个关系，被省纪委转发。

从严抓管理。推进纪律检查体制改革，扎实推进“三转”，完成了第二轮内设机构的调整优化。建立健全加强对下级纪委领导三项制度，规范纪检监察干部外出（离岗）报备、重点工作进度情况定期报告和问题线索、纪律审查情况报告。建立纪委约谈制度，完成对18名新上岗市管纪检干部任前约谈，实现工作约谈全覆盖。

从严抓考核。出台《全市基层纪检组织工作考核评价办法》，对日常考核、项目考核、民主测评三块考核内容，按2∶6∶2的比例计分，强化考评结果运用，实行分类奖惩。出台《市纪委监察局作风建设和绩效管理考评办法》，强化对委局机关人员的考核，结果与干部奖惩、使用挂钩，形成比较科学的考核体系。

（房射岗）

【全面开展“三资”巡查】 在2014年对24个村级财务“提级审计”以及茅山镇专项巡查试点工作的基础上，2015年5月份，制定出台《关于开展农村“三资”廉政监管专项巡查工作的意见》，以农村“三资”廉政监管为切入点，突出问题导向，通过试点巡查、进驻了解、报告研判、移交审查、反馈通报等环节，深挖严查群众身边的“四风”和腐败问题，先后立案查处16人，问责66人，专题通报典型案例7起。2015年10月20日，农村“三资”廉政监管工作在苏南巡查工作会议上作发言介绍。

（房射岗）

【建立制度廉政审查机制】 出台《制度廉洁性和合纪性评估工作规范》，建立健全“不能腐”的约束机制，通过权力运行全程监控，有效降低制度廉政风险。加强反腐倡廉制度规范化、系统化建设，按照规范要求进行制度“存改立废”，对全年反腐倡廉制度建设情况开展自查自纠。

（房射岗）

【全力保障巡视工作】 积极协助市委做好巡视联络工作，成立市委巡视工作联络组，下设综合联络、信访稳定、后勤保障3个工作组，按照“三个确保”目标原则，制定工作方案和预案，明确责任分工、科学协调统筹，当好参谋助手；安排专人做到一般事项一周一联络、重要事项随时联络，确保巡视工作顺利高效开展；坚持把巡视组交办的信访举报件作为边巡边改的重中之重，快查快办，发现一起，从严查处一起，通报曝光一起。

（房射岗）

【开展“三纪三型”专题教育】 按照“三严三实”要求，在全市纪检监察系统中开展“三纪三型”专题教育，要求全市纪检监察干部自觉做到忠诚执纪、秉公执纪、为民执纪，争做学习型、勤廉型、担当型纪检监察干部。

（房射岗）

【推行“二单四书”】 出台《加强和规范纪检监察“二单四书”使用的实施意见》，将原有文书整合整改为“二单”（《纪律检查通知单》、《监察通知单》），“四书”（《纪律检查建议书》、《纪律检查决定书》、《监察建议书》、《监察决定书》），以执纪留痕要求，锤炼“严细深实”的工作作风。

（房射岗）

机构编制工作

【概况】 2015年，句容市市镇两级党政机关机构设置为61个，其中市委机构7个，市政府组成部门25个（监察局未计入）。市委部门管理机构4个，市政府派出机构1个，人民团体、群众团体及工商联9个，人大、政协、检察院、法院机关4个。市辖镇（街道）11个。

全市市镇两级党政机关共核定行政编制2318名，实有在编人员2215人。（刘昌云）

2015年句容市机关机构编制及人员情况一览

表6

类　别	机构数	编制数	实有人数
市级机关	46	871	883
政法机关	4	771	855
镇级机关	11	676	477
小　计	61	2318	2215

全市共有事业单位369个（市委、市政府直属事业单位11个），共核定事业编制12054名，实有在编人员10718人。（刘昌云）

2015年句容市事业单位机构编制及人员情况一览

表7

类　别	机构数	编制数	实有人数
参照公务员法管理事业单位	28	407	351
市委、市政府直属事业单位	11	251	212
市级部门所属事业单位	275	10490	9504
镇级事业单位	55	906	651
小计	369	12054	10718

（刘昌云）

【行政审批制度改革】 建立健全转变政府职能组织架构。成立了市政府推进职能转变协调小组，由市长担任协调小组组长，下设行政审批改革组、投资审批改革组、职业资格改革组、收费清理改革组、商事制度改革组、教科文卫体改革组6个专题组和综合组、督查组、法制组、专家组4个功能组。为推进简政放权、放管结合、职能转变等方面提供了强有力的组织保障。

全面公布五张清单。在去年公布行政审批目录清单的基础上，公布了市政府行政征收等7类行政权力清单，共梳理出行政权力220项，全部依法设置，数量大幅减少。公布行政处罚和行政强制清单，规范了行政处罚自由裁量权。公布行政事业性收费清单，取消、停征和免征一批收费，进一步减轻民生负担。公布政府部门专项资金管理清单，对市财政专项资金进行了清理整合，特别是对惠及民生的各类专项补贴，做出了从对象到标准的细化公布。

深化商事登记制度改革。在先证后照，改为先照后证，以及全面实施注册资本工商登记制度改革的基础上，工商登记证、组织机构技术代码证和税务登记证实现了“三证合一”。

稳步推进事中事后监管等配套改革。出台《进一步整治社会组织乱摊派行为的实施方案》，为大力培育社会组织管理，开展社会组织等级评估工作，规范社会组织管理提供了依据。

探索以相对集中审批权为重点的改革创新。根据《市政府部门行政审批事项内设机构和人员进驻行政服务中心方案》，要求各审批部门将审批事项集中到行政审批科，下一步将行政审批科、分管领导、技术勘验人员全部进驻行政服务中心。（刘昌云）

【政府机构改革】 优化政府组织结构。组建市卫生和计划生育委员会、市市场监管局；市民族宗教旅游局调整为市政府工作部门，并更名为市民族宗教局，挂市旅游局牌子；市人民政府督导室调整为在市教育局挂牌；市粮食局由在市商务局挂牌调整为在市农业委员会挂牌；市政府办公室挂市政府外事侨务办公室牌子，不再挂市政府外事办公室、市政府侨务办公室牌子。实施不动产登记职责调整。在国土资源局增挂不动产登记局牌子，设立市不动产登记中心。强化安全生产监管职责。在健全乡镇安全生产监管机构的基础上，进一步加强了省句容经济开发区管委会、市茅山风景区管委会、市赤山湖管委会等各地的安全生产监管能力建设。为上述各单位核定专职在编人员不少于3人，具体负责本行政区域内的安全生产指导和监督检查工作。完善优化部门内设机构设置。根据工作实际对市纪委监察局、人社局、教育局、公安局、档案局、机关服务中心、茅山风景区管委会等部门的内设机构进行了优化调整。深化事业单位改革。对市委党校市社会科学信息中心、市工会职工学校、市中小企业信用担保中心、市司法局律师与公证管理科、市法律服务中心、市人力资源和社会保障培训中心、市行政服务中心等事业单位实施了职能编制调整。进一步整合了省句容中等专业学校、句容开放大学、江苏广播电视大学句容学院、江苏城市职业学院句容办学点的教学业务，将市教师进修学校、市青少年校外活动中心、市社区培训学院合并组建市社区学院，挂市社区教育指导中心牌子，实现教学培训资源共享。（刘昌云）

【机构编制管理】 严格坚持用编计划管理。落实财政供养人员只减不增的要求，全年共下达事业招考计划253名，其中教育65名、卫生111名、乡镇32名、其他45名。下达2015年度公务员招考计划46名，其中市级机关13名，政法机关8名，乡镇18名，参公事业单位7名。完善优化教育系统编制管理。规范教师流动配置，均衡教师资源，实行在校教师规模与学科教师规模双控制，完成定编到校工作。停止执行教师离岗休养政策。拟定出台了《句容籍"省免费男幼师"毕业生考核聘用意见》，作为办理2010年至2015年度入学的免费男幼师聘用进编问题的依据。加强实名制数据管理。加强实名制数据库的日常维护工作，巩固实名制管理与组织、人社部门的人员调配、财政统发工资的协调配合机制。规范领导职数管理。依据上级机构编制部门制定的政策口径，再次对科级以上机关事业单位的领导职数进行了调整核定。根据实际，对市信访局、文联组织、审计局、广电台、市文广体育局等单位领导职数进行了适当调整。（刘昌云）

【事业单位登记管理】 完成事业单位年度报告公开。2015年共完成全市事业单位法人年度报告公示378家，全部在句容市机构编制网站专栏进行公开。加强党政群机关事业单位网上名称管理。全年完成新增中文域名注册单位281家，加上2014年完成的138家，全市共完成注册单位419家，注册率100%。加强事业单位法人培训力度。组织全市乡镇事业单位法人参加为期3天的东南大学业务培训。开展事业单位法人治理结构试点。指导推动市图书馆开展法人治理结构试点，于12月下旬召开句容市图书馆理事会成立大会。（刘昌云）

统战工作

【概况】 2015年，在市委的坚强领导下，全市统一战线紧紧围绕市委和市政府工作中心，积极适应新常态，把握新机遇，应对新挑战，为句容"加快创新转型，推进特色发展"做出应有贡献。（韩维娜）

【学习贯彻上级统战工作会议】 2015年，中央、省委和镇江市委先后召开了统战工作会议，中央颁发《中国共产党统一战线工作条例（试行）》，对新形势下统战工作提出了新的更高要求。全市统一战线牢牢把握宝贵机遇，第一时间组织统战干部和党外代表人士认真学习会议精神和文件内容，通过积极参加上级组织的座谈研讨，选派业务骨干参加培训，邀请专家学者专题辅导等方式，确保学习宣传的广度、深度和效果。同时，深入梳理我市统战工作中存在的薄弱环节，重点在征求党外人士意见建议制度化、规范化方面，制定贯彻落实的具体方案。围绕新阶层人士统战工作新课题、新任务，组织力量进行专题调研，为下一步工作开展做好前期准备。（韩维娜）

【党外代表人士队伍建设】 加大教育培训力度，7月底组织全市党外干部赴苏州大学进行为期一周的培训，并及时整理汇编学员的学习心得，在《句容快报》开设专版择优刊登。举办统一战线专题报告会，邀请清华大学教授对全市近两百名党外人士进行集中授课。结合市委组织部开展的集中推荐副镇局级后备干部工作，从年轻干部、大学生村官、非中共人大代表和政协委员中推选优秀党外代表人士，经与组织部协商后纳入镇局级后备干部库；积极推荐优秀党外干部参加句容第十一期中青班培训。注重典型宣传，编辑出版《同心》画册，联合《句容快报》开辟专栏，对优秀党外代表人士的典型事迹集中宣传，引导、激励全市党外代表人士更加积极主动地为全市经济社会发展献计出力。（韩维娜）

【提升党外人士参政议政水平】 先后组织各民主党派、无党派人士联谊会负责人赴宜兴、丹阳考察，学习先进地区党派工作好的经验做法。争取市政府支持，帮助各民主党派组织解决办公用房和工作经费等困难。顺利召开句容市无党派人士联谊会二届一次理事大会，圆满完成市无党派人士联谊会换届工作。组织民主党派开展专题调研和座谈研讨等活动，广泛征求党外代表人士对全市有关重点工作的意见建议，共同确定课题、推进调研成果转化，实现民主党派成员在市

“两会”上发言“零的突破”。积极搭建平台，为各党派、团体活动提供支持，引导各民主党派、工商联、无党派人士联谊会开展“再走革命圣地、重温革命历史”等爱国主义教育活动和捐资助学、扶贫帮困、社会讲学等公益活动。（韩维娜）

【“同心”工程实验区建设】 继续把茅山镇袁相村作为“同心”思想实践基地和统一战线服务发展的载体，按照上级部署和实验区建设的规划要求，2015 年确定了千亩榉树林套种、美丽村庄建设、文物保护及维修等八个重点项目，积极做好项目跟踪服务、资金争取和协调推进等工作，投入资金近百万元，用于实验区项目建设。“同心”工程成效进一步彰显，影响不断扩大。省政协、省委统战部、镇江及我市主要领导多次视察实验区，并给予高度评价；同时，作为省社会主义学院现场教学基地，先后接待各类培训班学员 400 余人次，无锡、常州等地统战系统也组团来我市实验区考察学习。（韩维娜）

【信息宣传和理论调研工作】 针对统战工作面临的新情况、新问题，组织开展调查研究，充分利用各类平台宣传句容市统战工作，扩大统战影响。《坚持五个注重推进党外代表人士队伍建设》、《江苏句容打造少数民族特色村寨》、《内强素质、外塑形象，打造优秀统战干部队伍》等多篇宣传、调研稿件被中央统战部《中国统一战线》、省委统战部《挚友》等杂志刊登使用。市委统战部被中央统战部评为“2015 年度中国统一战线宣传先进单位”。（韩维娜）

台湾事务工作

【概况】 2015 年，市台办工作在市委、市政府的正确领导和上级台办的积极指导下，全体干部职工紧贴地方党委、政府工作中心，认真谋事、主动作为，积极应对对台工作的新形势、新变化，有序推进各项工作，为全市经济社会发展做出了应有的贡献。

始终将项目引荐作为台办一项重要工作来抓，积极配合市委市政府及上级台办组织的招商活动，发挥台办优势，加强与台湾各界联系，大力推介句容，吸引台湾客商来句容考察投资。2015 年共接待台湾各类考察团组 11 批 121 人次，重点接待苗栗县徐耀昌县长一行和台湾原生园等考察团组。重点推进了丰盛原生园项目，该项目以健康产业发展为背景，以中草药应用生活为概念主线，运用创意文化，结合农业、生技、休闲、观光、养生的一个综合服务基地。同时开发滑翔伞、热气球等娱乐项目，增强远程号召力，做到“吃、住、行、游、购、娱”集聚。

根据镇江市委、市政府的总体部署，积极配合市委市政府开展对台载体建设工作，以创建海峡两岸（句容）农业科技示范园和省级台湾光电子产业合作园区为契机，分别与中国农学会组织、台湾电机电子公会等台湾知名团体建立了良好的合作关系，两岸经贸往来和情感交流越来越紧密。2015 年共组织各类赴台团组 11 批 61 人次，进一步加深了句台两地的交流与合作。

全年共接待台属来信来访 18 批 26 人，接待台胞 34 批 176 人，协调处理台企矛盾困难 7 起。（徐彬彬）

【句容籍台湾音乐家谭卉赴茅山景区传授乐理知识】 1 月 2 日，句容籍台湾音乐家谭卉来到茅山景区三茅峰，在仁佑观和坤道交流传统文化与道教音乐。她向坤道们传授了乐理知识，并在大殿独奏了《春到清江》《映山红》和《雨打芭蕉》等扬琴名曲。（徐彬彬）

【台湾屏东县农会农业专家代表团考察句容】 4 月 19 至 21 日，台湾屏东县农会总干事黄瑞吉率农业专家考察团一行 11 人，来句容市就现代高效农业和休闲观光农业进行考察。考察团先后实地考察了边城水中仙养殖基地、江苏省台创园、岩藤农场、浮山樱花园、东方紫农业产业园区、镇江农科院华阳园区、赤山湖湿地公园、郭庄五诸坊青虾养殖合作社等地。台湾农业专家们边走边看，并与句容市的农业科技人员进行了交流探讨。专家们纷纷表示，句容的生态环境好、投资环境优、配套服务到位，回台后将会进一步汇总考察情况，

寻求双方合作机会。同时，将向台湾投资者大力推介句容这块投资福地。（徐彬彬）

【开展休闲观光农业专题招商活动】 4月16至22日，市长许文率开发区、茅山管委会、赤山湖、农委等单位负责人，赴台进行休闲观光农业专题招商活动，推介句容农业旅游发展环境，并进行项目交流。在台期间，考察团先后拜访台达电、仁宝集团、台东原生园等一批已落户句容的台资企业，与企业高层进行了深入洽谈，增进了相互之间的联系与交流。（徐彬彬）

【召开对台合作载体建设推进会】 5月18日，句容市召开对台合作载体建设推进会，市委副书记商震出席会议。商震传达镇江市对台工作暨对台合作载体建设推进会精神。他指出，镇江市高度重视对台合作载体建设，印发了考核办法，年底将对句容市进行考核评价，并对载体建设情况进行全面督查。就进一步做好对台合作载体建设工作，商震要求，高度重视，进一步强化任务落实；形成合力，进一步加快工作推进；突出重点，进一步抓好招商引资。会议对句容市对台合作载体建设的工作任务、责任单位、完成时间做了具体安排和部署。（徐彬彬）

【台湾苗栗县考察团到句容交流】 6月6日，由县长徐耀昌、"议长"游钟钿带领的台湾苗栗县考察团一行来句容市交流。省台办、镇江市台办相关负责人和句容市领导许文、王琴陪同。市长许文代表市委、市政府对苗栗县考察团一行表示欢迎，并与徐耀昌等互赠纪念品。（徐彬彬）

【台资企业代表座谈会】 10月19日，市台办组织召开台资企业代表座谈会，就企业今后的发展深入交换意见。都茂自行车、久正光电、北台壁纸等18家台资企业代表参加座谈会。座谈会上，与会台商就目前企业生产经营中遇到的问题和困难提出了意见和建议。相关部门表示将加大对台商反映的专利申请、展销扶持、资源保障等问题的协调督办力度，加强与台资企业联系，支持台资企业在句容市做大做强。（徐彬彬）

【句容台商公益组织捐资助学】 8月8日，句容台商公益组织"朝阳兴学会"举行2015年助学金发放仪式，来自黄梅中学、下蜀中学、华阳中学等多个学校的33位贫困学生获得资助。镇江市台办主任吕朝霞、副主任洪涛，句容慈善总会会长金昌来，镇江市台协会长曾国华，台湾世界贸易中心驻南京办事处代表赖登科参加活动。（徐彬彬）

信访工作

【概况】 2015年，全市信访工作坚持围绕中心、服务大局，始终按照"夯实基础、猛抓源头，上下联动、狠抓环节，强化责任、稳扎袋口"的工作思路，进一步畅通信访渠道，积极主动化解信访矛盾，千方百计化解信访积案，实现了经济社会持续发展、信访总量持续下降的工作目标。该市群众赴省上访总量在全省117个县（市、区）考核单位中，名次较好，成为"全省名次下降最明显的地区"，受到省信访局、镇江市领导和市委、市政府的重点表扬。全年无进京集体访、进京重复非正常上访，无影响社会大局稳定的信访突出问题和群体性事件，无有影响的信访个人极端事件。党的十八大期间，实现了"零登记、零上访、零失控"目标，在镇江市辖市区内名列前茅。年度信访工作考核居镇江市辖市区前列。该市总结的"抓、控、减、化、稳"五字诀，在全镇江市推广。圆满完成中央、省专项督查组和省市"四项排查"检查督导，句容市信访稳定工作受到上级领导的高度肯定。（王仕健）

【矛盾纠纷排查化解】 把矛盾纠纷的排查化解作为维护社会稳定的基础性常态性工作，坚持重心下移、关口前移，做到"不留空白、不留死角、不留盲点"。通过定期排查、专项排查、滚动排查、联合排查，及时调处重大矛盾隐患，使所有矛盾纠纷都处于可控状态。特别是自8月1日全省部署"四项排查"工作以来，全市各级各部门围绕"排查突出信访问题，排查有风险预警项目，排查安全事故隐患，排查基层基础工作薄弱环节"

集中开展排查化解工作，实现市委、市政府提出的“四个坚决防止”目标。及时妥善处置、疏导和化解企业改制下岗志愿兵、赤脚医生、土地流转、拆迁补偿等集体上访、越级上访事件，有力维护了句容市的对外形象。

（王仕健）

【依法按政策解决好信访问题】 坚持把群众来信来访的办理作为群众工作的重要内容，市信访局每周召开一次情况汇报分析会，对信访问题分工到人，建立日常工作局长值班、局长联系点等制度，建立健全“日交办、周通报、月倒查”工作机制，跟踪交办信访事项办理情况，推进信访问题及时解决，确保不发生重复上访。对跨地区、跨部门以及重大群体性信访事项，以信访摘报形式及时向市委、市政府主要领导和分管领导汇报，报送《信访摘报》28 件，100% 被市领导采纳，有效防止了“小事拖大大事拖炸”的现象，避免了一大批越级上访和集体闹访事件。

（王仕健）

【领导干部接访包案】 以市、镇两级领导干部和与群众切身利益密切相关的职能部门领导干部为重点，扎实开展领导干部接访活动，做到信访问题排查村（社区）全覆盖、信访积案领导全包案、群众合理诉求全解决。市委、市政府领导扎实开展“四定四联”活动，以听民意、察民情、解民忧、安民心的实际行动在基层一线丰富接访形式。扎实开展“信访积案化解成果巩固深化年”活动，下大力气化解信访积案，截至 6 月 30 日，省交办句容市的 16 件信访积案已全部化解，化解率 100%。

（王仕健）

【着力减少群众越级上访】 重视抓好重大活动期间和敏感节点的信访工作。省、全国“两会”期间，增强驻京驻省工作力量，加强情报信息的收集、研判和通报，强化劝返处置工作。对上级交办的案件，逐案落实“五包”责任。在日常工作中，对可能发生或已发生的越级赴镇江、赴省上访的信访事项，要求市相关责任单位及时上报信息、主动陪访，并加强与上级信访部门汇报沟通，增进理解支持。

（王仕健）

【夯实信访工作基层基础】 按省市要求不断充实基层信访工作力量，加强镇、村专兼职信访队伍力量配备。加大镇、村两级信访工作硬件建设水平，做到办公地点、人员、资金三到位。按照“小事不出村、大事不出镇、难事不出市”的工作要求，加大对基层信访工作的检查指导，总结推广了边城镇实行网格化管理、郭庄镇建立整体联动机制、华阳镇构建责任零推卸体系等工作经验，受到中央督查组、省督查组和省信访工作调研组的充分肯定。对信访工作实施严格考核，实行信访工作末位评先“一票否决”制和党政领导问责制。

（王仕健）

【信访部门自身建设】 在全市信访系统深入开展“创先争优·能力建设”活动，通过开展“三走进三服务”和“三亮三比三评”活动，使全局党员干部进一步增强党性、改进作风，真正把来访群众当家人，把群众来信当家书，把群众反映的问题当家事，自觉站在群众立场处理问题。局领导班子坚持民主集中制，实行集体领导与个人分工负责制，坚持重大问题由班子集体研究决定。积极开展批评与自我批评，营造风正气顺的干事环境。

（王仕健）

史志工作

【概况】 2015 年，全市史志工作全面完成年初制定的各项目标任务。《句容年鉴（2015）》出版发行；编纂出版 2015 年《句容大事记》2 期；《中共句容历史》第二卷（1949～1978）编纂工作顺利推进，完成征求老干部意见环节，并于年底报送镇江市史志办审核；镇（管委会）志编纂工作顺利推进；开展《乾隆句容县志》编校本编纂工作。党建系列活动广泛开展，支部建设和党员队伍建设取得长足进步。

（许朝斌）

【《句容年鉴（2015）》出版】 《句容年鉴》是由市政府主办，市史志办公室编撰并公开出版发行的大型地方综合年鉴。《句容年鉴（2015）》是总第 12 部地方综合性年鉴。年鉴编纂工作自2015年1月起正式启动，3月底前完成初稿，4月~5月年鉴编辑部会同有关方面编辑审稿，6月送出版社审稿，12月底，《句容年鉴(2015)》由方志出版社正式出版发行。（陈龙浩）

【《中共句容地方史》第二卷(1949~1978)编纂工作】 2014年3月正式启动，于年底前完成近30万字的初稿。共分四编，记录的时限为1949年4月至1978年12月，主要反映的是句容解放至改革开放前30年间句容人民在党的领导下的奋斗历程。2015年在多次审校补充完善的基础上，征求了老干部意见，并于年底报送镇江市史志办审核。（唐家亮）

【镇(管委会)志编纂工作】 2014年9月，句容市政府下发143号文《关于组织开展句容市镇(管委会)志编纂工作的通知》，镇(管委会)志编纂工作正式启动。2015年，史志办多次到有关镇(管委会)举办编纂人员培训，交流镇志编纂经验。全市镇(管委会)志编纂工作全面开展，华阳街道、茅山镇等单位已取得阶段性成果。（唐家亮）

【党建系列活动】 2015年，史志办党支部全面完成市级机关工委系列党建活动，顺利完成“百村万户”双达标工作任务。许朝斌被评为市级机关优秀党务工作者，赵霞被评为优秀共产党员。（唐家亮）

档案工作

【概况】 2015年是“十二五”收官之年，在2014年成功创建国家一级档案馆的基础上，结合形势任务要求和本市实际，调整了2015年乃至“十三五”期间的工作目标和思路，确立四个“转变”：一是由传统型档案馆向数字档案馆转变；二是由封闭型档案馆向开放型档案馆转变；三是由重视馆内工作向重视馆内外工作并举转变；四是由档案工作突击化向常态化转变，努力把市档案馆打造成现代化公共服务型档案馆，全市档案工作的整体水平有力提升。2015年，档案局获省“十二五”档案工作先进集体称号，档案馆被评为省中小学档案实践教育基地。（胡 伟）

【资源建设】 通过国家一级馆的创建，市档案馆主动出击，广泛征集，馆藏总量目前已达17余万卷，是2013年馆藏量的3倍多。花大力气征集婚姻、退伍军人、社会保障等17种民生档案，占馆藏量的60%，提前5年完成国家档案局规定的民生档案占比，为方便快捷地服务社会各界查档利用奠定了基础。查档窗口全年共接待查档1986人次。及时把群众路线教育、文明城市创建等重大活动档案接收进馆。接收一批公证、法律援助专门档案。抢救性接收破产企业化肥厂档案。继续跟踪征集赵亚夫名人档案。向社会征集一批照片、视频、书画、实物等档案。（胡 伟）

【基础业务】 年初制定机关干部绩效考核实施意见并以此为导向，坚持长效管理的原则，按照一级馆创建标准，把各项工作分解到各科室、每个人，做到人人挑担子、个个有压力，变突击型做法为常态型做法，打好馆内各项业务工作的基础。比如，库房温湿度记录、档案利用案例编写、档案年检、档案鉴定划控、电子文件收集、社会征集档案录入、数字化扫描维护和备份等，做到平时事事有人做、年底事事有检查。2015年重点进行了三项工作：一是对新中国成立后档案进行了普查，把破损蜕变档案送到省档案局技术部门进行专业修复，完成了馆藏所有档案的修复工作；二是利用制氮消毒机开始分期分批对馆藏档案进行消毒处理，已完成新中国成立前档案的消毒工作；三是分两年对全市各进馆单位档案工作进行年检，及时反馈整改意见，发出年检通报。（胡 伟）

【开发利用】 一是结合纪念抗战胜利70周年，开展以“不能忘却的纪念”为主题的各项活动。充分挖掘馆藏民国档案和革命历史档案中反映抗战的史料，编辑了4期“走进档案馆”专版，在《句容快报》连续刊登，并制作成展板进社区、进广场、进校园，还做成微信在社会传播。其中好多史料是首次披露，真实确凿地反映了日军侵华史实，引起了社会各界的一致好评，省档案局局长谢波亲自批示，要求全省学习句容做法，把“死档案”变成“活资源”。二是挖掘馆藏明清、民国档案精品。民国《高彦文生活日记》已定稿。聘请专门人员地毯式梳理馆藏明清和民国时期的档案，发现和编辑能反映句容历史发展脉络、见证的句容重大事件、折射句容人文底蕴的有价值的档案，准备编辑出版《句容明清以来档案精品选》，发挥档案存史、资政、育人的功效。三是充分发挥档案史料陈列室的作用。把档案史料展示中心打造成爱国爱乡教育基地、党员教育基地、革命传统教育基地、档案实践教育基地。2015 年共接待社会各界参观 3800 人次，其中中小学生 2800 人次，机关党员轮训 800 人次，还接待了山西省档案局、省档案局以及宜兴市等省内其他县市档案局前来参观学习。 （胡　伟）

【信息化建设】 2015 年以来，放慢速度，严格把控，加强整改，注重馆内存量档案数字化和增量档案数字化的质量。年初制定出台了《市档案局关于加强馆藏档案数字化工作的意见》，全面规范档案数字化工作，加强数字化的事前、事中、事后监管，馆内档案数字化的质量明显提高。全年馆藏档案共数字化 11 个全宗、录入目录 114066 条、扫描 526086 页。逐步推行基层单位档案数字化，提高覆盖面和数字化率。全市三星级以上的单位均实现了文书档案和其他重要档案的数字化。 （胡　伟）

【规范化建设】 2015 年，采取典型引路的办法，以规范化建设为抓手，对各个单位档案工作加强指导，提高全市档案工作的整体水平。2015 年有 3 家单位通过省五星级测评。东昇光伏通过省三星级测评，填补了句容市民营企业档案星级规范化建设的空白。截至 2015 年年底，全市省档案规范化建设五星级 9 家，四星级 15 家，三星级 36 家，四星以上数量列镇江市前列。其中，财政系统、国土系统、交通系统实现档案工作星级规范化建设全覆盖。宗教档案工作全省领先。提前介入全市土地确权档案的服务指导工作，在赤山湖管委会和谢桥村开展了规范建档试点。针对乡镇档案工作的现状，结合上级要求，我们创造性地开展了乡镇档案资源集约化管理工作，12 月 10 日在试点单位宝华镇召开了现场观摩会，“两办”下发了《关于加强乡镇档案资源集约化管理工作的实施意见》，借此推动全市各镇、街道、管委会档案工作再上一个新台阶。 （胡　伟）

【队伍建设】 2015 年，着力打造一支想干事、能干事、干成事、不出事的干部队伍。积极创建“双型”星级党支部，注重发挥党员的模范带头作用。经市有关部门批准，调整提拔了一批中层干部，选举成立了工会组织，开展了身体素质拓展训练、访贫问苦、文体比赛、档案整理技能竞赛等活动，丰富干部职工的工作和生活。积极组织参加镇江市档案局组织的清华大学档案管理培训班，参加省档案信息化培训班和档案法制建设培训班，全体人员分三批次参加了国家档案局教育培训中心组织的档案业务培训班。下派白兔镇解塘村“第一书记”周长兵，三年来认真履行职责，积极协助村里引进项目、人才和资金，加大扶贫攻坚力度，圆满完成“双达标”工作，解塘村三年大变样，呈现出一派欣欣向荣的发展景象。2015 年下派天王镇农林村“第一书记”胡伟，积极引进资金 7 万元，用于村级致富项目建设。 （胡　伟）

句容市人民代表大会

责任编校：欧红卫

综　述

【概况】 2015 年是实施“十二五”规划的收官之年，也是全面深化改革、推动人大工作与时俱进的关键之年。在市委的坚强领导下，市人大常委会认真贯彻党的十八届四中、五中全会和中央、省市委人大工作会议精神，紧紧围绕全市发展大局，切实履行宪法和法律赋予的职责，积极推动人大工作与时俱进、创新发展，为句容全面深化改革和现代化建设做出积极贡献。

围绕中心求作为，聚力推动改革发展。听取和审议《上半年国民经济和社会发展计划及财政预算执行情况的报告》，针对市本级财政决算和同级审计情况提出整改建议。专题调研新常态下全市工业经济发展情况，听取市政府行政复议工作报告，听取检察院关于开展资源领域检察监督工作情况的报告，选择与群众利益关系密切、社会关注度高的《安全生产法》《环保法》，开展执法检查。围绕大南山片区废弃宕口整治，广泛深入调研，听取群众意见，积极献计献策。围绕推进“一江两湖三河”水环境综合整治，组织人大代表和相关部门深入现场，面对面调研，零距离问效，持续推进整治工作。调研乡村旅游点建设情况，督办“关于促进我市乡村旅游发展的议案”，助推句容生态优势转化为生态财富。围绕交通、城建重点工程、卫生重点工程等项目，深度调研，加强监督，推进我市城乡建设提档升级。聚焦供销社改革发展等重点问题，鼓励供销社通过扩大为农服务领域、深化为农服务层次，继续为全省供销事业的发展创造宝贵经验。督办“加快宁茅公路升级改造”和“推进新型城镇化建设”的重点建议，提出相关办理意见，督办“加快我市社会养老服务体系建设的建议”，进一步推动句容市社会养老服务重点工程开工建设。专题调研《江苏省农业机械安全监督管理条例》执行情况，促进农机安全突出问题的解决。

注重内涵创特色，着力增强监督实效。指导全市各镇制订《镇人民代表大会议事规则》，积极推行镇人代会“两会制”和政府实事工程代表票决制工作，加大新《预算法》宣传力度，面向全市组织新《预算法》知识竞赛，形成贯彻新法的浓厚氛围。深入推进预决算审查监督工作，提前介入预算编制，促进政府部门依法理财、科学理财、民主理财。坚持任前审查和任后监督并重。全年依法任免或决定任免国家机关工作人员 24 人次，接受辞免职 28 人次，补选镇江市人大代表 3 名，补选句容市人大代表 6 名。组织 5 名政府组成部门局长（主任）和 1 名法院副院长、1 名检察院副院长开展述职评议，对市政府教育、劳动和社会保障工作进行评议，通过专项评议的持续监督、跟踪问效，有力推进政府部门依法履职。连续两年举行政情通报暨专题询问会，把政情通报的重心更多地放在询问环节，活动内涵进一步提升。

创造条件促履职，积极发挥代表作用。建立健全日常工作制度和考核激励机制，进一步扩大群众参与度，确保代表全参与，不断提高问题解决率，使之成为代表联系选民的“新常态”。加强代表培训，邀请省人大和南京市人大的专家到句容市围绕代表履职、预决算监督等开展专题培训。坚持代表任期内向原选区选民述职制度,51 名市代表、112 名镇代表进行述职。深入开展“五级代表统一接待选民日”活动,加强对代表履职动态的管理,建立代表履职档案,市级代表一人一档,乡镇代表一组一档,开展评选代表活动先进小组、代表活动积极分子、优秀议案建议的“三评”活动,激发代表的履职积极性。组织代表对重点建议办理情况进行调研视察,发挥代表在建议督办中的作用,加强与承办单位联系沟通,形成各方推进办理的合力,进一步提高议案建议办成率。建议市政府设立代表议案、建议办理专项资金 500 万元,对未纳入年度工作计划的项目给予补助,把办理情况向全体代表通报。

从严从实抓作风,不断激发队伍活力。积极参与“百村万户双达标”“四定四联”“三走进、三服务”等活动,采取兴办实事、结对帮扶等形式,深入群众体察民情、排解民忧,围绕改进工作作风、提高履职能力,举办专题培训班 10 批次,集中培训 350 多人次,促进人大干部思想政治素质和依法履职水平的提高。全面推进人大信息公开,推进传统媒体与网络、微信等新媒体的综合运用,增加人大工作的透明度。在全省率先开展基层人大规范化建设,重点以规范工作制度、会议召开、代表活动、载体建设、队伍建设、经费保障、履职培训、工作考核、档案建设、信息化建设等“十项规范”为主要内容,全力支持镇(街道)人大依法履职到位。市委出台《关于加强人大工作规范化建设的意见》,对进一步加强和改进基层人大规范化建设做出安排部署。

(黄　山)

重要会议

【市人大常委会会议】 2015 年,市十五届人大常委会共举行 9 次会议。分别听取代表变动情况和补选代表资格审查报告,确认代表资格;审议市十五届人大四次会议确定的议案办理意见,并作出决议;听取并审议市政府关于代表议案和重点建议办理工作报告。专题审议《老年人权益保障法》《环境保护法》贯彻执行情况。审议通过《关于撤销市人大常委会开发区工作委员会、茅山景区工作委员会的决定》和《关于成立市人大常委会黄梅街道工作委员会的决定》。市人大常委会还听取和审议财政预算执行情况报告,认真审查批准财政决算。开展对市政府教育、劳动和社会保障工作的专项评议。组织开展对市人大常委会任命人员的述职评议。常委会会议依法接受 2 名副市长辞职,任命 4 名副市长;全年依法任免或决定任免国家机关工作人员 24 人次,接受辞免职 28 人次,补选镇江市人大代表 3 名,补选句容市人大代表 6 名。　(黄　山)

【主任会议】 2015 年,市十五届人大常委会共召开 12 次主任会议,分别听取市政府行政复议工作和贯彻执行《安全生产法》《江苏省农业机械安全监督管理条例》情况的汇报。专题视察全市教育、城建交通和卫生重点工程建设情况。此外,主任会议还就市十五届人大五次会议和历次人大常委会会议召开前的会务准备,以及代表议案和建议办理等重要日常工作进行了讨论,保证权力机关工作的日常运转。　(黄　山)

【市十五届人大四次会议】 2015 年 1 月 12 – 15 日,召开市十五届人民代表大会第四次会议。会议听取和审议市政府、市人大和市法院、检察院工作报告,书面审阅计划和财政报告,通过以上各项报告并作出决议。

(黄　山)

【2015 年上半年政情通报会】 7 月 29 日,市人大常委会组织召开上半年政情通报暨专题询问会。市长许文代表市政府通报句容市上半年政情。部分人大代表就句容市经济社会发展和人民群众普遍关注的 15 个热点、难点问题进行“问政”,许文现场指定各分管副市长、相关部门负责人一一给予详细解答。市委书记、市人大常委会主任尹卫东肯定了市人大各项工作,并提出要求。市人大常委会党组书记、常务副主任杨庆荣主持会议。　(黄　山)

重要工作

【评议市政府教育、劳动和社会保障工作】 2015 年 5 月,市人大常委会做出评议市政府教育、劳动和社会保障工作的决定,成立评议工作领导小组。市人大社事委、人代委通过召开座谈会、发放调查问卷等方式,全面了解市政府教育、劳动和社会保障工作开展情况，形成评议报告。9月，市十五届人大常委会第二十九次会议分别听取市政府教育、劳动和社会保障工作情况汇报，并开展测评，结果分别为“基本满意”和“满意”。

（黄 山）

【接待选民日活动】 为配合镇江人大统一接待活动，9月15日，全市各级695名人大代表在111个接待点统一接待选民，共接待选民3604人次，收到各类意见建议1040件，现场发放《宪法》650本，所有建议在年底前已全部答复选民。（黄 山）

【任免市政府副市长】 4月30日，市十五届人大常委会第二十五次会议决定任命王乙焯为句容市人民政府副市长。2015年7月29日，市十五届人大常委会第二十七次会议审议决定免去彭良豪句容市副市长职务。8月17日，市十五届人大常委会第二十八次会议决定任命马云明、贾云亮、侯华锋为句容市副市长，免去王琴句容市副市长职务。（黄 山）

代表议案、建议办理工作

【概况】 市十五届人大四次会议期间，共收到代表10人以上联名提出的议案41件，代表建议58件。经大会主席团研究，1件作为大会议案，5件作为重点建议，其余均作为建议办理。

2015年，市十五届人大四次会议上，大会主席团将《关于科学规划、分步实施，加快推进句容生态文明建设的议案》立为大会议案。将《关于促进我市乡村旅游发展的建议》《关于加快宁茅公路升级改造的建议》《关于进一步加快社会养老服务体系建设的建议》《关于有序推进新型城镇化建设的建议》《关于市政府建立市人大代表建议办理专项资金的建议》等5件建议作为重点建议，委托市人大常委会对议案和重点建议进行调研，提出交办意见后交市政府办理。

（黄 山）

【议案和重点建议办理】 对市十五届人大四次会议代表提出的议案，市人大常委会领导带队对议案办理情况开展调研，并在市人大常委会会议上研究通过交办意见，交由市政府办理。

《关于科学规划、分步实施，加快推进句容生态文明建设的议案》：作为人代会确定的唯一议案，市政府高度重视，成立了由市政府主要领导担任组长的生态文明建设领导小组，制定出台了《关于推进生态文明建设综合改革的实施意见》《句容市生态文明建设三年行动计划》等一系列政策文件。编制了《句容市生态文明建设规划》，已经市政府常务会议讨论通过。同时，通过水环境治理、大气治理、宕口治理等一系列重点项目建设为抓手，严守生态红线，严控污染减排，坚持铁腕执法，全力提升我市生态环境整体水平。

《关于促进我市乡村旅游发展的重点建议》：截至2015年，全市拥有“全国农业旅游示范点”3家，国家3A级景区4家，全国休闲农业与乡村旅游五星级园区1家，“江苏省星级乡村旅游点24个”“江苏省自驾游基地”2家等，各类乡村旅游点总数达200多家，各类乡村旅游品牌近100项。2013年市委确立“一城、两山、三湖、十园、百家乐、千里行”的旅游发展思路。2014年句容市获批“江苏省乡村旅游综合发展实验区”。2015年，市政府着力编制旅游产业专项规划，全市十大乡村旅游节庆活动，天王樱花节、白兔草莓节、后白岩藤郁金香展等一批句容特色节庆活动，在长三角地区已具有一定影响力。

《关于加快宁茅公路升级改造的重点建议》：宁茅公路是句容交通公路网规划中的一条南部横向对外的主干线，加快宁茅公路升级改造建设，不仅对方便沿线群众出行，推动区域经济发展起到促进作用，也对南部旅游板块开发，推进宁句同城化建设具有重要的战略意义。目前市政府及交通部门已制定实施方案，对宁茅公路的改造将分“东段”（后白至茅山）和“西段”（后白至郭庄）分步实施。2015年7月份，宁茅公路东段的拓宽改造已全面展开，预计2016年8月前完工。西段的路面改造也已列入计划，预计2017年底前完成。

《关于进一步加快社会养老服务体系建设的重点建议》：2015年政府工作报告中，明确将该建议内容列入市政府为民办实事工程。市政府制定出台了《关于加快发展养老服务业实施意见》，明确了今年全市养老服务体系建设重点任务。此外，成立了以市长任组长的养老服务体系建设工作领导小组，协调推进建设工作。截至2015年9月,全市153个行政村已建成居家养老服务中心141家,覆盖率达92.2%,24个城市社区已实现全覆盖。

《关于有序推进新型城镇化建设的重点建议》:2015年,市政府编制出台了《关于推进新型城镇化和城乡发展一体化的意见》《推进新型城镇化和城乡发展一体化2015—2017年重点任务》等文件,明确发展目标,强化特色发展,加快产业集聚,完善教育、卫生、文化体育等方面公共服务,逐步摸索出一条具有句容特色的新型城镇化道路。

《关于市政府建立市人大代表建议办理专项资金的重点建议》:政府办高度重视该建议的办理工作,并上升到创新工作的高度,多次召开调研座谈会,组织人大、政协相关委办、财政局等相关部门到外地学习成功经验,结合句容实际,初步拟定了代表建议和政协提案办理专项资金使用办法,在市财政专门设立了500万元专项资金。 （黄　山）

【其他建议办理】 常委会把代表建议办理作为年度重点工作,进一步明确责任,完善办理机制,市政府高度重视,认真落实。市十五届人大常委会第十八次会议听取了市政府关于市十五届人大三次会议代表建议办理情况的报告,所有代表建议已全部办结并答复代表,答复率100%。代表们对今年建议办理满意的56件,占比67.5%,基本满意的24件,占比28.9%,不满意的3件,占比3.6%。建议中,已经解决或已有明确工作方案并且组织实施的51件,解决率达61.4%。闭会期间36件需书面答复的建议全部答复到位,59件解释件也已答复完毕。 （黄　山）

附:市人大代表议案和建议

一、议案41件

1. 下蜀代表团蔡家红等10名代表　关于加快疏港路二期工程开工建设推动临港工业集中区快速发展的议案

2. 宝华代表团贾良旭等10名代表　关于规划建设宝华镇南北通道北延跨越沪宁铁路桥对接龙潭港的议案

3. 后白代表团吴大军等10名代表　关于加快修建茅赤线104国道至赤山段道路的议案

4. 后白代表团王祖根等10名代表　关于整合教育资源,实施后白中心小学异地新建的议案

5. 后白代表团李治顺等10名代表　关于加快宁茅公路升级改造的议案

6. 后白代表团纪敏等10名代表　关于迅速启动赤丹线县级公路建设,完善南部交通网的议案

7. 后白代表团詹道林等10名代表　关于加快农村土地承包经营确权发证、宅基地确权步伐的议案

8. 后白代表团黄胜才等10名代表　关于编制后白乡村旅游小镇(乡村旅游示范区)规划的议案

9. 边城代表团洪晓雨等10名代表　关于试点建设"医养护"一体化的综合养老机构的议案

10. 白兔代表团李健荣等10名代表　关于加大对白兔镇校安工程市级资金补助力度的议案

11. 白兔代表团贡永芳等10名代表　关于对大力山进行综合整治的议案

12. 天王代表团纪文华等10名以上代表　关于科学规划、分步实施,加快推进句容生态文明建设的议案

13. 天王代表团王勇等10名代表　关于南部旅游版块与乡村旅游建设联动发展的议案

14. 天王代表团高平等10名以上代表　关于有序推进新型城镇化建设的议案

15. 郭庄代表团刘广忠等10名代表　关于实施宁句交通无缝对接,放大宁杭高铁句容西站效应的议案

16. 郭庄代表团张敬才等10名代表　关于建立农产品市场准入机制的议案

17. 郭庄代表团杨金龙等10名代表　关于重视农村公共停车场建设的议案

18. 郭庄代表团汪太平等10名代表　关于增加宁杭高速句容西收费站进出口通道的议案

19. 郭庄代表团蒋士顺等10名代表　关于尽快实施宁茅公路升级改造的议案

20. 郭庄代表团胡敏等10名以上代表　关于市政府建立市人大代表建议办理专项资金的议案

21. 郭庄代表团段永齐等10名代表　关于给予郭庄空港新区特殊政策的议案

22. 茅山代表团刘冬友等10名代表　关于促进我市乡村旅游发展的议案

23. 茅山代表团刘冬友等10名代表　关于改造

升级句茅路、打造南部靓丽景观大道的议案

24. 茅山代表团刘冬友等 10 名代表　关于加快华春线建设，发展乡村经济，造福沿途百姓的议案

25. 华阳代表团胡丕珍等 10 名代表　关于搬迁上路社区严重污染企业的议案

26. 华阳代表团笪玉华等 10 名代表　关于保护城区饮用水备用水源地句容水库不受周边村庄排放污染的议案

27. 华阳代表团笪玉华等 10 名代表　关于在句容城市上风向不得矗立高层建筑物的议案

28. 华阳代表团高启洪等 10 名代表　关于加强老句卓路管养的议案

29. 华阳代表团许爱芳等 10 名代表　关于做好北部新城拆迁安置工作的议案

30. 华阳代表团杨林军等 10 名代表　关于加强我市河岸景观建设管理的议案

31. 崇明代表团刘宁等 10 名以上代表　关于进一步加快我市社会养老服务体系建设的议案

32. 崇明代表团何宏等 10 名代表　关于进一步提升城市居民小区物业管理水平的议案

33. 崇明代表团汤晓健等 10 名代表　关于建设城市社区卫生服务站的议案

34. 崇明代表团郭爱丽等 10 名代表　关于加强社会主义精神建设，增强市民文明道德素质的议案

35. 开发区代表团裔胜东等 10 名代表　关于拓宽改造人民路的议案

36. 开发区代表团裔胜东等 10 名代表　关于大力开展“全民阅读、书香句容”活动的议案

37. 开发区代表团徐公明等 10 名代表　关于前塘路改造的议案

38. 茅管代表团陈德明等 10 名代表　关于对茅山景区及句茅路沿线规划建设管道燃气的议案

39. 茅管代表团沈晓春等 10 名代表　关于加快句茅路城市化道路改造提升的议案

40. 茅管代表团焦吉保等 10 名代表　关于对九龙山景区开发、管理和旅游配套建设的议案

41. 赤山湖代表团李如祥等 10 名代表　关于建设赤山湖文化（湖熟文化）博物馆的议案

二、建议 58 件

1. 下蜀代表团张咸法代表关于拆迁市民户籍及早迁至安置区方便拆户正常生活的建议

2. 下蜀代表团徐本浩代表关于县道华亭线及时修复和提档升级的建议

3. 下蜀代表团李仁琴代表关于实施大道河的清淤扩宽改造工程提升句容通江航道能力的建议

4. 下蜀代表团王正清代表关于加快容山御水阳光城等旅游项目建设带动亭子农民致富的建议

5. 下蜀代表团翁天强代表关于加强对快递业规范管理的建议

6. 下蜀代表团翁天强代表关于改善市航运公司居民区生活环境的建议

7. 下蜀代表团翁天强代表关于增设医保定点药店、增加药品经营范围的建议

8. 下蜀代表团朱华春代表关于县道高龙线及时修复和提档升级的建议

9. 宝华代表团胥兴华代表关于增加宝华派出所民警力量的建议

10. 宝华代表团吴清代表关于扩大宝华中小学规模，增加师资力量的建议

11. 后白代表团周道新代表关于完善芦江闸头排涝电站设施，提高防汛排涝能力的建议

12. 后白代表团周道新代表关于对后白镇镗舞活动给予扶持的建议

13. 后白代表团王广辉代表关于加快本地建筑业发展的建议

14. 边城代表团吴勇代表关于农委研究出台配备乡镇农业招商队伍的建议

15. 边城代表团张关生代表关于对边城镜内建成的黑色路面道路增设限行标志的建议

16. 边城代表团洪晓雨代表关于在全市乡镇卫生院设立警务室的建议

17. 白兔代表团巫苏明代表关于 S122 省道白兔镇境内事故频发地段安装红绿灯和减速带的建议

18. 天王代表团王长馥代表关于加大社会养老机构建设扶持力度的建议

19. 天王代表团程明杰代表关于农村道路提档升级的建议

20. 天王代表团张忠玉代表关于禁止燃放烟花爆竹的建议

21. 天王代表团李家斌代表关于做好和完善道路红绿灯和路标的建议

22. 郭庄代表团汪太平代表关于进一步加大“简

政放权”力度，行政审批“瘦身”，加快产业发展的建议

23. 郭庄代表团蒋士顺代表关于规范司法程序，整顿司法市场，确保社会稳定的建议

24. 茅山代表团赵来香代表关于拓宽春宝线的建议

25. 华阳代表团陈勇代表关于加大对村级退职老干部生活救助的建议

26. 崇明代表团王广平代表关于继续进行农村环境整治的建议

27. 崇明代表团王广平代表关于加强东方华城小区门口餐馆油烟和污水管理的建议

28. 崇明代表团郭爱丽代表关于句容居家养老民生工程的建议

29. 崇明代表团郭爱丽代表关于规范城市社区卫生保洁管理工作的建议

30. 崇明代表团左生兰代表关于划定华阳镇东门批发市场道路停车位的建议

31. 崇明代表团闵文棋代表关于进一步加快城区老旧危房改造力度的建议

32. 崇明代表团刘宁代表关于改造城区老居民小区门口隔离绿化带的建议

33. 崇明代表团李福华代表关于清理城市商业广告，提升城市形象的建议

34. 崇明代表团闵文棋代表关于切实解决社区办公用房和活动阵地的建议

35. 崇明代表团何宏代表关于进一步重视居家养老服务的建议

36. 崇明代表团任春香代表关于妥善安排退役士兵士官工作的建议

37. 开发区代表团纪明金代表关于城郊农村环境卫生管理应纳入城市卫生管理范围的建议

38. 开发区代表团李庆永代表关于住房公积金市场化运营的建议

39. 开发区代表团裔胜东代表关于重视民主党派基层组织建设的建议

40. 开发区代表团裔胜东代表关于整合与规范我市乡村旅游的建议

41. 开发区代表团裔胜东代表关于开展文明燃放烟花爆竹宣传的建议

42. 开发区代表团裔胜东代表关于被征土地闲置利用问题的建议

43. 开发区代表团裔胜东代表关于将农村众多费用收缴窗口前延至行政村的建议

44. 开发区代表团裔胜东代表关于妥善处理一些单位医疗补充保险的建议

45. 开发区代表团陶大庆代表关于规范西庙社区西苑新村门牌号码的建议

46. 开发区代表团陶大庆代表关于加强城市路灯维护、管理的建议

47. 开发区代表团张世金代表关于农村道路的建议

48. 开发区代表团刘天凤代表关于解决三里井社区自来水问题的建议

49. 开发区代表团刘天凤代表关于尽快办理三里井社区拆迁安置房房产证的建议

50. 开发区代表团刘天凤代表关于失地农民保障问题的建议

51. 茅管代表团纪静芳代表关于 S340 句容段尽早与沿江高速公路天王道口对接的建议

52. 茅管代表团郑志平代表关于关闭严重污染茅山景区环境的碳素厂的建议

53. 茅管代表团李雪春代表关于加快农村道路维护的建议

54. 茅管代表团管凤华代表关于加强对农村基本农田进行保护的建议

55. 茅管代表团李素琴代表关于为村两委一般干部缴纳“两保”问题的建议

56. 赤山湖代表团李如祥代表关于充实农村基层农业技术专业人才的建议

57. 赤山湖代表团李如祥代表关于进一步加大耕地、特别是基本农田保护力度的建议

58. 赤山湖代表团赵农鸣代表关于统一提高协理员待遇的建议

（黄　山）

句容市人民政府

责任编校：许朝斌

综　述

【调研工作】　2015年，共撰写调研文章16篇，其中，参评镇江市级优秀调研文章8篇、重点课题3篇，参评省级重点课题2篇。创新方法机制，深入开展调研，突出信息外宣的重要地位，信息宣传工作再创佳绩。

（束　泉）

【督查工作】　2015年，重点围绕镇江市“民生改善项目”开展专项督查，逐项分解任务目标，具体落实责任部门，动态掌握工作进度，认真梳理存在问题，确保在第一时间内向领导汇报工作进展情况。配合市委督查室，完成全市幼儿园人事代理教师工资专项督查；协助市人大做好向社会公示建议办理情况前期工作。全年共参与承办人大代表议案、建议171件，政协委员提案187件，人大代表和政协委员对办理工作的满意和基本满意率双双达到100%。

高度关注网络舆情动态，及时答复《镇江论坛》网络问政栏目，逐步建立网络问题处理机制，有效处理多起网民反映的环境污染、社会矛盾、民生难题等热点焦点难点问题，一定程度上缓和、平息了部分网络“风波”。截至2015年12月底，已累计受理各类投诉咨询150条，回复率和办结率均保持在100%。加大人民来信办理工作力度，增加使用《来信办理单》以便领导阅签批示，明确来信回复时限，切实提高办理效率。全年共受理人民来信266封，及时回复率和办结率均达100%。

（束　泉）

【信息工作】　2015年，市政府办公室共向省政府办公厅报送信息705篇，被《信息简报》《信息摘报》采用14篇，《共享信息》采用21篇，其中3条信息被国务院办公厅采用，2条信息得到国务院领导批示，在省政府办公厅信息录用通报中，我市在镇江连续保持第一。在宣传方面，全年被中国江苏网、中国镇江网、镇江日报分别采用25篇、9篇、25篇，获得句容市宣传工作单位荣誉称号，一名同志获得外宣工作先进个人、一篇作品获十佳外宣作品表彰。

（束　泉）

2015 年句容市政府常务会议情况一览

表 8

序号	次别	主要内容	日期
1	第 20 次常务会议	一、学习和讨论《廉政准则》、《严格党内生活的有关规定》等。二、讨论《政府工作报告》。三、讨论《2015 年预算和镇级财政体制》。四、讨论《关于推进政府购买公共服务工作的实施办法》。五、讨论《句容市建设工程招标投标活动及标后监督行业管理办法》。六、讨论《句容市公共资源交易廉政监管办法(试行)》。七、关于公布《句容市行政事业性收费目录清单》和《句容市涉企行政事业性收费目录清单》的通知。八、讨论《非公办幼儿教师实施人事代理制度》。九、讨论《关于江苏省句容经济开发区教育现代化工程建设项目 PPP 模式建设方案的请示》。十、讨论《关于江苏省句容经济开发区石狮工业园区一期工程项目 PPP 模式建设方案的请示》。	2015 - 1 - 8
2	第 21 次常务会议	一、讨论《关于加快养老服务业的实施意见》。二、讨论《市政府行政权力清单(行政处罚、行政强制)》。三、讨论《关于对崇明街道组建后完善相关功能的报告》。四、讨论《关于宝华鑫辉房产 12#地块容积率调整后等问题的汇报》。五、讨论《边城镇矿山生态修复工程方案》。	2015 - 1 - 20
3	第 22 次常务会议	一、学习《预算法》。二、讨论《句容市 2015 年农业招商工作目标与考核办法》。三、讨论《关于建立 PPP 联席会议制度的通知》。四、讨论《关于进一步完善城乡居民基本养老保险制度的意见》和《关于调整城乡居民基本养老保险基础养老金的通知》。五、讨论《关于建设省创新型城市试点市实施方案的通知》。六、讨论《边城镇关于引进投资方以 PPP 模式进行边城城镇化改造的情况汇报》。七、讨论《人才公寓建设方案》。八、讨论《句容市非法改装车辆综合治理工作方案》。九、讨论《句容市生态文明建设规划》。	2015 - 4 - 2
4	第 23 次常务会议	一、学习《江苏省行政程序规定》和《江苏省规范性文件制定和备案规定》。二、讨论《关于鼓励标准化厂房及产业楼宇建设的意见(暂行)》。三、讨论《关于推进分布式光伏发电项目建设的实施意见》。四、讨论《句容市社会信用体系建设规划纲要(2015—2020 年)》(征求意见稿)、《句容市 2015 年社会信用体系建设工作的意见》(征求意见稿)、《关于调整句容市社会信用体系建设领导小组的通知》。五、讨论《郭庄镇标准化厂房园区道路建设 PPP 项目》。六、讨论《句容经济开发区群力企业社区 PPP 模式建设方案》和《句容经济开发区乌背山地铁科技园 PPP 模式建设方案》。七、讨论《句容市安全生产"黑名单"警示管理意见》和《句容市安全生产约谈制度》。八、讨论《关于句容少姑山宕口整治余量资源价格的请示》九、讨论《句容市省级太湖治理专项切块地方资金使用和项目管理办法》。十、讨论《句容市消火栓管理办法》十一、讨论《关于调整 2015 年度住房保障标准的请示》。十二、讨论《关于人民医院新建项目采用 PPP 模式建设的请示》。十三、讨论《关于上路片区折迁安置房项目采用 PPP 模式建设的请示》。十四、讨论《关于南大街片区房屋征收几个问题的请示》。	2015 - 5 - 14
5	第 24 次常务会议	一、讨论《关于进一步推进企业改制上市的补充意见》。二、讨论《关于规范公文办理工作的通知》。三、讨论《句容市省级太湖治理专项切块地方资金使用和项目管理办法》。四、讨论《句容市消火栓管理办法》。五、通报《当前安全生产形势》。六、讨论《华阳东西路夜景灯光设置规划方案》和《华阳南北路夜景灯光设置增补方案》。七、讨论《关于华阳南北路街道景观改造提升工程项目变更的请示》。八、讨论下蜀镇《校安工程政府投资采用 PPP 模式融资建设方案的请示》、《临港众创园项目政府投资工程采用 PPP 模式融资建设方案的请示》、《北山水库片区废弃宕口整治工程采用 PPP 模式建设方案的请示》和《村庄整理折迁安置政府投资工程采用 PPP 模式融资建设方案的请示》。	2015 - 6 - 11
6	第 25 次常务会议	一、研究《政府行政权力清单(非行政审批、行政强制、行政处罚类)》。二、讨论《句容市畜禽屠宰和销售管理工作实施意见》。三、讨论《关于圣通环境有限公司资产(原二圣旧厂址)的请示》。四、讨论《关于长龙山路、向阳路、洪武路及上路村配套道路建设项目采用 PPP 模式建设的请示》和《关于南部应急水厂项目采用 PPP 模式建设的请示》。	2015 - 7 - 10

续表8

序号	次别	主要内容	日期
7	第26次常务会议	一、讨论《句容市突发公共事件总体应急预案》。二、讨论《关于将农保基金纳入城乡居民基本养老保险基金管理的请示》。三、讨论《关于深化科技专项资金管理改革进一步提升科技创新能力的实施办法》。四、讨论《关于市民服务中心装饰工程投资项目变更的请示》。五、讨论《关于进一步规范制度项目审批“绿色通道”的补充意见》。六、讨论《关于化肥厂拆迁安置小区工程外墙涂料项目变更的请示》。七、讨论《关于中山路至河滨北路片区房屋征收工作的请示》。八、讨论《关于南大街片区房屋拆迁成本分摊的请示》。九、讨论《关于调整我市医疗救助有关政策的请示》。十、讨论《关于崇明街道行政区域范围、社区范围整合及管理服务职责的意见》。	2015-8-25
8	第27次常务会议	一、学习《中华人民共和国环境保护法》。二、讨论《关于加快推进国家现代农业示范区建设的意见》。三、讨论《关于全市涉农项目资金整合使用管理的意见》。四、讨论《句容市农田水利规划(2014—2020年)》,《句容市2016—2020年农村河道轮浚整治规划》。五、讨论《关于加强土地利用管控促进集约节约用地的意见》。六、讨论《新建句卓路幼儿园相关情况的汇报》。七、讨论转发镇江市政府《关于促进我市房地产市场健康发展若干政策的通知》。八、研究《关于农行综合办公楼和宁杭南路甲城(住建局)地块项目采用PPP模式建设的请示》。九、讨论《关于引进投资方以PPP模式进行白兔城镇化改造的情况汇报》。十、讨论《关于购置住房公积金服务大厅的请示》。十一、讨论《句容市加强高层次人才引进工作实施办法》。十二、讨论《关于调整我市企业社会保险缴费年度和缴费基数有关情况的汇报》。十三、讨论《关于支付宁茅公路供水主管移管费用的请示》。	2015-10-16
9	第28次常务会议	一、学习《不动产登记暂行条例》。二、讨论《2015年人大代表建议和政协提案办理情况汇报及进一步推进解决的建议》。三、讨论《2015年句容市新能源汽车推广应用实施方案》。四、讨论《2016年新农合筹资方案》。五、讨论《关于句容市空港新区新型城镇化建设项目采取PPP模式建设方案》。六、讨论《江苏省句容经济开发区乌背山地铁科技园PPP模式建设的方案》。七、讨论《关于华阳街道办事处里巷口安置房工程项目采用PPP模式建设的请示》。八、讨论《关于华阳街道办事处中心幼儿园、里巷口小学及周边道路工程项目采用PPP模式建设的请示》。九、讨论《关于拨付2014年省句中等五所市属学校校安工程变更增加经费的请示》。十、讨论《关于茅山风景区环湖大道工程设计变更的请示》。	2015-12-8

（束　泉）

2015年市政府重要文件目录一览

表9

句政发	文　件　标　题
1	关于建立政府法律顾问制度的意见
2	关于成立句容市数字化城市管理工作领导小组的通知
3	印发关于加快发展养老服务业实施意见的通知
4	关于调整完善镇级财政管理体制的通知
5	关于加快全市农业产业结构调整促进农民增收的实施意见
6	关于印发2015年度全市推进农业产业化发展扶持农业龙头企业实施意见的通知
7	关于下达2015年全市国民经济和社会发展计划的通知
8	关于争取南沿江铁路进入句容城区线型方案的请示
9	关于印发全市2015年村级公益事业建设一事一议财政奖补工作实施方案的通知
10	关于印发省创新型城市试点市建设实施方案的通知
11	关于印发句容市2015年产业集中集聚集约发展评价考核办法的通知
12	关于印发2015年全市现代农业产业园区集中集聚集约发展评价考核办法的通知

续表9

句政发	文件标题
13	关于句容市生态红线区域保护监督管理考核情况的报告
14	关于成立句容市土地利用总体规划调整完善和永久基本农田划定工作领导小组的通知
15	关于印发句容市社会信用体系建设规划纲要(2015—2020年)的通知
16	关于2015年社会信用体系建设工作的意见
17	关于推进颁布式光伏发电项目的实施意见
18	关于明确江苏省句容经济开发区行政托管区域的通知
19	关于印发全市2015年农业招商工作目标与考核办法的通知
20	关于全市休闲农业发展的实施意见
21	关于印发句容市省级太湖汉理专项切块地方资金使用和项目管理办法的通知
22	关于批准《句容市2015年度城乡建设用地增减挂钩(第一批)实施规划》的请示
23	关于印发句容市省级园林城市创建工作实施方案的通知
24	关于印发句容市创建国家知识产权示范城市(培育)工作方案的通知
25	关于印发全市畜禽屠宰和销售管理工作实施意见的通知
26	关于印发句容市学前教育五年发展规划(2016—2020年)的通知
27	关于加强输油气管道安全保护工作的意见
28	关于全市加快推进农产品电子商务发展的实施意见
29	关于印发《句容市第二次全国地名普查实施方案》的通知
30	关于加快推进句容市国家现代农业示范区建设的意见
31	关于句容市涉农项目资金整合使用管理的意见
32	关于调整崇明街道、华阳街道、黄梅街道行政区域社区范围及管理服务职能的决定
33	关于全市环境监管网格化的实施意见
34	关于进一步加强地方税收征管保障工作的意见

(束　泉)

机关事务服务工作

【概况】 2015年,市机关服务中心在市委、市政府的正确领导下,依照“围绕中心工作、全面履行职能、创新体制机制、提升保障能力”工作目标,着力建一流班子、带一流队伍、创一流业绩,不断开拓创新,切实加强机关后勤服务和管理,圆满完成全年各项目标任务。

(金　涛)

【市民服务中心建设】 市民服务中心改造工程是句容市2015年重点项目工程,作为整个工程项目的牵头部门,及时成立了由中心主任为组长,副主任为副组长,相关科室负责同志为成员的市民服务中心工程改造工作领导小组。1月份基本完成了招标代理、装修设计、空调设计、消防设计、弱电设计工作,2月份就进入了招投标阶段。在整个工程建设过程中:一是加强内部图纸审查和会审工作,及时发现设计中间存在的问题并提出整改意见。认真审核施工单位的施工方案和监理单位的监理方案,确保工程质量。二是领导小组定期不定期对施工工地进行安全检查,对检查出的安全隐患，及时提出整改通知书，由施工单位整改，确保安全施工。三是在装修过程中，始终抓好装修质量和安全生产，与设计单位、施工单位、监理单位保持良好的沟通，积极协助施工单位推进建设的进度，以确保市民服务中心一期改造工程如期投入使用。截至目前A楼基完工；B、C、H完成80%工程量，室外弱电、消防、空调、自来水、强电管网已经完成60%工程量，室外电缆招投标已经结束，公共区域电子设备、桌椅、厨房设备已经走招投标程序；双电源事宜已经协调解决，绿化工程已经进场。（金　涛）

【公车改革】　5月份，镇江召开车改工作会议，中心主要领导及时向市领导汇报会议要求，取得市领导的支持。随后，开展了第二轮公车改革工作，制定了公车改划工作方案，召开了全市公车改革工作会议，于12月31日将公车按配比回收后登记造册，并会同财政局、人社局做好公车补贴的测算工作。根据统计和测算，全市公车改革后公务交通年均总支出为5130万元，较改革前年均总支出3893万元，减少1237万元，节支率为24.11%。已向上级车改部门提出了车改后人员如何分流、保留并扩大机关服务车队规模、调整公务用车补贴范围等几项合理建议供上级部门考察采纳。

（金　涛）

【食品卫生】　从食品采购到加工制作、从餐具清洗到定期消毒，严格按操作规范进行，确保食品质量。做好食品采购索证、验证工作。抓好蔬菜的检验工作，健全相关台账资料。注重膳食营养，丰富菜肴品种，改善菜肴口味。在中餐中适当增加一些粗粮供应，在高温季节增加绿豆汤供应。机关食堂就餐人数有所提升，每天达800余人。全年共为200000余人提供就餐服务。

（金　涛）

【设备维护】　机电管理部结合中心安全生产工作形势，每周都要对大楼设备进行巡查，发现问题及时抢修，在日常工作坚决执行“首问负责制、限时办结制、责任追究制”三项制度，做到“三及时”（及时发现问题、及时解决问题、及时征求意见），截至目前，共更换各类灯具3900余只，电线1500米，接线板80只，电话50门，水管100米，水龙头50只，网线800米。（金　涛）

【会议保障工作】　对每场大会，都做到超前准备，精心组织、统筹安排、服务大局、全力以赴，把会务的每个环节安排到、细节想到、盲点摸到，会场布置、音箱调试、座位排列、茶水供应、清洁卫生、空调、通风等都达到最佳效果，节假日如有重要会议召开，会务保障人员都无条件服从工作安排。真正做到让予会人员舒心、满意。今年共为“市人大、政协两会”、“市党代会”等1480余次重大会议与重点活动提供会务保障，人数达52000余人次，深受市领导和举办单位的好评。

（金　涛）

【安全保卫】　中心主要领导在安全生产会议中多次提出要在安保人员的思想上做工作，进一步提升他们对安全工作重要性的认识。为增强安保人员的业务素质，中心不定期开展业素能力培训，队伍素质得到全面提升。全面执行24小时值班制度，加大夜间巡查工作力度，建立完善突发事件和重大事件信息上报制度，切实提高突发事件应急处置水平。同时，积极配合信访部门做好维稳保定工作，切实维护机关秩序，保证内部安全。全年共接待各类信访60批次，2192人次。

（金　涛）

【优化行政办公环境】　中心在物业服务中以改造提档、美化亮化为突破口，以“小投入、巧安排”，实现“大改观”。利用长假和双休，加班加点对领导办公室、会议室、餐厅、办公室、卫生间进行改造和更新；每年对大楼外墙和办公室进行全方位清洗，对会议室、会议室以及公共区域定点定人进行保洁；对电梯一层进行了改造，加装了楼层指示牌，在空调和开关处张贴提醒小标贴，对地下车库、食堂过道的钢化玻璃进行及时更换，杜绝安全隐患。2015年，物业服务部共进行各类维修194次，涵盖门禁锁、桌椅、下水管疏通等6个方面。以点点滴滴的服务举措，让机关干部真切感受到中心物业服务者的用心，贴心。（金　涛）

【车辆管理】　机关服务车队围绕中心、服务大局，突出做好领导调研、应急突发、防汛抗旱、信访维稳、平安建设、重要会议、乡镇及市级机关等各类重大活动与用车单位提供了2300余次的车辆服务，全年共安全行驶130万公里，出色完成各项出车任务。为“市人大、政协两会”“葡萄节”“中秋市领导慰问”等会议活动提供了优质车辆服务，得到了市领导的充分肯定。

（金　涛）

法治政府建设

【概况】 2015年，市法制办切实贯彻法治政府建设各项决策部署，紧紧围绕经济社会发展大局，明确工作目标，强化法治意识，突出能力提升，注重制度建设，全市依法行政和法治政府建设成效显著，被省政府授予“2015年度全省政府法制工作成绩突出单位”。

（余　蕾）

【强化法制宣传，加强业务培训】 加强媒体宣传，《新华日报》《江苏法制报》镇江电视台《镇江日报》等多家媒体对句容市法治政府建设工作中取得的成效和做法进行了专题报道。其中《依法行政优化环境百姓赞》获市委宣传部2015年度优秀外宣作品。《句容快报》上开辟专栏介绍了政府法制工作开展情况。全年制作各类法制宣传板块21块，在3处大型户外广告阵地设置“加强复议监督、推进依法行政、建设法治政府”的宣传牌。9月25日开通政府法制网站，11月2日开通“句容法制”公众平台，全方位地向广大群众展示句容市加强法治建设的动态，营造良好的舆论氛围。市法制办的三篇理论文章获表彰并在江苏省和镇江市级刊物上发表，一篇经验介绍文章被《江苏政府法制年鉴（2015）》收录。全年共组织开展4次常务会议学法和各类业务专题培训5次，分别对新修订的《行政诉讼法》、政府信息公开、城市管理与执法、法治政府建设相关知识进行培训。11月组织为期2天的法制科长业务培训，明确法制科长的工作职责，加强沟通交流。

（余　蕾）

【重组新一届政府法律顾问团】 2015年3月24日聘请4名法学专家、教授和8名知名律师担任句容市政府法律顾问，作为政府法制机构力量的重要补充。法律顾问参与长宁化工企业关闭、赤山湖整体开发PPP项目、北部新城开发、开发区招商引资、人才经费协议等重大决策事项和重大执法事项30多件，共审查合同金额达200多亿，处理重大信访案件2件，受市政府委托代理行政复议和诉讼案件19件，起草文件1件，充分保障了市政府的合法权益。

（余　蕾）

【践行科学民主决策机制】 2015年共审核政府各类文件、合同70余件，其中规范性文件2件，审查率、合法率和报备率均达到了100%。对关系群众切身利益的规范性文件，通过采取调研、座谈会或向社会公布草案等方式，听取社会公众意见。对《居民住宅二次供水管理办法》、《瓶装燃气管理办法》和《再生资源回收管理办法》开展实施效果评估；对部分到期规范性文件进行清理。同时，制定出台《发句容市政府重大行政决策合法性审查规则》和《句容市政府2015—2016年度重大按行政决策目录》，明确重大行政决策范围和程序。在华电二期项目和城区居民价格生活用水阶梯价格改革等一系列重大决策事项上，都严格按照专家论证、合法性审查、风险评估、公开征求意见和市政府常务会议集体讨论等决策程序进行，最大限度保障了决策的科学性、合法性。

（余　蕾）

【加强行政复议和应诉工作】 2015年共收到行政复议案件申请32件，信息公开类案件5件，信访事项处理1件。其中维持11件、经调解申请人撤回申请而终止审理20件，责令履行1件受理信息公开类案件3件，均按规定作出答复。代表市政府出庭应诉11件，并督促落实各个部门的行政负责人出庭应诉工作，不断提升依法行政、依法办事的能力和水平。全年共受理行政调解案件7531件，办结7385件，调解率98.06%，办案调解、和解工作已进入常态化、制度化运行。

（余　蕾）

【深入推进“两法衔接”工作】 制定出台《句容市行政执法与刑事司法衔接工作实施细则》，建立联席会议制度，按季度定期召开“两法衔接”工作推进会，强化各方联动，保障了行政执法和刑事司法工作顺利衔接，提高了联动办案和打击违法犯罪的力度。全年共移送案件26起，其中骗取补贴案件11起，拒不支付劳动报酬案件7起，安全生产案件3起，市场监管案件3起，土地违法案件2起。

【规范行政执法行为】 一是公布市级行政处罚和行政强制清单、市行政事业性收费目录清单和涉企行政事业性收费目录清单、行政征收等七大类行政权力清单、市级财政民生项目清单四张清单。二是制定出台《句容市行政执法证件管理办法》，对执法证申领和监管作了严格规定，严把资格准入和年度审验关，对编外领证、违规执法和年度审验不合格人员进行坚决清理。年初句容市对全市1169名执法人员进行了注册考试，4月29日对新申领执法证的93名人员进行了资格考试。三是开展专项落实情况检查。市法制办联合市纪委监察局组成专门调查组，对《社会救助暂行办法》和《旅游法》的落实情况进行了专项检查。8月召集消防大队、应急办、公安局、城管局、部分乡镇，就在各镇（街道、管委会）建立消防队情况进行了座谈，并会同消防大队、编办赴下蜀宝华等地开展专题调研，并就调研结果形成专项报告。四是开展城管相对集中处罚权绩效评估。市法制办牵头人大、政协、监察局、编办等部门分别就城管执法局、公安局、规划局、环保局等8个部门的实施情况进行综合评估，并向市政府提交评估报告，提出了我市在城管体制、部门沟通衔接等方面存在的问题及解决对策，为市政府决策提供了重要参考。五是定时开展案卷评查。9月对全市24个执法部门报送的62本行政处罚和行政许可类案卷进行评查，并将评查结果在全市进行通报。 （余　蕾）

行政服务工作

【概况】 2015年，市行政服务中心在市委、市政府的坚强领导下，在各进驻窗口单位的大力支持和配合下，中心全面贯彻党的十八大和十八届三中、四中、五中全会精神，以落实“四个全面”战略布局为引领，以营造一流投资环境为目标，稳步推进行政审批制度改革，切实深化“三集中三到位”工作，深入实施公共资源阳光交易，高效运行12345政府服务热线，各项工作均取得了显著成效，为有力促进“强、富、美、高”的新句容建设做出了应有的贡献。

2015年，中心累计受理各类行政许可和服务事项82147件，同比增长5.1%，当场办结41868件，承诺办结40279件，办结率为100%。被镇江市委、市政府授予2012—2014年度文明单位，被句容市委、市政府授予2015年度法治建设先进集体，被市机关工委授予“先进党支部”荣誉称号；公共资源交易中心完成各类交易项目517个，其中建设工程招投标与政府采购项目投资总额100.23亿元，节约资金4.98亿元，产权交易2个，增益额0.3万元，“12345”政府服务热线共受理各类咨询诉求29372个，话务员直接办理15756件，派单13602件，答复率达99.9%，成员单位处置结果的群众回访满意率达98.7%。 （林　朔）

【“一照一码”促创业】 自10月1日起，句容市行政服务中心市监局工商窗口、质监窗口，国地税窗口全面实行“三证合一、一照一码”登记模式。办事人只需向工商窗口递交一份材料，便可领到加载“社会统一信用代码”的营业执照，无须再去办理组织机构代码证和税务登记证，大大简化了企业登记注册初始手续，办结时限也由原来的三个证照办理的10个工作日缩减到现在的3个工作日，更多创业者由此轻松踏上创业之路。

据统计，句容市行政服务中心仅10月份就已有368家企业顺利新办了加载“社会统一信用代码”的营业执照，窗口日平均新登记注册企业户数20余户，再掀全民创业新高潮。 （林　朔）

【省市领导到中心调研】 5月5日上午，江苏省政法委副书记、省依法治省办公室常务副主任侍鹏，镇江市委副书记李茂川，市领导章壮均一行到中心进行法治建设专题调研。在中心主任许发毅的陪同下，侍书记一行参观了办事大厅，询问了部分窗口单位的审批情况，并查阅了中心依法行政的有关资料。会上，中心主任详细汇报了中心在行政审批制度改革、三级政务服务和便民服务网络体系建设、12345政府服务热线等重点工作中全面贯彻依法行政，切实规范行政行为，深入推进法治建设的重要举措。侍书记随后指出，政务服务是沟通政府和百姓的中枢神经，是打破中梗阻的关键所在。中心要以提高行政审批效率为旨归，全面优化政务服务，以市场经济为导向，把相关要求内化吸收，完善前后台的联动、网上网下的联动、中心与分中心的联动，突破思维定式、创新发展方式、整合政务资源，构建立体化的服务网络，助推政务服务提速升级。

镇江李茂川副书记对中心的规范化运行表示高度赞誉，希望中心再接再厉，力争打造更多的法治建设亮点，不断提升法治建设水平。 （林　朔）

【首张“三证合一”营业执照】 6月26日，句容麦田园林景观有限公司法定代表人刘先生成为市行政服务中心首位领取“三证合一”营业执照的客户。对于中心这项新推出的服务举措，他激动地说：“以前办理企业注册登记要跑工商、质监、税务等好几个窗口，时间长、手续多，现在一个窗口就能办完所有事情，时间又短，办事又方便。”“三证合一”改革，是指企业、个体户等市场主体在设立过程中，由过去向工商、质监、国税、地税等不同审批部门分别申领营业执照、组织机构代码证、税务登记证，转变为仅向一个窗口申请，采取一表申请，并联审批，将企业创设所需的三个证合并为一个证，精简办事流程，激发社会投资创业的活力。在企业登记系统运行和业务办理过程中，中心会同工商、质监、国税、地税等窗口部门加强沟通协调，及时处理工作中出现的问题，确保了“三证合一”登记制度的顺利实施。 （林　朔）

【“双型”党支部创建工作推进会】 为加快推进市级机关双型党支部创建工作，9月8日下午，市级机关双型党支部创建工作推进会在市行政服务中心召开，机关工委书记许德垠、副书记王伦主持会议，各市级机关党支部书记参加会议。

会上，中心党支部首先向各参会单位进行了经验介绍，今年来，中心党支部牢固树立抓好党建是最大政绩的工作理念，按照“五有”的建设标准，坚持精细的制度管理、树立务实的为民作风、开展丰富的党日活动，服务举措进一步优化、为民形象进一步树立、红色品牌进一步彰显，先后有两个窗口和两个职能科室荣获党员示范岗。下一步，中心党支部将以创建活动为契机，以党建带队建，以队建促提升，切实为广大办事群众提供优质高效的政务服务。随后，市机关工委对创建工作进行了任务布置。

最后，许德垠书记指出，各市级机关要根据本单位的具体情况，互相借鉴学习，把握好时间节点，进一步强化组织领导，严格坚持标准，创新推进举措，从严考核管理，统筹协调推进，确保法治型、服务型党支部建设工程在各市级机关有序开展、落地生根。 （林　朔）

【市政协民主评议行政审批“三集中三到位”工作】 6月4日，市政协民主评议行政审批“三集中三到位”工作调研动员会在中心召开，市委常委、常务副市长潘群，市政协副主席谢荣洲出席会议，中心领导班子全体成员，市纪委、编办、法制办分管领导，25个进驻窗口的部门分管领导与首席代表参加会议。

随后，中心主任许发毅简要汇报了句容市“三集中三到位”工作现状，针对存在问题，将在下一步工作中着力抓好以下五项工作：一是以民主评议为载体，全力配合抓好相关工作的落实；二以高效便民为目标，全面建立覆盖城乡的服务体系；三是以中心搬迁为契机，全面推动窗口和事项应进必进；四是以提升效能为抓手，全面打造标准化服务星级中心；五是以电子政务为依托，全面实行行政审批网上运行。 （林　朔）

【便民服务网络体系建设】 随着郭庄镇便民服务中心的全面落成，句容市三级便民服务网络体系已初步完成，政务服务的“绿色通道”覆盖全市，上下联动的运行机制初见成效。民政、人社、车管所、房地产交易等市级政务服务分中心已全部对外运转，分别在各自的职能领域中提供专业高效的便民服务。已建成的开发区、宝华镇、下蜀镇、后白镇、天王镇、郭庄镇等镇级便民服务中心，主要在计划生育、民政优抚、劳动保障、水电煤气缴纳等方面为老百姓提供就近完善的便民服务，同时，依托民政、人社部门的村级协理员在后白镇的梅林村和五星村已先期试点建成了村级便民服务代办点，负责受理、代办村级服务对象的办事申请和政策法规的咨询解答工作。 （林　朔）

【市行政服务中心党支部“三个一”建设】 为进一步加强基层党组织建设，充分发挥窗口党员的先锋模范作用，市行政服务中心扎实推进以“强化一种意识、搭建一个平台、打造一支队伍”为主要内容的“三个一”活动，在近期召开的市级机关党建工作大会上，中心党支部被机关工委授予“先进党支部”的荣誉称号；党建创新项目——《党员积分制管理考核办法》获得“党建创新奖”；党日主题——打造“德、智、体、美、劳”五星服务中心获得“优秀党日主题”称号；政府采购与产权交易部荣获“党员示范岗”荣誉称号。

以党小组为单位，学习贯彻习近平总书记系列重要讲话精神，坚持注重质量集中学，拓展内容自己学，重要精神及时学、交流互动研讨学，搭建平台全面学，树立榜样对照学，带着问题深入学的“七学”并举，进一步强化对党员的教育管理，营造全面从严治党的氛围。

以“党日活动”为载体，开展全方位的服务，搭起常态化的党员活动平台。中心通过开展以公民道德为主题的警示教育、以开放思维为主题的心理辅导、以超越自我为主题的拓展训练、以四定四联为主题的结对帮扶和以社区和谐共建为主题的义务巡逻等活动，锻炼党员“德智体美劳”全面发展，进而打造五星服务中心。

以落实党员积分制度为抓手，将党员管理细化为教育培训、义务履行、业务工作、承诺奉献等四大项十八条，运用动态管理办法进行量化考核，全面激发广大党员创新创优的活力、奋进向上的动力和优化服务的潜力，打造一支作风过硬、素质优良、业务精通的服务型党员队伍。（林　朔）

侨务工作

【概况】　2015年，在市侨办的关心支持下，主要围绕镇江市侨办《关于开展“侨界关爱行动计划（2014—2016）”的实施意见》，认真贯彻落实党的惠侨方针，开展关爱侨界的各类活动，着力知侨所想、解侨所困、帮侨所需，坚持“以人为本，为侨服务，聚力发展”的宗旨，有力促进和维护侨界和谐健康发展，切实保障和改善归侨侨眷民生，努力为经济社会实现又好又快发展做出积极贡献。2015年，充分利用社区网络平台、宣传栏以及《句容简讯》，开展多种形式的侨法宣传活动，同时与司法局、法制办合作，积极参与他们的法制宣传，先后共发放侨法宣传资料300份，宣传人数达到150人次，营造了依法护侨、维护侨益的法治氛围。（王金涛）

【侨眷慰问】　春节期间，邀请侨眷属和社区居民一起联谊庆祝，组织乡镇对贫困归侨侨眷开展走访慰问活动，总计走访42户126人。协调人社、农委等部门，继续加强对侨眷侨胞以及侨企员工的职业技能培训，参训近70人次。（王金涛）

【侨界公益活动】　积极引导侨企、侨胞投身社会公益事业，金润房产、时代置业、盛业管件、建华管桩等企业今年认捐43.6万元；组织参加团市委的“希望工程”、妇联的“关爱单亲母亲”、崇明小学的捐资助学和政协的“真协爱心”协会等公益活动，捐款累计20万元。（王金涛）

【创新为侨服务】　在省市侨办领导的关心支持下，句容市崇明街道中凌社区不断改善软硬件条件，在全市率先设立爱心厨房、爱心超市，向社区侨眷提供一系列创新服务，5月份，被国务院侨办评为“全国社区侨务工作示范单位”。市侨办把中凌社区作为标杆，以点带面，在其他社区相继推广了春节包饺子、端午包粽子，以及歌舞、书画、拔河等文化娱乐活动，并且常态化开展“邻里守望”活动，对家中有外出旅游或走亲访友的侨眷属，重点守望、上门探访，确保他们的家庭财产不受损失。（王金涛）

【涉侨经贸】　新批外资企业14个，增资项目9个，产业类外资到账2.32亿美元。从资金出处看，仍以港台为绝对主导，分别占比85.5%和13.4%；从项目体量看，项目单体规模大，大项目数占比高。23个新批项目中，增资项目9个，其中注册1000万美元以上项目7个，注册3000万美元以上项目8个。23个新项目平均总投资4300万美元，平均注册资本2300万美元。积极组织参加镇江市第七届“华创会”，在镇江市侨办各位领导的关心支持下，20多名与会的香港国际华商联合会考察团成员，在活动前夕赴句容实地考察。（王金涛）

政协句容市委员会

责任编校：欧红卫

综　述

【概况】 2015年，市政协在中共句容市委的正确领导下，在市政府的支持及各部门的配合下，在全体委员的共同努力下，把服务改革发展作为第一要务，把促进民生改善作为履职之本，把维护社会和谐稳定作为重要责任，认真履行职能，各项工作取得新业绩，为推动全市经济社会发展做出积极贡献。（陈绍林　刘　浩）

【重要会议】 2015年1月12日－14日，市政协九届四次会议召开。会议听取并审议政协常委会工作报告和提案工作报告；听取委员大会发言；列席市十五届人大四次会议，听取并讨论《政府工作报告》和其他报告；会议增选胡现龙为市政协副主席；听取并通过提案审查报告；通过《政协句容市第九届委员会第四次会议决议》。

2015年1月12日，召开市政协九届十七次常委会议。会议听取市委关于人事安排的情况说明；协商增选政协副主席候选人建议名单；协商大会选举办法（草案）；协商大会选举工作人员建议名单。

2015年1月14日，召开市政协九届十八次常委会议。会议确定增选政协副主席候选人名单；确定市政协九届四次会议选举办法（草案）和大会选举工作人员建议名单；审议政协句容市第九届委员会第四次会议决议（草案）和提案审查报告（草案）。

2015年2月3日，市政协九届二十八次主席会议讨论了政协年度重点工作，研究确定2015年9件重点提案。

2015年2月10日，市政协九届二十九次主席会议专题调研市法院工作并赴下蜀镇视察基层法庭，走访慰问了“全国优秀法官”王丽。

2015年2月28日，市政协九届三十次主席会议讨论研究市政协年度重点工作责任分工。

2015年3月20日，市政协九届三十一次主席（扩大）会议专题协商大南山整治方案。

2015年4月10日，市政协九届三十二次主席会议研究确定市政协九届十九次常委会议相关事项。

2015年4月15日，召开市政协九届十九次常委会议。主要围绕句容市民营经济发展进行视察、协商。会议审议通过《关于调整和增补市政协委员的决定》《关于严道顺等同志职务任免的通知》《关于民主评议行政审批“三集中三到位”、物业管理工作的决定》。

2015年5月28日，市政协九届三十三次主席会议专题协商推进“法治句容”建设工作。

2015年7月15日，市政协九届三十四次主席会议讨论市政协九届二十次常委会议相关事项，进行“三严三实”学习讨论。

2015年7月24日，召开市政协九届二十次常委会议。会议听取市政府上半年经济社会发展情况通报和市政协九届四次全会提案办理情况通报。会议还审议通过有关人事任免事项。

2015年8月11日，市政协九届三十五次主席会议研究2015年市政协“真协爱心协会”资助贫困大学生工作。

2015 年 9 月 25 日，市政协九届三十六次主席会议讨论市政协九届二十一次常委会议相关事项。

2015 年 9 月 25 日，召开市政协九届二十一次常委会议。视察华阳实验小学、市福利中心等重点民生工程；分别听取规划局、卫生局等单位关于南大街改造方案、市人民医院设计方案介绍，围绕南大街改造方案进行讨论，提出意见和建议；会议还审议通过调整和增补市政协委员的决定和人事任免事项。

2015 年 12 月 10 日，市政协九届三十七次主席会议讨论政协常委会工作报告、提案工作报告和其他事项。

2015 年 12 月 25 日，市政协九届三十八次主席会议讨论市政协九届二十二次常委会相关事项，研究 2016 年重点工作。

2015 年 12 月 28 日，召开市政协九届二十二次常委会议。会议讨论政协常委会工作报告和提案工作报告；审议通过有关人事任免事项；审议通过《关于 2014—2015 年度市政协先进联络委组、优秀政协委员和优秀提案的表彰决定》；审议通过《关于召开市政协九届五次会议的决定》；研究确定召开市政协九届五次会议有关事宜。 （陈绍林　刘　浩）

【议政协商】 2015 年，市政协充分发挥协商民主重要渠道和专门机构的作用，把协商民主贯穿于履职全过程，积极创新协商形式，搭建协商平台，全年开展各类专题协商 15 场次，协商议政实现量质双提升。率先建立了季度协商制度，围绕现代服务业发展、文明交通构建、生态保护、文化事业建设 4 个议题，每季度进行一次深度协商。政协各专委会根据工作职责，分别选定了优化招才引智环境、政企联动破解企业用工难、园林城市创建、地下管网信息化建设等事关句容市经济社会发展中亟待解决的问题，与相关职能部门分别进行对口协商。把工作性质相近的界别优化整合形成 5 个组，围绕“十三五”规划制定、现代农业、乡村旅游、农村电子商务、基层医疗卫生机构建设等委员关注、群众关心的议题开展界别协商。 （陈绍林　刘　浩）

【建言献策】 市政协九届四次会议召开之前，政协各联络委组、有关政协委员，围绕市委、市政府中心工作和经济社会发展的重点、难点问题，精心选择课题，深入调查研究，形成了一批议政建言成果。市政协在好中选优的基础上，确定 11 篇调研成果在市政协九届四次全会进行大会发言。其中贡月明、王玉林、钟诚柏、吕长江、王斌 5 位委员围绕优化招才引智环境、推进跨界区域融合、激发民营企业活力、促进全市葡萄产业良性健康发展、打造“智慧社区”等议题进行了会议发言，另外 6 个委员（单位）围绕构建文明交通、培育发展中药产业、打好旅游特色牌、加强城市建设管理、建设宜居宝华新城、加强慢病防控作了书面发言。会后这些发言都转化为提案进行交办，其中有 5 件被列为重点提案，促进了建言成果转化。

结合民主评议行政审批“三集中三到位”和小区物业管理两项工作，市政协评议组采取评议与调研相结合的方式，在深入调研的基础上，也形成了专题调研报告上报市委、市政府，引起市委、市政府主要领导的高度重视。

2015 年，市政协还联合有关部门，对全市基督教发展情况进行了专题调研，形成调研报告。

（陈绍林　刘　浩）

【民主监督】 2015 年，市政协不断创新民主监督的方式方法，民主监督的措施更加务实，作用效果明显增强。民主评议的对象由对部门的综合评议，转变为对难点工作的专项评议。选取与企业关联度高的行政审批“三集中三到位”和城区居民热议的小区物业管理两项工作进行评议。虽然切口小，但评得更细、议得更深，既找出了工作中存在的不足和问题，又在学习借鉴外地同行经验的基础上，提出相应的对策措施。坚持把一般性知情明政、深度研讨和跟踪督查相结合。年中，召开政情通报会，市政府领导分别向政协常委会，通报全市经济社会发展情况、提案办理情况。常委专项视察智达电气、兴文包装、兆鋆新材料等重点工业企业，了解企业运行和市政府惠企政策落实情况。对南大街改造方案、大南山矿区整治方案，挑选具备一定专业知识的委员参与研究，提出改进和优化意见。组织对市福利养老中心、交通配套设施、人民医院异地新建等上年度重点提案实施情况，开展专题视察。认真做好市委市政府交办的重点工程、重点项目的督查工作，采取“听、查、看、访”等方式，深入现场了解进展情况，及时形成督查报告，准确真实反映情况，提出相关意见和建议，推进重点工程项目建设。对“百村万户双达标”活动中负责联系的贫困村，多次深入到现场一线帮助协调解决河道整治、道路拓宽、经营用房建设等具体问题，确保联系村“双达标”工作任务如期实现。

（陈绍林　刘　浩）

【提案工作】　市政协九届四次会议期间共收到提案234件，经审查立案187件。至2015年7月，立案交办的187件提案，全部办理结束，已经解决和正在解决的有131件，占立案总数的70.1%，委员对提案办理的满意和基本满意率为100%。

在2015年提案办理工作中，市政协创新提案办理方式，坚持重点提案重点督办，面上提案规范办理，特殊提案联合办理，使提案办理流程逐步走上制度化、规范化、程序化轨道。围绕年初确定的9件重点提案，分别召开办理推进会、专题协商会，推动重点提案办理。提案承办部门与提案人之间实行办理前交流、办理中沟通、办理后反馈的“三见面”工作模式，“提”“办”双方的互动沟通，增进了相互理解和支持，提高了提案办理效果。加大对重要民生提案办理工作的跟踪督办协商力度，确保事事有回音、件件有着落。开展提案办理“回头看”活动，对政协九届三次、四次会议上委员反映集中的改善市民交通出行的提案，通过调研、视察、座谈等活动，对办理情况进行跟踪问效，推动建议的采纳落实。　（陈绍林　刘　浩）

【主题活动】　1. 组织开展“诗词之乡”创建。2014年8月起，根据市委、市政府的要求，由市政协牵头，开展“诗词之乡”创建工作。2015年6月，创成“江苏诗词之乡”，7家单位创成省诗教先进单位。随后，连创“中华诗词之乡”，2015年底顺利通过中华诗词学会考核检查，一举创成“中华诗词之乡”。创建过程中，句容市加强组织领导，强化经费物质保证，先后投入创建经费800多万元，成立句容市诗词楹联协会，建立各类诗词分会、诗社31家，发展骨干会员447人。先后举办各类诗词知识培训50多场次，广泛开展诗词采风、吟诵、创作、赏析、比赛、评选等活动。选择16家单位作为诗教工作示范点，扎实推进诗词进校园、进机关、进社区、进企业、进农村、进旅游景区，做到有组织、有计划、有阵地、有活动、有氛围、有成果。加大宣传力度，市级主流媒体开辟专栏，报道创建动态，传播诗词文化。将诗词文化与城市建设、旅游景点建设、市民文化活动有机结合，建成了肖杆路诗词一条街，精心打造崇明公园诗画环境，将贾纪山公园建成骆绮兰诗词主题公园，营造诗意句容的环境氛围。

2. 开展“四送”活动。2015年，市政协“送科技、送健康、送文化、送温暖”特色活动进一步丰富拓展。“送科技”受众增多，由过去侧重送种植技术向送种植养殖技术扩展，先后组织有关专家在郭庄镇、白兔镇举办特种水产养殖技术、草莓新型栽培技术培训班，对部分种养大户进行现场技术指导，并将讲课内容发布到相关网站，扩大农业科技宣传覆盖面。“送健康”频率增加，由过去每年1—2次增加到4次，以定村、定人、定时服务的形式，对下蜀镇亭子村高血压、糖尿病患者进行了跟踪检查、治疗和指导干预，提高群众健康意识，为慢性病防控积累经验。“送文化”内容拓展，春节前的“送福送春联”活动，由原来城区3个点扩大到覆盖所有镇、街道和管委会，向全市各中小学、村、社区图书室，无偿赠送一批自编的《句容地方话》《句容村庄记忆》文史书籍。“送温暖”范围扩大，春节前，扶贫帮困活动由300户增加到500户左右，资助考取本一院校的贫困家庭大学生，由25人增加到39人。

（陈绍林　刘　浩）

【文史工作】　2015年，市政协充分发挥委员和社会各界的作用，查阅大量史料，广泛收集整理，编辑出版《诗韵句容》和《句容历史人物》。《诗韵句容》全书共收集古诗词1340篇，比较全面地收录了咏颂句容的古诗词，其中将近半数的诗词是历代句容方志中没有收录的。其中，吟诵茅山的933首、宝华山的180首、其他的227首。《句容历史人物》一书，收录了从先秦至近代的人物传记113篇，有句容本土的乡邦人杰，也有扬名他乡的句容精英。在一定程度上勾勒出句容历史文化的基本轮廓，展现了句容丰厚的文化底蕴及“句容人”的文化特性。　（陈绍林　刘　浩）

人民团体

责任编校：陈龙浩

句容市总工会

【概况】 2015年，句容市总工会围绕中心大局，以改革创新为动力，推进工会工作法治化建设，提升职工素质，维护职工利益，完善服务体系，夯实基层基础，激发组织活力，各项工作稳步推进。 （严　露）

【职工权益维护】 2015年，市总工会联合市司法局，成立句容市职工法律服务律师援助团，聘请6位资深律师，全年接待职工200余人次，受理案件100余件，追回经济损失200余万元。在天王镇举办“劳动法律法规”知识培训班，对近百名职工、企业负责人进行劳动法律法规培训。开展送法进企业活动，走进郭庄、下蜀镇工业园区，为企业送去法律知识书籍，并解答法律难题。开展工会劳动法律监督“筑篱”行动，对11个镇级工会的150家单位进行抽查，落实23家企事业单位工会劳动法律重点督察工作。 （严　露）

【职工帮扶】 春节前夕，市总工会对884户困难职工、农民工，75户特困职工进行送温暖活动，发放慰问金78.2万余元。组织社区女保洁员参加妇检，为全市652名环卫工人办理大病保障。开展互助互济保障工作，截至2015年年底完成30973人参保，共为98名患病职工申领理赔金55.4万余元。开展“母婴温馨小屋”创建工作，首批支持建立4家“母婴温馨小屋”。开展第八轮《特困职工证》发放工作，共计76人，发放慰问金9.12万元。完成2015年度金秋助学工作，共为93名困难职工子女发放助学金27.9万元。联合开展春风行动、“三八架金桥”女性专场招聘会等活动。启动工会服务卡推行工作，到常州、海安总工会学习会员服务卡推行工作经验。重视职工文化生活，开展“中国梦·劳动美·句容情”系列送文化进企业活动，包括举办五一广场文艺晚会、慰问环卫工人专场文艺演出、文艺会演走进郭庄、下蜀镇工业园区等系列活动。 （严　露）

【劳动竞赛活动】 2015年，市总工会在句容市266省道、句容河桥改造改建、北山水库生态治理、赤山湖安置小区建设、郭庄雅苑安置小区建设、自来水城区管网改造六个重点工程中开展立功劳动竞赛。继续在企业开展“我为节能减排做贡献”劳动竞赛，组织企业工会开展提合理化建议活动，华电江苏能源有限公司句容发电厂戴维福获省“专项合理化建议”奖。组织开展评选句容市“五一劳动奖状（奖章）”活动，句容市城乡公交有限公司等26个单位获得句容市“五一劳动奖状”称号，32人被授予句容市“五一劳动奖章”。 （严　露）

【劳模品牌建设】 2015年，市总工会组织劳模开展为广大农民服务活动，成立劳模农业科技服务团。同时利用社会资源为劳模开展服务，分别在茅山人家句容总店和茅宝葛业公司南京专卖总店设立劳模专柜，安排近20名劳模的农副产品入柜。全年新建3家劳模

创新工作室、4 个劳模示范岗，并组织 46 名各级劳模参加劳模疗休养活动。（严 露）

【劳动保护工作】 2015 年，市总工会继续做好“安康杯”竞赛、职业卫生合格企业创建等活动。开展工会劳动保护监督检查员上岗培训工作，共 200 多名基层工会负责人、安全管理员参加培训及考试，115 人取得《工会劳动保护监督检查员证》资格。与城管局、安监局联合，在市区 21 个便利点推进“安康驿站”建设，改善环卫职工劳动条件与工作环境。开展夏季“送清凉”活动，为市部分建筑施工现场、企业发放夏季消暑用品 350 套。全市镇级工会 100% 建立劳动保护工作服务站。（严 露）

【工会组织建设】 2015 年，市总工会继续深化“职工之家”建设，分解全面建家目标数至各镇级工会，完成 2015 年度建家目标。推进农民工入会工作，开展农民工入会百日竞赛活动及系列调研摸底工作，完成劳务派遣和家政服务行业建会工作。全年共组建独立工会 69 家，联合工会 18 家。开展“党工共建”活动，有 3 家企业获省第三批党建带工建“四统筹一创争”活动示范企业，郭庄镇空港新区获省示范片区。（严 露）

共青团句容市委员会

【概况】 2015 年，句容团市委围绕中心，服务大局，发挥优势，在组织、引导、服务青年和加大青少年普法教育方面做了大量工作。团市委获得镇江团市委“先进团组织”称号，承办第十六届“江苏省乡村青年文化节”，“后白悠品”农村电商平台获团省委年度创新项目二等奖，句容市入围团中央“百县千乡”优秀示范县评选，句容市人民法院下蜀人民法庭庭长王丽获得江苏省第十届“江苏青年五四奖章”。（潘忆童）

【青年服务工作】 2015 年，团市委邀请著名科学家张德海、抗美援朝老军人何志城、奥运冠军仲满走进句容市多所学校进行宣讲。积极选树“身边的好青年”、“农村创业致富带头人”等青少年模范典型。成立新媒体运行小组，设专人管理运作“句容青年”团属微信公共账号，结合句容当地特色，定时更新资讯，获“句容优秀公众号”称号。组建基层网宣员队伍，开展“清朗网络空间”网络文明志愿行动，维护良好的舆情秩序。开展“爱在句容”系列相亲交友活动，提供线下服务的同时，开通“缘来在这里”微信交友平台。引导青联、青企协会会员参加社会公益事业活动，拓宽资金募集渠道。召开预防青少年违法犯罪会议，对预青工作做好部署，并实行月份推进和季度督查制度。继续开展“父母大学”，引导家长为青少年的健康成长做好心理辅导工作。联合许能华心理咨询中心，打造“镇江青春加油站”项目。（潘忆童）

【志愿服务活动】 团市委依托青年聚社、句小志品牌、五四节日庆典等工作载体，积极开展“学雷锋志愿服务”“入队仪式”“成人仪式”等各类主题活动。2015 年，句容发生了历史上罕见的洪灾，团市委现场了解受灾情况，帮助抢救物资，并在灾后及时协调申请民政补贴、农业保险理赔，帮助恢复生产。成立“青年应急突击队”，以便团组织能够及时反应。围绕句容市的文明城市创建工作，团市委招募近五百名志愿者走进大街小巷，并先后开展学习雷锋、清明祭扫、青年网络文明志愿行动、“句小志”进社区、走进新农村、关爱留守儿童等多项品牌活动。会同红会开展造血干细胞捐献活动，天王小学教师王雨成功配型捐献。围绕句容“生态立市”理念，开展句容市第五届慈善毅行活动。围绕宁镇扬同城化建设，联合栖霞团区委，举办首届南京都市圈“青春携手、同城毅行”活动，在宣扬“绿色出行、公益慈善”理念的同时，更增进了宁句两地青年的人文交流。结合句容民间葡萄节，开展圆梦慈善纳凉晚会，共筹集助学金近百万元，资助句容 123 名贫困学生，并对四川大凉山和新疆伊犁地区以及资助。联合碧桂园欢乐城开展“蒲公英公益行动”以关爱留守儿童，并在留守儿童较多的开发区小学探索实施“希望书库”希望工程微公益活动。开展“冬日暖阳行动”，组织爱心企业家和爱心人士资助留守儿童爱心物资近 10 万元。（潘忆童）

【创业就业服务工作】 团市委主动服务青年创业致富，建立健全帮办服务中心组织服务网络，实现团干部和创业青年“一对一”跟踪服务，为创业青年提供各类创业政策咨询和申请服务。会同市委宣传部以及电视台、新闻中心等媒体部门，以“创业青年在句容”为主题，宣传创业青年典型20多个。与市人社局等部门开展了句容首届“智汇容城、创业福地”青年大学生创业大赛，并对南京、镇江等地17所高校进行走访，在项目、人才、载体、活动、就业、实训等六个方面达成一系列的合作意向，在全国范围内征集到179个创业项目，最终有20个项目获奖。联合人社部门，开展农村青年SYB培训。开展“创客沙龙”，为创业青年搭建相互学习交流平台。编印创业政策一本通，服务创业青年。牵头设计“启航贷”，解决青年创业初期无担保的问题，至2015年年底共发放贷款300多万元，助20多名创业青年获利。联合市农委开展电商进村入户工程，先后组织4期农村电商培训班，2015年前三季度，句容培训电商创业青年数位居全省第一，新设电商创业数位居全省第五。和后白镇合作，合力推进“后白悠品”农村青年电商集聚区，该基地被团省委和省经信委授予“江苏省青年电商培训示范基地”称号。举办两季“回乡看发展、梦是故乡圆”活动，邀请句容籍在校大学生参观全市重点板块，提升他们对家乡的认知和认同。参与市人社局举办的“春风行动”大型招聘会，定期发布企业用工需求，定向为句容市青年提供就业岗位。（潘忆童）

【团建工作】 2015年，团市委先后组织开展了迎“五四”青年演讲比赛、创业青年分享会等青春励志教育活动，并组织全市团干部前往井冈山革命传统教育基地，举办“加强党性修养，锤炼优良作风”培训活动。组织团干部集中观看警示教育片《贪欲之鉴》，专题赴市看守所进行警示教育。（潘忆童）

句容市妇女联合会

【概况】 2015年，市妇联坚持服务大局谋发展，突出重点创特色，务实奋进争一流，全市妇女工作取得了新的业绩。2015年共创成各级巾帼文明岗25家，其中省级巾帼文明岗5家，镇江市巾帼文明岗5家，句容市巾帼文明岗15家。创成省级巾帼示范基地3家，全国巾帼现代农业科技示范基地1家，全国巾帼建功标兵1名，全省巾帼科技典型3名，对5个有一定规模的女性社会组织建立了档案。（徐跃跃）

【巾帼志愿服务】 2015年，市妇联继续开展志愿巾帼服务。三八期间，举办巾帼助老活动启动仪式，组织城区巾帼志愿者与城区63名“独居”空巢老人结对，印发巾帼助老服务手册、巾帼助老“连心卡”。在“5·15”巾帼志愿服务日，举行“情暖夕阳”巾帼助老志愿服务暨慰问演出活动。重阳节前夕，在全市开展“善行我为—句容市巾帼助老志愿服务月”主题活动，组织巾帼志愿者走进社区，为52名社区空巢老人送去价值近两万元的生活用品。12月10日，在妇女儿童活动中心举办“巾帼助老”文艺演出。开展“老妈妈”普法团送法“三走进”活动。组织“老妈妈”普法团成员和巾帼维权志愿者走进句容市“春风行动2015”大型招聘会，宣传与务工妇女切身利益相关的法律法规知识，解答外出务工妇女关于维护自身权益的咨询。组织巾帼维权志愿者前往省未成年犯管教所，开展“春暖高墙，与爱同行”主题帮教活动。联合市司法局、法治办、法院、检察院等多家单位在葛仙社区开展“反对家庭暴力，守护幸福家庭”的普法宣传服务活动。（徐跃跃）

【宣传教育活动】 2015年，市妇联举办句容市“寻找最美家庭”活动，于7月中旬举办句容“最美家庭”表彰会，表彰了100户“最美家庭”，宣讲4户最美家庭的故事，并与句容电视台联合制作“最美家庭”专题片，宣传10户“最美家庭”的事迹。全年句容市各级妇联组织在52个“妇女儿童之家”开展寻找“最美家庭”活动，5980户家庭参与各类“晒、议、讲、展、秀”活动，晒出家庭照片1968幅，举办“最美家庭”故事会33场次，2388人参加“好家风好家训”征集活动，征集到“好家风好家训”132条。开展首届“句容市十大女杰”评选活动，利用网络、微信及报纸等媒体，评选产生首届“句容市十大女杰”，并进行表彰。2015年是男女平等基本国策实施20周年，市妇联开展了形式多样的宣传活动。扩大“句容女性”微信平台的受众面，在微信平台上连续多期发布国策宣传信息；利用网络平台群发宣传资料；依托各级妇女儿童之家开展国策宣传进社区、进家庭活动；邀请江苏大学法学教授和江苏省委党校心理学专家开展“男女平等”基本国策宣讲。

（徐跃跃）

【妇女创业就业工作】 2015年，市妇联搭建就业平台，组织各类培训，努力解决妇女就业难题，提升妇女创业能力。2月28日，市妇联举办了“春风送岗位”妇女专场招聘活动，3月6日，市妇联联合人社局举办“迎三八、架金桥”女性专场招聘会。打造“好苏嫂”家政服务品牌，市妇联、崇明街道针对单亲贫困母亲、下岗失业妇女、农村失地妇女举办2期家政服务员培训班，培训初级家政服务员183人。市妇女儿童活动中心为参加培训的妇女全部建立名册并推荐就业。4月13日，举办全市农业职业技能妇女创业能手培训班。下蜀镇、天王镇、后白镇、宝华镇等基层妇联分别举办妇女农业生产技术培训、女大学生SYB培训、劳动力转移培训及职业技能培训。11月，市妇联联合教育局举办农村妇女“网上行”基础技能培训13次，共培训农村妇女416人。市妇联还联合人民银行句容支行、市金融办和市农委共同举办银企专场对接活动，继续做好妇女小额担保贷款工作，为妇女创业就业解决资金难题。推选了5名女经纪人参加了全国妇联举办的女经纪人电子商务创业高级研修班；组织句容市东方紫酒业有限公司女经纪人参加了“2015海峡两岸（江苏）名优农产品展销会”。全市各级妇联全年共举办各类培训36期，培训妇女达2195人次，共为112名妇女争取创业担保贷款752万元。 （徐跃跃）

【妇女儿童帮扶工作】 2015年，市妇联以村（社区）为单位，针对留守、流动、困境儿童（三类儿童）开展摸底排查工作，并按照“一人一档”、“一人一卡”的标准和要求，建立健全“三类儿童”档案。截至2015年10月底，句容市共为1551名留守儿童，1294名流动儿童和798名困境儿童建立了档案。联合水利局、财政局、人社局、审计局在天王镇妇女儿童活动中心开展了“爱心妈妈”牵手结对贫困留守儿童活动，30位“爱心妈妈”与30位贫困留守儿童结对。配合卫生计生部门做好农村妇女“两癌”筛查工作，市妇儿工委办公室主动联系企业，做好沟通协调工作，使“两癌”筛查工作顺利在企业得到开展。2015年共对22294名35岁—64岁的妇女进行了免费“两癌”筛查。开展“情暖单亲贫困母亲”活动，了解单亲贫困母亲生产生活情况，建立名册，组织巾帼志愿者对单亲贫困母亲实施综合帮扶。全年共筹集11.92万元帮扶资金，帮扶193名贫困妇女和儿童。 （徐跃跃）

【接访工作】 2015年，市妇联共接待来访来信来电75件。市法院“康乃馨”工作室派妇联人民陪审员和调解员驻点250余日，参与调解案件300余件，其中调解成功165件；民政局婚姻登记处“康乃馨”工作室开展普法宣传2次，成功调解15对；市妇儿中心“康乃馨”工作室接待来访51起，调处维权妇女近60人次。全年新申报华阳镇派出所和法院少年庭2家镇江市巾帼维权示范岗，开展各类普法宣讲31场、婚姻家庭讲座5场。 （徐跃跃）

句容市科学技术协会

【概况】 2015年，市科协成立句容市农村专业技术联合会，创建成江苏省科普示范市，被句容市委、市政府表彰为2014年度农业农村工作先进集体，获2015年度“全国农民科学素质网络知识竞赛”优秀组织奖。获江苏省“金钥匙”科技竞赛团体二等奖，句容市《加强农业科技普及 支撑现代农业发展》被省科协列为优秀创新案例。 （潘 芳）

【企业服务工作】 2015年10月10日，为贯彻落实省科协《关于服务大众创业万众创新的实施意见》，市科协在碧桂园大酒店举办以“科创产融”为主题的“企业家课堂”讲座，共有百余位中小企业主以及科技人员参加创业创新论坛。 （潘 芳）

【学术交流活动】 2015年1月28日，市科协联合江苏省品牌学会，在南京玄武饭店举办“品牌建设论坛”全国性学术交流，来自全国20余位品牌教授、博士和500家企业参加交流活动。 （潘 芳）

【农村科普宣传活动】 2015年，白兔镇茂森农产品合作社、茅山镇何庄村、茅山风景区管委会后河村、句容蓝天机插秧合作社被命名为“镇江市科普惠农服务站”，茅山镇何庄村被命名为“江苏省科普惠农服务站”。江苏茶博园被命名为“镇江市全民科学素质教育基地”，“江苏省科普教育基地”。市科协还结合农村秸秆禁烧，在郭庄镇虬北村开展“生态与环境”“养生与保健”知识宣传活动。在老方葡萄协会举办“句容市2015年全国科普日启动暨‘三服务一加强’综合示范点授牌仪式”，并开展赠书活动，向老方葡萄协会和丁庄村委会赠送农业生产新技术、现代农业发展等书籍100套。邀请镇江农科所专家芮东明开展“适应本土新品种葡萄的选择和管理”技术讲座。实施“科普惠农兴村计划”，句容市老方葡萄协会、江苏农景生态建设有限公司获镇江市“科普惠农兴村计划”先进集体，句容市茶叶协会、老方葡萄协会获江苏省“科普惠农兴村计划”先进集体。（潘　芳）

【青少年科普工作】　在科普宣传周、全国科普日期间，市科协邀请镇江“科普大篷车”走进茅山中心小学、白兔中心小学和市河滨路小学，向学生普及科学知识。组织全市中小学生参加第二十六届青少年科技大赛和镇江市“红手绳”青少年气候环境系列竞赛，共有475幅作品参赛，近3000名学生参加网上答题。2015年9月20日，组织900多名中小学生参观句容市深水水务科学素质教育基地和希乐城科普教育基地。2015年12月8日，结合省科协“百名专家进百校”活动，邀请东南大学教授在句容市二中开展“善于用脑　科学用脑”知识讲座，近千名师生参加活动。

（潘　芳）

【科普进社区活动】　2015年，新村社区科普益民服务站成立，市科协在成立仪式上向服务站配套赠书100余本，并邀请专家为社区居民开展知识讲座。开办“科普健康大讲堂”，做好健康咨询、养生配餐等服务工作，全年“健康科普大讲堂”共开班6期，服务居民1500多人。2015年9月26日，开展居民健康调查及“中老年人营养科学”讲座咨询活动，来自省人民医院的10位专家通过主题讲座、互动体验、展览展示、发放资料、调查问卷、现场咨询等方式，向社区居民宣讲日常生活与疾病的防控知识。

（潘　芳）

【创建科普示范镇、村（社区）】　2015年，后白镇、郭庄镇创建为“镇江市科普示范镇”，后白镇创建为“江苏省科普示范镇”。五星村、行香村、斗门村为镇江市科普示范村，五星村为“江苏省科普示范村”。崇明街道新村社区创建为“镇江市科普示范社区”。（潘　芳）

句容市残疾人联合会

【概况】　2015年，市残联围绕市委市政府中心工作，按照省、镇江市残联的工作要求，积极推动残疾人事业发展。入选“全省残疾人按比例就业先进单位”，获“镇江市盲人演讲比赛组织先进奖”。（王　雁）

【省级残疾人孵化基地建成】　2015年，市残联筹措资金36万元，租赁市区新大都小商品市场十个摊位，争取到产权所有人为十个摊位进行免费装修，创建了句容市新大都小商品市场残疾人创业孵化基地。市残联将这10个摊位免费分发给有创业需求、创业项目、创业能力，符合入驻创业孵化基地条件的残疾人用作创业场地，期限为3年。截至2015年年底，已有7名残疾人入驻。市残联还争取人社部门的对残疾人创业的支持，并组织电视台制作专题节目，加强对残疾人创业孵化基地的宣传。（王　雁）

【残疾儿童抢救性康复工作】　为进一步提高残疾儿童抢救性康复工作质量，市残联继续加强对0～6岁残疾儿童的摸底工作，对7～14岁残疾儿童逐一进行电话询问，为7名儿童进行登记上报。全市共有35名残疾儿童在外地康复机构进行康复训练，8名残疾儿童在本地康复机构进行康复训练。（王　雁）

【残疾人服务工作】　市残联积极争取社会各界的援助，并利用报纸、广播、电视等媒体宣传社会扶残助残事迹。2015年6月4日，句容市嘉烨房地产公司向句容市肢体残疾人捐赠50辆轮椅。同时，残联还举办丰富的协会活动，先后举办聋人羽毛球比赛、盲人“抢水果”趣味比赛，并选送盲人选手参加镇江市盲人演讲大赛获一等奖。（王　雁）

【残疾人基本服务和需求专项调查工作】　在2014年11月全面完成专项调查核库工作的基础上，2015年年初，句容市启动专项调查入户登记工作。在对华阳镇进行试点调查之后，全市残疾人专职干事、调查员、村干部30余人组成的调查队伍对全市13622名已核查持证残疾人进行入户调查，填报《全国残疾人基本服务状况和需求专项调查表》和《社区调查表》。在经过初录、复录、系统审核后，句容市调查的各项指标均在合理比例范围内，专项调查工作全部达标，残疾人基本服务状况和需求专项调查工作圆满完成。（王　雁）

句容市红十字会

【概况】 2015年，市红十字会着力社会民生，强化核心业务，持续推进“三救”“三献”工作。先后获中国红十字总会颁发的红十字报刊宣传先进集体三等奖、红十字知识竞赛最佳组织一等奖，被评为省红会系统红十字报刊宣传一等奖，镇江市红十字宣传报道、造血干细胞服务工作一等奖。（郑所勤）

【救护培训】 2015年，市红十字会继续实施省“百万公益救护培训”项目，红会的工作人员、救护培训师和志愿者们进学校、进企业、进社区、进乡村、进军营，传授救护知识和技能。在与市安监局安全培训中心、江苏农林职业技术学院合作的基础上，延伸至在句的劳改系统。全年共开班52期，培训10995人，其中初级救护员培训930人，普及型培训10065人，发放安全手册近2万册。（郑所勤）

【器官(遗体)捐献】 2015年，市红十字会继续推进器官(遗体)捐献宣传工作，在清明节组织部分志愿者参加镇江首次纪念捐献者大型追思会。截至2015年底，器官捐献登记在册3人，遗体登记在册33人。8月3日，83岁的朱巧先老人去世后向江苏大学医学院捐献遗体，成为句容首例退休干部遗体捐献者。10月5日，在句容市打工的黑龙江人胡长仁因脑血管意外去世后捐献了肝脏和肾脏，并成功移植给3名重症患者，成为句容首例器官捐献者。（郑所勤）

【造血干细胞捐献】 2015年9月14日，天王镇浦溪幼儿园老师王雨在省中大医院捐献造血干细胞，成为句容第6位成功捐献造血干细胞的志愿者。2015年，句容市有100名青年志愿者加入中华骨髓库，句容市中华骨髓库志愿者达到1060人。全年再动员18人次，高分辨采样5人，体检3人，1人成功捐献。（郑所勤）

【志愿服务】 2015年，市红十字会依托下蜀镇中心卫生院“红十字健康快车”医疗志愿服务队，全年为该镇居民义诊、咨询、健康体检以及慢性病筛查12次，受益群众近1500人。“红十字健康快车”医疗志愿服务队被评为镇江市优秀红十字志愿服务团队，朱贝根、沈云霞、孔庆俊被评为优秀红十字志愿者。开展“志愿者服务月”“博爱服务月”等活动，利用传统节日组织志愿者进社区、进家庭、进学校进行走访慰问。江苏省农林学院实施的“世界那么大，我想带你们去看看”志愿服务项目获省高校红十字会“博爱青春”暑期志愿服务活动省级支持项目，获评镇江红十字会优秀项目奖。（郑所勤）

【“爱心一元捐”活动】 2015年，市红十字会继续在全市中小学、幼儿园开展“手拉手爱心一元捐”活动。通过节约一元零花钱，表达一份爱心，为救助身边困难学生出一份力。活动所有募捐款项用于救助句容市在校学生(在园幼儿)中的白血病及重大病患者。全年共募捐款项11.74861万元，救助重大病学生26名，并以此为平台，成功申报省红十字会“容城大爱”白血病救助项目。（郑所勤）

【全国红十字青少年自救互救知识竞赛】 2015年，市红十字会和教育局共同组织全市1.2万余名中小学生参加全国青少年自救互救知识竞赛。市红十字会、市教育局、实验小学、华阳中心小学、崇明小学、中等专业学校获最佳组织奖一等奖，市第二中学、市第三中学、后白中心小学、边城中心小学获最佳组织奖二等奖。（郑所勤）

【红十字示范校】 2015年，市红十字会按照《江苏省红十字示范学校评审表彰管理办法》要求，在后白中心小学、华阳第三小学、华阳中学开展争创系列活动，其中华阳三小和华阳中学被评为镇江市红十字示范校，后白中心校被评为省级红十字示范校。截至2015年年底，句容市拥有镇江市级示范校4所、省级示范校4所。（郑所勤）

句容市文学艺术界联合会

【概况】 2015年,市文联积极推动句容文化建设,较好的完成各项工作目标,为推动句容文艺繁荣发展做出新的贡献。在2015年度镇江市"劳动模范"评选中,作协副秘书长戴永斌被镇江市人民政府授予"劳动模范"称号。马宏峰书法《菜根谭》、卢菁长篇小说《凰权》分别获得镇江市第八届文学艺术奖提名奖;天下归元入选中国作家协会网络文学委员会首届委员;马帅被吸收为中国美术家协会会员。句容市诗歌协会被授予"镇江市优秀阅读组织"称号。阙克荣、唐军等获得镇江市"优秀阅读推广人"称号。截至2015年底,句容市共有国家级会员32人。（王镇容）

【第二届句容文学艺术奖】 2015年,句容市开展第二届"句容文学艺术奖"评审工作,由市委宣传部,南京、镇江相关专家学者组成的评委会对参评的各艺术门类作品91件进行评审。9月24日,第二届句容市优秀文艺作品颁奖典礼举行,市领导商震、高庆华、马云明参加活动并为获奖者颁奖,马宏峰、卢菁等获奖。

（王镇容）

【句容市"晒乡景·抒乡情"诗歌、散文、书画、摄影比赛】 2015年,市文联牵头举办"晒乡景·抒乡情"诗歌、散文、书画、摄影比赛,活动历时半年,共征得数百件(篇)诗歌、散文、书画、摄影作品。（王镇容）

【"撤县设市"20周年大型摄影作品展】 为记录句容20年来的变迁和社会生活的改变,搜集和保护历史图文资料,2015年,句容市委宣传部、句容市文联、句容市文化广体局共同举办"撤县设市"20周年大型摄影作品展。本次活动共收到来自全市摄影爱好者选送的作品737件,经评选产生一等奖1件、二等奖2件、等奖4件和优秀作品79件。所有获奖作品先后在市图书馆、市政府大厅及相关乡镇进行了巡展。（王镇容）

【句容市首届"书香杯"书画作品展】 2015年,为配合句容市全民读书活动,文联与文广体局联合举办句容市首届"书香杯"书画大赛,此次大赛分少儿组书法、少儿组绘画、少年组书画、成人组书法、成人组绘画5个类别。活动期间,大赛组委会共收到作品182幅。经专家评审,共评出一等奖6名、二等奖15名、三等奖20名及优秀奖若干名。（王镇容）

【句容市第十三届"新苗杯"少儿器乐演奏比赛】 2015年,市文联举办句容市第十三届"新苗杯"少儿器乐演奏比赛。大赛于5月9日~10日进行海选比赛,共有190多位小选手参加。5月23日,在市文化馆进行决赛,来自全市的133名选手参加了16个组别的各个专业独奏、齐奏比赛。袁逸秋、王明琪、胡可妍等获得各专业年级组别一等奖。（王镇容）

【文艺创作发表、获奖情况】 文学方面,卢菁作品《凤倾天阑》入选2015第一、二季度中国网络小说排行榜精品榜、获得首届华语网络双年奖优秀奖。戴永斌创作的《江苏大剧院赋》在江苏省诗词协会《江苏大剧院赋》评比中荣获一等奖。卢菁的长篇小说《女帝本色(1)女人篇》《女帝本色(2)帝王篇》、陈德根的长篇小说《出路》、杨莹的散文集《岭上多白云》、史详的散文集《归去来兮》、张泯剑的诗集《蜉蝣》、唐晓亮的诗集《风之语》、唐胜的诗集《徘徊在乡村与城市之间》等一批优秀文学作品出版。

书画方面,2015年句容市有5人6件书画作品入展中国书协、中国美协主办的展览,创历史新高。马宏峰的书法作品获得第五届中国书法兰亭奖佳作奖,在绍兴兰亭书法博物馆展出并被收藏;马荣篆刻作品入展第十一届全国书法篆刻展。卞瑞的作品《梦底夏山》荣获"中国梦·黄山魂"全国山水画作品展优秀奖。马帅创作的《齐心合力》入展第三届吉祥草原·丹青鹿城——全国中国画作品展,《奇峰天际外》入展"中国梦·黄山魂"全国山水画作品展。朱正发创作的山水画入展"万年浦江"全国中国画展。在第二届江苏艺术展演月中,马帅的美术作品获得第二届江苏省文华美术奖提名奖及首届江苏省青年美术作品展铜奖。马帅、朱正发的作品分别入选首届"江苏美术奖"。在"2015新京江画派中国画展"中,马宏峰的作品获得金奖,郭朝明、马玲、朱正发、秦苏娥的作品入展。

摄影方面,王军的《天上人间》、《生态南浔》分别获得中国摄协主办的2015中国凤凰国际摄影双年展银奖、“南浔全国摄影大展”铜奖，《今日新庄》获得江苏省摄影家协会“杉风荷韵　鹭舞新庄”全省摄影大赛二等奖、《碧水蓝天》获得2015江苏省首届拍客大赛三等奖。王镇容的摄影作品《荷塘精灵》、《荷香》获得“杉风荷韵　鹭舞新庄”全省摄影大赛二、三等奖，《庭院素描》获“美哉溱湖”全国摄影大赛铜奖。曹小华、王义华、王镇容的摄影作品获得江苏省文明办第三届“江苏最美乡村”推选暨“晒乡景、传乡风”摄影二、三等奖及入选奖；杨丹凤、刘先卓等也获得省摄影家协会摄影赛事三级佳作奖。

戏曲方面，在镇江市首届戏曲电视大赛中，戴朝祥、刘双红分别获得京剧金奖、银奖，地方戏组获得铜奖两名。（王镇容）

【协会参与举办的其他文艺赛事】 摄影协会与相关单位共同举办句容市首届“人防杯”摄影大赛、“中国·句容第六届葡萄节”摄影大赛、“生态下蜀、美丽临港”2015摄影大赛、下蜀第三届“稻美茶香文化艺术节”开幕式图片展、“镜头览风光、画笔润边城”—2015边城首届艺术创作季、“春城五月天—醉美桑果园”摄影大赛、“金峰杯·最美句容”全市摄影大赛。音乐家协会选派我市优秀歌手参加镇江市首届“杜鹃花”杯声乐比赛。舞蹈家协会举办“小荷杯”少儿舞蹈视频赛。市诗歌协会举办室外诗歌朗诵晚会《经典的回声·句容金秋诗歌朗诵会》。篆刻协会举办“弘扬传统文化，展示美丽句容”句容市首届篆刻大赛作品展、“公园道杯”句容市青少年篆刻大赛及“庆国庆，迎重阳”书画、篆刻、摄影展。（王镇容）

【对外艺术交流】 2015年，市文联先后在句容文化馆、江宁博物馆举办两场“笔情墨韵江宁·句容书画联展”。与丹阳市文联、音协联合举办“丹阳·句容歌手演唱会”。与常州市金坛区文联进行文艺家联谊活动。接待马来西亚作家协会主席李忆君夫妇一行，陪同参加在茅山进行的文学与道教国际交流等活动。

（王镇容）

【马宏峰分获江苏省、镇江市中青年德艺双馨文艺工作者称号】 2015年，句容市文联主席马宏峰被评选为第四届江苏省中青年德艺双馨文艺工作者、首届镇江市中青年德艺双馨文艺工作者。马宏峰自1996年3月调入句容市文联主持工作，经过多年努力，句容市文联的各项工作呈现积极向上的发展态势，多次被江苏省文联、镇江市文联评为先进县（市）文联，获得“江苏省市县（市、区）文联工作优秀成果奖”。他本人也多次获得各级表彰和荣誉，2012年，还被中国书法家协会评为“中国书法进万家”先进个人。（包柏凤）

民主党派·工商联

责任编校：陈龙浩

无党派人士联谊会

【概况】 2015年，市无党派人士联谊会（以下简称“市联谊会”）共有理事93人，其中新发展理事3人，辞退3人，1人加入九三学社。设会长1人、常务副会长1人、其他副会长7人、秘书长1人，分设8个联谊小组开展活动，通过会员大会、理事会议、会长会议等布置、推动工作开展。12月换届后新理事共98人，其中市人大代表、市政协委员41人。

市联谊会组织理事参加市读书节、征文和演讲比赛，以及苏州大学和浙江大学培训学习、清华大学教授专题报告会；组织会员建言献策，共提交政协提案约48件、重点提案2件，参加市党外代表人士座谈会、市政协乡村旅游发展协商会、省级园林城市创建专题协商会等；组织理事服务社会、奉献爱心，走访西冯村困难群众，慰问崇明街道20户困难群众，认捐20份“爱心年夜饭”，向贫困学生赠送《现代汉语词典》、“四大名著”等书籍；组织理事参加丰富多彩的活动，如纪念抗战胜利70周年座谈会、“嘉烨·御花园”健康健步走活动、第十届“市长杯”暨“茅山湖杯”乒乓球赛（获男子团体第六名）等；组织各联谊小组开展各类活动。同时，制定一系列管理制度，加强组织建设，召开二届一次理事换届大会。加大宣传力度，通过《句容快报》《今日句容》、句容电视台，市政府、市政协、市委统战部、市联谊会网站等媒体刊载工作信息，展示理事风采。同时编辑会刊《同心》，以及“同心议政，建言献策”论文集和《同心》画册。 （唐家亮）

【走访慰问困难群众】 2月9日，市联谊会一行在市政协副主席、会长倪定胜带领下，对崇明街道办20户困难群众走访慰问，送去慰问金10000余元。

（唐家亮）

【举办纪念抗战胜利70周年座谈会】 9月2日，市联谊会在曙光国际大酒店举办纪念抗战胜利70周年座谈会。市政协副主席黄培，市政协副主席、会长倪定胜，各位副会长以及市委统战部、民盟、民进、九三学社、各联谊小组组长和部分会员等20多人参加座谈会。会上观看抗战影像资料，赠送《抗日战争十四年全记录》《茅山抗战故事》《句容革命斗争史》等图书，邀请史志办原主任朱延生和茅山新四军纪念馆副馆长周

2015年5月26日，市联谊会在曙光国际大酒店举办纪念抗战胜利70周年座谈会。

再兴分别介绍句容及茅山地区抗战情况，与会人员进行座谈，并向会员征集抗战文章，共收到14篇。

（唐家亮）

【江苏省无党派人士联谊会文体小组到茅山调研】 11月6日，省无党派人士联谊会文体小组赴茅山调研，省委统战部领导，省无党派人士联谊会领导和文体小组成员，以及镇江市副市长曹丽虹，镇江市工商联主席、市无党派人士联谊会会长卢道富参加调研并座谈。市委常委、茅山风景区管委会党工委书记石继刚，市政协副主席、市无党派人士联谊会会长倪定胜参加。与会人员参观茅山风景区管委会小学和幼儿园、成教中心以及茅山半岛项目建设发展，并围绕茅山景区建设和文体小组下一步活动安排进行讨论、建议。

（唐家亮）

【二届一次理事换届会议召开】 12月7日，市联谊会二届一次理事换届会议在曙光国际大酒店召开。镇江市委统战部副部长时秋香，市委副书记商震，市人大副主任吴小香，市政协副主席、会长倪定胜，市政协副主席、市委统战部部长胡现龙，以及各镇、街道、管委会宣统委员和98名理事出席会议。会长倪定胜做工作报告，表彰五、七、八等3个先进联谊小组和刘学武、姚锁平、熊秉军、朱忠会、步红霞、王明华、胡家人、林辉鹏、殷文卫、季沛等10名先进个人，颁发理事证，审议通过工作报告、章程修订，选举新一届理事98人，会长1人、常务副会长1人，其他副会长7人，秘书长1人，常务理事25人。副部长时秋香，市委副书记商震，市政协副主席、市委统战部部长胡现龙分别讲话。会后，会长倪定胜主持召开二届一次常务理事会议。

（唐家亮）

【联谊小组开展活动】 全年8个联谊小组开展学习、座谈、参观、调研、助学、扶贫、联谊，以及建言献策等活动十余次。如一组、五组赴唐邦机电开展调研座谈活动。二组赴天王开展参观调研活动。一、三小组调研江苏山水环境建设集团股份有限公司。五、六小组到下蜀开展调研活动。五、八小组在后白开展联谊活动。五组到下蜀中心小学为4名成绩优异的贫困生送上每人500元的助学金，并赠送《现代汉语词典》《钢铁是怎样炼成的》、“四大名著”等书籍，并向学校资料室捐赠《句容生活指南》《句容民间故事》等图书。六组开展祭扫烈士墓和调研农业建设活动，并与行香小学师生共度儿童节，为十名品学兼优的学生送上学习用品。七组到天王参观樱花园并调研理事单位。八组到郭庄看望抗日老战士，赠送一床棉被和1000元慰问金；在郭庄中心小学给8名成绩优异的贫困生送去书包、文具盒等成套的学习用品，并赠送《现代汉语词典》、“四大名著”等书籍，向学校资料室捐赠《句容生活指南》《句容民间故事》等图书。八组参观赤山湖国家湿地公园并开展座谈活动。

（唐家亮）

民盟句容支部

【概况】 2015年，民盟句容支部一方面加强支部建设，推进思想建设工作，以后备干部队伍建设和新盟员发展为重点，积极吸收新生代、新阶层和知识分子的加入。另一方面，抓好参政议政工作，围绕市委、市政府中心工作以及人民群众关心的热点、难点问题，找准切入点，精选调研课题，认真调查研究，提出具有前瞻性、建设性、可行性的意见和建议，积极关注和主动反映民意社情。2015年12月25日，民盟句容支部召开第一届第三次会议。会上增选支部宣传委员周再兴为支部副主委；民盟句容支部盟员就各自基本情况、工作现状与建议等作交流发言。市人大副主任、民盟句容支部主委吴小香回顾了2015年民盟句容支部工作。截至2015年年底，支部共有盟员11人，其中新加入4人，盟员张震增补为句容市政协委员。（民盟句容支部）

【支部活动】 2015年3月25日，民盟句容支部首期“盟友开讲”在华阳中学启动。“盟友开讲”是民盟句容支部立足本职工作岗位，围绕全市中心工作，发挥盟员集体智慧，组织开展服务社会、传播正能量的系列活动。4月3日，民盟支部到郭庄镇特色农业生态园区“圣果园”，开展调研和社会服务活动。5月18日，由民盟句容支部主办、茅山新四军纪念馆承办的“新四军白衣战士李蓝丁英雄事迹校园专题展”在句容中等专业学校开展。

（民盟句容支部）

【支部交流】 2015年5月21日、8月22日，民盟安徽省委绩溪总支和民盟扬中支部分别组织盟员到茅山新四军纪念馆参观学习，参观新四军廉政建设史实馆，聆听革命先烈事迹，瞻仰革命历史文物。（民盟句容支部）

【民盟江苏省委到句容参观学习】 2015年7月7日，民盟江苏省委机关全体成员在专职副主委吴胜兴带领下到茅山新四军纪念馆参观学习，接受革命传统教育。吴胜兴副主委还走访看望盟员，召开专题座谈会，调研民盟基层组织建设。（民盟句容支部）

民主促进会句容支部

【概况】 2015年，民进句容支部依照民进会市委的工作安排，认真贯彻落实党的十八大精神，积极转变思想观念，以建设一个有强大凝聚力的支部为目标，认真履行参政议政、民主监督职能。截至2015年年底，支部共有成员12人，其中2015年新发展会员4人。会员夏春来被评为“句容市高考先进个人”和“镇江市优秀教育工作者”；会员杨红梅被江苏省司法厅评为“社区矫正工作先进个人”；会员杜亭老师获得“镇江好课堂”一等奖。（裔胜东）

【参政议政】 2015年，民进句容支部成员积极参政议政、建言献策，成员中的人大代表、政协委员，就各个领域提出相关提案、建议。其中，裔胜东会员提交10条建议（议案），并有8条被采用。陈正喜会员提交了《关于加强‘十二五’规划落实情况督查工作的建议》等2份提案。杨红梅会员提交了《关于在医院开通便民通道的建议》等3份提案，朱莉会员提交了《关于规范城市交通指示灯的建议》等2份提案。（裔胜东）

【学习交流】 2015年7月22日，民进句容支部到丹阳支部进行学习交流，民进丹阳教育一支部，二支部与句容支部就支部建设、活动开展及服务社会等方面进行探讨和交流，会后会员们参观了丹阳中等专业学校。2015年11月13日～14日，民进句容支部组织会员到常熟市委会参观学习，会员们参观常熟市委会，听取经验介绍，同时参观了常熟市委会的基层支部。

（裔胜东）

九三学社句容支社

【概况】 2015年，九三句容支社秉承社中央“关注民生、深入社会、调研中国”的理念，积极参与构建和谐社会，组织开展社会公益、科技帮扶、社区文化、美丽乡村等为主题的调研活动。支社现有社员16名，其中博士1人、硕士4人、正高级专业技术人员2人、副高4人、国家注册师2人。成员中有1名句容市政协常委、2名政协委员、1名镇江市“169”科技人才、1名句容市“313”科技人才。社员于泓教授获得“一种葡萄修剪机”“一种畜禽开食器落料组件”“穴盘苗移栽机械手”三项专利。社员吴琴燕成功研制“降糖特效桑茶”，获得“高活性黑蒜的发酵工艺”“麸皮细胞湿法粉碎破壁方法”两项专利。社员惠瑾制定了“葡萄质量安全生产过程控制”行业标准。社员郜沛沛被评为江苏省教育教学研究先进个人，《当前农业科技科技推广工作的两难与可能的抉择》一文获省科技强农富民工程征文三等奖，获九三学社省委参政议政先进个人称号。支社连续两年荣获社省委组织工作先进集体。

（林兴芳　江　吟）

【参政议政】 2015年，九三句容支社围绕区域地方中心工作，积极参政议政。开展《多措并举，激发产业转型升级新动力》、《加速城镇化　突出人本化》以及《加速产业转型升级，推动新型城镇化建设》专题调研，一则提案被列入政府重点督办提案，一则提案被采纳实施，一则社情民意已落实解决。支社还积极参与社会公益活动，向茅山镇袁相村“同心工程”以及“句容市真协爱心基金”等捐款近两万元。（林兴芳　江　吟）

句容市工商业联合会

【概况】 2015年，市工商联发挥职能优势和作用，提升非公经济人士思想政治水平和业务能力，开展句容市民营企业家“守法诚信”教育实践活动；完成挂钩脱贫的郭庄东湖村达标任务；争创江苏省“五好”工商联；成立崇明街道商会、白兔镇针织商会。11 月 16 日，与到访的山东省青州市工商联缔结为友好商会。2015 年，非公经济人士“捐资助学”捐款 40 多万元，赞助扶贫帮困资金 60 多万。全年全市新增会员 110 个。截至 2015 年底，全市工商联共有各类会员 2806 家(名)，其中企业会员 1517 家，行业商会 14 个，异地商会 2 个，乡镇商会 9 个，开发区商会 1 个。市工商联、下蜀商会、句容市装饰材料商会被镇江市工商联评为先进集体。（钟诚柏）

【江苏省“五好”县(市、区)商会创建】 2015 年，市工商联按照省工商联的要求，开展以“五好”(领导班子、会员发展、商会建设、作用发挥、工作保障好)为主要内容的创建工作，实现“一个设立、五个有”的目标要求。12 月底，参加全省工商联系统组织的交流评比并获得通过。（王明怀）

【组织“守法诚信”理想信念教育实践活动】 2015 年，市工商联按照省委统战部、省工商联的统一部署，在全市非公经济人士之中开展以“守法诚信”为主要内容的理想信念教育实践活动，活动从 4 月开始，到 10 月底结束，全市共有 32 个商会组织，2780 个会员参与此活动。（李　波）

【实施企业家素质提升工程】 2015 年，为了全市非公经济企业健康发展，非公经济人士健康成长，市工商联实施企业家素质提升工程，制定 2015 年度培训计划，全年安排 4 类培训项目。11 月下旬，举办“中小企业经营中的法律风险及防范”讲座。组织 5 家企业参加《2015 镇江市工商联商道高峰论坛—大数据重构企业智慧》公益讲座。组织 15 名非公经济代表人士参加市委统战部在苏州大学举办的“中央统战工作条例”培训班学习。组织 60 名企业家听取清华大学社会科学学院课程教授芦岩讲授的“职业化思维与心态的改变”课程。（钟诚柏）

【调查研究与参政议政】 2015 年，市工商联围绕促进民营经济发展、基层商会组织建设等方面的问题开展专题调研，重点就“加快全市物流业发展并形成区域特色”、“新常态下工商联服务经济发展的几点思考”、“新常态下句容小微企业发展的探讨”、“在新常态下开创经济领域统战工作新局面”等方面进行专题调研，形成有价值的调研报告 4 篇。《关于创新县级工商联的思考》调研文章被《中华工商时报》登载，并在 5 月下旬全国工商联第二期县级工商联主席、书记培训班上作交流发言。组织担任市人大、市政协委员的非公有制经济人士围绕民营经济发展、民营企业融资、招商引资、战略性新型产业发展、农业、旅游、社会事业、城市管理建设等方面的问题开展调查研究，在句容市政协九届四次全会上形成针对性较强的提案 50 件，其中团体提案 1 件，联名提案 7 件，《关于激发民营企业活力，促进民营经济发展的建议》被列为市政协 2015 年重点督办提案。9 月，会同政协经科委开展农产品电子商务平台建设专题调研，10 月，提交“新常态下扶持小微企业发展的建议”作为政协大会发言材料。（钟诚柏）

【非公有制经济服务工作】 2015 年，市工商联与市发改经信委、市场监督管理、税务、人力资源和社会保障、金融等部门协调，搭建非公企业服务平台。3 月，协助市装饰建材商会在句容新文化艺术中心举办“诚信 3·15家居建材展示会”，该次展示会有近 10 家装饰公司、60 余家建材商近千种建材产品参展。4 月，帮助雨润中央商务综合体开展产品销售推介活动，帮助凤鸣酒业举办“五粮窖龄 20 年酒新品品鉴会”。5 月 16 日，协助并参加温州商贸城“能强陶瓷华东区巡演”活动。8 月 9 日，帮助苏缘酒业举办“双沟 1955 新品推介会”。（钟诚柏）

法　治

责任编校：陈龙浩

综　述

【概况】 2015年，全市政法系统按照市委的决策部署，以“立足‘三满意’，争当‘五过硬’标兵”，为苏南现代化示范区建设创造稳定的社会环境（即：立足提高公众安全满意率、法治建设满意度、政法队伍群众满意度，争当政治过硬、业务过硬、责任过硬、纪律过硬、作风过硬标兵）为目标，以维护社会大局稳定、促进社会公平正义、保障人民安居乐业为主要任务，以创新社会治理、提升平安和法治建设质效为着力点，较好完成各项工作任务。　（高　翔）

【基层综治】 2015年，全市政法系统积极深化“两网”建设，创新社会治理体制，组织推进“六级三化”社会治理方式，开展了系列“平安互助”活动，有效提高了全市社会治理水平。通过打造六级体系，助推社会治理精细化。建立“镇（管委会、街道）—行政村（社区）—组（网格）—片区（楼栋）—楼道/中心户—户”六级基本框架，将原有的基层管理网格向下延伸触角，织密网眼。通过完善“三化”方式，促进管理服务高效化。以实现政府治理和社会自我调节、居民自治良性互动为目标，以“管理网格化、服务社会化、手段信息化”为主要手段，增强社会治理合力，逐步实现管理服务的精细化、精准化、效率化，促进了群众对社会各项事务的积极参与。全市建立社会服务站点189个，配置综治信息终端228个。通过开展“平安互助”，激发平安正能量最大化。2015年以来，先后组织开展了社区共驻共建单位义务巡逻、“邻里守望、拼户联防”、邻里“一家亲”、“六个一”等系列平安互助活动，宝华镇宝华花园社区志愿者红袖标义务巡逻活动，中凌社区“幸福守望，携手夕阳”活动等。

市社会管理服务中心年内正式投入运行，各有关部门入驻办公，设立“信访接待、纠纷受理、法律援助、外来人口服务、涉法涉诉信访”等8项窗口服务。通过以会代训、调研指导、检查督查、以奖代补等多种形式，对镇村两级综治平台等加强指导投入，共发放奖补资金25万余元。汇编《综治基层基础规范化建设指导手册》，全市各政法综治工作中心和村（社区）综治办规范化建设达标率100%。

印发《关于开展2014年法治惠民办实事活动的实施意见》，确定建设百家劳动人事争议调处服务站、加强建筑领域农民工工资清欠工作、筹建全市便民诉讼服务中心、加大依法审计村级财务力度、开展基层行系列普法活动等16项内容作为句容市2014年法治为民办实事项目。在《句容快报》开设专栏，对法治惠民实事项目的内容、责任部门全部进行了公示，接受广大市民监督。　（高　翔）

【行政执法】 实施重大行政处罚半年统计报表制度

（包括重大行政处罚的种类、数量、自由裁量、审前听述、执行等情况），全市各部门共备案重大行政处罚366件。各执法部门100%建立起自由裁量基准制度，发放执法逆向监督卡700余张，召开座谈会550余次。深化“行政执法与刑事司法联动办案机制”，加大对拒不支付劳动报酬、侵害劳动者权益行为的打击力度，开展“两法衔接”打击恶意欠薪工作，首创刑事司法与行政执法联动办案工作机制，整合政法委和公、检、法、人社等部门，“1+4”联合办案。截至2015年年底，已审结多起拒不支付劳动报酬案件，向公安机关移送恶意欠薪逃逸案件16起，网上追逃涉案人16人，抓获14人，判刑2人。“两法衔接句容模式”被国家人社部、省人社厅充分肯定并推广，并被《人民日报》、《中国劳动报》、《求是》杂志、人民网等媒体报道。开通镇江市行政执法人员在线培训考试系统，组织全市近1000名行政执法人员进行网上执法培训考试。（高　翔）

【政法工作巡查机制】　加强对重大项目稳评后的复检巡查工作，确保重大项目在实施前、中、后，均能最大程度地规避风险。开展全市行政执法案卷评查，评查35个执法部门执法卷宗60余份，对案卷存在的制作程序不规范、采集证据不全面等问题逐一反馈，并要求进行整改。加强对日常政法（综治、法治）工作落实情况开展常态化巡查，建立完善“三会两查”、矛盾纠纷零报告、影响社会稳定重大问题专报及督办、维稳和治安形势分析、综治宣传教育、项目化推进、重点课题调研、明察暗访督查等机制制度，通过开展不定期检查和专项督查，真实掌握各单位工作情况，及时发现社会治理重点和难点问题，有针对性地开展指导、推动工作。（高　翔）

社会管理综合治理和平安建设

【概况】　2015年，全市社会管理综合治理和平安建设工作牢牢把握“打造升级版平安句容”这一主题，紧紧抓住公众安全感建设这一主线，以推进“基层基础、综治信息化、六级三化”三大建设为工作抓手，扎实推进平安和谐句容建设，着力为建设苏南现代化示范区“句容篇章”提供坚强的安全保障。（高　翔）

【制度建设】　推动落实综治责任制，进一步优化平安建设格局。抓好任务分解环节，将19项综治重点工作任务责任落实到各地、各单位，明确推进措施，明确检查考核重点，实行半年检查、年终考核。推动责任落实。紧盯综治工作责任制落实这一重点，在全市政法工作会议进行系统部署的基础上，先后多次召开综治工作例会，层层签订责任状，部署推进重点工作，先后10余次组织开展督查，督促落实述职、联系点、联席会议等制度，确保工作运行规范。以对公众安全感“有促进的都鼓励、有贡献的都奖励、有损害的都有说法”的“三有”原则为指导，严格落实“一通报三挂钩”制度，加大督查奖惩力度。创新设立平安奖励基金，每村（社区）每年定额2万元，提高基层平安创建积极性。创设平安载体，通过推行“六级三化”方式、开展“平安互助”活动、邀请群众评议村（社）综治工作和综治干部，切实增强综治平安群众基础。（高　翔）

【综治平台建设】　2015年，市社会管理服务中心正式投入运行，设立“信访接待、纠纷受理、法律援助、外来人口服务、涉法涉诉信访”等8项窗口服务。通过以会代训、调研指导、检查督查、以奖代补等多种形式，对镇村两级综治平台等加强指导投入，共发放奖补资金25万余元。启动了“六级三化达标行政村（社区）”申报验收工作，对验收合格的村（社区）将进一步加大以奖代补力度。全市各政法综治工作中心和村（社区）综治办规范化建设达标率100%。全面开展基层平安创建活动。稳步推进全市基层系列创安工作，创安活动覆盖率达100%。重点做好牵头开展的铁路护路联防工作，两次组织开展铁路沿线社会治安和矛盾纠纷排查整治，共清除安全隐患20余处。深入推动开展平安工地等创建工作，切实加强建设工程农民工工资支付保障，追讨工资总额近1000万元。结合平安校园创建，加强大力加强校园及周边环境治理工作，牵头公安、教育、工商等部门对全市中小学校、幼儿园全面开展排查整治，发现整改隐患30余处，杜绝安全防范死角。深入推进综治信息化建设，加快实现综治信息平台的广覆盖和实运行。共投入30余万元用于新购电脑等事项，组织各级使用人员316人进行集中培训，多次对各地建设进度进行专项督查，账号申请、专网线路铺设完成，综治信息系统覆盖面达100%，并全面开通运行。（高　翔）

【平安建设】 2015年，句容市大力提升公众安全感，进一步打造平安和谐地区。注重打防结合。开展打击治理“两盗一骗”等专项行动，保障发社会治安秩序的良好局面。采取干群结合、专群结合形式，强化社会面联防，先后组织开展“万名红袖标、联防保青奥”群防群治专项行动、夜间义务巡逻活动，有效发挥小喇叭、红袖标作用，消除平安建设盲点。进一步编织立体化防范网络体系，共建成各类视频探头18428台，技防达标率100%，全市86所中小学校（幼儿园）、2所高校的监控系统、入侵报警系统等安装到位，86个金融网点全部建成“安全防范合格网点”。进一步完善“大调解”工作体系，加强基层调解队伍建设，组织拉网式排查，全市共受理矛盾纠纷4393件，调解成功率为98.5%。强化重大矛盾纠纷预防，防止“民转刑”数27件158人、中止自杀16件挽救23人次、劝解群体上访82批730余人。加强普法教育宣传，提高群众法治素养，组织开展“法润句容城乡行”等活动，投资100余万元在下蜀法庭建成法制教育基地。分片举办全市调解骨干培训班，分级轮训镇、村（社区）两级调解员。积极推进专业化调处工作，聘请各领域专家37名，专业领域疑难纠纷调处成功率达98%以上。推进“百企百会”工程，在全市113家企业建立劳动争议调委会。综治、司法、公安等11部门联合成立交通事故一体化调处中心，一体化运作，交通事故结案率达96.7%。每月开展维稳和治安形势分析，进一步完善社会风险评估机制，共报备稳评项目104个，完成率96.2%。加强反恐防暴工作，设立专门反恐机构，组织90名警力成立3个突发事件应急处置梯队，加强装备设施配备，升级重点目标、重点部位、重大活动的监管监测等安防措施。建立77人的网评员队伍，全年共删除各类有害信息200余条，未发生重大网络舆情事件和公共安全事件。积极推进特殊人群管理，全年共接受刑释人员183人，在册社区服刑人员348人，安置率92%，帮教率100%，当年刑释解教人员重新犯罪数为零，五年内刑释解教人员重新犯罪率控制在1.5%以内。加强流动人口管理，推进居住证制度，共新登记暂住人口2.6万余人，清理注销2.1万余人，从中查破案件155起，抓获犯罪嫌疑人163人、逃犯8人。对在管的重性精神病患、艾滋病患加强健康管理和规范治疗，通过“关爱、引导、帮教、关怀、保护、救助”青少年六大行动，提升管理服务水平。全年共开展各类宣传活动50余场次，出动宣传车100余台次，悬挂标语600余条，发放宣传资料8万余份，先后开展以“百姓故事会”为主题的“百姓法制大讲堂”活动、以“法润句容”为主题的法制文艺小分队巡回演出活动。（高　翔）

公　安

【概况】 2015年，句容市公安机关以建设法治公安为引领，以全面深化公安改革为动力，履行维护稳定、服务发展、打击犯罪、管理治安的职责，为全市实现“十二五”完美收官创造和谐稳定的社会环境。全年命案、八类案件全部侦破，现行案件破案率在镇江排名第一；社会安全感群众满意度达95%，在镇江排名第二；维稳、国保综合考核在镇江排名第一。信访化解能力进一步提升，全年实现涉法涉诉“零上访”。保障华电二期工程建设、104国道城区连接线建设、城市棚户区改造、部分乡镇征地拆迁等中心工作，完成省级优秀管理城市、文明城市创建等迎检任务。完成各类重要赛事、重大活动的安保任务26批次。打击影响全市经济发展的违法犯罪活动，维护市场经济秩序稳定，全年共挽回经济损失1400余万元。交警大队、车管所分别被省厅授予集体二等功。市看守所连续十一年被公安部授予“全国一级看守所”。（王泽举）

【基层建设】 2015年，公安机关推进“810”强基工程，加大对公安机关的经费保障力度和基础设施的建设力度。各派出所基础设施建设、执法办案经费和日常办公开支,已全额纳入财政预算;茅山、郭庄、白兔、宝华、天王5个中队的办公用房所需建设费用,全部由乡镇财政足额保障;投资3000万元建设消防特勤站,已完成土建主体施工。继续加大对警用装备设备的投入,增配警车32辆、电脑80余台,更换新式警务通322部。加强对优秀民警的选拔培养,提拔52名中层干部,全局现有股职以上干部272名,占民警总数的45%。　　　(王泽举)

【防控体系构建】　2015年,共破获刑事案件1071起,其中现案799起,共查获各类刑事作案成员1105人,刑拘653人,逮捕263人,公诉624人。破获公安部挂牌生产、销售有毒有害食品案,省公安厅挂牌系列盗窃路边店案件。摧毁一流窜多个省份的诈骗团伙。侦破一起城区贩毒案,缴获毒品数量为句容市历史之最。同时,提升技防建设水平,加大对虚拟社会和重点单位内部的管理防范力度,健全完善交通、消防和危险物品安全隐患排查机制,初步实现全时空、多层次的防控格局。全市全年没有发生大要恶性案件和重大安全责任事故,社会安全感群众满意度达95%,在镇江市排名第二。　　　(王泽举)

【交通管理】　2015年,共查处各类交通违法行为4.78万余起,通过电子监控采集非现场交通违法行为55.94万余起。2015年,共发生立案道路交通事故103起、死亡108人、伤87人、直接经济损失52.96万元,与去年同比分别下降3.77%、下降4.55%、上升26.8%,和下降17.24%。

2015年,市公安机关共开展交通安全宣传活动57场次,发放宣传资料3.2万余份。构建镇、村、组三级交通管理体系,在全市所有行政村成立农村交通警务工作站,并自主研发基础信息平台。全年共建设农村交通警务站90个,配备专兼职交通协管员868人,采集整合各类信息119851万余条,其中车辆信息39717条、驾驶人信息6686条、交通设施信息45条、道路交通安全隐患79条。

2015年,市公安机关抓好城区交通秩序治理,重点对城区的东门、人民路等繁华路段进行集中整治,共查扣无牌无证摩托车1500余辆次、电动三(四)轮车500余辆次、非法加装动力装置的人力三轮车200余辆次,处罚非机动车违法行为3000余起。对城区交通标线进行改造和整体出新,对校园周边以及有条件路段施划临时停车泊位。全年共施划交通标线5千余平方米,施划停车泊位200余个。

(王泽举)

【监所管理】　2015年,市看守所实现连续13年“安全无事故、队伍无违纪、执法无过错”的工作目标,第11次被公安部授予“全国一级看守所”。全年该所通过狱政攻势共获取各类违法犯罪线索348条,破获刑事案件270起、治安案件32起,查获网上逃犯11名,追诉犯罪嫌疑人26名,缴获赃款赃物价值60余万元,毒品90克。　　　(王泽举)

【“打击侵财犯罪质效提升年”活动】　2015年,市公安局将入室盗窃、盗窃电瓶车和盗窃车内财物等多发侵财性犯罪作为打击重点,组织开展“打击侵财犯罪质效提升年”活动。共破获侵财性案件471起,抓获侵财犯罪嫌疑人384名;摧毁侵财犯罪团伙16个,抓获成员55人。侵财警情占违法犯罪总警情比重低于全市平均数。　　　(王泽举)

【打击食药环犯罪“利剑行动”】　2015年,市公安局开展“打击食药环犯罪‘利剑行动’”,加强与行政执法部门、行业协会和重点企业的沟通对接,共侦破食药刑事案件4起,并破获公安部挂牌督办的生产、销售有毒、有害食品案件,抓获涉案嫌疑人20余名。

2015年4月份,市公安局根据市食药监督管理局移交线索,组织警力破获李某等人生产、销售有毒有害食品案。先后奔赴广东、福建、西安、河南、安徽等多地,抓获王某等犯罪嫌疑人20名,捣毁制假窝点1处,销售窝点13处,涉案金额达500余万元,此案被公安部挂牌督办。

(王泽举)

检　察

【概况】 2015 年，市人民检察院围绕“做强一个品牌、突出两个重点、筑牢三个基础”总体工作目标，加大司法办案力度，推进检察改革创新，加强队伍建设，在2015 年镇江市基层检察院综合考评中名列前茅，共计10 个集体和 37 人次获上级表彰。市检察院夏立红被授予“镇江市人民奖章”，成为镇江市首位获此殊荣的检察干警。2015 年，市检察院加大司法办案力度，依法严厉打击民生领域危害群众生命财产和健康安全各类犯罪，开展打击破坏环境资源和危害食品药品安全犯罪专项立案监督活动。共受理审查逮捕案件 132 件189 人，批准逮捕 124 件 168 人；受理审查起诉案件511 件 693 人，同比分别增长 17.2% 和 8.6%，提起公诉465 件 623 人。其中，办理生产、销售假保健品、毒韭菜饼等危害食品药品安全犯罪案件 7 件 15 人，办理非法吸收公众存款、拒不支付劳动报酬犯罪案件 7 件 8 人。共立案查处贪污贿赂、渎职侵权犯罪案件 19 件 22 人。其中，查处副科级以上干部 8 人，占立案总数的34.8%。涉案金额在 100 万元以上的 8 件，占立案总数的 42.1%。通过办案，为国家和集体挽回经济损失1000 余万元。 （李文永）

【司法公平】 2015 年，市检察院加强对执法不严、司法不公问题的监督。共依法监督行政执法机关移送刑事立案 3 件。介入引导公安机关侦查活动 30 余件次，监督立案 1 件 3 人，监督撤销案件 1 件 1 人，追加逮捕3 件 3 人，追加起诉 2 件 2 人，对侦查、审判活动中的违法情况提出纠正意见 11 件次，依法发出刑事再审检察建议 1 份并获采纳。单独或配合看守所安全检查和清监 54 次，开展社区矫正工作巡回检察 12 次，与 54 名社区矫正人员进行了面对面谈话，依法纠正期限计算错误 2 件次，纠正违法情形 3 件次，督促司法行政部门收监执行 3 人。审查各类民事行政申请监督案件 12 件，协助上级检察机关办理不服法院裁判的再审案件6 件。开展虚假诉讼专项监督活动，打击当事人恶意串通、以诉讼方式实现非法目的的行为，立案监督 1 件财产标的达 200 余万元的虚假诉讼案件。 （李文永）

【服务生态文明建设】 2015 年，在镇江市率先推动政府层面构建环境资源保护联动处置机制，全年共启动联动执法机制、介入污染事件调查 30 余次，摸排、发现有价值线索 6 件，建议行政执法机关对 2 起涉嫌非法占用农用地案件移送刑事立案。2015 年 5 月，该项工作被环保部、中国法学会评定为“全国生态环境法治保障制度创新优秀事例”。 （李文永）

【智慧侦查建设】 2015 年，市检察院加强与相关部门信息共享和协作配合，进一步增量扩容侦查信息库。构建流转规范化、管理信息化的职务犯罪线索管理机制，借助信息化应用系统，实现线索受理、分流、查办和信息反馈的规范管控和动态监控，杜绝举报线索“体外循环”和选择性办案问题发生。 （李文永）

【行政执法监督】 2015 年，市检察院运用检察建议、支持起诉等多种形式，依法纠正怠于履职、执法不严等问题 14 件次，积极督促行政执法机关依法、规范履职。2015 年 11 月，市人大常委会审议通过《关于加强环境资源保护检察监督工作的决议》。 （李文永）

【队伍建设】 市检察院推行检察人才“尖兵计划”，坚持每两月组织开展一次精品课程旁听、案例研讨、实务论辩等练兵活动。建立业务骨干后备人才库，依托检察职业导师制度对优秀年轻干警实行长期培养、跟踪指导。优先选派、鼓励支持干警参加高层次教育培训以及上级检察机关业务竞赛活动。全年有 5 人次在省、镇江市检察机关业务竞赛中荣获表彰，涌现出全省反贪部门“十佳侦查员”、“首届全省未检业务竞赛能手”等一批骨干人才。 （李文永）

【检务公开】 市检察院始终将自觉接受监督放在重要位置，全年向市人大常委会作专题报告汇报工作 1 次，邀请各级人大代表视察、座谈 5 次，院领导登门走访代表20余人次。借助“检察开放月”、“代表委员联络月”等活动载体，主动接受政协民主监督和社会各界监督。全年共发布重要案件信息29条，公开终结性法律文书377份。借助检察官方微信、微博等新媒体平台，即时发布检察工作资讯、查办案件信息及检察先进事迹，主动增强检察工作透明度。（李文永）

审　判

【概况】 2015年，句容法院围绕“努力让人民群众在每一个司法案件中感受到公平正义”的工作目标，全面加强审判执行工作，着力保障公正为民司法，积极探索司法改革，从严深化纪律作风建设，各项工作稳步推进。全年受理各类案件11784件，比去年净增加1474件，审执结9986件。该院先后获评镇江市预防青少年违法犯罪工作先进集体、镇江市三八红旗集体，被镇江中院授予集体三等功。“沐正苑”教育基地被授予镇江市廉政文化示范点，下蜀法庭被评为全省法庭文化建设示范单位。青年干警王丽获评全国优秀法官、全省“人民满意的公务员”，被授予“江苏青年五四奖章”。（刘光亮）

【司法审判】 2015年，句容法院共受理各类案件11784件，比去年净增加1474件，审执结9986件。开展“百日清案会战”活动，各部门采取凌晨执行、中午加班开庭、下午推迟下班、周末加班等举措，在为期100天的活动中，审执结案件3317件，同比上升51.3%，在手未结案件尤其是长期积存案件明显减少，全年案件改判发回率在镇江市法院系统排名第二。

（刘光亮）

【民生服务】 2015年，句容法院组织女法官与外地失足少年结对帮教，开展关爱留守儿童、爱心捐助涉案患病儿童等公益活动，获评镇江市预防青少年违法犯罪工作先进集体，3个案例在全市妇联系统优秀维权案例评选活动中分获一、二等奖。开展涉民生案件专项执行活动，执结92件重点民生案件，实际执行到位标的320余万元。发挥巡回审判在便民诉讼和基层法制宣传方面的积极作用，每月定期驻点开展巡回审判工作。规划建设白兔人民法庭，解决东部乡镇群众便利诉讼的问题。10月29日，句容法院便民服务中心正式投入使用，该中心集诉讼服务中心、执行指挥中心和信访接待中心于一体，并设置了残疾人专用法庭、当事人等候室、律师休息室等场所。（刘光亮）

【信息公开】 句容法院坚持“上网为原则，不上网为例外”，推进生效裁判文书上网工作，全年共有符合条件的5382份生效裁判文书上网公布。深入推进庭审公开，全年通过互联网和微博直播庭审37次。加强官方网站、微博和微信公众号建设，提升内容更新频率和原创率。2014年以来，开展为期二年的“百名代表感知法院”系列活动9次，全市13个代表团共135名市人大代表受邀走进法院，参与旁听庭审、跟踪执行、现场视察、听取汇报、座谈交流等活动。（刘光亮）

【队伍建设】 2015年，句容法院开展“三严三实”专题教育，开展“法官当如邹碧华”主题教育实践活动。重视对审判一线优秀法官的培养和宣传。完善制度体系，加强对审判权、执行权运行的监督制约。新聘请执法执纪监督员并选任内部廉政监察员，加强内外监管。制定出台《关于实行青年法官导师制的工作意见》，加强青年法官培养。2015年在镇江市法院系统书记员业务技能竞赛中获团体第一名，1名书记员作为镇江市法院系统代表，被评为“全省法院书记员业务标兵”，全院有26名编制外书记员通过省法院统一定岗考核，通过率为76.5%，居镇江各法院榜首。加强课题研究和典型案例、优秀裁判文书编报，1篇案例入选核心刊物《中国法院2015年度案例》，1份裁判文书获全省法院优秀裁判文书三等奖，3个调研课题入选镇江法院重点调研课题。（刘光亮）

【王丽获“全国优秀法官”称号】 2015年1月，句容市人民法院下蜀人民法庭庭长王丽被最高人民法院授予“全国优秀法官”称号。这是王丽第二次获得全国性荣誉称号。（刘光亮）

【后白法庭郭庄巡回审判点揭牌】 2015年5月13日，句容法院举行后白法庭郭庄巡回审判点揭牌仪式，镇江中院副院长姚强，句容市委常委、政法委书记章壮钧等出席活动并为审判点揭牌。 （刘光亮）

【中央电视台播出句容法院涉民生专项集中执行活动】 2015年10月29日，中央电视台第2频道《经济与法》栏目播出句容法院涉民生专项集中执行活动，报道该院执行局法官工作开展情况。该节目历时30分钟，分别对法院工作人员和涉案当事人进行深入的采访，对该院工作人员在查找财产线索、对当事人做思想工作、迅速采取强制措施等方面进行了详细的报道。 （刘光亮）

司法行政

【概况】 2015年，市司法行政系统充分运用微博、微信等先进信息技术开展法治宣传教育。打造法治宣传教育中心，12月4日，句容市法宣中心揭牌，中心面积约600平方米，能满足各类学法对象的普法要求。开展“法治大讲堂”、“法治文艺会演”、“送法进军营、入监所”、“宪法进万家”等活动，大力宣讲法律知识。在20多家机关单位开设法治讲座，对1600余名机关工作人员进行普法教育，提升他们依法行政的意识。全年全市法治宣传教育参与率达到80%以上，知晓率和普及率达到90%以上。

2015年，市司法行政系统抓好社区矫正、安置帮教工作。以政府购买服务的形式，与许能华心理咨询服务中心签订合作协议，以假释犯、暂于监外执法人员以及未成年社区服刑人员为重点，实施个别心理矫治和团体心理辅导，这一做法也得到省厅的推广。联合市关工委组织句容市“五老”（老干部、老战士、老专家、老教师、老模范）志愿者参与到社区矫正工作中来。截至2015年年底，社区服刑人员在册309人，无社区服刑人员重新犯罪。建立刑释人员及服刑人员未成年子女心理矫治机制，聘请12名心理咨询志愿者为刑释人员及服刑人员未成年子女提供心理需求服务。加强与公安、监狱等单位的信息联系与共享，确保句容市服刑在教人员信息核查率稳定在99%以上。

2015年，市公证处参与国有土地使用权出让、政府采购、乡镇三农产权租售协议及收益权公证及监所服刑人员委托公证等项目，办理各类公证2420件，未发生错、假证现象。 （朱惠明）

【“民主法治示范村（社区）”活动】 2015年，组织基层开展“回头看”，提升基层民主法治创建的整体水平。截至2015年年底，创成全国民主法治村1家，省级民主法治村66家，镇江市民主法治村123家。建成“华阳镇新坊法治文化广场”、“宝华镇凤坛法治文化广场”等法治文化阵地10个，镇（街）法治文化阵地建成率达83%。 （朱惠明）

【调解网络建设】 2015年，在句容市13个镇（管委会、街道）、176个村（居）均建立调解组织，全市所有村（居）调委会全部达到规范化人民调解委员会建设标准。成立由37名法学、医学等方面专业人员组成的调解专家库，完善访调、诉调、公调、检调、援调“五调”对接工作机制。各级调解组织全年共开展矛盾纠纷排查80余次，调解纠纷8116件，调解成功8061件，调解成功率达99.3%。 （朱惠明）

【法律服务】 2015年，充分发挥律师“法律智囊团”作用，为重大项目建设提供法律服务。在旧城改造、南大街等区块开发建设中，律师积极参与审查拆迁方案，拟定拆迁协议，安抚上访群众。 （朱惠明）

【法律援助】 2015年，句容市对法律援助案件实行风险评估机制，已保持10年法援案件“零投诉”的记录，成为镇江市内受援人满意度最高的县（市）之一。其中，余慧珍主任承办的孔某一家三口的交通事故赔偿案件（为受援人索赔了206万）获得江苏省2014年度十大优秀法律援助案件。全年，法律援助中心共办理援助案件618件。

（朱惠明）

墓东晨曦（卢家首）

江 苏 省 句 容

2015年7月3日，五洲国际项目签约

2015年6月26日，普洛斯物流项目签约

经济开发区

2015年11月12日，开发区招商项目集中签约

2015年3月15日，省高创中心，已获国家级孵化器

2015年8月24日，水畔新居安置小区施工现场

句容市茅

2015年8月31日，镇江市委书记夏锦文参观了茅山新四军纪念馆新馆

茅山管委会分管领导向郑荣宝老人祝寿

2015年4月20日，中央电视台《走遍中国》栏目拍摄茅山道教养生专题片

句容要会

2015年7月8日，电影《军号密码》剧组成员与句容市领导合影

2015年4月18日，第七届“句容—茅山杯”冠军邀请赛活动现场

2015年羊年春节，众多游客喜客泉景点猜灯谜

2015年9月4日，举办纪念抗日战争胜利暨世界反法西斯战争胜利70周年活动

句容市赤山

赤山湖“综治平安宣传日”活动走进胜利村

赤山湖大学生村官刘鹏飞在解白根的指导下学会了开插秧机

“迎新年冬游赤山湖”活动在赤山湖湿地公园举行

湖管委会

赤山湖管委会孔昭龙、赵美、杜晓荣三人同时获评“镇江好人”

赤山湖团工委组织中学生到李桂荣烈士墓参加祭扫活动

“世界无车日”千人骑行活动在赤山湖湿地公园举行

句容市华

省人大常委会副主任张艳（右三）调研街道代表工作站建设

参观市警示教育基地

华甸农产品体验店开业

阳 街 道

举办“春风行动”招聘会

爵鼎汽车产业园

北互通

建设中的下甸安置房

贯纪山公园春色

句 容 市

2015年12月30日，江苏华电句容举办二期（2×1000MW）扩建工程首桩仪式

2015年10月18日，下蜀镇第二届稻美茶香节开幕

下　蜀　镇

天工股份举办新三板上市揭牌仪式

2015年5月25日,下蜀镇举办第一届体育节暨第二届篮球联赛

句 容 市

镇江市委书记夏锦文到宝华博济智慧产业园进行调研

隆昌寺举办“祭奠抗战英灵，祈福世界和平”佛事祭奠活动暨“大善净土”书画作品展

宝　华　镇

宝华镇2015年经济工作会议

航拍下的宝华新城

句 容 市

2015年5月23日，镇江市委书记夏锦文视察宁武化工企业

2015年6月10日，镇江市长朱晓明视察环境综合整治现场

边　城　镇

2015年5月13日，句容市委书记许文调研边城项目现场

2015年12月9日，江苏南瓷绝缘子股份有限公司与加拿大优拿大公司合作成立江苏优拿大环保科技有限公司

2015年1月10日，“千人看边城”活动现场

仓山湖片区航拍图

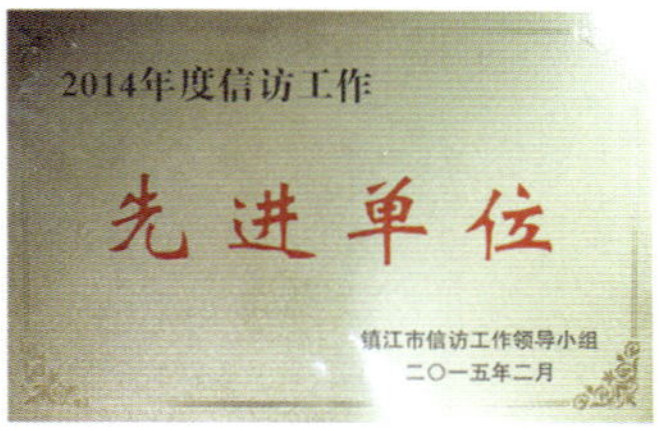

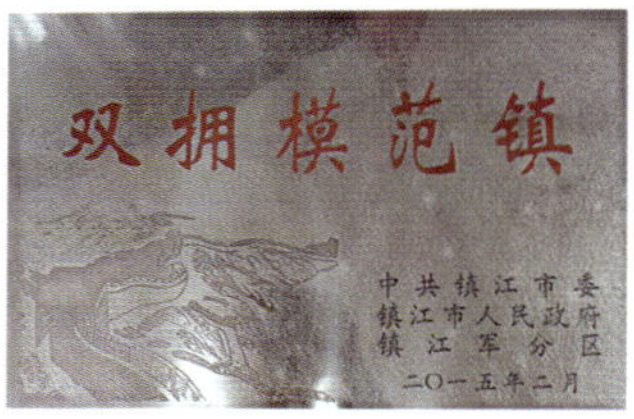

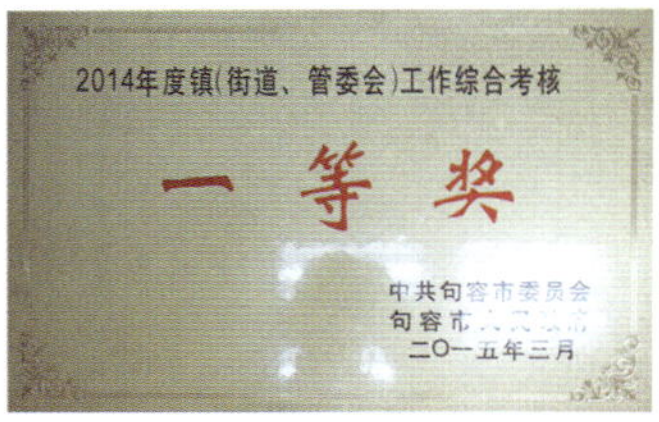

句容市

2015年6月2日~6日，镇江市委书记夏锦文到白兔镇行香村开展“三解三促”驻点调研

白兔镇

2015年3月28日，首届“果香白兔，莓飞色舞”句容白兔草莓节开幕

2015年年8月15日，第六届葡萄节慈善纳凉晚会在白兔镇草莓广场举行

句容市

市委书记许文在郭庄镇东恒高新技术产业园参观调研

爱家

郭 庄 镇

市人大主任文雁才调研郭庄镇甲山村人大代表工作站

市人大主任文雁才调研南京东郊奥特莱斯

虬山水库

句 容 市

镇江市委书记夏锦文，句容市委书记、市长许文视察西冯村“美丽库区·幸福家园”项目建设情况并对低收入农户进行慰问

市领导许文、高庆华出席在西冯村举行的镇江市农村精神文明建设现场会

党委书记贡月明、镇长张明飞陪同市人大常委会汇报镇民生实事项目进展情况

后 白 镇

镇党委书记贡月明陪同副市长袁广军到五星村给全体村支部党员上党课，并走访慰问困难户

党委书记贡月明到西冯村主持召开"两学一做"学习教育第一次专题讨论会

镇党委书记贡月明主持召开后白镇纪念建党95周年表彰大会暨书记专题党课

召开中国共产党后白镇第十六次党员代表大会

句容市

省委常委、组织部长王炯到戴庄村视察

党员冬训现场照

航拍天隆神怡

天王镇

市领导高庆华等为种下的樱花树浇水

天王大坝改造工程竣工

高档家具生产

句容市茅山镇

2015年9月25日，市长朱晓明到茅山镇调研三集园区建设

2015年5月22日，人大代表视察校安工程

2015年9月7日，俄罗斯考察团到老方葡萄园交流学习

2015年5月17日，桑果节开幕式现场

2015年7月9日，“五助”服务志愿者启动仪式

句 容 市

崇明街道商会一届一次会员代表大会在曙光国际大酒店召开

崇明街道中凌社区被国侨办授予的2014年度“全国社区侨务工作示范单位”称号

崇 明 街 道

崇明街道办事处财政所正式挂牌成立

句容市首届睦邻微电影节之微视频大赛组委会在崇明街道举行新闻发布会

崇明街道在葛仙湖公园举办主题为“祖国你好“的纪念抗战胜利70周年纪念晚会

句 容 市 科

2015年3月4日，市领导到科技局调研

市科技局为科技型企业研发机构进行授牌

参加“走进行风热线”栏目

2015年4月7日，全市科技人才暨创新型城市建设大会召开

2015年4月15日，国家知识产权试点城市顺利通过验收

学 技 术 局

举办江苏句容西安产学研合作对接洽谈会

召开全市科技金融政策推介暨银企对接会

赴廉政教育基地开展警示教育活动

走访慰问困难户

举办预防渎职犯罪专题讲座

句容市举办专利挖掘与布局初级实战培训班

开展“4·26”世界知识产权日专题宣传活动

句容市民族

全国道德模范赵亚夫在白兔草莓节开幕式上致辞

省民委领导陪同伊斯兰发展银行特援办主任阿瓦德·萨利姆·埃萨姆先生一行到句容清真寺实地考察“江苏省伊斯兰教文化培训中心”落户事宜

宝华山隆昌寺举办纪念抗战胜利70周年佛事祭奠暨书画展活动

宗教旅游局

骑行节

象棋冠军赛

2015年句容市第二届樱花节

句容草莓节

句容市史

市委副书记高庆华调研史志工作

11月16日，镇江市史志办主任吴海平一行到句容史志办调研，常务副市长马云明出席

志办公室

召开全体工作人员会议

组织人员到社区开展创建文明城市活动，帮助小区清洁卫生

史志成果

句容市司法局

市领导参观法治宣传教育中心

“法润江苏、德法同行”重阳节尊老敬老法律服务行动

梅花社区法律咨询活动

宪法宣传日活动

“八一”节送法进军营

句容市人民检察院

市人民检察院民行科科长兼后白检察室主任夏立红荣获“镇江市人民奖章”

举办第二届“网眸看检察”活动，邀请普通网民了解检察工作

在镇江市率先启动“预防邮路”工作

世界环境日组织干警开展绿色骑行暨环保法制宣传活动

句容市

省公安厅党委副书记、副厅长邵木金到句容市公安局调研指导工作

省公安厅党委委员、机关党委书记吴建元视察句容市交警大队

市领导走访慰问巡特警

公安局

雷山县公安局到句容市公安局交流学习

全市公安工作大会

重温入党入警誓词

开展信息化培训

开展110宣传活动

句容市人民法院

邀请人大代表参观便民中心

走进"行风热线"

郭庄巡回审判点揭牌

召开新闻发布会

接受警示教育

"法官妈妈"回访失足少年

专项集中执行活动

舞台剧《最美法官》

句容市委党校

举办市级机关新党员轮训

举办全市领导干部“周末学堂”

2015年是句容市委党校工作越位奋进的一年。一年来，干部教育培训创历史新高，“周末学堂”获选镇江市学习型党组织建设“十大优秀品牌”。全年举办五大类主班次近20期、“周末学堂”23期，参训9000多人次，培训质量进一步提升，得到社会各界好评。社会培训实行开放式办学，积极开辟培训市场，成人学历教育、继续教育、网络远程教育稳中有升。市情研究取得新成绩，社科地位不断提升。完成省委党校立项重点课题1个，镇江市委党校立项课题2个。加强自身思想作风建设，实施内设机构撤并调整，完成中层干部交流，管理机制进一步完善。结对帮扶郭庄镇经戴村，三年见成效，顺利完成“双达标”任务。开展“三严三实”专题教育和“双型”党组织创建，一支部创成“四星级”党支部。全年社会评议在党群系统继续升档进位。在全校倡导“治学、敬业、求实、创新”的新时期党校校训，团结奋进的氛围更加浓厚。

教职工参观市法制宣传教育中心

帮扶经戴村实现“双达标”

参加市级机关文艺汇演并获三等奖

句容市文化

2015年第六届环太湖国际公路自行车赛句容赛段（句容赤山湖国家湿地公园——茅山风景区）

副市长王乙焯在该局开展三严三实专题教育活动

广电体育局

举行“听花语、闻花香”文化乡村行

举行江苏省第46届县级门球比赛

句容市发展改革和经济信息化委员会

市发展改革和经济信息化委员会召开2015年年终总结会

市经信委党委书记到盛邦家具有限公司走访了解企业运营生产中的困难和问题

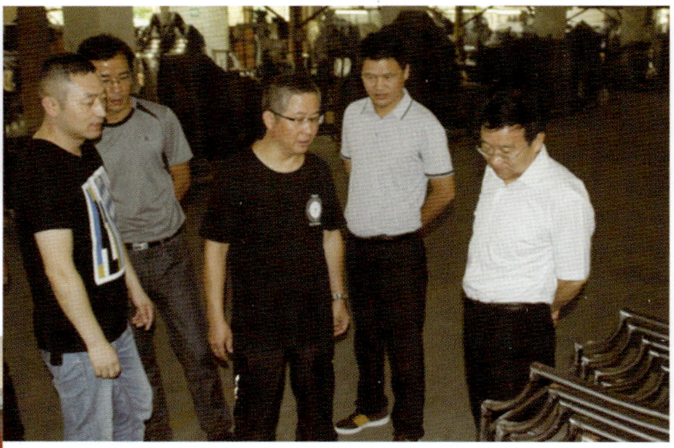

市经信委党委书记到企业车间走访查看企业生产状况

组织召开句容市“十三五”规划（草案）专家咨询论证会

句容市人力资源和社会保障局

《焦点访谈》报道了句容市构建和谐劳动关系的经验做法，镇江市委书记夏锦文批示要求在全市推广

国家人社部农保司先后三次到句容市调研被征地农民保障工作

召开“金保工程”建设项目上线评估会

江苏句容“智汇容城 创业福地”青年大学生创业大赛新闻发布会

“春风行动2015”大型招聘会

句容市地税局

活力地税 绿色骑行

走进“行风热线”

党风廉政建设常抓不懈

学习楷模 服务三农

三证合一 方便服务

党员志愿者进社区

句容市烟草局

局领导到市场调研

参观句容看守所，树立防腐防贪意识，弘扬清风正气

年度工作会议

走访慰问帮扶对象

道德讲堂宣讲

志愿巡逻

句 容 市 交

镇江市交通运输局局长丁峰（中）调研句容交通项目

局长邵国一在104国道连接线桥梁架设现场

句容市交通运输局局长邵国一（中）指挥防汛救灾

接受档案工作省五星级测评，省档案局察看交通局档案展示厅

通　运　输　局

交通执法人员开展“治超打黑”年活动

受台风“灿鸿”影响句容突降暴雨，交通部门迅速进行防汛救灾

公路养护工人夜间除雪

全年新增城市公交线路1条，开通夜间公交线路2条

句容交通运输局合唱队参加句容市级机关文艺汇演

新建成的春天线富春段

104国道句容段通过省交通运输厅公路局“畅安舒美”示范路创建验收

句容市城管局

市委书记、市长许文在市城管局局长徐龙喜、党委书记曹青松陪同下慰问一线城管职工

市委书记、市长许文专题推进城管局重点工程

省专家组调研句容市优秀管理城市创建工作

省级优秀管理城市、园林城市创建推进大会

全市农村环境长效管理工作会议

数字城管系统高分通过省住建厅验收

2015年度城市管理工作总结表彰大会

城管执法队员参加赤山湖防汛

市城管局“筑梦中华”节目获市级机关文艺汇演一等奖

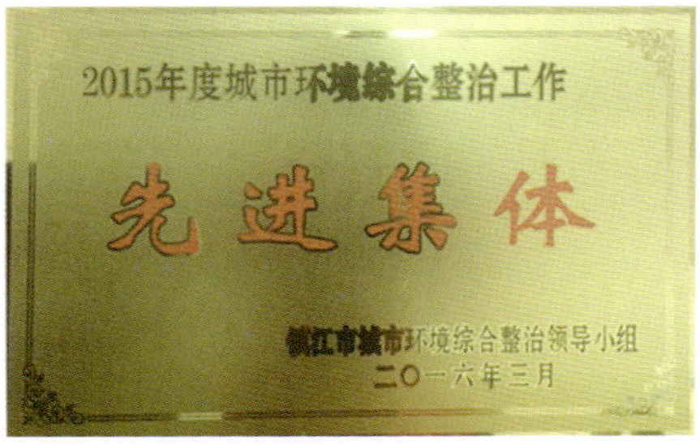

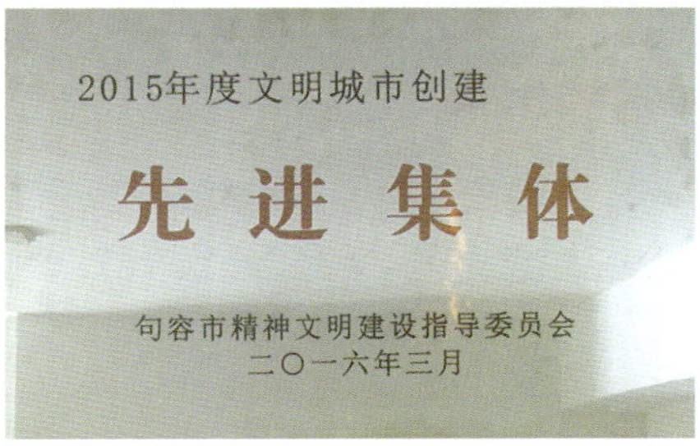

句 容 市 农

镇江市市长朱晓明（前右二）视察戴庄高架草莓种植模式

句容市电子商务进村入户工程启动仪式

业 委 员 会

全市召开“百村万户”双达标推进会

2015中国·句容第六届葡萄节开幕

副市长姚华调研新天地现代农业园区

组团参加2015长三角（上海、江苏、浙江、安徽）休闲农业与乡村旅游博览会

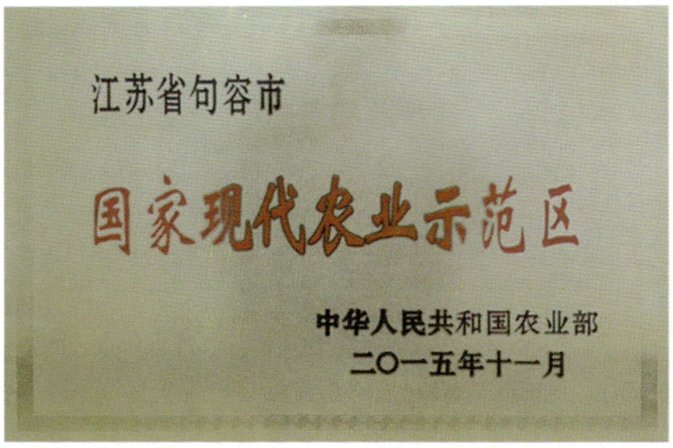

句容市国土局

江苏省国土资源厅副厅长魏红军调研句容市不动产登记工作

副市长侯华锋调研土地管理和矿产资源整治工作

年终总结大会

市委书记、市长许文调研市不动产登记工作进展情况

2015年7月，句容市委召开国土局党组书记、局长涂长坤任命就职会议

省国土厅离退休老干部到句容市参观赤山湖国家湿地公园

句容市教育局

市委书记许文等领导调研校安工程及教育现代化建设推进情况

全市3个镇（管委会）、27所学校通过镇江
教育现代化“双创”

投入使用的天王浦溪幼儿园

市教育局局长高宏斌（左三）到学校调研指导工作

葛村中心小学工程现场

幼儿园游戏化课程品牌效应凸显，多次承办国家及省、市培训和游戏研讨活动，吸引省内外同行专家学习研讨

由华阳中心小学承办的“苏派”班主任高层论坛连续举办六届

素质教育全面推进，学校社团活动促进学生兴趣发展

句容市首届中小学生机器人大赛现场

参加省首届职业学校创业能力大赛

特级教师唐婉在授课

句容市总工会

镇江政协副主席、总工会主席王荣正调研句容市工会工作

调研基层工会安康驿站建设

为获得镇江市模范职工之家单位授牌

召开庆“五一”表彰暨全委（扩大）会议

句容市劳模农业科技服务团成立仪式

开展共决劳动规章活动

句容市职工法律维权律师团为职工开展劳动法律咨询活动

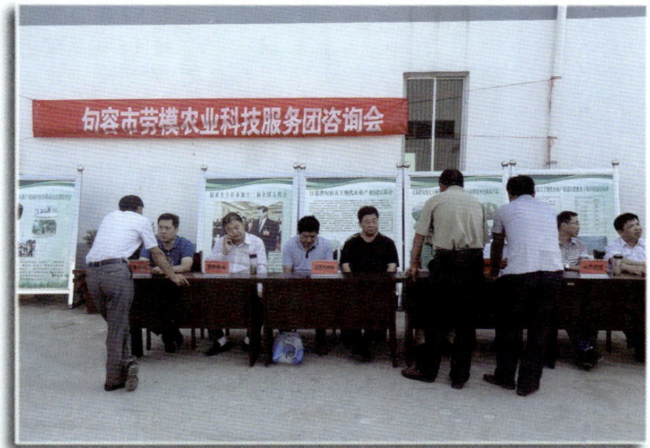

句容市劳模农业科技服务团为百姓提供现场咨询服务和科技辅导

举办职工诗词朗诵会

句容市人防办

省人防局领导调研句容基层人防建设情况

镇江市民防局领导参观句容市人防办举办的摄影展

市人防办领导到茅山镇丁庄村慰问贫困户

句容市首届“人防杯”主题摄影获奖作品展

参加镇江市“勿忘国耻 情系人防”文艺演出

人防警报器安装维护

句容市交巡警大队

镇江市副市长、市委政法委副书记、市公安局党委书记、局长赵建生到该大队视察指导工作

安全宣传月启动仪式

"平安行——交通安全公益晚会"

召开道路交通安全综合治理工作会议

深入学校开展交通安全宣传

联合市广场舞协会组织句容市首届"交通安全出行歌"广场舞专场比赛

开展了二十六次酒驾违法行为集中整治活动

句容茅山湖

2015圣湖花海明星DJ互动

2015圣湖花海彩虹跑活动

句容茅山湖旅游度假区是经省政府批准的省级旅游度假区，位于南京东郊中国优秀旅游城市句容市南部，地处南京核心都市圈和长三角黄金旅游线上，区位优越，交通便捷。

区内岩藤农场占地200公顷，园内植有67公顷波斯菊、矢车菊等花卉，3000平方米的生态餐厅。2014年在岩藤农场举办了为期一个月的后白花田美食节活动，吸引游客4.8万人次前来游玩；国庆长假期间举办“游绿道、赏菊海、吃螃蟹、看大黄鸭”活动。2015年3月在岩藤农场举办了百万郁金香花展，吸引近万名游客前来观赏游玩，4月11日中央二套第一时间和4月10日省台新闻360栏目连续两天报道了后白岩藤农场的郁金香花海。

圣湖花海坐落在二圣水库南侧，占地33公顷，建设了2200米的栈道，100平方米的游客中心，2公里的园区道路，500平方米的停车场，还有5万平方米的水面面积和近3000平方米的人工沙滩区供游客游玩。2015年5月25日-26日在圣湖花海举办的彩虹跑车友节活动吸引了近万名游客参加。

旅游度假区

红色郁金香

郁金香花海

圣湖花海油菜花田木栈道

岩藤农场

盛开的郁金香

茅山湖渔舟唱晚

句容市人民医院

东南大学附属中大医院集团院长座谈会暨胸痛分中心签约仪式

下乡义诊

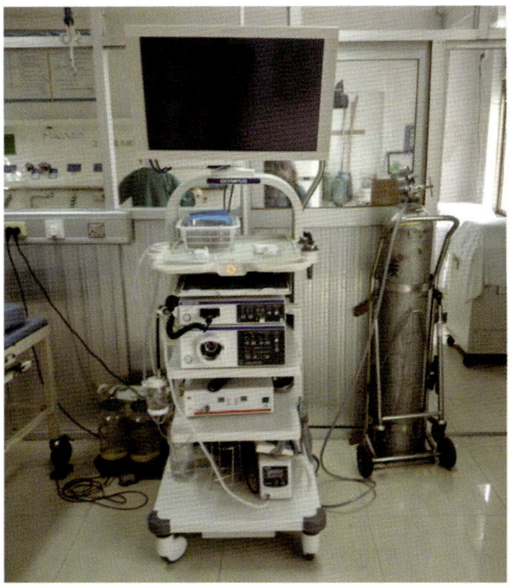

奥林巴斯GIF-Q260内窥镜工作站

江苏大学附属句容医院始建于1934年，有着80多年的发展历史，经过几代人的不懈努力，已成为集医疗、教学、科研为一体的综合性二级甲等医院，是南京医科大学教学医院、南医大二附院技术合作医院，东南大学附属中大医院集团医院，2013年11月通过二甲医院复评，2015年11月通过江苏大学附属医院的评审。医院设有临床医技科室30余个，神经内科、感染性疾病科是镇江市重点专科，妇产科、ICU是镇江市重点专科建设单位。医院拥有1.5T核磁共振一台，16排、24排、64排螺旋CT各一台，移动式中C型臂X射线诊断设备、数字化乳腺钼靶机、电子鼻咽喉镜摄像系统、光学相关断层扫描仪（OCT）等高精尖设备200多台，设备总价值超过亿元，基本满足临床诊疗和患者需求。由政府投入建设资金12亿元的易址新建市人民医院项目于2015年11月开工建设,预计2018年底投入使用。医院先后荣获“江苏省文明单位”、“镇江市文明单位”、“镇江市十佳医院”、“镇江市卫生系统先进集体”、“句容市先进基层党组织”等荣誉称号。

新医院鸟瞰图

句容市中医院

句容市中医院成立于1984年，是句容市唯一集医疗、教学、科研和保健为一体的二级甲等中医院。医院占地7600平方米，建筑面积14300平方米，固定资产总值5300万元；开放病区4个、编制床位224张，实际开放床位120张。全院有在职职工220人，其中卫技人员198人、高级职称20人、中级职称103人；博士1人，硕士5人；镇江市名中医1人。医院脾胃病科、肛肠科分别为镇江市重点专科和镇江市重点专科建设单位。医院是南京中医药大学实习医院、江苏省中医院协作医院、南京都市圈中医医院合作发展联合体成员；先后获得镇江市和句容市“文明单位”、江苏省“青年文明号”等荣誉称号。

市领导到医院调研

深入开展“四定四联”活动

为全市中医人员开展中医适宜技术培训

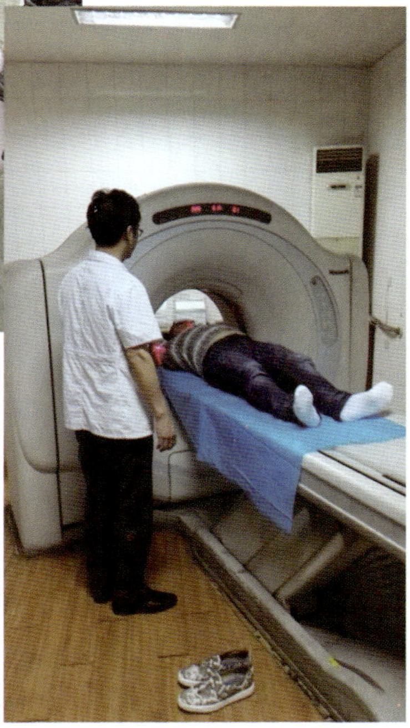

先进的诊疗设备

深入社区开展义诊活动

句容市崇明社区卫生服务中心

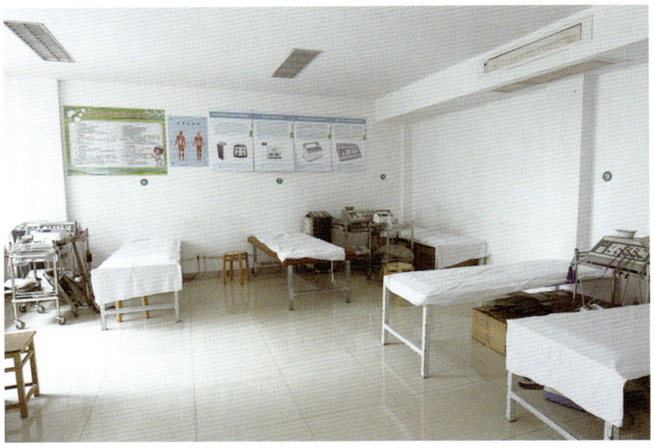

康复治疗室

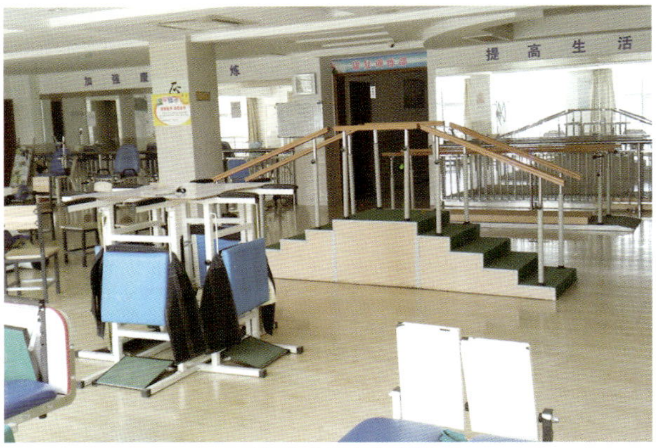

康复训练大厅

句容市崇明社区卫生服务中心成立于2011年1月，设有全科门诊、慢病门诊、中医科、医技科、口腔门诊、康复理疗门诊、健教室、传染病防治室、预防接种门诊、康复病区等科室。配备500mAX光机、飞利浦彩超、五分类血球计数仪、全自动生化分析仪、成人上下肢型智能康复训练器和平衡功能训练检测系统等设备。有在职在岗职工72人，为句容主城区13个居委会及相关行政村近20万人提供社区预防、保健、医疗、康复、健康教育及计划生育技术指导“六位一体”的综合医疗卫生服务，同时提供辖区内新农合市外就医报销服务。2013年10月，崇明社区卫生服务中心成立康复联合病房，主要对病情稳定的高血压性脑出血、脑梗死等病人进行康复治疗，自运行以来，患者普遍反映康复效果较好。同年，崇明社区卫生服务中心被评为省级示范社区卫生服务中心和镇江市廉政文化示范点，连续三年被评为句容市基层满意站所。

药房

服务中心外景

句容市宝华卫生院

句容市宝华卫生院坐落在风景秀丽的国家 AAAA 级森林公园、律宗第一名山宝华山旅游胜地境内，于 2009 年 3 月投入使用。院区占地面积 2.7 公顷，建筑面积达 12000 平方米。有工作人员 68 名，其中卫生技术人员 56 名，卫技人员中具有中级以上专业技术职称的有 11 名。承担 3 万人口及相毗邻的 10 万居民的医疗、疾病预防与控制、妇幼保健健康教育、计划生育技术指导以及康复等服务。

医院下设有内科、外科、妇产科、儿科、骨伤科、中医科、口腔科、五官科等 8 个临床科室和放射科、检验科、B 超室、电子胃镜室等 6 个医技科室。拥有数字化 DR 拍片系统、CT、进口彩超、电子胃镜、全自动化生化仪、电子阴道镜、多功能五官科诊断治疗系统、宾馆式病房和空气层流净化手术室等先进设备。拥有一支高学历、高水平的医疗技术队伍，能开展肺癌、食道癌、胃癌等肿瘤根治手术和甲状腺、胆囊、子宫附件、阑尾、疝气等常见手术。

卫生院有针对性地与大医院合作，开展各项专科建设，长年和省人民医院眼科知名专家主任合作开展白内障专科；卫生院腹腔镜专科聘请南京第一人民医院肝胆外科主任为患者操作；院肛肠科聘请南京红十字会医院教授，开展 PPH 手术；与镇江三五九医院合作开展口腔专科，每周三定期为患者治疗口腔疾病。

卫生院先后荣获农村卫生工作先进集体、中国农村首家数字化卫生院、中国健康扶贫工程•上消化道疾病普查工作先进集体、非典型防治工作先进集体、青年文明号、农村卫生工作特别奖、句容市巾帼示范岗、镇江市巾帼示范岗、人民满意基层站所、行风建设先进集体、江苏省示范乡镇卫生院等称号。

荣誉榜

门诊大厅

特邀请镇江市第一人民医院农工民主党支委组织相关专家进行送医下乡义诊活动

卫生院大楼外景

句容市天王中心卫生院

院长唐伟在廉政建设工作会议上讲话

每周例会

句容市天王中心卫生院成立于1956年，建筑面积7650平方米。医院辖医院本部、唐陵骨科分院、袁巷分院以及11个村级卫生服务站，服务人口近10万人。有在编职工116人，其中大专以上学历人员45人，中、高级以上职称人员33人。医院拥有进口腹腔镜系统、电子彩超、全自动生化分析仪、DR(进口智能摄片系统)、进口高清电子胃镜、麻醉机、监护仪等一批先进的医疗设备。医院开设内科、外科、妇科、产科、儿科、骨科、口腔科、五官科、中医科、针灸推拿科等临床科室。可开展胆囊、胃、脾以及妇科、耳鼻喉科、口腔科等一系列手术项目。

近年来，医院加强管理，提升服务水平，先后获得省妇联“巾帼文明岗”、“江苏省卫生系统深入学习实践科学发展观活动先进集体”、“镇江市文明单位”、“镇江市消费者信得过单位”、镇江市卫生系统“先进基层党组织”等称号。

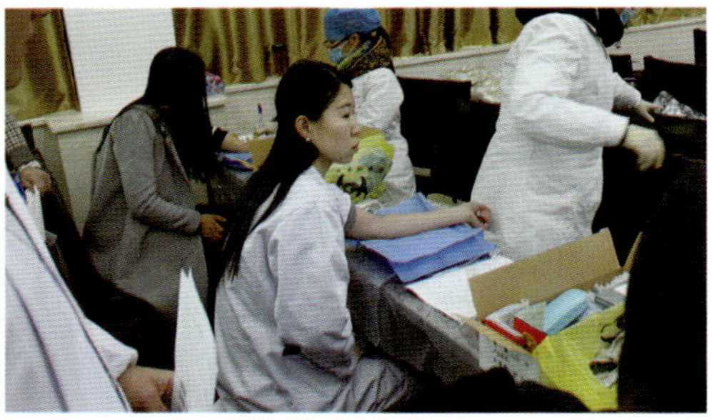

职工无偿献血

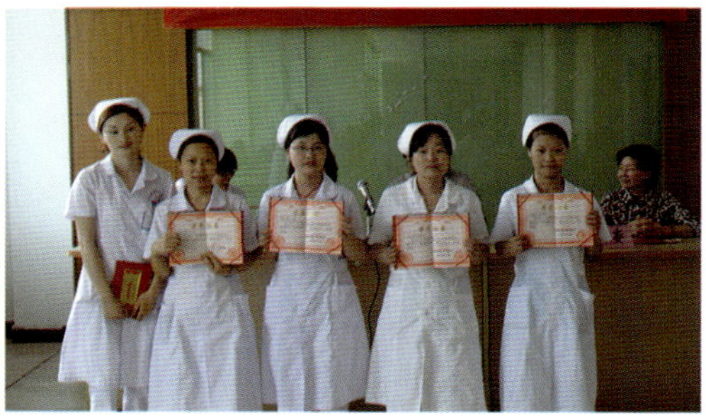

医院护士节活动

句容市消防大队

镇江消防支队支队长窦礼念到大队检查官兵一日生活制度落实情况

镇江消防支队政委汪勇实地检查句容特勤消防站建设

2015年，句容市消防大队在镇江消防支队党委的坚强领导下，以“开拓创新、严谨务实、清正廉洁”为工作原则，以队伍管理和火灾形势稳定为工作目标，以大队党委班子自身建设为首要任务，不等不靠、自我加压，多方聚力、多措并举，确保以防火、灭火为中心的各项工作任务的圆满完成，实现消防工作和部队建设的全面发展。

市委常委常务副市长潘群带队开展化工企业消防安全检查

副市长姚华带队开展市属重点工程施工现场检查

市委常委副市长贾云亮带队实地检查消防执勤备战情况

句容市政府举行高层灭火演练

大队监督员依法查处消防违法行为

开展日常消防知识宣传

江苏农林职

2015年11月11日，与连云港市人民政府签署合作办学协议

2015年10月23日，中法农业职业教育研讨会暨中法农业培训中心揭牌仪式

业技术学院

中国林木种子公司增资入股学院中江种业

学院师生开发而成的江苏省休闲观光农业手机客户端APP成功上线

2015级外国留学生异域风情迎新春

南京财经大学红山学院

NANJING UNIVERSITY OF FINANCE & ECONOMICS HONGSHAN COLLEGE

南京财经大学红山学院是1999年经江苏省教育厅批准建立的民办本科学院，2005年经国家教育部批准，成为国家普通高等教育独立学院。学院依托南京财经大学的学科、专业优势，坚持育人为本、提高质量、强化特色、改革创新、服务社会的办学理念，为地方经济建设和社会发展培养经济学类、管理学类、法学类、文学类等应用型、技术技能型人才。学生学业期满，符合毕业和学士学位授予条件，按国家教育部和江苏省有关规定颁发南京财经大学红山学院毕业证书和学位证书。毕业生就业按国家政策执行。

学院现有普通全日制本科生8000多人，设有国际经贸系、金融税收系、会计系、工商管理系和文法系等5个系以及国际经济与贸易、贸易经济、法学、英语、市场营销、会计学、审计学、人力资源管理、金融学、保险学、税收学、工商管理、财务管理、电子商务、物流管理等15个本科专业。学院专任教师实行校派教师、自有教师、外聘教师相结合，坚持选聘学术水平高、教学经验丰富的高级职称教师担任系部和专业负责人，坚持培养优秀中青年骨干教师为教学主体，以开放式多元化用人管理体制，构建优质师资队伍。

学院地跨桥头和福建路两个校区：桥头校区位于句容市桥头镇，距离南京仙林大学城约25公里，占地70公顷，建筑面积15万平方米。校园山清水秀、环境幽雅，教学、生活设施齐全，宿舍配有空调、热水器、洗衣房，拥有多个语音实验室、学生用机房、多媒体教室。图书馆藏书22万册，配有电子检索和电子阅览设备。学院拥有可供省级大型体育比赛的标准田径场、篮球场及文体馆等相应文化、体育设施，是求学深造的理想场所。福建路校区位于南京市鼓楼区铁路北街128号，占地14.6公顷，建筑面积18万平方米，图书馆藏书71万册。学院学生一、二年级在桥头校区就读，三、四年级在福建路校区就读。

沐德苑

高雅艺术进校园：书法家赵万和做客“沐德学苑大课堂”

志愿者行动：培养学生的社会责任感

趣味运动会：培养学生的团结协作能力，增强团队凝聚力

图书馆,藏书近百万册，配有电子检索和电子阅览设备，为学生提供充足的图书教育资源

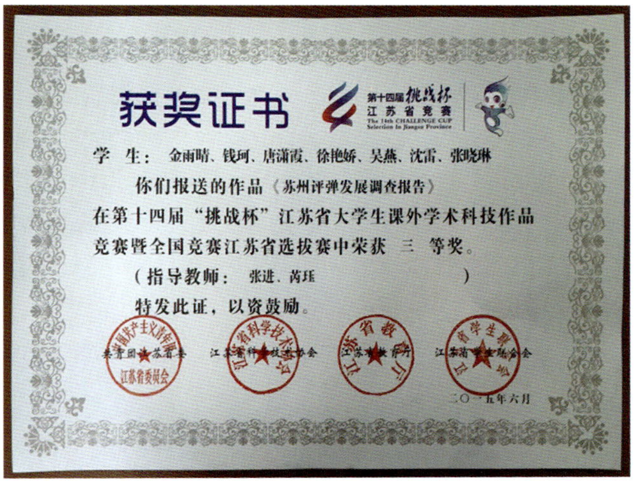

获奖证书

第十四届挑战杯
江苏省竞赛
The 14th CHALLENGE CUP
Selection In Jiangsu Province

学　生：金雨晴、钱珂、唐潇霞、徐艳娇、吴燕、沈雷、张晓琳

你们报送的作品《苏州评弹发展调查报告》在第十四届“挑战杯”江苏省大学生课外学术科技作品竞赛暨全国竞赛江苏省选拔赛中荣获 三 等奖。

（指导教师：张进、芮珏　）

特发此证，以资鼓励。

共青团江苏省委　江苏省科学技术协会　江苏省教育厅　江苏省学生联合会

二〇一五年六月

第十四届“挑战杯”江苏省决赛三等奖

福建路校区

句容碧桂

江苏省副省长曹卫星到校调研

校监梁炽娟、校长季德华和校长许从进在校检查工作

国际文凭课程（IB）成员学校、剑桥大学国际考试委员会（CIE）成员学校——句容碧桂园学校。

IB是International Baccalaureate（国际文凭课程）的简称。最初是专门为驻外高级管理人员（如外交使节）的子女以及世界优秀中学生而设计的两年制大学预科课程（DP）。后发展了中学项目（MYP）、幼儿园和小学项目（PYP）。IB是公认的国际教育领跑者。目前全世界有4000多所IB成员学校（中国目前有90多所），遍布147个国家和地区，全世界有2500多所大学承认IB国际文凭。其中哈佛、耶鲁、剑桥、牛津等世界顶尖大学都欢迎IB毕业生报读。

句容碧桂园学校有760多名学生。学校占地13.4公顷，斥资6亿元人民币，按照国际一流标准建造，教学主楼、功能教室、报告厅、歌剧院、室内恒温泳池等建筑面积16万平方米。校园设施高端、布局合理、交通便利。学校高起点、高标准、高质量办学，2013年9月开学以来，只两年时间已成为国际文凭课程（IB）“成员学校”、剑桥大学国际考试委员会（CIE）“成员学校”。学校从幼儿园到高中二年级每个年级都招生，全国各地学生均可报读。

市领导到学校视察

副市长王琴、镇江教育局局长赵珏到学校调研

园学校

学校开工奠基

镇江市美术、音乐教研活动

外教与学生在图书馆

雪荷飞蓝击剑俱乐部进驻学校

中国周活动“走进内蒙古”

大门夜景

句容市第二中学

校长　邱梦标

句容市第二中学创建于1979年，校址是华阳镇人民路6号（原省句中校址）。办学体制经历了公办学校、两权分离学校、江苏省“四独立”改制学校变革，2009年9月回归公办体制。学校占地面积61500平方米，建筑面积36000平方米，有教学班级58个，2613名学生，教职工260人。近年来学校以创建镇江市教育现代化先进学校为目标，以规范管理和课堂教学改革为切入点，提升内涵，追求特色发展。学校先后获得江苏省文明单位、镇江市“中小学校先进基层党组织”、江苏省最具影响力初中、镇江市无流生学校、镇江市绿色学校、句容市特色学校等荣誉称号。学校连续多年被评为句容市教育教学工作先进集体；2011与2013年分别通过镇江市教育现代化初中和镇江市特色学校验收；2014年被认定为“镇江市高效课堂实验学校”；2015年被认定为“镇江市数字化校园”。

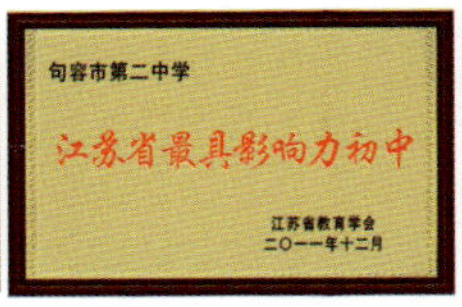

元旦文艺汇演

机房

第二十六届田径运动会

致和教育：营造生命生长的最佳生态

句容市崇明小学

校长、党支部书记 曹慧

领导到学校视察

“向着明亮那方”的学校行政集体

句容市崇明小学创办于2010年9月，学校按照省现代化小学一类学校建设，有47个教学班（北校区11个班），2133名学生，135名教师；其中，特级教师2名，市县级拔尖人才38名。拥有镇江市曹慧名师工作室、句容市唐婉教师工作室。

学校秉承“致和”教育思想，以校训“我很重要”为号角，唤醒生命自觉，激活创造潜能，积极培育“崇真明理、爱生乐业、亲师乐学”的校风、教风、学风，邀约全体师生共同行走在人与自我的身心和谐统一的旅途上：积极打造“崇明”系列活动，唤醒教师“和悦自我，立己达人”；探索三类课程的融和，改革评价体系，培植学生核心素养，唤醒学生“德智和融，多元发展”；统合学校、家庭、社区的教育资源和责任认同，尝试多元共治，形成“不同而和、和衷共济”的治理共同体，努力构建“致和”教育生态文化场域。

学校先后获得全国教育系统先进集体、全国环境教育示范学校、江苏省文明单位、江苏省少先队工作先进集体、江苏省平安校园、江苏省绿色学校、江苏省优秀家长学校、江苏省青少年科学教育特色学校、镇江市现代化先进学校、镇江市十佳学生行为规范示范校、镇江市未成年人思想道德建设先进集体、镇江市中小学校创先争优先进集体、镇江市教育装备与使用示范学校等二十多项荣誉称号。

省特级教师、副校长 唐婉

教师节重温“崇明誓词”

奥运冠军进校园

句容市崇明中学

市领导检查“诗教示范校”创建工作

市教育局领导视察校安工程

第三届校园文化艺术节

句容市崇明中学2013年8月组建，前身是句容市第三中学初中部。坐落于句容市区中心地段双利路北侧，西临玉清河，风景秀丽，环境优美。校园面积近4万平方米，建筑面积2.5万平方米，拥有专任教师158人，44个班级，2020名学生。学校有镇江市、句容市骨干教师20余人，教师学历达标率100%，本科率达98.8%，高级、一级教师149人，占94.3%。

学校按省级Ⅰ类标准配置实验室、多媒体教室、计算机室、舞蹈室、音乐室、美术室等专用教室设施设备，新建了微格教室，探究室，数字图书馆，历史、地理专用教室等；构建高效率的网络办公平台和教育教学资源网络平台，实现资源管理信息化。

学校彰显心理健康教育特色，荣获2011~2012年度《中小学心理健康教育》理事会先进学校，学校特色项目（心理健康）在市级中小学心理健康教育研讨会上交流。学校设有心理咨询室，有11位教师取得三级心理咨询师资格证书。学校编有《心育》读本和《心理专刊》。

学校秉承“教求进步、学为成长”的办学理念，以创新管理和课堂教学改革为抓手，以特色求发展，精心培育“明理诚信、健康好学”的崇明气质学生；以探索并构建“四个当堂”课堂教学模式为主要载体，大力打造高效课堂，教育教学质量逐年提升，成为句容初中教育的“领头雁”。 学校本着“严管理、高质量、创特色、争一流”的指导思想，继续努力，不断拼搏，向更高的目标迈进。

人民武装

【概况】　2015年，句容市人武部突出军事斗争各项准备，以作风建设为抓手，各项建设呈现出稳步发展的良好态势。2015年上半年，市人武部投入210万元整合战备区、办公区、功能区，先后建成了作战指挥室、战备器材室、资料室等库室。作战室设有综合管理平台，与市110、气象局联网，可实时监控市区内主要道口、重要目标、水文气象等，并与基层人武部建立了视频系统，显著提升人武部对社区民情的监控力度。4月，市人武部联合市保密局，对各基层人武部保密办公进行专项检查。（谢明月、刘吉才）

【组织民兵进行防火演练】　2015年1月13日至15日，市人武部组织市民兵防火应急分队在茅山风景区进行森林防火集中训练，帮助队员熟悉掌握防火器械和防火技能。（陈月圆）

【慰问南京军区句容籍营连主官】　春节和“八一”前夕，市人武部对南京军区句容籍营连主官和困难战士家庭进行走访慰问。走访慰问营连主官、稳定部队基层干部队伍，是南京军区加强基层建设的一项重大举措，也是句容市双拥共建的新举措。（陈月圆）

【大学生优秀士兵代表到句容市宣讲】　2015年5月4日，由南京军区组织的江苏省优秀大学生士兵代表宣讲团到江苏农林职业技术学院开展宣讲活动，市委常委、市人武部部长胡旭参加活动。报告会上，南京陆军指挥学院教授黄培义作专题讲座，市征兵办在报告厅外设置咨询台，为大学生提供报名应征资料和咨询。（陈月圆）

【茅山新四军纪念馆成为第三批国家国防教育示范基地】　2015年7月，茅山新四军纪念馆入选第三批80个国家国防教育示范基地，这是镇江市首家国家级国防教育示范基地。茅山新四军纪念馆1985年开馆以来，全馆由新四军苏南抗日斗争历史基本陈列馆、新四军廉政建设史实馆、新四军苏南抗战英烈遗迹专题馆、新四军将帅馆和苏南抗战胜利碑等部分组成。开馆以来，累计接待海内外游客1000多万人次，先后获“全国爱国主义教育示范基地”、“全国百家红色旅游经典景区”、“全国文明单位景区”等荣誉称号。（陈月圆）

【支前模范于秀珍受邀参加抗战胜利阅兵】　2015年8月，句容市抗战支前模范于秀珍受邀到北京参加全国抗战胜利70周年阅兵活动。于秀珍，1926年出生，从小加入儿童团，经常参加站岗、放哨、送情报、护伤员等活动。18岁加入中国共产党，在抗战和解放战争时期踊跃支前，多次立功受奖。新中国成立后，多次当选为县乡级人大代表和优秀共产党员。（陈月圆）

【省军区领导到句容市调研人武工作】 2015年4月27日，江苏省军区副政委刘战勤到句容市人武部调研人武工作。刘战勤听取句容市人武部工作汇报，察看了句容市人武部战备规范化、军营文化建设，对句容市人武部工作特色给予肯定，并要求句容市人武部高起点、高标准抓好工作，争取跨入全省人武工作先进行列。 （陈月圆）

【曹德信到句容市调研"双百双建"工作】 2015年11月24日，省委常委、省军区政委曹德信，省军区政治部主任李少等到句容市人武部调研指导"双百双建"工作。句容市领导商震、石继刚、胡旭和市人武部政委陈志勇参加活动。曹德信一行听取市人武部开展"双百双建"情况汇报后，实地到省军区系统在苏南唯一一个开展帮扶活动的村——茅山风景区天乐村察看。

（陈月圆）

人民防空

【概况】 2015年，句容市人防办突出一个重点（人防基本指挥所建设），推进四项重点工作（加强人防指挥通信工作、加强人防工程建设和维护工作、加强人防法治和宣传教育工作、加强人防"准军事化"队伍建设），推进人防建设科学发展。

2015年，收缴易地建设费，新立项人防工程量、新开工人防工程量、已竣工人防工程量，均完成省市年度工作目标任务。完成2015年度人防专业队整组工作，新组建了心理防护、信息防护、引偏诱爆三支专业队伍。防空警报试鸣连续十四年获得成功，音响覆盖率达99%。与市教育局联合出台《句容市中小学民防知识教育实施意见》，在市崇明中学组织了《民防知识》教学观摩活动。完成秋季开学民防知识读本征订、补充任务，中小学《民防知识》读本各征订2000本。

（赵　晖）

【首届"人防杯"主题摄影大赛】 2015年，为纪念新中国人民防空创立65周年，句容市人防办和句容市文艺联合会共同组织了首届"人防杯"主题摄影大赛。大赛于3月30日开赛，9月30日结束。此次摄影大赛共收到社会各界的参赛作品400余幅，经过专家评审，最终确定了52幅入选作品，其中《多彩转盘》、《纪念碑旁装警报》获一等奖，《美丽句容》、《防灾演练》、《建设中的人防工程》、《繁忙的建设工地》获二等奖，《容城日出》、《人防教育从娃娃抓起》、《晨》、《幼儿园的防空防灾知识教育》、《文化艺术中心》、《构筑地下长城》获三等奖。获奖作品在城区进行为期十天的巡回展出。

（赵　晖）

人民消防

【概况】 2015年，句容消防大队以"开拓创新、严谨务实、清正廉洁"为工作原则，以队伍管理和火灾形势稳定为工作目标，以大队党委班子自身建设为首要任务，完成以防火、灭火为中心的各项工作任务，实现消防工作和部队建设的全面发展。全年大队共接警出动283起，出动车辆453辆，出动警力2315人，抢救被困人员39人，疏散被困人员120人，抢救财产价值252.6万元。开展"进学校、进社区、进企业"各类消防宣传培训37次。完成"9.3"安保、句容市葡萄节、环太湖国际自行车赛等地方重大活动安全保卫工作。中队二期士官盛成健被总队评为优秀党员；中队指导员丛茂红同志被总队评为优秀党务工作者；在总队举办的政工比武中，中队指导员陈辉获得个人第四名。 （韩　春）

【消防监督管理】 2015年，市消防部门共检查社会单位2149家，发现火灾隐患2224处，督促整改火灾隐患2185处，下发《责令立即改正通知书》及《责令限期改正通知书》993份，立案查处66起，临时查封28家，罚款66.59万元。开展劳动密集型企业、养老教育机构、易燃易爆危化品和夏季消防检查专项整治行动，签订各类消防责任状289份。5月，完成对省级重大火灾隐患单位句容富达创业园的整改销案，12月，完成市级

重大火灾隐患单位江苏苏美达创意家纺实业有限公司的摘牌工作。（韩　春）

【消防基础设施建设】 2015年，句容消防大队采取多种方式，推进消防基础设施建设。占地25亩、投资3000万元、建筑面积8600余平方米的句容特勤消防站被纳入2015年度句容市六大类工作60项任务，截至年底已完成土建主体。装备建设方面，完成320万的城市主战车的招标采购（大队配套器材购置投入114万元），并集中采购了一批59.9万元的抢险救援器材用于抢险救援装备建设。6月，向市财政申请1100万元用于购置1辆53米云梯车、2辆大功率水罐泡沫消防车，及一辆城市消防宣传车。（韩　春）

双拥共建

【概况】 2015年，句容市双拥工作紧紧围绕“全面融合、全面提升”的双拥工作思路，按照“发力起跑线，聚焦特色化”的要求，提升全市双拥工作的整体水平。在全市军地之间开展军民融合式发展深化年活动，构建军民科研生产体系、国防动员体系、军民融合保障体系、军民融合文化体系四大体系的融合。开展“双拥创建”和“双拥在基层”活动，保证双拥工作健康发展，镇、村两级优抚服务网络实现全覆盖。（李　琼）

【走访慰问活动】 2015年，句容市四套班子领导在春节、八一期间分组走访慰问了句容市重点优抚对象、驻句部队、镇江军分区和73056部队官兵。（李　琼）

【双拥文化建设】 2015年，句容市双拥办会同规划、城管、住建、文广等部门规划建设双拥主题教育公园、双拥广场、双拥路（街）、双拥长廊。各镇（管委会）、社区办设置大型永久性双拥宣传牌7块。市委宣传部门组织安排领导干部国防知识讲座，市委党校每期副科级干部培训班安排“双拥和国防教育”课。提升车站、商场、医院、公园等窗口单位拥军工作服务水平。（李　琼）

【驻句部队支持驻地现代化建设】 2015年，驻句部队推动“八百行动”（百个连队帮创优美村镇、百支医疗队服务到基层、百名团以上干部结对帮贫困、百台机械参与大工程、百座营区文明当标杆、百场国防知识讲座进课堂、百部电影放映到社区、百对共建对子结对争先进）常态化。3月，驻句部队整体联动，开展“八百行动”奉献月活动。“奉献月”活动期间，各部队全力参与驻地大工程建设，参与文明城市创建工作，开展结对帮扶。南京军区南京总医院汤山分院送医送药到社区，送文化、送电影、送政策到各镇（管委会）、社区等活动。（李　琼）

【军地互办实事】 2015年，句容市深入开展“双拥在基层”活动，累计投入800万元为73667部队修建双拥路、完成了镇江第19条双拥路修建任务，改造73018部队临近243省道十字路口交通和市消防中队训练场地。部队官兵还积极参与句容市抗洪抢险工作。（李　琼）

发展规划管理

【概况】 2015年，是“十二五”规划发展的收官之年，也是“十三五”规划编制的关键之年。一年来，市发改经信委在市委、市政府的正确领导以及市人大、市政协的监督支持下，面对宏观经济趋紧，微观层面矛盾叠加，未来经济走势更趋复杂多变，经济下行压力持续加大的严峻局面，加大改革力度，创新政策举措，持续释放发展活力，经济走势稳中有进，为主要经济指标的顺利完成奠定了重要的基础。

科学制定计划，强化规划引领。一是综合分析2014年全市主要经济社会发展数据，剖析宏观形势，通过多层次、全方位的调查摸底，并对照“十二五”规划纲要要求，编制并以市政府名义下发《2015年国民经济和社会发展计划》。二是认真对照《2014年政府工作报告》中明确的2015年经济社会发展目标和市政府重点工作，梳理并形成《句容市人民政府2015年度“六大类工作60项任务”目标责任分解》，并以文件下发。三是全面推进“多规合一”方案试点工作，探讨并建立市域经济和社会发展总体规划编制的总体框架，全面开展人口和开发强度预估、三类空间划分、总体格局构建等关键问题的研究，定期刊发“多规合一”专报，及时汇报“多规合一”最新进展情况。四是在全面贯彻落实党的十八大和十八届五中全会精神基础上，充分汲取全市“多规合一”国家试点成果，广泛听取各镇（街道、管委会）党委、政府、部门、部分人大代表、政协委员的意见，并不断加强与国家发改委沟通，注重与省、镇江市“十三五”规划的主动对接，进一步完善全市发展总体规划及“十三五”规划纲要框架，编制完成《句容市国民经济和社会发展第十三个五年总体规划纲要》，并经市十五届人大五次会议审议通过。

（发改经信委）

【“十二五”经济社会发展成就】 “十二五”时期，句容全面实施同城同建、创新引领、城乡一体化、富民优先、生态文明五大战略，圆满完成“十二五”规划确定的目标任务，为“十三五”时期发展奠定基础。

经济持续较快增长，转型升级成效明显。“十二五”期间地区生产总值、一般公共预算收入年均增速分别为11.8%和22.4%，2015年分别达到470亿元和40亿元，人均地区生产总值达到76900元，是2010年的1.6倍，全国百强县排名跃升至第59名。产业转型升级步伐加快，服务业增加值占GDP比重、高新技术产业产值占规模以上工业总产值比重分别达到43.5%和36.5%，比2010年提高8.4和10.3个百分点。农业现代化水平稳步提高，农业基本现代化多项指标省内领先，综合排名进入全省第二方阵，创成国家现代农业示范区。

创新引领战略全面实施，创新创业能力大幅提升。创新载体建设和人才引进力度不断加大，R&D支出占地区生产总值的比重达到2.02%，累计引进高层次创新创业人才800余名，新增省级以上创新载体和平台60多家、科技孵化总面积近40万平方米。创业服务环境不断优化，深入实施“福地英才”计划，积极开展青年大学生创业大赛、“教授博士句容行”等活动，通过万人创业培训工程与青年大学生创业创新计划等累计扶持创业近4000人。成功创建国家知识产权试点市、省级人才工作先进市、省级创新型试点市与省级创业型示范城市。

民生工程大力推进，生活水平和质量显著提高。2015年城镇和农村居民人均可支配收入分别达到3.77万元、1.75万元，分别为2010年的1.66和1.76倍。社会保障力度加大，扎实推进就业创业工作，惠民工程成效明显。教育均衡发展水平提升，农村中小学教学网点布局持续优化，小学、初中入学率达100%。医疗卫生机构设施建设总面积超12万平方米，基本形成县－乡（街道）－村（社区）三级医疗卫生服务体系，国家卫生城市通过复审。“全国新型农民培训示范试点县”称号成功获批。

基础设施建设不断加强，城乡面貌明显改善。城市道路、旧城改造、环境整治、配套设施等一批重点工程高效推进，宁杭高铁顺利通车，104国道拓宽改造、122省道快速化改造全面完成，区域大交通体系基本形成。中心城区及宝华、郭庄等城镇服务功能进一步丰富和完善，居住和消费环境明显改善。村庄环境整治有力推进，农村道路、水电气等基础设施建设逐步完善。

生态文明建设稳步推进，环境质量持续保持优良。深入贯彻落实省主体功能区规划，科学有序推进“五大板块”建设。加快推进“国家生态文明建设示范区”建设，9个镇全部创成国家生态镇。大力推进“一江、两湖、三河”水环境综合整治，饮用水水质达标率100%。茅山风景区创成国家AAAAA级景区，赤山湖列入国家级湿地公园试点，全市林木覆盖率达30%。

同城同建步伐加快，宁句一体化成效明显。沪宁城际高铁宝华山站、宁杭城铁句容西站建成运营，宁句城际轨道交通正式获批，城际快速公路网逐步完善。宁句城际公交正式开通，实现与南京城市公交IC“一卡通”。教育、医疗、社保、旅游、文化、科技与人才等领域46个同城合作重点项目有序推进，公共服务共建共享水平大幅提升。龙潭－下蜀、仙林－宝华、汤山－黄梅、湖熟－郭庄等跨界区域协同建设步伐不断加快，合作协调发展机制基本形成。

改革开放深入推进，发展活力动力不断增强。加快行政审批制度改革，减少产业类审批事项17项，降低行政收费标准42项，取消、暂停涉企收费项目76项。加强市、镇、村三级便民服务体系建设，新设立5个政务服务分中心、12个镇级便民服务中心。积极发展混合所有制经济，推行PPP模式建设16个公用事业项目。对外开放取得新进展，累计实际利用外资19.79亿美元、进出口总额28.5亿美元，分别比“十一五”时期增长78.9%和50.2%。（发改经信委）

国有资产管理

【概况】 2015年，市国资总公司在市委、市政府的正确领导下，围绕“稳中奋进”的总基调，以深化改革为统揽，以加快转型为主线，以新作为引领新常态，主动适应新常态，满足职工新期待。进一步解放思想，转变作风，按照“三严三实”的要求，振奋精神、真抓实干、上下同心、群策群力，扎实做好基础性工作，稳步推进重点项目，深入开展各项主题教育活动，推行基层党建工作责任化、目标化、项目化、具体化，确保各项措施落地生根，不断推动国资系统管理创新、科学发展、服务高效、稳定和谐，目标任务有序推进，取得了明显成效。2015年全年发布招租项目27个，中标价139.48万元，与上年同期相比净增40%，确保了国有资产的保值增值，资产监管取得新成效。（张金虎）

【盘活闲置资产】 2015年，市国资总公司加大对闲置资产的排查力度，细化对系统内国有资产的管理，进一步排出难点、确定重点、增加亮点，重点做好乡镇食品站闲置资产的管理，公司主要领导先后多次深入乡镇一线，调研了解掌握闲置资产的现实状况。通过全面、细致、深入的核查、测量、划图、拍照、登记，丰富资产状况的影像资料，健全闲置资产的系统详细准确的资产档案，方便查询和管理，对各类形式存在的公有资产总量进行清理，为下一步乡镇资产的处置和利用，提供科学决策依据。同时，抓好商业集团糖烟酒大院危房整改、重建方案的后续工作，完成了化轻公司下蜀物资站用户搬离及遗留事项的处置工作。（张金虎）

【化解遗留问题】 2015年，市国资总公司协调解决好华夏包装相关历史债务纠纷，商业集团做好绿园肉类食品有限公司的生猪定点屠宰工作，保证全市“放心肉”工程的正常运行，不断提高肉品质量，满足市场需求。推进民生工程，努力做好屠宰场迁址新建的意向准备工作；方兴集团全力做好南大街片区的房屋征收征用土地工作，已完成6间门市房、19户住宅房的拆除、杨家巷毛巾厂地块建设征用土地的相关工作、支持政府划拨0.95公顷（14.3亩）土地，给华阳镇新建幼儿园；商业集团、纺织协会积极做好南大街片区的房屋征收，已完成4间门市房和175户住宅房的拆除，支持城市建设。（张金虎）

【供销系统国资管理】 2015年，市供销合作总社适应资产运营管理的新特点，实现资产效益开发最大化。为进一步提升社有资产运营质量，按照社《固定资产管理办法》和《供销社资产经营合同管理规定》等相关规定，规范资产经营行为操作，公开资产处置和资产招租信息，社有资产增值效果显著。全系统共计签订资产经营合同246份，其中为农服务社承包协议85份，合同总金额650多万元。共投入维修资金88.26万元，对边城东昌老营业楼，下蜀办公楼、春城收购大棚、原日杂宿舍楼、九龙商厦等33处社有资产进行维修、改造，以确保社有资产提质增效。（句供办）

工商行政管理

【概况】 2015年3月9日，句容市委下文正式组建句容市市场监督管理局，5月8日，市市场监督管理局正式挂牌成立。“三局合一”后，市场监管局紧紧围绕“整合、融合、安全”三大目标，统筹抓好推进改革、履行职责、稳定队伍三件大事，积极稳妥推进机构改革和体制调整工作。认真履行监管职责，创新发展，真抓实干，开拓创新，各项工作取得积极的进展。全年共新设各类企业1454户，比上年增加13.9%，新增注册资本125.91亿元，比上年增加17%，新增注册资本119.64亿元，比上年增加13.7%；新发展个体工商户4854户，比上年减少13.5%；新设立农民专业合作社106户，比上年增加27.7%。（胡白刚）

【稳妥推进机构改革】 2015年，根据“三定”方案，市场监管局行政编制共171人，全局设13个内设机构，另稽查大队为直属行政机构。下辖10个基层分局（宝华分局筹建中），6个事业单位，分别是餐饮所、药检所、标准化研究所、计量所、质检所、工商事务所。通过分别走访基层分局，仔细了解基层的现状及存在的困难；多次召开办公会，共同研究科室整合、业务培训及当前重点工作；赴丹阳、扬中、丹徒等地参观学习，认真借鉴兄弟单位在机构改革体制调整中一些好的做法和经验，积极协助市编办共同制定三定方案。先后对6个分局的生活设施和办公条件进行维修和改善，完成华阳分局的整体搬迁，积极稳妥地推进宝华分局的筹建工作。结合事权下放基层分局，将机关26名工作人员充实到基层9个分局，基层监管力量得到进一步加强。（胡白刚）

【落实商事制度改革】 2015年，市市场监督局以商事制度改革为核心，有序推进放宽名称登记条件、简化住所登记手续、实行注册资本认缴登记制，全面推行登记“独任登记制”，积极推进网上登记工作，专门建立“登记注册QQ群”，统一答疑，统一提供相关文书，免费发放电子营业执照301份，新设公司网上预审已达到100%的目标。严格落实“先照后证”。以行政审批制度改革为突破口，按照“流程最简、时间最短、效率最高、收费最低”的要求，大力取消和下放一批与创业创新密切相关的审批事项，及时公布部门行政审批清单，梳理行政许可（审批）事项，严格执行行政审批事项清理，共清理出156项前置改后置的事项。积极推进“三证合一、一照一码”工作。2015年6月26日，句容市发出首张“三证合一”营业执照，8月11日起，对全市新设立的企业，全面实行“三证合一”登记制度。主动做好动产抵押股权质押工作，帮助小微企业解决融资难的问题。全年共办理动产抵押22件，抵押物价值2.29亿万元，担保主债权1.87亿元。（胡白刚）

【商标战略扎实推进】 2015年，全年新申请商标注册180件，新认定中国驰名商标1件，省著名商标6件，市知名商标26件。根据省市局的统一要求，结合句容市的实际情况，确定“万山红遍”、“茅山长青”、“中容”三件商标为重点商标保护对象。组织镇江农科院和江苏农林学院等农业龙头企业和合作组织提出、申报12个省农业地方标准，14个镇江市地方标准。2015年镇江

市农科院成为镇江市唯一的农业标准化孵化基地，江苏茶博园已被确立为镇江市服务业标准化试点单位。（胡白刚）

【提升消费维权水平】 2015年，市市场监督局开展“携手共治，畅享消费”年主题活动。“3·15”前后，联合多部门在天一商城广场等10个地点举行大型宣传咨询活动。共发放各种画册、书刊等宣传材料4600余册（张）。加强12315维权网络建设。积极开展省级和市级12315消费维权示范站达标创建活动，对现有维权服务站人员开展业务培训指导，不断提高维权工作能力。2015年整合12315、12365、12331、12345投诉举报系统，实行统一的受理、分流、办理、反馈，消费维权一体化迈出新步伐。2015年，共受理消费者申（投）诉883件，已经办结851件，办结率96%；办理政府12345热线转办204件，办结率、满意率100%。（胡白刚）

【机关内部管理】 2015年，市市场监督局深入推进两个主体责任落实，组织开展“三严三实”专题教育，全面加强系统党风廉政建设和反腐败工作、财务审计工作、机关党委工作，制定落实党风廉政建设主体责任和监督责任实施办法，保持全系统风清气正的良好局面。高度重视领导班子建设和干部队伍教育管理，科学配备各级领导干部，严格落实领导干部个人事项报告制度。牢固树立“用制度管理人管住人”的理念，加快内部管理制度的规范，制定并下发“三重一大”（重大决策、重要任免、重大项目、大额资金）事项民主决策等七项制度，对民主决策、学习、公务接待、考勤、账务管理等各个方面逐一规范。同时对科室工作职责和基层分局事权进行了明确。对行政审批、市场执法、特种设备安全、食品安全等重点工作，实行定岗、定人、定责。市场监管局将每周五定为业务培训日，开展为期4个月的业务技能集中培训，以专业化为导向，以全体干部职工为对象，着力在胜任岗位需求，提高履职能力上求突破。已完成17轮业务授课，全员培训1173人次。参加镇江3个市局组织的业务技能培训，先后有217人取得行政执法证，12人考取安全监察员证。句容市2015新《安全生产法》知识大赛中，该局在全市28支队伍中获第一名。先后组建80人的合唱团队，成立羽毛球队、足球队、游泳队等活动小组，市场监管局大合唱节目在全市庆“七一”文艺汇演比赛中获一等奖。（胡白刚）

质量技术监督管理

【概况】 2015年，全市继续将特种设备安全指标列入市政府安全生产目标责任考核，并与相关主管部门建立安全监管协调联动工作机制。完成特种设备注册登记71家256台，开工告知85份323家。对新增单位，在办理报批手续时就与其签订安全责任告知书，告知率达100%。市场监管局先后开展“劳动密集型企业专项”、“安全生产月”、“自动扶梯与自动人行道安全检查”、“危险化学品罐区专项”、“电梯、油气输送管道、锅炉”三个大会战以及气瓶专项和“打非治违”等14个专项整治工作。全年总计出动执法检查人员795人次，检查使用单位295家，发现特种设备安全隐患189条，其中立即整改150条，发出指令书29份，责令使用单位在限期内整改39条，进一步规范特种设备安全使用。联合安监、住建、消防等多部门，积极开展特种设备“进企业、进社区、进校园、进农村”系列宣传活动。充分利用“3·15”、“安全生产月”“电梯安全周”等契机，进企业、进广场“零距离”宣传贯彻《特种设备安全法》《江苏省特种设备安全条例》，发放《特种设备安全法》等各类宣贯资料3600余份，并在河滨路小学和碧桂园商城开展现场救援演练，引导企业充分认识安全主体责任，规范安全生产。（胡白刚）

食品药品监督管理

【概况】 2015年，市市场监督局将生产、流通环节食品监管力量进行了有效整合，同时将监管力量延伸到基层，构建横向到边、纵向到底、条块结合、社会共治的监管新格局。充分利用食品生产企业动态监管系统平台，及时开展巡查、定检和监督抽查。2015年，全系统集中力量，先后开展节日市场、校园周边环境、农村和城郊结合部食品安全、散装白酒等专项执法行动。圆满完成“两会”、“中高考”、“全国职业技能大赛”、“樱花节”、“草莓节”、“葡萄节”等活动的食品安全保障工作。全市投入30万元安装食品药品安全远程监控平台，覆盖到全市所有的学校食堂、药品生产经营企业以及大中型餐饮服务单位。积极引导136家餐饮单位实行了“明厨亮灶”。市场监管局以实施新版GSP为契机，全面规范药品药械市场。全市共完成GSP认证28家。对65家未达到新版GSP要求的药店负责人进行行政约谈。先后开展“两节”期间饮食用药安全、医疗器械“五整治”专项整治、违法广告药品等一系列活动，检查涉药涉械单位160家次，有力地规范药品药械市场。严厉查处各类食品药品安全违法行为，共查处食品安全违法案件27起，查处药品药械违法案件7件，移送公安2件。其中查处李永强等人生产、销售有毒有害食品案，该案已经被省食药监局、省公安厅确定为2015年挂牌督办案件，该案件已上报参评镇江市十大法治事件。（胡白刚）

安全生产监督管理

【概况】 2015年，市安监局提请市政府与各镇、街道、管委会签订2015年安全生产目标责任书，向各行业主管部门下发了安全生产目标管理任务书，全面落实各级各部门安全生产责任。市政府主要领导与分管领导、分管领导与条线部门也分别签订责任状，落实目标管理责任，强化控制指标考核。各镇、街道、管委会和各行业主管部门也都根据要求，结合各自实际，层层签订了安全生产目标管理责任状。市政府出台《句容市安全生产“黑名单”警示管理办法》。

根据市委市政府主要领导的指示批示，各行业主管部门分别牵头，对全市重点行业领域开展了全面彻底排查，市安监局也按照“全覆盖、零容忍、严执法、重实效”的总体要求，聘请省安评公司化工专家对全市23家危化品生产、使用、储存、经营企业整个安全生产过程进行专家会诊，坚决杜绝隐患，提高企业本质安全度。对检查中发现的隐患，实行整改验收销号管理：一律登记备案，一律落实整改责任人、整改措施和整改时限。可以立即整改的，责令责任单位不等不靠、迅速整改；一时难以整改的，制定整改计划，落实防范措施，督促限期整改，整改一个，销号一个。专项整治行动共组织检查组668个，检查企业2974家，排查安全生产隐患5373条，已整改5202条，整改率96.8%，打击非法违法行为754起，整治违规违章行为262起，停产整顿企业8家，暂扣吊销证照4个，关闭取缔企业3家，经济处罚39.21万元。截至年底，全市隐患排查治理自查自报系统已注册企事业单位693家，包括12个镇（街道、管委会）和交通、住建、教育等8个重点行业主管部门，虽然每月隐患上报率已达到95%以上，但仍存在个别企业“零申报”、隐患不能及时整改到位等问题，为此，市安委办组织召开全市隐患排查治理推进会，对全年安全生产隐患排查治理工作进行了总结，对隐患自查自报系统运行情况进行通报，并组织专家就系统运行过程中存在的问题进行现场操作培训。市安委办对系统隐患排查情况实行月度通报与考核制度，定期将各镇（街道、管委会）和各有关部门的隐患上报率、隐患上报质量、隐患整改率等数据进行截图统计，向全市进行通报。对月度隐患上报率达不到95%以上的、隐患上报质量不高的、零隐患上报比率大的，酌情进行扣分，所扣分值纳入年度考核总分。对长期不报隐患或零隐患上报的企业，组织开展专项检查，对现场检查出的安全隐患，在责令企业按要求进行整改的同时，按照有关规定进行相应处罚。（高小蓓）

【安全生产事故应急救援演练】 2015年，市安监局分别组织开展人员密集场所紧急疏散、劳动密集型企业消防救援、防汛除险加固、景区突发事件、建筑施工、矿山、长输管道、危险化学品等一系列应急救援演练，并根据演练的实际效果，对《句容市生产安全事故应急救援预案》和《句容市危险化学品事故应急救援预案》进行了重新修订，健全完善应急救援机制，提高快速反应、应急救援以及协同作战能力，确保一旦发生生产安全事故或紧急情况时，立即启动预案，将事故损失降到最低。全年共组织开展各类演练60余次，参加演练和观摩人数达3000余人。（高小蓓）

【安全生产行政审批前置关】 2015年，市安监局重新规范烟花爆竹经营（零售）许可证和危险化学品经营许可审批流程，统一印发集中申报材料，严格行政许可时限，提升行政许可服务效能。以定期走访、审前听述、工作测评反馈为主要形式，对行政审批和行政执法工作进行监督，推进行政审批和行政执法工作的便捷、高效和公正、公平、公开。全年共办理烟花爆竹经营

(零售)许可证147件,危险化学品经营许可证20件。

(高小蓓)

【餐饮场所燃气专项检查】 2015年,市安委办针对部分场所燃气瓶安装使用不规范,且多分布于居民区、医院、学校、车站、商场、夜市等人员密集场所周边的情况,市安委办组织住建、消防、市场监管、商务、安监等部门,按照各自职责分工,在全市范围开展餐饮场所燃气专项检查,各镇(街道、管委会)也在所辖范围内对餐饮场所,尤其是学生校外就餐较为集中的餐饮场所燃气使用情况及液化石油气充装和供应企业开展为期一个半月的专项安全检查,重点检查场所是否具备合法经营、使用条件,燃气用具的安装、使用及其线路、管路的设计、敷设、维护保养是否符合有关技术标准和管理规定,场所是否使用合法供应站提供的瓶装液化石油气钢瓶等,检查共涉及餐饮场所747家,排查隐患438条,现场整改114条,责令限期整改324条。市安委办于11月底组织4个督查组,对全市各镇(街道办、管委会)和市各有关单位餐饮场所燃气安全检查情况进行了专项督查,并对督查结果进行了通报。

(高小蓓)

【劳动密集型企业消防安全专项治理】 2015年,市安监局以镇、街道为单位全面排查摸底劳动密集型企业,共排查劳动密集型企业单位208家,排查劳动密集型企业较为集中区域1处,对排查的企业组织进行专题轮训,指导企业开展火灾隐患自查自纠,同时举行26批次灭火救援疏散演练活动,并邀请社区群众、外来务工人员、企业员工等各层面人员进行参观学习,提高广大群众和企业职工扑救初期火灾、引导人员疏散、自救逃生的技能。市安委会组织两个督察组进行了专项整治督查,对隐患排查不见底等问题,及时下发督办单,责令各单位立即抓好整改落实。 (高小蓓)

【重点领域专项整治】 2015年,市安监局制定印发各重点领域专项整治方案,在粉尘涉爆、非煤矿山、烟花爆竹、危险化学品、职业健康、校园安全、城镇燃气、交通运输等多个重点行业全面开展专项整治工作。

粉尘涉爆领域:组织相关专家对12家粉尘涉爆企业进行专项检查,查出隐患136条,填写现场检查记录22份,专家安全检查意见表20份,各企业隐患均已闭环。

非煤矿山领域:结合省安监局、镇江市安监局“专家会诊”工作,全面开展非煤矿山“三项监管”,促进非煤矿山企业树立风险预控的安全管理理念,建立风险辨识和风险管控工作体系,排查隐患95条,填写现场检查记录25份、专家检查意见14份,并接受国务院督查组的检查。

烟花爆竹领域:采取“条块结合”方式,联合公安、市场监管等部门,深入开展烟花爆竹零售市场专项整治,全市累计排查经营网点505家次,排查一般隐患318条,整改完成305条,整改率96%,查扣烟花爆竹1000余件,货值约12万元。

危险化学品领域:组织开展化学品罐区和易燃易爆物品安全专项整治,共检查危险化学品企业240家次,下发隐患整改指令书31份,现场检查记录123份。对全市物流园区开展危险化学品专项检查,严厉查处未经依法批准擅自仓储经营危险化学品行为,立案2起,对违法仓储经营的危险化学品予以没收,并处罚金共计20万元。

职业健康领域:组织开展职业卫生监督执法提升年活动以及石材加工、碳素生产、电镀、喷涂行业职业病危害专项治理,共排查企业57家次,下发整改指令书13份,排查出各类职业健康隐患150余条,整改120余条。

校园安全领域:会同教育局、住建局等部门对全市校园安全工程开展全面检查,确保规范施工,安全施工;多部门联合定期检查校车运行安全,及时排查隐患,统筹协调解决各镇(街道、管委会)校车及运行路线的安全问题。

城镇燃气领域:住建、公安、市场监管、安监、商务等多部门联合,加强城镇燃气的充装、经营、储存、运输、使用等环节的安全监管和联合执法,坚决取缔无证供应点,严厉打击跨区域和流动无证经营瓶装液化石油气的行为,推动落实燃气管理各项制度。

交通运输领域:组织开展客运、危险化学品运输、车站、公路工程、港口安全检查督查,督促参与中秋、国庆和春节运输的相关单位严格落实国家、省、市等上级部门有关要求,及时做好应急预案,保证旅客走好、走得及时、走得安全。

此外,推动90家工贸企业完成三级标准化达标创建,66家小微企业完成标准化达标创建;组织企业主要负责人和安全管理人员教育培训2698人次,对831名特种作业人员进行了培训和考核;安全隐患自查自

报系统注册企业693家，全年排查上报安全隐患5966条，整改5938条，整改率达99.5%。（高小蓓）

统　计

【概述】 2015年，全市统计系统围绕市委、市政府的中心工作，服务经济社会发展大局，持续狠抓统计基础工作，坚持强化统计能力建设，不断推进统计事业发展。被句容市委、市政府授予“句容市科技与人才服务工作先进单位”、“句容市人力资源和社会保障工作先进集体”、“全市农业农村工作先进集体”等。（胡　炜）

【统计服务力提升】 2015年，市统计局树立统计工作“服务领导、服务群众、服务部门”，从事后反映向预测预判和对策建议并重转变，由数库转向智库。强化以基本现代化进程和产业“三集”为主打产品的重点目标统计监测。加强对新兴产业、文化产业、农业现代化、民生幸福等进展情况的有效监测。深入推进统计公开透明，加强媒体宣传，传播统计知识，丰富公开内容，增强发布时效，进一步加强对统计指标数据的深度解读，使统计产品更好地服务社会各界。有效开展各类专项调查。充分发挥社情民意调查优势，完成城乡居民收入分配和生活状况调查问卷、千村调查、小微企业税收减免政策落实调查、土地流转情况调查、“十二五”医改规划中期评估满意度调查、旅游满意度季度调查等任务，更好地服务决策、服务企业、服务民生。一手抓数据生产，一手抓分析研判，为社会各界提供优质的统计服务。编发《句容统计》（分动态、专报、分析三类）50余期；对产业“三集”工作进行监测，按季度编印《句容统计资料》；改进《句容统计年鉴》，全部免费提供；分析信息采用名列前茅，省局内网采用信息130余条。开通了统计微信公众号，及时发布统计数据。（胡　炜）

【统计规范建设】 2015年，市统计局分层推进统计规范化建设。市局机关在完善制度上下功夫，按照统计工作的总体要求，完善市统计局《岗位责任制》《服务承诺制》等多项规章制度，进一步完善全市统计管理制度。市级机关部门统计有序进行，3家部门被推荐为省级示范点。镇级统计机构力量增强，有一半以上受到省、镇江的表彰。企业统计规范化建设达标率在90%以上，又对53家先进企业进行了表彰。全市创新镇级统计机构建设，夯实基层基础，荣获全省基层规范化管理创新示范项目。有10项专业业务在镇江考评中获优秀，其中有4项获第一。

（胡　炜）

【大型统计调查】 2015年，全市上下高度重视国情国力调查，一方面抓好1%人口抽样调查；另一方面抓好第三次全国经济普查扫尾工作。召开了全市1%人口抽样调查动员工作会，全面部署全市2015年人口抽样调查工作。加强对普查指导员、调查员的培训，培训内容包括1%人口抽样调查工作流程、调查摸底、户主姓名底册编写方法、正式调查表填写、PDA操作方法、质量控制、宣传动员等，并组织“两员”实际操作了PDA设备。这次调查，共涉及11个镇、街道、管委会，33个村居（社区）、8000余人，高质量完成入户登记任务。认真做好第三次全国经济普查数据的利用和开发。一是做好句容市第三次全国经济普查的数据汇总工作。修订了2008年—2013年句容市GDP总量和增长速度，并做好对全市各镇、街道、管委会2013—2014年GDP总量修订和季度数据分摊，为2015年乡镇GDP核算工作提供基础。二是认真做好句容市第三次全国经济普查公报的撰写，并通过《句容快报》等渠道，发布了“句容市第三次全国经济普查公报”。三是进行资料的开发利用工作。委托高校对经普资料进行深度开发，并拟定12个专题撰写分析文章题纲。

（胡　炜）

人力资源和社会保障

责任编校：欧红卫

综　述

2015年，句容市人力资源和社会保障局紧扣“亲民利民为民　争先领先率先”的工作理念，立足“民生为本，人才优先”的工作主线，以改革破解难题，以创新优化服务，着力化解了一批群众反映的热点难点问题。

实施创业就业富民工程。全年新增城镇就业12146人，城镇登记失业率为2.16%。实施积极的就业政策，重点扶持高校毕业生、被征地农民、城镇失业人员实现充分就业。大力推进“百村百社”工程建设，建成61家劳务合作社，成功带动6396名城乡劳动者就业。以大众创业、万众创新为引领，以创业政策、创业资金、创业载体、创业培训、创业服务“五位一体”为思路，以创业园、创客空间建设为抓手，依托“百村百园”工程建设，着力打造省市级创业载体和特色创业品牌，力促创业带动就业。

实施社会保障惠民工程。坚持把实现城乡居民“幸福安康”作为社会保障体系建设的着力点和出发点，积极构建和完善多层次覆盖城乡一体化的养老保险体系，全市城乡基本养老保险覆盖率达98.12%，连续十一年上调企业退休人员养老金，城乡居民社会保险养老金水平实现“五连跳”，达到每人每月105元。在全省率先实施“四个不出村”经办管理服务建设，建成城乡居民养老保险经办服务村级网络。全国首家创新组建“征保办”，形成了“四机制一对接”的“句容模式”，建立起“即征即保、应保尽保”的常态机制，同时被征地农民的档案整理工作基本完成，人社部农保司三次专程赴句容调研该项工作。倾尽全局之力大力推进养老、医保、工伤、失业、生育五险合一“金保工程”建设，做到“老有所养，病有所医，伤有所保，失有所助，育有所补”。

实施劳资和谐安民工程。完善全国首创职工工资备付金制度，加大行政司法联动打击恶意欠薪力度，拖欠工资事件均在基层得到有效解决，全年共启用备付金173万元，追回损失1.5亿元，惠及群众1827人。深入开展各项专项执法检查，及时发现并纠正用人单位违规行为。全省首推“百企百会”工程建设，在全市170家企业建立劳动争议调处委员会，并同步运行维权网，打通服务群众最后一公里。维权网已调处争议案件581件，成功率达100%。三年来连续四次上调最低工资标准，“收入倍增”计划深入推进，城镇居民人均可支配收入增幅位居镇江市第一。积极做好机关事业单位人员招录、军转安置和信访维稳工作。

实施人才集聚利民工程。“百企百站”计划稳步推进，累计建立101家企业人才科技工作站。成立句容市人力资源协会并建成镇江市首个人力资源产业服务园，为全市企业和人才提供高效便捷的服务。成功举办句容市首届“智汇容城　创业福地”青年大学生创业大赛，在全国范围内征集到179个参赛项目，共有20个优秀项目脱颖而出，全部落户句容市各乡镇并获得了0.5~5万元的资金奖励。赴山东、西安等多省市开展招才引智活动，2015年共引进本科以上人才1625人，其中硕士以上180人，为全市经济社会发展提供了强有力的人才支撑。积极协助句容市华阳管件公司创成国家级博士后科研工作站，实现了历史性突破。

实施人社服务便民工程。深入开展新常态下人社工作专题调研活动，问政于民、施政于民。立足群众需求，将服务从“窗口”延伸到“门口”，极大方便群众，《镇江日报》头版头条和镇江电视台同一天对此予以报道。实施一窗式服务制，让群众“少等待，无等待”，人社业务办理更加高效便捷。强化信息宣传工作和舆情监控，及时通过报刊、电视等传播媒介向公众发布最新政策，及时回应群众合理诉求，以优良作风服务百姓、服务民生。（严　鑫）

创业就业

【概况】　2015年，句容市人力资源和社会保障局坚持促进就业和鼓励创业并重，以“大众创业、万众创新”为引领，推动实现更高质量就业，不断稳中求进、开拓创新，全市就业创业工作取得新成效。新增农村劳动力转移3507人。失业保险参保人数5.6万人，失业保险基金征缴2597.89万元，失业保险覆盖率达98%。通过开展各类特色专场招聘、举办创业技能培训、提供优惠政策等方式，多措并举促进高校毕业生、被征地农民、城镇失业人员就业。（严　鑫）

【城乡就业】　全年举办“春风行动”“小微企业专场招聘会”“服务群众、服务企业、服务发展”专场招聘会、被征地农民专场招聘会等专场招聘会26次，提供就业岗位12800个；举办高校毕业生双选会2场次，129名高校毕业生与用人单位当场达成就业意向。

出台《句容市公益性岗位认定管理办法》，将政府出资扶持、购买或社会筹集资金开发的社会公共管理类、服务类、后勤类岗位纳入公益性岗位认定范围，因地制宜将“百村百社”三级劳务合作组织纳入公益性岗位认定范围。开发部门协管员、社区保安、卫生保洁、环境绿化、公用设施维护、医疗保健、养老托儿、门卫后勤等岗位，2015年共有212人享受公益性岗位补贴296万元。

2015年，省人社厅召开完善就业服务体系和社会保障体系工作会议，句容市被列为政府购买公共就业服务试点地区。出台了《句容市人社基本公共就业服务购买机制试点工作方案》，将职业介绍、人力资源调查、信息平台建设、就业创业培训等十项服务列为试点项目，明确购买服务的方式、程序、价格、资金筹集方法及监督机制。（严　鑫）

【推进“百村百社”】　继续贯彻落实《句容市城镇化进程中推动城乡居民实现更高质量就业的实施方案》，建立市镇村三级劳务合作组织，助力城乡居民实现充分就业、质量就业。通过配套各类技术培训，落实创办扶持奖励、公益性岗位补贴、社保补贴等政策，成功形成“社—园”“社—企”“社—政”三条联合发展之路。2015年，该项工作继续稳步推进，已建成61家村级劳务合作社，带动6396名城乡劳动者就业。（严　鑫）

【全民创业】　始终坚持就业创业并举，按照创业政策、创业资金、创业载体、创业培训、创业服务“五位一体”思路。全年成功扶持创业2097人，创业带动就业10372人，其中扶持农村劳动力自主创业1210人。征集创业项目24个；发放创业补贴75万元、创业担保贷款5553万元。（严　鑫）

【创业政策】　落实《句容市创业扶持资金管理办法》，贯彻省大学生创业引领计划，及时出台《句容市引领大学生创业扶持政策实施细则》和“启航贷”政策，帮助青年大学生解决资金难题。进一步优化扶持政策、强化扶持力度，全民创业氛围更加浓厚。（严　鑫）

【创业载体】　制定《句容市创建省（市）级大学生创业园工作方案》，完善提升创业载体硬件设施、制度建设、配套服务、政策扶持、运营管理等。宝华青年人才创新创业基地创成江苏省大学生创业示范园，开发区高创中心、唐陵华安彩叶农创园创成镇江市创业示范基地。（严　鑫）

【创业活动】　联合江苏农林学院举办创业计划大赛，引导学生完善创新，提高创业成功率。开展大学生创业项目征集活动，遴选出13个优秀创业项目，有机茶种植与蒸青工艺研究、极高蜂蜜开发与研究、南美对虾（套养青虾）、猴头菇种植与推广、“蓝胖子”亲子主题农庄5个项目成功入选江苏省大学生优秀创业项目。（严　鑫）

【创业培训】 积极举办各类创业培训班，2015年完成创业意识培训2.21万人，创业培训1985人。在面临培训任务重、培训市场相对饱和以及部分基层单位人手紧的情况下，经过全市上下的共同努力，采取"自办和联合"相结合的方式，创业培训工作不断扩大范围，共联合全市八部门开办各类培训班117期，工作重心继续向向基层和院校延伸。 （严 鑫）

【"一对一"创业帮扶】 落实创业服务"一对一"制度，推行创业培训与开业指导、项目开发、担保贷款、创业补贴、跟踪扶持等"一条龙"服务的工作模式，专门设立"扶持创业奖励"政策，协理员及基层平台帮扶创业者成功创业，可享受500元奖励，既提高了协理员的积极性，也从客观上提高了创业者的成功率。（严 鑫）

【创新服务方式】 开通"句容就业"公众微信号，已开通就业指导、创业扶持、综合资讯等模块，提供在线问题答疑、业务咨询、岗位推介、就业指导等个性化服务。自开通以来，成功发布招聘会、求职技巧、培训班次等信息一千多条。 （严 鑫）

社会保障

【概况】 2015年，句容市人力资源和社会保障局紧扣民生工程和工作重点，巩固党的群众路线教育实践成果，创新思路、开拓进取，各项工作进展顺利。基本建成覆盖全市城乡居民的社会保障体系，社会保障水平稳步提高。 （严 鑫）

【扎实推进"五险合一"金保工程项目建设】 "金保工程"是国家12项重点建设的电子政务工程，也是国家"十二五规划"的建设内容之一。市委市政府高度重视，将其列为全市的一项重点民生实事工程。自2014年3月项目启动以来，"金保工程"一期五险合一系统历时近2年的建设，将于2016年1月11日正式上线。

（严 鑫）

【巩固被征地农民参加社会养老保险工作成果】 句容市创新组建"征保办"，属全国首创，形成了科学产生保障指标机制、科学确定保障对象机制、科学筹措保障资金机制、科学推进征保工作机制和对接全国社会保障体系的"四机制一对接"的"句容模式"。对新征地产生的保障对象，严格按照政策标准，做到"即征即保、应保尽保"。已有6.65万人纳入了被征地农民社会保障体系中，其中历史征地保障对象5.66万人，新征地保障对象9914人。人社部两年来第三次专程赴句容调研该项工作。为进一步方便被征地农民参保缴费，市人社局通过人社服务平台，把社保经办服务向基层延伸，直接到镇村办理参保缴费，新征地保障对象由镇政府直接解缴保障资金，最大化方便群众。

（严 鑫）

【社会保险扩面征缴】 市人社局一直以来将社会保险扩面征缴作为工作重点，切实采取措施，加大工作力度，力促扩面征缴再上新台阶。在纸质宣传单、电子屏幕宣传的基础上，通过参加"残疾人一日帮"爱心志愿活动、关爱社会单亲妈妈等形式多样的活动，为群众送去温暖和关爱的同时，宣传社保政策，提高政策知晓度，促进群众主动参保缴费。将扩面征缴指标分解到各镇、管委会和有关部门，进行奖惩考核；重点推动农民工、非公有制经济组织从业人员和灵活就业人员参保。加强与各镇（街道、管委会）人社服务中心沟通协作和业务指导，每月通报扩面进展情况，督促扩面进度。全年企业职工基本的养老保险、城镇基本医疗保险、工伤保险、生育保险、失业保险参保人数分别为13.3万人、8.8万人、7.2万人、6.5万人、5.6万人。

（严 鑫）

【完善机制提高城乡居保待遇】 句容市连续五年上调城乡居民基本养老保险的养老金待遇。在基本建立城乡居保养老金标准的正常调整机制的基础上，进一步缩小城乡之间的养老金待遇差别。城乡居保基础养老金（原老年补贴）由每人每月90元提高至105元；城乡居保缴费领取养老金以及征地保障养老年龄段转入城乡居保领取养老金的，其基础养老金由105元提高至120元。 （严 鑫）

【医保基金管理】 2015年，句容市城镇基本医疗保险参保单位1562家，参保人数达8.8人，实际征收基金29791万元。其中：基本医疗保险基金24828万元，大病统筹基金收入2479万元，离休二乙人员基金收入1128万元；公务员保险基金收入1004万元。坚持动态监管和专项检查相结合，以实现基金效益最大化为目标，加大基金监管力度，提高医保基金使用效率。全年支出基金25797万元，比2014年同期增加3978万元，增长18%。报销104.8万人次（门诊103.8万人次，住院1.04万人次），制度范围内结报率为84.31%，平均结报率为77.19%。（严　鑫）

【规范工伤保险】　按照《工伤保险条例》和《工伤认定办法》，共受理工伤案件760起，其中，已调查认定755起，因劳动关系不明确等原因中止和终止调查认定5起。因不服认定结论到市政府和镇江市人社局提出行政复议11起，均维持原认定结论；因不服认定结论到句容市人民法院提起诉讼10起，经庭审判决，均维持原认定结论；上诉到镇江市中级人民法院的3起，经庭审判决，2起维持原认定结论，1起正在排期开庭。行政诉讼率为1.3%，行政复议和行政诉讼胜诉率均为100%。实施与市法院行政庭、市法制办对工伤疑难案件季度会商联办制度，已召开研讨会2次，讨论疑难案件16起。同时，先后6次邀请镇江市劳动能力鉴定委员会及专家组来句容现场对379名工伤人员和77名申报病退的人员进行了劳动能力鉴定，并建立台账，台账建账率达100%。（严　鑫）

【业务经办创新】　与农商行联合开发灵活就业人员参保银行缴费系统。全市2万多灵活就业参保人员在农商行市、镇两级33个任一网点就能直接办理缴费业务。优化社会保险网上申报系统。在正式对外服务的基础上，在全市范围内积极扩大推广。根据实际情况和用户需求，对系统进行优化升级。企业与社保中心之间通过互联网实现社保业务的申报和处理的无缝对接，极大地降低了企业和参保职工的办事成本，打通了服务基层和群众的“最后一公里”，受到了群众的一致点赞。全市开通网上申报系统的企业已经达到300多家，惠及近3万名参保职工，覆盖率超过60%；参保职工30人以上企业网上申报系统使用率超过80%。网上数字服务的普及推广，正在成为社保业务办理新的模式和主要途径。（严　鑫）

【养老金社会化发放】　2015年，在全市事业单位养老金率先实现镇江范围内全额征收和全额社会化发放的基础上，进一步强化措施，落实责任，巩固社会化发放成果。对连续两个月未到账的单位排出欠费名单，进行上门或电话催缴；通过调动、退休等业务的办理，促进保险费的征收，努力提高收缴率。及时申报发放计划，财政及时给予拨款，银行快速、准确办理新增退休人员养老金存折开卡和发放工作，实现社保、财政、银行工作无缝对接。狠抓保险稽核工作，防止基金流失。一方面从源头抓，强化缴费基数和参保人数的稽核，对少报、漏报的单位，依法进行追缴；另一方面从出口抓，加强离退休及供养人员领取养老金资格的认证工作，杜绝虚报冒领养老金行为。（严　鑫）

【退休人员社会化管理服务】　2015年，句容市加大投入力度、创新服务手段、延伸服务平台，通过组织符合体检条件的9955名退休人员进行免费体检，取消征收企业退休人员社会化管理费用，大大减轻了企业和参保人员的负担。结合“微笑人社”志愿者活动，开展丰富多彩的文化娱乐健身等系列活动，进一步提升退休人员社会化管理服务水平。及时足额发放退休人员待遇，以各镇（管委会）基层人社服务平台为依托，采用“人脸识别系统”认证。离退休人员可以通过网络定期进行认证，不再需要往返奔波。对居住在异地无法“面对面”的，采取网上视频认证等方式，在方便广大离退休人员异地认证的同时，更有效杜绝养老金欺诈冒领现象的发生。（严　鑫）

人力资源

【概况】　句容市积极实施人才强市战略，创新人才工作机制，发挥人才集聚效应，通过企业招才、载体引才等途径全方位、多渠道、高标准引进和培养高层次人才。大力开展招才引智、青年大学生创业大赛等活动，大力推进百企百站、人力资源产业服务园建设。强化高技能人才队伍建设和职业能力鉴定工作，努力为句容的经济发展提供强大的人力资源支撑。（严　鑫）

【举办首届青年大学生创业大赛】　2015年3月20日，由句容市委组织部、团市委、市人社局、科技局、财政局举办的江苏句容首届青年大学生创业大赛正式启动。经过近四个月积极组织开展的一系列活动和高校走访,7月8日,大赛合作签约仪式成功举行,多个乡镇(街道、管委会)与南京大学、南京财经大学等高校签订合作协议,与优秀的创业项目代表签订落户协议。本次大赛共有179个项目通过网络、微信平台报名参加大赛,参赛项目完成率达236%,其中意向落户项目165个,意向落户项目完成率达300%。8月22日,大赛组委会邀请了7名创投专家、成功企业家、技术专家组成决赛评审委员会,对20个决赛项目进行现场打分评比,并于9月29日上午,举办大赛颁奖仪式。赛后,大赛组委会办公室将继续跟踪服务参赛团队,为获奖项目提供5000~50000元的奖励资金,2~20万元的项目扶持资金,以及场地、信息等多方面扶持,持续推进创业辅导、创业培训、科技金融等服务工作,并推荐获奖项目直接进入“福地英才计划”评审,帮扶项目落地转化,开花结果。 (严 鑫)

【开展招才引智活动】 市人社局创新人才供需对接平台,有的放矢做好招才引智活动。改版句容人才网,为企业和人才搭建方便快捷的沟通平台,提供网络招聘服务。2015年句容市人才网上共有393家企业成功注册,累计发布用工信息650条,共有953名大中专院校毕业生进行了实名制简历登记。重点策划一系列赴外招聘计划。2015年3月20日,组织部分企业参加镇江市第八届百家企业高校行系列活动山东地区校园专场招聘会。4月16日,组织6家企业赴西华大学、西南大学、成都人才市场参加镇江第八届新兴产业人才交流会。9月19日至20日,参加“2015年中国兰州人才智力交流大会”。四季度分赴徐州、西安、南京、哈尔滨等地,参加“百家企业高校行专场招聘会”“江苏省第五届新兴产业人才交流会”“镇江第七届‘双高’人才招聘会”“镇江市高校毕业生就业见习专场供需交流会”等招聘活动,为句容引进了更多更优秀的人才,为句容经济发展注入创新活力。 (严 鑫)

【打造人力资源产业服务园】 推进人力资源市场公共服务与经营性服务体系建设,启动以市人力资源市场为核心园区的人力资源服务产业园建设,投入注册资金1000万元,建成面积达3000平方米,以“建设全国一流人力资源市场,打造全国特色人力资源产业园”为目标,紧贴人力资源开发配置的需要,发挥园区资源集聚、企业孵化、技术渗透、示范带动、培育市场、外围辐射的功能。首批入住12家人力资源服务有限公司。 (严 鑫)

【人才载体建设】 发挥紧邻南京的区位优势,抢抓南京的科教资源,走创新发展之路。加大投入建设“人才管理改革试验区”,重金打造环南京人才创业承接带。以打造万城总部经济园、东恒产业园、华大天益电力科技园、省高创中心句容分中心4家现代化创业园区为重点,支持产业研究院、企业研究院、高新技术产业园、企业孵化器、加速器等高端载体和平台建设。建成企业院士工作站5家、博士后科研工作站1家,博士后创新实践基地3家,省级工程技术研究中心17家,国家高新技术企业32家,省科技公共服务平台2家,省科技企业孵化器2家,建成及在建孵化器面积近80万平方米,现有在孵企业100余家。开展句容·高校大学生创业合作,在高校建成“句容人才科技工作站”10家和“句容大学生创业园”9个。成立“科技型企业家俱乐部”,为青年人才提供30~300万元项目资助、最高5万元每年的人才津贴,开设了青年人才进入俱乐部的绿色通道,使他们通过参加企业家培训班、现身讲学等方式,获得专业化的创业指导,零距离与上市企业老总、亿元科技型企业家交流心得。 (严 鑫)

【开展外国专家引智项目】 协助镇江市农科所、句容市水中仙渔业发展有限公司等单位引进外国专家6人,解决企业生产研发过程中的技术难题,推进经济发展。加强与句容碧桂园国际学校合作,为其提供人才服务,协助办理外国专家证8人。 (严 鑫)

【完成“百企百站”目标】 “百企百站”即在句容市百家规模企业、科技企业中建立集申报人才、科技项目,人才招聘绿色通道,高校毕业生见习基地,企业人才津贴等人才优惠政策等功能于一身的企业人才科技工作服务站。累计建站达101家,已全面完成预设目标。句容市人才服务中心通过工作站、qq交流群进行了项目申报、津贴发放等工作,实现对工作站的有效管理。 (严 鑫)

【发展句容市人力资源协会】 成立句容市人力资源协

会，下设“会员之家”、“企业之家”和“人才之家”。协会拥有企业会员29家、个人会员58名。协会会同相关单位举办了2015年“千人计划”专家句容行暨“新三板”上市推进会，组织会员单位赴南京大学商学院进行培训充电；与江苏省MBA企业家联谊会组织众筹空间辅导、互联网金融、环保知识等讲座等活动，引导和拓展创新创业人才的视野和理念，积极搭建政府、会员单位、高校横向联合平台，促进人力资源协会管理与开发事业的发展，为句容经济建设提供有力保障。（严　鑫）

【高校毕业生就业服务】 2015年，市人才服务中心积极落实离校未就业高校毕业生的实名制登记工作，并将职业推介、就业辅导、就业见习等就业服务及时介绍给未就业毕业生，实行跟踪定向服务。此外，市人才服务中心通过对见习基地的实地考察、征求部分就业见习人员的意见，完善就业见习制度，见习生活补贴标准由原来的每人每月500元提高至800元，发放期限为3个月。见习补贴申报人数为60人。（严　鑫）

和谐劳动关系

【概况】 劳资关系和谐稳定是经济社会稳定发展的重要前提，与群众切身利益息息相关。围绕“源头预防、依法监管、综合治理、强化自身”的工作思路，坚持“预防为主、调解为主、基层为主”的工作原则，以维护劳资双方合法权益为目标，确保句容市劳动关系和谐稳定。（严　鑫）

【职工工资备付金制度】 自出台《句容市预防企业领域欠薪管理办法》，在全国首创企业职工工资备付金制度以来，建立行政、司法双引擎机制，三色预警长效管理机制，互助资金筹集机制，司法追讨机制和联席会议机制五个工作机制。企业领域欠薪问题在句容得到很好的化解，没有一起赴省、市政府上访，全部在人社部门或基层得到解决。为此，得到了部、省、市三级认社部门的充分肯定，同时得到了各级领导的高度好评。继《中国劳动保障报》头版报道句容市创新打击恶意欠薪工作纪实，将“句容模式”推向全国以后，2015年4月29日，《中国劳动保障报》又以“建立三色预警机制，开通维权绿色通道—句容市治理企业欠薪有实招”为题，大篇幅刊登了句容市在行政执法与刑事司法衔接打击恶意欠薪工作的具体做法，使得“句容模式”在全国人社系统声名显赫，引来外省同行前来学习。2015年以来，共办结重大欠薪案件40件，涉及职工1764人、金额2513万元。其中，向公安机关移送欠薪案15件，涉及职工661人、金额815.4万元。（严　鑫）

【强化投诉平台管理】 将联动举报投诉平台运行质量列入基层考核项目，将接待咨询录入、举报投诉预登记和简单劳资矛盾调处项目进行量化管理，按时按量落实到每一个一、二级网格，强化日常监管。2015年，华阳镇人社服务中心、后白镇人社服务中心获省级示范网格称号；开发区人社服务中心获省级示范农民工综合服务中心称号，为该年度镇江市唯一获此殊荣的单位。（严　鑫）

【推进劳动保障诚信制度建设】 组织开展劳动保障诚信示范单位的申报、评定工作，共受理企业申报材料128份，评定了63家劳动保障诚信示范单位，对其中13家以市政府的名义发布表彰决定。

【组织开展专项执法检查】 2015年，先后组织开展四次专项执法检查，分别是年初及岁末的两次农民工工资支付情况专项检查、清理整顿人力资源市场秩序专项行动、用人单位遵守劳动用工和社会保险法律法规情况专项检查。全年共检查用人单位926户，涉及农民工人数6.15万人，共清欠农民工工资5826.8万元。（严　鑫）

【夯实“百企百会”工程】 将工作重心向中小企业及劳动密集型企业延伸，争取将更多符合条件的企业纳入“百企百会”工程体系。2015年3月10日，句容市依法治市领导小组办公室将“百企百会”工程位列全市十大为民办实事项目之首。该项工程的创新做法被江苏省人社厅制作成果展示片，并在2015年4月南京召开的“全国劳动人事仲裁会议”上进行宣传展示。2015年5月21日，中央电视台《焦点访谈》栏目以“劳企两利和为贵”为主题，对句容“三方协调机制”成功化解的一起企业工资纠纷典型案例进行报道，并对句容率先探索构建和谐劳动关系的做法给予肯定。镇江市委书记夏锦文做出“句容做法值得推广借鉴”的重要批示。2015年9月8日，镇江电视台新闻频道也对句容在劳动人事争议调解工作方面的积极探索进行了专题报道。以调解仲裁解除劳务派遣争议为背景拍摄的宣传片被共产党员网“全国党员干部现代远程教育”项目列为教材。（严　鑫）

【构建网上调解平台】“句容市劳动人事争议维权中心网”作为句容市劳动保障的门户网站，为广大劳动者及用人单位提供了丰富的劳动保障方面的法律信息和劳动仲裁相关的精彩案例。“劳动人事争议调解服务平台”具备调解服务外网、手机移动终端和12333专席电话三种服务方式。句容市仲裁委加大与法律援助中心，司法所等部门的协作，充分发挥各方优势，争取用最大的力量，最快的速度，最便捷的途径来维护争议双方的合法权益。

市人社局创新举措，将江苏省劳动人事争议调解服务平台和“百企百会”工程有机结合，打造“申请、调解、结案”互联网一体化绿色通道，将劳动保障维权便民、高效、快捷落到实处。通过“百企百会”工程的内网业务平台，实现调解平台专家与各企业调委会的良性互动，通过网络实现对劳动争议调处工作的指导和监督。（严　鑫）

人事制度改革

【概况】2015年，句容市完善工资调整和保障机制，适时上调最低工资标准，强化对企业工资的宏观调控，确保城镇居民可支配收入稳步增长。高标准推进基层人社服务平台建设，逐步建立起市、镇、村三级人社服务平台。提升人力资源服务水平，全力做好公务员、事业单位公开招聘和培训工作。全面提升信访工作制度和舆情监控机制，认真开展好信访的排查、化解、稳控工作，妥善处理各类信访问题。完善网络舆情预警和报告制度，通过利用网络平台，充分发挥维护社会稳定的“安全阀”作用。

2015年，发布句容市最低工作标准，新的最低工资标准从2016年1月1日起执行，调整后的月最低工资标准为1770元/月，小时最低工资标准为15.5元/小时。2015年劳动合同备案人数达3.6万人，规模以上企业劳动合同签订率达99%；集体合同审查615份，工资集体合同审查257份，已建立工会的企业集体合同签订率达96%。（严　鑫）

【基层人社服务平台建设】近年来，句容市逐步建立起市、镇、村三级人社服务平台，建立起“15分钟人社服务圈”，为实现城乡居民享受均等服务搭建平台保障。基层人社服务平台是打通服务百姓最后一公里的重要载体，市人社部门将基层人社服务体系建设作为一项基础性工作摆在重要位置，本着经济实用、节能环保的原则，深入推进基层人社平台星级创建工作，从机构设置、场所建设、网络建设、队伍建设和服务效能等五个方面，对镇、村两级人社服务平台进行考核，全面提升基层人社平台软硬件水平。截至2015年年底，全市建成5家五星级人社服务中心、4家四星级人社服务中心，113家星级人社服务站。同时加强协理员队伍建设，通过举办业务技能培训班，提升基层协理员的职业指导能力、就业援助能力和创业指导能力，推行“一村一员”亮牌示岗工程，强化社会监督、提升工作效能。（严　鑫）

【职称评定】2015年，全市新增专业技术人才3835人。全年开展职称评审进企业专场9场，其中初级专场6场，评定初级专业技术人员240人；中级专场3场，评定中级专业技术人员149人。高级专业技术人员106人。（严　鑫）

【人事招考】组织全市公务员、事业单位等各类招考。2015年全年招录公务员60名，招聘事业单位工作人员211人。（严　鑫）

【公务员培训】2015年，开展各类公务员职业能力培训和依法行政培训，进一步增强公务员的责任感和业务能力。全市25家单位60名初任公务员参加初任公务员培训，其中新招录公务员46名、军转干部10名、省委选调生4名参训率达100%。（严　鑫）

【信访工作】2015年，市人社局共受理书面信访44件，均按时答复，办结率100%。局官方网站累计接到群众留言451件，已全部回复办结。及时处理16起网络舆情，回复率100%，群众满意率100%。（严　鑫）

农　业

责任编校：赵　霞

综　述

【概况】　2015年，句容市农业增加值45.9亿元，同比增长10.53%，农民人均可支配收入17355.1元，同比增加9.20%。农业粮食亩产475公斤，全市新增高效设施农业面积2413.3公顷（3.62万亩），累计认证的有机、无公害、绿色食品个数378个（其中无公害356个，绿色14个，有机8个），完成三品认证产量40.66万吨，占食用农产品生产总量45%左右。林木覆盖率达到30.02%。句容市特色农业主要是五个板块，分别是应时鲜果、彩色苗木、食草畜禽、茶叶、观光农业。创成国家现代农业示范区、全国林下经济示范基地。新型农村经营主体蓬勃发展，2015年，全市新增省级示范合作社12家、示范家庭农场6家，列入省级农民专业合作社名录312家；新增镇江市级示范家庭农场10家。截至2015年年底，全市家庭农场达967家、专业大户2517家、合作社934家。　（卞蓉蓉）

种植业

【概况】　2015年，句容市粮油生产全面丰收。全市农作物总播种面积为89640公顷（134.46万亩），其中：粮食种植面积57133.3公顷（85.70万亩）；棉花种植面积473.3公顷（0.71万亩）；油料种植面积14700公顷（22.05万亩）；蔬菜种植面积7666.7公顷（11.50万亩）；其他农作物种植面积9666.7公顷（14.5万亩）。据统计局统计，小麦单产341.2公斤/亩，比2014年增加0.4公斤/亩；油菜单产171公斤/亩，比2014年增加7.3公斤/亩；水稻单产560.2公斤/亩，比2014年增加2.2公斤/亩。　（卞蓉蓉）

【高产创建】　2015年是句容市粮油高产增效创建项目实施的第七年，水稻共建设了6个高产示范片，覆盖边城、白兔、华阳、后白、茅山等8个镇。成熟期测产表明，6个示范片平均亩产为655.6公斤，比全市前两年大面积平均亩产586.5公斤，增加69.1公斤，增幅11.78%。通过开展高产创建活动，水稻新品种、新技术得到进一步集成推广：一是万亩示范片主推品种覆盖率达到100%、水稻机插秧主推技术覆盖率达85%；二是测土配方施肥面积达到100%；三是千亩示范方实现了病虫害专业化防治。水稻高产创建示范片项目的实施，带动了全市水稻超高产栽培技术的应用，促进了水稻大面积增产，取得了良好的社会效益。

（卞蓉蓉）

【申报农业专利】　2015年，句容市授权发明农业专利12件，大大提高了科技人员参与科技创新和科技创造的能力。　（卞蓉蓉）

【耕地质量提升】　2015年，市农委着力开展耕地质量监测，动态掌握全市土壤养分状况，设耕地质量监测点

3 个,同时以测土配方施肥等土壤肥力建设项目为抓手,开展测土配方施肥、绿肥种植补贴、商品有机肥推广应用补贴、水肥一体化建设等项目,并开展耕地质量建设。 (卞蓉蓉)

【加拿大一枝黄花防除】 2015 年,为有效遏制加拿大一枝黄花传播蔓延,分别于 4 月、10 月组织全市各地对加拿大一枝黄花发生情况进行了全面调查,专门召开防除工作会议进行布置。并根据加拿大一枝黄花发生态势,下发《关于落实"属地管理"责任全面防除加拿大一枝黄花的通知》《关于开展加拿大一枝黄花防治工作检查的通知》,要求各地依据"属地管理,分级负责"的原则,全市 4 月底至 5 月上旬和 10 月中下旬开展集中防除,收到较好的效果。全市春季发生面积 45.3 公顷(680 亩),防除 28 公顷(420 亩),占 61.8%;秋季发生面积 69 公顷(1035 亩),已防除 63.42 公顷(951.3 亩),占 92.0%。印发资料 1500 份,开展媒体宣传 5 次。 (卞蓉蓉)

【示范推广新技术】 2015 年,市农委选择基础条件好的大户与合作组织,在全市分区域建立农业"三新"技术展示基地 4 个,共展示稻麦新品种 20 个、新技术 6 项、新产品 4 种、新模式 1 个。重点推广麦油机械免少耕、水稻超高产栽培、病虫害统防统治等技术 12 项。 (卞蓉蓉)

【粮食直补】 2015 年,句容市粮食直补落实面积为 29120.9 公顷(43.68 万亩),补贴资金为 873.63 万元;农资综合补贴落实面积为 35522.9 公顷(53.28 万亩),补贴资金为 4411.94 万元,两项资金共计 5285.57 万元。两项补贴惠及全市 135821 农户。 (卞蓉蓉)

【"戴庄模式"推广】 2015 年,全市在所有符合条件的 77 个村全面开展推广"戴庄经验"的工作,产生了积极的示范带动效应。建强了合作组织、发展了高效规模农业、打造了现代农业园区、推动了"双达标"行动、加速了农业项目的引进和发展。全市共表彰奖励 20 个学习"戴庄经验"村,奖励资金 200 万元。 (卞蓉蓉)

【农业新型经营主体发展和规范化建设】 2015 年,全市新增省级示范农民专业合作社 12 家、示范家庭农场 6 家;全市新增镇江市级示范农民专业合作社 3 家、示范家庭农场 55 家。全市新增农民专业合作社 106 家,家庭农场 183 家,新型农业经营主体规模经营面积达到 27380 公顷(41.07 万亩),占比 74.6%;入社农户占比达到 119%。 (卞蓉蓉)

【农村集体"三资"管理】 2015 年,句容市在村级财务管理上大力推进村级财政预决算、村务公开和审计等 3 项重点工作。2015 年,全市村级集体总资产19.35亿元、总负债 9.61 亿元,分别比 2014 年增长 32.26%、15.78%。全市村级集体总收入完成 2.47 亿元,增幅达 16.5%,其中:经营性收入 1.53 亿元,比 2014 年增长 2%。全年总支出为 1.14 亿元,比 2014 年增长 3.6%。全市村务公开率达 100%。市审计局全年重点审计了 55 个村,农经部门内部审计达到了全覆盖。全市各乡镇阳光交易平台开展农村集体资产资源交易共 307 笔,交易额达 1.14 亿元,与 2014 年基本持平。 (卞蓉蓉)

【村级一事一议财政奖补项目实施监管】 2015 年,全市 9 个镇、1 个管委会共 49 个村开展村级一事一议财政奖补项目工作,奖补农业人口 13.43 万人,奖补村一事一议筹资 329.51 万元,共安排实施 53 个项目,总投入 1515.51 万元。工作中,突出美丽乡村建设、突出工程质量管理、突出项目库建设、突出招投标管理、突出工程审计管理等重点工作,取得良好的经济与社会效益。 (卞蓉蓉)

【农村土地承包经营权确权登记工作试点】 2015 年,全市确权登记工作试点扩面,除赤山湖管委会 4 个村基本完成确权登记外,另外 11 个镇(管委会、街道)71 个村共 50% 的行政村全面开展土地承包经营权确权登记试点工作。 (卞蓉蓉)

【农业政策性保险】 2015 年,全市常规农业种植业保费完成 1633.66 万元,高效农业保险共完成 1725.44 万元,全年农业保险总保费达 3359.1 万元,高效农业保险比重达到 51.36%。全年共计赔款 2396.2 万元,简单赔付率 71.33%,所有保险责任范围内的灾害均做到查勘定损及时、赔付款足额支付到户。 (卞蓉蓉)

【集中连片打造生态循环农业示范区】 2015年，句容市按照突出重点区域、突出重点项目的原则，统一部署，狠抓落实，重点打造连片生态循环农业示范园区、规模化畜禽养殖场废弃物综合处理、秸秆覆盖技术应用等亮点工程。加大沼气在循环农业工程建设上的连接转换作用，通过实地调查、督促，召开5次项目推进会，就“百里生态大道”沿线生态循环农业类项目建设总体情况、建设中存在的问题，进行全面分析，要求对“百里生态大道”沿线已建设好的生态循环农业类项目，进一步加强管护，发挥项目相应作用；对尚未建设好的项目，并要求项目建设单位紧扣时间节点，抢抓当前有利时机，确保建设到位。同时，2015年在“百里生态大道”沿线新申报大田循环农业项目3个。

（卞蓉蓉）

【秸秆综合利用工作】 2015年，市农委会同市水利农机局和市发展改革和经济信息化委员会做好全市秸秆综合利用工作，共同编制2015～2020年秸秆综合利用工作规划，同时结合全市种植业实际，因地制宜、多种形式加快推进农作物秸秆资源综合利用步伐。农业废弃物循环利用方面，2015年，全市申报农业可再生资源循环利用大田循环农业试点项目2个，进一步加大力度推进农业可再生资源循环利用工作，同时开展技能培训和实用技术推广，落实各项秸秆综合利用措施，增强农户对秸秆综合利用的认识水平与参与意识，确保夏秋两季秸秆还田面积4.33万公顷（65万亩），全年度秸秆综合利用率达95%以上。

（卞蓉蓉）

【“百村万户”双达标行动圆满完成】 2015年，全市163个行政村集体经营性收入达到1.5亿元，“双达标”行动形成的增收项目开始持续、稳定释放红利。全市124个经济薄弱村集体经营性收入全部达到或超过70万元，累计达标率100%；10823名建档立卡低收入人口家庭全年人均可收入达到6000元，累计达标率100%，全市入户帮扶项目729个、惠及1486人。全市市级帮扶部门、企业筹集资金到村到户帮扶资金分别是3817万元和988余万元。低收入人口人均收入增幅14.3%，高于全市农民人均纯收入增幅3.2个百分点，圆满完成目标。 （卞蓉蓉）

养殖业

【概况】 2015年，句容市畜牧生产稳定发展，全年未发生重大动物疫情。主要畜禽饲养量：生猪饲养量19.05万头（其中出栏11.4万头），其中母猪0.4万头；山羊饲养量4.5万只（其中出栏3.02万只）；奶牛饲养量2570头；家禽饲养量1021.12万羽（其中出栏815.07万羽）。2015年，全市水产养殖面积为6681公顷，与2014年持平；其中特种水产养殖面积为4271公顷，比2014年下降2%；全年实现水产品产量2.7万吨，比2014年增长2.66%，实现渔业产值14.82亿元，比2014年增长7.6%；实现渔业增加值8.05亿元，渔业为全市农民人均增收71.6元。 （卞蓉蓉）

【能繁母猪保险】 2015年，句容市继续对全市育肥猪养殖存栏量在50头以上的养殖户和所有能繁母猪进行全面保险。育肥猪保额由最高400元/头调整到最高600元/头，保险费率由5%调整到4%，即养殖户每头生猪交纳保费4.8元，理赔时最高可享受600元的补偿。全市共有84户生猪养殖户的10580头育肥猪参加了保险。能繁母猪保险保险费率由原来的6%提高到7%，全市共有417户的3180头能繁母猪参加了保险。 （卞蓉蓉）

【重大动物疫病防控】 2015年，市农委实施国家动物疫病监测与流行病学调查计划，科学开展病原学监测，严格执行疫情报告提报和举报核查，全面掌握辖区内重点动物疫病流行情况。强化口蹄疫、禽流感、猪蓝耳病、猪瘟等病种防治，对其开展强制免疫，制订计划并认真落实。在开展常年免疫工作的基础上，分别于3月、7月和9月组织实施了春、夏、秋3次全市突击防疫行动。全年共免疫口蹄疫苗27.5万头次（其中猪21.3万头、牛羊6.4万头）；免疫猪瘟疫苗19.3万头次；免疫蓝耳病疫苗14.2万头次；免疫禽流感疫苗530万羽次；免疫鸡新城疫苗435万羽次，并切实做好免疫效果评价。共抽检畜禽血样3200余份，对少数抗体监测不达标的，分析原因，及时补免。全市主要畜禽免疫抗体合格率基本常年达标。规范检疫操作，产地检疫实行报检制，屠宰检疫实行24小时值班制，严格按照农业部相关要求及检疫规程，做到规范操作和出证。

（卞蓉蓉）

【畜禽无害化处理】　2015年，句容市进一步做好畜禽无害化处理工作。一是与各规模养殖场签订《牲畜无害化处理责任状》，落实监管责任。二是规范处理操作。三是打击违法行为。加大监管力度，确保养殖环节病死畜禽无害化处理措施得到落实。全市规模养殖场全年无害化处理病死生猪9264余头。基本完成病死畜禽无害化收集处理机制建设，11个病死动物无害化处理收集点硬件已全部建成。　（卞蓉蓉）

【兽医药品和兽医生物制品监管】　2015年，句容市加强对畜禽饲养、动物及产品加工和流通等场所的监管。与全市300余个规模养殖场（户）签订畜产品质量安全监管责任书，从投入品使用、休药期等6个方面进一步明确养殖场的产品质量安全责任。督导规模养殖场（户）规范养殖档案，使从生产到出栏整个过程有据可查、能够追溯。对动物诊疗场所，每月进行一次督查。对兽药经营企业，与其签订《兽药经营企业安全经营兽药承诺书》，督促其做好采购、销售等相关记录。安排专人对每季度公布的假劣兽药信息进行通报。

（卞蓉蓉）

【“瘦肉精”等非法添加物的检测】　制订《句容市2015年养殖、屠宰、运输环节“瘦肉精”检测方案》，明确年度“瘦肉精”监测的方案和要求。对存栏50头以上或年出栏在100头以上的生猪养殖场（户）进行每月抽检，抽检率不小于生猪规模养殖场的10%；对所有生猪定点屠宰场待宰生猪进行10%的检测。全年共抽检样品2100余份，未发现阳性。　（卞蓉蓉）

【“生鲜乳”违禁物质的专项监管】　2015年，全市有奶站4家，日收奶量12吨左右。各奶站全部采用管道式集中机械挤奶，设备齐全，质量安全管理制度健全。按照省农委下达的2015年生鲜乳质量安全监测计划，对所有生鲜乳收购站进行全覆盖监测，定期对各奶牛养殖场（户）、奶站的生鲜牛奶和饲料进行抽样送检。全年共抽检生鲜乳样品60份，奶牛饲料20份，其中包括农业部对江苏的风险评估抽检，未检出问题样品。

（卞蓉蓉）

【促进畜禽屠宰行业发展】　2015年，句容市按照省政府《关于加强畜禽屠宰行业监督管理工作的意见》和省农委、财政厅《关于深入开展生猪屠宰行业清理整顿工作的通知》文件精神，完成畜禽屠宰行业监督管理职责调整工作，开展对生猪屠宰行业的清理整顿，加强对生猪定点屠宰企业监管，严格落实屠宰企业产品质量安全主体责任，加强有关制度建设。同时制订了屠宰场建设规划，争取到2017年全市只保留1家生猪屠宰场，使全市生猪屠宰全面实现工厂化、机械化屠宰，全市形成定点屠宰、冷链配送的格局。　（卞蓉蓉）

【高效设施渔业建设】　2015年，句容市围绕生态、高效、安全的总体目标，大力推进高效设施渔业建设步伐，全市累计已建成高效设施渔业面积1787公顷，其中2015年新增高效渔业面积233.3公顷。高效渔业平均亩效益达到5100元。全市高效渔业养殖品种有河蟹、青虾、小龙虾、南美白对虾、草鱼、鲫鱼、甲鱼等，特别是青虾养殖发展较快，截至2015年年底，全市青虾养殖面积已达到1471公顷，亩效益大多在4000元以上，最高的已达到6000元以上。　（卞蓉蓉）

【休闲渔业取得较大突破】　2015年，全市休闲渔业企业数量达到115家，比2014年增加5家，投资总额达到15510万元，同比增加3191万元。休闲渔业面积达1215公顷，年营业额达12080万元。　（卞蓉蓉）

【渔业专业合作组织建设】　截至2015年底，全市共有渔业合作组织（包括渔业协会）64个，比2014年同期增加5个，其中，股份合作型30个，能人牵头型5个。共有合作社成员6271人，注册资金11433万元。渔业合作经济组织在为合作组织成员提供技术、生产资料等方面做了大量工作，加快了全市渔业产业化进程。

（卞蓉蓉）

【渔业科技入户示范工程】　2015年，句容市在郭庄、后白、华阳、边城、宝华、下蜀、天王、白兔8个镇和开发区、赤山湖管委会开展渔业科技入户工作，覆盖范围50个村，共培育渔业科技示范户450户，示范面积

1573.3 公顷(2.36 万亩),辐射带动 2263 户水产养殖户,辐射面积 1866.7 公顷(2.8 万亩)。共选聘水产科技人员 20 名作为技术指导员,具体负责对全市 450 户示范户进行技术指导与服务。举办各类养殖技术培训班 97 期,培训人员 3500 余人次。指导员入户指导 7512 次,人均达到 375 次,向示范户无偿发放各类物资 30 余万元。（卞蓉蓉）

高效农业

【概况】 2015 年,句容市继续大力发展高效设施农业,提档升级园艺生产设施,例如积极发展园艺钢架大棚、连栋温室、防虫网、遮阳网、喷滴灌、水肥一体化等生产设施,促进农业增效,农民增收。2015 年,全市新增高效设施农业面积 2413.3 公顷(3.62 万亩),截至 2015 年年底,全市高效设施农业总面积 12433.3 公顷(18.65 万亩),全市高效设施农业占比达 20.96%。（卞蓉蓉）

【现代农业园区建设】 2015 年以来,句容市以建设国家现代农业示范区为统揽,以推进“三集”现代农业产业园区为抓手,重点提升园区产业发展层次和综合竞争力。推进镇江市“三集”农业园区建设,全市 8 个现代农业产业园区被列入镇江市重点规划建设园区,占镇江市总数的三分之一。2015 年,全市园区固定资产投资增幅 17.65%,总产值完成 50.63 亿元,同比增幅 18%,园区规模经营面积新增 603.53 公顷(9053 亩),增幅 6.15%。（卞蓉蓉）

【农业龙头企业培植】 截至 2015 年年底,全市共认定句容市级以上农业龙头企业 99 家,其中,镇江市级农业龙头企业 25 家,省级龙头企业 8 家。（卞蓉蓉）

【全国“一村一品”示范村】 2015 年,天王镇唐陵村获全国“一村一品”示范村称号。（卞蓉蓉）

【立体复合种养增收工程】 2015 年,全市选择一些有一定规模、有产业特色、经济效益好、有群众基础的种植、养殖业的典型企业、大户,作为典型示范,推动林下经济发展；继续做好技术服务工作。根据生产和农民需要,聘请有关专家,向农民群众进行技术培训。同时还进一步落实在提供种羊、种鹅、牧草种子等方面的技术服务。结合 2015 年句容市省部级园艺科技入户工程、省级高效设施农业等工作,继续在茅山镇、白兔镇示范推广果园套种蔬菜模式,示范推广 2 万多亩。2015 年,重点推广了池塘混养甲鱼、河蟹池混养沙塘鳢等新模式,取得了明显的成效,2015 年推广池塘生态混养 2066.67 公顷(3.1 万亩)。通过提供苗种、技术等有效的服务,平均亩增效达到了 2000 元以上。特别是鱼鳖混养模式亩均增效在 3000 元以上、高的在 5000 元以上。鱼池混养甲鱼为养殖户降低了养殖风险,提高了养殖效益,为实现渔业增效、渔民增收做出积极的贡献。（卞蓉蓉）

【设施蔬菜生产】 2015 年,按照《句容市“菜篮子”工程蔬菜生产基地规划》要求,在边城镇、华阳镇、天王镇、郭庄镇等发展设施蔬菜生产,推广绿色蔬菜生态栽培技术、蔬菜水肥一体化技术、蔬菜病虫绿色防控关键技术等。据统计,2015 年全市蔬菜总产量 27.67 万吨,与 2014 年同期相比增加 2.1%,总产值 6.06 亿,与 2014 年同期相比增加 2.1%。（卞蓉蓉）

【应时鲜果产业】 2015 年,句容市依托江苏农林学院、镇江农科院等科研院所,大力发展应时鲜果产业。以句容葡萄、草莓等优质鲜果为主导品种,全面打响“句容鲜果”品牌,先后引进推广的适宜丘陵地区种植的鲜果品种有宁玉、宁峰草莓,阳光玫瑰葡萄,徐香猕猴桃,美国薄壳山核桃、蓝莓、钙果等；并示范推广新技术、新模式,如草莓起高垄省力化高产栽培技术、葡萄控产提质标准化栽培技术,高架草莓与食用菌高效复合栽培模式、果园套种蔬菜模式、葡萄－猕猴桃复合种植模式等。2015 年,全市果树种植总面积 8400 公顷(12.6 万亩),果品总产量 12.97 万吨,产值 12.38 亿元。其中,葡萄种植面积 3333.3 公顷(5 万亩),草莓 866.7 公顷(1.3 万亩),桃子 1286.7 公顷(1.93 万亩),梨 400 公顷(0.6 万亩)。1 月份,市农委组织草莓种植专业合作社参加 2015 年首届中国江苏“宜兴陶都杯”草莓评比活动,在此次评比大赛上,句容草莓摘得三金、一银的好成绩。8 月,在第八届中国南方“中山杯”优质葡萄评比活动中,句容取得“一特、四金、十二

银”的好成绩。在2015年第八届“神园杯”江苏优质水果评比中获得两金、五银的好成绩。（卞蓉蓉）

【茶产业】 2015年，全市茶园面积2666.7公顷(4万亩)，总产量932吨，产值2.57亿元。全市选送的14只茶样参加镇江市三山杯评比，获6个特等奖，5个一等奖。5月份，在江苏茶博园举办省第二届手工茶技能大赛上，句容选手荣获卷曲类二、三等奖各一名，扁茶一等奖，同时，句容孔凡明获得“江苏省手工制茶大师”荣誉称号。（卞蓉蓉）

【休闲观光农业】 2015年，句容市结合农业园区发展，加快基础设施建设、整合优质资源，积极推进全市休闲观光农业快速发展。组织参加首届白兔草莓节、天王樱花节、后白郁金香花展、第六届句容葡萄节及下蜀稻美茶香文化节等节庆活动。协助中央电视台七频道拍摄句容美丽田园工作，到天王樱花园、岩藤郁金香园及茶博园采景拍摄。积极组织参加2015长三角休闲农业与乡村旅游博览会，市农委获得优秀组织奖。全市认定14家“2015年句容市星级休闲园区”。岩藤农场被评为“2015年全国休闲农业与乡村旅游五星级示范企业(园区)”、天王镇戴庄村被农业部评为“2015中国最美休闲乡村”、边城镇青山村被评为“全国生态文化村”。江苏禾木农博园被评为“全国十佳休闲农庄”。（卞蓉蓉）

【农村电子商务进村入户工程】 2015年，主动谋划发展农村电子商务，让新型流通业态促进农产品销售，带动农民创业。实施二轮“进村入户”推进活动。先后举办6期“2015年句容市新型职业农民培育工程电子商务培训班”，全市550多家新型经营主体负责人参加培训。市农委组织青年人才通过对接和定点服务，建成“亚夫在线”、“中华葛根网”两家公共服务平台。全市新增淘宝网店92家。后白镇被认定为江苏省农村电子商务示范基地，茅山镇丁庄村、丁庄老方葡萄专业合作社被认定为江苏省农村电子商务示范村和示范单位。建筑面积2万多平方米的句容市农村电商产业园正在紧锣密鼓地筹建之中。（卞蓉蓉）

【农民培训】 2015年，句容市农委通过集中办班与进村培训相结合的方法，把培训的课堂放到田间地头的方式，根据农民需求灵活调整培训课程开展新型职业农民培训。新型职业农民培育程度达25.9%，高于全省2.8个百分点。

（卞蓉蓉）

【农业科技入户工程】 2015年，句容市建立健全“科研+推广+教学+实用乡土人才”的专家队伍，共遴选农业科技指导员198人，示范户2090户，带动一般农户4万余户，切实解决了农业技术推广“最后一公里”的问题。（卞蓉蓉）

【“三品”认证】 2015年，全市获得“三品”认证数56个(其中无公害50个，绿色5个，有机转换1个)，获证产量6.77万吨(含复查换证新增)；完成到期产地复查换证39个、产品复查换证86个。截至2015年年底，累计“三品”有效数378个(其中无公害356个，绿色14个，有机8个)，完成三品认证产量40.66万吨，占食用农产品生产总量45%左右。

（卞蓉蓉）

【农业品牌建设】 2015年，句容市对127家重点监管对象进行信用等级评定，评选出“十佳农产品生产企业”、“十佳农民专业合作经济组织”、“十佳种养大户”各10家，“容华”牌绿茶、“二丫”牌葡萄、“野山小村”牌大米等7个产品获全省最受消费者欢迎的绿色食品称号，句容老方葡萄科技示范园、句容市华甸农产品专业合作社、句容市龙山茶场获省级农产品质量安全“创牌立信”示范单位，句容茅宝山葛业有限公司、句容市二丫葡萄专业合作社、句容市浩源生态农业科技有限公司获镇江市级农产品质量安全“创牌立信”示范单位。（卞蓉蓉）

【农产品质量安全监测】 2015年，句容市农产品质量检测站通过了省质监局的65个参数复评审(扩项)现场考核，新建万山红遍、二丫、介文等10个基地检测点，举办第三届农产品质量安全检测技能竞赛，开展42个土壤、62产品的重金属普查，完成省级农产品质量抽样251个，完成县级农产品质量安全抽检18904个，检测合格率99.99%。

（卞蓉蓉）

农业综合开发

【概况】 2015年，句容市共争取农业综合开发项目资金9840.81万元。其中国家农业综合开发土地治理项目总投资3921.22万元（财政资金3900万元，自筹资金21.22万元），建设规模达到3000公顷（3万亩）；省丘陵山区农业综合开发项目25个，总投资为3794.59万元（财政资金2230万元，自筹1564.59万元），规模为1282.3公顷（1.9235万亩）。产业化贷款贴息项目2个，贷款总额2125万元。（卞蓉蓉）

【土地治理项目】 2015年，句容市土地治理项目共计4个。其中高标准农田项目3个，治理面积1666.7公顷（2.5万亩），财政投资3250万元，分别位于后白镇、后白镇、天王镇。生态治理项目1个，治理面积333.3公顷（0.5万亩），财政投资650万元，位于下蜀镇。项目均已全面开工建设。（卞蓉蓉）

【江苏省丘陵山区开发项目】 2015年，句容市获得省局批复丘陵项目25个，规模为1282.3公顷（1.92万亩），总投资为3794.59万元，其中财政资金2230万元，自筹1564.59万元。（卞蓉蓉）

【国家农业综合开发产业化经营项目】 2015年，句容市共有国家农业综合开发产业化贷款贴息项目2个，分别是“镇江市句容市3000亩岩藤农业园三期新建贴息项目”以及“镇江市句容市6000吨稻谷加工原料收购新建流动资金贷款贴息项目”，中央财政贴息额以实际贴息为准。（卞蓉蓉）

【连片开发10万亩农业综合开发项目示范区】 2015年，句容市严格耕地保护，提升标准农田质量，大力实施生态型高标准农田建设工程，从基础设施建设入手，进行山、水、田、林、路立体治理，将适度土地平整与地力保护、水土保持相结合。五年内（2011—2015年）完成集中连片打造6666.67公顷（10万亩）农业综合开发项目示范区，其中土地治理项目建设4133.33公顷（6.2万亩）、丘陵山区建设2533.33公顷（3.8万亩）。（卞蓉蓉）

林　业

【成片造林】 2015年，全市完成成片造林433.3公顷，完成四旁植树100万株，农田林网完善更新666.7公顷。并向上级积极申请中央财政造林试点补贴项目资金70万元，以每亩200元标准补贴200公顷（3000亩）新造乔木林，以每亩100元标准补贴66.67公顷（1000亩）新造经济林。（卞蓉蓉）

【村庄绿化】 2015年，全市村庄绿化共完成示范村建设21个，其中森林生态示范村6个、省级示范村15个，新建及完善农田林网控制面积1333.3公顷，为打造“绿色句容”、“生态句容”、“美丽句容”，持续增加森林资源总量，改善句容市生态环境，提高人民生活质量，打下良好的基础。（卞蓉蓉）

【森林抚育】 2015年，全市共完成森林抚育任务总面积740.07公顷，涉及7个实施项目，分别为《句容市林场中幼林抚育》《句容市磨盘山林场南塘森林抚育》《句容市宝华山中幼林抚育》《句容市沿江高速绿色通道幼龄林抚育》《句容市杉木中幼林抚育》《句容丘陵地区速生丰产用材林抚育》《句容市榉树用材林抚育》，实施地点分别位于句容市林场、磨盘山林场、宝华山国家森林公园、天王镇、茅山管委会李塔村、后白镇、茅山镇，涉及财政资金330万元。2015年全市共申报森林抚育补贴试点项目4个，总面积400公顷，年内已全部分解落实。（卞蓉蓉）

【森林防火】 2014年冬天到2015年春天，全市未发生一起森林火灾，无人员伤亡。查处1起火灾案件，并对责任人进行了经济和行政双重处罚，火案查处率100%。（卞蓉蓉）

【第九次森林资源清查】 2015年，句容市开展第九次森林资源清查工作，对全市118块固定样地和4个生态小样方进行全面详细的调查，内业卡片严格按照国家林业局华东院和省林业局的要求填写，认真记录每一项调查因子，仔细进行检查核实。通过该次森林资源清查工作，不仅准确掌握全市森林资源的数量、质量、结构、分布及消长动态，同时也锻炼了年青林业工作者的基本能力和专业技能，培养出了一支能吃苦、精业务的林业调查队伍。全市一类资源调查工作高分通过国家级检查验收。　（卞蓉蓉）

【花木科技工作】　2015 年，全市组织花木科技培训 7 次，培训人次近 500 人。全市种植苗木总面积达 1067 余公顷，产苗量 5490 万株。全市苗木年销售额 20 亿元，苗木生产经营从业人员 12697 人，从业民营企业 139 家，从业农户 4549 户，苗木经纪人 1634 人，苗木产业已成为句容市发展农村经济、农民增收致富的主要途径。　（卞蓉蓉）

【林业有害生物防治】　2015 年，句容市全面完成松材线虫病防治各项任务，共防治疫情面积 1464.3 公顷（2.1964 万亩），清理病死树 1.0314 万株，处理病松材 329.93 立方米，施放肿腿蜂 60 万头，生物控制 333.3 公顷（0.5 万亩），监测松林 4533.3 公顷（6.8 万亩）。全市共出动劳力 1200 人次，组织专业防治队伍 12 支，通过防治，疫情得到控制，大片的森林资源得到有效保护。积极开展全市林业有害生物普查工作，按照上级要求，通过组成专业队伍开展普查，搜集全市林业有害生物种类、寄主植物、危害部位以及分布范围等资料，做好标本、影像的采集和处理，并绘制本市内主要林业有害生物分布图。该项工作将于次年 6 月份截止。　（卞蓉蓉）

【公益林管理】　2015 年，市林业局和国有林场、各镇政府（管委会）与全市聘请的 317 名护林员层层签订了公益林管护合同，明确了各级部门及护林员的责任、权利和义务。进一步加强森林生态效益补偿基金的管理工作，2015 年句容市省级公益林补偿基金 579.03 万元，加强日常检查力度，结合管护单位对护林员的考核，综合考评护林员工作质量，奖惩并重，同时进一步规范报账资料的管理，集中培训明确公益林基金中相关费用报账的程序和要求。积极落实公益林调整工作，确保公益林指标不减。通过多次与各镇政府（管委会）、国有林场沟通，按照市重点工程拟用地、各镇（管委会）的发展需求和抽水蓄能电站红线范围，结合镇江市下达的新增 666.67 公顷（1 万亩）省级公益林指标，全市共计划调出省级公益林 522 公顷（7830.58 亩），调入 1193.44 公顷（17901.6 亩）。　（卞蓉蓉）

【野生动植物保护管理】　2015 年，句容市全面规范野生动植物加工经营行为。为强化源头管理，先后组织市森林公安、野保站工作人员巡查部分餐饮企业，严厉打击无证经营野生动物行为，同时协同工商部门，在集贸市场查处违法出售、收购、运输、携带国家或者地方重点保护陆生野生动物及其产品的行为。　（卞蓉蓉）

【湿地保护】　2015 年，全市重点抓好“一个公园，四个小区”的建设。全力推进赤山湖国家级湿地公园建设。积极联系省野保湿地站，邀请专家对赤山湖国家级湿地公园湿地恢复、生态恢复、景观建设等方面提供技术支持，同时对中央财政资金项目建设情况进行了中期检查，对检查中发现的问题及时指出，并配合赤山湖国家级湿地公园制定整改方案，确保赤山湖国家级湿地公园建设顺利通过国家林业局验收。加强永兴河、中河、秦淮河 3 个湿地保护小区的管护工作，提高保护小区的巡护、管理和监测能力。在朝阳河湿地保护小区进行生态修复，种植各类水生植物，并埋设界桩、警示碑和宣传牌，修筑巡护便道、野外观察台、湿地科研监测点等。　（卞蓉蓉）

2015 年句容市农林场圃情况一览

表 10

名　称	所在镇	法人代表	联系电话	经营项目
句容林场	下蜀镇	徐仁清	87768175	林木、茶叶
东进林场	茅山风景区管委会	张　明	87828209	林木、茶叶
磨盘山林　场	茅山风景区管委会	翁行良	87481448	林木、茶叶
下蜀茶场	下蜀镇	巫修平	87761297	茶叶
九华茶场	开发区管委会	赵小平	87388127	茶叶
赵　庄林苗场	边城镇	夏爱军	87631103	茶叶
张庙茶场	后白镇	张德敏	87501212	茶叶
茅山茶场	后白镇	戴军舰	87831080	茶叶

续表 10

名　称	所在镇	法人代表	联系电话	经营项目
浮山果园	天王镇	程学文	87458018	茶叶
方山茶场	天王镇	黄成兵	87427087	茶叶
种猪场	后白镇	卜怀浩	87856999	种猪繁育
后　白良种场	后白镇	张为强	87401288	农作物良种繁育
东　山良种场	华阳镇	张为强	87205819	农作物良种繁育

（卞蓉蓉）

农业机械

【概况】 2015 年，市水利农机部门充分利用国家农机补贴强农惠农政策，大力推广和引进农机新机具、新技术，因地制宜，优化服务，确保农业增产、农民增收。2015 年，全市新增适用农业机械 1092 台套，其中新增大中型拖拉机 242 台，插秧机 161 台，联合收割机 55 台，累计使用财政补贴资金 1444 万元。全市农机总动力达到 54.97 万千瓦，全市农业机械化水平达到 87%。2015 年，市水利农机局充分发挥村级组织的主导作用，在全市建设千亩以上集中连片的水稻全程机械化生产示范基地 20 个，其中 133.33 公顷（2000 亩）以上的 10 个，整村推进水稻生产全程机械化，实现从翻耕、育秧、机插、植保、收割、烘干、收储全程机械化作业。通过整村推进和连片示范方建设，全市水稻生产机械化水平大为提高，2015 年全市机插秧面积 1.99 万公顷（29.85 万亩），机插率 79.8%。通过政策、资金和项目扶持，2015 年，全市新增农机专业合作社 5 家，农机服务组织作业面积已占农机作业总面积的 50% 以上。全年实施机库项目 8 个，建设机库面积 3000 多平方米；新建粮食烘干中心 3 家，新增装机总量 21 台。夏秋两季，全市积极推广应用 75 马力以上大型拖拉机作业和犁旋一体秸秆粉碎还田机等新机具新技术，顺利完成了 4 万公顷（60 万亩）秸秆机械化还田任务，有效遏制了秸秆焚烧现象。同时，深入开展农机安全生产专项整治活动，规范执法行为，确保全年无农机事故发生。（陆秀才）

【秸秆机械化还田第三方核查工作展开】 2015 年 6 月 18 日上午，句容市秸秆机械化还田第三方核查单位在边城、茅山镇进行作业田块现场核查，标志着该项工作在句容市的全面展开。按市水利农机局、财政局核查办法要求，市恒信会计师事务所抽调 8 名专业人员组成 4 个工作小组对全市开展核查。在核查中严把“三关”：一是严把核查标准关，重点审核作业机具动力及配套秸秆还田机具的拥有情况，并取得相关证明材料，根据核查方案，按照技术路线进行核查。二是严把核查重点关，根据作业补助政策告知书、还田作业确认单、还田作业补助资金申请表，核查作业面积准确性、作业面积与作业机手对应关系的真实情况。三是严把核查质量关，实地查看还田作业面积、作业质量等情况，确保秸秆还田面积的准确率和老百姓的满意率。核查结束后，市水利农机局、财政局按一定的比例对第三方上报的核查结果进行抽查考核，并按“委托协议书”约定提出具体处理意见。“三夏”期间全市共计投入大中型拖拉机 536 台，44 个合作社、277 个农机手参与省级项目实施，完成麦秸秆还田作业面积16.14万亩，补助资金 161.4 万元。（陆秀才）

【农机部门加大扶持力度推进农机合作社规范化建设】 2015 年，市农机部门进一步完善扶持政策，加快推进农机合作社规范化建设，努力提高农机合作社组织化、规模化、专业化、社会化服务水平。为提高发展农机合作社的积极性，市政府专门出台扶持农机专业合作社发展政策，优先安排补贴资金，按照以奖代补、先建先补等方式对机库和烘干中心建设进行补助，全年全市积极争取省级项目 3 个、市级机库建设 5 个，新增粮食烘干中心 5 家。加强信贷和融资方面的支持，协调金融机构为合作社办理“金农贷 + 大型农机具质押”贷款，已成功发放贷款 100 万元，及时解决了合作社资金周转问题,促进其发展产业;以农机专业合作社和农机大户为主要平台,推广新型土地流转经营模式,促进合作社提升规模;积极推动农机专业合作社开展订单服务、租赁服务、承包服务等服务,提升服务水平。（陆秀才）

【秋季秸秆机械化还田工作】 2015年,全市秋季秸秆综合利用和禁烧工作会议后,市水利农机局高度重视,全力做好秸秆机械化还田工作。建立工作协调机制,成立秸秆机械化还田工作领导小组,加强组织领导,明确工作职责,分解目标任务,制定推进措施,加大整体推进力度,保证各项任务得以有效落实。通过电视、报纸、广播等新闻媒体,以及组织召开现场会、给农民公开信等多种形式,大力宣传宣传秸秆焚烧的危害、秸秆机械化还田及综合利用的好处,积极宣传农机购置财政补贴政策和秸秆机械化还田扶持政策,营造秸秆综合利用的良好氛围。抓紧做好秸秆还田动力机械与配套机具的调查摸底和需求分析,大力推广带切碎匀抛功能的新型联合收割机,并采取积极的调配措施,确保机具配备到位,满足作业需要。对作业机手进行业务培训,为做好秸秆机械化还田工作提供坚实的技术支撑。组织农机手、农机服务组织与农户签订作业协议,培育秸秆机械化还田作业市场,大力推行机收、机械化还田、三麦机播"一条龙"复合式作业。进一步加强秸秆机械化还田中农机与农艺结合的配套研究,大力推广还田效果比较理想的耕翻覆盖还田作业路线及秸秆机械化还田与三麦机播集成技术。组织农机技术人员开展技术指导服务工作,重点抓好农机大户、种田大户和社会化服务组织的跟踪指导服务,帮助解决实际问题,确保秋季秸秆机械化还田作业质量。（陆秀才）

【万台农机战"三秋"】 2015年,句容市为充分发挥农业机械作用,提升"三秋"作业速度和质量,市农机部门提前行动、周密部署,组织销售商筹集资金,提前备足各种类型的农机零配件,做好机具供应,开展送货下乡,提高服务"三农"质量,全力支援"三秋"农业生产。安排40余名技术骨干成立8个农机检修服务队,深入田间地头帮助机手调试、检修、维护机械,共检修各类农机具2276台(套),确保了所有机械在"三秋"生产中的技术状态完好。采取集中培训、送教下乡和上门培训等方式,重点对水稻联合收获机、拖拉机和新购机农民进行手把手、面对面的培训,共举办各类培训班、技术讲座8期,培训各类农机手500余人。结合农机购置补贴惠农资金,大力推广水稻联合收获机、大中拖、秸秆还田机等新型农机具,重点加强农机服务体系和烘干中心建设,全年建设机库项目8个和农机维修点1个,建成机库面积3000多平方米;新建粮食烘干中心3家,新增装机总量21台。此外积极组织农机合作社、农机大户开展订单作业和跨区作业,提供农机社会化服务。2015年秋季,全市农业生产各类农机具总投入量达到15000余台(套),其中大中型拖拉机1296台、联合收割机925台、小型拖拉机10200台、秸秆还田机1850余台,机收水稻2.97万公顷(44.5万亩),秸秆机械化还田2万公顷(30万亩),秸秆综合利用率达到95%以上。

（陆秀才）

水　利

责任编校：赵　霞

综　述

【概况】　句容素有“五山一水四分田”之称，境内河流分属秦淮河水系、太湖水系和沿江水系。全市水资源总量2.4亿立方米，正常年用水量2.0亿立方米。截至2015年年末，全市已建成在册中小型水库54座（中型6座），兴利库容1.3亿立方米；开挖、疏浚流域性骨干河道12条，总长138千米；兴建、扩建0.67公顷（10亩）以上大塘543个、大坝245座；建成管径26.7厘米（8寸）以上固定机电排灌站372座，总动力620台套40673千瓦；加高培厚江港圩堤98条、480千米；开挖撇洪沟27条、72千米；配套干支渠道1210条、824千米；兴建、配套涵闸等水工建筑6400多座。这些水利设施的建成，使全市基本形成了比较配套完善的蓄、引、提、调、排、灌水利工程体系，在历次防洪抗旱过程中，发挥了巨大的社会和经济效益。　（陆秀才）

水利建设

【概况】　2015年，全市上下紧紧围绕水利现代化建设的目标任务，认真落实水利投入政策，积极创新水利投入机制，坚持早安排、早布置、早发动，重点突出了以中小河流治理、中央财政小型农田水利重点县、农村河道疏浚、水源工程建设、农村小型泵站更新改造、骨干渠道衬砌、区域防洪除涝等为重点，兼顾饮水安全、节水改造和水土保持、生态环境建设、骨干河道长效管理等方面工作，创新机制，增加投入，规范管理，优化服务，有力推动了新一轮水利大建设、大发展的高潮。在2015年市政府六大类60个项目建设任务中，水利建设项目占了9项，分别是句容河上段（北山水库－肖杆河桥段）整治工程、玉清河上段被覆工程、新一轮（2014～2016）农田水利重点县工程、北山中型灌区节水配套改造、千亿斤粮食产能规划田间工程末级渠系建设、后白西冯“美丽库区、幸福家园”示范村建设、句容河城区段水环境整治、北山水库北叉汇水口整治，以及对深坑和仑环库2座不在册水库实施除险加固等。年度工程总投资达3.1亿元。其中，总投资1459万元的深坑和仑环库2座不在册水库除险加固工程、总投资863万元的玉清河上段被覆工程、年度投资4800万元的新一轮重点县项目、总投资1500万元的末级渠系建设项目以及总投资5000万元的“美丽库区，幸福家园”示范村等建设项目均已全部完工。2015年度，全市农村水利计划投资9840.31万元，完成总土方406.4万立方米。其中，疏浚乡级河道5条，长14.6公里，完成土方12.75万立方米；疏浚村庄河塘209座，完成土方143.33万立方米；新建改造塘坝150座，增加蓄水127万立方米；实施农村小型泵站改造38座，装机容量4046千瓦；衬砌渠道13.95公里；配套小型农田水利建筑物119座。　（陆秀才）

【小型农田水利重点县建设项目】　在全面完成2011～2013年度全市第一轮小型农田水利重点县建设项目后，又积极开展第二轮小型农田水利重点县建设项目工作。项目分2014、2015及2016 3个年度实施，其中，2014年度（2015年实施）涉及白兔、边城、郭庄3个镇及赤山湖管委会。工程计划投资4800万元，其中，省以上补助2400万元，市本级配套1440万元，镇（管委会）自筹960万元。建设内容包括：更新改造小型灌排泵站31座，衬砌渠道13.95公里；清淤大塘82座以及高效节水灌溉工程16.67公顷（250亩）等小型农田水利建设。（陆秀才）

【市补农村水利竞争立项项目】　2015年共有5个镇的7项工程获得市补农村水利项目，分别为宝华镇的曹家边河道新建工程；天王镇的木易园渠道护砌工程；后白镇的东湾坝清淤整治工程；下蜀镇的下蜀排涝站新建工程、西街排涝站改造工程、滚水坝新建改造工程；边城镇的东昌河整治工程一期工程。工程计划总投资1200万元，其中，市本级补助600万元，相关镇配套600万元。项目由各相关镇（管委会）严格按照水利基本建设程序要求组织项目实施，市水利、财政部门负责项目监督管理工作，验收合格后拨付市补资金。

（陆秀才）

【面上农村小型水利项目】　2015年，全市面上农村小型水利项目主要为村级小型水利工程，主要建设内容包括疏浚乡级河道5条；村庄河塘清淤整治209座；塘坝清淤扩容68座；小型泵站更新改造7座；渠道整治以及滚水坝等工程，总投资2650.31万元。

（陆秀才）

【北山、茅山两水库除险加固工程通过竣工验收】2015年2月14～15日，由省水利厅牵头组织的竣工验收委员会对句容市北山及茅山2座中型水库除险加固工程进行竣工验收。竣工验收委员会检查了工程建设情况，查阅了相关台账，听取了相关单位的建设情况汇报和竣工技术预验收专家组工作汇报，查阅了工程建设资料，经充分讨论，同意通过北山及茅山除险加固工程竣工验收。北山水库位于句容市北部宁镇山脉南侧、距句容城区15公里、句容河上游，属长江水系秦淮河流域，水库流域面积58.2平方公里，加固后总库容4815万立方米，是国家防洪重点中型水库。茅山水库位于句容市东南丘陵地区，秦淮河赤山湖中河上游，属长江流域，水库流域面积33.5平方公里，加固后总库容2274万立方米，是一座以防洪灌溉为主，兼有供水、养殖等效益的中型水库。北山、茅山水库除险加固工程分别于2012年9月、10月开工，2014年9月18日全部完工。工程建设内容主要包括：大坝加固及观测设施，溢洪道拆除重建，涵（隧）洞加固，管理房重建，金属结构及电气设备更新，防汛道路及配备管理设施等。2014年1月20日，同意通过合同工程完工验收；2014年9月18日，同意通过下闸蓄水验收；2014年12月9日，同意通过档案专项验收；2015年2月15日，同意通过竣工验收。（陆秀才）

【李亚平到句容市调研农村水利工作】　2015年2月14日下午，省水利厅厅长李亚平一行到句容市调研农村水利工作。市领导尹卫东等陪同察看。李亚平一行首先察看了茅山镇丁家边村的水利设施，充分肯定句容市农村水利基础设施建设进步显著，使丘陵山区群众得益受惠。在省水利厅的支持下，茅山镇共获得上级水利项目各种资金1200多万元，用于河道整治、当家塘坝清淤、滚水坝建设等水利基础设施建设。其中，丁家边村的水利基础设施建设投入资金就达到800多万元，疏浚了6条农村河道、清淤整治了78座当家塘坝、新建了20座滚水坝、衬砌渠道1500米，通过建设，基本上对村内的农村河道、当家塘坝全部疏浚了一遍。李亚平还实地察看了毕墟灌溉泵站。由于原来泵站泵房和设备老化失修，渠道渗漏，泵站功效基本不能发挥。此次泵站翻建共花费100多万元，更新了设备，衬砌了2公里的渠道。改建后的泵站和输水渠道，让茅山镇主要的葡萄园浇灌用水得到充分保障。随后，李亚平还察看了列入市补农村水利竞争立项的茅山镇景家水库和经过除险加固后的茅山水库。景家水库是省不在册小水库，已列入省重点塘坝除险加固规划，已自筹资金进行了除险加固。茅山水库是句容市6个在册

中型水库之一，从 2013 年开始，共投入 5000 多万元，经过一年多的建设，已全面通过省级验收。（陆秀才）

【第二轮小型农田水利重点县建设管理】 2014～2016 年小型农田水利重点县工程是句容市的第二轮水利重点县工程。在结合第一轮重点县的建设管理基础上，新一轮重点县建设管理主要采取 4 点措施。一是水利重点县工程建设处增设了镇项目建设部。由于小型农田水利重点县工程建设面广量大，与老百姓接触较多，为充分调动项目所在镇的积极性，发挥县镇两级联动的优势，在工程立项后，由句容市政府发文在原有的重点县工程建设处增设了镇项目建设部，由镇分管镇长任建设部主任，水利站长任技术责任人，并明确规定了建设处与镇项目建设部的责任和权利。通过这一措施，不但重点县建设处的技术人员力量大大增强，而且使农水重点县工程成为镇政府的重点工程，减少了与老百姓之间的摩擦，减轻了工程建设压力。二是建立工程简报、重点县建设微信群宣传制度。在工程建设过程中，为保证工程建设随时可控，并使工程建设过程透明，工程建设处建立工程简报、重点县建设微信群的宣传制度。工程建设期间，每隔十天出一期简报，把工程建设进度、质量等方面进行统计总结，发至各镇政府和主管局。另外，利用手机微信建立重点县建设微信群，对工程建设进行动态管理，随时随地发布工程建设情况。经过这些手段的宣传，让相关领导、水利局、参建单位等各级人员，都对工程有详细的了解，也对各镇的工程建设情况进行对比，督促各镇做到更好。三是建立奖罚考核制度。在工程开工初始，工程建设处制定了一系列奖罚考核制度，定期对各施工单位进行考核。对评选的优质工程施工单位进行奖励，对落后工程施工单位进行罚款。另外，为保证工程建设进度，严格按照制定的工程建设进度计划表与实际进度进行考核，工期提前予以表扬，工期滞后予以罚款。四是积极发挥农民义务监督员积极性。在工程项目立项后，在项目所在村委会，由村民统一选举推荐一名工程建设义务监督员。义务监督员在工程建设期间，监督工程质量，并可以提出一些实用意见，使农水工程更加符合当地老百姓的使用习惯。（陆秀才）

【水利部稽查组到句容稽查小型病险水库除险加固项目】 2015 年 7 月 14～16 日，水利部派出稽查组对句容市一般小(2)型和新增小型病险水库除险加固项目进行稽查。稽查组现场踏勘句容市 5 座小型水库加固项目，听取项目法人代表情况汇报，详细查阅建设资料，并从项目的前期、计划、建管、质量及财务管理等方面展开全面稽查。稽查组对句容市小水库除险加固工程建设管理工作予以充分肯定，同时指出一些问题，并就稽查情况与句容市水利农机局交换意见，要求有关各方继续扎实推进工程建设，规范项目管理，按期保质完成中央下达的小型水库除险加固任务。（陆秀才）

【“美丽库区、幸福家园”项目一期工程建设完成】 2014 年初，句容市编制完成《句容市后白镇西冯村“美丽库区、幸福家园”建设规划》，该规划围绕“库区水美、移民村美、农民和美”的指导思想，计划通过几年集中投入，全面提升改造西冯村的基础设施与村落风貌，促进当地草花木业升级转型，并在建设中融入当地道教文化，将西冯村打造成草木花香、生态观光、文脉相承的“美丽库区、幸福家园”。经过参建各单位的共同努力，一期工程已于 2015 年全部完成。工程主要建设内容包括：首期自然村成片整治、东溪与九醉溪河道环境整治、村内主干道路提升改造等，总投入达到 1000 万元。（陆秀才）

防汛防旱

【概况】 2015 年，市防汛工作立足于“防大汛、抗大灾、抢大险”，按照“安全第一、常备不懈、以防为主、全力抢险”的工作方针，认真贯彻落实上级防汛工作部署和要求，提早安排，周密部署，强化责任，狠抓落实，顺利完成了年度防汛工作。特别是 6 月份，句容市遭受了罕见的特大暴雨袭击，险情不断，险象环生。面对特大暴雨，全市上下在市委、市政府坚强领导下，众志成城、团结一心，取得了抗洪抢险的胜利。

2015 年汛期(5～9 月)，全市平均降雨 1068 毫米，与2014年同期相比多353毫米，较多年平均降雨多405毫米。其中6月份句容市遭受了3场强降雨袭击，全市平均降雨量634毫米，特别是6月26～29日，全市普降特大暴雨，平均降雨339毫米，最大点雨量达421毫米。水情。强降雨致使全市河、湖、库水位快速上涨，赤山闸闸上最高水位达13.88米，超历史最高水位0.2米，超警戒水位2.88米，闸下（句容河）最高水位13.85米，超警戒水位4.35米。全市6座中型水库均超汛限水位，全部溢洪，48座在册小型水库有25座超汛限水位溢洪；骨干河道内水位均超正常蓄水位2～2.5米；塘坝满溢，圩区内农田平均受淹0.4米以上，其中二圣万亩圩受淹水深达1.5米。

由于长时间高水位运行，全市水利工程险情不断，险象环生。境内南河、中河、北河累计有15公里堤防出现渗漏险情，其中集中渗漏点有90多处。全市出现三益闸涵洞严重漏水、二干河白土圩堤顶坍塌、何家坝水库大坝背水坡滑坡等重大险情25处。

6.27特大暴雨过程中，全市12个乡镇（街道、管委会）均有不同程度的灾情，其中圩区郭庄镇、后白镇及赤山湖管委会受灾尤为严重。据统计，全市农作物受涝面积1.79万公顷（26.9万亩），受灾面积1.68万公顷（25.2万亩），其中需要重新栽秧的有3666.67公顷（5.5万亩）；受灾人口23.9万人，紧急转移人口2.04万人，倒塌房屋234间，直接经济总损失8.7亿元，其中水利设施直接经济损失0.77亿元。（陆秀才）

【句容军民“三益闸”深夜抢险】 2015年6月27日下午，赤山闸闸上最高水位达13.88米，超警戒水位2.88米；闸下（句容河）最高水位13.85米，超警戒水位4.35米。受暴雨影响，句容境内秦淮河水系的4座中型水库均超汛限水位，全部溢洪，位于赤山闸下的三益闸出现漏水险情。句容市领导、驻句官兵、当地镇村干部及水利部门技术人员连夜赶赴现场指挥抢险、堵漏救援。27日凌晨2点起，驻句某部30多名官兵、句容市防汛指挥部专业抢险队和句容市几十名周边镇村干部以及句容市水利局技术人员就在句容河三益闸上坚守奋战。由于暴雨侵袭，巨大的水压造成三益闸渗漏严重，雨仍在下，给下游的赤山湖管委会、郭庄、湖熟等圩区带来很大威胁。面对险情，现场指挥部从省防指、镇江市防指调运的草包、编织袋等抢险物资，现场用三台挖机和军民抢险队用高韧度的编织袋装填泥土，并集中加固投放于闸门前方渗漏处。28日晚7点，终于堵住了漏洞。（陆秀才）

【夏锦文检查句容防汛抗洪工作】 2015年6月29日，镇江市委书记夏锦文到句容市检查防汛抗洪工作。他要求句容要认真做好应对突发性灾害天气的充分准备，强化责任、落实措施，突出重点、科学调度，周密部署、全力以赴，做细做实各项工作，坚决打赢防汛抗灾关键仗，确保人民群众生命财产安全。镇江市领导李雪峰、曹寅以及句容市领导尹卫东、胡旭、王琴、姚华陪同察看。在赤山闸，夏锦文详细了解近几日水位变化及赤山湖水系分布情况，要求强化科学调度，加强防汛值守、巡查和监测预警，实现水库安全运行，承担起挡洪、排涝、供水等任务。夏锦文在检查过程中指出，针对持续大面积强降雨带来的严峻形势，各地各部门要严格落实防汛工作责任制，一级抓一级、层层抓落实、确保无盲区；加强重点水利工程、江河堤防、水库大坝、地质灾害易发生点的安全管理；强化城市应急排涝措施；配强防汛力量，备足物资装备；加强值守，落实预案，切实提高防汛抗灾应急能力。（陆秀才）

水利管理

【概况】 2015年，市水利部门圆满完成水利管理各项工作任务，水利事业取得长足进展。开展创建江苏省水生态文明城市试点工作，对句容市水生态文明城市试点建设的目标任务及职责进行分解落实。7项示范工程中，除西部绿色工业园区水安全保障工程尚处前期工作阶段外，其他6项工程进展顺利，其中白兔镇节水型高效农业示范项目、茅山镇戴木坝生态清洁型小流域综合治理示范工程以及后白镇西冯村“水美乡村”创建示范工程一期建设项目已经完成。与此同时，进一步加强全市水源地达标建设善后工作，通过了由省水利厅、住建厅、环保厅联合组成的专家组对句容市集中式饮用水源地达标建设情况的专项督查。

（陆秀才）

【水政执法】 2015年，市水利农机局突出河道、湖泊、水域岸线、水利工程管护、水土保持等涉水事务管理，加大水政执法力度，重点查处一批危害水利设施安全、非法圈围、非法取水的违法行为，全年共查处各类水事案件15件，调解水事纠纷8起。进一步加强行政权力网上公开运行，确保阳光行政，共办件1103件，其中行政中心窗口38件，办件结率100%，电子监控系统办件查看1024次，查看率91%，权力使用率100%。积极开展“3·22世界水日”“中国水周”和“12·4法制宣传日”活动。3月20日，市水利农机局与天王镇政府在天王集镇联合举办世界水日和中国水周宣传活动，累计发放宣传材料450份，接受广大群众现场咨询300多次，取得较好的宣传效果。 （陆秀才）

【水利工程运行管理】 2015年，句容市进一步落实水利工程管护主体、责任、经费和机制；完成黄坑、五里冲两座小水库规范化管理单位创建任务；实施总投资1060万元的防汛急办、度汛应急等工程维修项目；继续加强13条骨干河道长效管理，深入推行河长负责制管理，进一步加大对纳入2015年度标准化管护名录范围的155座小型泵站、105.35公里乡级河道以及600座村庄河塘的管护力度。组织人员对全市在册的54座水库大坝、蚁源区和河道堤防的蚁害进行了全面普查和投药灭治，确保工程安全。 （陆秀才）

【高阳河治理工程通过省级绩效考核】 2015年4月8日，句容市高阳河治理工程通过省水利厅组织的中小河流治理工程绩效评价考核。考核专家组查阅了建设管理各项台账资料，听取了高阳河治理情况的汇报后，一致认为该项工程完成了批准建设内容，达到了设计要求，符合建设预期目标，同时，对全市中小河流治理工作给予充分肯定，认为句容市中小河流治理工程在质量、进度、资金、安全等方面工作扎实有效，建设能力较强，满分100分考核专家组给出了95.6分的省级评分。该工程主要建设内容包括：疏浚河道、加固堤防、填塘固基、拆建涵闸10座、拆建、改造泵站6座，工程总投资达2964万元。通过本次工程治理，使句容市境内的高阳河防洪排涝标准由原来的不足5年一遇提高到20年一遇，保护沿线郭庄镇6400公顷（9.6万亩）农田、7.35万余人，具有良好的综合效益。

（陆秀才）

【黄坑等4座小水库创成省级小型水库规范化管理单位】 2015年11月19日，句容市黄坑、五里冲、溧西、四清4座水库通过镇江市水利局组织的省级小型水库规范化管理单位创建考核验收。至此，全市已成功创建省级小型水库规范化管理单位28个。验收组实地检查了4座小型水库的硬件创建情况，听取创建单位情况汇报，集中审阅资料，就水库的组织管理、安全管理、运行管理、经济管理以及现场的管理成效等分别进行了认真的评议。经评议，黄坑水库得分93.1分，五里冲水库92.6分、溧西水库92.6分，四清水库91.7分。根据《江苏省小型水库管理考核办法》标准，4座水库均达到省小型水库规范化管理单位标准，一致同意通过考核验收。 （陆秀才）

【河道堤防白蚁防治通过达控验收】 2015年12月3日，镇江市水利局组织相关白蚁防治专家对句容市句容河、后白中河、北高河、郭庄南河堤防及仑山水库、墓东水库的白蚁防治情况分别进行达控和复查验收。专家组先后查看句容河、后白中河、北高河、郭庄南河堤防及仑山水库、墓东水库的白蚁防治现场是否存在白蚁危害迹象和白蚁防治药物投放是否符合规范等工作情况，听取相关防治单位的白蚁防治工作情况汇报，并查阅白蚁防治台账资料、记录整理情况。经专家组评定和审议后，一致同意句容河左岸瓜子沟桥至橡皮坝2公里、北高河二圣桥向西1公里、中河前进电站至曙光电站1公里和郭庄南河葛村桥1公里河道堤防通过达控验收；另句容河左岸方便桥至前莘桥2公里、中河红星桥至花岗排涝站1公里河道堤防通过复查验收。圆满完成年初镇江市局下达的达控、复查任务。

（陆秀才）

【小型水库堤坝白蚁防治通过蚁害复查验收】 2015年12月8日，水农局组织相关蚁防人员对年初镇江市局下文要求复查验收的李塔水库、潘冲水库、石山头水库、东庄水库、南塘水库、老虎洞水库、东进水库、马埂水库、溧西水库、迎春水库、白沙水库、跃进水库12座小型水库进行白蚁防治达标复查验收。验收人员实地查勘各水库大坝现场，听取管理单位负责同志白蚁防治工作的汇报，并查阅相关白蚁治理复查验收的申报资料，一致认为达到防治效果，满足验收要求，一致同意12座小水库白蚁治理通过复查验收。 （陆秀才）

【长江站顺利通过档案工作省三星级规范测评】 2015年12月24日，市档案局成立的专家测评组对长江站进行档案工作省三星级规范测评。测评专家组听取了管理处主任王德根同志关于档案工作省三星级创建情况的工作汇报，仔细查阅了长江站档案的全宗卷、台账、案卷目录、编研材料等档案材料，并实地察看了档案库房设施、案卷质量和上架情况，随机抽查了档案软件使用情况，同时与管档管理人员进行现场交流。随后，市档案局局长冯家旺代表测评专家组向长江站反馈了测评意见，测评专家组对长江站在档案管理的组织建设、规范建设、制度建设等方面给予了充分肯定，并宣布长江站顺利通过档案工作省三星级规范测评。 （陆秀才）

【水生态文明建设试点工作推进会召开】 2015年5月11日上午，句容市召开水生态文明建设试点工作推进会。各镇、街道、管委会、成员单位的分管领导及联络员参加了会议。会上，水农局从水生态保护与修复、城乡水安全与节水减污、最严格水资源管理、水文明意识与生态景观建设等方面阐述了句容市水生态文明建设工作目标。会议明确把河道水环境整治作为当前和今后水生态文明建设的重中之重，全面打造完备可靠的水安全体系、构建优美健康的水环境系统、营造绿色协调的水生态格局、建设科学严格的水管理体系、彰显人水和谐的水文化体系。根据全市“一轴四库、一河两园”的水生态目标建设总体布局，按照“整体布局、突出重点、先急后缓、有序推进”的原则，将率先建成“三库一坝”水系串联生态工程、赤山湖国家湿地公园生态提升工程、西部绿色工业园区水安全保障工程、句容河城区段水环境综合治理与滨水生态景观建设工程、后白镇西冯村“水美乡村”创建示范工程，让一批水生态文明建设的成果惠及百姓。 （陆秀才）

【创建镇江市节水型学校】 2015年6月初，镇江市水利局、节水办对句容市宝华中学、后白中心小学等9所镇江市节水型学校创建工作进行了考核验收，在先后听取上述学校创建工作汇报、察看节水改造现场，以及查阅台账资料后，验收组认为，这些学校创建工作组织管理有力，宣传教育到位，制度建设健全，节水设施齐全，节水绩效显著，达到《江苏省节水型学校考评标准》，因此一致同意通过验收。据不完全统计，这9所学校共装置二级水表46只，更新水龙头、冲便器等器具584只(套)，修建雨水收集、中水回用设施11处，编写节水教材680套，与创建工作开展前相比，各学校平均用水量降20%左右。同时，通过一系列的节水宣传教育活动，广大学生对水资源的节约意识、忧患意识、保护意识也得到增强。 （陆秀才）

【江西省水利厅考察句容市水生态文明建设】 2015年10月17日，江西省水利厅厅长罗小云带领考察团到句容市参观考察水生态文明城市建设工作，省水利厅、镇江市水利局、句容市等相关领导陪同考察。江西省水利厅考察团一行参观考察了赤山湖退渔还湖和水生态修复工程现场，并听取有关情况汇报。

（陆秀才）

工　业

责任编校：韩崇俊

综　述

【概况】　2015年，全市实现工业应税销售358亿元，比上年增长11.7%；规模以上工业增加值完成330亿元，比上年增长10.2%；新兴产业销售收入增长30%。高新技术产业产值占规模以上工业总产值的比重为36.5%。

从区域看，下蜀、开发区、郭庄、边城四大工业重镇共实现规模以上工业应税销售288亿元，占全市规模以上工业应税销售的80.4%，其中郭庄增长最快，实现工业应税销售36.5亿元，比上年增长155%；下蜀、开发区实现较快增长，分别实现应税销售117亿元、100.8亿元，比上年增长16%、6.6%；边城微增长，实现应税销售33.4亿元，比上年增长4.04%。非传统工业重点镇中，白兔镇继续保持高位增长，实现工业应税销售16.7亿元，比上年增长16.7%，其他镇均呈现不同程度的负增长。

从重点企业看，2015年句容市工业企业应税销售达亿元以上有47家，占全市规模以上工业企业应税销售的69.5%，比2014年提高了6.7个百分点；上缴国税10.11亿元，占全市税收的69.3%。在总数上，比2014年亿元以上企业少5家，但比2014年多缴37.4亿元。其中天工钛业实现应税销售收入8.5亿元，增长28.17%；华电电厂实现应税销售54亿元，比上年增长28.81%；兆鋆新材料实现应税销售1.8万元，比上年增长28%；东昇光伏实现应税销售10.9亿元。

（发改经信委）

2015年句容市亿元以上工业企业销售税收情况一览

表11　　　　单位：万元、%

序号	企业	销售额	同期	增减率	国税	同期	增减率
1	华电江苏能源有限公司	540225.21	419412.01	28.81%	24901.56	9397.31	164.99%
2	江苏省电力公司句容市供电公司	232728.49	107058.37	117.38%	4744.33	5719.90	-17.06%
3	江苏东昇光伏科技有限公司	219635.74	29051.86	656.01%	602.01		
4	巨宝精密加工(江苏)有限公司	202065.65	232069.67	-12.93%	18667.91	17593.54	6.11%
5	句容宁武新材料股份有限公司	153999.28	174021.06	-11.51%	4487.40	3769.73	19.04%
6	建华建材(江苏)有限公司	161890.87	226365.00	-28.48%	12388.54	12287.04	0.83%
7	句容台泥水泥有限公司	71308.83	85735.31	-16.83%	5731.00	9946.31	-42.38%
8	句容毅马五金制品有限公司	80560.25	124197.17	-35.14%	4084.70	5035.47	-18.88%

续表11

序号	企业	销售额	同期	增减率	国税	同期	增减率
9	句容市天工新材料科技有限公司（含江苏天工科技股份有限公司）	85660.90	32274.58	165.41%	462.70	408.90	
10	江苏中容铜业有限公司	33300.55	48399.43	-31.20%	2.29	8.80	-73.98%
11	江苏久正光电有限公司	30932.98	24260.60	27.50%	2108.11	0.12	
12	江苏苏美达创意家纺实业有限公司	27782.26	26558.84	4.61%	360.30	399.84	-9.89%
13	华君电力江苏有限公司	25626.80	8953.03	186.24%	无		
14	句容奥莱特化肥有限公司	21105.84	22129.50	-4.63%	77.27	52.94	45.96%
15	江苏盛邦家俱制造有限公司	32008.98	34692.08	-7.73%	1024.16	703.33	45.62%
16	江苏中容电气有限公司	54763.94	56416.45	-2.93%	435.00	292.01	48.97%
17	江苏跃进农用车有限公司	19287.34	17736.76	8.74%	225.47	153.36	47.02%
18	江苏新光环保工程有限公司	27665.07	19384.39	42.72%	3826.34	976.21	291.96%
19	江苏华神特种橡胶制品股份有限公司	18387.70	7037.29	161.29%	1051.77	336.44	212.62%
20	江苏骏成电子科技股份有限公司	18269.05	17428.18	4.82%	366.55		
21	江苏兆鋆新材料股份有限公司	17976.32	14010.93	28.30%	728.87	496.49	46.80%
22	镇江东辰稀贵金属制品有限公司	16145.85	15127.15	6.73%	61.63	66.05	-6.69%
23	镇江一马先制衣有限公司	15596.35	19921.87	-21.71%	1470.88		
24	江苏兴文包装有限公司	22950.12	26855.29	-14.54%	1474.38	1035.38	42.40%
25	句容骏升显示技术有限公司	15156.22	16298.13	-7.01%	1624.13	451.47	259.74%
26	都茂（江苏）机电科技有限公司	14874.72	18833.22	-21.02%	2.49		
27	江苏电科电气设备有限公司	14659.44	13773.01	6.44%	309.60	280.42	10.41%
28	句容新利源服装有限公司	21807.65	20559.83	6.07%	1011.13	768.90	31.50%
29	美亚建筑用品（江苏）有限公司	14136.36	11285.66	25.26%	590.30	438.32	34.67%
30	江苏巨业电缆有限公司	18867.25	28285.86	-33.30%	508.03	598.45	-15.11%
31	天宁香料（江苏）有限公司	13104.96	14060.08	-6.79%	1585.21	1700.70	-6.79%
32	江苏百利机械有限公司	12749.32	11224.70	13.58%	2.50	0.26	861.54%
33	句容益柯赛橡胶制品有限公司	12715.10	11836.95	7.42%	592.69	417.63	41.92%
34	江苏鑫成铜业有限公司	12709.85	14618.31	-13.06%	61.47	59.14	3.94%
35	镇江北新建材有限公司	12523.94	16274.62	-23.05%	372.51	329.15	13.17%
36	句容苏润米业有限公司	11848.16	17830.09	-33.55%	93.31	95.56	-2.35%
37	镇江东丰制衣有限公司	11746.18	10210.83	15.04%	1519.33	318.05	377.70%
38	江苏海田技术有限公司	13844.23	15764.20	-12.18%	806.18	891.88	-9.61%
39	句容市三圆制桶有限公司	11415.02	13846.79	-17.56%	30.65	21.09	45.33%
40	句容玉明化工有限公司	11268.12	15643.67	-27.97%	187.79	194.92	-3.66%
41	江苏恒续能源科技有限公司	11230.77					
42	句容市一马先包装厂	11083.45	10943.17	1.28%	361.11	205.04	76.12%

续表 11

序号	企业	销售额	同期	增减率	国税	同期	增减率
43	江苏华阳金属管件有限公司	10653.15	13614.06	-21.75%	1007.82	2810.64	-64.14%
44	进准光学(江苏)有限公司	10473.05	12014.36	-12.83%	129.01	164.37	-21.51%
45	镇江茵图工具有限公司	10351.89	9385.59	10.30%	77.70	3.35	2219.40%
46	江苏北台壁纸实业有限公司	10326.89	12337.85	-16.30%	888.99	997.86	-10.91%
47	江苏耀兴安全玻璃有限公司	10000.08	3270.48	205.77%	60.21	10.52	472.34%
合计		2427420.17	2101008.28				

（发改经信委）

大项目建设

【概况】 2015 年，在市委、市政府的正确领导下，全市牢固树立“项目为王”的观念，把项目建设作为经济工作的重中之重。按照“签约项目抓开工，开工项目抓进度，竣工项目抓投产，投产项目抓达效”的总体要求，抓好一批在建重大项目，加大协调服务力度，及时解决项目建设过程中遇到的各种矛盾和问题，全市大项目建设健康有序发展。（发改经信委）

【华电二期项目】 该项目位于下蜀镇，由华电集团投资，总投资 80 亿元，项目占地面积 51 公顷（765 亩），规划建设 2×1000MW 高效洁净超临界燃煤发电机组，配套建设除尘、脱硫、脱销相关环保设施，两台机组建成后年发电量可达 120 亿千瓦时。2015 年已进场施工。（发改经信委）

【华电句容煤炭储运工程项目】 该项目位于下蜀镇，由华电集团投资，总投资 17 亿元，项目规划建设 5 万吨级（结构按 7 万吨级靠泊设计）卸煤泊位 2 个，1 万吨级装船泊位 1 个（兼靠 2 个 3000 吨级煤船），码头年吞吐量 1580 万吨。2015 年已进场施工。（发改经信委）

【抽水蓄能电站项目】 该项目位于边城镇，由国网新源控股有限公司投资，总投资 100 亿元，项目规划建设 6 台单机容量为 22.5MW 的抽水蓄能电机组。建成后年发电量 22.5 亿度。该电站是国家电网重点工程，建成后在为镇江市及周边地区输送廉价电力的同时，还将形成新的旅游景观，提供千余个工作岗位。计划 2016 年正式动工。（发改经信委）

【正阳汽车零部件商贸物流项目】 该项目位于经济开发区，由江苏正阳汽配商城有限公司投资，总投资 25 亿元，占地面积 31.8 公顷（477 亩），项目规划建设 19 万平方米汽配采购商铺、2 万平方米总部大楼、12 万平方米物流仓储基地、1600 平方米配送及结算中心、2.7 万平方米电子商务（金融）、配套商业设施。截至 2015 年年底，项目一期 19 万平方米汽配商户已经全部建成，道路、绿化等配套设施已基本完善。（发改经信委）

【中容科技产业园项目】 该项目位于经济开发区，由中容集团投资，总投资 18 亿元，占地面积 33.33 公顷（500 亩），项目主要从事环保材料产业、输变电产业研发及生产. 截至 2015 年年底，该项目一期 4、5、6 号三幢厂房建成，试生产；二期 1、2、3 号三幢厂房主体竣工。（发改经信委）

【现代商务办公用品生产项目】 该项目位于经济开发区，由广州冠美公司投资，总投资 12 亿元，占地面积 18.67 公顷（280 亩），项目主要从事现代商务办公用品研发、生产及销售。项目建成投产后年销售 30 亿元，税收 6000 万元以上。截至 2015 年年底，该项目一期四幢厂房及附属设施建筑面积 4.95 万平方米全面封顶，正在进行墙面施工和设备安装调试，配套宿舍楼和食堂已经建成。二期（5 栋厂房）2016 年全面开工建设。（发改经信委）

【碧桂园华东地区总部项目】　该项目位于经济开发区，由句容碧桂园房地产开发有限公司投资，总投资10亿元，占地面积9.87公顷（148亩），项目总建筑面积约40万平方米，一期3幢总部大楼。截至2015年年底，该项目主楼封顶，裙楼一完成2层主体结构，裙楼二完成8层主体结构。招商中心和样板房已经完成，并对外开放。　（发改经信委）

【奥特莱斯商务开发项目】　该项目位于郭庄镇，由香港广升实业有限公司投资，总投资10亿元，占地面积33.33公顷（500亩），规划建筑面积近20万平方米。项目建成后将拥有超过240家世界驰名的时尚品牌，为每年600至800万的消费者提供3折至6.5折的优惠商品。项目除了为顾客打造世界级购物体验，也将提供多种餐饮选择，包括一座大型美食广场，拥有户外座位区的精致亚洲和西式餐厅、高级咖啡厅等。休闲娱乐区有儿童游乐区和多处适合全家游玩的高达50米的摩天轮、9洞迷你高尔夫球场和滨湖公园等。截至2015年8月，该项目一期（3.1万平方米建筑共11个区）竣工运营，已有70多家品牌店开始营业。
（发改经信委）

【雨润城区商务商贸项目】　该项目位于华阳镇，由雨润集团投资，总投资15亿元，占地面积3公顷（45亩），项目规划建设20万平方米集休闲、购物、商务、办公为一体的商务片区，建筑功能组成为综合商业体、住宅和停车。其中综合商业体为6层，局部7层；住宅为22层（3栋）。机动车车库布置在地下室B1－B2层，非机动车车库布置在塔楼地下室B1－B2层，南面负一层为地下商业区。机动车位1170个，住宅1∶1配比，商业1个/100平方米，非机动车停车位4923个。截至2015年年底，该项目商业2号、3号楼已全面封顶，外墙装修，地下室安装工程全面启动。
（发改经信委）

【博济科技信息产业园项目】　该项目位于宝华镇，由镇江火炬置业开发有限公司投资，总投资12亿元，占地面积8.4公顷（126亩），项目规划新增建筑面积约20万平方米。主要建筑有研发中心，展示中心，人才综合楼，提供科技创业服务，引进IBM等高端科技研发团队等入驻。截至2015年年底，该项目两栋产业类大楼分别建至18层和16层。　（发改经信委）

【实木地板及复合强化地板项目】　该项目位于下蜀镇，由句容圣诺木业有限公司投资，总投资30.5亿元，占地面积40公顷（600亩），项目年生产1000万平方米强化地板和500万平方米多层实木复合地板。截至2015年年底，一期占地面积33.33公顷（500亩）的项目厂房建成，1号厂房投产。　（发改经信委）

【年产1GW光伏组件项目】　该项目位于郭庄镇，由江苏东昇光伏科技有限公司投资，总投资7亿元，占地面积8.13公顷（122亩），江苏东昇光伏科技有限公司是专业从事太阳能组件生产的产品供应商，致力于全球光伏产业的发展，为国内外一流太阳能企业提供优质组件产品，是中国乃至全球领先的绿色能源供货商。2015年，该项目已经实现销售收入22亿元。
（发改经信委）

【中华健康园项目】　该项目位于茅山风景区，由江苏康缘集团投资，总投资30亿元，占地面积134公顷（2010亩），项目主要结合中医药资源开拓养身、养心、健康管理、休闲和乐养等产业，打造国内一流的养生休闲基地。主要项目包括中医药文化主题公园、中医药主题酒店、康缘国医堂、康缘健康学院、颐养养老中心等。截至2015年年底，园区中医药文化主题公园的基础部分施工，园区内旅游服务中心开工建设。
（发改经信委）

电力工业

【概况】　2015年，全市全社会用电量23.25亿千瓦时，比上年增长2.43%；供、售电量分别为22.02和20.88亿千瓦时，分别比上年增长2.59%和1.83%。完成固定资产投资1.81亿元，比上年增长62.4%。截至年底，全市区域内拥有35千伏及以上运行变电站35座，变压器总数60台，总容量217.4万千伏安。其中500千伏开关站1座；220千伏变电站5座，总容量90万千伏安；110千伏变电站13座，总容量102.4万千伏安；35千伏变电站16座，总容量25万千伏安。拥有110千伏线路24条，总长度376公里；35千伏线路36条，总长度312公里；20千伏线路19条，总长度94公里；10千伏线路219条，总长度3216公里；低压线路总长度6485公里；配电变压器共7456台，总容量256万千伏安。（供电公司）

【安全生产】 2015年，市供电公司严格生产计划管控，常态开展专项督查，明晰安全职责界面，现场管控持续好转。严格落实领导挂钩、到岗到位、安全督查等制度。开展安全生产大检查、打非治违等行动，组织消防、车辆、保密等专项检查，摸排安全隐患136个，整改率100%。组织触电紧急救护等8场次专项培训，开展"轮班制"安全教育，联合安监局强化资质管理，提升全员安全意识和技能。强化应急处置，有效应对强冰雹、强台风、特大洪涝等多次灾害天气。实现连续安全运行3997天，获得"国网江苏省电力公司安全生产先进集体"称号。（供电公司）

【电网建设】 2015年，市供电公司主动融入政府"多规合一"试点，完成"十三五"电网规划，顺利通过专项评审。年度电网投资5.2亿元，500千伏廻津线、110千伏黄梅输变电工程前期工作顺利推进，开工建设220千伏容西、110千伏东门输变电工程，35个技改和大修项目全面完成，6个单主变扩建任务超额完成。完成配网项目1375个，新上、增容配变962台，维修、改造线路508公里，配网绝缘化率、联络率分别提升至84%和94%。配网自动化建设全面启动，准备工作提前落实。实施农网工程989个，改造969个台区、1580公里低压线路和接户线，改造农业线路320公里、接线箱2300只，一流配电台区达标率完成60%。获得"国网江苏省电力公司'三项工程'建设与管理劳动竞赛先进集体"称号。（供电公司）

【优质服务】 2015年，市供电公司整合公司资源，提升服务质效，12345工单办理率、满意率均保持100%，95598投诉下降28%，回访不满意减少45%。跟踪服务重点工程和开发项目，确保按期投运。积极对接新能源服务，实现10个光伏项目并网，完成3个岸电和5个电锅炉改造项目建设，落实电能替代7200千伏安。培训社会电工149人，用户原因跳闸减少64%。专项整治窃电和违约用电，17户超容公配彻底整改。落实33.8万户客户档案核查，累计微信推广9.1万户。圆满完成"纪念抗战胜利70周年"等25项重大活动保电任务。（供电公司）

【党建及精神文明建设】 2015年，市供电公司实施领导干部挂钩基层单位活动，推动解决229个问题。积极开展党员服务队竞赛，营销党员服务队被评为国网江苏省电力公司优秀党员服务队，一名员工获得"最美身边党员"称号。落实党风廉政建设"两个责任"，增强全员廉洁意识。公司被评为国网江苏省电力公司先进集体、江苏省厂务公开民主管理先进单位、镇江供电公司文明单位、先进基层党组织。打造"一班组、一特色"，茅山供电所抄表班创成五星级班组。营业班被授予"江苏省青年文明号"，公司团委被评为"江苏省电力公司五四红旗团委"。策划迎峰度夏、党员服务等专题宣传，多次被中央及省市媒体报道。（供电公司）

基础建材工业

【概况】 2015年，全市共有建材生产企业140家，其中民营企业126家，外资企业14家。主要产品有：水泥、混凝土预制构件、玄武岩石子、大理石装饰材料、隔墙板、砖瓦、石灰等产品。在全国经济下行的压力下，全市建材行业发展明显下滑。龙头企业江苏建华实现应税销售收入16.2亿元，比上年下降28.5%。毅马五金销售收入8.1亿元，比上年下降35.1%；台泥水泥销售收入7.1亿元，比上年下降16.8%。

（发改经信委）

化工医药工业

【概况】 2015年，全市列统生物技术与新医药工企业共14家，实现开票销售收入6.4亿元，比上年下降17.2%。其中，医药龙头企业三家，分别为：苏南药业有限公司、南京厚生药业有限公司石山头制药厂和江苏天晟药业有限公司。进入销售30强的亿元化工企业有2家，分别是天宁香料（江苏）有限公司1.31亿、江苏海田技术有限公司1.38亿。（发改经信委）

新兴产业

【概况】 2015年,句容市抢抓新兴产业发展机遇,出台《关于加快发展战略性新兴产业的实施意见》,明确新兴产业发展方向和目标,强化重点发展产业,即:电子信息、新能源、新材料、软件、新医药、现代物流、文化创意七大新兴产业。2015年,全市66家新兴产业企业累计实现开票销售68.96亿元,比上年下降4.8%。

(发改经信委)

【循环经济产业园】 该产业园位于句容市下蜀镇临港工业区内。具体规划范围为:东至便民河句容市界,南至老便民河,西至大道河,北至龙北大道沿长江转建华路。总体规划面积为11.3平方公里,并拥有3.75公里的长江深水岸线,常年水深12.5米,码头吨位可达5万吨;主导产业为循环经济及绿色建材,主打产品有预应力管桩、新型墙板、环保石膏板、水泥、管桩用端头板等。拥有华电江苏能源有限公司,建华建材(江苏)有限公司,句容台泥水泥有限公司,镇江北新建材有限公司等重点企业,先后被授予"江苏省新型建材产业集群""镇江市循环经济示范园区""江苏省科技产业园"等荣誉称号,2015年,园区实现开票销售达94.4亿元,比上年增长7.8%;实现税收5.2亿元,比上年增长26%。 (发改经信委)

【机电信息产业园】 该产业园位于经济开发区,规划总面积22.1平方公里,范围为:西至黄梅河,北至江宁界,东至世茂路,南至河滨北路。经过多年的发展,园区初步形成了光电子、新材料、智能电网、自行车及运动器材四大主导产业。区内集聚了巨宝精密加工(江苏)有限公司、江苏华阳金属管件有限公司、三斯达(江苏)环保科技有限公司、江苏百利机械有限公司等重点企业,产业发展总体呈良好态势。集聚了一批行业龙头企业,在笔记本外壳、光学组件、电磁线、变压器、运动自行车、UV材料、造币新材料等领域处于国内甚至国际领先地位,产品科技含量高、市场占有率高,参与多项行业标准的起草和制定,在同行业中具有较强的影响力,对园区产业发展具有较强的辐射和带动作用,为机电信息产业"三集"发展打下良好基础。随着园区承载能力逐步增强,外资企业不断入驻,产业集群效应将会显现。句容经济开发区机电信息产业园产业发展规划随着企业自主创新意识的提高,园区骨干企业普遍比较注重企业研发载体的建设,重视产学研合作和技术人才的培养引进,部分企业与科研院校建立了长期的合作关系,组建了企业研究生和博士后工作站,积极开展各级政府科技项目申报、科技成果以及科技成果转化申报,同时积极申报高新技术企业,建设企业技术研究中心,为企业的研发创新提供技术人才和平台载体。区内现有国家级高新技术企业19家,省级工程技术研究中心10家,并已成功申报一系列的专利成果。园区内基础配套齐全,还设立了海关和国检办事点,为企业入驻、园区长远、健康、可持续发展提供了保障。此外,句容市高度重视园区产业发展,不断加大政策引导力度,提供优惠的土地政策,对在句容市投资的生产性外商企业,执行国家规定的最低保护地价;对投资额度较大、科技含量较高的外资企业,经市政府批准,可采取灵活的措施,特事特办,一企一策。2015年园区开票销售57.5亿元,入库税收4亿元。

(发改经信委)

纺织、服装业

【概况】 服装鞋帽行业是句容市的传统产业,经过多年发展,已具备一定的产业基础和规模,在增加城乡就业、推进富市裕民、维护社会稳定等方面做出了重要贡献。

2015年,服装鞋帽行业共有规模以上企业80户,超亿元企业有4家,分别是苏美达创意家纺、一马先制衣、新利源服饰、东丰制衣,分别实现应税销售:2.78亿元、1.56亿元、2.18亿元和1.174亿元;增幅分别为:4.61%、-21.71%、6.07%和15.04%。

(发改经信委)

建筑业

【概况】 2015年,句容市建筑业共完成产值147.44亿元,较2014年上涨20.39%。全市共有建筑业企业

169家。其中：总承包一级企业4家、总承包二级企业40家，总承包三级61家；专业一级4家、专业二级10家、专业三级39家；劳务企业11家。因资质管理政策调整，全年未新增建筑企业，全市二级以上企业达到58家，占全市建筑企业的34.5%，涵盖了房建、市政、园林绿化等多个行业。

2015年，全市新开工建筑项目162个，建筑面积643.68万平方米，在建项目工程总量达到1429.14万平方米，为历史之最。全市创成建筑施工文明工地151个，其中句容市级文明工地81个，镇江市级文明工地47个，省级文明工地23个。（刘　准）

【信用管理】 2015年，全市《江苏省建筑业企业信用管理平台》各类数据继续完善，信用平台内登记各类建筑企业已有213家，登记一、二级建造师和小型项目管理师2126人，审核项目登记编码414项，收录建筑市场综合大检查信息267项，完成2015年建筑企业综合信用评价2次，发布企业信用评价记录426项。

（刘　准）

【建筑企业资质管理】 2015年，新版《建筑业企业资质标准》和《建筑业企业资质管理规定》开始实施。全市建筑企业深入开展建筑业企业资质就位换证工作，对照新标准，落实企业资信、人员、设备、科技研发能力的再提高。全年完成企业资质换证申请59项，变更申请48项。（刘　准）

【专业培训】 2015年，句容市建筑行业技能培训中心在市建管处挂牌成立。中心成立后，和各类专业院校以及行业协会开展合作办学，长期聘请省内知名行业专家和院校教授担任中心授课教师。一年来，中心共举办各类行业培训班5期，共计培训学员2400余人次，获得良好的社会反响。（刘　准）

重点企业选介

【美亚建筑用品（江苏）有限公司】 美亚建筑用品（江苏）有限公司（以下简称“公司”）成立于2006年3月，是由中方绝对控股的中美合资企业，注册资本580万美元，专业生产电力和民用梯子以及建筑用脚手架、铝制踏板等，产品销往北美、澳洲等地，年出口额2000万美元以上。2015年实现应税销售1.41亿元，比上年增长25.26%，跻身于2015年句容市三十强工业企业。

公司所用商标为WTI，WTI商标在美国脚手架行业已成为全美第一品牌，在全美市场占有率超过30%。美亚建筑用品（江苏）有限公司现有员工400多人，现有一支包括中国工程院院士、长江学者、国家杰出青年科学基金项目获得者在内的研发团队，累计获国家科技进步二等奖4项，国家技术发明二等奖2项，部、省级科技进步特等奖1项、一等奖6项、二等奖7项，部、省级三等奖及省厅、市级科技进步奖30余项；申请发明专利167项，获授权137余项；在国内外学术期刊上共发表文章300余篇。

公司产品广泛应用于包括长江三峡工程、京沪高铁、港珠澳跨海大桥、田湾核电站在内的水电、交通、能源、市政等建设工程领域。受到广大用户的一致好评，连续多年获得了“全国最受用户欢迎的混凝土外加剂品牌”称号。

（发改经信委）

【江苏东昇光伏科技有限公司】 江苏东昇光伏科技有限公司成立于2014年7月，注册资金6.97亿元，项目总投资8亿元，占地面积6.67公顷（100亩），建筑面积3万平方米，用工900人，是专业从事太阳能组件生产的产品供应商，公司致力于全球光伏产业的发展，为国内外一流太阳能企业提供优质组件产品，是中国乃至全球领先的绿色能源供货商。

2014年12月底1GW光伏组件6条生产线全部投产，当年实现销售收入约4亿元，2015年实现应税销售收入达21.9亿元，比上年增长117.4%，跻身于2015年句容市三十强工业企业。

东昇光伏5MW屋顶分布式发电项目，总投资约4500万元，预计该项目建成后可运行25年，年均可发电550万度电，可节约标煤约1400吨。5MW分布式电站项目已建成3MW，2015年8月30日全部建成并网。

（发改经信委）

对外及对港澳台经贸合作

责任编校：韩崇俊

对外及对港澳台贸易

【概况】 2015 年，为应对日趋严峻的国内外经济形势，市商务局以更加有效的举措，更加务实的作风，扎扎实实帮助外贸企业排忧解难，渡过难关。着重突出一个主线，把握两个关键，强化三项服务。突出一个主线即以“稳增长、调结构、促转型”为主线；把握两个关键为：一是加强引导，帮助外贸进出口企业树立必胜信念，以更加坚定的信心，迎难而上，超常努力，勇于直面挑战；二是注重政策实效。用足用好用活现有各项政策的同时，不断拓展政策空间，充分利用扶持政策、资金的导向作用，发挥集成效应，努力保持进出口平稳增长的势头；以创新服务、创优环境为主题，强化三项服务是指：一、强化政策宣传。利用外贸信息平台、举办外贸促进政策培训班，指导企业早使用、早申报，做到早兑现、早见效。二、强化职能转变。继续发挥与政府其他职能部门的协作机制作用，加强与海关、检验检疫、外汇、国税、银行等部门的联系，协调解决企业发展中遇到的通关、外汇核销、融资等突出问题。三、强化组织服务。精心组织企业参加进出口中国商品交易会(广交会)、华东出口商品交易会、东盟博览会和德国科隆五金展、香港日用品展等一系列境外展会，充分利用会展平台，结交客户，开拓国际市场。

2015 年，全市完成进出口总额 5.28 亿美元，比上年下降 9.0%，占年计划的 86.18%，其中出口 4.54 亿美元，比上年增长 0.2%，进口 0.74 亿美元，比上年下降 41.7%。

（商务局）

【自营进出口经营权企业】 截至 2015 年年末，全市获得自营进出口经营权的企业有 350 家，有出口实绩的企业 164 家，其中三资企业 61 家，三资企业的出口额占全市出口总额的 56.18%；内资企业 103 家。主要出口产品为光电子、自行车、化工、五金机械、纺织服装和玩具工艺品等六大类，产品出口到美国、欧盟、东盟、日本、韩国、印度、土耳其、澳大利亚、俄罗斯、加拿大、巴西、阿联酋、波兰、阿根廷、以色列、乌克兰、墨西哥、南非等 20 多个国家和地区。部分产品销售到中国香港、台湾地区。

（商务局）

【出口产品结构】 2015 年，全市的出口产品结构大致如下：以巨宝科技、久正光电、骏成电子、骏升显示等为代表的光电子类企业出口额占全市出口总额的 15%；以都茂自行车为代表的自行车类企业出口额占全市出口总额的 13%；以宁武为代表的化工类企业出口额占全市出口总额的 12%；以茵图工具、金联金属、菲尼迪等为代表的五金机械类企业出口额占全市出口总额的 25%；以一马先制衣、辛西娅制衣等为代表的纺织服装类企业出口额占全市出口总额的 20%；以万福达工艺品厂为代表的工艺品、玩具类企业出口额占全市出口额的 10%，其他产品占 5%。

（商务局）

1995—2015 年句容市进出口情况一览

表 12　　单位：万美元

年度	进出口	出口	进口
1995 年	1896	1379	517
1996 年	3795	1589	2206
1997 年	11560	3989	7515
1998 年	4387	3855	532
1999 年	3420	2581	839
2000 年	5245	3882	1363
2001 年	6099	4270	1829
2002 年	6487	4911	1576
2003 年	9691	5929	3766
2004 年	14330	8439	5891
2005 年	22152	14477	7675
2006 年	36175	27855	8320
2007 年	42325	32068	10257
2008 年	36476	27812	8664
2009 年	32107	19559	12548
2010 年	44158	30579	13579
2011 年	52879	38498	14381
2012 年	61000	44488	16511
2013 年	61460	47540	13921
2014 年	57916	45183	12733
2015 年	52800	45400	7426

（商务局）

2015 年句容市十大出口企业情况一览

表 13　　单位：万美元

序号	企业名称	2015 年累计	同期 ±%
1	句容宁武新材料发展有限公司	5443	-23.47%
2	江苏久正光电有限公司	4563	29.30%
3	都茂（江苏）机电科技有限公司	2412	-19.20%
4	江苏菲尼迪金属制品有限公司	2317	100.00%
5	镇江茵图工具有限公司	2083	39.84%
6	江苏百利机械有限公司	1999	4.18%
7	美亚建筑用品（江苏）有限公司	1908	93.29%
8	镇江一马先制衣有限公司	1853	-30.91%
9	句容辛西娅制衣有限公司	1842	132.91%
10	镇江市富昌塑胶有限公司	1363	4.73%

（商务局）

2015 年句容市十大进口企业情况一览

表 14　　单位：万美元

序号	企业名称	2015 年累计	同期 ±%
1	江苏久正光电有限公司	2460	+9.55%
2	巨宝精密加工（江苏）有限公司	1767	-54.34%
3	江苏龙锦国际贸易有限公司	1276	-19.73%
4	江苏东丰制衣有限公司	669	+6.96%
5	进准光学（江苏）有限公司	235	-8.87%
6	江苏久禾光电有限公司	122	-72.64%
7	江苏华阳金属管件有限公司	122	+1276%
8	句容骏成电子有限公司	105	+50.34%
9	江苏金陵奥普特高分子材料有限公司	77	+19.64%
10	利达空调（句容）有限公司	51	+117.2%

（商务局）

对外及对港澳台经济技术合作

【概况】 2015 年，全市外经工作紧紧围绕镇江市局工作安排，结合句容市实际，突出外派劳务和境外投资两大重点，继续做好实施“走出去”战略的宣传、引导和推进，切实加强对全市外经工作的指导和服务，继续保持全市外经工作快速发展的势头。新批境外投资企业 3 家，实现中方协议投资总额 1017.4 万美元，涉及全球 3 个国家和地区，全面完成全年任务。全市共有 8 家境外投资企业，分别是：句容市金猴机有限公司到尼日利亚投资的工程机械实体项目；镇江市一马先制衣有限公司在美国投资的贸易公司；江苏天晟药业有限公司美国公司；盈科汽车空调在美国投资的贸易公司；宁武科技在香港设立的贸易公司；江苏亚东国际投资有限公司在加拿大并购的国外公司股权；天晟药业在乌兹别克斯坦的甘草深加工项目；盛邦公司在香港地区的贸易窗口，中方协议投资总额为 2617.4 万美元。

（商务局）

【外经工作】 2015 年，为全面推进全市外经工作，鼓励企业“走出去”，市商务局做了一系列的工作：一是注重调查研究。不失时机地抓紧调研外经情况,及时掌握外经动态,做好外经运行分析,分析交流外经工作中的新情况、新问题,提出有关工作建议;在调查研究的基础上,分析全市实施"走出去"战略的现状、特点和境外投资存在的问题,提出了进一步支持和鼓励有实力的企业"走出去"的意见和措施。二是加强宣传引导。为进一步深入宣传"走出去"战略,积极推动企业"走出去",市商务局继续深入宣传"走出去"战略,积极为企业"走出去"出谋划策,为企业提供境外投资的政策咨询,并组织好各项外经活动。积极组织企业参加省、市的多场境外投资专项说明会,使企业拓宽视野,了解更多国家的投资环境,增强"走出去"的信心。三是完善政策扶持。继续完善政府对企业境外投资的鼓励政策,积极做好政策的宣传,发挥政策的引导效应。在积极会同财政部门认真做好上年度各项"走出去"扶持政策兑现工作的同时,力争继续保持鼓励企业境外投资的各项扶持政策,继续完善和加大鼓励政策的支持力度。四是做好服务工作。一是帮助企业了解国外的投资环境,包括所在国的税收政策、优惠措施、政治环境、市场氛围等,减少企业投资的盲目性,规避海外投资风险。二是进一步加强与企业的联系,经常到有意向的企业现场指导和服务,认真协调和解决企业在项目报批过程中的各种问题,做好项目的跟踪和服务。三是确实抓好重点项目的推进,多次到企业了解项目的进程和准备落实情况,到企业工作调研,通过到企业的现场指导,指导企业解决在材料上报、外汇核定等方面的问题,保证了项目的顺利进行。四是在市商务局网站上,做好"走出去"工作的宣传和外经活动的动态报道。五是充分发挥"走出去"促进体系的整体优势,进一步加强与外管、财政、工商联等有关部门的联系与协作,初步形成了企业为投资主体、政府宏观指导、各部门合力推动、社会团体和民间组织广泛发挥作用境外投资促进、管理、服务协调机制。 （商务局）

利用外资

【概况】 2015 年,全市新批外资项目 14 个,实际利用外资 2.80 亿美元,比上年增长 9.30%,占年度考核任务 3.00 亿美元的 78.14%;注册利用外资 4.89 亿美元,比上年增长 30.84%。 （商务局）

【项目规模增大】 2015 年,全市新批外商投资企业 14 个,平均总投 5290 万美元,平均注册 2637 万美元。25 个项目中(包括 11 个增资项目),其中注册在 1000 - 3000 万美元的项目 8 个(2 个增资),注册在 3000 - 5000 万美元的项目 5 个(4 个增资);5000 万美元及以上项目 3 个。 （商务局）

【三产利用外资结构】 2015 年,全市利用外资呈现第三产业占比突出,第二产业有较快回升。第一产业利用外资 6308.16 万美元,占 22.50%,第二产业利用外资 4735.15 万美元,占 16.89%,第三产业利用外资 16993.01 万美元,占 60.61%;三大产业到账分别下降 38.89%、上升 108.40%、上升 30.16%。

（商务局）

句容市 2002—2015 年利用外资情况一览

表 15 单位:个、万美元

序号	年份	批准外企数	注册外资数	实际外资数
1	2002	75	50260.17	11849.96
2	2003	99	47881.8	21093.74
3	2004	123	58204.86	26117.94
4	2005	124	72003	22650
5	2006	41	27409.49	9816.08
6	2007	54	40234.36	18908.45
7	2008	28	34693.02	25360
8	2009	29	47179	25446
9	2010	26	25428	35053
10	2011	13	47812.16	44415
11	2012	16	43038	42638
12	2013	16	51603.85	58102.09
13	2014	17	30914.69	37443.64
14	2015	14	28036.31	48991.05
合计	675	604698.71	604698.71	

（商务局）

民营经济

责任编校：韩崇俊

综　述

【概况】 2015年新注册私营企业1320户，新增注册资本60.1亿元；新注册个体工商户6992户，新增注册资本17.6亿元。

全市民营企业实现总产值867.4亿元（其中：私营企业770.2亿元），实现营业收入812.3亿元（其中：私营企业763.7亿元），实现利润58.2亿元（其中：私营企业49.2亿元），上缴税金40.9亿元（其中：私营企业34.7亿元）。（发改经信委）

【招商引资】 2015年，全市先后在上海、北京、深圳、广州及欧美等地共开展专题招商活动28场，各镇、管委会共开展小分队活动512场次；累计推进在手在谈项目412个，其中总投资亿元以上的项目信息63个。完成统计范围内注册项目206个，完成任务的162%，较去年增加32个，其中注册1000万元以上的民资项目160个，注册亿元以上项目8个。亿元以上项目主要有：中容科技产业园、汽车空调制造、金源新型电磁离合器生产、安全防务装备、江苏天隆神怡生态农业园、华电句容煤炭储运工程；新增注册1000万美元（含增资）以上项目18个。

（发改经信委）

政策与服务

【概况】 2015年，句容市出台《关于进一步鼓励全民创业促进民营经济转型升级意见实施细则的通知》，对各类补贴标准进行大幅提升，如创业担保贷款额度由10万元提升到20万元，贷款贴息由50%提升到100%，期限提升到3年；初始创业补贴标准也由原1000元提升到2000元等。首次增加农创园享受社保补贴、大学生创业带动就业奖励、扶持创业奖励等新项目；出台了《转发关于公布取消停征和免征一批行政事业性收费的通知》，对小微企业免征43项行政事业性收费。营造浓厚创业氛围。通过报刊、电视、板报以及发放宣传手册等形式大力宣传各类创业促进就业政策，增加群众对创业的知晓度，让群众享受国家创业扶持政策，同时大力宣传韦靓等高校毕业生拼搏进取、创业成才的先进典型，促进群众创业激情。

（发改经信委）

【招商引资成果】 2015年，全市采取“小分队招商、上门招商、以商引商”等多种方式在上海、浙江、广东等地区，宣传推介投资环境和政策，新增亿元以上项目6个，分别为：中容科技产业园、汽车空调制造、金源新型电磁离合器生产、安全防务装备、江苏天隆神怡生态农业园、华电句容煤炭储运工程等；新增注册1000万美元（含增资）以上项目18个。开发区总投资25亿元的正阳汽车零部件商贸物流、总投资18亿的中容科技产业园、总投资12亿元的汽车空调制造、总投资10亿元的碧桂园华东地区总部；华阳镇总投资15亿元的城区商务商贸中心；宝华镇总投资4亿元的江苏天隆神怡生态农业园；茅山管委会总投资30亿元的中华健康园，总投资5亿元的汇金涵田茅山酒店；郭庄镇总投资10亿元的奥特莱斯商务开发、总投资7亿元的韵达物流、总投资6亿元的安全防务装备；下蜀镇总投资30亿的实木地板及复合强化地板、12亿元的仙林云商物流；边城镇总投资6亿元的新光声屏障；天王镇总投资4亿元的江苏天隆神怡生态农业园等项目正在顺利推进。（发改经信委）

【扶持服务民企】 2015年，企业上市（挂牌）工作取得新突破，兆鋆新材料成功在新三板挂牌，金基特钢、丰亿工艺品、茅山旅游分别在上海和江苏省股权交易中心挂牌。帮助企业开拓市场。组织企业参加省经信委主办的江苏产品昆明和杭州万里行以及香港博览会，帮助中小企业开拓国内外市场，拓展企业发展空间。做好专项资金争取工作。积极帮助企业包装项目，向上争取各类各级扶持资金，充分发挥杠杆撬动作用，促进民营企业加大技改和创新投入力度。此外，在调研的基础上，建立了本市鼓励中小企业转型升级专项资金扶持项目库，通过扶持，增强企业发展信心，引导加大投入，加快发展。组织企业参加了省经信委组织的万企升级企业总裁高级研修班、省中小企业高级人力资源总监和营销总监深造班，江苏省中小企业主管理研修（镇江）班、企业家沙龙、镇江工业机器人专题讲座等活动。（发改经信委）

民营经济协会工作

【概况】 2015年，全市共新设各类企业1454户（比上年增加13.9%），新增注册资本125.91亿元（比上年增加17%），新发展个体工商户4854户（比上年减少13.5%）；新设立农民专业合作社106户（比上年增加27.7%）。截至2015年底，全市累计私营企业9538户；累计个体工商户36403户；累计民营企业注册资本809.91亿元。（民协办）

【惠民生促发展】 2015年，市民营经济协会联合市人社部门共同举办“春风行动2015”农民工专场就业招聘会。组织88家民营企业参加招聘会，面向全市进城农民工进行现场招聘，提供各种就业岗位达800余个，现场签订《就业意向协议书》210余份。（民协办）

【服务民企】 2015年，市民营经济协会指导企业年报工作。协会工作人员深入到商贸城、乡镇、农贸市场等经营户密集地点，对网上年报工作进行现场指导，帮助经营户完成注册和数据的填报，并热情地解答群众关于工商年报和办理业务的疑问。帮助民企做好动产抵押工作。积极帮助小微企业解决融资难的问题。全年共办理动产抵押22件，抵押物价值2.29亿元，担保主债权1.87亿元。牵头组织10家民营企业走进学校，开展关心下一代活动，开展示范民营企业关工委和村企校外辅导站的创建工作。（民协办）

【助企行动】 2015年，市民营经济协会积极开展助企行动，各分会深入辖区重点商标企业和单位，开展走访帮扶活动，听取企业负责人关于品牌建设方面的工作情况介绍，现场解答企业在商标申请、使用、保护与管理工作中遇到的实际问题，为企业做强品牌、持续健康发展建言献策。句容市“唐邦及图”注册商标被国家工商总局认定为国家“驰名商标”。“唐邦及图”商标由江苏唐邦机电有限公司申请注册，2015年6月5日被国家工商总局商标局认定为驰名商标，这是全市在该类别上的第一件驰名商标，也是全市被国家工商总局商标局认定的第三件驰名商标。同时，充分发挥民营协会的纽带作用，通过定期组织“送法下乡”活动、召开民营企业座谈会等形式，切实帮助服务对象解决转型发展中面临的实际困难和问题，全面提升非公有制经济主体的软实力。（民协办）

外地民资民企在句容

【江苏天晟药业有限公司】 该公司是一家致力于天然植物提取物、有效成分单体及医药原料中间体研发、生产和销售的高新技术企业。坐落于风景秀丽的国家级森林公园、佛教圣地宝华山脚下，总投资6000多万元，公司凭借雄厚的研发力量、先进的检测手段、标准化生产流程和完善的质量控制体系，已成为中国专业的植物提取物生产企业之一，并在植物提取物行业建立了良好的品牌形象和口碑。2008 年在新疆投资建立 10 万亩中草药种植基地和一个占地 10 万多平方米专业从事沙生植物提取的工厂——新疆天瑞生物工程有限公司。公司的新药研发中心——江苏省中药单体开发工程技术研究中心，是省级研究中心是国内唯一的一所专业从事中药单体开发的研发中心，中心在中药单体开发方面具有先进的技术水平，可产业化生产高纯度中药单体 70 余种。

江苏天晟药业有限公司以科技为先导，以创新求发展，励精图治，不断加大科技开发力度。作为以科研为基础的高科技公司，天晟药业技术中心是公司的科研、技术研究和产品开发机构。技术中心由研发平台和产业化平台支撑，功能配套体系完备、结构合理、设施先进。研发平台拥有多位专业技术人员，其中博士、硕士 7 人，中、高级专业技术人员占技术中心总人数的 65%。经过多年发展，形成了一整套具有自主知识产权的核心技术。并与中科院植物研究所、中国药科大学等建立了良好的科研合作关系，积极开展对外技术和信息交流。公司质量控制中心配有高效液相色谱仪、气相色谱仪、中压制备色谱、低压制备色谱、紫外－可见分光光度计（UV）、红外分光光度计、差示扫描量热仪、快速水分测定仪、微生物检测仪等全套检测设备，全面控制产品含量、重金属、微量元素、微生物等各项质量指标。

公司已成功开发的有效成分单体、含量标准化提取物主要有：甘草甜素系列产品（甘草酸、甘草酸铵盐、甘草酸钾盐、甘草酸钠盐、α 甘草酸、甘草次酸等）、葛根素、苦参素、苦参碱、槐定碱、小茴香油、表没食子儿茶素没食子酸酯（EGCG）、管花肉苁蓉提取物、藏红花酸、白藜芦醇等。

（发改经信委）

【江苏赛达电子科技有限公司】 该公司是一家高科技企业，专注于水行业和燃气行业的信息化综合管理系统研究，谙熟企业的业务和管理，对供水供气行业信息化建设的全面解决方案有着丰富的经验和独特的见解。主要产品有智能水表、远程抄表系统、生产调度管理系统、网管监控系统、大客户用水监控系统、营业收费管理系统、客户服务热线系统等等。公司系列产品涵盖了供水行业的主要应用领域，所有产品均拥有自主知识产权。2011 年被认定为软件企业。在 2012 年初被评为 2011 年度科技成长型企业。2012 年被认定为江苏省民营科技企业，同年，又通过了 ISO9001 质量管理体系认证。公司目前拥有 2 项发明专利，8 项软件著作权。

公司凭借雄厚的技术实力和稳定的技术团队，为客户提供优质的产品和完善的服务。公司充分利用资源的合理优化配置和整合，分别在南京和句容设立了一流的研发团队和生产基地。公司本着质量第一、信誉至上的宗旨，不断进取，不断创新，努力树立公司品牌。

（发改经信委）

【江苏容惠金属制品有限公司】 该公司位于句容市白兔镇凤塘工业区内。公司一期工程投资约 5000 万元人民币，占地面积约 10 公顷（150 亩）。拥有标准厂房一栋，面积 10000 平方米，五层宿舍楼二栋可用面积约 6000 平方米；二期工程投资约 4000 万元，新建现代化标准厂房六栋，面积约为 25000 平方米，计划职工人数达 800 余人；三期工程计划新增五层综合办公楼和厂房各一栋，宿舍楼二栋。办公楼内设有产品展示厅、办公区、客户休息室、培训中心等；三期工程完工后，公司将拥有可用面积为 8000 平方米的办公楼、50000 平方米的生产车间，届时公司的总投资将达到 1.4 亿人民币，生产产值可达 6 亿元人民币；公司还建有标准篮球场一个、羽毛球场一个、娱乐室二间，以此丰富员工业余生活。

公司致力于燃气烤炉、碳烤炉、电烤炉、烤箱及其他五金产品的研发、生产和销售领域，主要市场为欧美、加拿大、澳洲及东南亚地区，预计年产值约为 2 亿元人民币。有专业从事烤炉、烤箱等设计开发的人员 10 余人，设计的炉具产品共四大系列，近 100 多个规格和品种。公司现拥有各类冲压、剪切、折弯、焊接、喷涂等加工生产设备共计 100 余台，实验及精密检测仪器 30 多台。在职员工人数约 600 人，技术及管理人员 40 余人。

公司高层立足于科学的发展观，秉承“以人为本，顾客至上”的经营方针。公司成立初期树立规范化的管理理念，已通过 ISO 9001：2008 版质量管理体系的认证、制定通过 ISO 14000 等国际认证的计划。

（发改经信委）

旅游业

责任编校：朱 峰

【概况】 2015年，句容市以“旅游强市”目标为统领，围绕“一城、两山、三湖、十园、百家乐、千里行”旅游发展格局。截至2015年底，全市AAA级以上景区7家。其中，AAAAA级景区1家，AAAA级景区1家，AAA级景区5家；3个全国农业旅游示范点；3个省级工业旅游示范点；1个国家级湿地公园；1个省级旅游度假区；农家乐、乡村旅游点200多个。

2015年，全市举办第七届“句容·茅山杯”全国象棋冠军邀请赛、第九届宝华山“泡山节”、“中国·句容”第六届葡萄节、白兔草莓节、天王樱花节、后白圣湖踏青车友节、下蜀金色稻田茶香节等十大旅游节庆活动。

2015年，句容旅游通过推进旅游设施标准化、旅游营销实效化、旅游管理信息化等一系列措施，旅游业呈现稳定增长态势。全年接待国内外游客1497.05万人次，实现旅游收入149.6亿元，与上年同比分别增长12.1%和12.2%。

（民宗旅游局）

【政策扶持】 2015年，全市以项目建设为载体，推进旅游提档升级。明确乡镇考核目标，通过旅游项目建设、资金投入、宣传促销、乡村旅游发展等旅游工作指标纳入年度经济工作考核范畴。加快项目建设。2015年，全市计划建设和正在建设旅游项目54个，计划总投资259.2亿元，全年计划投资40.5亿元。其中，环湖大道、涵田茅山酒店、赤山湖湖滨带景观工程、郭庄奥特莱斯休闲购物广场等已全面完工。

（民宗旅游局）

【规划编制】 2015年，全市完成《句容旅游地图》《句容旅游路线百宝书》《句容市旅游业发展考核奖励办法旅行社考核实施细则》等规划工作。邀请省旅游规划部门对赤山湖国家湿地公园项目建设、规划方案、生态保护等调研。茅山湖旅游度假区基础设施项目建设获得省级专项补助资金40万。

（民宗旅游局）

2015年句容市接待游客人数及收入情况一览

表16

指标	合计	一季度	二季度	三季度	四季度
游客（万人次）	1497.05	384.73	492.1	407.48	212.74
旅游总收入（亿元）	149.6	39.24	50.2	40.11	20.05

（颜一帆）

2015年句容市旅游景点游客接待情况一览

表17

指标	合计	一季度	二季度	三季度	四季度
合计	771.53	209.66	207.5	175.84	178.53
茅山风景区（万人次）	578.23	152.93	151.56	136.71	137.03
宝华山风景区（万人次）	193.3	56.73	55.94	39.13	41.5

（颜一帆）

旅游宣传促销

【概况】 2015年,全市加大媒体宣传力度。组织旅游企业参加2015年中国旅游日"爱旅游·爱镇江"主题活动、2015中国(南京)国际度假旅游及房车展览会、2015中国—东盟博览会旅游展等,深入开展区域性的合作,做好区域性市场旅游推介。在CCTV《走遍中国》栏目中播放"句容旅游"专题片,《扬子晚报》《东方卫报》、南京航空《银燕》等杂志刊登句容旅游版面。开通"句容旅游"官方认证微信公共账号。 (赵 宏)

【第七届"句容·茅山杯"全国象棋冠军邀请赛】 2015年4月18日,第七届"句容·茅山杯"全国象棋冠军邀请赛颁奖仪式在天王樱花园举行。经过4天的激烈角逐,男子组中,谢靖、孙勇征、赵鑫鑫分获前三名;女子组中,唐丹、王琳娜、尤颖钦分获前三名。该次比赛获CCTV5、新华社、《人民日报》跟踪报道,新浪网全程视频直播,将全国象棋冠军邀请赛与句容旅游相结合,进一步提升句容旅游的知名度、美誉度。

(史巢凤)

【CCTV大型文化纪录片《中华百寺》到宝华山隆昌寺拍摄】 2015年5月8日,CCTV大型文化纪录片《中华百寺》到宝华山隆昌寺拍摄,该次拍摄内容涉及寺庙僧人的日常生活、受戒仪式、寺庙传奇故事等。宝华山素有"林麓之美、峰峦之秀、洞壑之深、烟霞之胜"等4大奇景。隆昌寺被称作"律宗第一名山";隆昌寺也是国内最大的律宗道场。 (侯若萍)

【句容茅山风景区获评"长三角最受欢迎亲子旅游目的地"】 2015年5月30日~6月1日,由江苏省旅游协会、万达旅业、无锡市旅游业协会共同主办的"首届长三角亲子产业博览会"中,句容茅山风景区荣获"长三角最受欢迎亲子旅游目的地"荣誉称号。该次活动通过微信、网站等新媒体评选出了"长三角最佳亲子乐园"、"长三角最佳亲子度假酒店"、"长三角最具人气亲子乐园"、"长三角最具人气亲子度假酒店"等6项大奖。茅山自然景观独特秀丽,有九峰、十九泉、二十六洞、二十八池之胜景,让游客亲近自然,感受自然之美。 (史巢凤)

【《新华日报》报道句容乡村旅游】 2015年6月7日,《新华日报》以"句容:美丽乡村'游'出美好钱景"为主题,报道"江苏省乡村旅游综合发展实验区"句容市近年来乡村旅游建设发展情况。截至2015年底,句容已建成车行绿道、自行车绿道、步行绿道等3大类型绿道260公里。通过绿道将茅山、宝华山、赤山湖、茅山湖、农家乐等乡村旅游资源整合,形成了城区、景区与乡村旅游的"互动格局",拓展了乡村旅游发展的深度和广度。 (贾 超)

【句容第六届葡萄节】 2015年8月15日,中日葡萄产业发展论坛暨2015中国·句容第六届葡萄节在曙光国际大酒店开幕。该活动延续至2015年10月15日,采用"1+2+6"模式,即:1个主会场(开幕式、中国南方"中山杯"优质葡萄评比);2个分会场(茅山镇"第六届葡萄节开采仪式""白兔镇第六届葡萄节慈善晚会");6个子活动(旅行社联盟采摘、苏宁"葡萄之夏泡沫音乐节"等)。全市葡萄种植面积达3000多公顷,产量6.3万吨,年产值10亿元。中国农学会葡萄分会会长晁无疾,江苏省葡萄协会会长徐卫东,市领导尹卫东、许文等参加开幕式。 (王雍琰)

【参加2015年中国江苏旅行商交易大会】 2015年9月18日~9月20日,市旅游局组织茅山景区、宝华山国际森林公园、江苏茶博园、岩藤农场以及旅游商品生产企业等参加在苏州国际博览中心举办的"2015年中国江苏旅行商交易大会暨新浪金足迹旅游网络盛典"活动。该参展大会面积约3万平方米,800多家旅行商参展(境内外旅游机构90家;旅行社及行业协会340家;航空公司、航空代理、机场10家;酒店、度假村及养生基地150家;景区景点、主题乐园278家;旅游商品生产企业25家;旅游金融服务5家)。

(民宗旅游局)

【举办第六届环太湖国际公路自行车赛】 2015年11月4日,第六届环太湖国际公路自行车赛赤山湖国家湿地公园举行,来自国内外22个参赛队的132名参赛选手参加了比赛。该次公路自行车赛赛道全长130.6

公里,起点设置在句容赤山湖景区入口,终点设置在句容茅山大道万福路,途经243省道、104国道、后白绿道(X307)、延茅路(X212)、茅墓路(Y404)、茅山景区、大茅路、万福路、茅山大道。CCTV等主流媒体、网站进行全方位宣传报道,通过大型赛事进一步提升句容旅游的知名度和影响力。 (孙　宏)

旅游行业管理

【概况】 2015年,全市以提升旅游服务品质为基础,加强规范行业管理,强化服务,推进十大精品酒店建设工程;加强对旅行社行业管理,实施《句容市旅游业发展考核奖励办法旅行社考核实施细则》,规范旅游收费,强化安全责任,规范经营行为,提升旅行社管理水平;加强管理导游人员资格证书年审、资格考试、业务培训等。截至2015年底,全市旅行社达16家。

(赵　宏)

【句容加大旅行社地接奖励机制】 2015年4月1日,市旅游部门修订和完善了《句容市旅游业发展考核奖励办法旅行社考核实施细则》。该细则实施以来,市旅游局认真审核各旅行社组团的单据和申报资料,数据公开、公平、公正;同时,做好对旅行社地接管理监督工作。截至2015年底,市旅游部门给予全市旅行社地接奖励近30万元,与上年同比增长24%。 (刘　芳)

【新疆伊犁州政协到茅山考察】 2015年5月27日,新疆伊犁州政协副主席艾提·艾尼瓦尔一行到茅山考察。考察组先后到茅山道院、茅山新四军纪念馆、苏南抗战胜利纪念碑等实地考察,对句容旅游文化资源整合利用开发进行了解。纪念馆介绍新四军抗战历史及纪念馆建设发展情况。

(周再兴)

【省人大到句容调研《江苏省旅游条例》立法工作】 2015年6月17日,省人大常委会委员、环资城建委主任夏鸣一行到句容专题调研《江苏省旅游条例》立法工作。调研组一行先后到江苏茶博园、后白生态旅游展示厅、岩藤农场等实地调研,认为句容毗邻南京,交通区位优势明显,是沪宁线上重要的旅游城市,发展的同时要保护好生态环境。市领导尹卫东、杨庆荣等陪同调研。

(民宗旅游局)

【茅山新四军纪念馆入选第三批国家国防教育示范基地】 2015年7月16日,国家国防教育办公室公布了第三批80个国家国防教育示范基地中,茅山新四军纪念馆获得"国家级国防教育示范基地"荣誉称号。该馆于1985年开馆,占地面积为1.6万多平方米,展馆分4大部分(新四军苏南抗日斗争历史基本陈列馆、新四军廉政建设史实馆、新四军苏南抗战英烈事迹专题馆、新四军将帅馆和苏南抗战胜利纪念碑)。纪念馆先后被授予"全国爱国主义教育示范基地"、"全国百家红色旅游经典景区"、"全国文明单位"等荣誉称号。

(颜一帆　周再兴)

【句容宝华山隆昌寺举办"大善净土"书画展】 2015年8月30日,为纪念中国人民抗日战争暨世界反法西斯战争胜利70周年,弘扬爱国主义精神,继承中华传统文化,由徐悲鸿艺术委员会、江苏省佛教协会主办的"祭奠抗战英灵,祈福世界和平"佛事祭奠活动暨"大善净土"书画作品展在宝华山隆昌寺举行。

(贾　超　王康萍)

【天王花果原乡有机庄园获省乡村旅游创新项目并授牌】 2015年10月14日,江苏省乡村旅游工作推进会在盐城市召开。句容花果原乡有机庄园获首批30家江苏省乡村旅游创新项目并授牌。该庄园占地86.7公顷,项目规划包括CSA有机菜园、四季水果庄园、特种水禽养殖场等;运营浮山芝樱公园、高科技农业示范园、红叶谷拓展训练营、森林马场俱乐部、皮筏艇训练营等农业休闲观光设施,是乡村田园度假于一体的大型农业综合体。 (秦　斌)

【句容(下蜀)稻美茶香文化艺术节开幕】 2015年,10月18日,由句容容北茶文化有限公司主办的句容(下蜀)稻美茶香文化艺术节开幕。该文化艺术节历时1个月,活动分4个篇章("百年巴拿马·中国下蜀茶"、"赏稻梦空间·品下属美味"、"观激情越野·游千年茶道"、"味在下蜀·句容下蜀乡村美食节")。容北茶谷占地68公顷，其中，梯形茶园66.7公顷。茶谷位于宝华山国家森林公园旁，资源丰富，物种齐全，交通便捷，是一处集科研、茶文化、种植、旅游休闲、采摘为一体的绿色茶谷。

（张双燕）

2015年句容市旅行社情况一览

表18

名　称	星级	地　址	联系电话	总经理	手机号码
句容市假日旅行社	三星	句容市华阳西路5—9号	87264880	吉爱萍	13505299866
句容市阳光旅行社	三星	句容市华阳东路都市晴园门面房108号	80781001	陈　梅	13775522666
句容市茅山旅行社	三星	句容市华阳镇北大街书香苑8号	87231055	徐迎春	13605292677
句容市旅行社	三星	句容市华阳北路青少年宫2—3号	87267570	吴荣富	13905297899
句容市金色假期旅行社	二星	句容市华阳镇宁杭路77－2号	87289866	孙宏旭	13505296168
句容市环宇旅行社	二星	句容市华阳西路12—23号	87300661	朱　莉	13505298080
句容市蓝天旅行社	一星	句容市华阳南路芳邻雅居正大门旁	87309588	蒋美忠	13705291730
句容市春天国际旅行社		句容市华阳南路16—6号	87224077	朱丽娟	13861378811
句容市福地茅山旅行社		句容市茅山风景区大茅路18号	87828192	严国成	13776375801
句容国泰旅行社		句容哈佛星城12－101号	87297878	王小凤	15335144270
句容市旅游集散中心旅行社		句容市宁杭路43号	87282901	张　斌	13905296556
南京市超群商务旅行社句容分公司		句容市华阳镇宁杭北路亚龙宾馆3号楼02号	87269976	吴进进	15195971391
句容市友好旅行社		句容市华阳南路南园公寓门市17号	87223138	周　洁	13605292855
句容市畅游天下旅行社		句容市华阳南路凤凰花园北起门市16号	87239858	陈翠萍	13852978660
南京市百事通旅行社句容分公司		句容市华阳东路与北大街交叉口富豪国际星城9号	87260616	刘婷婷	13912100558
句容市万达旅行社		句容市东昌南路9号润景美邻苑	87278788	朱　川	13905298283

（刘　芳）

2015年句容市星级饭店情况一览

表19

序号	名　称	星级	地　址	总机号码(0511)	总经理
1	句容曙光国际大酒店	四星	句容市文昌东路2号	85099999	陈明华
2	句容宾馆	四星	句容市华阳北路9号	87263555	张应祥
3	句容怡景湾度假村	三星	句容市句茅路旁丁家边村南山子社	87872222	陈学文
4	句容市山一方国际度假村	三星	句容市宝华山国家森林公园南大门	87899888	毛　琴

（刘　芳）

商　业

【概况】　2015年，全市实现社会消费品零售额129.2亿元，比上年增长11.3%，高于镇江市0.3个百分点，增幅在镇江市排名第2。其中，批发和零售业实现零售额117.2亿元，增长10.5%，占全市消费品零售额的比重为90.7%；住宿餐饮消费实现零售额12亿元，比上年增长19.8%。从城乡市场看，2015年全市城镇实现社会消费品零售额99亿元，增长7.2%，乡村实现消费品零售额30.2亿元，增长27.2%。　（商务局）

烟草专卖

【概况】　2015年，全市销售卷烟28801.51箱，完成全年计划28820箱的99.94%；卷烟销售收入10.16亿元（含税），比上年增长12.10%；平均单价141.14元/条，比上年增长13.48%；税利2.70亿元，比上年增长23.56%。全年共查获涉烟违法案件215起，涉案金额1－5万元的20起，5－10万元的2起，20－50万元的2起，100万元以上的2起，查获各类违法卷烟22859条，案值402.21万元，罚没款1.73万元，有力地规范了市场经营秩序。

2015年，市烟草局紧紧围绕“战略、规范、创新、质效、管理、文化、队伍”七个关键词，认真践行“行业楷模”发展战略，推动句容烟草各项工作走在前，创一流、争楷模。2015年市烟草专卖局被市政府评为2014年度法治政府建设“先进单位”；被市委、市政府评为2014年度“法治句容”先进集体；被市政府评为2014年度纳税10强非工业企业；被市委市级机关工作委员会评为“党员示范岗”；被镇江市政府评为“文明行业”。　（郭　容）

粮　食

【概况】　2015年，句容市粮食工作在省市各级主管部门和当地政府的精心指导下，积极谋划，着力围绕保障粮食安全。累计投入1500万元用于仓储设施建设，完成粮食购销总量32.13万吨，国有粮食购销企业实现综合效益550万元，全市粮食工作继续保持稳定发展态势。　（邰　甜）

【粮食收购】　2015年，市粮食部门认真贯彻落实省、市粮食工作会议精神，针对两季收购的新形势、新特点，深入开展调研，超前谋划，全面落实国家粮食收购政策，保障售粮群众利益。主动召开种粮大户、粮食经纪人座谈会，听取意见和建议，机关全体工作人员下基层服务收购。针对秋粮收购仓容、价格所面临的困难和矛盾，一方面及时争取上级政府支持，召开联席会议讨论研究秋粮收购工作方案；另一方面积极举措，广泛宣传秋粮收购政策，提前准备有效仓容2.3万吨，积极协调本市其他收购主体入市收购，缓解收购压力，通过高水分粮食烘干、粮食分级分仓收购，尽可能帮助售粮群众提等升级，最大限度保护售粮群众利益，累计入库6.07万吨，收购16.38万吨，销售15.75万吨，全市国有粮食购销企业稻谷收购均价为3.10元/公斤，其他收购主体收购价格在2.70元/公斤左右。（邰　甜）

【仓储建设】　2015年，市粮食部门将仓储建设纳入政府民生重点项目，以取得政策和财政支持，总投资1000多万的郭庄1万吨扩建项目主体封顶。针对仓库容量紧张的问题，不断加大对老旧仓库的维修改造，提升全市仓储能力，投入400多万元，维修仓库19处，新建改造设施2637平方米，添置、更换设备400余台套，为熏蒸工作人员配备呼吸机。大力推进数字化粮库建设，全市基层托市库点快速收储信息化系统项目进入招标阶段，郭庄储备库、行香粮库“数字粮库”硬件设备全部铺设到位，省级储备粮全面实现代码管理。

（邰　甜）

【粮食供应】　2015年，市粮食部门加强市场监控，提高粮食应急保供能力，及时搜集、整理粮食市场供求、价格信息，建立健全粮食价格需求预警和应急加工、供应和储运体系，修订《句容市粮食应急预案》，向社会各界征求意见，落实应急加工企业3家，应急保供点15家。切实加强军粮供应工作，加大粮油质量、财务管理监管力度，建立一批一检一报告制、站长负责制和问责制，构建全天候保供机制，部队走到哪里，服务跟到哪里，确保军粮供应安全、可靠。同时，以军地融合式发展为契机，粮油供应范围覆盖城区大多数企事业单位食堂，军供政治效益和经济效益双丰收。认真推进“放心粮油工程”建设，全市共有5家粮油销售店被评为镇江放心粮油销售示范店，其中1家被评为“十佳放心粮油销售示范店”。（邰　甜）

供销合作

【概况】　2015年，市供销社系统共实现商品销售总额163亿元，完成年度计划的105%，比上年增长7.2%。其中：消费品零售额23.4亿元，完成年度计划的108%，比上年增长12.9%；农副产品收购额16.7亿元，完成年度计划的111%，比上年增长17.2%；农资销售额2.86亿元，比上年略有下降；连锁销售额47.8亿元，完成年度计划的104%，比上年增长7.3%。市供销总社荣获中华全国供销合作总社信息报送工作先进单位，江苏省供销合作总社全省供销合作社系统“综合业绩评比二十强县级社”、“创新工作优胜单位”、“为农服务社提升工程优胜单位”、“农民专业合作社建设优胜单位”，镇江市供销合作社突出贡献奖。

（句供办）

【供销系统体制机制创新】　2015年，市供销合作系统创新管理体制，强化为农服务组织体系。实行以“中心社”为管理体制的基层供销社重组改造。结合行政区划调整和基层供销社恢复重建要求，对原有22个基层社进行合并，成立9个中心社，其中恢复重建3个基层社，实现全市建制镇供销社的全覆盖。创新经营机制，完善农村现代流通服务体系。发挥供销社在全市城乡商品流通中的优势，重点建设以镇级便民购物中心为龙头的日用品配送网络、以镇村级农资配送服务站为平台的农资配送网络以及以区域性农产品交易场所为载体的农产品销售网络。创新服务机制，健全农村社会化服务体系。重点开展村级为农服务社的升级改造，提升农村社区综合服务水平。加快农资超市、日用品超市和庄稼医院的建设，主动承接相关部门在基层的服务，努力做到与农村社区建设同步，与现代农业发展同步，与农民生活同步。（句供办）

【网络体系升级改造】　2015年，市供销总社在华阳镇建立农资配送中心，经营面积达4000余平方米，全年各种农药、化肥销售额达6000余万元。在边城中心社开展农资示范店、放心店的创建和跟踪管理工作，组织经营户到赵庄、戴村等示范店参观学习，提高经营户对诚实守信重要性的认识。下蜀供销社积极参与下蜀镇创建镇江市级“美丽宜居镇”活动，抽调全部力量连续奋战，使滨江农贸市场面貌焕然一新。得到镇江市3个专家评审组的肯定和认可，得到地方政府好评。

（句供办）

【为农服务】　2015年，市供销合作总社充分发挥牵头成立的20多家农机植保专业合作社的作用，在现有农作物开展病虫害“统防统治”服务的基础上，通过前伸后沿，在耕、种、管、收、烘、销等多个环节上开展合作式互助、菜单式点供、保姆式托管服务，有力地推动了农业适度规模经营。全年各合作社通过土地流转全程服务面积达400公顷(6000多亩)，订单全程服务面积近6666.67公顷(10万亩)。据测算，通过保姆式托管，每亩粮食增产10%以上，节支提效500元左右。开展水稻、小麦和果树等防治面积30万亩次，为全市小麦赤霉病和水稻稻飞虱的防治，夺取全年粮食丰收做出了应有的贡献。（句供办）

【企业的转型升级】 2015年，市供销合作总社按照现代企业制度的要求，加大对具有配送网络功能的社、龙头企业股权升级改造，寻找新的经济增长点和市场空间，实现错位竞争，支持通过实体项目运作的方式，加大对新合作的便民、茅山人家、兴兔现代农业等供销社参股企业的扶持，帮助其做大做强。后白供销社联合境内的4家专业合作社和蓝天果酱厂共同出资的华达农产品加工有限公司，年生产加工草莓、蓝莓、桑葚、梨、黄桃、葡萄近800吨，销售额达1200万元，带动农民致富。（句供办）

盐 业

【概况】 2015年，全市销售盐产品6987.55吨，完成全年计划6950吨的100.54%，小包装食盐销售3020吨，达全年目标3000吨的100.67%。2015年共查处盐业违法案件50起，查处违法盐产品1.75吨。全年碘盐合格率为97%，碘盐覆盖率为100%，合格碘盐食用率为97%。2015年句容盐业公司被镇江市盐业公司评为“2015年度先进集体”。（李华梅）

【降本增效管理】 2015年，盐业公司实施预算管理，明确降本增效目标。一是再次对不能适应工作岗位的劳务派遣工进行清退，按片区对营销队伍进行人力资源整合。二是进一步优化配送资源，优化与第三方物流的衔接流程。三是对仓储和商品资源进行了整理，对停止经营的商品和不合理的库存商品进行清理，强化商品管理、应收账款管理，防范经营风险。四是深化“三项制度”改革，完善薪酬分配制度，逐步建立以业绩为导向的多元化分配激励机制。（李华梅）

石 油

【概况】 中国石化销售有限公司江苏镇江句容石油分公司，简称中石化江苏句容石油分公司，隶属中国石化集团。该分公司下辖25座加油站(其中在营20座)，分布在华阳、宝华、茅山、后白、郭庄、黄梅等乡镇的国道、省道线上，担负着全市近67%的工农业用油。2015年，成品油销售总量为8.9万吨，其中，加油站零售7.7万吨。非油品销售额为1666万元。公司共有职工164人，其中正式工28人。

（唐红娣）

【网络销售】 2015年，在经济下滑、市场疲软大气候下，句容石油分公司主营轻油销售8.9万吨，非油品销售突破1666万元，比上年增长31%。在上级公司的总体谋划下，句容分公司积极开展“互联网+”活动，借力微信营销，将非油品业务拓展到线上，全面开辟了微商城业务，每个员工都拥有自己的微商城，线上线下自由转换，代销公司的非油商品，赚取个人的销售佣金。进入了“人人是创客，个个是老板”的网络销售时代。

随着网络销售、手机支付手段的出现，该分公司及时拓展新的支付渠道，于2015年开辟了微信支付功能，客户加油、充值、购物均可以通过网上(手机)进行支付。（唐红娣）

2015 年句容市石化系统在营加油站情况一览

表 20

序号	名称	地址	占地面积(平方米)
1	中石化江苏镇江句容城区加油站	华阳镇华阳东路	956
2	中石化江苏镇江句容城东加油站	华阳镇五里墩转盘	2664
3	中石化江苏镇江句容城南加油站	104 国道华阳镇南岗村	2326
4	中石化江苏镇江句容城西加油站	华阳镇人民路西段	2200
5	中石化江苏镇江句容城北加油站	101 省道开发区三里井村	4872
6	中石化江苏镇江句容三岔加油站	104 国道 1175 公里处	7928
7	中石化江苏镇江句容后白加油站	104 国道 1188 公里处	6365
8	中石化江苏镇江句容茅山加油站	常溧公路 144 公里 +200 米	3554
9	中石化江苏镇江句容石狮加油站	104 国道 1162 公里 +900 米	3223
10	中石化江苏镇江句容三里井加油站	101 省道 30 公里 +800 米	2001
11	中石化江苏镇江句容黄二加油站	101 省道 24 公里 +700 米	4787
12	中石化江苏镇江句容宝华加油站	312 国道 286 公里 +700 米	3399
13	中石化江苏镇江句容下蜀加油站	312 国道 271 公里处	1400
14	中石化江苏镇江句容河山加油站	312 国道 227 公里 +500 米	4078
15	中石化江苏镇江句容郭庄加油站	句容市郭庄集镇	3000
16	中石化江苏镇江句容句茅路加油站	句茅路与弘景路交叉路口	2850
17	中石化江苏镇江句容白兔加油站	白兔站兔西村	4600
18	中石化江苏镇江句容西环加气站	华阳洪武路东侧下路村	5000
19	中石化江苏镇江句容文昌路加油站	文昌东路北侧肖杆路西侧	4800
20	中石化江苏镇江句容袁巷加油站	袁巷乡牧羊场	1915

（唐红娣）

财　政

【概况】 2015年，全市完成一般公共预算收入40.01亿元，增幅11.4%，该增幅分别高于苏南、镇江2.3和2.4个百分点，在镇江辖区增幅名列第一。全市一般公共预算收入占GDP的比重为8.5%。乡镇财政收入增势强劲，全年镇级一般公共预算收入实际完成32.33亿元，比上年增长15%。其中，郭庄、天王、茅山增幅分别达60%、26%、24%。开发区、宝华、华阳、下蜀收入总量分别达到12.33亿元、6.73亿元、5.98亿元和3.05亿元。

2015年，全市实际完成一般公共预算支出49.49亿元，比上年增长13.5%，当年财力全部安排支出，实现财政收支平衡。支出突出公共性，增强可持续性，2015年全市民生支出达37.9亿元，占全市一般公共预算支出总量的76.5%。是年，启动预算单位项目支出绩效实施跟踪试点。全市纳入财政支出绩效评价项目36项，资金达6.67亿元。全市党政机关事业单位"三公"经费支出比上年下降10%。连续三年被省财政厅评为全省法治财政建设示范点。（杨　慧）

【科技创新能力提升】 2015年，市财政设立创业创新种子基金1000万元，重点支持科技企业孵化器和战略性新兴产业项目；投入江苏省科技贷款风险补偿资金2000万元，放大10倍，撬动银行授信2亿元；设立科技创新创业风险投资引导基金2000万元，吸引创投公司、吸附社会资本支持处于初创期和成长期的科技型中小企业。支持引才引智，优化人才项目资金扶持政策，发挥人才在创新创业中的引领作用，形成高层次人才集聚效应，推动产业结构升级。（杨　慧）

【支持教育现代化建设】 2015年，全市财政教育支出达11.98亿元，比上年增长20.8%。提高农村义务教育阶段中小学生人均公用经费基准定额，扩大中等职业学校免学费政策范围，建立中等职业学校和普通高中学校助学金制度。安排5714万元，在全省率先完成高中阶段债务化解工作。投入1.56亿元，推进全市中小学校安全工程建设，2015年度镇江市辖市区政府教育督导考核为优秀，得分增幅列各辖市区之首。

（杨　慧）

【推进现代农业建设】 2015年，全市支农支出8.97亿元，重点投入特色农业规模化发展、农业产业园区建设及科技兴农项目。全市新增农业综合开发高标准农田2.5万亩，生态综合治理0.5万亩。完成"一事一议"项目41个，新建农桥22座，新建农业电商平台71家，手机APP三家。支持农村公共服务运行维护、"美丽乡村"建设试点。（杨　慧）

【实施城乡居民增收计划】 2015年，全市社会保障和就业支出3.7亿元，支持各类生活补助、救助普惠性提标，发放城乡低保、尊老金、五保供养、城乡重残人员生活救助8258万元。落实机关事业单位工作人员调整基本工资标准和养老保险制度改革政策。（杨　慧）

【大众创业贷款】 2015年，市财政为485名城乡创业者提供4560万元的创业担保贷款。发放职业介绍、培训补贴541万元，培训20000余人次。（杨 慧）

【加大公共卫生投入】 2015年，全市医疗卫生支出4亿元，重点支持医疗卫生体制改革、基础医疗服务建设和城乡基本公共卫生服务均等化，提高城乡新型合作医疗筹资标准，发放计划生育奖扶、特扶等补助。（杨 慧）

【为民办实事】 2015年，支持优质养老，在市区开展老年人助餐服务和日间照料服务试点，逐步向乡镇延伸。安排5260万元，用于公交行业亏损补助、客运总站运营及燃油补贴等，新增公交车、校车30辆。安排4255万元，帮助中低收入人群解决住房问题。降低住房公积金首付比例和贷款利率，全年发放住房公积金贷款2.4亿元。“十二五”期间，民生支出总量是“十一五”期间的三倍，年均增长19.5%。（杨 慧）

【推进国库集中支付改革】 2015年，按照新《预算法》的要求重新梳理各项制度，进一步规范资金拨付程序。改革非部门预算单位资金拨付流程，明确部门预算单位预算执行主体责任。建立“大数据”财政资金动态监管平台，完善乡镇非税收缴系统，乡镇预算执行系统实现与银行实时清算。开发“土地宗地核算软件”，成功测试并投入运行。在全省率先按照国标建成模块化、高效、低PUE的“一体化”机房。（杨 慧）

【稳步推进预决算公开】 2015年，按照新《预算法》要求，根据“谁主管、谁公开、谁负责”的原则，经市人代会或市人大常务委员会批准的预算、预算调整、决算等，由市财政部门在20日内向社会公开；经市财政部门批复的部门预算、决算，由各部门在20日内向社会公开，并对部门预算、决算中机关运行经费的安排、使用情况等重要事项做出说明。（杨 慧）

【加快PPP模式推广运用】 2015年，全市进一步健全制度体系。建立PPP（公共私营合作制）联席会议制度，成立财政PPP中心，服务全市PPP项目实施，提请市政府出台《关于规范PPP模式操作办法的意见》。完成19个PPP项目方案论证，形成联席会议纪要，总投资额达125亿元。推进消防特勤中心、第四人民医院、吉利福利中心、农贸综合批发市场等4个项目建设，其中3个项目主体工程已完工。赤山湖整体开发、西部干线、空港新区新型城镇化、句容监狱整体迁建、边城仑山湖旅游开发等5个项目被列入省级项目库。（杨 慧）

【资本运作方式集约化】 2015年，扩大直接融资比重，灵活运用城市发展基金、信托贷款、融资租赁等手段筹措建设资金，全年累计批复融资授信73.5亿元，融资到位57亿元。争取中央发行地方政府债券22.88亿元，置换存量债务。福地公司成功发行15亿元新公司债券，为全市经济社会事业发展提供坚实的资金保障。（杨 慧）

【贯彻落实政府采购法实施条例】 2015年，市政府印发《句容市政府采购网上竞价管理暂行规定》、《关于对部分办公设备实行批量集中采购的通知》等文件，严格实行无预算、超预算不采购，与部门预算同步编制政府采购预算。推进政府购买公共服务改革，2015年，出台《句容市政府公共服务指导目录》，完成购买服务项目17个，节约资金939万元。（杨 慧）

【财政资金存量】 2015年，成立往来款清理工作领导小组，对历年预算内往来资金进行清理，提出处理方案，收回借款4468万元。对专户核算资金清理分析，将项目完工的结余结转资金收回财政国库，收回总量和支出进度在全省均排名第一。整合支农资金1.1亿元。（杨 慧）

【乡镇财政管理水平提升】 2015年，各所强化制度建设，规范业务管理，实现规范化财政所全覆盖；崇明街道财政所挂牌成立；下蜀所被授予省“五星”档案室；白兔所就地就近监管工作扎实有效；开发区所推行“目录”工作管理模式；茅山风景区、天王、华阳、赤山湖所工程项目合同管理规范；宝华所实行村级财务预算；华阳所开展债权债务清理，“送法下乡”“国家宪法日”宣传活动。（杨 慧）

【财政系统文化建设】 2015年，市财政局推进“学习型”机关建设，举办厉行节约反对浪费、法制业务、新修订《财政总预算会计制度》、《音乐与人文素养》等讲座培训20余期，开展“素质提升年”主题演讲比赛。高鹏程获得硕士学位，李斌、徐科、辛燕等取得本科学历。“六五普法”实现完美收官，开展“送法下乡”、省、市、县、乡四级联动“国家宪法日”宣传活动。协助组织新《预算法》、财政法规知识竞赛活动。在福地句容网开辟新《预算法》、《政府采购法实施条例》解读专栏，制作新《预算法》动漫、“六五普法”宣传纪录片。组织“六五普法”知识闭卷测试，对26名考试成绩在90分以上同志通报表扬。推进“双型”党支部建设工程，开展“义务献血”、“送政策进企业”、“七一”慰问困难老党员、“三岗三责”党员志愿服务等系列活动，建设党建活动室，制作“双型”党支部建设工程宣传纪录片。局纪委突出监督主责，开展明察暗访、任前廉政谈话，建设廉政文化墙，获市纪委年度考核一等奖。“创先争优”取得新成效，开展三个“十佳”评选活动，许明生、蔡伟等被授予全系统“十佳岗位能手”称号；高鹏程、徐光祥等撰写的文章被评为全系统“十佳调研文章”；公积金中心服务大厅、茅山风景区财政集中支付大厅等被评为“十佳服务示范窗口”。边城所被授予省级“青年文明号”。支付中心获镇江市级“巾帼文明岗”。财政外宣工作围绕主旋律，被镇江市级以上主流媒体采用信息200余篇，其中国家级媒体采用29篇，荣获“全市外宣工作先进集体”，《四分之三财政收入用于民生福祉——句容百姓生活幸福感持续增强》获全市十佳外宣作品，天王、郭庄、风景区所信息报道数量多、质量高。工会充分发挥桥梁和纽带作用，贴心服务干部职工，开展扑克比赛等活动。共青团开展志愿者服务活动。老干部支部组织“双月学习”，开展门球比赛、赤山湖湿地公园参观等活动。妇委会主动拉高工作标杆，年度考核再次获一等奖。在2015年度市级机关服务工作民主评议中，市财政局名列综合服务类部门第一。市级机关绩效考核名列综合服务类部门第一，在全市72个部门中名列第二，继续保持综合服务类部门“双第一”。（杨　慧）

国　税

【概况】 2015年，市国税局共组织税收收入19.38亿元，比上年增长15.28%；实现公共财政预算收入6.11亿元，比上年增长15.13%。连续第五年在镇江市四个辖市区局中，增幅排名第一。在抓好组织收入的同时，该局持续释放税收政策红利，全年累计办理出口免抵退税6.41亿元，小微企业优惠政策落实受惠面100%。市国税局荣获镇江市政府2012—2014年度文明行业称号，市国税局一、二、四、五、六税务分局荣获镇江市政府授予的“2012—2014年度镇江市文明单位”称号，六分局荣获市总工会“五一劳动奖章”，市国税局工会荣获市总工会2015年度“先进单位”称号。（卢腾跃）

【国税队伍建设】 全年共举办内部业务培训30余次，累计培训605人次。致力强化思想政治教育，坚持开展“每日一题 三省吾身”主题教育活动等形式多样、内容丰富的教育活动。加强廉政文化建设，形成“我要廉”的良好氛围。致力人文关怀，深入开展谈心谈话活动，引导干部职工正确看待津补贴规范、养老金并轨、公车制度改革、县以下机关公务员职务与职级并行，维护了队伍稳定。继续组建各类文体活动小组，组织文体竞赛，培养了干部阳光的心态和昂扬的精神。致力做好绩效管理工作，发挥绩效管理的风向标和指挥棒作用，激发税务干部工作的内生动力，共制定下发了对机关23个、对系统46个绩效考评指标，建立健全了绩效管理制度和指标体系。致力强化基层党建，提升党员干部的社会责任感，与建新社区开展共建活动，组织开展了端午节期间“共建单位一家亲，端午粽香暖人心”和在职党员周日夜间义务巡逻活动。（卢腾跃）

【纳税服务】 2015年，市国税局深入开展便民办税春风行动，积极落实《全国县级税务机关纳税服务规范》，积极推行办税业务前台统一受理，推行“免填单”和出口退税“无纸化”服务，拓展自助办税功能，自助办税终端增加至5台，推广使用电子税务局，倡导网上办税。严格落实好税收职责清单要求，坚持“无需求不打扰，有需求服务好”，推行内部流转运行模式，进一步规范政策落实、纳税服务措施，积极推动涉税信息系统服务单位和涉税中介机构健康发展。稳步推进增值税发票升级系统工作，累计发行4148户，发行率达100%。积极拓展国地税联合办税事项，建立国、地税CA认证网上申报联合协调工作机制，受托代征地方税累计727万元，与地税局、市场监督管理局通力合作，让1340户纳税人成功享受“三证合一”的便捷。设身处地为纳税人着想，在为纳税人提供高效便捷纳税服务的同时，与江苏银行句容支行联合开展“税e融”工程，帮助小微企业解决融资难的问题，累计为8户企业办理贷款387万元。（卢腾跃）

【依法治税】 2015年，市国税局积极开展税务行政处罚裁量基准落实情况核查，对基层执法风险防控情况进行调研，依据省局《税务行政处罚裁量基准》汇编完成《内控机制》，明确裁量权运用的原则、方法、程序和标准，规范行政处罚自由裁量权行使。积极开展执法督察疑点信息核查和督查工作，全年完成核查疑点项439户次，清理欠税44万元，补征企业所得税110万元。严格欠税追征流程，加大欠税追征力度，清理欠税2343.72万元，陈欠清理率达32.90%。继续发挥稽查威慑作用，组织开展出口退税、重点税源企业专项检查，继续保持对发票违法的高压态势，全年共对22户纳税人开展了检查、评估和处理，查补税款、罚款、滞纳金合计128.25万元。制定《句容市国税局纳税评估集体审议制度》，规范了纳税评估结果处理程序，强化内部权力制约，保护纳税人合法权益。（卢腾跃）

【党风廉政建设】 2015年，市国税局积极组织开展严格落实中央八项规定精神的专题学习教育活动，强化沟通，维护好队伍团结稳定，以“零容忍”的态度坚决贯彻执行中央八项规定精神，扎实有效纠正“四风”问题。组织开展“正风肃纪”主题教育行动，组织全体中层以上领导干部赴看守所接受警示教育，邀请检察院专家进行预防职务犯罪专题讲座，与检察院召开联席会议，加强惩治和预防职务犯罪工作，签署《联席会议纪要》。组织开展上门走访10名特邀监察员，走进“政风行风热线”接受评议，积极做好信访工作和“一案双查”工作，加强综合考评平台“廉政监察”模块异常信息核查和“三表一书”执行四个日常督查检查活动，强化“两个责任”落实。严格落实个人重大事项报告制度，全年共有20人次进行了个人重大事项报告，不断完善内控机制，强化执行“三表一单 评监同行”工作机制，强化两权事项监督，加强因私出国（境）证件管理。（卢腾跃）

地　税

【概况】 2015年，全市地税系统共组织各项收入突破40亿元大关，达到43.32亿元，比上年增长9.01%。其中：市（县）级地方税收31.96亿元，比上年增长6.5%，公共财政预算收入27.5亿元，比上年增长8.5%，圆满完成句容市政府确定的全年目标任务，为句容经济社会发展大局提供可靠的财力保障。征收社保费9.55亿元，比上年增收1.61亿元，增长20.25%，征缴率达到了100%，促进民生幸福工程和社会保障事业建设。全系统顺利通过镇江市“六五”普法终期考核验收，在句容市级机关行风评议中处于执法部门第一方阵，获句容市级机关绩效考核一等奖。在文明创建活动中，全系统被授予镇江市2012—2014年度文明行业，四个基层分局全部被命名为镇江市2012—2014年度文明单位。

（魏含屹）

2015年句容地税分税种收入情况一览

表21　　单位：万元

项目	营业税	企业所得税	个人所得税	城建税	房产税	土地使用税	印花税	资源税	土地增值税	车船税	契税和耕地占用税	小计
2014年	125213	21073	35943	15552	6981	14957	3780	2394	25812	1305	34622	287631
2015年	152927	23663	27492	18026	6866	10623	4787	1608	37402	1623	20724	305740
增减额	27714	2590	-8451	2474	115	-4334	1007	786	11590	318	13898	31969
增减率	22.1%	12.3%	-23.5%	15.9%	-1.7%	-29%	26.6%	-32.9%	44.9%	24.4%	-40%	6.5%

（陈洪泽）

2015 年句容地方税收分行业结构情况一览

表 22　　单位：万元

项　目	本年	上年同期	±额	±%	占比%
房地产业	162420	139306	23114	16.6	53.1
建筑业	87558	88586	-1028	-1.2	28.6
制造业	20072	28338	-8266	-29.2	6.6
交通运输及邮政业	1105	1090	15	1.4	0.4
采矿业	2340	4638	-2298	-49.5	0.8
住宿餐饮业	2960	3026	-66	-2.2	1.0
金融业	9164	6476	2688	41.5	3.0
其他营利性服务业	12975	10592	2383	22.5	4.2
其他行业	7146	5580	1566	28.1	2.3
合　计	305740	287632	18108	6.3	100

（陈洪泽）

【税收征管】 2015 年 3 月底，市地税局对征管机构和职能进行全面调整，如期完成新一轮征管改革相关工作，建立了既符合省局流程要求又切合句容实际的税收征管模式。通过强化征管状况监控考核，税务登记完整率、未按期申报催报率、未按期缴纳催缴率、重点税源财务报表报送率等指标一直保持 100%。探索税收风险应对管理新模式，实现了风险监控管理工作自上而下和自下而上的有机融合，全年共实施 372 户次风险应对，补缴税款 9696.43 万元，贡献率达 3.08%。全面加强建筑房地产项目和市政府重点工程跟踪管理，征收入库建筑房地产业税收 25 亿元，税收贡献率达 81.78%。不断完善营业税、所得税、土地增值税等重点税种征管措施，征收入库营业税 15.29 亿元，两个所得税 5.12 亿元，土地增值税 3.74 亿元，合计占地税税收比重达 79%，比上年增长 16.1%，重点税种支撑作用明显。全年共对 13226 条第三方涉税信息进行加工利用，累计入库税款 4.93 亿元，占比达 15.43%，综合治税堵漏增收作用凸显。与国税局联合出台《国地税合作工作实施意见》，建立了国地税合作联席会议制度，促进国地税合作工作迈上新台阶。　（魏含屹）

【依法行政】 2015 年，市地税局深入落实省局《关于全面推进依法治税工作的意见》，大力推进“法治税务示范基地”创建，法治政府建设考评处于第一方阵。持续开展“规范执法示范岗”创建工作，先进典型的示范引领作用有效发挥。立足需求性和针对性，坚持“传统普法”与“智慧普法”相结合，开展法治宣传教育，顺利通过镇江市“六五”普法终期考核验收，该局的做法在全市法治宣传教育暨“六五”普法考核迎检部署会上被作为经验予以介绍。建立健全税务行政指导制度，全年开展税务行政指导 1600 余例，有效预防和化解了税务行政争议。严格规范行政执法行为，税收执法规范度和准确度明显提高。该局 1 例“行政处罚案卷”在镇江市依法行政工作领导小组组织的执法案卷评查中被评为一等奖。积极探索开展税收政策确定性问题研究，实现税收政策执行口径的规范统一。全面应用税务重大行政决策管理系统，实现重大行政决策的科学化、规范化、法治化。认真落实行政权力清单制度，全年清理确定 73 项法定行政权力，并编码录入阳光行政权力库，实现行政权力网上公开透明运行。加强行政审批改革后续管理，受理涉税审批备案 458 件次，进一步规范了税收优惠政策的落实。强化税收执法督察和内部行政监察，全年共对涉及过错事项的 42 人次进行了通报，并实施追究问责。依据《税收违法行为检举管理暂行办法》加强涉税举报案件管理，全年共依法查处举报案件 5 起，查补入库税款 358.6 万元。（魏含屹）

【纳税服务】 2015年，市地税局全面推行“220服务行动”升级版，切实加强“点对点”的对接服务。全年共走访服务纳税人426次，帮助企业享受税收优惠1038.73万元，提出改进管理建议36条，防范涉税风险24个。依据服务事迹原型撰写的5篇220服务行动案例，全部获评镇江市局优秀案例。与句容“两台”“两网”、省市党报和行业报刊协作，建立多方联动宣传机制，形成税收大宣传格局，确保税收宣传全覆盖。围绕纳税人需求，利用“纳税人学堂”组织各类税政业务专题培训辅导6场次，参训人员逾2000人次，同时与市国税局联合开展新办共管户培训，培训的实用性和纳税人的满意度得到有效提升。积极主动做好税收优惠政策宣传辅导和落实兑现工作，建立税收优惠全程跟踪服务机制，全年共落实各项减免税1.02亿元，纳税人税收优惠实现应享尽享。围绕商事制度改革和鼓励“双创”相关精神，全面落实简政放权工作要求，认真落实“三证合一、一照一码”商事登记制度，推行“马上就办”，不断提高办事效率。打造维权服务新亮点，深度关注涉税网络舆情，打通线上线下维权通道，共妥善处理4起涉税网络维权事件，办结事项满意率100%，切实保障纳税人的正当合法税收权益不受侵犯。编制公开纳税服务“菜单”，提供全方位“私人订制”服务，满足纳税人个性化需求，切实提高纳税人获得感。

（魏含屹）

【地税作风建设】 2015年，市地税局组织干部职工观看廉政教育警示片和反腐倡廉图片展，组织党员专题学习《中国共产党廉洁自律准则》和《中国共产党纪律处分条例》，邀请市纪委领导作反腐倡廉专题讲座，做到警钟长鸣。认真落实个人重大事项报告制度，编印下发《个人有关事项报告表》，要求全系统干部职工如实填报，分人建档的报告资料已全部归档到位，健全干部管理监督长效机制。及时落实公务员工资职务与职级并行制度，切实保障干部职工正当合法权益。全面深入开展党的群众路线教育实践活动整改落实情况“回头看”，深度聚焦“四风”抓好整改建制，中央“八项规定”、省市“十项规定”和《党政机关厉行节约反对浪费条例》等相关规定要求得到了全面贯彻执行。认真开展好“三严三实”自查自纠活动，切实转变工作作风，得到社会各界认可，在句容市级机关季度行风评议中连续处于执法部门第一方阵。 （魏含屹）

审　计

【概况】 2015年，完成审计项目32个（除政府投资项目审计），其中财政财务收支审计1个，专项资金审计和审计调查4个，资产负债损益审计1个，领导干部经济责任审计26个。审计查出主要问题金额（不规范资金）33.46亿元，审计处罚5636万元，促进整改落实有关问题资金5636万元，提出审计建议106条。另协助镇江市审计局实施了句容市委书记尹卫东任中的经济责任审计；协助句容市纪委开展领导干部违纪案件的查处；协助句容市纪委组织开展全市农村“三资”廉政监管专项巡查工作。2015年，该局先后被江苏省审计厅评为2015年审计通联工作成绩突出单位，被江苏省人社厅、江苏省审计厅和江苏省公务员局联合评为全省审计系统先进集体，被镇江市委评为2012—2014年度镇江市文明行业，被中国审计报社评为2015年度全国审计（通联）宣传工作先进单位；党支部被市级机关工委评为2015年度先进党支部；纪检组被市纪委评为2015年度全市纪检监察工作先进单位；固定资产投资审计科被市级机关工委评为党员示范岗。

（陈来华）

【重大政策措施贯彻落实情况审计】 2015年，市审计局坚持把促进中央和省重大决策部署落实作为审计工作的重要任务，监督检查财税、惠民等相关政策措施的执行情况。完成审计署2014年保障性安居工程跟踪审计项目，查出句容市保障性安居工程项目中存在问题3个，提出审计建议2条；开展9轮稳增长政策跟踪审计，成立政策跟踪审计工作领导小组，每月向镇江市审计局报送跟踪审计报告。 （陈来华）

【财政收支审计】 2015年，市审计局审计了市地税、财政、金库，延伸审计到南瓷绝缘子等8家企业，查出问题27个，查出违规金额6.57亿元，查出管理不规范资金45.04亿元，各被审单位对存在问题已进行积极整改。 （陈来华）

【经济责任审计】 2015年，市委组织部委托市审计局审计26个经济责任审计项目(其中3个任中审计,5个"三责联审"),查处违纪违规金额5527.75万元,管理不规范资金1.63亿元,提出审计建议40条。与市纪委、市委组织部、市编办、市人社局、市法院、市检察院、市公安局等单位组成干部监督工作联席会议小组,成员单位在职责范围内对干部监督信息进行收集、分析和整理,严格实行干部监督信息零报告制度,每季度填写《干部监督信息通报登记表》,每半年或根据工作需要不定期召开碰头会议,适时通报交流分析干部监督工作的新情况、新问题,研究提出解决问题的措施和建议。联合市委组织部出台了《关于进一步完善干部监督工作联席会议制度的意见》,完善议事规则,密切沟通协调,发挥联席会议在计划制定、组织实施、信息共享、结果利用等关键环节的职能作用。依托市委组织部"周末学堂"举办一期《党政主要领导干部经济责任审计专题讲座》,促进领导干部进一步知法、知纪、知责,全面正确履行职责。积极探索生态环境保护资金审计,把环境保护责任纳入经济责任审计范畴。

(陈来华)

【政府投资项目审计】 2015年,市审计局对投资额在500万元以上的政府工程实行概(预)算审核,完成概(预)算审核项目181个,送审额74.78亿元,审定额66.52亿元,审核净核减8.26亿元,净核减率11.05%。其中:核减8.79亿元、核增0.53亿元,纠错率12.46%。对64个工程进行跟踪审计,跟踪审计到达现场共计264人次,出具跟踪审计意见书38份,参与隐蔽工程签证606份。对全市21家建设单位负责实施的144个市政府重点投资项目的施工进度、资金支付进度进行动态跟踪,共上报跟踪报表8期,为政府对工程造价控制提供准确数据。完成结算审核项目172个,送审金额35.49亿元,审定金额29.34亿元,审计核减6.15亿元,核减率17.32%。共有86个竣工结算审计项目分6次参加摇号复审,摇出27个项目参与复审,从复审情况来看,误差率均未超出规定的误差率3%。

(陈来华)

【内部审计】 2015年,全市内部审计机关共完成审计项目512个,其中:财务收支审计154个,绩效审计17个,经济责任审计62个,内部控制评审23个,基本建设审计78个,其他交办审计178个。审计总金额达32.72亿元,增收节支3672.12万元,提出审计建议被采纳582条。

(陈来华)

【审计职能作用提升】 2015年,根据审计建议,市委出台了《关于进一步加强农村集体资金资产资源管理的意见》(句委发〔2015〕34号),进一步加强农村集体资金、资产与资源管理,维护农村集体经济组织及其成员的合法权益;市政府出台了《关于印发句容市省级太湖治理专项切块地方资金使用和项目管理办法的通知》(句政发〔2015〕77号),进一步规范江苏省太湖流域水环境综合治理省级专项切块资金使用与项目管理,明确由市审计局负责牵头组织或配合省审计厅做好资金分配和使用、项目安排和实施、环境绩效、相关政策制定和执行情况等审计工作,审计部门对投资项目概算的执行情况和决算进行审计监督,审计部门未安排审计的投资项目,由项目实施单位自行委托专业中介机构审计。未经审核、审计的建设项目,不得办理竣工验收手续;市政府办公室出台了《关于建立市PPP模式联席会议制度的通知》(句政办发〔2015〕42号),对PPP操作流程、项目识别、项目准备、项目采购、项目执行和移交等做出了规定,建立由发改、财政、审计、监察、住建、公共资源交易中心等六家单位成员组成的联席会议制度。

(陈来华)

综 述

【概括】 2015年是全面深化改革的开局之年，全市金融战线组织和人员积极践行改革要求，在一些重要领域和关键环节取得了较大进展和积极成效。截至2015年12月末，全市本外币各项存款余额478.13亿元，各项贷款余额369.01亿元，存贷款增幅均位列镇江辖区各县（市）首位。全市金融较好地支持了政府项目、政府工程、中小微企业和"三农"经济的发展。

2015年，全市共有产险公司14家，寿险公司16家。截至12月底，产险各家公司总保费2.50亿元，赔付1.28亿元；寿险各家公司总保费5.94亿元，赔付1.00亿元。

2015年，全市正式营业证券公司共4家：申银万国证券、南京证券、华泰证券和宏源证券，累计实现交易金额587.37亿元，比年初增加453.42亿元，增长338.5%。

2015年，全市共有融资性担保机构2家：中小企业担保中心和华夏万泉投资担保，总注册资本2亿元，总资产2.3亿元，截至年末在保余额6.15亿元。

2015年末，全市共有7家在营业的农村小额贷款公司和1家科技小额贷款公司，注册资本总额14.10亿元，实收资本总额13.10亿元，贷款余额15.88亿元，实现净利润1.35亿元，纳税5354.02万元。

（金融办 雍 慧）

【金融格局不断完善】 2015年，市金融办积极寻求与南京、镇江等地金融机构的合作机会，加快机构引进步伐。浦发银行句容支行于2月6日正式开业，宁波银行直销银行成功入驻句容市。积极启动金融集聚区项目，农商行新楼方案已获批。走访调研省金融办，南京、苏州金融资产交易中心和郭庄镇，推动设立金融资产交易中心。积极联系省再担保公司，开拓镇江分公司对句容的担保业务。至年末，句容共有15家银行业金融机构，32家保险公司，证券公司4家，融资性担保机构2家，小额贷款公司8家，全市金融要素不断扩充，金融格局日渐完善。

（雍 慧）

【构建政银合作桥梁】 2015年，为切实加强政府与金融部门的沟通合作，市金融办积极主动与镇江市级金融机构联系，拓展合作渠道。2015年，市政府与浦发银行镇江分行、中国农业银行镇江分行分别签订3年30亿元的战略合作协议，为加快建设美丽句容提供有力的金融支撑和资金保障。同时，句容金融办联合人行分别与后白镇、浦发银行、农业银行举办3场银企对接活动，完成现场授信36.72亿元，切实帮助中小微企业和"三农"企业解决融资难、融资贵等问题。

（雍 慧）

【金融培训服务】 2015年，为提升领导干部、企业家、金融从业人员"学金融、懂金融、用金融"的认知水平和实战能力，4月22日市金融办特邀中国人民银行镇江市中心支行行长缪斌就当前金融形势作专题讲座。12月14－18日，金融办组织相关人员赴上海财经大学参加了镇江市金融办组织的“打击非法集资和互联网金融学习班”，有效地拓展全市金融人才的视野，加快与前沿金融知识对接的步伐。为提升小贷公司从业人员专业素养，探寻小贷公司未来出路，特邀京口农联总经理来句传授“小微贷”技术。金融培训活动的有序开展，为句容金融从业人员提供增长知识、提升技能、拓宽眼界的机会，助力金融行业蓬勃发展。（雍　慧）

【金融创新成效显著】 2015 年，为切实帮助“三农”、小微企业缓解融资难题，金融办积极鼓励金融机构开展金融创新，研发金融创新产品，联合相关部门研究出台扶持政策。已开发出“苏科贷”“科贷通”“科技履约保险”“周转贷”“中国出口信用保险项下贷款”等多种创新产品，科技金融成效显著，截至 2015 年底，“苏科贷”业务余额 1.06 亿元、“科技履约保险”业务余额 1200 万元。5 月 5 日金融办与人民银行出台了《句容市金融支持新型农业经营主体发展的实施意见》，为提高句容市农业产业化水平，促进农业增效、农民增收保驾护航。2015 年，江苏银行句容支行成功获批第一批“江苏省科技金融特色机构”，是镇江辖市（区）仅有的两家获评银行之一。（雍　慧）

【“打非”维稳工作】 2015 年，为了强化防范和打击非法集资宣传力度，市金融办牵头协调宣传教育工作，自 5 月 11 日起，在句容电视台全年播放“拒绝高利诱惑，远离非法集资”公益广告，联合公安部门发送防范非法集资手机提醒短信 20 余万条，联合多部门发布“关于坚决抵制非法集资，理性选择投资渠道的通告”。6 月 9 日联合人行、农委、公安局、市场监管局、商务局等 20 多家单位在天一商城门口举办了“句容市防范非法集资集中宣传暨金融理财产品进社区”集中宣传活动。6 月 12 日，召开社区书记工作会议，对防范非法集资暨金融理财产品进社区系列活动进行部署。6 月 19 日，组织全市各金融机构在新村居委会端午“赛诗会”的现场，宣传防范非法集资相关内容，推介金融理财产品。8 月 26 日，联合市场监管局、公安局、人民银行三家部门，陪同镇江市金融办、银监分局对句容市可能存在风险的投资理财公司进行了集中排查。根据上级统一部署，成立句容市“e 租宝”涉嫌非法集资案件处置工作领导小组，确保人民群众的财产安全。在镇江市综治办对各辖市的综合治理考核中，句容市防范和打击非法集资工作获得满分。（雍　慧）

银　行

·中国人民银行句容市支行·

【概况】 2015 年，人民银行句容市支行认真贯彻落实人民银行总行、分行会议精神和句容市委市政府的工作部署，紧紧围绕重点工作，突出亮点工作，切实履行基层央行职责。全市本外币各项存款余额 478.13 亿元，比年初增加 50.89 亿元，增长 11.91%，各项贷款余额 369.01 亿元，比年初增加 52.51 亿元，增长 16.59%，存贷款增幅均位列镇江辖区各县（市）首位。涉农贷款、小微企业贷款增幅均高于全部贷款增幅。积极推广中征应收账款融资服务平台，全市成交总金额达 11 亿，在全辖三县（市）中处于领先地位，为辖区小微企业、“三农”经济发展提供有力的资金支持。

（人行办）

【创业信贷工作】 2015 年，人民银行句容市支行提请市政府出台了《关于金融支持新型农业经营主体的意见》等文件，提出金融支持家庭农场、两权抵押贷款、科技创新型企业贷款等金融支持地方经济发展的具体措施。鼓励引导辖内金融机构不断创新新品种，新业务。辖区各金融机构相继推出了苏科贷、科贷通等业务新品种，丰富了句容地区金融市场。（人行办）

【银企对接工作】 2015 年，人民银行句容市支行继续做好“银企直通车”银企对接活动。年初，组织银企直通车“开进”后白镇，12 家金融机构和该镇 20 家工业和农业企业参加座谈活动。6 月，举办科技金融政策推荐暨银企对接会，市科技局、有关协作银行和部分企业在会上签订了“苏科贷”“科贷通”“科贷宝”合作协议 27 项，融资总额近 9000 万元。（人行办）

【金融稳定监管】 2015 年 3 月，人民银行句容市支行组织人员对 2014 年以来本地金融生态环境变化情况进行调查，跟踪了解当前仍然存在的突出问题，以适当方式加以提示、预警，推动相关部门采取切实措施加强金融生态环境建设。6月份，完成《句容市金融生态环境创建评估报告》。9月份，对句容市中小企业信用担保中心开展金融稳定现场评估工作，进一步丰富和延伸金融稳定管理工作的内涵。（人行办）

【金融稳定评估】 2015年，人民银行句容市支行全面推进“两管理两综合”，对2014年度全辖银行业金融机构进行综合评价工作，评选出A类行3家，B类行7家，C类行2家。同时加大对金融机构重大事项报告执行情况进行考核，进一步完善新设机构开业管理工作，规范金融机构业务行为。先后对农行、农商行、邮储、建行、中行等金融机构新设网点进行开业管理。积极做好利率市场化改革和存款保险制度实施工作，组织对农村商业银行开展合格审慎的评估和负债业务管理水平专项评估，加强存保制度实施前后的监测分析，制定和完善应对预案，推动金融可持续发展。将“金融生态优秀县”创建工作继续深入开展下去，进一步优化辖区金融环境。（人行办）

【货币发行管理】 2015年，人民银行句容市支行召开人民币流通满意工程推进会，制订《2015年句容市反假货币庙会宣传计划》，做好假币收缴工作和新版人民币的发行宣传工作。截至11月末，共收缴假币1253张，比上年增加17%；金额110805元，比上年增加27.8%。支行获“2014年度江苏省人民币流通满意工程先进单位”称号。（人行办）

【支付结算管理】 2015年，人民银行句容市支行推进农村金融综合服务站建设工作，拓展服务功能。至11月底，建成129个农村金融综合服务站，达到农村金融服务站无金融网点的行政村全覆盖。同时指导相关金融机构开展精品服务站建设，建成2个综合服务精品站。加强结算知识宣传，开展以“送支付知识下乡”、整治银行卡网上非法买卖等形式多样的专项宣传活动。加强新设金融机构支付结算准入管理，切实加强支付结算业务准入关。（人行办）

【国库管理】 2015年，人民银行句容市支行实现“操作规范、内控有效、管理精细、质量提升”，1－9月共办理税款入库184161笔、金额65.72亿元，退库1256笔、金额6亿元，预算拨款26568笔，金额82.17亿元。加强国库监督管理，截至11月末，柜面监督共发现不合规业务36笔、金额47194万元，其中包括拨款业务2笔、金额495万元，退库业务12笔、金额540万元，更正业务22笔、金额46159万元。（人行办）

【征信管理】 2015年，人民银行句容市支行全方位多渠道开展征信系列宣传活动，开展“3·15”消费者权益日征信主题宣传活动“6·14”个人征信服务等专项宣传活动，使征信宣传取得实实在在的效果。深入推进农村信用体系试验区建设工作，制订句容市农村信用体系试验区建设实施方案，大力开展应收账款服务平台推广工作，截至10月末，成交总金额达11亿元，在镇江市全辖区三县（市）中取得领先。积极做好信用查询工作，截至12月末共查询个人信用报告7700多人次，收费3万余元，查询企业信用报告600多份，发放机构信用代码证2300多张。（人行办）

【金融消费者权益保护工作】 2015年，人民银行句容市支行多形式多渠道地开展“金融消费者权益日”活动，帮助消费者正确理解、合法行使消费权利，并充分利用“12345”政府服务热线，向金融消费者进行宣传相关业务知识。全年，已办理受理单22起，办结率100%。另一方面，将金融消费者权益保护工作纳入农村金融综合服务站中，进行统一宣传和受理。

（人行办）

【外汇管理】 2015年，人民银行句容市支行紧紧围绕出台的外商直接投资企业外汇资本金结汇管理方式改革，组织辖内银行主要业务骨干参与视频业务培训会议，编制《金融专报件》、编发宣传折页、QQ群政策传导等多途径地向涉外管理部门和市场主体宣传改革新规定。进一步加强现场与非现场主体监测和异常情况的后续核查和检查力度。全年共对11家企业资本金结汇情况进行跟踪监测，对2家企业实施服务贸易业务主体核查；对货物贸易外汇监测系统中的重点监测企业做到按月非现场核查全覆盖，至11月末，辖区货物贸易名录企业194家，实施非现场监测97家，开展现场核查企业15家，对3家企业实施B类企业分类管理措施，对1家企业违反贸易信贷登记管理规定的行为进行立案查处。推动跨境人民币业务健康快速发展,5月份联合辖区外汇银行举办跨境人民币结算业务培训班,全市涉外企业财务负责人近60人参加培训。至2015年10月份,人民币跨境结算量6.6亿元,比上年增加5853万元,贸易主体使用量有了明显增加。（人行办）

·中国工商银行句容支行·

【概况】 2015年,句容工行认真贯彻落实上级行的金融工作会议精神,紧紧围绕市委、市政府"打造生态建设新亮点,培育产业竞争新优势"的工作部署,坚持"稳中奋进"的总基调,积极应对金融改革不断深化带来的挑战,努力为建设"经济强、百姓富、环境美、社会文明程度高的新句容"提供有力的金融保障和服务。截至年末,人民币存款余额67亿元,比年初增加3亿元;人民币各项贷款余额68.92亿元,比年初增加5.78亿元;实现账面利润2.6亿元;年末不良仅为682万元,其中公司贷款连续五年保持零不良。（工行办）

【重点项目重点支持】 2015年,句容工行紧紧围绕全市经济热点,积极向上争取资源,将投放重点放在政府项目和以电力、养生、医疗等符合行业政策和信贷政策的企业上,竭力为全市经济发展服务,对4.8亿元句容福汇建设、4.7亿元江苏容正建设两个项目全部实现投放,共发放贷款9.5亿元。另外与财政合作的九龙山旅游开发等3个项目的15.1亿元融资已通过贷审会,2016年初即可发放;华电蓄能项目正在与相关兄弟行协作推进;新湖宝华1.5亿元开发贷项目已过省行贷审会;中华健康园项目也正在与客户对接中。（工行办）

【服务中小企业】 2015年,由于内外经济环境的严峻,全市中小企业的经营发展遇到了前所未有的困难,也给银行信贷工作提出了新挑战。在这种情况下,句容工行加强企业跟踪和调研,持续进行中小企业信贷服务,努力为企业提质增效提供信贷支持,全年累放流动资金贷款17亿元,累放小企业贷款7.3亿元,增强了中小型实体企业发展的信心和实力。（工行办）

【金融服务创新】 2015年,句容工行在投放项目贷款的同时,通过链式服务对其上下游的客户及其他重点企业进行金融创新,开办了供应链融资和银政通业务,发放贷款1.2亿元,尚有民润园林3000万元正在办理中,为缓解企业资金困难尽力。（工行办）

【服务水平提升】 2015年,句容工行在做好日常服务工作的同时,响应上级行"服务体验建设年"活动的号召,在便捷服务、用心服务等方面,积极引导客户体验,努力提升服务质量。如硬件投入方面,在网点大厅新增自动登折机、回单打印机等设备;软服务方面,持续优化业务流程,运用网点排队管理系统推出了预约服务、自助服务引导、网点功能分区、弹性排班、单笔业务绿色通道等服务策略,大堂经理的覆盖率及在岗率达到100%。各网点还利用各自的优势开展一些"特别服务",如在业务高峰期,城中支行增设农保报销兑付专柜,南门支行增设社保缴费专柜,崇明桥支行增设外来务工人员服务专柜等,营业部适时开设巨宝发卡专柜等,让客户感受到来自银行的温暖。（工行办）

·中国农业银行句容市支行·

【概况】 2015年,句容农行积极应对经济金融新常态,认真贯彻省市分行决策部署,紧紧围绕全市经济发展战略,主动对接宏观控制要求,坚定不移地走规模、质量、效益协调发展之路。至年末,全行各项存款达89.28亿元,比年初增加6.58亿元。其中包括对公存款余额36.65亿元,个人存款52.63亿元。各项贷款余额54.44亿元,比年初增加6.88亿元。全行五级分类不良贷款余额为3187.38万元,不良占比为0.57%。句容农行华阳支行行长马豪被中国农业银行总行授予"中国农业银行五一劳动奖章"。（农行办）

【服务实体经济】 2015年,句容农行加强服务地方实体经济,参与促成句容市政府与镇江农行签署《城乡一体化暨生态文明建设全面战略合作框架协议》,着力打造"华夏第一福地"秀美城市和田园乡村,加快建设美丽句容。在信贷资源、重点项目、金融创新、渠道服务、金融智力支持对句容经济发展实行"五倾斜"。该行当年在支持当地城镇化建设上,向上路村片区"城中村"改造工程投放信贷资金4.7亿元,有效推动城镇化建设。后又成功授信句容市茅山创业旅游有限公司2亿元用于支持茅山景区环境改造工程,有利于句容市旅游业的进一步提升和突破。

（农行办）

【支持小微企业发展】 2015年，句容农行加强支持地方小微企业发展。该行与句容市科技局签订合作协议，为科技型小微企业提供低成本、便捷的融资方式。9月29日，该行成功为江苏盈科汽车空调有限公司发放“苏科贷”300万元，是该行的首笔“苏科贷”业务。

（农行办）

【创新服务三农】 2015年，句容农业新型经营主体蓬勃发展，但是融资难、担保难一直是辖内农户发展的瓶颈。句容农行为打造服务“三农”新模式，创新金农贷产品，提出“金农贷+”的概念，4月29日，为郭庄一户综合型烘干中心发放首笔“金农贷+大型农机具+农户”贷款100万元；5月29日，为有农机需求的农户、农村经济组织发放首批“金农贷+农业经销商+农户”贷款52万元。2015年，通过“金农贷+”产品发放的贷款达1818.5万元，惠及农户77户。 （农行办）

【优化渠道布局】 2015年，为合理布局营业网点，进一步提升竞争能力，更好地服务“三农”、服务城乡居民，1月20日，句容农行新设立文昌路支行。之后“瘦身”低效网点城西分理处为离行式自助服务区，在黄梅、春城、宝华新开设3家有人值守的离行式自助服务区，有效填补农村金融服务空白。 （农行办）

【首笔江苏农行系统内林权抵押贷款】 2015年8月10日，该行成功向句容市天王华安彩叶苗木合作社发放林权抵押贷款300万元，该笔贷款是省行系统内首笔农民专业合作社林权抵押贷款，在全省农行系统内具有示范效应。 （农行办）

【发行金穗茅山旅游卡】 2015年，句容农行成功与句容市茅山创业旅游有限公司联合开发、发行“金穗茅山旅游卡”。6月7日，该行在茅山景区举行首发仪式。该卡具有普通借记卡的转账、消费、存取现金、理财等全部支付结算功能，持卡人在句容茅山景区购买门票可以享受9折优惠。 （农行办）

·中国银行股份有限公司中国银行句容支行·

【概况】 2015年，中国银行句容支行实现净利润5263万元，较上年同期增长2552万元，增幅94.19%，实现拨备前利润8882万元，目标完成率85.68%，实现营业净收入12731万元，目标完成率90.75%，同组均排名第一。公司日均存款新增市辖排名第一。至2015年末，人民币存款总额25.53亿元，较年初新增2.22亿元，增幅9.53%，其中公司存款15.87亿元，较年初新增1.81亿元，增幅12.90%，列同组第一，日均新增市辖排名第一。零售贷款市辖排名和市场份额双提升。至2015年末，人民币贷款总额30.52亿元，较年初新增2.25亿元，增幅7.94%，同组排名第一，其中个人零售贷款余额15.27亿元，较年初新增2.59亿元，增幅20.39%，市场份额达10.75%，较年初增幅0.17%，实现了市辖排名和市场份额双提升。在句容市政府召开的2014年度银行业金融机构目标考核会议上，中国银行句容支行荣获目标考核二等奖。 （中行办）

【成功叙做1805万美元远期结售汇业务】 2015年3月17日，中国银行句容支行成功为江苏赤山湖生态旅游发展有限公司叙做1805万美元的远期结售汇业务，提前超额完成开门红的远期结售汇指标。 （中行办）

【成功叙做1.2亿元贷汇通业务】 2015年5月12日，中国银行句容支行成功叙做建华管桩三年期1.2亿元贷汇通业务。填补了中国银行句容支行大额负债拉动型产品的空白。 （中行办）

【职工文体生活】 2015年9月19日，中国银行句容支行与江苏茅迪集团有限公司进行了一场篮球友谊赛，双方30余人参加本次活动。11月15日上午，在江苏赤山湖国家湿地公园举办“金秋徒步行”活动，全行50余名员工沿公园绿道绕行一周，全程12公里。11月28日，“公园道杯”句容市结对共建青少年篆刻大赛颁奖暨作品展开幕，中国银行句容支行员工苏墨倩、徐春华在此次大赛中荣获一等奖。 （中行办）

·中国建设银行股份有限公司句容支行·

【概况】 2015 年,按照上级行党委“促转型、控风险、强基础”的总体要求,该行加快转型步伐,积极应对经济新常态,在牢牢掌控风险的前提下,继续保持各项业务稳健发展。截至 12 月 31 日,储蓄存款余额 19.22 亿元,新增 899 万元,余额占比 16.84%;日均余额 19.52 亿元,比年初基数新增 1.07 亿元,新增占比 12.92%;四行点均储蓄存款余额继续保持领先地位;旺季个人存款余额首次突破 20 亿元大关。对公存款余额 22.6 亿元,日均余额 24.8 亿元,日均新增 6.1 亿元,新增市场占比 46.47%。该行小企业客户数达 74 户,贷款余额 4.58 亿元。获省分行“2015 年度县支行优秀考核单位”“思想政治工作先进单位”荣誉称号。

（邹风雷）

【信用卡业务】 截至 2015 年末,该行信用卡客户累计新增 8398 户,发卡 10341 张,完成率 175.27%。其中,交通龙卡新增 6422 张,完成率 135.2%;累计完成分期业务 8304 万元,实现中间业务收入 844 万元。

（邹风雷）

【个贷业务】 截至 2015 年 12 月 31 日,该行个人住房贷款余额首次突破 20 亿元大关,达 20.44 亿元。全年个人住房贷款累计投放 6.74 亿元,较 2014 年多投 1.47 亿元,新增客户 1805 户;余额占比 24.66%,比年初提高 1.61 个百分点;个人住房贷款全年新增 4.44 亿元,新增占比 32.98%;住房贷款新增额系统内排名第一,新增占比达 38.9%。个人贷款余额 20.67 亿元,较年初新增 4.33 亿元,新增占比 33.53%,余额占比 24.15%,比年初提高 1.67 个百分点。（邹风雷）

【产品销售】 全年完成基金代理 8222 万元,实现中间业务收入 147.2 万元;销售保险产品 10637 万元,实现中间收入 154.62 万元;旺季销售“喜羊羊”金钞 659 张,“一二三轮生肖邮票大全”55 套,完成率 239.13%,实现中间收入 5.94 万元;“猴年压岁金钞”276 张。

（邹风雷）

【电子银行业务】 截至 2015 年末,该行移动金融柜面替代率 49.73%,超计划数 2.73 个百分点,实现中间业务收入 124.15 万元。电子银行企业网银活跃户 410 户,企业短信新增 133 户;个人网银 13945 户;手机银行 6209 户,短信银行 7873 户,微信银行 4309 户。

（邹风雷）

【外汇业务】 2015 年,该行实现国际收支 15447 万美元,结售汇 7796 万美元,跨境人民币结算 19120 万元,外汇贷款余额 648 万美元,外汇中间收入 1815.2 万元,客户拓展新增 9 户。成功办理人民币债务调期交易 1700 万元,成功营销办理当地首笔境外放款 650 万元。

（邹风雷）

·句容农村商业银行·

【概况】 至 2015 年年末,句容农村商业银行各项存款余额 142.56 亿元,比年初增长 21.08 亿元,增幅达 17.35%。其中储蓄存款余额为 105.21 亿元,比年初增长 16.07 亿元。当年新增储蓄存款市场份额达 64.51%。各项存款市场份额为 30.18%,比年初上升 1.32%,连续 4 年存款市场份额第一、增量第一。各项贷款余额 100.3 亿元,比年初增长 12.64 亿元,增幅 14.4%。全年累放各类贷款 137.64 亿元。各项贷款市场份额 26.93%,新增贷款市场份额 21.72%。在句容市各家金融机构中市场份额第一,增量第一。年末贷款户达 9632 户,比年初增加 1630 户。实现各项收入 10.31 亿元,比上年增收 9201 万元,增幅 9.8%。在省联社经营目标综合考核中名列第 8 位,等级行考核保持最高等级 5A 级,获得 8 个单项奖,发展速度和质量继续保持在全省农商行系统第一方阵。在银监部门监管评级中继续保持监管 2 级。（农商行办）

【信贷支农】 2015 年,句容农村商业银行从走访对象入手,将工作重点放在种养殖户和个体工商户上,对辖区内经营户走访全覆盖;对有一定偿债能力,讲信用的正常经营户建档全覆盖;对辖区内具备借款条件,同时有借款意愿的客户授信全覆盖。同时最大程度降低小额贷款准入门槛,对 5 万元以下的阳光信贷客户一律发放信用贷款,对 3 年以上、信誉较好的老客户放宽到 10 万元,解决了普通农户贷款难、担保难的问题。截至年末,通过阳光信贷累计建档户数达 27862 户,授信

36.93 亿元，当年新增贷款户数 1543 户。（农商行办）

【惠民金融】 2015 年，句容农村商业银行扩大代收代付业务。在电费、水费等收费的基础上，新上线燃气费，提供更全面的代缴服务。截至年末，已签约电费等各类代扣账户 108442 户。发展助农取款业务。强化助农取款平台对代收代付业务的支撑力度。至年末，安装助农取款机具 261 台，发生交易 45.11 万笔，交易金额 12861.91 万元，比上年增加 16.54%。全年累计通过助农取款平台缴纳各类费用 41.9 万笔，金额达 9571.94 万元。推动自助银行发展。继续加快自助银行建设步伐，更加科学合理布局全市街道、社区网点，提高城乡社区金融服务覆盖率，设立 18 个自助银行，2 个自助银亭，累计 104 台自助设备为全市百姓提供更加便捷的金融服务。（农商行办）

·中国农业发展银行句容支行·

【概况】 2015 年，该行在年初贷款投放缓慢、存款增长乏力的情况下，各项业务实现稳步增长。全行累放贷款 8.93 亿元，较上年增加 4.28 亿元，年末各项贷款余额 14.63 亿元，较年初增加 4.45 亿元，实现账面利润 3241 万元，较上年增加 203 万元，完成全年目标任务的 101.98%；企事业单位存款余额 7.87 亿元，较年初增加 2.75 亿元；存款日均余额 5.68 亿元，较上年增加 9416 万元，超标兵行目标 6400 万元；同业存款日均余额 4649.32 万元，较上年增加 1567.32 万元；完成全年目标任务的 116.23%；实现中间业务收入 110.34 万元，其中实现代理保险手续费收入 8.08 万元，完成目标任务的 100.88%；资产质量持续向好，未发生不良贷款。（发行办）

【粮油购销储业务】 2015 年，该行在夏秋粮食收购旺季前，主动加强与粮食主管部门的沟通联系，早调研，早准备，提前筹划资金计划，确保做到“钱等粮”。收购期间，根据收购时间和收购进度，提前发放 3～5 天的收购铺底资金，确保老百姓能及时拿到“血汗钱”。全年，累计发放粮油收购贷款 9421 万元，有效支持企业收购地方储备小麦 1395 万公斤、稻谷 1648.8 万公斤、油脂 15 万公斤，保证了区域粮油市场的稳定，未发生一起给农民“打白条”现象。（发行办）

【中长期信贷业务】 2015 年，该行把项目营销作为拉动各项业务发展的“火车头”，按照市分行党委年初提出的“百亿工程”，加大项目营销力度，推动项目投放和储备同步、持续、协调发展。全年共营销中长期项目 3 个、贷款金额 65 亿元。上半年，营销句容市宝华镇整体城镇化建设 10 亿元项目贷款，该项目开辟了全省整体城镇化建设项目贷款“城乡一体”模式的先河，得到总行和省、市分行的高度关注，在市分行领导和客户的关心帮助下，该项目从评估申报到贷款获批仅用了两个月的时间，11 月初已成功投放首笔贷款 5 亿元。下半年，营销句容市南部新城整体城镇化建设 25 亿元项目贷款，该项目已通过总行后台审查，待总行贷审会审批。同时，按照市分行提出的改善人居环境建设和棚户区改造项目贷款“双百亿”营销目标，积极对接，主动作为，项目营销取得了初步成效。30 亿元改善人居环境建设项目贷款意向已上报省分行，棚户区改造项目也达成了初步意向，有望为 2016 年项目营销“锦上添花”。严格落实贷款到期催收责任制，提前落实还款来源，保证了到期贷款按期收回。全年累计到期贷款 3.28 亿元，全部按期收回。（发行办）

【存款业务】 2015 年，该行按照市分行提出的“保增长、调结构、降成本”的存款工作目标，明确工作思路，积极采取有效措施，挖掘存款资源。促成银政战略合作协议落实。2014 年 9 月份由该行与句容市政府签订了银政战略合作协议，开设第一个非税账户，引存房屋基金 196 万元，2015 年成功进行续存。根据协议，三年内该行支持地方新农村建设贷款 30 亿元，实际该行营销项目贷款已达到 71 亿元。项目的支持也得到市委、市政府的充分肯定，政府和财政部门也认真履行合作协议，2015 年以来为了支持和帮助该行完成全年存款任务，将政府融资平台资金集中在该行结算，拉升该行日均存款快速增长，至 12 月末，该行存款日均余额 5.68亿元，较上年增加 9416 万元，其中财政性存款和融资平台公司存款达到 4.03 亿元，占比 71.04%。开设非贷客户 33 户，非贷客户存款日均余额 1.56 亿元。加强与农商行业务合作，积极推进同业存款互动机制，实现双方共赢。全年，累计组织同业存款 3 亿元，年末，同业存款日均余额 4649.32 万元，完成全年目标任

务的 116.23%。 （发行办）

【中间业务】 2015 年，该行按照市分行工作安排，对照总行《关于减免中间业务服务收费的紧急通知》要求，对中间业务收费情况进行了自查，进一步规范操作手续。与此同时，抓住项目贷款支持的机遇，大力推行存贷款和中间业务“一揽子”营销计划，在确保操作合规的基础上，积极开展融资顾问、代理保险等业务，拉动中间业务逐步提升。至 12 月末，实现各项中间业务收入 110.34 万元，其中投融资顾问收入 94 万元，代理保险手续费收入 8.08 万元，结算手续费收入 3.77 万元，贷款转债券手续费 4.5 万元。 （发行办）

·江苏银行句容市支行·

【概况】 截至 2015 年末，该行各项存款余额 23.11 亿元，较年初新增 8.20 亿元，增幅 55%，其中储蓄存款余额 4.42 亿元，较年初新增 1.31 万元，增幅 42%，对公存款余额 18.70 亿元，较年初新增 6.89 亿元，增幅 58%。各项贷款余额 17.08 亿元，较年初增长 1.46 亿元，增幅 9%。不良贷款率 0.32%，资产质量保持良好，实现拨备后利润 5936 万元。2015 年 KPI 考核连续四个季度在镇江分行排名第一。2015 年，江苏省金融办发文表彰了省内 26 家“科技金融特色支行”，该行作为句容市唯一一家银行受到冠名表彰。由于零售业务发展突出，该行被江苏银行总行授予“旺季零售业务优秀县域支行奖”，成为镇江分行唯一一家获此殊荣的支行。该行在句容市 2014 年度银行业金融机构目标考核中荣获“一等奖”，通过句容市平安金融领导小组的检查验收，荣获“平安金融单位”称号。 （裘月月）

【服务地方发展】 2015 年，该行成功落实城市发展基金 3.5 亿元。获批开发区旧城改造项目贷款 4 亿元，2015 年已投放 1.1 亿元。此外，该行积极向上争取信贷资源，对接棚户改造基金、学校安全贷款项目等。 （裘月月）

【小微企业金融服务】 2015 年，该行根据江苏银行总行信贷政策导向，着重加大对科技型企业、绿色金融等信贷投放。2015 年新增苏科贷 I 科技型企业 5 户，合计 1300 万元，苏科贷 II 科技型企业 2 户，备案 3000 万元。投放绿色信贷 2440 万元、科技履约保险 500 万元、人才贷 500 万元。为帮助缓解实体企业在经济下行期资金周转压力，通过周转贷款业务帮助行内、行外共 9 家优质企业度过临时资金短缺难关，合计贷款金额 3500 万元。 （裘月月）

【消费金融服务】 2015 年，该行立足句容市经济发展需求，对接市民金融消费需求。截至年末，个人贷款客户数 1068 户，余额达 3 亿元。在房地产市场复杂多变的形势下，该行坚持以市场需求为导向，积极跟进新楼盘、新项目，新增个人住房按揭贷款 149 户，投放 6444 万元。在稳步推进个人住房贷款业务的同时，该行积极推广卡易贷、消费分期、汽车分期、现金分期等消费金融产品。 （裘月月）

【网络金融服务】 2015 年，该行运用互联网思维，以“网点全面转型”、“消费金融推进”和“渠道效能提升”为主线，加快网上银行、手机银行、微信银行、直销银行等电子银行业务发展。新增有效个人网银用户 3481 户，企业网银用户 62 户，手机银行用户 3581 户，直销银行用户 1148 户。江苏银行 2015 年推出税 e 融、创 e 融等互联网金融产品，该行积极学习产品知识，对接税务部门，加大产品宣传，已成功为 7 户优质纳税企业通过线上申请审批，获批贷款 337 万元。 （裘月月）

【资产质量管理】 2015 年，该行始终将市场拓展、风险防控、资产负债管理作为经营发展的主线，仅 2015 年压缩退出风险隐患贷款 20 户，合计金额 6175 万元，风险管控水平不断提升，不良率持续较低。（裘月月）

·民生银行句容支行·

【概况】 2015 年，民生银行句容支行各项存款达 7.93 亿元。其中对公存款余额 4.55 亿元，个人存款 3.38 亿元。各项贷款余额 4.72 亿元，比年初增加 0.41 亿元。全行五级分类不良贷款余额为 300 万元，不良占比为 1.5%。 （民行办）

【服务实体经济】 2015 年，句容支行加强服务地方实体经济，为茅山创业旅游有限公司、句容市人民医院、江苏华电句容发电有限公司、江苏毅马五金制品有限公司、新三板上市企业江苏兆鋆新材料科技有限公司等多家企业发放项目贷款。同时，加大客户的深度培养，为客户建立支行一把手营销联系制，配备专职的客户经理与产品经理，根据客户的经营特点与需求，为客户制定个性化的金融服务方案。（民行办）

【支持小微企业发展】 2015年，民生银行句容支行加大对小微客户的信贷投放。通过加强与政府部门合作，围绕重点乡镇和产业集群，以点带面，主动营销客户，服务好小微企业。同时在信贷投放额度上给予小微企业充分的保证，在全行信贷规模紧张的压力下，仍为小微企业授信优先切分信贷额度，并且通过压缩、调整等手段，保障已获授信的小微企业在授信有效期内优先投放。2015年支行对当地经营苗木、家庭农场等业务的120多户小微客户投放授信总计1.59亿元，用于采购原材料等经营性周转。（民行办）

·句容苏南村镇银行·

【概况】 2015年，句容苏南村镇银行各项存款达3.55亿元，比年初增加0.09亿元。其中对公存款余额2.43亿元，个人存款1.12亿元。各项贷款余额5.64亿元，比年初增加0.26亿元。全行五级分类不良贷款余额为930.2万元，不良占比为1.65%。

（苏南村镇银行）

【服务实体经济】 2015年，该行积极与句容区域经济发展战略互动，千方百计对接本地各类有效项目和优质客户，按照“扩面、提质、增效”的总体要求，抓好客户队伍建设。积极介入农村城镇化进程的金融服务，支持返乡农民工创业、拆迁征地“农转非”户等进城落户、购房置业，保证客户不流失；加强与农村个体工商户的业务合作，依托支行性质优势，全面深入小微市场；继续加大特色大户、绿色科技企业的拓展力度。筛选存量高端客户，根据客户回报率给予优惠服务；在做好存量重点客户巩固和挖潜的同时，积极拓展行业空白点和他行重点客户，完善高端客户服务标准和流程，提高客户的依存度和资金的归集度。

（苏南村镇银行）

【支持小微企业发展】 2015年，该行在小微“三农”、金融+互联网、绿色信贷等方面积极探索新产品、新模式，提高服务便利性及客户使用感。探索错位经营模式，大力发展中小微企业，紧贴支农支小服务方向。

（苏南村镇银行）

【创新服务三农】 2015年，句容苏南村镇银行针对句容市场建筑业、个人消费贷款需求较大，在保持合理信贷投放总量的前提下，继续坚持市场定位，做小做散，信贷资源继续向“三农”倾斜，保持涉农信贷投放总量持续增长。

（苏南村镇银行）

·吴江农村商业银行股份有限公司句容市支行·

【概况】 2015年，吴江农村商业银行句容支行各项存款达5.8亿元，比年初增加1.1亿元。其中对公存款余额5.1亿元，个人存款0.7亿元。各项融资总额4.8亿元，比年初增加0.3亿元，无五级分类不良贷款。安全保卫工作获得集体三等功。（吴行办）

【服务实体经济】 2015年，吴江农村商业银行句容支行加强服务地方实体经济。支行宣传教育活动工作领导小组利用宣传资料、宣传展板，组织3名员工在城区及周边乡镇进行宣传资料发放和开展现场咨询活动，向社会公众大力宣传支行贷款投向针对小企业、涉农领域、转型升级这一信贷政策。（吴行办）

【支持小微企业发展】 截至2015年末，该行各项融资总额4.8亿元，其中小微企业贷款1.52亿元。小微企业客户50户，占全部信贷客户的80%，较2015年初增加2282万元，涉及行业包括种植业、养殖业、农产品加工业、制造业、批发零售业、建筑安装业等。（吴行办）

【创新服务三农】 2015年，该行大力推进各类新产品、新业务。推出针对“三农”可享受利率优惠政策的“美景田园贷”“美丽乡村贷”“美好生活贷”的三美产品。同时，对流动资金贷款到期后仍有融资需求，又临时存在转贷资金周转困难的中小企业办理借新还旧业务，减轻企业的负担。（吴行办）

·交通银行镇江句容支行·

【概况】 2015年,句容交通银行各项存款达5.46亿元,比年初增加0.76亿元。其中对公存款余额3.94亿元,个人存款1.52亿元。各项贷款余额4.62亿元,比年初减少0.35亿元。全行五级分类不良贷款余额为1393万元,不良占比为3.01%。截至2015年末,该行有小微企业户数38户,贷款余额16017万元。全年办理涉农企业类贷款两笔,贷款余额1450万元。

（交行办）

【个人住房按揭贷款业务】 2015年,句容交行大力推进个人住房按揭贷款业务,截至年末个人住房按揭贷款户数达225户,较年初增长85户,贷款余额9224万元,较年初增长2559万元。（交行办）

·中国邮政储蓄银行句容市支行·

【概况】 2015年,该行存款余额达35.13亿元,比上年增长1.87亿元,其中活期存款余额为7.7亿元,较上年增长8051.6万元,活期占比21.93%;实现标准保费2794.82万元;销售理财产品4.48亿元;销售国债2270万元;发行绿卡35804张,加办个人网银18660户;信用卡累计发卡2212张。贷款总余额14.43亿元,较年初净增7.09亿元,自营存贷比为41.08%。个人贷款结余13.51亿元,较年初增加7.41亿元,其中小额贷款结余5380万元;个人商务贷款结余1.67亿元;房贷款结余10.25亿元,本年净增7.4亿元;综消贷款结余6554万元。小企业贷款结余9150万元。年末不良贷款余额为956万元,不良贷款率0.6%,低于全市银行金融机构不良率0.03个百分点。公司业务单位存款时点余额7.76亿元;2015年年日均余额6.25亿元;累计办理票据贴现业务43笔,合计11.16亿元。全年累计营销一手房项目22个,成功准入10个,当年新增住房贷款7.39亿元,余额突破十亿元大关。截至年末,中国邮政储蓄银行句容市支行下辖28个营业网点,二级支行6个、代理网点22个。

（邮储办）

【信贷支农工作】 2015年,该行秉持“普之城乡,惠之于民”的普惠金融理念,深入全市各大乡镇、田间地头开展信贷支农工作,召开“信贷支农推介会”8场,全年共投放涉农贷款368笔、6258万元;积极与句容市财政局开展合作,创立“助农贷”合作基金。（邮储办）

【开办“快捷贷”业务】 2015年1月12日,该行首笔“快捷贷”成功放款,金额148万元。截至2015年年末,成功办理“快捷贷”62笔、3361万元。（邮储办）

【公司信贷、同业业务】 2015年5月21日,该行第一笔国内信用证成功开立,金额50万元。截至2015年年末,成功办理国内信用证2笔,金额100万元;成功投放市城投公司保函贷1.6亿元;营销华电句容发电厂项目贷款,并成功授信;营销国家电网句容抽水蓄能电站项目,已对接成功;与同业达成合作,销售机构理财产品4亿元;成功营销异地福费廷1笔,金额1亿元。（邮储办）

保　险

【概况】 2015年,句容市共有产险公司14家,寿险公司16家。截至12月底,产险各家公司总保费2.50亿元,赔付1.28亿元;寿险各家公司总保费5.94亿元,赔付1.00亿元。为进一步加强道路交通事故救助基金管理工作的组织领导,推动句容市道路交通事故救助工作有序开展,7月,市政府成立“句容市道路交通事故救助基金管理工作领导小组”。为充分发挥保险在全市金融行业内的保障作用,金融办积极推动科技履约保险业务的开展,截至12月底,科技履约保险贷款余额1200万元。9月25日,市政府出台《关于加快句容市现代保险服务业发展的实施意见》,市金融办与保险部门共同推动农房保险、农村小额人身保险、农村小额信贷保证保险等险种的发展和覆盖面,推进医疗责任、食品安全、环境污染等领域责任保险工作,助力句容市经济社会与民生建设。（雍　慧）

【保险业环境维稳工作】 2015年3月15日,市金融办结合消费者维权日,开展了保险业广场宣传活动,切实让广大群众了解保险、认知保险,树立保险业正面形象。积极联合公安、乡镇、银行、保险等单位，主动出击，提前做好银保满期给付应对方案，并深入多家银行、保险公司调研，摸排本年银保产品兑付金额，要求银行和保险公司拿出应对方案，妥善处理，确保满期给付平稳有序开展，2015 年顺利兑付银保满期 5829 件，总兑付金额 2.83 亿元。（雍　慧）

小贷公司

【概况】 2015 年，句容市共有 7 家农村小额贷款公司、1 家科技小额贷款公司营业。截至 12 月末，小贷公司注册资本金 14.10 亿元，贷款余额 15.88 亿元（贷款总余额与全市 13 家银行相比排名第 7），实现净利润 1.35 亿元，纳税 0.54 亿元。全市 3A 级农贷公司达到 4 家，名列镇江辖市区首位。（雍　慧）

【强化小贷监管】 2015 年，市金融办研究出台了《句容市小额贷款公司监管员工作细则》，加强对小贷公司的监管力度。根据文件规定，金融办组织开展全市小贷公司年度审计工作，以定期和不定期相结合的方式，对各小贷公司实行现场检查和非现场检查相结合的监督机制。一是建立小贷公司月度运行数据报送机制，并定期向镇江市上报非现场监管报告。二是建立动态评级，安排专人全天候关注小贷公司非现场数据情况，按照监管评级要求实时打分，出现问题及时联系小贷公司处置。三是组织监管员参加小贷公司监管员培训，强化监管能力和业务水平，各监管员按月对小贷公司进行临时突击检查。四是年初配合省市金融办做好农贷公司合规经营性检查，严格监督小贷公司放款情况，对不良贷款实施跟踪督查，对于经营违规的小贷公司董事长、总经理进行诫勉谈话，督促其按时按质整改到位。根据镇江市金融办关于开展小贷公司专项检查的文件要求，句容市金融办积极协助市金融办开展小贷公司信贷合规性、风控及经营能力以及贷款真实性专项检查。在各项检查中，句容小贷不良率为镇江辖市（区）最低。（雍　慧）

【推动业务创新】 2015 年，根据省金融办对农村小额贷款公司扶优限劣工作的要求，句容市金融办积极鼓励小贷公司开展资产证券化、小微企业私募债、现金池、保函、开鑫贷、小贷卡等创新业务，不断提升公司资本运作的空间和灵活度。12 月末，盛邦和华源两家农贷公司开展私募债业务累计达 701 万元，华源农贷和禾信农贷资产证券化业务贷款金额将分别达 1.06 亿元和 9136 万元。金融办积极推进小贷公司上市，禾信农贷公司已处于“新三板”申报阶段。

（雍　慧）

证　券

【南京证券股份有限公司镇江句容宝塔路证券营业部】 2015 年，南京证券股份有限公司镇江句容宝塔路证券营业部严格按照监管部门和公司的相关要求，始终秉承“以客户为中心”的原则，切实开展客户适当性管理和投资者教育等多项工作。全年共完成证券交易量 46.69 亿元。

（张小明）

【华泰证券句容营业部】 2015 年，华泰证券句容营业部客户总数突破 3000 户，托管资产达 2.5 亿，接洽新三板企业 10 家，实现私募产品销售 1800 万。

（华泰证券）

【概况】 2015年，全市交通运输工作落实市委市政府“苏南现代化示范区建设”发展战略，围绕“让出行满意，做发展先锋”主题，全年完成投资10亿元。开工建设西部干线、104国道句容城区段连接线、266省道城北绕城段（北五环）、宁茅公路（后白至茅山段）拓宽改造等一批重点交通工程，其中104国道句容城区段连接线工程已全面贯通，客运枢纽站配套工程主体已封顶。25条共100.7公里农村公路提档升级工程、117公里县道安保工程、12座农路危桥改造等一批交通民生工程圆满完成。完成南沿江城际铁路项目预可研报告编制，积极争取线路进城方案并得到专家组认可，建设方案获省政府批复并报中国铁路总公司审核；积极开展宁句轻轨S6号线项目建设的沟通工作。句容市交通运输局、句容公路管理处先后顺利通过江苏省档案工作“五星级”规范建设测评，成为镇江市辖市区交通运输系统首批获该荣誉的单位。

2015年2月，新建天王客运站投入使用，为镇江地区首个具备二级站标准的乡镇客运站，同时更新城市公交15辆、镇村公交15辆、新增100辆纯电动公交车。优化城乡客运网络，全年新增镇村线路2条、优化城乡线路1条，开通夜间公交线路2条。全市客货运输生产平稳，2015年完成客运量1288.45万人次，客运周转量20081.63万人公里，货运量14.36万吨，货运周转量4794万吨公里，港口吞吐量251万吨。新创“江苏快客”线路3条、镇江市“绿色汽修”示范企业1家，完成2艘老旧船舶的拆改，开展出租车“爱心送考”活动，驾校试点运行“先学车后付费”培训新模式。

2015年，开展沿江大道河港口码头专项整治。航道畅通有序，全年巡航2780公里，确保航道畅通。公路科技治超力度大幅提高，车载执法系统在交通执法中得到全面应用，“两客一危”（指从事旅游的包车、3类以上班线客车和运输危险化学品、烟花爆竹、民用爆炸物品的道路专用车辆。运输里程超过800公里）车辆信息化监管实现全覆盖，手机网上购票APP“巴士管家”开通运行。围绕“治超打黑年”主题，开展超限治理、非法营运及非法改装车辆专项整治活动，全年依法处罚超限运输车辆1226辆，超限率为1.6%；查处非法营运“黑车”37台。全年办理行政许可271件，行政处罚225件（国省干线），无“三乱”（乱设卡、乱罚款、乱收费）行为发生。开展执法人员全员轮训，全年举办执法培训11期。对全系统执法人员按季度进行业务知识抽考，覆盖率达100%。全年按时、按期办理人大代表建议、政协委员提案共38件，及时处理“领导信箱”、网络舆情等信访诉求，办理“12345”“96196”工单391件，办结率100%，满意率100%。

市交通运输局开展“三严三实”主题教育，深化群众路线教育实践活动。以“交通大讲堂”为平台，组织开展系列讲座8期，扎实推进2012—2014年度镇江市文明行业创建，创成镇江市交通系统十佳党支部1个，“党员流动驿站”获全市党员创新奖，新汽车客运站被评为句容市精神文明建设“十佳新人新事”。档案管理工作顺利通过江苏省档案工作“五星级”规范建设测评。

（贺　凯）

【首条夜间公交线路开通】 2015年1月1日,句容市首条夜间1路公交线正式开通,7月1日开通2路夜间公交。公交运营线路均与白天相同,票价不变,晚班延长至20:30,方便市民夜间出行。 (贺 凯)

【天王客运站投入使用】 2015年2月1日,句容南部中心客运站(天王汽车客运站)正式投入使用,该站投资达2000万元,以二级站标准建设,设计日均旅客发送量6200人次,站场内部分为下客区、中长途班车发车区、农公班线发车区、待发区、候车区、保养修路区、生活服务区以及站前广场等功能区。 (贺 凯)

【句容至南京小红山线路开通】 2015年2月22日,句容汽车客运站新开句容至南京(小红山车站)长途客运班线,早班6:50发车,末班18:00发车,平均每小时一班,全程直达,票价为15元。 (贺 凯)

【全省公交一卡通启用】 2015年12月20日,全省公交一卡通全部完成测试联调工作,正式实现各地级市公交IC卡的互联互通和互认结算,市民出行将更加方便。句容城市公交IC卡系统已经升级到位,市民手持一张公交卡,即可在全江苏各市乘公交、地铁、出租车。 (贺 凯)

【公路管理】 2015年,104国道交通运输干线公路路况检测工作圆满完成,以"畅洁绿美安优"的良好公路状态通过检测。加强干线养护,122省道、337省道4公里大中修工程和340省道戴巷桥抢修工程按期优质完成。开展专项整治工作,处治平交道口车辙6处5225平方米;维修桥梁伸缩缝2道;处治桥头跳车3座;完成路基标准化整治139公里。扎实推进104国道句容段"畅安舒美"示范路创建工作,封闭中央分隔带开口45处,封闭或归并机耕道、企业、单位道口83处,并协调建设部门在重点路段设置防撞护栏3600米;建设3处集镇段专用停车场或临时停放点;增设10组红绿灯和监控设施、道口警示桩38根,硬化道口36处。完成农村公路路面病害修补20600平方米,增设浆砌防护设施1320立方米,确保农村公路安全畅通。积极开展省级农村公路管养达标镇创建工作。宝华、华阳镇创成省级农村公路管养达标镇。全面抓好养护工区标准化建设,完成天王二类工区建设和应急基地的迁址重建工作。全年办理行政许可案件48件,有效监管施工路段21处,处置安保设施缺损情况162处,清除障碍物792立方米,清除摊点837个,清除非标悬挂物721块,清除边坡种植42300平方米。国省干线公路环境整治完成3045处。新增337省道绿化1.66公顷(25亩),补植122省道、243省道绿化36000余株。104国道绿化提升工程流转土地14.93公顷(224亩),打造27个绿化亮点,标段绿化投入1400万元。加大超限治理力度,利用夜间查处的超限车辆145辆;多次联合集中整治,有效打击强行冲卡与"黄牛"的嚣张气焰,查处冲卡超限车辆30余辆,抓捕"黄牛"3人;开展科技治超,用不停车检测系统查处违法超限车辆152辆,及时准确打击超限运输行为。全年依法处罚超限运输车辆1226辆,全年超限率为1.6%。 (贺 凯)

【运输管理】 2015年2月,句容天王汽车客运站投入使用,为镇江地区首个具备二级站标准的乡镇客运站。开通3路夜间公交线路,开通句容直达南京小红山车站的客运班线,新增新开通2条镇村公交线路,优化1条城乡线路。新增城市公交车辆15辆,新增镇村公交和学生接送车辆15辆,进一步缓解接送学生运力压力。新增100辆纯电动公交车,分别投入城市公交、城乡公交和镇村公交,10个充电桩安装到位,其余配套充电桩正加紧施工。对全市312名出租车驾驶员从业资格证进行注册,统一配发监督服务卡,实行定人定车管理。高考期间组织100辆出租车开展"爱心送考"活动,共服务考生523人次。加快推进长江干线老旧船舶拆解改造工作,2015年完成上级部门下达的2艘船舶的拆改工作。爵鼎车业和金荣修理厂被评为AAA级维修信誉企业。新增1家维修企业加入省汽车维修应急救援网络。完成2015年度镇江市"绿色汽修"示范企业的创建工作。全年共检测车辆9471辆,二级维护5667辆,等级评定3804辆。完成驾培智能化车载计时终端更新升级工作,5家驾校共更新升级设备210台。引导驾校实行"预约培训,先培后付"的培训模式。全年驾校开班54期,共培训人员19700余人,道路运输从业资格证培训开班 12 期,培训人数 745 人,道路运输从业人员继续教育培训 7100 余人。开展 3 次道路运输市场大检查和 2 次客运市场专项整治活动,全年共查处行政案件 132 件,其中查处“黑车”37 台,大客车 2 台,非法改装车辆 27 台,出租车违章 25 台。 (贺　凯)

【航道管理】 2015 年,句容市坚持依法巡航,全年上航上线巡查 45 天,巡航里程达 2780 公里,巡航人次达 130 人次,杜绝临、跨、拦河设施未批先建现象的发生。全年扫床里程是 5.4 公里,共清理沉石 10 吨;疏浚总长 455 米,总土方量为 9561 立方米,确保航道安全畅通。 (贺　凯)

邮　政

【概况】 2015 年度,市邮政公司围绕“打造升级版、适应新常态、实现新跨越”的总体思路,顺势而为,排难而进。在发展上,突出项目引领、注重结构调整;在管理上,围绕“明职责、讲规矩、重执行、提效率”,突出流程规范、注重督导管控;在服务上,以基层网点转型带动全业务及发展理念转型,推进企业的健康稳定发展。

提质增效,实现发展升级。2015 年,市邮政公司超额完成上级主管单位下达的收入及收支差计划指标,收入及有效收入增幅在镇江地区邮政机构均排名第一。并建立金融业务日常管控机制,全年业务收入比上年增长 19.38%;邮务类业务以地方特色经济市场为导向,坚持项目引领、落实总部营销、强化创新转型,全年业务收入比上年增长 20.61%。全年累计建成苏邮惠民“村邮站”84 个,社会零售点 5 个,祈福主题邮局 1 个,县级电商服务中心 1 个。全年收寄国内平常信件 22.33 万件,国内挂号信件 10.29 万件,国内本埠给据信件 6.42 万件,无名址函件 23.43 万件,国内邮资机函件 26.46 万件,机要邮件 0.29 万件;全年收寄国内快递 20.18 万件,其中快递包裹 19.10 万件,收寄国内小包 13.42 万件;全年报刊发行业务量 1089.64 万份,各类报纸订阅 1068.76 万份,各类杂志订阅 33.88 万份;全年销售通信邮票 9.44 万枚,集邮邮票 41.64 万枚。

规范流程,实现管理升级。市邮政公司积极推进 360 度考评,进一步搭建“能上能下”的用人通道,通过盘活现有从业人员,优化内部作业组织,提高人员综合利用率。完成财务 ERP 系统上线各项前提准备工作,完善内部检查管理办法及预算执行预警制度,对内部各专业收支规范性、资金使用及欠费管理加强管控。完善招待费、办公费、通信费、公车使用等管理办法和工作流程,规范通讯设备、油料费等使用管理,节约企业开支。采取现场检查和调阅监控录像等方式,加强对从业人员操作风险、制度执行情况的监督检查。层层落实安全生产责任,重点检查梳理存在风险的基层网点,相继开展火灾应急疏散演练、金融网点防抢、驾驶员夏季安全行车、安全月网点答题培训会等活动,提升全员的安全意识和应急处变能力。

提升能力,实现服务升级。市邮政公司相继完成集中授权工程、总行新版联网核查系统的上线,进一步提升邮政代理金融网点客户服务能力。“双十一”前夕,为寄递类专业增添 PDA、智能手机、条码打印机等设施,专项用于高量期邮件揽收和封发处理,同时对现有快递包裹处理场所进行改造升级,确保寄递服务能力得到提升及邮件安全。加强员工在专业技能、营业规范和服务礼仪等方面的培训和管理,相继组织员工参加各类网上学习培训、现场技能讲座、邮政通信特有职业(工种)技能鉴定及第四届全国邮政特有职业技能竞赛等活动,提高员工的专业服务水平,提升企业的社会品牌形象。据第三方委托测评显示,市邮政公司全年客户综合服务满意度 91.16 分,达到年初确定的服务满意度达 86 分以上的要求,服务投诉下降 25%。

和谐共建,实现员工幸福升级。市邮政公司开展“三严三实”专题教育学习活动,认真抓好中央专项巡视问题的整改落实工作。严格落实中央“八项规定”,对办公用房、公务用车等进行整改、规范。根据市委安排,组织开展“双型”党支部建设活动,稳步推进党员组织关系排查工作。在企业内部号召开展“做文明职工　展邮政风采”主题活动,组织开展各类志愿服务活动 40 余次,以营造积极向上的工作氛围,引导广大干部员工从自身做起、从小事做起,遵守社会公德、家庭美德以及职业道德。相继组织开展服务礼仪大赛、扑克比赛、抗战胜利文艺会演、员工素质拓展训练等文娱活动,丰富员工的精神文化生活。进一步完善农村“职工小家”、城市“投递员之家”建设,及时配置微波炉、冰厢、电磁炉等设备,为投递部增配空调并进行局部改造,改善员工的生产生活条件。积极开展扶贫帮困工作,全年发放困难补助、各类慰问金及重大疾病互助保障款8.3万元。 (郑 华)

【注入“绿色元素”】 2015年,各类“主题邮局”相继出现在市第二届樱花节、白兔草莓节、春城葡萄节等乡村旅游节庆活动现场,为广大游客提供“么么闪印”打印、盖戳、收寄等一站式服务,同时依托“主题邮局”积极协助活动举办方,提供包括文明劝导、失物招领以及茶水供应等配套服务。 (郑 华)

【搭建校园未成年人思想教育平台】 2015年,市邮政公司走进市第二中学、市实验小学、市开发区小学等学校,在市团委及教育部门的配合下,先后成功组织举办“如何设计一枚精品邮品”、集邮知识讲座、“感恩母亲节”祝福寄语、“小小报童、爱心义卖”等主题教育社会实践活动。积极引导在校学生树立积极向上的兴趣爱好,宣传、传播传统文化正能量。 (郑 华)

【启动“预防邮路”项目】 2015年6月,市邮政公司联合市检察院正式启动“预防邮路”项目。双方共同组织成立志愿服务队,充分依托邮政投递网络优势,根据邮路服务对象的不同,结合检察机关开展的“进机关、进企业、进乡村、进学校、进社区、进家庭”专题预防职务犯罪活动,定期举办不同形式且群众喜闻乐见的个性化预防宣传活动。至2015年年底,双方志愿者通过“预防邮路”累计发放《预防职务犯罪》宣传手册超过4000份。 (郑 华)

【打造特色农业种植经济“合作社”】 2015年,市邮政公司以“利农”、“惠农”理念为突破口,积极争取地方农委部门支持,先后成功开展包括桑葚、草莓、葡萄及草坪等特色经济种植合作社建社工作。市邮政公司定期邀请专家为社员开展包括特色经济种植知识、邮储信贷知识讲座等活动,同时依托邮政电子商务分销平台,协助社员拓展销售渠道。 (郑 华)

通 信

【中国电信股份有限公司句容分公司】 2015年,中国电信股份有限公司句容分公司(以下简称句容电信)为句容地区综合信息服务提供商,主营业务有天翼移动电话、宽带互联网接入、ITV网络电视以及4G网络建设、ICT系统集成、号码百事通、行业信息化等业务。截至2015年年底,天翼移动电话用户达12万余户,宽带用户7万余户,ITV网络电视用户5万余户,满足全市人民网络通信需求。2015年,公司收入增幅继续保持领先,市场份额持续增长,企业健康成长,群众满意度不断提升。公司以“让客户尽情享受信息新生活”为企业使命,坚持“追求企业价值与客户价值共同成长”的经营理念,在共创中寻求共赢。句容电信被句容市人民政府授予“2014年度安全生产工作先进集体”荣誉称号,王勇被评为先进个人。 (句容电信)

【通信网络建设】 2015年,句容电信持续推进光进铜退、宽带普及提速工程。加快实施城市光纤到小区、光纤到楼、光纤到户和农村光纤到镇村的光缆网络建设,全面提升带宽和网速。截至2015年年底,FTTH用户净增24789户,句容乡镇(含农村)FTTH覆盖率达到100%。城区商业楼宇光缆通达比例100%,光纤到镇比例100%,行政村光缆通达比例100%。2015年,FTTH端口比上年增加85814户,相当于前5年的建设总和。 (句容电信)

【稳步推进4G建设】 2015年,句容电信建设开通4G站点271个。4G网络覆盖率城区和农村分别达到100%、45%。对酒店、商场、医院、会所等公共场所,市政、交通、车站、码头、旅游景点、体育馆、图书馆等公益性场所,进行热点区域广覆盖,提供免费上网,完善WiFi热点覆盖广度和深度。新开通LTE基站22座。同时通过建立培训基地,开展装维技能大赛、建立装维定向支撑体系、农村装维标准化班组建设等措施。

（句容电信）

【电信服务】 2015 年，句容电信顺利完成 2015 环太湖自行车比赛保障任务，积极组织员工义务献血以响应无偿献血号召，同时进行“315 服务零距离活动”“服务进社区”等活动。抓住“全国知识产权宣传周”“消费者权益保护日”等重大活动时间点，集中推出保护知识产权、消费者权益保护等宣传活动，以宣传标语、宣传画和赠送宣传手册、现场咨询、问卷调查等形式普及电信业务和法律知识。同时，针对利用通信手段实施诈骗的行为，及时组织技术骨干研发电话提醒防范播放软件，向广大市民和消费者进行宣传，保障电信客户的合法权益。

（句容电信）

【结对帮扶】 2015 年，句容电信与郭庄镇东岗村挂钩结对帮扶。帮助东岗村共建信息化教育园地一个，赠送电脑 6 台，党委领导联系帮扶困难群众 3 名，看望困难党员和群众 10 多人次。

（句容电信）

【中国移动通信集团江苏有限公司句容分公司】 2015 年，中国移动通信集团江苏有限公司句容分公司（以下简称句容移动）一直践行“正德厚生　臻于至善”的企业核心价值观。句容移动从单一的话音业务运营，增至话音及数据业务运营，直至全业务运营；扩充至集团客户、家庭客户的融合营销与服务，再拓展至各信息化领域的研发。2015 年句容移动年营业收入增长 2.9%，公司员工队伍达 162 人；本科以上学历员工达 46% 以上。公司团队年轻而富有活力，是一个典型的成长型企业。2015 年度先后获得“2012—2014 年度镇江市厂务公开民主管理先进单位”、“2012—2014 年度镇江市文明行业”、“江苏省先进集体”等多项荣誉称号。同时积极参与到文明城市、综治平安创建工作中，配合文明办、综治办做好相关宣传工作。句容移动弘扬诚信、实干、创新和团结进取文化，深化创新人才的培养和使用，不断丰富党建内涵，积极践行公司“创无限通信世界，做信息社会栋梁”的使命，打造特色的文化品牌。

网络建设。2015 年句容移动全力进行 4G 网络和宽带覆盖建设，累计建成 483 个 4G 宏站，357 个 2G 宏站，已基本完成城区、农村 4G 信号全覆盖。同时为响应政府“宽带中国”号召，移动宽带新增覆盖 1.5 万户，覆盖农村近 94 个，累计已覆盖 20.5 万户，家庭用户覆盖率达 90% 以上，基本实现所有行政村的覆盖，且带宽容量支持提供全市家庭 100M 以上，共计投入资金 1266 万元。

信息化建设。2015 年积极配合政府、企业做好办公信息化、自动化服务支撑工作，成功实施工地实名制监管平台、网络集中管理系统、防汛防旱一体化平台、网络安全系统等一系列 ICT 项目，在高空视频监控领域的国土卫士、蓝天卫士、综治卫士、森林卫士多个领域形成行业圈，以及建设行业管理领域的房源选择管理平台、工地实名制监管平台。

（句容移动）

【中国联通句容市分公司】 2015 年，中国联通句容市分公司是中国联通在句容市设立的分支机构，可向用户提供固定电话、互联网、移动手机以及基于移动通信和 Internet 技术的信息化应用，作为综合业务运营商，中国联通句容市分公司愿意为用户提供一体化业务解决方案，综合利用既有资源，提升效益。

2015 年，中国联通句容市分公司继续加强技术网络的规划工作，全力打造优势网络，提升支撑能力，提高 2G、3G 和 4G 以及 WLAN 网络能力和支撑水平，加快移动业务、固网业务、行业应用、增值业务、国际业务发展，改进提升客户服务能力。提高管理的精细化水平和工作效率，推动客户服务迈上新台阶。同时借助网络覆盖的完善进一步全力加快全业务的发展，提升市场份额；全力推进体制创新，提升效益水平；全力加强基础管理，提升工作效率；全力推进队伍建设，提升企业活力。

（中国联通句容市分公司）

城乡建设和管理

责任编校：丁　阁

综　述

【概况】 2015年是句容市全面完成“十二五”规划的收官之年，是全面深化改革的关键之年。全市住建工作正确把握新常态这个经济发展的大趋势、大背景，把行动落实到市委、市政府做出的重大决策部署中去。围绕建设“强富美高”新句容发展战略，坚持大投入、大建设，实现融资35.9亿元，大力推进城建重点工程建设。

2015年11月18日人民医院异地新建项目举行启动仪式，标志着人民医院异地新建项目进入全面施工阶段。2015年底与省城投公司、江苏银行合作，运作南大街改造项目（三期），采用新的融资方式“棚改基金”，为融资提供新的思路。

2015年，全市创成句容市级文明工地81个，镇江市级文明工地47个，省级文明工地23个。共受理拖欠投诉案件268起，涉及农民工4000余人，拖欠金额1.2亿元。

2015年，简政放权，取消收费3项、保障金1项；减免产业类项目收费8项。全年共处理12345政府热线近1600条，数字化城管案件1200多条，主要涉及自来水、市政设施、路灯、商品房买卖、拆迁安置等方面。全年共处理回复各类网帖和发布便民提示200余篇。

（刘　准）

【城区征收拆迁】 2015年南大街片区拆迁共涉及部门、单位23家，私房、直管公房约2100户（含恒容家园），被征收房屋总建筑面积约23万平方米（含2014年被征收房屋面积）。截至12月底，南大街房屋征收工作进入尾声。

（刘　准）

【保障性住房建设】 2015年，修改完善住房保障的有关政策规定，扩大了经济适用房保障范围和对象（低收入家庭由人均1480元放宽到1630元；中低收入家庭由人均1950元放宽到2160元）。2015年，新开工建设公共租赁住房94套（间），经济适用房货币化补贴55户，限价商品房100套，廉租住房39套，公共租赁住房188套（间）（其中含企业职工宿舍157套（间）），发放廉租住房补贴81户、20.3万元，经济适用房货币化补贴55户、792万元。

（刘　准）

【招投标工作】 2015年，全市共办理建设工程报建项目280个，造价92.96亿元，标底价97.59亿元，节约造价4.63亿元。其中：公开招标147个，邀请招标2个，备案工程106个，直接发包25个。制定并出台《关于对我市建筑业企业实行年度投标保证金的通知》《句容市中小型工程项目施工招标采用合理价随机确定中标人办法实施细则》。

（刘　准）

【建筑市场管理】 2015年句容市结转上年度标段工程171个，建筑面积785.46万平方米，工程总造价约133.38亿元；全年新开标段工程项目162个，建筑面积643.68万平方米,造价约124.09亿元;累计监管工程项目333个,受监建筑面积1429.14万平方米,工程总造价约257.47亿元。截至2015年年底,市在建标段工程项目177个,面积905.88万平方米,造价约164.87亿元。2015年累计检查项目批次942个,下发(局部)停工通知169份,隐患整改通知773份,发现并督促整改隐患近4000条,其中重大隐患49条,现场处罚538起。移交立案查处65个项目。全市所有建筑塔吊、升降机进行等建筑机械设备进行2次专项检查,共检查塔吊535台,查出隐患1123条,升降机168台,查出隐患218条,开具隐患单4张,做出停机整改通知7份。全年共检测各类建筑起重设备(包括塔机、施工电梯、井架)共852台次,办理使用登记证672份。全年除去两次专项检查还共检查塔吊560台,升降机112台,共查出隐患758条,开出停机通知39份,隐患整改通知12份,现场处罚36起。（刘　准）

【建筑企业信用管理】 全年完成建筑业企业综合信用评价2次。共有214家在市建筑市场活动的建筑企业参与评价。全年发放本地建筑企业信用管理手册128份,优秀等级企业37家。（刘　准）

【城区供水】 2015年,自来水公司完成供水量2578万吨,同比增长3%;抄表数1843万吨,同比增长5%(不含黄梅抄表数据);售水量1509万吨,同比增长0.3%;水费销售收入2929万元,同比增长1.4%。（刘　准）

【乡镇区域供水】 2015年,市水务集团供水户数已达14.3万户。供水方面启动南部应急水厂工程,正在办理前期手续,配合交通局道路拓宽改造工程工作,2015年总计移管32公里。污水处理配合各镇、管委会及开发区建成污水管网35.65公里,完成160平方公里范围内《城市排水规划》的编制、评审及上报工作。（刘　准）

【房屋白蚁防治】 2015年,共签订新建房屋白蚁预防合同125项、面积698万平方米,后天灭治项目31项,面积4493平方米,实现收入620余万元。（刘　准）

【施工图纸审查】 2015年,完成施工图审查项目892个,审查面积651万平方米,发现违反强制性条文889条、违反强制性标准3063条,实现收入651万元。共完成420幢房屋抗震验收和265幢房屋节能专项验收。（刘　准）

城市建设重点工程

【概况】 2015年,全市城市建设重点工程在道路桥梁方面完成老宁杭路快车道改造工程、华阳北路延伸段工程以及宁杭南路句容河桥改造工程,开工建设杨塘岗片区三条配套道路建设工程、上路村道路建设工程、河滨西路工程和南门桥改造工程;供水设施方面完成了自来水厂浑水管道建设工程和疏港大道两条自来水管道建设工程;安置房建设方面完成了化肥厂安置小区(思源公寓),开工建设了杨塘岗安置房工程和上路社区安置房工程。对玉清路、华阳北路、福地花园与崇明幼儿园之间、文昌路、丹桂公寓、顺达广场、葛洪路、联盟村8个老旧小区进行道路、排水、路灯、燃气、供水等方面的应急改造。（刘　准）

城市规划

【概况】 2015年,全市规划工作以“科学规划、至诚服务”为理念,新修编的《句容市总体规划(2015～2030)》通过省住建厅专家论证成果论证,《句容市镇村布局规划》召开专家评审会通过论证,取得政府批复,并上报镇江市备案,同时还开展一系列专项规划编制和规划专题研究工作,包括落实总规要求进行《城市道路交通及管线综合规划》《城市停车设施专项规划》《城市地下空间专项规划》《城市加油加气站布点专项规划》等专项规划编制。结合市域发展需求对重点园区、城市出入口、老城区改造、农村居民点规划等进行专题研究工作,为“十三五”开局献计献策。（规划局）

【重大项目选址与规划】 2015年，市规划局把好受理和审批关，完成了天工钛业、三超金刚石等重点产业类项目；华阳社区卫生服务中心项目、吉利养老中心等政府重点工程类项目；华阳、郭庄、后白中小学异地新建等民生工程类项目的审批。对市政府重点工程项目主动服务，及时处理。针对重点酒店类项目、重点产业园项目进行无缝对接，做好规划的跟踪服务工作。

（规划局）

【测绘服务】 2015年度，市规划局共完成城乡规划设计条件120件，总面积278.67公顷；完成市政设计要点10余项，市政设计方案审查70余项，施工图审查10项；完成各类测绘项目件，地形测绘452.6公顷（6789亩），建筑物放验线件，市政管线、道路工程测绘55.1公里，工业项目、房产开发公司定位放线599件，竣工测量632幢建筑；协调并参与宝华、白兔、郭庄、天王、华阳等9个乡镇管委会全镇域或重点建设地区的1∶1000数字化地形图测绘工作，总面积约800平方公里。（规划局）

【规划审批】 2015年，市规划局依法做好规划项目的审批工作，推进行政审批“三集中三到位”工作，推进网上审批系统运行，发挥窗口作用，执行《完善行政审批制度提高工作效率实施办法》，做好项目的批前、批后公示工作，提高规划项目审批效率。2015年市规划局行政服务中心窗口共受理“一书两证”申请312件，办理建设项目选址意见书28件，核发选址面积617.5万平方米；办理建设用地规划许可证89件，核发面积342.34万平方米；办理建设工程规划许可证81件，核发面积244.52万平方米；办理产业类项目54个，审批建筑面积67.5万平方米；办理各类居民建房662户，核发面积10.8万平方米。（规划局）

【规划管理体制】 2015年，市规划局规划管理体制逐渐健全，各科室内部管理逐步实现条理化、规范化，项目档案管理逐步实现电子化、制度化；城市科、村镇科、服务所、市政科、民房科、督查科、法规科等科室间，管理衔接机制清晰、职能明确；局内部又创建重点项目效能督查制度，采取发文汇总、全程督办、效能追踪、综合评价等四项措施，促使局重点工作件件有落实、件件有回声，有效保障了城乡规划的质量和品质，为城市系统的长远发展夯实了良好的城乡规划基础。

（规划局）

【规划档案整理】 2015年，市规划局城建档案共进行业务指导212余人次，接收工程竣工档案3940卷册，签订档案报送责任书32份，开具专项验收意见书54项次，开具档案接收证明书51项次，局内部联审单22项次。整理档案资料3760卷，扫描2420卷，存档照片865余张，录像50分钟，接待查档78人次，利用卷数458卷册。指导和帮助全市12个镇（包括开发区、管委会）全部通过村镇建设档案管理升级，其中有7个镇建管所创成“省特级村镇建设档案室”，5个镇（包括开发区、管委会）创成“省一级村镇建设档案室”。

（规划局）

【规划管理综合信息系统】 2015年11月，市规划局规划管理综合信息系统进行服务器版本更新和外网电子报建系统部署，对各科室进行客户机部署和系统使用培训，系统运行已逐渐步入正轨。规划管理信息系统实现规划材料信息的录入、附件上传下载及材料信息查询、内部公告通知功能，形成了规划局内信息在相关部门间共享，为规划有关部门审批提供基础，辅助办公，提高了办事效率。（规划局）

村镇建设

【概况】 2015年，全市继续加大对村庄环境整治的投入，全年共启动美丽宜居镇1个，省级美丽宜居村2个，镇江市美丽宜居村3个。改造危旧房160户，随着建设步伐的加快，村庄环境面貌进一步改善。

（刘　准）

【创成美丽宜居镇、村】 2015年，全市共建成美丽宜居镇1个，美丽宜居村3个，美丽宜居镇为：下蜀镇，省级美丽宜居村边城镇青山行政村的青山村、白兔镇唐庄行政村的唐庄村。镇江市美丽宜居村为：白兔镇唐庄行政村的唐庄村、华阳镇吉里行政村的李家边村、天王镇斗门行政村的金山凹村。（刘　准）

【危旧房改造】 2015年，全市危旧房改造160户。截至2015年底，全市危房改造工作全面完成，其中：华阳镇27户、下蜀镇11户、茅山镇7户、后白镇14户、郭庄镇34户、边城镇5户、白兔镇23户、宝华镇9户、赤山湖9户、茅山管委会4户、天王镇17户。（刘　准）

市政建设·公用事业

【概况】 2015年，市住建局实施杨塘岗片区三条配套道路建设工程、上路村道路建设工程、河滨西路工程和南门桥改造工程4个工程项目。（刘　准）

【杨塘岗片区3条配套道路建设工程】 2015年，项目新建杨塘路（句卓路至长江路段）、句卓路（隆昌路至福地东路段）、葛洪路（隆昌路至福地东路段）三条道路，其中句卓路起于隆昌路，终点平交于福地东路，长1068米，宽30米，横断面布置为2.5米人行道+2.5米绿化带+20米车行道+2.5米绿化带+2.5米人行道；杨塘路起于句卓路，终点平交于句卓路，长1024米，宽30米，横断面布置为2.5米人行道+2.5米绿化带+20米车行道+2.5米绿化带+2.5米人行道，途设跨度为31米的小桥一座；葛洪路起于隆昌路，终点平交于福地东路，长1075米，宽30米，横断面布置为2.5米人行道+2.5米绿化带+20米车行道+2.5米绿化带+2.5米人行道。新建项目同时配套建设供电、给排水等附属工程。该工程总投资8500万元。（刘　准）

【上路片区道路工程】 项目位于句容市南部，具体为：① 向阳路南起二圣路，北至向阳桥，与长龙山路平面相交，道路全长532.085米，宽24米，② 长龙山路起点为洪武路，平交规划兆文山路、华阳南路及规划向阳路，终点为宁杭南路，道路全长1523米，宽30米。③ 二圣路西延起点为华阳南路，终点接于洪武路，道路全长1044米，道路宽54米，两侧各30米绿化带。④ 兆文山路起于河滨南路，终点接于二圣路，道路全长1070米，路宽24米，四条道路均为新建工程，采用沥青混凝土路面。（刘　准）

【河滨西路工程】 该道路工程西接河滨西路，东至S243，中间与通湖路相交。道路等级为主干道，设计车速为60千米/时，道路全场约1000米。道路断面形式为：11平方米机动车道+3.5平方米侧分带+5.5平方米非机动车道+4.0平方米人行道+20.0平方米绿化带。综合管线有：给水管道、排水管道、电力管道、弱电管道、照明管道本工程的建设对构建城区路网、改善投资环境、推动沿线的土地开发利用和加快地区的建设步伐。完成工程量的47%，正在进行拆迁工作。（刘　准）

【南门桥改造工程】 桥面跨度90米，宽25米，两端连接河滨南路与河滨北路。该次桥梁工程对原老桥进行拆除重建，新桥属中桥，项目总投资约2050万元。工程勘探和林地占用调查表的编制工作全部完成，正在进行砍伐证的申领工作。（刘　准）

【化肥厂安置小区】 2015年，化肥厂安置小区（思源公寓）竣工，共安置居民225户。采取分批分期安置，多层居民8月中旬安置完成，高层居民11月15日开始交房，12月中旬安置结束。（刘　准）

【上路社区安置房工程】 上路社区安置房建设位于句容市兆文山路西侧、二圣路北侧、长龙山路南侧（包括棚改安置房）、附属配套设施建设（幼儿园等）。占地9.15公顷（137.18亩），建设规模29.63万平方米。正在进行桩基施工。（刘　准）

【老旧小区应急改造工程】 2015年，市住建局与社区办联合实施老旧小区应急改造工程，工程涉及8个老旧小区，其中住建局负责玉清路、华阳北路、福地花园与崇明幼儿园之间、文昌路、丹桂公寓、顺达广场、葛洪路、联盟村8个老旧小区。主要改造内容涵盖雨水、污水、道路、燃气、路灯等方面。（刘　准）

【市政基础设施维护】 2015年，市住建局对市区主次干道、巷道、快慢车道两侧人行道的路面、排水情况进行普查。全年城区日常养护出动养护人员1150人次，拖拉机310台次，疏通吸污车72台次，修复雨污水检查井300座、雨水篦井520座。疏通、清淤管道6036米。疏通、清淤雨污水检查井、雨水篦井840座。吸化粪池156座。完成维修人行道板工程1100平方米。完成城区下水道改造及新建工程1186米。完成道路维修5682平方米。 （刘　准）

【城市路灯】 2015年，对华阳名街、南大街、东昌南路、华阳东西路、宁杭南路、人民路等路段路灯进行改造；对镇句路、崇明西路等路段更换高压钠灯共1276盏；对学府路、长江路、福地路等路段加装防盗系统。共为商业街、徐家村、西岗小区、羊角山等老旧小区新装路灯435盏，架设线路9860米；对城区主次干道路灯进行5次拉网式检修，共出动维修2898人次，更换高压钠灯1580只，镇流器650只，改造线路720米。处理市民路灯报修电话261次，“12345”政府热线工单112份，数字化城管工单210份。 （刘　准）

【燃气安全】 全年共组织18次燃气站点安全检查，隐患数47处，已整改41处，6处问题已列入整改计划完成，没收不合格液化气钢瓶5公斤2只、15公斤30只、50公斤18只，充气枪具8把，充气泵1台。（刘　准）

【天然气使用】 2015年底，全市城区天然气用气户数达5万户，全年用气量达2114万立方米。完成亚美服装厂宿舍楼小区、商业局宿舍楼小区、商业街戴家桥片区、西苑四期、藤家安置小区、建材城片区、文体综合楼、苗家山寨片区、容城嘉园片区、后岗头老小区、秀山雅苑、朱家里小区、千禧小区（1号～2号楼）、羊角山北片区等老小区的改造工作，使1889户具备通气条件。截至年底，共实施63个老小区管网改造项目，建设14公里的中压、40公里的低压天然气管道，完成中低压管网建设500余公里。宝华镇建设中压管3.3公里，低压管16.4公里，用气量127万立方米，民用户8095户，工商户4户。 （刘　准）

房地产开发和管理

【概况】 2015年，全市有在册房地产开发企业134家，其中二级资质企业85家（暂二级80家），三级资质企业47家（暂三级43家），四级资质企业2家。拥有在建项目的企业为45家，其余均为拟建或尾盘销售的企业。 （刘　准）

【商品房预售管理】 2015年全市累计批准预售205.5万平方米，同比下降22.6%。批准销售173.7万平方米，同比上升41.61%。 （刘　准）

【直管公房】 2015年，与承租户共续签协议40余份，共缴租金300多万元。细化直管公房的管理，结合政府及主管部门相关政策，对居住类公房确定合理增长水平，对困难群体给予一定优惠，取得了良好的经济效益和社会效益。对门市公房，结合不同地段及人流量的数据，逐步提高市场化率。 （刘　准）

【物业管理】 2015年，全市有物业服务企业86家，其中国家一级资质企业10家（外地），省二级资质企业16家（外地12家，本地3家），三级资质企业60家（外地13家，本地47家）。物业服务企业管理全市165个小区，面积约1400多万平方米（不含拆迁安置、经济适用房），已成立业委会34家，获省优住宅小区5家，市优秀住宅小区25家。 （刘　准）

【物业维修基金收缴】 2015年，共收缴物业维修基金20862万元，累计收缴基金42410万元。 （刘　准）

房地产交易市场

【概况】 2015年，全市商品房累计成交15161套，同比下降5.64%；销售面积为164.1万平方米，同比下降1.73%；成交金额为113.99亿元，同比上升0.56%；成交均价为6946.06元/平方米，同比上升2.33%。其中普通住宅成交11683套，同比下降3.45%；销售面积为118.58万平方米，同比上升0.79%；成交金额为69.97亿元，同比下降0.59%；成交均价为5900.48元/平方米，同比下降1.37%；非普通住宅成交1574套，同比下降2.6%；销售面积为32.61万平方米，同比下降0.72%；成交金额为28.86亿元，同比上升3.65%；成交均价为8849.47元/平方米，同比上升4.4%；营业用房成交1904套，同比下降19.01%；销售面积为12.91万平方米，同比下降21.68%；成交金额为15.16亿元，同比上升0.23%；成交均价为11740.75元/平方米，同比上升27.97%。（刘　准）

【交易发证】 2015年，市房产业发展服务中心累计各类登记26566件，登记面积179.32万平方米（含商品房初始登记）。其中自建房初始登记889件，增量房8340件，存量房2074件，预告登记4136件，预抵押登记4026件，他项权利登记7101件，权利价值56.3亿元。累计发放“房屋所有权证”11696本，“他项权证”7101本。全年收入约1274万元。（刘　准）

城市管理

【概况】 2015年，全市城管工作围绕“迈上新台阶、建设新句容，争当新常态下全面赶超的典范”，强化基础设施建设，提升公共服务水平。强化队伍素质，提升工作执行力，构建“大城管”格局。全面推进省级优秀管理城市、园林城市及省级城市管理示范路、示范社区创建活动。开展各类集中整治行动20余次，纠正市容违章行为4970余起、取缔流动摊贩1270余次，查处夜间工地违法施工114起，拆除违法建设394余起，面积2.8万平方米。先后被评为2014年度镇江市城市环境综合整治先进集体、镇江市城管系统宣传工作先进集体，2014年度综治平安工作先进集体、法制工作先进集体、人大建议和政协提案办理工作先进集体。数字化城管系统高分通过省住建厅考核验收，华阳东路创成省级城市管理示范路，省级优秀管理城市创建通过省级调研。（杜庆安）

【完善城乡垃圾收运体系建设】 2015年，完成河滨垃圾中转站建设，并投入运行。新建、改造垃圾中转站10座，其中天王、后白、华阳、下蜀各新建一座垃圾中转站，升级改造边城、白兔、茅管、郭庄、开发区、茅山垃圾中转站。与垃圾焚烧发电项目的对接，确保生活垃圾的无害化处理。牵头制定村庄环境长效管理工作考核办法和实施意见，联合农委、水利农机局、环保局等6家单位定期对全市153个行政村进行考核评比，并在《句容快报》上通报检查结果。全年处理生活垃圾12万吨，生活垃圾无害化处理率达100%。（杜庆安）

【华阳东西路美化亮化工程】 华阳东西路贯穿城区东西，是城区最重要的主干道，全程约3300米。工程总投资约3000万元，实施对沿街道路两侧商业和公共建筑、商住楼、标志性建（构）筑物，按街景风貌特色设置景观照明；对沿街公共绿化、隔离带、行道树、绿岛、树池、市政道板、公共配套设施等进行升级改造。（杜庆安）

【农贸综合批发市场】 项目位于华阳南路以西、二圣路（规划）以南，紧邻省道及长途客运站，总投资约6800万元，占地面积约8.67公顷（130亩），总建筑面积2.3万平方米，设计机动车停车位410个。形成“一环、两轴、十大功能片区”的布局形式。共建设10栋交易门市与1栋仓储楼、2栋综合服务楼、8个一层交易大棚、主入口大门等。（杜庆安）

【数字化城管系统通过省级验收】 2015年，建成总投资960余万元、覆盖建成区25平方公里的数字化城管系统，6月11日通过省住建厅验收。系统覆盖范围为东起东昌中路长江路，西至石狮路，南起二圣路，北至隆昌路。结合实际，制定针对26个相关部门的《句容市数字化城市长效综合管理考核办法》。公开招聘32名巡查员、座席员。建立日晨会、周通报、月总结制度，全面提高信息采集质量、案件立案派遣效率。全年共

上报案卷26811条，立案22572条，处置18431条，结案18425条。（杜庆安）

【公共自行车二期工程】 2015年，对一期站点进行加密和扩建，完成二期工程建设。工程委托政府办、住建、规划等部门的专家进行专家评审。新建站点46个，锁车柱1200个，投入自行车1000辆。工程于2015年5月开始施工，6月中旬建成并投入试运营。截至年底累计办卡2.75万人，累计借车277.4万人次，二维码租车累计11454人次。（杜庆安）

【城市环境综合整治】 全年共完成整治项目48个，并通过镇江市验收。其中，整治城郊接合部4处，113.8公顷；整治城中村2处，20.2公顷；改造棚户区1处，14.26公顷；改造老旧小区4处，面积14万平方米；整治背街小巷11条，4450米；整治城市河道1处，0.76公里；整治低洼易淹易涝片区1处，0.09公顷；整治农贸市场2处，2927平方米；新建农贸市场1处，5.5万平方米。规范疏导点5处，摊位332个；完成15处停车设施建设，增加车位1163个；规范户外广告54处，5790平方米。（杜庆安）

城市绿化与园林建设

【概况】 2015年，句容市城市建成区新增绿地39.68公顷，绿地面积达1031.68公顷（其中公共绿地194.51公顷，居住区绿地189.91公顷，单位附属绿地159.37公顷，防护绿地127.68公顷，生产绿地105.28公顷，道路绿地254.93公顷）。行道树绿化覆盖面积33.45公顷，建成区绿化覆盖面积1065.13公顷（园林绿地面积与行道树绿化覆盖面积之和），按建成区总面积25.79平方公里计算，建成区绿化覆盖率达41.3%，绿地率40%，人均公共绿地面积11.62平方米。（杜庆安）

【创建省级园林城市】 2015年，全面完善组织领导，邀请省厅专家到句容市现场调研指导，严格对照创建标准，找差距找不足、专业技术人员细致梳理、整改提高，完善创建技术报告、实施方案、任务分解、台账资料等工作。完成和平鸽广场、文昌路林荫绿化带等重要绿化节点升级改造。编制《句容市城市绿地系统规划》，划定城市绿线。推进规划编制及创园宣传片拍摄工作。（杜庆安）

【句容河景观带二期工程】 句容河景观带二期工程项目东至东昌大桥、西至华阳南路大桥，包括河岸两边的驳岸以及靠河规划道路两侧的绿地和靠近南门桥的一侧公共绿地。设计全长约为2700米，总造价1.1亿元。句容河景观提升工程，东至华阳南路大桥、西至致远路，绿化改造景观提升设计全长约为3600米，总造价估算7000万元。2016年初进行施工图详细设计和造价编制工作并安排施工，2017年年底完工。（杜庆安）

【肖杆河景观工程】 该工程全长3890米，起点为隆昌路终点为河滨西路。共实施御湖枫景段、碧水铭苑段、文体中心河边沿线的景观升级改造，通过增植水生植物和小灌木，观花、观叶乔木以及景点的改造，逐步恢复水生态环境，充分发挥不同河段在保持生态平衡、调节区域微气候、休闲娱乐等方面的不同作用，提升沿河景观。（杜庆安）

【玉清河景观工程】 工程位于玉清河城区段（宁杭路至葛仙湖公园）1550米硬质河床、驳岸改造及绿化景观升级。规划总面积51411.4平方米，其中绿地面积26280.0平方米，水域面积25134.4平方米，总投资2000万元。（杜庆安）

【华阳南北路绿化升级工程】 投入资金6500万元，在创成省级城市管理示范路的基础上，对华阳南北路进行提档升级。该路段全长约3公里，占地面积约24.6万平方米。包括道路两侧景观、绿化、路面铺装及地下管网、通讯光缆、供电管道、自来水管道、雨污水管道升级改造。（杜庆安）

科学技术

责任编校：刘明亮

综　述

【概况】 2015年，句容市科技人才经费继续保持20%的年增长率，达到1.2亿元，占市本级财政一般预算支出比例4.0%左右。全年全市高新技术产业产值达505.8亿元，占规模工业总产值比重为36.5%，全社会研发投入R&D达9.49亿元，占GDP比重为2.03%。

知识产权示范效应明显放大。2015年，句容市以国家知识产权试点市建设为突破口，深入实施知识产权战略。国家知识产权试点市高分通过验收，进入国家知识产权示范市培育行列。全年专利申请4090件，其中发明专利申请1340件，专利授权2857件，其中发明专利授权416件，万人发明专利拥有量提前8个月完成年度目标，达到13.78件/万人。

科技金融工作特色明显。2015年，句容市积极探索科技金融结合新模式。瞄准科技型企业需求，加快创新科技金融新产品，先后推出“科技保险”“科贷通”“科贷宝”等一系列特有的科技金融产品。共为30多家企业办理“苏科贷”超过1亿元，科技小贷公司贷款余额1.9亿元，科技保险总额达到2000多万元。

科技项目绩效优良。2015年，全市共申报省级以上重点科技计划项目45项，其中国家星火计划项目10项，省重大科技成果转化项目2项，成功争取省级以上科技计划项目40项，资金1200余万元。加快培育高新技术企业，新申报国家高新技术企业18家，认定12家，认定率超过60%。新增省民营科技型企业30家，省高新技术产品24个，形成富有层次的企业和产品创新梯队。

农业科技贡献率稳步增长。2015年，句容市继续以农业科技富民强县工程为突破口，推动农业科技高效化、特色化、品牌化。依托首批国家科技特派员创业基地、省现代农业科技示范园——镇江万山红遍农业园，着力发展绿色农业、有机农业、特色苗木花卉、畜牧水产高效养殖、农副产品精深加工等农业特色产业，全面提升农业科技对经济发展的贡献率。全年共组织申报国家星火计划项目10项，申报省重点研发计划（现代农业）项目7项，获得星火计划立项7项，镇江万山红遍农业园承担的“苏南丘陵地区特色果品产业优化升级关键技术集成创新与示范”等3个项目获得立项，争取资金350万元。发挥农业高效特色产业优势，申报国家级镇江农业科技园区，获得国家立项，创下句容农业科技历史。

（谢志春）

科技管理

【概况】 2015年，句容市切实按照科技体制机制改革要求，着力提高财政科技资金使用绩效，充分释放创新红利，出台《句容市深化科技专项资金管理改革实施办法》及相关实施细则，聚焦市场化导向，围绕产业链部署创新链，围绕创新链部署资金链，通过严控项目数量、创新资助方式、加大扶持力度、鼓励研发投入、严格项目监管等多措并举，积极运用市场化手段放大科技财政资金“四两拨千斤”的杠杆作用。与此同时，出台《关于发展众创空间推动大众创新创业的实施意见》，通过租金补贴、项目扶持、服务补贴、金融支持等方式，鼓励发展众创空间、创业苗圃等新业态，营造大众创业万众创新的浓厚氛围。（姜益平）

【出台科技资金与项目管理新办法】 2015 年，句容市新出台《句容市级科技计划项目及专项资金管理暂行办法》，在对科技项目与资金加强监督的基础上，更加突出目标管理和绩效导向，确保科技资金“四两拨千斤”的杠杆效应达到最大化。将资金分为高新技术产业、现代高效农业、科技创新体系、知识产权、科技金融、社会发展及创新定额补助专项六大块。将科技项目分为重点、优先和一般三个层次，灵活采取无偿资助、贷款贴息、还本不付息和先立项后补助方式进行资助。坚持与市纪委、财政、审计等部门实行联动，对存在知识产权争议、财政、环保、安全、社保等方面存在严重违法行为的项目予以一票否决。以目标和绩效为导向，建立重大事项报告制度、信用档案管理制度、中期检查制度和资金绩效评价制度，对科技项目和资金进行全程痕迹化管理。同时，建立信用档案和“黑名单”制度，切实做到公平、公正、公开，充分打造阳光科技。（谢志春）

【加大资金扶持力度】 2015 年，句容市对市级重大产业技术攻关项目，立项后市财政将给予每个项目 50 万元～100 万元资助，可连续资助三年。鼓励引进和建设科技产业园区、大学科技园、科技企业孵化器、加速器等高层次载体平台，建成国家级科技产业园的，一次性给予 300 万元资助，园区绩效产出优良的，可连续三年再获得 300 万元后补助。加快发展众创空间、创业苗圃等新业态，获省级认定的众创空间一次性给予 60 万元资助，对众创空间等新型孵化机构给予房租补贴，降低创业门槛。（谢志春）

【鼓励企业自主创新】 2015 年，句容市设立科学技术奖、产学研合作奖，大力鼓励企业与高校院所进行产学研合作、联合开展技术攻关，转化重大科技成果，共建高水平研发机构。首次对企业研发投入予以补助，对年销售 500 万元～10 亿元的科技型企业，研发占比超过 5% 的企业，予以 2 万元～50 万元不等的研发投入奖励。鼓励企业积极开展知识产权密集型企业创建，对获得国家、省专利奖的，均予以一定额度的奖励。（谢志春）

科技合作

【概况】 2015 年，全市以构建企业为主体、市场为导向、产学研用相结合的技术创新体系为导向，全力引导和鼓励企业加大产学研合作力度。先后到上海、长沙、南京等地开展产学研活动。11 月 13 日，到西安开展产学研专题活动，邀请西安交通大学、西北工业大学等 10 余所 985、211 高校参会，会议现场签订产学研合作协议 12 项。全年共签订各类产学研合作协议 63 项，其中重点项目 12 项。举办“千人计划专家句容行”“南京高校句容行”等对接活动 7 场次，全年引进“千人计划”专家 5 名、省和镇江市引才计划学者 10 名，促成 50 多家企业与各类院校签订合作协议 110 多项。其中，南瓷绝缘子有限公司引进的市首个省级“创新团队”，获得省级人才专项资金 1300 万元资助，为其成功上市奠定坚实基础。（孙有喜）

【举办首届青年大学生创业大赛】 2015 年，句容市举办首届江苏青年大学生创业大赛。设立 300 万元专项资金，举办首届“智汇容城 · 创业福地”青年大学生创业大赛，并结合实际，制定系列政策文件，为优秀的创业项目提供 5000 元～50000 元的大赛奖励，以及 2 万元～20 万元的资助资金、免费提供办公场所和人才公寓等政策。共与 19 家高校院所签订大学生创业长效合作协议，共引进 179 个创业项目，58 个项目正式落户，20 个优秀项目获得重点扶持。（谢志春）

【举办“江苏句容西安产学研合作对接洽谈会”】 2015 年 11 月 12 日，“江苏句容西安产学研合作对接洽谈会”在西安成功举办，西安交通大学、西安电子科技大学、西北工业大学、西北农林科技大学、长安大学等 10 余所 211、985 高校参加洽谈会，与句容 10 余家科技型企业对接洽谈。会议现场签订各类产学研合作协议

12 项。该次活动的成功开展，在句容与西安间架起一座桥梁，开辟两地校企校地合作新篇章，“政府搭台、企业唱戏、高校院所积极参与”的政产学研合作新模式成型。

（谢志春）

科技计划

【概况】 2015 年，句容坚持以科技项目申报推动企业创新，全年共申报省级以上重点科技计划项目 45 项，其中国家星火计划项目 10 项，省重大科技成果转化项目 2 项，成功争取省级以上科技计划项目 40 项，资金 1200 余万元。加快培育高新技术企业，新申报国家高新技术企业 18 家，认定 12 家，认定率超过 60%。新增省民营科技型企业 30 家，省高新技术产品 24 个。

（谢志春）

【国家星火计划项目申报】 2015 年，句容市企业积极申报国家星火计划项目，共有 10 家企业完成网上填报工作，申报项目数量历年最高，项目种类涵盖林木繁育、水产养殖、畜禽病害防控、苗木新品种选育以及新技术示范等。其中由镇江润祥园林科技发展有限公司承担的“优质草坪草新品种选育与产业化开发”项目，申报重点星火计划项目，这是句容市申报星火重点项目的首次尝试。

（张　颖　刘学平）

2015 年句容市科技计划项目（部分）情况一览

表 23

序号	项目名称	承担单位	项目类别
1	江苏镇江国家农业科技园区（核心区）	句容市人民政府	国家级农业科技园区
2	国家博士后科研工作站	江苏华阳金属管件有限公司	国家级载体平台
3	聚醚多元醇 NW－450	句容宁武新材料发展有限公司	国家火炬计划
4	新型轻质高强金属陶瓷复合降噪装置	江苏新光环保工程有限公司	国家火炬计划
5	NTC 热敏电阻器	句容市博远电子有限公司	国家火炬计划
6	名贵地道中药材白芨的栽培研究及示范推广	江苏茅山地道中药材种植有限公司	国家星火计划
7	精品砂梨省力化整形模式创新与示范	句容市丰之源果品专业合作社	国家星火计划
8	北美枫香的引种扩繁及示范推广	句容市茅山聚福园林有限公司	国家星火计划
9	果园水肥一体化节水灌溉技术示范推广	句容市后白镇美佳多果品专业合作社	国家星火计划
10	葡萄优质安全省力化栽培技术示范推广	句容市丁庄老方葡萄专业合作社	国家星火计划
11	河蟹池中有益微生物制剂的推广应用	句容市三岔蟹业专业合作社	国家星火计划
12	优良多抗生态草坪地被高效繁殖技术集成及示范	江苏禾木农博园有限公司	国家星火计划
13	应时鲜果新品种引进与科技服务超市便利店建设	镇江万山红遍农业园、句容市后白镇永峰葡萄专业合作社	国家农业科技富民强县计划
14	应时鲜果病虫害绿色防控技术集成研究及示范推广	江苏绿盾植保农药实验有限公司	国家农业科技富民强县计划
15	茶叶高效栽培技术集成示范与新产品开发	句容市茅山茶场、句容市龙山茶场	国家农业科技富民强县计划
16	果茶深加工产品开发	江苏华桑食品科技有限公司	国家农业科技富民强县计划

续表 23

序号	项目名称	承担单位	项目类别
17	葡萄优质安全标准化栽培技术推广	镇江万山红遍农业园	中央财政农业技术推广项目
18	聚酰亚胺泡沫应用于声屏障产品的设计与研发	江苏新光环保工程有限公司	省重点研发项目
19	宁镇丘陵地区特色果品产业优化升级关键技术集成创新与示范	镇江万山红遍农业园	省重点研发项目
20	农房节能和乡村道路生态化技术研究与示范	江苏友达建设有限公司	省重点研发项目
21	优质草坪草新品种的选育与产业化开发	镇江润祥园林科技发展有限公司	省重点研发项目
22	江苏万城青年人才创业园	江苏长三角总部经济园发展股份有限公司	省科技企业孵化器
23	句容高新技术创业园	句容科容创业服务有限公司	省科技企业孵化器
24	福地创客吧	句容科容创业服务有限公司	省众创空间
25	省知识产权战略推进计划	江苏省绿盾植保农药实验有限公司	省知识产权战略推进计划
26	省知识产权战略推进计划	江苏唐邦机电有限公司	省知识产权战略推进计划

（谢志春）

科技成果

【概况】 2015年，句容以重点科技项目推进为主战略，科技成果转化进度明显加快，转化效率明显提高。帮助企业查新120多项，完成技术和项目备案76项，共有20项成果（项目）通过鉴定验收，技术市场交易额超过6亿元，共获省科技进步三等奖1项、镇江市科技进步奖7项、镇江市产学研合作项目奖1项，科技成果绩效优良。省科技支撑计划“中药五类新药TSWGT胶囊的临床前研究”项目顺利通过验收。

（谢志春）

【省级科技孵化器再添生力军】 2015年，句容科技企业孵化器再添生力军，句容高新技术创业园成功获得省级认定，成为句容第4家省级科技孵化器。句容高新技术创业园位于开发区科技新城内，是句容经济开发区管委会与江苏省高新技术创业服务中心共建的科技创业服务载体。园区搭建创业导师服务平台、产权交易服务平台和科技金融服务三大平台，孵化器总面积11000平方米，设立种子资金1000万元，有在孵企业24家，初步形成机电一体化、生物医药和光电信息等领域的产业集聚。（谢志春 曲剑华）

【知识产权试点城市通过考核验收】 2015年，句容知识产权工作顺利通过国家知识产权试点城市考核验收。由省知识产权局副局长张春平、江苏大学教授宋东林等组成的专家组对句容市试点工作进行考核验收。验收考核组通过听取句容的工作汇报、认真查阅工作资料，了解相关工作情况。验收考核组一致认为，句容国家知识产权试点城市建设工作，领导重视，工作扎实，措施有力，成效明显，圆满完成各项建设任务，达到考核验收要求。（谢志春 李 超）

知识产权

【概况】 2015年，句容市深入贯彻落实知识产权战略，以国家知识产权试点市建设为突破口，加快培育知识产权优势企业，推进发明专利成果转化，构建知识产权服务体系。国家知识产权试点市以高分通过验收，进入国家知识产权示范市培育行列。专利工作继续在镇江市辖市区处于领先位置，全市专利申请4090件，万人发明专利拥有量达到13.78件/万人。句容市江苏省绿盾植保农药实验有限公司与江苏唐邦机电有限公司获得江苏省知识产权战略推进计划立项。江苏句容联合铜材有限公司、镇江育达工贸有限公司2家企业获评江苏省企业知识产权管理标准化示范先进单位。（李　超）

【天一商城创成正版正货示范街区】 2015年，句容天一商城成为句容第二家镇江市级正版正货示范街区，获项目经费5万元。通过健全知识产权工作机构和制度，履行“正版正货”承诺，组织知识产权培训100人以上，排查涉嫌假冒专利商品或专利标注不规范商品50件以上。（李　超）

【知识产权培训】 2015年，句容市积极开展知识产权进园区、进企业系列活动，邀请有关专家举办成功“举办专利挖掘与布局初级实战培训班”等知识产权专题培训与讲座10场次，邀请国家知识产权局专家、知名事务所专家授课，受益人数600多人次。积极开展“4·26知识产权宣传周”活动，通过短信平台、《句容快报》、句容电视台等媒体进行集中宣传，对知识产权最新法规政策进行详细解读，发送手机短信2000余条。（李　超）

【举办专利挖掘与布局初级实战培训班】 2015年，句容举办专利挖掘与布局初级实战培训班，邀请国家知识产权局专家到句容市开展授课活动，全市80多名企业知识产权负责人或技术骨干、部分高新技术企业负责人参加培训。国家知识产权局专家传授专利挖掘、发明点和技术检索、专利申请文件撰写、专利检索布局等内容（李　超）

【知识产权执法】 2015年，句容市深入开展“护航民生”护航行动，联合工商、质监等部门开展专项执法保护，出动执法人员26人次，排查商场、药店、超市30多家，排查商品3500多件，查处假冒专利行为85件，立案85件，调解专利纠纷15件，有效打击侵犯知识产权违法行为。（李　超）

科技金融

【概况】 句容积极探索科技金融结合新模式，相关工作走在镇江市辖市区前列。继续加大“科技金融20条”政策落实力度，发挥科技创新创业风险投资引导基金、科技成果转化风险补偿专项资金、科技创新创业种子基金、科技保险专项资金引导作用，通过放大信贷杠杆、降低贷款风险、增加融资力度等方式，为科技型中小企业发展保驾护航。瞄准科技型企业需求，加快创新科技金融新产品，先后推出“科技保险”、“科贷通”、“科贷宝”等一系列特有的科技金融产品。6月，召开全市范围的科技金融政策推介暨银企对接会，助推政府、银行、企业多方合作。市科技金融服务中心、市高新创业投资有限公司正式运作。共为30余企业办理“苏科贷”超过1亿元，科技小贷公司贷款余额1.9亿元，科技保险总额达到2000多万元。（张文涛）

【召开科技金融政策推荐暨银企对接会】 2015年6月，句容成功召开科技金融政策推荐暨银企对接会，市委常委、常务副市长潘群出席会议，会议由副市长、“科技镇长团”团长仰远主持。会上，市科技局就科技金融政策及科技金融产品进行推介，市科技局、有关协作银行和部分企业在会上签订“苏科贷”、“科贷通”、“科贷宝”合作协议27项，融资总额近9000万元。

（张文涛）

防震减灾

【概况】 2015年，句容市进一步贯彻落实防震减灾法律法规和规章，积极参加法律法规学习和培训，防震减灾法制建设得到加强；继续完善句容市防震减灾工作联席会议制度，统一领导、协调全市防震减灾工作，防震减灾工作体系逐步健全；强化地震监测基础设施建设和日常观测工作，地震监测预报能力和水平有较大程度提升；加大建设工程抗震设防管理力度，建设工程的抗震能力得到提高；积极开展防震减灾宣传教育，防震减灾知识深入人心；充实完善地震应急预案，积极组织开展模拟地震演习，地震应急能力得到提高。

（王　祥）

【地震监测预报】　2015年，句容市以数字化地震监测站和强震台观测为主、以乡镇地震宏观观测点观测为辅进行地震监测预报工作。地震监测工作有专人值班，每日按时接收检查前兆数据信息，进行数据初步分析；坚持震情会商和震情值班制度，在有震情或异常情况时，加强值班和会商并加密进行监测；严格质量管理，地震观测资料质量得到稳步提高。年初，不断完善地震监测基础设施建设，分别在华阳、下蜀、宝华、白兔、郭庄、后白、天王等7个镇安装地震预警和烈度速报监测仪，地震监测及信息应用能力得到大幅度提高。

（王　祥）

【抗震设防管理】　2015年，句容市充分发挥行政中心地震局窗口作用，为报建的建设工程项目提供高效、快捷、优质服务。公开服务承诺，规范服务行为，努力提高服务质量；积极做好建设工程抗震设防管理行政审批工作，所有项目皆在行政审批电子监察系统中运行，共办结项目46个，办结率100%、满意率100%，无违纪、投诉现象发生。

（王　祥）

【防震减灾宣传】　2015年，句容市将防震减灾法律法规和地震知识宣传贯穿全年，利用各种宣传手段，结合全国5月12日“防灾减灾日”和科普宣传周等时机，进行防震减灾知识宣传普及。1月17日，组织实小部分教师、学生和家长代表参观镇江市防震减灾科普馆；4月1日，结合“全国中小学生安全教育日”时机，组织后白中学开展地震演习、知识讲座、展板宣传等“地震知识进校园”系列防震减灾宣传活动；5月11日—17日，在全国“防灾减灾日”和科普宣传周期间，联合教育局在各中小学开展以“科学减灾、依法应对”为主题的系列防灾减灾宣传教育活动；9月15日，在崇明公园大门处设置地震知识展板向社会公众进行防震减灾法律法规和地震知识宣传。

（王　祥）

【地震应急演练】　2015年句容市通过地震知识“进机关、进学校、进农村、进企业、进社区”等形式，以“进学校”为主，大力在全市各中小学开展地震模拟演习活动，起到“教育一人、带动全家、影响社会”的效果。4月1日，组织后白中学初二年级全体师生进行地震应急避险模拟演习；5月11日～17日，分别指导市实验小学、茅山中心小学、河滨路小学和崇明小学开展地震应急模拟演习活动。地震应急演练工作纳入全市中小学校安全教育教学工作内容，实现该工作的常态化、正常化、规范化。

（王　祥）

气　象

【概况】　2015年，句容市地面综合气象探测质量指数达99.83%，未出现重大错情，数据资料传输及时率达99.95%。自动站社会化保障落实到位，探测环境设施保护较好，未出现环境恶化现象。在预报准确率进一步提高的前提下，坚持做好公共气象服务让社会满意，专业气象服务让用户满意，决策气象服务让领导满意，尤其是汛期气象服务得到领导的肯定。丰富决策服务的形式，开展灾害调查。开展直通式的气象服务，创建“风调雨顺、福地句容”的为农服务品牌。加强气象信息报送，在《中国气象报》、中国气象局网站发稿2篇；积极主动向“县局动态”、江苏文明网、福地句容等网站投稿。局领导接受电台、电视台采访51次。

（胡丹丹）

【气象科普工作】　2015年，句容市举办气象科普讲座，走进学校、走进社区，给师生和社区群众送上丰盛的“气象科普大餐”。在3·23世界气象日和5月防灾减灾宣传周活动中，免费开放气象科普馆，开展科普宣传活动，吸引全市广大中小学生和感兴趣的市民参观，同时全市多所中小学校把气象局作为科普教育基地。

（胡丹丹）

【“两体系”建设】　2015年，句容市在完成国家示范县规定的各项目标任务外，全面完成乡村信息站的建设。乡村信息站覆盖面达100%，并增加后白农场农田小气候通量观测、戴庄小气候观测物联网、东门社区气象防灾三个示范点建设。在“百县千乡”创建活动中，天王镇获得全国气象灾害防御标准化示范乡镇命名。句容市获得省级为农服务示范县命名，茅山镇获得省级

气象灾害防御标准化示范乡镇命名，三农专项获得考核特别优秀单位。（胡丹丹）

【气象科技建设】 2015 年，句容市在镇江市气象局的支持下，与南京大学国际地球系统科学研究所和江苏省地理信息技术重点实验室联合在示范田块建立农田通量观测站，进行农田二氧化碳、甲烷和水汽通量及其同位素的连续观测，并获取同步的温度、相对湿度、辐射和农田冠层光谱数据，开展研究。（胡丹丹）

科研机构

【镇江农科院】 2015 年，全院共组织申报各类项目 30 多项，合同经费 941 万元；在省级以上学术期刊发表论文 62 篇，其中学报级 18 篇、SCI 论文 3 篇；审（鉴）定新品种 7 个，申报专利 60 项，授权专利 84 项，申请品种权 4 项，授权品种权 7 项；申请农药产品登记 2 个、登记农药新产品 1 个，制定地方标准 6 项；镇麦 12 号经营权以 412 万元的价格成功转让，“水稻抗条纹叶枯病种质资源的创制与新品种选育”获中华农业科技奖科研成果二等奖。多人获省“333 工程”“六大人才高峰”和“169 技术带头人”项目资助，2 人晋升研究员、2 人晋升副研究员，研究员赵亚夫被授予“全国道德模范”荣誉称号，研究员糜林获镇江市“人民奖章”称号。

科研进展。2015 年，21 个稻油新品系参加国家及江苏省区域试验，中熟粳稻品种和早熟糯稻品种选育取得进展，数个新品种进入中试；稻瘟病抗性育种取得进展，成功创制出聚合 9 个抗稻瘟病基因的核心种质。4 个小麦新品系参加国家和省小麦中试均表现突出，其中镇麦 12 号通过审定，并在盐城大丰农场高产示范中创造亩产 630 公斤的好成绩。草莓育苗、栽培、绿色防控体系进一步集成，果品的品质进一步提升。创新出草莓超高垄栽培模式以及葡萄、桃、梨省力化栽培模式。深入开展樱桃、猕猴桃、石榴等果树新种类研究，创新的樱桃主干型、多层式水平整形栽培技术基本成熟，定植第 4 年的部分樱桃品种已开始大量挂果。引进多个猕猴桃品种长势良好，开展不同猕猴桃花粉及浓度授粉试验，积累大量数据；完善薄壳山核桃早果、丰产、园艺化栽培技术，在生产上应用效果逐步显现；引进数个石榴品种，开展三主枝丛状形、纺锤形、单干分层形等树形的培养研究。探索并基本掌握该地区大棚草莓和葡萄主要病虫害发生危害特点与发病规律，制定并颁布实施“设施草莓病虫害综合防治技术规程”，建立起适合该地应用的“露天葡萄”、“避雨葡萄”两种病虫害绿色安全药剂防治模式；开展果园土壤改良和果树微量元素影响试验研究；茶园病虫害的绿色防控取得初步成效。完成全省小麦赤霉病菌、水稻恶苗病菌的抗药性检测，研制出对赤霉病、稻瘟病具显著防效的配方。开展的水稻农药减量使用技术研究，大幅减少大田用药的次数和成本。进一步完善葡萄与猕猴桃立体栽培、果茶畜禽复合种养、西甜瓜套种等生态循环种养模式，并建立多个新技术的示范基地。开展萨能奶山羊与海门山羊、波杂山羊的杂交繁育，改善多个羊饲料配方，秸秆饲料大棚养羊已形成省力化、洁净化生产模式。开发提高红茶中咖啡因脱除效率的新技术以及 GABA 红茶研制新方法等。

平台建设。2015 年 3 月，学院新办公中心投入使用，各项硬、软件设施运作良好。启动二轮土地置换工作，与以色列 soli 公司合作共建的“中以农业集优中心”全面启动，700 万元项目财政资金到位，占地 11.33 公顷（170 亩）的项目区位置已确定，征地工作已展开。与南农大植保学院共建的“江苏省企业研究生工作站”正式挂牌。结合省科技厅科技超市项目对院内科技超市楼进行功能配齐，承办全省农业科技新成果征集会议等大型活动。

科技服务。2015 年，围绕推进农业增效、农民增收，积极开展科技推广服务，广泛建立科技示范点，通过挂县强农富民工程、江苏农村科技服务超市等项目，推广各类新品种、新技术、新模式；做好与镇江各辖市区的市级农业产业园区的对接工作，以科技资源支撑发展。累计开展各类科技培训及现场会 200 多场次，培训农民 1 万多人次，帮助新建种植基地 133.33 多公顷（2000 多亩）。在长江中下游麦区累计推广种植达 166.67 万公顷（2500 万亩）。创建草莓专家农户微信群。（王敬根）

教　育

责任编校：刘明亮

综　述

【概况】 2015年，句容市持续加强苏南教育现代化示范区建设，以教育现代化“双创”为突破口，教育整体发展水平和综合实力不断提升。

教育重点工程加快推进。2015年，句容市新建的15所学校中，有2所中学、1所小学、5所幼儿园基本竣工。计划实施的52万平方米的校安工程主要以新建为主、加固为辅，至年底完成20.6万平方米，还在建设的有11.9万平方米，其余已全部开工。教育装备达标升级工程持续进行，继全市所有中小学装备达到省Ⅰ类标准后，投资1900万元的首批学前教育装备于2015年暑期配备至19所幼儿园，全市教育装备水平得到提升。一大批崭新的学校和现代化装备极大地提升句容教育的形象与地位。

教育现代化“双创”量质齐升。2015年，从市委、市政府，到相关部门和各创建镇，全市上下对现代化“双创”工作高度重视，齐心协力，全力推进。各创建单位均能对照指标，制定好创建工作方案，调动各方力量，立足重点，突破难点，狠抓节点。教育局督导室成立五个职能工作小组，加大对创建单位的指导与督查力度。2015年，句容市30个单位申报“双创”，25个单位高分通过创建考核，5个单位基本通过，呈现出教育大发展的态势，得到考核组的高度评价，在随后进行的镇江对句容市政府教育工作考核中，“双创”得到满分。

教育保障能力不断增强。2015年，句容市在多方协调努力下，市镇两级政府对教育的投入不断加大，宝华、下蜀、天王、后白等镇设立“助学兴教”基金，郭庄等镇准备设立“助学兴教”基金，助推教育发展。校车接送中每车每年6000元的教师跟车补贴得到有效落实，教育系统各校、各单位工会福利待遇按照政策全部得到落实。每年670万元的“教师发展专项资金”和三年600万元的“学前教育游戏化项目专项资金”已纳入市财政预算。

师资队伍建设扎实有效。2015年，省师培中心名师送培项目、校长培训等师资培训活动得到有效开展，由14位名师领衔的名师工作室建设成效显著，全国媒体看课作文教学大赛、省班主任高层论坛、“蓝天杯”论文颁奖等一批高水平品牌活动，助推教师专业发展。出台《句容市中小学教师拔尖人才奖励实施办法（试行）》，奖励标准位于周边县市前列，全年新增3名省特级教师。人事制度改革不断推进，非在编幼儿教师人事代理工作得以实施，校长、教师流动趋于科学、合理，教育系统首批55位后备干部的选拔、培养工作有序进行。

教育教学质量稳步提升。2015年，句容市各学段教育统筹发展，齐头并进。幼儿园游戏化课程品牌效应凸显，天王、袁巷、下蜀等幼儿园多次承办国家及省、市培训和游戏研讨活动，先后吸引1000多人次的省内外学前教育管理者、园长、骨干教师等参观学习。义务教育全力推动国家课程校本化实施，积极推行小组合作课堂，顺利通过教育部县域义务教育均衡发展督导专家组“回头看”督导，正向更高水平的均衡迈进。普通高中呈现良好发展态势，市三中创成省四星级高中，市实验高中有条件通过四星级高中验收，2015年高考取得新突破，本二以上达线率超过50%，继续位居镇江各辖市区前列。职业教育创新发展，探索实施新的办学和人才培养模式，加快高水平实训基地建设，对口招生和技能大赛成绩突出。

教育发展亮点纷呈。2015镇江对句容市督政考核得分为98.5分，排名大幅度提高，名次跃升至镇江辖市区第四位。教育机构不断完善，开放大学、社区培训学院和会计结算中心成立，学前教育科、德育科挂牌。教育宣传卓有成效，句容教育信息网全新改版，全年有400多篇稿件被《中国教育报》等句容市级以上媒体录用，教育局获“江苏省教育宣传工作先进单位”和句容市“外宣工作先进集体”称号，弘扬教育正能量，扩大教育的影响力。特色教育结出新硕果，全市有各类社团956个，基本形成“一校一特”的局面。体卫艺工作取得新业绩，学生足球队代表镇江参加省级比赛，17所学校成功申报体育项目特色学校；成功举办中小学生运动会，较好地展示阳光体育成果，展示教育的良好精神状态。学生资助有新举措，学生受助比例不断扩大，资助水平不断提高，句容市被评为“全省学生资助绩效评价优秀市”。创建责任督学挂牌督导创新县，顺利通过省级评估。（谈海利）

【高考成绩稳步提升】　2015年，句容市普通类考生实考人数2308人，比上年减少541人。文理类本一达线364人，达线率比上年提高1.91个百分点；本二以上达线1226人，达线率53.1%，比上年提高7个百分点。省句中两名考生分列全省文科22名和理科24名，高考裸分达北大、清华录取线。295名考生参加省艺体统考（不计校考），公办本科达线126人，达线率42.7%，比上年提高1.2个百分点。（房家义）

【拔尖人才培养力度加大】　2015年，市人才办、教育局、人社局、财政局联合修改下发《句容市中小学教师拔尖人才奖励实施办法（试行）》，大幅提高句容市中小学教师拔尖人才奖励标准，明确教师工作室科研经费奖补标准，不同级别教师津贴标准为每人每年800元至60000元不等，增加对引进拔尖人才实行奖励的事项。全年新增省特级教师3名。（刘忠武）

基础教育

【概况】　2015年，句容市有幼儿园37所，其中省级示范幼儿园15所、省级优质幼儿园10所，镇江市优质幼儿园2所、合格园10所、注册村办班8个，合格率100%。全市幼儿园幼儿总数11543人，在省级示范幼儿园、省市级优质幼儿园就读幼儿有9666人，学前优质教育覆盖率83.7%。全市小学30所，区域内户籍适龄人口为20941人，流入适龄人口为3050人，入学率100%，巩固率100%。1所特殊教育学校为省特殊教育现代化示范学校。全市独立初中15所，区域内小学毕业生全部入学，入学率为100%。全市初中学生10906人，年巩固率为99.28%，初中毕业生升学率达95.92%。全市义务教育办学水平进一步提高，硬件条件均达到省教育现代化装备Ⅰ类水平，学校“改薄”工程有序推进。成功举办市首届中小学生机器人竞赛。后白中学“生活化数学”课程基地通过省级中期评估。（徐官福）

【心理健康教育】　2015年，句容市组织一支具有国家心理健康咨询资质的专业志愿者团队（50人），为句容市未成年人提供热线电话咨询、网络平台交流、团体辅导、心理健康宣讲等服务，致力于帮助未成年人认识自我、增强适应能力、开发自身潜能、提高心理素质、促进人格健全发展。省句中和市三中被江苏省教育厅评为“江苏省中小学心理健康教育特色学校”。12月，后白中学被评为镇江市中小学心理健康教育合格学校。市三中的校园心理剧《青春的“疯”龄》获得江苏省特等奖。（鲍春进）

【学生社团建设】　2015年，句容市举行中小学学生社团与学校特色建设展示活动，掀起新一轮社团建设热潮。在校内社团课程化的基础上，“家长义工团”“小橘灯志愿者”“护绿小分队”等家校互动、融入社会的活动团体纷纷建立，葛村中心小学等13所学校被评为镇江市中小学学生社团建设优秀学校，华阳中学等9所学校被评为镇江市中小学书香校园。（鲍春进）

【校园足球扬帆起航】 2015 年，句容市省句中等 9 所学校成功申报国家校园足球特色学校，学校的足球教材列入免费教材清单，郭庄中心小学等 8 家已申报成镇江市校园足球试点校，华阳实验小学将校园足球定为学校中长期发展规划的特色项目，郭庄中心小学获得镇江市少儿足球赛女子组第三名并受邀参加省长杯足球比赛。（鲍春进）

【主题教育全面开展】 2015 年，句容市深入开展“八礼四仪”教育活动，实验小学春季“开学第一课”礼仪教育在 3 月 2 日中央新闻联播播出；17 名学生被评选为镇江市美德少年，曾子杰被评为江苏省美德少年；省句容中专学校李梦露在上学途中救助他人的先进事迹受到省市媒体广泛宣传并列入句容市身边好人候选人，传递句容学生的正能量。（鲍春进）

【学前教育打造特色】 2015 年，句容市教育局增设学前教育科。全市新建公办幼儿园 2 所，新增精品民办幼儿园 2 所，创成镇江市级优质幼儿园 4 所，创成镇江市现代化先进幼儿园 9 所。课程游戏化建设推进有力并取得显著成效，先后召开全市课程游戏化建设现场推进会，户外游戏环境论证会，组织农村幼儿园户外游戏环境创设评比和课程游戏化项目幼儿园评估验收；联合国儿基会、湖南、河北、山东等 1100 人次先后到句容参观学习。（孙建霞）

职业技术教育

【概况】 2015 年，江苏省句容中等专业学校毕业生“双证率”达 99%，就业率达 98% 以上，专业对口率 90%；年培训从业人员达 3000 人次；经省教育厅批准，现代职教体系建设“3＋4”中职与本科分段培养试点项目列入 2015 年招生计划，联办院校为南京晓庄学院、三江学院；通过镇江市现代化职业学校建设评估，现代农艺成为江苏省首批高水平示范性实训基地，数控技术应用专业被认定为江苏省品牌专业，农业机械使用与维护被省教育厅授予“第四批江苏省职业教育技能教学研究基地”；成功通过镇江市数字化校园验收，智慧校园建设工作有序推进。学校被教育部授予“国家中等职业学校改革发展示范校”。对口高考省句容中专校共有 314 名学生参加技能和文化理论考试，技能高考合格率为 100%，本专科录取 314 名，录取率 100%。

【技能大赛】 2015 年，省句容中专学校师生在江苏省技能大赛中获得 7 块金牌、10 块银牌、20 块铜牌，在全国职业学校技能大赛中获 1 块金牌、1 块铜牌，金牌数、奖牌总数继续蝉联镇江市辖市区中职校第一。在省职业学校教师“两课”评比大赛中，省句容中专 10 名参赛教师取得 1 个示范课、9 个研究课的好成绩。（骆守琪）

社会教育

【概况】 2015 年，句容开放大学正式成立，市社区培训学院独立运行，全市共有省标准化社区教育中心 8 所，省标准化居民学校 64 所，省级农科教结合示范基地 3 个，其中茅山镇建成省高水平农科教结合富民示范基地，下蜀、茅山风景区创成镇江市教育现代化先进社区教育中心，进一步完善“市—镇—村”社区教育三级办学体系。各社区教育中心以自办、联办的形式大力开展创业就业、岗位技能、实用技术等从业人员培训，为地方经济发展提供智力支撑。以“百姓讲坛”“广场活动”等形式为载体，紧密联系各部门、单位，组织开展丰富的社区教育活动，助力和谐社会建设，“农村妇女网上行”全年培训 416 人，“扶老上网”全年培训 311 人。（骆守琪）

【社区教育实验】 2015 年，句容市社会教育宣传工作获省表彰，2 项省级课题结题，4 项研究成果获省社会教育优秀教科研成果奖，4 项课程获省老年教育视频课程评选三等奖，5 门乡土视频课程、3 本乡土文本课程在省获奖，8 篇论文在省级刊物发表。数学化学习进一步推进，获“江苏学习在线应用推广先行区”称号，全年“句容学习在线”新增注册人数 1507 人，其中 1345 人在线学习达 10 学分以上，表彰 15 位学习之星；组织开展句容市社区教育论文、特色培训项目和微课程评比。（骆守琪）

【全民终身学习】 2015年11月18日—24日句容市开展以“发展全民终身学习，共创文明美好句容”为主题的全民终身学习活动周，全市共举办各类学习活动477场次，成为推进全民学习的重要载体。（骆守琪）

【民办教育】 2015年，句容市对教育类民办非企业单位进行年度年检工作，进一步规范办学行为，提高办学质量。新审批“句容七色雨艺术教育培训中心”“金宝宝句容润景美邻幼儿园”“金宝宝句容维也纳幼儿园”等3家民办教育机构。根据省教育厅文件要求，新审批句容监狱、边城监狱两家机构申办的面向服刑人员的成人文化技术学校。（骆守琪）

高等教育

·江苏农林职业技术学院·

【概况】 江苏农林职业技术学院创建于1923年，坐落在句容市城区，是国家示范性高等职业院校。占地面积237.53公顷(3563亩)，建筑面积47万平方米，实训基地375.67公顷(5635亩)。有校本部和茅山两个校区，江苏茶博园和江苏农博园两个实训基地。

2015年，学院有8个系59个专业(方向)，全日制在校生13000多人，教师701人。全年新增全国农业职业教育教学名师3人、省“六大人才高峰”高层次人才1人。学院先后获得“2015年度全国毕业生就业典型经验50强高校”“全国涉林职业院校就业创业工作先进集体”“全省教育宣传工作先进单位”“江苏省平安校园建设优秀成果奖”“江苏省高校档案先进集体”“江苏省优秀节能院校”“全省教育信息工作先进单位”“江苏省教育系统新媒体宣传应用奖”等荣誉。图书馆创新服务案例获得教育部高校图工委二等奖1项，江苏省高校图工委一等奖1项、二等奖1项。

专业建设方面。2015年，园林技术、园艺技术两个专业分别被列为省高校品牌专业建设工程项目A类、B类专业。学院入选全国首批“现代学徒制”试点单位，宠物养护与疫病防治、木材加工技术、农业技术与管理、园艺技术等4个专业已立项建设。学院与金陵科技学院联合开办园林专业班招生，新增“栖霞班”“亭湖班”2个校政合作班。

教学教研方面。2015年，学院获得全国职业院校信息化实训教学比赛一等奖1项，省信息化教学大赛一等奖2项、省微课大赛一等奖1项。获得第六届全国农业职业教育教学成果奖一等奖3项、二等奖6项、三等奖5项。新立项省教育厅社科类课题1项，教改课题4项。2门教材被立项为教育部“十二五”规划教材，3门教材被立项为江苏省高等学校重点教材，3本省级重点教材出版。33门精品资源共享课程被立项，其中14门建成并通过验收。省教改课题重点项目《培养新型职业农民适应苏南现代农业发展的研究与实践》通过省级鉴定。

技能大赛方面。学院组织承办2015年全国职业院校技能大赛、江苏省职业学校技能大赛、江苏省高职院校技能大赛，获得“2015年全国职业院校技能大赛江苏分赛区优秀组织奖”和“2015年江苏省职业院校技能大赛先进单位”称号。获得全国职业技能大赛一等奖2项、二等奖3项，获得省级技能大赛(竞赛)一等奖3项。2件作品获得第十届全国高职高专“发明杯”大学生创新创业大赛一等奖。

招生就业方面。2015年，学院共招收本专科和五年制高职新生4199人，比上年增加20人。本专科招生计划完成率98.94%，报到率91.56%，初中起点五年制高职计划完成率108.3%，报到率95.54%。至2015年年底，学院毕业生就业率为98.54%，协议就业率为97.57%。学院获“全国涉林职业院校就业创业工作先进集体”称号，荣膺“2015年度全国毕业生就业典型经验50强高校”。

科研服务方面。2015年，学院申请发明专利151项，颁布行业地方标准2项，获得省市级以上科技类项目立项16项。学院获得“梁希林业科学技术奖”二等奖和第七届江苏省农业技术推广二等奖、三等奖各一项。中江种业公司引入中林集团及国家种业基金共1.18亿元，实现增资扩股。江苏省现代农业装备工程中心在学院揭牌成立，与南京农业大学签署研究生工作站共建协议。学院与连云港市人民政府签署合作办学协议，双方开展全面合作。学院帮扶拉萨第一职业中学建设高原净土农业产业示范园，为拉萨一中和普洱市职教中心培训中职骨干教师30名，为伊犁职业技术学院培养师资8名。学院与句容市政府合作实施百名大学生"电子商务进村入户工程"，师生合作开发的江苏省休闲观光农业手机客户端 APP 成功上线。

继续教育方面。2015 年，学院共招收各类学历教育新生 2405 人，在籍学生达 6446 人，培训各类人员共计 8351 人。一个培训项目被省教育厅表彰为"优秀培训项目"。学院被农业部确定为"国家新型职业农民培育基地"和"国家青年农场主创业孵化基地"，江苏省现代渔业培训中心落户学院。

园区发展方面。江苏茶博园成功入选"江苏省 2016 年国家 AAAA 级旅游景区创建计划"。茶博园被评为中国茶叶学会茶叶科普教育基地、江苏省科普教育基地、镇江市全民科普教育基地。农博园被中国科学技术协会评为全国科普教育基地。"茗苑曲毫"茶叶连续获得三届"中茶杯"特等奖。

对外交流合作方面。学院承办中法农业职业教育研讨会暨中法农业培训中心揭牌仪式，中法农业培训中心正式成立。全年引进外籍教师 2 名，接收 5 名外国志愿者到学院支教。学院招收 7 名全日制留学生。承担农业部中肯现代农业科技示范园项目。《中国茶文化/Chinese Tea Culture》课程被确定为"江苏高校留学生英文授课省级精品课程"。与荷兰 Lentiz 教育集团签署联合办学协议，第一期 BTEC 班顺利开班。

（陈凡学）

·南京财经大学红山学院·

【概况】 南京财经大学红山学院于 1999 年成立，2005 年经教育部批准，成为国家普通高等教育独立学院。学院依托南京财经大学的学科、专业、师资等优势，设置适应国家经济建设和社会发展急需的专业，培养经济学类、工商管理类、法学类、文学类等本科专业的应用型、技术技能型人才。2015 年，有国际经济与贸易、贸易经济、法学、英语、会计学、财务管理、审计学、人力资源管理、金融学、保险学、税收学、工商管理、市场营销、电子商务、物流管理等 15 个本科专业。学生学业期满，符合毕业和学士学位授予条件，按教育部和江苏省有关规定颁发南京财经大学红山学院毕业证书和学位证书。毕业生就业按国家政策执行。

2014 年，学院在校生有 8000 多人。学院地跨两个校区：桥头校区和福建路校区。桥头校区位于沪宁线桥头镇，距离学校仙林主校区约 25 公里，占地 70 公顷（1050 亩），建筑面积 15 万平方米。校园山清水秀、环境幽雅，教学、生活设施齐全，宿舍配有空调、热水器、洗衣房，拥有多个语音实验室、学生用机房、多媒体教室。图书馆藏书 22 万册，配有电子检索和电子阅览设备。学院拥有可供省级大型体育比赛的标准田径场、篮球场及文体馆等相应文化、体育设施，是求学深造的理想场所。红山学院一、二年级学生在桥头校区就读，三、四年级在福建路校区就读。

学院实行对录取在经济学类各专业（国际经济与贸易、贸易经济、金融学、保险学、税收学）和工商管理类各专业（会计学、财务管理、审计学、工商管理、人力资源管理、市场营销、物流管理、电子商务）的学生打通培养，学生可在一年级第二学期根据兴趣和意愿在该专业内提出转专业申请，一年级末必修课程平均学分绩点 2.5（加权平均成绩 75 分）以上且排名列前 60%，达到相关专业基本要求者，在专业人数限额内，二年级起转入新选择的专业学习。全院各专业优秀学生可在一年级第二学期根据兴趣和意愿在全院范围内提出转专业申请，一年级末必修课程平均学分绩点 3.0（加权平均成绩 80 分）以上且在原专业年级排名列前 20%，达到相关专业基本要求者，二年级起转入新选择的专业学习。

2015 年，学院 2015 届毕业生中有 71 人考取各类硕士研究生，41 人前往欧美等国留学深造。2015 届毕业生毕业率为 98.3%，学位授予率为 91.5%；计算机二级通过率为 95.3%，英语四级通过率为 95.1%。学院先后获得全国高校微课竞赛三等奖 1 项，江苏省高校微课竞赛一等奖 1 项、二等奖 1 项、三等奖 5 项；学生获得 2015 年大学生数学建模竞赛江苏省三等奖 1 项、第十四届"挑战杯"全国大学生课外学术科技作品竞赛江苏省选拔赛三等奖 1 项。在江苏省高校大学生实践创新训练计划项目中，学院共有 9 个项目成功立项。

按照"以人为本，发展优先，质量立校，特色创优"的办学理念，学院坚持以开放、发展、包容、和谐、大气的观念来提炼学院发展的基本思路，关注学生的全面发展。除强调第一课堂的知识教育之外，不断加强第二课堂的素质教育力度。学院有文学、艺术、体育、科技、理论等学生社团近 20 个。学院鼓励学生开辟第三课堂，充分利用寒暑假组织开展社会实践活动，培养学生的社会责任感和创新实践能力，提升学院毕业生整

体竞争力。（陈　涛）

教师队伍

【概况】 2015 年，全市在编在岗的中小学教职工有 4802 人，其中专任教师 3867 人。幼儿园、小学、初中专任教师的学历提高率分别达 93.45%、99.75%、92.41%。普高教师具有研究生学历的 194 人（含在读 89 人），占 25.63%，中职教师具有研究生学历的 40 人（含在读 29 人），占 17.54%，初中教师具有研究生学历的 43 人（含在读 21 人），占 3.88%，小学教师具有研究生学历的 26 人（含在读 15 人），占 1.63%；幼儿园教师本科率达 40.53%，小学教师本科率达 79.05%。中等职业学校专业教师 103 人，其中“双师型”教师 67 人，占 65%。全市中小学教师中有省人民教育家培养对象 2 名，省“333 高层次人才培养工程”培养对象 3 名，教授级中学高级教师 3 名，特级教师 11 名，镇江市有突出贡献中青年专家 3 名，镇江市“169 工程”学术技术带头人 2 名，镇江市“169 工程”科技骨干 24 名，句容市“313 工程”学术技术带头人 5 名，句容市“313 工程”科技骨干 20 名，镇江市中小学教师学科带头人 28 名，镇江市特级教师后备 6 人，句容市第三批特级教师后备 19 人，句容市中小学教师学科带头人 125 名，镇江市名校长 3 名，句容市名校长 5 名，镇江市中青年骨干教师 159 名，句容市中青年骨干教师 707 名，镇江市教坛新秀 32 人，句容市教坛新秀 90 人。镇江市名师工作室 2 个，句容市教师工作室 14 个。

（刘忠武）

【加强先进模范宣传力度】 2015 年，句容市通过电视、广播、网络、新闻、报刊、报告会、巡讲等方式，加大宣传教师队伍中的先进人物美丽故事的力度，弘扬社会正气，输入社会正能量。教师节期间有多人次获评镇江市各学段“十佳”教师、镇江市优秀教育工作者、镇江市优秀班主任（含 2 名十佳班主任）、镇江市中小学德育先进工作者、镇江市师德先进个人（含 2 名师德标兵）。句容市市政府表彰“句容市优秀教育工作者”50 名，市教育局表彰“句容市优秀教育工作者”60 名，句容市优秀班主任 60 名，市教育局和市教育工会联合表彰“句容市师德先进个人”60 名。（刘忠武）

【健全师德激励惩处机制】 2015 年，句容市认真贯彻落实《事业单位工作人员处分暂行规定》和《中小学教师违反职业道德行为处理办法》，持续深入开展中小学在职教师有偿家教和收受礼品礼金专项整治活动，评优评先、职称评审、岗位晋升、绩效考核等工作实行“师德一票否决制”。成立教育志愿服务联盟，打造“志愿导学”特色品牌活动，树立人民教师的良好形象。

（刘忠武）

【实施教师学历提升工程】 2015 年，句容市落实《关于进一步提高中小学（幼儿园）教师学历层次的意见》和《句容市幼儿教师素质提升培训计划》，坚持学用一致、学以致用的原则，鼓励教师通过在职学习、脱产进修、远程教育、自学考试等多种途径提高学历水平，明确要求 35 周岁（含）评一级职称须研究生在读，评高级需研究生毕业。经所在单位和市教育局同意参加研究生及以上学历（学位）在职进修的教师并取得相应证书，教育局和所在单位各奖励 8000 元。共 26 名教师取得硕士学位，市教育局奖励金额达 20.8 万元。

（刘忠武）

【推进非事业编制幼儿教师人事代理工作】 2015 年，句容市公办幼儿园实施人事代理教师的工资和“五险一金”全部由市、镇财政承担。市教育系统独立建制园 21 个，班级 331 个，幼儿 12201 人；公办教职工 212 人，公办比例达 32.02%；实行人事代理教师 289 人，占比达 43.66%；暂未实施人事代理的教师 96 人。

（刘忠武）

【设立师资队伍建设专项资金】 2015 年，句容市为充分调动广大教职工的积极性，发挥优秀教师的示范引领作用，设立教师发展专项基金 1140 万元。用于奖励教师的优秀教育教学成果、专业发展和长期在农村学校工作的优秀校长和教师。协助宝华、下蜀等镇实施“助学兴教工程”，镇财政每年设立高达百万的专项基金惠及教师，进一步优化教师交流环境，促进师资均衡。（刘忠武）

文化综述

【概况】 2015年，全市文化广电体育工作在市委、市政府的正确领导下，在上级主管部门的关心指导下，坚持以人民为中心的工作导向，进一步完善现代公共文化服务体系，全力推进全民阅读工作，加强文化遗产保护与利用，强化文化市场建设与管理，引导新兴文化业态发展，努力提升文化句容建设新实力，彰显句容文化新魅力。制定下发《句容市关于推进公共文化服务标准化建设工作的实施方案》，与市质监局就标准化工作联合出台《文化馆服务规范》《公共图书馆服务规范》《博物馆服务规范》《乡镇综合文化站服务规范》等系列服务准则，形成一批地方标准。

全年，句容市共出动执法人员1730人次，检查印刷企业260家次，检查网吧、娱乐场所、音像店480家次，检查境外卫星地面接收许可单位12家次及非法销售卫星接收设备店铺6家次，检查各级文保单位20家次；共收缴非法音像制品1230张、非法图书杂志200余册、卫星接收设备50余套，查处违规经营单位18家次，其中立案查处3家次。开展校园周边整治联合执法行动、扫黄打非清源护苗专项行动、乡镇庙会及农村婚丧嫁娶红白喜事中的庸俗低俗演出排查整治行动、文化娱乐场所的控烟专项行动等一系列专项整治，有力打击非法经营行为，确保市文化市场规范有序和协调发展。 （徐小丁）

【书香句容建设】 2015年4月，句容市首个“全民阅读日”活动拉开帷幕，制定全面阅读中长期规划，建立健全全民阅读活动领导机制和工作机制，实施“书香八进”计划（全民阅读进机关、进社区、进农村、进家庭、进校园、进企业、进高墙、进军营），举办“阅读慧心·书香句容”的专题文艺演出，打造以“市委书记、各乡镇党委书记、镇长为阅读推广人”的特色亮点阅读项目，开展“图书漂流”“鸟巢书屋”“中华经典诗文诵读”“机关干部书画作品展”“‘句曲杯’征文比赛”“阅读关爱·书送希望”“读红色书籍、评红色经典、看红色影片”等一系列有地方文化特色的阅读推广活动，建成10个阅读示范点和10个阅读社团，超标准培育200名阅读推广人。 （徐小丁）

【边城青山村获“全国生态文化村”称号】 2015年，中国生态文化协会授予全国120个村“全国生态文化村”称号，句容市边城镇青山村名列其中。该村休闲地实现硬化和绿化，村庄主要道路两侧的绿化工作已经完成，绿化面积达13000多平方米，村绿化率达36.5%；建成水泥主干道36公里，户户通上水泥路；道路两旁设立垃圾箱、垃圾房50个，100%实现村庄生活垃圾集中无害化处理；投入140余万元对村庄房屋进行墙面出新，依法拆除危旧建筑200多平方米；投入40万元建造了村污水处理设施，完成雨污分流水管的安装。 （吴启刚）

【加强新闻出版管理】 2015年，句容市完成56家印刷企业、55家出版物发行单位和20家音像制品单位的年度核验工作；成功申办1家包装装潢印刷经营许可证（锦上包装江苏有限公司）和5家书报刊（零售）许可证；进一步加大版权法规宣传力度，积极开展保护知识产权活动和“双打”行动，一般作品版权登记量基本达150件；建立机关软件正版化长效机制，并对部分企业单位版权登记业务知识开展上门服务。（徐小丁）

·群众文化·

【概况】 2015年，句容市广泛开展文化“三下乡”活动，送戏下乡、“畅享句曲”文化广场系列活动120余场，送电影2128余场，送书38800余册，送春联2000余幅，按照以标准规范为突破口、以提升效能为重点、以监督制约为保障的“四位一体”公共文化服务标准化体系为目标，进一步完善提升镇村文化设施，全面建设集数字图书馆、网上文化馆、网上博物馆等为一体的城镇公共数字文化服务体系。全市共建成4个中心文化广场、12个基本型文化广场、80个文化娱乐广场。

（徐小丁）

【句容市文化馆】 2015年，全面启动免费艺术培训班，增设部分新科目和成年人培训班，共开办春季、暑期、秋季三期，13个艺术科目，培训人次共300余人。市文化馆通过文化部的“国家一级馆”现场评估。公共文化馆创新开展“五星工程奖摄影获奖作品展”“灵秀镇江运河风韵写生创作展”“文苑讲堂”等文化活动，极大地丰富群众的文化生活；创新推出“纪念反法西斯和抗战胜利70周年系列活动”及“奋进的机关”“阅读慧心·书香句容”“文化乡村行”“融惠万家”“听鸟语、闻花香”等大型文艺活动，观众累计参与人数达3万余人。（徐小丁）

【句容文化葡萄节】 2015年8月15日，“在希望的田野上——中国（句容）第二届民间葡萄节暨圆梦慈善纳凉晚会”在白兔草莓广场举行。除延续首届晚会以购买爱心入场券的方式募集慈善款项，晚会还采用中央电视台的舞台标准，邀请喜剧明星、模仿秀明星以及《星光大道》的明星、都市美少女组合等，表演歌曲、杂技、舞蹈、小品等各种形式的优秀节目，在品尝农家菜肴、新鲜葡萄的同时进行千人微信交友外，还邀请书画艺术家现场创作义卖。晚会现场，由在全省选出的20位“葡萄仙子”分别代表一个地产葡萄品种上台介绍。

（吴启刚）

【“灵秀镇江·运河风韵写生创作展”开展】 2015年9月2日，“灵秀镇江·运河风韵写生创作展”在句容市文化艺术中心正式开展，现场展出50幅画作。该次活动由镇江市委宣传部、镇江市文化广电新闻出版局主办，句容市文化广电体育局、镇江市美术馆、镇江画院、句容市文化馆承办。镇江画院组织镇江市50名有创作实力的中青年画家，聚焦运河，触摸运河，采风运河，以“灵秀镇江·运河风韵”为主题，从传统文脉出发，将地域性的历史文化与当代文化有机衔接，或是描绘江河风光，或是讲述运河故事，或是再现运河遗印，勾勒出古运河与名城镇江交相辉映、历久弥新的时代印象。（吴启刚）

【举行“百名专家学者千场文艺欣赏专题讲座”活动】 2015年9月17日，由江苏省委宣传部主办的“百名专家学者千场文艺欣赏讲座”在句容市文化艺术中心举行。南京理工大学教授孙宜君以《新媒体背景下影视文化传播描述与思考》为主题，从新媒体发展的背景、新媒体背景下影视文化的认知、问题和发展等方面深入浅出地讲解新媒体对影视文化传播的影响，并就电视等传统媒体如何运用好新媒体进行阐述，使现场的媒体工作者受益匪浅。（吴启刚）

【句容稻美茶香文化艺术节开幕】 2015年10月18日，句容稻美茶香文化艺术节在下蜀容北茶谷开幕。该届文化艺术节围绕“茶文化”做足文章。文化艺术节期间，主办方还举行“百年巴拿马·中国下蜀茶”论坛，邀请茶业方面的知名专家和学者，探寻下蜀茶文化与茶产业的发展机遇。文化艺术节持续1个月，分为文化篇、旅游推广篇、会展篇、演艺篇等四大板块。

（吴启刚）

·图书馆事业·

【概况】 2015年，句容市确立20家图书馆分馆建设，力争全面铺开基层服务网点建设，实现镇、街道、管委会“15分钟公共图书馆服务圈”全覆盖，社区农家书屋电子阅览室全覆盖，让市民感受阅读之便，激发民众阅读兴趣，引导民众形成“每天阅读一小时，每月阅读一本书”的全民阅读新风尚，使“阅读慧心·书香句容”的城市形象更加靓丽。（徐小丁）

【句容市图书馆】句容市图书馆是县级市公共图书馆，创建于1959年，与文化馆合署办公，“文革”期间被撤。1978年恢复图书馆建制，藏书万余册。1980年政府新建近1000平方米图书馆楼一幢，主楼四层，局部三层，设报刊阅览室、儿童阅览室、外借处，基藏书库和采编室。后于90年代中期，馆舍被定性为危房，失去对外开放功能，处于半闭馆状态。图书馆新馆位于崇明东路市文化艺术中心内，于2014年9月28日正式对外开放。

新馆建筑面积达1万平方米。是一个环境舒适、服务功能齐全，集传统型、数字型、多功能、先进性、开放性于一身的现代化图书馆。拥有员工30人，开架图书10万册，电子图书5万本，书库藏书10万本。功能区设置主要有电子阅览室、数字图书馆、学术报告厅、亲子乐园、少儿借阅、成人借阅、期刊报纸、残障人借阅、24小时自助图书馆、密集书库、休闲书吧等。新馆的建成实现句容市图书馆由传统图书馆向现代图书馆的转变、由服务的手工操作向业务自动化向数字图书馆发展的转变。2013年，句容市图书馆被文化部授予“国家一级馆”称号。多次被句容市政府评为“文明单位”。（吴启刚）

【江苏农林职业技术学院图书馆】江苏农林职业技术学院图书馆是1980年在原镇江地区五·七农业大学图书室基础上发展起来的，原有老馆建于1989年，面积为1582平方米。随着学院规模的不断扩大和办学水平的不断提高，2003年开始建造新校区，六层高的新图书馆作为新校区的主建筑，气势壮观，周围环境秀美，室内布置雅观，设施先进。2005年正式启用，总面积14650平方米。此外，在学院茅山分校设有图书分馆，面积近1000平方米，配备有丰富的图书资源。学院图书馆，历经多年的积累和发展，围绕学院特色以及专业设置和学科建设要求，已逐渐形成以农、林、牧为主，文、理、工并重，中外文兼顾，电子数据库优先的具有高职高专特色的图书馆信息资源体系。2015年有藏书近70万册，中外文期刊七百多种；购置中国知网、超星读秀、中华数字书苑、万方数据、起点考试网、SpringerLink、Ebsco Host等多个中外文全文数据库；拥有大量以光盘为主的电子文献，配有40T容量的存储设备，用来存放各种教学科研资源和学习资料。学院图书馆配有中央空调，布有几百个信息节点，所有区域实现无线网络全覆盖；运用当前较为流行的汇文图书馆管理系统和鑫三强电子阅览室管理系统；还配用国内先进的RFID自助借还系统，为方便读者和科学管理创造条件。学院图书馆有近2000个阅览座位，有集还、借、阅一体的书库四个，有电子阅览室三个（共510台计算机），有自修室四个（共576个座位），在公共区域设有阅览座位220个；另设有报刊阅览室、过刊阅览室和参考资料阅览室；还有报告厅一个（350个座位），会议室、接待室各一个。

学院图书馆现设有读者服务部、资源建设部、综合部等部门。馆内工作人员31人，具有中、高级职称15人。全体图书馆人员正以饱满的工作热情、先进的服务理念、科学的管理方法和扎实的知识基础热诚地为广大读者服务。（农林职业技术学院）

·文博事业·

【概况】2015年，江南土墩墓博物馆接待参观人次超过3万，博物馆三馆建设序时推进，中馆（市博物馆）完成升级改造，南馆（江南土墩墓博物馆）于2013年建成并免费对外开放，北馆（城上村遗址博物馆）完成初期规划论证；共投入专项经费393万元，用于规划建设文化活动广场。（徐小丁）

【文化遗产保护】2015年，句容市公布第三批句容市级文物保护单位13处，分别是白蟒台遗址、德祐观遗址、下蜀井、义成桥、赵家祠堂、杨塘岗土墩墓群、夏道立墓、赤山闸、赤山停机坪及碉堡、慈舟和尚墓、巫恒通旧居、肖国生烈士墓、徐明烈士墓；总投入120万元，完成张家祠堂正厅落架大修、芦江桥维修、斩龙桥维修。申请国家文物保护项目立项3个，争取经费500万元。完成考古发掘项目4个，投入经费215万元，配合公安打击盗掘古墓案件3起，完成第三次全国不可移动文物普查，建立不可移动文物数据库，对全市40名业余文物保护员进行考核。（徐小丁）

【非物质文化遗产保护】2015年，句容市“灯舞春城

(马灯阵舞)”和“家具制作技艺(精细木作技艺)”进入省级非遗保护名录;组织非遗项目“张家镗舞”“马灯阵舞”“二龙戏珠”三个项目共130人的舞蹈团队参加镇江市“2015西津渡文化周”大型民俗文化展示活动和第6届环太湖自行车赛第5赛段的文体表演项目。(徐小丁)

【江南土墩墓博物馆】 2013年12月8日,江南土墩墓博物馆正式建成对外开放。该馆占地面积1.67公顷(25亩),建筑面积达6230平方米。整个展厅围绕土墩墓文化的发展演变,展出大量近几十年土墩墓考古出土的几何印文硬陶器、原始瓷器、青铜器等文物。同时,通过大量图片及文字说明展示“泰伯奔吴”和一墩一墓、一墩多墓结构以及专家考古发掘现场场景、土墩墓营造过程场景等。(徐小丁)

【甄选历史文化老地名】 2015年,随着城市化进程快速推进,一批见证历史、承载文化的老地名正在不断消失。句容市从汇总整理出的2114个地名中,甄别初选52个历史地名。然后根据网络评选结果,从中选出三台阁、寺街、四牌楼、马槽巷、小宝塔、春城、石狮、太平庄、下蜀、东昌街等10个具有历史文化底蕴的老地名,制作安装石刻文化碑。为老地名“树碑立传”,既扩大地名文化的影响力,又提升地名文化建设品位。

(文广体育局)

【地方文化丛书编写工作成果初现】 2015年,句容市博物馆联合各乡镇政府共同组织开展《句容历史文化丛书》的编写工作。在市博物馆及相关编纂人员的不懈努力下,展现人文边城的《最忆东乡》、荟萃春城地方特色的《春城风情》的两部作品先后出版。该套丛书涉及句容的名人典故、风土人情、民俗特产、生态旅游等方面,是全面地展现句容的地方文化,扩大句容文化品牌影响力的名片。(文广体育局)

·文化市场·

【概况】 2015年,句容市共出动执法人员1730人次,检查印刷企业260家次,检查网吧、娱乐场所、音像店480家次,检查境外卫星地面接收许可单位12家次及非法销售卫星接收设备店铺6家次。开展校园周边整治联合执法行动、扫黄打非清源护苗专项行动,有力打击非法经营行为,确保市文化市场规范有序和协调发展。(徐小丁)

【市摄影家学会召开第二届代表大会】 2015年7月26日,由句容市文广体局主办的句容市摄影家学会第二届代表大会召开,大会对以前年度学会开展的大型摄影展进行回顾,肯定会员队伍的不断壮大,整体素质的不断提高。学会将始终如一做好摄影普及培训,丰富群众文化生活动作为根本宗旨。会议选举产生出新一届的摄影学会理事班子成员。(文广体育局)

【推进“小耳朵”整治工作】 2015年,句容市根据省厅、镇江市以及市政府的统一部署,与公安部门,市场监督管理局等单位联合开展执法行动,扎实推进全市“小耳朵”整治工作,严厉打击非法销售、安装、使用卫星地面接收设施行为,清理全市范围内单位和个人非法安装、使用的卫星电视接收设施,清查非法销售、安装窝点,先后共查处以“恒盛家电制冷配件中心”为首的10个非法销售点,没收“小锅”150多面,解码器100多套,高频探头180个,努力实现全市无非法生产、无非法销售、无非法安装、无非法使用“小耳朵”的四无目标。(文广体育局)

·文化产业·

【概况】 2015年,句容市把文化产业作为转型升级发展的重要产业,强化政策引导、主攻项目建设、打造特色品牌,着力提升文化产业发展水平。呈现出投资速度加快、产业分布广泛、经济贡献增强的态势,形成“产业集聚、生态发展”的良性循环。(吴启刚)

体　育

【概况】 2015年,句容市有体育社团21个、民办非企业30家,建成乡镇(街道)各类人群体协和单项协会50个,全民健身晨晚练点386个。拥有注册社会体育指导员1842名(万人拥有社会体育指导员达29.51人)。建成国家青少年体育俱乐部1个、省青少年奥林匹克俱乐部1个,认定1所省级体育传统项目学校。认真组织青少年阳光体育联赛;运动员文化教育工作取得新进展,句容市优秀适龄运动员九年义务教育已经全部注册学籍,九年义务教育覆盖率达到100%。全年体育彩票销售近亿元。(徐小丁)

·群众体育·

【概况】 2015年,句容市初步形成市、乡镇(街道)、行政村(社区)三级公共体育设施网络,全市人均拥有公共体育设施面积达2.67平方米;13个乡镇、街道、管委会建成功能齐全的文体中心,达到"三室一场一路径"标准,160个社区(行政村)达到"两室一场一路径"标准;建成59.41公里绿色健身步道。(徐小丁)

【举办"郎牌特曲杯"7人制足球比赛】 2015年7月4日~12日,由句容市文广体育局举办,句容市全民健身中心承办的2015年句容市"郎牌特曲杯"足球比赛顺利开展。全市企事业单位和社会各界足球爱好者共17支队伍参加该项比赛。比赛第一阶段采取分组循环的形式,第二阶段采取抽签交叉的形式。菲尼迪足球队获得冠军,金荣电器足球队获得亚军,江苏省农林职业技术学院师生联队足球队获得季军。(许 捷)

【崇明街道举办第二届居民运动会】 2015年11月21日,句容市崇明街道第二届居民运动会在葛仙湖公园开幕。运动会以"参与、健康、娱乐、和谐"为主题,突出群众运动的普及性和趣味性,倡导生命在于运动的健康理念,提供重在参与的机会,展示城市社区的新形象。运动会共有拔河、跳绳、门球、象棋、羽毛球、蹴鞠等10个比赛项目。(许 捷)

【市第四届希望杯少儿围棋定段升段比赛】 2015年11月21日~22日,句容市第四届希望杯少儿围棋定段升段比赛于在句容市文化馆举行,该项比赛由句容市文化广电体育局主办,句容市围棋协会、黑与白围棋承办,参赛棋手共166人,其中定段组62人,1段组54人,2段组50人,句容籍参赛棋手53人。定段组陈昕翼等19人定为1段,1段组张培等17人升为2段,2段组洪子鑫等13人升为3段。(许 捷)

【市武术协会举办公益授拳活动】 2015年9月,句容市武术协会为进一步推广太极拳运动在句容的发展,传播正确的太极拳练习方法并厘清爱好者对太极拳的一些误区和错误认识,先后在葛仙观公益授拳点和法院系统、建行系统举办6期公益授拳活动。通过普及陈氏太极拳十三式的方式为太极爱好者送健康,并提供一套科学有效的练习方法,公益授拳受益者共计150多人,为句容市太极拳及武术爱好者提供学习锻炼平台。(许 捷)

·竞技体育·

【概况】 2015年。句容市成功承办2015第六届环太湖国际公路自行车赛(句容赛段)比赛;承办2015LTW国际路亚(BASS)大奖赛;承办2015第七届"句容·茅山半岛杯"全国象棋冠军邀请赛;举办中国职业围棋甲级联赛分赛等系列赛事活动。(许 捷)

【举办"茅宝杯"网球比赛】 2015年9月13日,句容市"茅宝杯"网球比赛在句容市文化艺术中心落下帷幕。该次比赛由句容市文化广电体育局和句容市网球协会举办,句容市全民健身中心承办,句容市总工会协办。全市近20名网球爱好者名参加比赛。比赛分为男子单打和男子双打两个项目。陈敏、李卫东获得男子双打第一名,韩杰、王涛获得男子双打第二名,韩贤华、周跃获得男子双打第三名;李卫东获得男子单打冠军,韩杰获得男子单打亚军,王涛获得男子单打季军。(许 捷)

【举办第六届环太湖国际公路自行车赛第五赛段比赛】 2015年11月4日,第六届环太湖国际公路自行车赛第五赛段比赛在句容市赤山湖国家湿地公园进行,共有132名运动员参赛。该次自行车赛,起点设在句容市赤山湖景区入口,终点设置在句容市茅山大道万福路,全程约130.6公里。荷兰公园酒店洲际队的选手塞洛提获得该赛段冠军。(许 捷)

·体育产业·

【概况】 2015年,位于句容市郭庄镇辖区内,江苏科瑞德交通科技有限公司的德兴房车研发制造、租赁、旅游度假服务项目获得2015年江苏省体育产业发展引导资金项目贴息50万元补助。

(许 捷)

综　述

【概况】　2015 年，全市拥有各级各类卫生机构 201 个，比上年增加 7 个，医院数 8 个，增加 1 个，病床总数 1869 张，比上年增加 37 张。在岗职工 3134 人，比上年增加 159 人，卫生技术人员 2457 人，比上年增加 108 人，在岗注册乡村医生 240 名。全年完成诊疗总人次 398.33 万人次，其中门急诊 397.19 万人次，出院病人 4.35 万人次。卫生事业费 18914.81 万元，比上年增长 51.4%。全系统固定资产 51691.51 万元，平均每一门诊人次医疗费用 119 元，每一出院病人医疗费用 6276 元。全市无甲类传染病报告，共报告乙类传染病 11 种 763 例，报告发病率（1.19‰）低于省控线标准；报告丙类传染病 5 种 804 例，比上年（2066 例）下降 61.08%。市人民医院新建工程开工建设，新建市精神病防治院主体工程封顶。华阳社区卫生服务中心建设主体工程，白兔中心卫生院病房楼改造工程和二圣中医特色医院、边城卫生院中医馆建设工程基本竣工，基层医疗机构提档升级工程稳步实施。构建院前急救网络，先期开设 4 个急救点。镇江市年度卫生计生工作考核中，句容市医改、卫生、计生等三项工作均获一等奖，15 个单项中有 12 个列前三名。市委、市政府年度绩效考核中，市卫生计生委在综合服务类 23 个部门中获一等奖。市级机关年终社会评议，市卫生计生委在综合服务类 23 个部门综合排名第四。　（华　超）

医疗卫生改革

【概况】　2015 年加快城区布局调整，开工建设市人民医院（城南），市妇幼保健院（城西）建设项目完成施工前网上公示工作，新建市精神病防治院（城东）主体工程封顶。改善基层服务条件，华阳社区卫生服务中心加快主体工程建设，黄梅社区卫生服务中心正进行深化设计，白兔中心卫生院病房楼改造工程和二圣中医特色医院、边城卫生院中医馆建设工程基本竣工，基层医疗机构提档升级工程稳步实施。构建院前急救网络，认真落实《院前医疗急救管理办法》，更新购置救护车 9 辆，先期开设 4 个急救点，院前医疗急救网络进一步完善。　（华　超）

【深化公立医院改革】　2015 年完善公立医院运行补偿机制，制定公立医院债务化解方案。加强医疗联合体建设，选派 16 名市级医院科室负责人到基层担任名誉院长，推动纵向技术合作。改革绩效分配制度，落实基层医疗机构 40% 的收支结余用于职工福利政策。积极构建分级诊疗服务模式，制定《分级诊疗工作实施方案》等 8 个配套性文件，大力推进基层首诊、双向转诊。实行新农合差别化支付制度，将 10 个分级诊疗试点病种镇级住院报销比例提高至 85%，拉开补偿差距。开展家庭责任医生和乡村医生签约服务试点，提高慢性病患者的用药报销比例，开通双向转诊绿色通道，推行预约诊疗等服务。基层医改的做法受到国家卫生计生委通报表扬。郭庄中心卫生院、边城卫生院建成国家“群众满意的乡镇卫生院”。（华　超）

医疗保障

【概况】 2015年，新农合参合44.7万人，参合率100%。人均筹资580元，其中：个人缴纳160元，各级财政人均补助420元。筹集基金2.59亿元，新农合补偿282.57万人次，报销2.69亿元。县乡两级政策补偿比77.73%、实际补偿比64.1%。基金首次出现超支。（蒋雪平）

【大病医疗保障】 2015年，句容市构建大病保障体系，实施大病保险政策，住院费用报销和救助后，可报销费用2万元~5万元、5万元~10万元、10万元以上的，分别补偿50%、60%、70%，封顶线15万元。实施农村儿童先心病、白血病等20种省定病种重大疾病医疗保障政策。（蒋雪平）

【医疗救助】 2015年，句容市完善医疗救助制度，实行医疗救助与新农合报销一站式服务。12117名城乡低保、五保等特困群体、重点优抚对象由财政帮助参合。取消困难群体住院起付线。农村五保户、城市三无人员救助比例100%，其余医疗救助对象救助比例70%；年度封顶线7.5万元（门诊封顶线1000元）。当年低保、五保等医疗救助114958人次，救助金额614万元；伤残军人等重点优抚对象补助56867人次，补助金额44万元。学生大病二次补偿10人次，补偿31.49万元。（蒋雪平）

【协调推进基层医改】 2015年，句容市推进新农合支付方式改革，完善差别支付机制，支付比例向基层医疗机构倾斜。镇级、市级、市外门诊报销比例分别为35%、20%、10%。基层医疗机构门诊病人使用中医药服务的报销比例提高10%，全面实施一般诊疗费政策，基金支付90%。阑尾炎等10类镇级分级诊疗病种的镇级报销比例提高至85%；市级报销比例65%；市外600元~1万元、1万元~3万元、3万元以上分别分段补偿30%、40%、50%。住院医药费用保底补偿30%，最高补偿15万元。（蒋雪平）

疾病预防控制

【概况】 2015年，句容市疾控中心投入140万元购置2套PCR检测系统，建成PCR检测实验室，提升应急检测能力。新开展食品中的镍检测，积极参加18次29项涉及水、化妆品、食品等领域能力验证（PT）计划，9次42项碘缺乏病、临床医学检验等项目室间比对和质控考核活动，达到满意效果。独立承担省、镇江市级立项课题——《山丘型地区快速阻断血吸虫病传播防治方案的现场应用》顺利结题，系统、科学地总结实现血吸虫病传播阻断的做法和经验，具有较强的指导作用。实施《HACCP与‘6S’结合模式在疾控实验室质量管理中的应用研究》课题，获省卫生计生委立项（Y2015042）。申报4项社会发展指导性课题获镇江市科技局立项、1项民生科技计划项目获句容市科技局立项。累计12人攻读公共卫生硕士（MPH）学位。3人被确定为句容市“313人才培养工程”科技骨干。在省级以上学术期刊发表论文11篇。开展疟疾防控知识“进社区、进企业”活动，进一步增强居民防范意识。组织发热病人血检6000多人次，未发现阳性。加强劳务输出和归国人员监测，未发现疟疾病例。完成地方病防治“十二五”规划终期评估和消除碘缺乏病自评，顺利通过省级审核。经监测，批发企业盐碘合格率100%、居民户盐碘合格率96.7%。在7个镇开展近500人的儿童、孕妇等重点人群碘营养调查。（曹　俊）

【急性传染病控制】 2015年，全市无甲类传染病报告，共报告乙类传染病11种763例，报告发病率（1.19‰）低于省控线标准；报告丙类传染病5种804例，较2014年（2066例）下降61.08%。规范处置散发疫情个案319例（其中重症手足口病1例）、疫情苗头和暴发疫情各1起，未造成蔓延。及时处置9类预警信息584条，达98.97%。对45名埃博拉出血热疫区归国人员实施21天监测，未出现异常。完成4次79份禽流感外环境标本送检，无人感染H7N9禽流感疫

情发生。（曹　俊）

【免疫规划工作】 2015年，句容市积极推进全市预防接种门诊的冷链智能化监控系统建设，疫苗进出库、贮运等环节温度实时监测合格率、信息登记符合率、上报及时正确率均达100%。全市预防接种信息报告符合率均达95%以上要求。完成全市64所托幼机构和学校8447名适龄儿童查验证工作，对832名儿童全部实施补证、补种。主动搜索发现2例AFP病例，按要求处置226例免疫针对疾病（214例麻疹和12例乙肝）。及时调查并上报疑似接种异常反应165例，其中4例为异常反应。（曹　俊）

【慢性非传染病防治】 2015年，句容市进一步完善“三位一体”慢性病防控模式和工作机制，全市死因登记质量明显提升，“慢五病”监测水平逐步提高。完成600人次1阶段—3阶段慢性病及危险因素核心指标监测抽样调查和数据录入，规范管理高血压患者62878例、糖尿病患者14483例。科学开展第二次社区诊断工作，联合清华大学、南京医科大学等高校院所，引进研究生团队，如期完成健康检查和问卷调查11131人，保证结果的科学性、延续性和完整性，为编制社区诊断报告、制订慢性病防控策略提供依据。（曹　俊）

【结核病防治】 2015年，句容市启动结核病防治新模式，全面完成“五率”指标，共发现、治疗活动性肺结核患者297例，其中新发涂阳患者89例，占30%；涂阴病人完成治疗97.5%，新发涂阳病人治愈89.65%。除结防机构追踪到位率达98%，其他“四率”均达100%。发现4例耐药患者，除1例死亡外全部纳入治疗。积极推动建立医疗保险、民政救助和个人自付相结合的筹资新模式，切实减轻患者经济负担。顺利通过国家项目办终期评估，为实施“中盖”结核病项目三期工作奠定坚实基础。（曹　俊）

【血吸虫病防治】 2015年，句容市在2623个条块共查螺2215万平方米，开展药物巩固灭螺200多万平方米，环境改造巩固灭螺16.5万平方米。积极参加联防联控，实施药物巩固灭螺共近100万平方米，开展血清学（DDIA）筛查10022人次、病原学查病2583人，连续10年未出现急性感染病例。（曹　俊）

【健康教育与健康促进工作】 2015年，句容市依托基本公共卫生服务、健康镇江等项目，积极推进健康教育、健康素养调查等工作。组织开展宣传日健康咨询240场次，健康知识宣讲850场次。按月更新、普及772座宣传栏健康知识内容。创新编印、发放12期《健康快车》入户资料共96万册。充实讲师队伍，主动走进社区、学校、机关企事业单位开展健康素养知识宣讲。努力延伸健康细胞与场景建设新创健康促进医院、健康食堂（餐厅）等健康细胞62家，累计建成健康主题公园、健康广场、健康步道等健康场景46处，初步形成城乡联动的工作机制。（曹　俊）

卫生监督

【概况】 2015年，共发放各类卫生许可证749户，其中医疗机构183户，公共场所和饮用水533户，放射诊疗卫生许可证33个。开展公共卫生安全保障专项整治行动14项，取缔无证行医行为10起，立案查处其他各类违法案件32起（非法行医11起，公共场所和饮用水21起），共没收药品和器械15箱，处罚金额8.3万元，处理及时率100%。（王　健）

【专项检查】 2015年，实施专项整治，强化日常监管，实行“三统一”，统一卫生制度、统一公示信息内容、统一上墙。全面开展“五小行业”专项整治行动；完成沐浴业、美容美发业、住宿业及游泳场所经营单位的量化分级；围绕郭庄镇、后白镇创国家卫生镇，重点推进消毒设施升级改造；完成消毒单位餐饮具抽检样品90份，合格率为100%；配合句容市疾病预防控制中心完成生活饮用水106项水质监测工作；完成中高考重大活动卫生监督保障任务；举办大型培训班3期，培训人数近300人。（王　健）

爱国卫生

【卫生城镇、村创建】 2015年，全面落实国家卫生城市长效管理措施，市政府成立数字化城市管理工作领导小组，明确各部门工作职责，并按照《2015年市级机关绩效管理考核办法》进行年度考核。“数字城管”通过省住建厅考核验收，构建管理无缝隙、责任全覆盖的“大城管”工作格局。后白、天王两镇顺利创成“国家卫生镇”。开发区河桥、石狮和茅山镇丁家边、东霞等10个行政村创成“省级卫生村”。（陈道龙）

【病媒生物防制】 2015年，句容市完善除“四害”工作网络，有专（兼）职除四害人员200余名，对农贸市场、城郊接合部等重点区域，规范、科学实施蚊、蝇、鼠、蟑螂密度监测。在清除积存垃圾、卫生死角、露天粪坑和旱厕等四害滋生地的同时，新增修复毒饵站1000多处。通过环境综合防治和灭杀工作相结合，城区“四害”密度始终控制在国家卫生城市标准以内。

（陈道龙）

【饮用水监测】 2015年，句容市疾控中心科学选择监测采样点，每月1次对全市所有镇级以上水厂监测点的水源水、出厂水和末梢水进行水质监测，覆盖率100%，水质合格率100%，并对监测结果进行分析汇总和通报。卫生监督所进一步加强集中式供水和二次供水单位的卫生监督检查工作，确保群众饮水卫生安全。

（陈道龙）

【健康教育】 2015年，句容市建成15家健康促进医院、12家无烟单位、15家健康单位、20家健康餐厅；定专人明责任定期对肖杆河、葛仙湖健康公园等已建成的健康场景进行10轮次现场维护和管理；“健康素养巡讲讲师团”分别在《句容快报》、今日句容、句容山水网开展健康科普宣传和咨询服务，开展现场健康科普宣传及咨询等活动10次，深入机关、学校、社区、企业开展健康素养巡讲活动15场次，开展科普宣传23次。

（陈道龙）

【控烟工作】 2015年，句容市以公共场所控烟为突破口，各相关部门明确一名控烟联络员，组织对该部门（行业、系统）内控烟工作进行2轮次专项监督检查，并以医院、车站、学校为重点，组织控烟暗访活动。围绕“无烟生活”主题，在学校、社区和企业，通过电台、报纸、网络、电子显示屏、宣传横幅、宣传栏、宣传画、宣传手册等，开展形式多样的宣传教育活动。在市区和各镇举办控烟知识讲座10场次，发放宣传手册等资料4万余份。

（陈道龙）

农村、妇幼卫生

【农村、社区卫生】 2015年，郭庄中心卫生院、边城卫生院建成国家首批“群众满意的乡镇卫生院”；茅山卫生院创成省级示范乡镇卫生院，所有卫生院全部建成省级示范乡镇卫生院；边城卫生院中医妇科通过省级乡镇卫生院特色科室验收；再建省级示范村卫生室4个，省级示范村卫生室达16个。新建华阳社区卫生服务中心工程于9月2日开工。

（蒋雪平）

【妇女保健】 2015年，句容市待孕、早孕妇女服用叶酸2678人，农村孕产妇住院分娩补助2855人。“两癌”检查26497人，发现乳腺癌6例，宫颈浸润癌1例，宫颈癌前病变85例，均给予及时治疗及随访。为全市4288名孕产妇建立系统保健卡，建卡率99.88%，接受婚前检查9583人，婚检率85.15%，检出患有疾病567人。

（杨　帆）

【婴幼儿保健】 2015年，新生儿4567名，产后访视4388名，访视率96.76%。新生儿疾病筛查4495人，筛查率98.42%。新生儿听力筛查4502人，筛查率98.58%。7岁以下儿童健康管理人数27185人，保健管理率97.24%；3岁以下儿童系统管理11763人，系统管理率97%。常年开设儿童保健门诊，门诊27582人次，疾病检出率为11.3%，均采取相应治疗和干预措施。为全市31所托幼机构10956名儿童进行健康体检，体检率达98.3%。低体重108人，发生率为0.98%；生长迟缓240人，发生率为2.19%；肥胖554人，发生率为5%；乳牙龋齿人数3766人，发生率为34.4%，比上年下降0.72%；视力不良840人，发生率为7.66%，比上年上升1.81%；轻度贫血发生率为3.39%。

（杨　帆）

医政管理

【概况】 2015 年,句容市推进分级诊疗体系建设。3 家二级医疗机构和基层医疗机构之间构建双向转诊服务平台,实现医疗卫生资源下沉,方便基层群众看病就医。完善疾病应急救助制度,年内共救助 293 人次,垫付医疗救治费用 91.09 万元。继续推进预约诊疗服务工作,扩大分时段预约及转诊预约的覆盖面,利用信息化手段提高预约诊疗服务管理能力和水平。扩大优质护理服务覆盖面,注重人文关怀,提高护理质量。完善院前医疗急救网络资源配置,独立设置的市急救站于 11 月 9 日正式投入运行,全面提升院前急救工作质量与水平。市人民医院与东南大学附属中大医院建立了医疗联合体,全面提升医院综合能力。全面落实《预防与控制医院感染行动计划(2013 年—2015 年)》,加强医院感染重点部门、重点环节以及基层医疗机构的医院感染管理,降低医院感染发生的风险。扩大临床路径管理覆盖面、专业及病种,各二级医院纳入路径管理的病种数共 67 种,入径管理率 79.8%,完成率89.3%。推进品管圈活动,市人民医院的"飞扬圈"先后荣获镇江市第一期品管圈大赛三等奖、"第三届全国品管圈大赛"二等奖,市人民医院发明的"手表自动感应输液报警装置"还取得国家发明专利。

强化医疗机构准入监管,2015 年审核批准 8 家私营医疗机构的设置申请,其中一级综合医院 2 家,门诊部 3 家,诊所 3 家,进一步完善医疗服务体系。组织全系统 139 名临床医务人员参加全国执业医师资格考试报名工作,其中 108 名通过实践技能考核。全年共计完成医师首次注册 16 名、变更注册 48 名、备案 7 名;护士首次注册 52 名、变更注册 49 名、延续注册 54 名。

(鞠大全)

【推进中医事业发展】 2015 年,句容市共组织开展中医药健康知识讲座 26 场,中医"三进"义诊及宣传 10 场,受惠群众 4000 余人。加大基层卫生院中医药综合服务区建设,边城、下蜀、郭庄、天王中心卫生院等医疗机构将中医科室、中药房等集中设置,装修体现中医药文化特色,努力打造中医药综合服务区,提高中医药服务满意率。市中医院脾胃病科创成镇江市级中医重点专科,肛肠科列为中医重点专科建设单位。基层医疗单位逐步形成边城中医妇科、小针刀,天王中医骨科,二圣中医外科,黄梅中医伤骨科和石狮小儿疳积科、肛肠等一批特色显著、对专病疗效确切的特色专科。

(施道刚)

【医学人才队伍建设】 2015 年,句容市四批事业编制人员公开招考实际录用医学生 101 名,其中研究生 6 名,本科 66 名,有 36 名分配到基层医疗卫生机构。五批社会化用工人员公开招聘共录用卫技人员 75 名,驾驶、后勤等社会化用工 33 名,有效解决人才紧缺问题。完成 2014 年镇江市统一公开招聘录用的 6 名村医政审和列编工作。与市人才办、人社局、财政局联合下发《句容市医学高层次人才引进和培养暂行办法》(句人才办〔2015〕7 号),建立医学高层次人才生活补贴和免费住房制度,为 1 名医学博士、11 名医学硕士、38 名录用在基层医疗卫生单位的医学类本科生和 4 名获得医学硕士学位的在职人员申请并下发生活补贴及奖励资金。市人民医院与东南大学附属中大医院成立医疗联合体,"柔性"引进外科主任 1 名。与 6 名句容籍考入本一层次医学专业的学生签订《句容市户籍医学生定向培养协议书》。完成"241"卫生人才工程培养对象年度考核工作,按照政策对考核合格人员发放人才津贴。按照市人才工程申报要求,11 名医疗骨干申报镇江市"169 五期工程"培养对象。19 名专技人员入选句容市"313 四期工程"培养对象,其中一层次 4 名,二层次 15 名。

(巫建华　王洪军)

社会生活

责任编校：刘明亮

民政工作

【概况】 2015年，句容市民政系统认真践行习总书记“民生建设迈上新台阶”的要求，牢记“以民为本、为民解困、为民服务”宗旨，坚决贯彻落实市委、市政府关于民生建设的一系列重大决策部署，按照“突出重点、打造亮点、补齐短板、守住底线”的工作思路，全面深化民政改革，成功创建“现代民政建设示范市”，跻身“全省现代民政建设示范县（市、区）”行列。为36名孤儿每人发放福彩助孤资金2000元，为257名困境儿童每人发放救助金1800元。结合党的群众路线教育活动，在局系统党员中开展“党员献爱心，孤儿受关爱”结对帮扶活动。2015年，福利彩票站点发展至100家，实现彩票销售7392万元，比上年增加1540万元，增幅26.3%，增幅位列镇江市第一。（李　琼）

【民生保障有力】 2015年，句容市建立救助申请家庭经济状况核对工作机制，成立专门核对工作办公室，市、镇两级软件平台全部搭建完成。大幅提高保障标准，城乡低保保障标准提高到每月580元，五保集中供养标准提高到每年7800元，分散供养标准提高到每年7200元，社会散居孤儿月人均养育标准提高到1200元。全年发放低保金3087万元，“两节”补助270.9万元。

（李　琼）

【各类救助规范有序】 2015年，句容市取消低保、五保、城镇“三无”人员等救助对象医疗救助起付线，大幅度提高报销比例，困难群众医疗救助比例由60%提高到70%，年度封顶线由1万元提高到7.5万元。全年下拨救灾款548万元，惠及困难群众6647户13530人。发放慈善救助金1300万元，惠及各类困难群众15000多人。发放农村五保供养经费1282.6万元。发放三无人员供养经费64.44万元。发放孤儿基本生活费48.6万元，发放困境儿童基本生活费10.4万元。全年医疗救助23.85万人次，救助金额2004.9万元。

（李　琼）

【灾害救助体系不断完善】 2015年，市镇两级制定自然灾害应急预案和应急工作规程，党政一把手负总责、部门各司其职、群众广泛参与的灾害救助体系全部建立。实施农村住房自然灾害保险，全市15.46万户农村户籍全部参加自然灾害房屋保险。围绕“城镇化与减灾”的活动主题，组织开展各具特色的“5·12”防灾减灾宣传、综合演练、全国第二个扶贫日等活动。全市建成国家级减灾示范社区3家，省级减灾示范社区3家。建成650平方米救灾物资储备库，配备20多万元应急救灾物资。（李　琼）

【推进“救急难”工作】 2015年，句容市出台支出型贫困家庭救助实施方案，设立50万元“救急难”公益基金，对遭遇突发事件、意外伤害、重大疾病或其他特殊原因导致生活暂时出现较大困难的家庭给予应急性、过渡性救助，“救急难”工作被列为全国试点单位。

（李　琼）

【落实优抚安置政策】 2015年,全市重点优抚对象补助标准再次提高,并实行城乡一体化发放。大力拓宽培训和就业渠道,积极开发使用军地两用人才,规范退役士兵职业教育和技能培训工作,参训率和培训率、就业率分别达到98%以上。 (李 琼)

【和谐社区建设】 2015年,句容市在每个镇开展“一社区一特色”社区创建工作,6个村(社区)创成省级和谐示范社区,1个镇创成省级示范镇。7个村(社区)开展“三社联动”和“中心社区”试点工作,全市“政社互动”推行率达100%。开通全市“12349”便民服务热线,为社区居民提供公共服务信息。 (李 琼)

【地名管理工作】 2015年,句容市完成四个小区14000多块门牌设置。基本完成新一轮句容市城市地名规划修编工作。继续开展历史地名保护工作,为10个具有历史文化底蕴的老地名设置地名保护碑树碑。 (李 琼)

【社会组织健康发展】 2015年,句容市全面开展四类社会组织直接登记,新登记社会组织53家,办理变更登记等112家,每万人拥有社会组织数达9.1个。开展全市社会组织的年检和等级评估工作,获得评估等级的社会组织数占应评的社会组织总数的63.5%,超过省定指标(50%)。实施政府职能转移和购买服务,编制政府职能转移的社会组织目录和市民政局购买服务项目清单,明确民政部门职能转变的领域,积极鼓励符合省公益创投项目条件的社会组织参加省级公益创投招标。 (李 琼)

【拓展惠民殡葬服务内容】 2015年,句容市继续落实惠民殡葬政策,对符合政策的丧户当场减免基本殡葬服务费。会同财政联合下发《关于鼓励句容市城区居民文明办丧给予补助的通知》,对城区21个社区居委会居民文明办丧事的,给予1000元一次性补助。全年减免殡葬基本服务费用439.6万元,补助文明办丧5万元。积极推进生态节地丧葬,全市建成3个骨灰存放室、1处骨灰存放墙。 (李 琼)

【全面推行社区网格化管理】 2015年,全市共设置社区网格1673个,“一委一居一站一办一网”管理和服务体制落实到位。建成12349综合便民服务信息平台,引进社会企业利用“互联网+”的模式,进社区开展利民、便民服务。 (李 琼)

【城乡社区建设】 2015年,全市13个镇(街道、管委会)建立社区服务中心,153个农村社区、23个城市社区分别建立社区服务站。深入开展和谐社区创建工作,城乡社区建设合格率和社区综合服务中心建设合格率均达95%以上。村民自治和村务公开、民主管理工作稳步推进,全市村(社区)普遍制订村规民约和村民自治章程,自治村的规范化、法治化程度不断得到提高。 (李 琼)

老龄工作

【概况】 2015年,句容60周岁以上老年人达10.9万人,约占全市总人口的18.5%。全市老年人口中,70岁以上老人有4.3万人,80岁以上老人有1.3万人,分别占群体总人数的37.1%和11.2%。句容市老年人口正以每年4%左右的速度增长,且呈现规模大、增速快、高龄化的特征。2月3日,市政府出台《关于加快发展养老服务业实施意见》(句政发〔2015〕16号),就加快发展句容市养老服务业,进一步完善养老服务体系,提出具体要求。在市委、市政府对老龄事业的高度重视下,句容市社会养老服务体系的框架已基本形成。投资1.1亿元、建设床位为502张的吉利福利中心主体封顶。 (李 琼)

【敬老院建设】 2015年,句容市全面实施敬老院“三能三有六达标”改造升级工作,敬老院硬件条件得到进一步改善,增强农村养老服务功能。2015年年末,全市养老床位数达到5512张,每千名老人拥有床位数43.5张,比2010年年底翻一番。 (李 琼)

【居家养老服务建设】 2015年,句容市大力开展居家养老服务中心建设。至年底建成“老年关爱之家”20家,村级居家养老服务中心141家、覆盖率92.2%,24个城市社区已全部建成居家养老服务中心。

(李 琼)

【信息化养老服务】 2015年，句容市继续加大信息化养老网络建设，为各镇敬老院安装监控系统，全市老年人居家呼叫服务系统和应急救援服务网络基本实现城乡覆盖。老年人日间照料中心、老年人助餐点等社区养老设施从无到有，不断增加。（李 琼）

【老年人安康关爱行动】 2015年，句容市政府为户籍60周岁以上的"五类"特殊老年群体（低保户、农村五保户、重点优抚对象、失独老人和城市三无对象）和80周岁以上老人办理意外伤害保险，市财政投入资金82万元。同时动员60周岁～79周岁的其他老年群体本着自愿原则参加意外伤害综合保险。为全市2000位老人配备"一键通"老人手机，及时准确开展各项为老服务，重阳节期间为全市23名"百岁老人"发放长寿牌匾和慰问金。（李 琼）

【尊老金发放】 2015年，全市80岁以上老年人"尊老金"实行一次登记，两次发放，发放时间分别为7月和12月，7月发放上半年和上年漏发尊老金。标准为：80岁～89周岁每人每年600元，90岁～99周岁每人每年1200元，100周岁以上每人每年3600元的标准，共为全市17000多名80周岁以上老人发放尊老金1183.6万元。从7月1日起，全市"尊老金"改为虚岁发放。80虚岁～89虚岁老人每人每年600元；90虚岁～99虚岁老人每人每年1200元；100虚岁以上老人每人每年4800元。（李 琼）

民族工作

【概况】 2015年，句容市有37个少数民族，共3139人，占全市总人口0.5%。其中80%的少数民族生活在农村，绝大多数是从云南、贵州、广西等省区婚嫁的少数民族妇女。边城镇佴池村属全省41个民族村之一，是回民族聚居相对集中的地方。全市各镇、管委会均有分布，有回族、蒙古族、藏族、维吾尔族、彝族、壮族、布依族、朝鲜族、满族、侗族、瑶族、白族、土家族、傣族、黎族、傈僳族、佤族、拉祜族、水族、东乡族、纳西族、土族、达尔族、达斡尔族、仫佬族、羌族、仡佬族、阿昌族、鄂温克族、京族等。句容各少数民族一般讲汉语，用汉名，服饰、生活习惯等亦与汉族大致相同。同时，各少数民族仍保持本民族的文化习俗、宗教信仰和生活习惯。（杜一波）

【项目建设】 2015年，句容市指导协助边城镇认真完善佴池民族村特色村寨建设的各项设施配套，跟踪督促落实，为特色村寨项目达标并通过省民委检查验收做好相关工作；协助清真大殿的修缮工作，督促伊斯兰教协会按照工程管理相关规定，先行立项、招标投标、按工程序时进度拨款等；积极协助市伊协筹办"江苏省伊斯兰教文化培训中心"落户句容。（孙 宏）

【关注民生需求】 2015年，民族宗教旅游局针对句容市少数民族家庭生活水平相对贫困的现状，对全市120户少数民族贫困户进行春节走访慰问；继续做好全市清真饮食补贴发放工作的全面督查，保证资金发放到位；在回民公墓异地新建的基础上，与各方协商，制定出新回民公墓管理办法。（孙 宏）

宗教工作

【概况】 2015年，句容是江苏省宗教工作重点城市之一，有道教、佛教、伊斯兰教、基督教四大宗教派别和宗教团体。经批准登记的宗教活动场所29处，其中茅山道院和宝华山隆昌寺为全国重点对外开放寺观。全市设有爱国宗教团体4个，共有宗教教职人员86人，其中8人担任国家、省、镇江市宗教相关职务，9人当选为省、市政协常委、委员和青联代表。全市现有信教群众1万余人。茅山道院被评为江苏省首批"五星级宗教活动场所"，宝华山隆昌寺被句容市见义勇为基金会评为2015年上半年"见义勇为"先进集体。（刘 勇）

【排查宗教领域安全隐患】 2015年，句容市在全市范围内开展宗教领域安全隐患和不稳定因素的排查工作，确保全市宗教和顺、社会稳定。及时召开各宗教体、宗教活动场所负责人会议，宣传贯彻做好安全隐患和不稳定因素排查工作的重要性；要求全市宗教活动场所主要负责人亲自抓好排查工作，责任到人；成立排查工作领导小组，采取场所自查和小组集中检查形式；要求宗教活动场所紧急疏导通道畅通，配备充足的维护人员和专业救护力量；依托各基督教堂点负责人和信教群众，联合公安部门深入排查、有效防范，做到时刻关注、提前介入、提前化解；加强信息工作，保证主要情况及时上报。

（刘　勇）

【宝华山隆昌寺“五星级宗教活动场所”创建】　2015年1月7日，省宗教局考核组成员仔细查看隆昌寺“八个方面”的台账资料，并就寺庙档案建设、消防安全、僧职工社保等方面问题进行重点询问。考评组深入到寺院重点部位，检查消防、监控等安全设施设备使用管理、性能维护情况；到斋堂和财务室、档案室现场，对斋堂的卫生管理、财务制度落实情况、档案管理情况进行实地检查。

（刘　勇）

【举行电影《军号密码》开机仪式】　2015年7月8日，《军号密码》（句容）开机仪式在茅山举行。电影《军号密码》剧本获得2013年—2014年度江苏省优秀电影剧本创作一等奖。该剧以70年前陈毅司令员率领新四军部队进驻茅山，与日军展开艰苦卓绝的斗争为背景，依托茅山“军号声”的神秘奇观和茅山道士反对侵略战争的历史事实。镇江市副市长曹丽虹、句容市委副书记商震及茅山景区、茅山道院、江苏荣耀文化教育有限公司相关领导、《军号密码》电影摄制组导演、制片人、编剧、主演等参加开机仪式。

（刘　慧）

【宝华山举办“祭奠抗战英灵”祈福活动】　2015年，由徐悲鸿艺术委员会、江苏省佛教协会主办，徐悲鸿艺术委员会江南创作研究中心、中央数字电视书画频道江苏工作中心、镇江市佛教协会等承办，宝华山隆昌寺、中华英才书画艺术院协办的“祭奠抗战英灵　祈福世界和平”为主题的大型佛事祈福活动于8月30日在宝华山隆昌寺举行。以缅怀在战争中死难同胞和为战争胜利献出生命的革命先烈、民族英雄，表达中国人民牢记历史、不忘过去、真爱和平、开创未来的坚定立场。同时举办以和平为主题的《大善净土》书画作品展。

（冷叶卉）

关心下一代工作

【概况】　2015年，全市关心下一代工作在市委、市政府的正确领导下，以党的十八大和十八届三中、四中全会以及习近平总书记对关心下一代工作的指示精神为指导，以社会主义核心价值体系教育为统领，以《江苏省关心下一代工作委员会工作规则（修订）》为准则，围绕市委、市政府工作中心，服务大局，突出重点，主动作为，为促进青少年健康成长，为培养和造就新一代句容人做出新的贡献。

（贾贝成）

【主题教育活动】　2015年，全市关工委在青少年中组织开展“学法崇德，真善美伴我行”的主题教育活动，9月，对相关中小学的“主题教育基本知识”进行测试。全市组建43个“五老”宣讲团，宣讲报告98场，参会青少年达39580人次。报送市级征文共576篇，其中，一等奖34篇，二等奖44篇。参加全市演讲比赛的选手有43人，市第二中学的同学马成龙获镇江市演讲比赛一等奖。成语新说创作，同学严海蓉获省一等奖。诗文创作，选送市级作品共计509篇，市级评选出一等奖5篇，二等奖10篇，三等奖15篇。全市为华阳实小车祸学生庞顺丽捐款105万元。市关工委总结的《强造势　建平台　创特色》主题教育经验材料，被《江苏关工》第8期全文录用，作为典型经验在全省推广。

（贾贝成）

【校外辅导站建设】　2015年，全市各级关工委继续加大校外辅导站建设力度，创建达标辅导站12个，实现达标全覆盖；创建示范辅导站3个。茅庄辅导站的《利用校站结合优势，打造儿童校外乐园》经验论文获省一等奖。郭庄村辅导站的《利用视频连线，加强亲情交流》获省优秀活动案例，被全省推广。衣庄村辅导站的《市实小导师团走进衣庄辅导站》的报道，得到镇江市领导的高度重视。5月，在郭庄镇召开全市校外辅导站电子阅览室管理与使用现场会。市关工委总结的《加强管理　突出使用　努力发挥电子阅览室的育人功效》的经验材料，在镇江市第7期关工委常务副主任研训班上交流；白兔镇茅庄村辅导站《利用电子阅览室开展感恩教育》被《镇江关工》作专辑介绍。

（贾贝成）

【“三扶两创一促进”工作】 2015 年，市关工委与市农委密切配合，充分发挥老农业科技专家和农业科技工作者的作用。全市共印发科普资料 36547 份，举办培训班 115 期，培训各类人员 17634 人次。12 月，召开全市第二届“双创”表彰大会，授予“茅管会绿农家禽养殖专业合作社”等 4 家为“青年农民创业示范基地”；授予“郭庄镇孔塘村果树种植专业合作社”胡杰等 5 人为“青年农民创业之星”荣誉称号。（贾贝成）

【社会创新治理】 2015 年，全市各级关工委积极配合政法部门参与到社会创新治理中来，发挥“五老”优势，开展富有成效的社会创新治理工作。与主题教育结合在一起，开展普法宣传和法制教育；以“创零”为突破口，开展多种帮教活动；开展各种关爱活动；净化社会文化环境，加强网吧义务监督工作。全市各级关工委筹集助学资金 155.8 万元，资助学生 598 人；走访 31 户困难儿童家庭，发慰问金 6 万多元。组织老医务志愿者为市特殊学校 96 名学生免费体检。全市成立社区矫正工作志愿者队伍，已经注册的志愿者有 57 名。网吧义务监督组，7 次有效劝阻 10 名未成年人离开营业性网吧。（贾贝成）

慈善事业

【概况】 2015 年，句容市慈善总会在市委、市政府的正确领导和省市慈善总会的大力支持下，通过有关部门的大力配合和社会各界的积极参与，全市慈善工作在组织建设、善款募集、开展救助和善款管理等方面都实现跨越发展。全年新募集资金 2200 余万元，其中分会、工作站募集资金 1302 万元，为开创句容慈善工作的新局面打下坚实的基础。全年共支出慈善资金 1300 万元，近 15000 多人受益。（李　琼）

【慈善助困】 2015 年，句容市慰问贫困人员 180 人，发放慰问金 20 万元；为 60 名“单亲贫困母亲”发放善款 6 万元；为困境儿童发放生活补助 20 万元；资助“慈善超市”资金 20 万元；资助爱心助保协会 13 万元；资助特殊教育学校学生生活费 8 万元。同时组织开展“慈善暖冬行”活动。（李　琼）

【开展慈善助学活动】 2015 年，句容市投入项目资金 155 万元，资助全市农村和职工低保户困难学生 1050 名。其中，资助初中、小学生 560 名，高中以上学生 490 名。（李　琼）

【开展慈善助医活动】 2015 年，句容市为少年儿童重大疾病慈善救助 11 次 18.7 万元，为全市 700 名家庭生活困难的精神病患者发放 28 万元服药补助。为全市 179 名红斑狼疮患者发放 41.1 万元救助金。全年共救助患有癌症、白血病、尿毒症等重症特困病人 223 人，救助金 52.6 万元。（李　琼）

【开展慈善助老活动】 2015 年，句容市为近 800 名集中供养的五保老人送上“爱心月饼”。支持和补助省级示范性养老服务中心运转经费 30 万元、句容市智慧化养老服务中心 20 万元、“关爱之家”托老所运行床位补助 10 万元、老年日间照料和老年助餐服务试点 30 万元。（李　琼）

【启动慈善孵化基地项目】 2015 年，省慈善总会选择地处白兔镇行香村的马里农业生态园作为省慈善总会慈善扶贫基地。项目前期拟投入资金 150 万元，采用建立种苗孵化基地的形式，由苏宁云商提供销售支持，探索公司 + 农户的市场发展新模式。该慈善扶贫项目意在构建“造血型”帮扶机制，辐射带动白兔全镇及周边地区农民创业就业，共同致富。

（李　琼）

人民生活

【概况】 居民收入增速明显。坚持把增加民民收入、改善人民生活作为富民强市的第一要务，着力推进与国民经济发展相适应的收入增长机制，城镇居民的就业渠道不断拓宽，居民家庭收入呈现多元化的增长格局。陆续出台多项政策措施，促进和保障居民收入的稳定增长，全市居民人均可支配收入为26527.3元，增长8.6%。城镇居民人均可支配收入为37548.1元，比上年增长8.3%；消费支出为21497.4元，比上年增长7.6%。农村居民人均可支配收入为17355.1元，比上年增长9.2%；农村居民人均生活消费支出13368.7元，比上年增长9.2%。（统计局）

2015年句容市城镇住户基本情况一览

表24

项　目	单位	2015年
一、调查户数	户	82
二、现住房总建筑面积	平方米	42.3
三、常住调查人口	次	250
四、常住人口劳动力	人	180
五、离退休人员	人	19
六、批发零售业人员	人	24
七、交通运输、仓储和邮政业人员	人	15
八、住宿和餐饮业人员	人	3
九、居民服务、修理和其他服务业人员	人	18
十、公共管理、社会保障和社会组织人员	人	7

（统计局）

2015年句容市城镇居民年末耐用消费品拥有情况一览

表25

项　目	单位	2015年	项　目	单位	2015年
1. 家用汽车	辆	18	13. 洗碗机	台	3
2. 摩托车	辆	34	14. 排油烟机	台	71
3. 助力车	台	90	15. 固定电话	线	58
4. 洗衣机	台	79	16. 移动电话	部	163
5. 电冰箱(柜)	台	87	17. 其中：接入互联网	部	69
6. 微波炉	台	74	18. 计算机	台	67
7. 彩色电视机	台	141	19. 其中：接入互联网	台	60
8. 其中：接入有线电视	台	134	20. 摄像机	台	13
9. 空调	台	141	21. 照相机	台	32
10. 热水器	台	97	22. 中高档乐器	架	4
11. 其中：太阳能热水器	台	72	23. 健身器材	台	10
12. 消毒碗柜	台	8	24. 组合音响	套	13

（统计局）

2015年句容市城镇居民人均收入情况一览

表26

项　目	单位	本年	上年	增幅(%)
可支配收入	元	37548.1	34678.2	8.3
（一）工资性收入	元	23826.8	22044.3	8.1
（二）经营净收入	元	4423.2	4180.5	5.8
（三）财产性净收入	元	3304.1	3037.0	8.8
（四）转移性净收入	元	5994.1	5416.4	10.7

（统计局）

2015年句容市城镇居民生活消费支出情况一览

表27

项　目	单位	本年	上年	增幅(%)
人均生活消费支出	元	21497.4	19979.8	7.6
1. 食品消费支出	元	6505.4	6287.6	3.5
2. 衣着消费支出	元	2855.4	2694.0	6.0
3. 居住消费支出	元	1806.9	1569.3	15.1
4. 家庭设备、用品消费支出	元	2407.2	2219.4	8.5
5. 交通和通讯消费支出	元	2029.7	1638.9	23.8
6. 文化教育、娱乐消费支出	元	3912.5	3700.9	5.7
7. 医疗保健消费支出	元	1018.9	945.9	7.7
8. 其他商品和服务消费支出	元	961.4	923.8	4.1

（统计局）

2015年句容市农村住户基本情况一览

表28

项　目	单位	2015年
一、调查户数	户	89
二、调查人口	人	266
三、常住人口劳动力	人	207
四、人均住房面积	平方米	47.2
五、离退休人员	人	5
六、批发零售业人员	人	7
七、交通运输、仓储和邮政业人员	人	13
八、住宿和餐饮业人员	人	2
九、居民服务、修理和其他服务业人员	人	18
十、公共管理、社会保障和社会组织人员	人	13

（统计局）

2015 年句容市农村居民人均收入情况一览

表 29

项 目	单位	本年	上年	增幅(%)
人均可支配收入	元	17355.10	15892.90	9.2
(一) 工资性收入	元	9320.00	8471.80	10.0
(二) 家庭经营净收入	元	5485.00	5262.90	4.2
(三) 财产性净收入	元	434.00	358.80	21.0
(四) 转移性净收入	元	2116.10	1799.40	17.6

(统计局)

2015 年句容市农村居民生活消费支出情况一览

表 30

项 目	单位	本年	上年	增幅(%)
生活消费支出	元	13368.70	12241.20	9.2
1. 食品消费支出	元	4390.00	4027.40	9.0
2. 衣着消费支出	元	1097.00	898.90	22.0
3. 居住消费支出	元	1372.00	1338.70	2.5
4. 家庭设备、用品消费支出	元	886.00	740.70	19.6
5. 交通和通讯消费支出	元	2173.00	2044.30	6.3
6. 文化教育、娱乐消费支出	元	2357.00	2152.20	9.5
7. 医疗保健消费支出	元	787.00	743.50	5.9
8. 其他商品和服务消费支出	元	306.70	295.50	3.8

(统计局)

2015 年句容市农村居民年末耐用消费品拥有情况一览

表 31

项 目	单位	2015 年	项 目	单位	2015 年
1. 家用汽车	辆	13.00	13. 洗碗机	台	2.00
2. 摩托车	辆	59.00	14. 排油烟机	台	23.00
3. 助力车	台	79.00	15. 固定电话	线	77.00
4. 洗衣机	台	80.00	16. 移动电话	部	189.00
5. 电冰箱(柜)	台	97.00	17. 其中:接入互联网	部	46.00
6. 微波炉	台	64.00	18. 计算机	台	33.00
7. 彩色电视机	台	132.00	19. 其中:接入互联网	台	22.00
8. 其中:接入有线电视	台	86.00	20. 摄像机	台	0.00
9. 空调	台	110.00	21. 照相机	台	10.00
10. 热水器	台	83.00	22. 中高档乐器	架	0.00
11. 其中:太阳能热水器	台	71.00	23. 健身器材	台	1.00
12. 消毒碗柜	台	0.00	24. 组合音响	套	3.00

(统计局)

开发区建设和管理

责任编校：刘明亮

综　述

【概况】 江苏省句容经济开发区创建于1992年，1993年被省政府批准为省级经济开发区，行政区划面积158平方公里，下辖19个村（社区），总人口约10万人。经过二十多年的发展，句容经济开发区成为全市首要的招商引资和项目建设载体。40平方公里核心区内供水、供电、供天然气等“九通一平”基础设施全部建设到位，集金融、商贸、文化教育、娱乐服务等为一体的现代城市功能配套日趋完善。2015年，句容经济开发区积极应对错综复杂的宏观经济走势，保持定力、顶住压力，全面推进开发区各项工作，经济社会发展呈现出总体平稳、质效向好的态势。

全区2015年完成公共预算收入12.33亿元，比上年增长15.6%；实际利用外资1.04亿美元，比上年增长98%。完成地区生产总值119亿元，比上年增长14.23%；固定资产投资103亿元，其中工业投入45亿元，比上年增长8%；工业应税销售收入100.8亿元，比上年增长8.4%；排名跻身全省省级开发区20强。

2015年，开发区社会事业与经济建设同步发展，社会安定和谐，民主法制建设有序推进，矛盾防控体制机制逐步完善，人大、政协、工会、妇联、共青团、人民武装、党风廉政建设、民政扶持、慈善救济、文教、计生、社会保障等各项工作全面开展，有序推进。

（开发区）

基础设施建设

【概况】 2015年，句容经济开发区载体功能不断完善。高标准规划园区，先后启动机电信息产业园、科技服务产业园、商贸物流产业园、洪武路、122省道两侧以及南巷片区的规划编制，完成句容科技服务产业园8平方公里、商贸物流产业园及部分省道122区域5平方公里概念规划和城市设计以及西部片区4.39平方公里退二进三概念性规划和城市设计方案的编制。加快基础配套建设，建成科技中路、新城中路、科技西路，亭子路进行5公里长路段结构层施工，句兴路完成700米路段，兴源路进行基础施工；西干线已完成黄梅集镇评估，进行征地拆迁，北五环进行拆迁征地工作。省道122改造全面启动，黄梅片区污水管网工程完工。

（开发区）

【农路整治】 2015年，句容经济开发区社会文化事业与经济建设同步发展。年初确定的十件民生实事基本完成序时进度。其中，村庄环境综合整治全面达标，农村道路扩宽改造工程全面完工。拆除和迁移影响项目建设高压杆线2000多米，完成10KV石塘线、新塘线共计15公里的线路改造工作。（开发区）

【水利工程】 2015年，开发区农村水利建设投资约750万元，完成土方45万立方米。其中，河塘清淤、改造41座；维修改造拦水坝2座、机耕桥4座；维修、改造固定电站1座、30KW；渠道清淤、衬砌2公里。

（开发区）

项目建设

【概况】 2015年，句容经济开发区产业项目推进提质增效。项目招商引资亮点纷呈。紧扣主导产业，大力推进精准招商，试点通过政府购买服务的方式吸引单位和自然人参与开发区的招商引资，形成全方位、宽领域的大招商格局。全年，开发区先后签约五洲国际工业品博览城、普洛斯物流、乌背山地铁科技园、群力企业社区、宁商产业园、丰铃传动设备、骏驰机械、海祥消防和台湾小镇文创园等16个项目，总投资达172.8亿元；与此同时，格力空调、南高齿、博泰车联网、派飞特机械等30个在谈重点项目也在全力跟进。项目建设全面加速。2015年，开发区重点产业类项目30个，其中续建项目19个，新开工项目9个，前期项目2个，计划总投资237.7亿元，2015年计划完成投资63.6亿元。碧桂园华东总部和智达三期年内主体工程竣工；国核管道研发中心主体封顶；五洲国际工业博览城和普洛斯物流产业园项目完成开工建设前期准备。

（开发区）

【产业"三集"】 2015年，三集园区初具规模，其中，科技服务产业园"智谷"效应初显。省高创句容孵化基地2015年1月创成省级科技企业孵化器，一期已建成，签约入驻30多家科技企业，二期全面开工建设；碧桂园集团首个产业园项目——总投资30亿元的句容碧桂园产业园签约落户，全国第二个垂直绿色生态大厦——碧桂园华东地区总部大楼主体竣工。商贸物流产业园"旗舰型物流基地"辐射效应初显。正阳汽配商城签约商户700多家，签约率达80%，办理工商营业执照的达200多家，一期正式对外营业；全球知名的物流仓储设施开发商——普洛斯投资3.6亿美元的电子商务及供应链产业园以及一期投资30亿元的五洲国际工业博览城先后签约落户。机电信息产业园项目洼地效应初显。容宁科技创业园全面竣工，标准化厂房和配套用房全部租赁完毕，中电电气、合纵电力、和辉汽车空调和圣通环境等企业先后入驻。

（开发区）

【科技创新】 2015年，句容经济开发区依托博士后工作站、研究生工作站等载体，架起企业与院校合作的桥梁，搭建高层次人才培养和引进，科技创新和理论创新的重要平台。共有13家企业与各大高校建立产学研合作。江苏省高新技术创业服务中心句容孵化基地于2015年申报省众创空间，华阳金属管件和天宁两家企业申报省级技术中心；华阳金属管件有限公司报批的国家级博士后科研工作站获批，由原有的江苏省博士后创新实践基地升格为国家级科研工作站。至年底，共引进"千人计划"专家3人；省"双创"人才9人，省"博士计划"4人，镇江"331"人才18人，"福地英才"53人。开发区共有国家级高新技术企业20家，2015年新申报7家，高新技术产品41个。开发区有一个驰名商标以及中容、兴文、华阳金属、天宁香料、一马先包装、茅宝、神牛、广兴和山水9个省级著名商标。2015年新申请省级著名商标3件，并有天宁、浩宇电子2家申请境外商标。开发区内中小企业积极把握资本市场发展机遇，不断增强企业综合实力和核心竞争力，骏成电子、盈科、中容3家被列为2015年上市后备企业，其中，有2家企业完成了新三板股改，分别是骏成电子和瑞特耐。

（开发区）

2015年开发区工业企业竣工项目一览

表32

序号	项目单位及项目名称		批复文号	批复总投资(万元)
1	中容集团	中容科技产业园	句发改经信行审备[2014]39号	56897.35
2	江苏柯伦迪医疗技术有限公司	柯伦迪医疗	句发改经信行审备[2013]121号	25000
3	江苏三超金刚石工具有限公司	三超金刚石线	句发改经信行审备[2014]62号	19544
4	江苏兆鋆新材料股份有限公司	碳纤维生产	备案号：3211831403396	12000
5	江苏伟建工具科技有限公司	伟建工具	句发改经投[2014]21号	60607
6	江苏海田技术股份有限公司	海田技术	句发改经信行审备[2011]57号	19000
7	江苏中祥高科技实业有限公司	中祥高科	句发改经信行审备[2013]27号	18204.19
8	江苏新德变压器有限公司	中电电气	句发改经信行审备[2015]97号	25000
9	江苏正阳汽配商城有限公司	正阳汽配城	句发改经信行审备[2013]108号	141066
10	江苏容宁科技发展有限公司	容宁创业园	句发改经信行审[2013]67号	43736.22
11	句容百益运动器材科技有限公司	百益运动器材	句发改经信行审备[2011]42号	27000
12	江苏国核管道工程技术研究院	国核管道	句发改经信行审备[2013]90号	10000
13	江苏海祥消防科技有限公司	海祥消防	句发改经信行审备[2015]51号	16000
14	江苏科创电器有限公司	小家电生产	句发改经信行审备[2014]116号	22069.37

（开发区）

2015年开发区亿元以上开工企业项目一览

表33

序号	项目单位及项目名称		批复文号	批复总投资（万元）
1	江苏丰铃传动设备有限公司	齿轮箱体	句发改经信行审备[2015]42号	60000
2	江苏科创电器有限公司	小家电生产	句发改经信行审备[2014]116号	22069.37
3	江苏骏驰机械制造有限公司	高档焊接材料	句发改经信行审备[2015]5号	25000
4	江苏昊科汽车空调有限公司	昊科汽车空调	句发改经信行审备[2015]27号	21187.34
5	江苏和辉汽车空调有限公司	汽车空调制造	句发改经信行审备[2015]28号	50059.56
6	江苏泉硕汽车空调有限公司	泉硕汽车空调	句发改经信行审备[2015]26号	21078.41
7	江苏宝宝金水个人护理用品有限公司	宝宝金水	句发改经信行审备[2014]88号	25000
8	句容绿色动力再生能源有限公司	垃圾发电	句发改投资发[2014]365	32193
9	江苏华晟生物发电句容有限公司	生物质发电	苏发改能源发[2012]1188号	28814
10	五洲国际控股有限公司	五洲国际工业品博览城一期	营业执照注册号321183000186614	85000
11	江苏新德变压器有限公司	中电电气	句发改经信行审备[2015]97号	25000
12	江苏海祥消防科技有限公司	海祥消防	句发改经信行审备[2015]51号	16000
	句容市荣良新型建材有限公司	新型建材	句发改经信行审备[2015]88号	15000

（开发区）

开发区管理

【概况】 2015年，句容经济开发区切实抓好干部队伍建设，强化作风督查和效能建设，制定实施《开发区(黄梅街道)科级干部考评意见》《开发区(黄梅街道)下属单位工作人员绩效考核办法》，促使干部职工尽职履职、争先创优。严格预算管理，合理编制部门预算和项目预算，制定实施《句容经济开发区机关部门财务管理规定》和《句容经济开发区下属公司财务管理规定》；规范政府采购，2015年共申报采购预算156.22万元，成交金额129.88万元，节约资金26.34万元，节约率达16.86%。项目管理全面规范，2015年初建立重点项目(企业)跟踪服务的挂钩制度，做到每月及时跟踪掌握项目(企业)进度，从前期图纸设计、场地平整、工程报批报建，到开工建设、运营投产，全程跟踪服务，加强和各部门沟通协调，有效推进项目的建设进度。 (开发区)

【法治建设】 2015年10月，开发区政法综治工作中心正式挂牌成立，初步形成集综治、司法、信访人员统一办公，统一领导，明确工作职责的政法综治工作新格局。年初，在全区的农村工作会议上，与19个行政村(社区)签订综治领导责任书，各行政村与村民小组也层层签订综治责任书。发放各类宣传材料6千多份，张贴标语、拉横幅八十多条，办专栏4期，在各村(社区)宣传平安知识，加大综治平安宣传力度，努力提高群众对平安开发区建设"三率"。结合开发区实际，将黄梅新村安置小区打造成法治主题社区。根据实际，投入经费，在全区主要道口、重点场所、规模企业等重点部位共安装高品质摄像头，并且对技防监控室进一步进行规范化设置，新建小区100%建成技防小区。加强"群防群治"长效机制建设。做到干部坐班、警卫守班，工作扎实有效，人防、技防到位，确保一方平安。结合新农村建设，扎实开展"平安村"、"平安学校"、"平安家庭"、"平安企业"创建活动。

(开发区)

【廉政建设】 2015年，开发区以实地参观、观看电教片、专家授课等丰富多彩的形式开展廉政教育活动。举办一次开发区副科级以上干部参观句容市警示教育基地；带领辖区领导干部、村(社区)书记先后2次集中观看警示教育电教片；组织辖区400余名党员干部学习《中国共产党廉洁自律准则》《中国共产党员纪律处分条例》。在全区范围内开展2次大规模的廉政谈话活动。对全区内30多项工程的招投标、6条道路绿化管养考核以及70多项的在建项目重点工程每月完成情况进行督查，形成对工程的投招标、建设、验收的全程监督体系。办理党员违规违纪案件11件，对7名受处分党员开展回访教育以及对1名留党察看处分的党员恢复党员权利，加强案件查处力度，进一步强化干部的纪律观念。 (开发区)

【慈善工作】 2015年，开发区着力加强城乡社会救助体系建设，充分保障城乡弱势群体基本生活。至12月底，城乡低保合计433户，保障人口868人。提升五保工作水平。2015年新审批五保户30人，继续推进五保供养服务站的规范化建设。加强城乡医疗救助工作。为区内所有城乡低保户、五保对象、城市三无人员1240人参加医疗保险。农村五保户和城市三无人员救助比例为100%，低保、优抚对象等其他对象救助比例由60%提高到70%，年度封顶线由1万提高至7.5万。发放孤儿、困境儿童、城市三无人员生活费。开发区散居孤儿1人、困境儿童2人，城市三无人员11人，直接打卡发放到人。组织开展救灾救济工作。2月，发放冬春临时生活困难救助资金6万元，7月，发放暴雨洪涝灾害生活救助资金3万元。深入开展慈善宣传工作，加大拓宽慈善救助范围。5月4日在全区范围内开展以"奉献一片爱心，构建和谐社会"为主题的慈善捐赠活动，共募得慈善款134.7万元。开发区慈善分会共发放各类善款48万元，有600多人得到受益。

(开发区)

镇（街道）·管委会

责任编校：陈龙浩

华阳街道

【概况】 华阳街道位于句容城区东部，是全市经济、金融、商业中心。面积为120平方公里，下辖15个村和2个社区居民委员会，总人口5.27万人。2015年，华阳街道完成地区生产总值38.5亿元，完成一般公共预算收入5.98亿元，同比增长0.88亿元，同比增长17.3%，高于全市平均增幅。（朱　晨）

【招商引资】 2015年，总投资100亿元，一期投资30亿元的深国际句容物流港项目正式签约。总投资2.6亿元的爵鼎汽车产业园项目已有7家授权4S店入驻，新建二手车交易市场及汽车精品美容店正式开业，并建成4万平方米写字楼正式对外招商。（朱　晨）

【农业发展】 2015年，华阳街道为各村安装“蓝天小卫士”侦测设备，设备通过在移动通信信号基站发射塔顶端安装360度旋转的高清观测摄像头，可居高临下移动监测方圆10平方公里的田野，全天候、全角度地观测安装点周围的秸秆焚烧、夏秋收种情况。

（陈　璐）

【市政建设】 2015年，北部新城安置房开工建设，大东岗安置房交付使用，下旬安置房主体工程、华阳社区卫生服务中心开始建设。南一路东延、通湖路南延、南部新城污水管网等项目前期工作准备就绪。加强市容环境秩序整治，对东昌路、镇句路等主次干道两旁墙体进行粉刷出新，对沿街店面的广告牌匾和区域内的广告牌统一规范，对占道经营、乱堆乱放进行清理，对容光雅居等失管小区进行改造。（朱　晨）

【民生事业】 2015年，华阳街道开展“一节两会”、“六打六治”等安全生产专项检查活动。全年举行各类文化会演20场次，建成法治文化广场、村文化墙2个，“华阳讲坛”每季度开讲，“骆绮兰纪念馆”建成开放。下甸村广场舞代表队获得全市比赛乡镇组第一名。推进“平安先锋工程”和“社会管理创新先锋行动”。开展“百村万户双达标”工程，17个村（社区）的经营性收入和低收入农户358户784人全部完成达标。

（朱　晨）

【北阳门幼儿园开工建设】 2015年4月，华阳街道北阳门幼儿园正式开工建设。幼儿园占地10亩，建筑面积5970平方米，总投资约2000万元，采用4轨制办学。

（陈　璐）

【深国际物流港项目签约】 2015年8月，深国际物流港项目正式签约落户。项目位于句容市沪蓉高速城区出口处，总投资100亿元，一期投资30亿元，全部投产后有望每年为地方贡献税收9－10亿元。项目涵盖综合物流港八大功能区，实现物流、信息流、商流和资金流在平台上的集群式发展，最终打造智慧型生态化城市物流大社区。（朱　晨）

【骆绮兰纪念馆落成】 2015年12月,华阳街道骆绮兰纪念馆落成开放。纪念馆占地150平方米,内设序言厅、诗词作品展示厅、两个多媒体数字化展厅、画作展示厅及后人评论展示厅。其中,多媒体数字化展厅采用最新的影视动画、热传感技术将骆绮兰的诗画作品以多媒体的形式呈现给参观者,并使用3D投影技术,以声、光、电的形式模拟骆绮兰的生活场景。

(朱　晨)

下蜀镇

【概况】 下蜀镇始建于唐朝,至今已有1300多年历史,位于"律宗第一名山"宝华山脚下,东接丹徒高资,西连句容宝华、南京龙潭,南邻句容开发区,北枕长江黄金水道,半山半圩,山水资源丰富。全镇总面积120平方公里,下辖10个行政村,总人口4万人。沿江高等级公路、312国道沿江高速公路及京沪高铁、沪宁城际轻轨穿境而过。2015年完成地区生产总值51.88亿元,同比增长12.6%;公共财政预算收入3.05亿元,其中国税1.88亿元、地税1.17亿元,分别增长16.75%、19.37%、12.8%,整体实力继续领跑全市各镇,跻身镇江乡镇工业前三强。(杨　捷)

【工业经济】 2015年,下蜀镇实现工业投入27.76亿元,同比增长16%。工业应税销售达121.9亿元,增长22.9%,成为句容首个工业应税销售百亿镇。新增规模以上企业2家,民营企业93家、个体工商户291家,私个注册资本达10.4亿元。天工科技在"新三板"成功挂牌上市,总投100亿元的华电二期完成部队农场土地置换,圣诺木业一期、天工二期和天地磁业竣工投产。武汉船舶配套园、众盛国际建材城、森丰包装、青和建材等项目相继落户。"三集"园区市场化试点圆满完成,规划展示馆投入使用。启动国家火炬计划绿色建材产业基地创建工作,全年专利授权47项,申报发明专利39项,研发投入占比达2.25%,高新技术产业产值占比达23.2%,同比提高2.6个百分点。全年引进句容"福地英才"项目1个,引入博士团队1个,引进院士1名、"千人计划"专家1名。(杨　捷)

【现代农业】 2015年,下蜀镇以本地特色农作物茶叶为先导,积极发展现代高效农业。推进茶产业"百千万"工程,2015年新增高标准茶田1500亩,万亩茶产业核心区基本形成。容北茶谷建成营运,创成省级"四星"乡村旅游区。武岐山茶叶生态园、瑞安农产品深加工项目即将竣工,"祝里健康"有机蔬菜园列入省"菜篮子"工程。新增专业合作社2家,认定省级现代农业产业项目、"一村一品"项目各1个。举办第二届稻美茶香文化艺术节和小九华汽车极限越野车大赛,吸引游客数万人。

(杨　捷)

【城乡建设】 2015年,下蜀镇完成《下蜀镇总体规划》《镇村布局规划》《临港工业园区电网规划》等规划修编。开展"小挂钩"(同一乡镇范围内建设用地布局调整)试点,完成村庄整理800多户。疏港路北延伸段竣工通车,人民东路路基施工结束,龙北大道开工建设。110KV中圣供电专线和污水管网延伸工程完工。临港佳园二期建成交付,官港佳园主体竣工。华山片区改水完工,彻底解决了当地群众吃水难题。投入30万元,建成下蜀村"血防"工程。完成6公里农路提档升级,修建农桥3座。投入2600万元实施农村水利提升工程,加固水库1座,整治河道22.5公里,新建和改造排涝泵站8个。实施农村道路亮化工程,实现自然村路灯安装广覆盖。集镇干道路面全部翻新,道路附属设施全面升级,完成镇区弱电下地、美化亮化工程,"新市镇改造"圆满结束。组建城管行政执法中队,重点整治占道经营、乱搭乱建和交通秩序。开展村庄水环境连片整治,污水集中处理率达到80%以上。开展打击非法盗采专项行动,查处盗采行为33起,查扣盗采机械48台次。狠抓厂矿企业污染治理,妥善关闭长宁化工。

(杨　捷)

【社会事业】 2015年,下蜀镇共发放各类涉农补贴312万元,农民人均可支配收入达18810元,同比增长7.4%,全面完成"百村万户"双达标任务。加强创业就业公共服务,全年共培训2500人,转移农村劳动力618人。新增企业职工参保532人。被征地农民即征即保535人,新农合参保率达100%,完成"金保工程"指标任务。整合"长江利民基金"、慈善救助基金等平台,累计向困难群体、贫困学子发放救助金200多万元，投入90万元实施敬老院改造。创成四星级文化站，建成启用全市首个免费图书馆，创成省级“诗词之乡”。实施总投1.5亿元的教育现代化工程，完成中心小学和中心幼儿园加固、社区教育中心改造、亭子幼儿园新建等项目，下蜀中学异地新建及亭子小学改造工程启动建设，通过镇江市教育现代化“双创”考核验收。（杨 捷）

【第二届“稻美茶香”文化艺术节】 2015年10月18日，句容“稻美茶香”文化艺术节在下蜀容北茶谷开幕。此次文化节历时一个月。活动分为四个篇章，一是举办“百年巴拿马、中国下蜀茶”论坛、“赏稻梦空间、品下蜀美味”、“观激情越野、游千年茶道”等文化活动；二是在下蜀镇稻田沿线开展骑游和徒步活动；三是开展“味在下蜀·句容下蜀乡村美食节”“购在下蜀·乡土特产展销会”；四是组织绝技绝活表演以及和游客互动游茶园、找红包等现场活动。（杨 捷）

【华电二期工程开工】 2015年12月30日，江苏华电句容二期两台百万机组桩基工程正式开工，标志着该工程正式进入施工阶段。该项目预计总投资79亿元，将建设2×1000MW超临界燃煤机组，2台机组拟以2回500kv线路接入500kv西津渡开关站，投产后将成为江苏电网的区域性主力电厂之一。（杨 捷）

【创成镇江“美丽宜居镇”】 2015年12月，下蜀镇通过专家组考核验收，创成镇江唯一的“美丽宜居镇”。为创成“美丽宜居镇”，下蜀镇共投入5600万元，高质量实施集镇雨污分流、输电杆线下地、街面出新等工程。累计投入8000万元完成84个自然村环境整治，实施村路硬化200多公里。投入400多万元安装农村路灯3000多盏，改善村民出行条件。（杨 捷）

宝 华 镇

【概况】 宝华镇位于句容市西北部，东离镇江市区35公里，西距南京主城23公里，下辖7个行政村，2个社区，总人口2.33万人，总面积100平方公里，是全国第二批小城镇改革试点镇、全国第一批环境优美乡镇、江苏省旅游名镇、镇江市新市镇建设试点镇。境内宝华山风景区面积30平方公里，是国家森林公园、AAAA级风景旅游区。截至2015年末，实现地区生产总值18.3亿元，增长19.8%；公共财政预算收入6.7亿元，增长22.5%；固定资产投资28亿元，完成任务数的112%。（郑晓虎）

【经济发展】 2015年，宝华镇新增民营企业64个，新增个体工商户174户，新增个私注册资本1.34亿元。推进“三集”产业，建成“三集”产业园区0.7平方公里，博济智慧城市产业园完成建筑面积6.5万平方米。可一文化产业园累计签约入园画家60余位，宝华山千华古村建成投入使用。启动凤坛科技产业园区规划建设。万城总部经济园创成“省级服务外包示范基地”，“唐邦”商标被授予“中国驰名商标”称号。全镇粮食生产实现“十二连增”。（郑晓虎）

【城乡建设】 2015年，宝华镇投入1400万元，实施小型农田水利重点县工程，新建泵站2个、机耕桥17座，完成河塘清淤10座、田间配套工程21.7公里。推进北部片区农村道路提档升级、亮化工作。投入1100万元建成新城污水管网7公里，经九路、环山路、纬一路3条市政道路建成通车。全年新开工建设商品房面积80万平方米，成交量占全市总量的30%。完成村庄整理6万余平方米。完成天然气管道东延工程，仙林东路、和平变至环山路供电管网竣工验收。严格环保准入门槛，禁止资源开采类、轧石流砂类、塑料粒子加工类等污染企业进入新城核心区域，出台《关于环境建设与管理“五个一律不得”的工作问责意见》，加大检查监督力度，关停境内石灰窑、轧石场企业；完成312国道废品收购站清理整治工作。（郑晓虎）

【社会事业】 2015年，宝华镇新增就业210人，新增农村劳动力转移201人，扶持创业140人。完成保险扩面250人，新征地农民做到“即征即保”。全年新申报低保对象40户，低保对象核实机制实现动态管理，做到应保尽保。发放优抚金共计159万元，投入60万元建成铜山烈士陵园。宝华新城中学完成主体建设，宝华中学创成镇江市数字化校园。镇影像数字远程会

诊系统建成投入使用。全年共组织电影下乡、文化下乡等各类惠民活动 9 场次。镇司法所获评“全国先进司法所”。（郑晓虎）

【纪念抗日战争胜利 70 周年佛事祭奠活动】 2015 年 8 月 30 日，“祭奠抗战英灵 祈福世界和平”佛事祭奠活动暨《大善净土》书画作品展在句容宝华山隆昌寺举行。祭奠活动中，有 30 名僧人放飞和平鸽为在战争中牺牲的英灵祈福，70 多名僧人为牺牲的英灵们超度。画展共收集了著名寺院 70 位高僧、境内外 70 位著名书画艺术家以及参加过抗战的老将军、老战士等 200 多幅作品。（郑晓虎）

边城镇

【概况】 边城镇东临镇江，西接南京，南濒道教圣地茅山，北依佛教名山宝华山，处于句容全市市委提出的“两纵两横”发展轴（沪宁高速、扬马城际）的核心交汇点，交通便捷，自然生态环境优美，是句容的东大门。全镇总面积 109 平方公里，辖 14 个行政村，2 个社区，3.5 万人口。2015 年，实现地区生产总值 31.42 亿元，增长 15%；完成公共财政预算收入 1.57 万元；固定资产投资 16.85 亿元，增长 49.51%；实际利用外资 1558 万美元；农民人均纯收入 18484 元。服务业增加值占地区生产总值比重达 33.24%，同比增长 1.24 个百分点。2015 年，边城镇先后获 2014 年度全省基层党员冬训工作示范乡（镇、街道）、镇江市“百村万户”双达标工作先进集体、双拥模范镇等 23 项荣誉称号。（唐　琦）

【工业经济】 2015 年，边城镇实现工业开票销售收入 36 亿元，完成工业投入 12 亿元，新增规模企业 3 家，企业总数累计达到 50 家。高新技术产业产值占比、研发投入占比分别达 78% 和 5.8%，继续保持全市领先。继新光环保 2014 年上市后，江苏南瓷成功在“新三板”挂牌，宁武新材料完成股改，天龙电气、佳誉信等 5 家企业启动上市股改工作。投入 4000 余万元完善园区基础设施建设，路面新材料产业园成功列入国家（苏南）自主创新示范区（一区多园）；光明中小企业科创园一期 40000 平方米“定制厂房”竣工，11 层总部大楼开工建设。与南京林业大学、东南大学、华东理工大学开展政企和产学研合作，新增科技创新载体 6 个，引进国家“千人计划”1 人，“省双创”3 人，“镇江 331 计划”2 个，句容福地英才 5 个，江苏南瓷实现了句容在“省双创”团队项目零的突破。新增国家高新技术企业 1 家，省级高新技术产品 6 个，产学研项目 3 个。新申报发明专利 150 件，新增省级著名商标 1 个，镇江知名商标 2 个。宁武环氧沥青一期建成，具备 40 万吨产能。新光声屏障开工建设，土壤修复项目完成注册；南瓷完成海外并购，引进加拿大船用尾气净化装备项目。宁武新材料聚醚自动化改造、南瓷绝缘子机器人智能化等技改项目全面实施，全年完成技改投入 5 亿元，占工业投入的 42%。采取 PPP 模式进行城镇化改造，总投资 5 亿元，仑山湖旅游度假 PPP 项目列入省财政厅试点项目库。（唐　琦）

【现代农业】 2015 年，边城镇以大华高标准良田为核心，崇景苗木、农博园千亩蔬菜等“十大基地”为载体的现代农业观光园雏形初现，总面积达 15000 亩。绿苑观光园、六物生态园、红旗种业产业园等亿元农业项目加速推进，稻米烘干中心投入使用。全年新增农民专业合作社、家庭农场 12 家，建设农村淘宝服务站点 5 个。新增市级农业龙头企业 2 家、江苏省著名商标 1 个。仑山花木场创成句容市星级休闲园区，农业综合机械化水平达 87.1%。农博园品牌效应进一步显现，大型实验动物基地、鲜桃实验基地落户园区，创成“全国科普教育基地”。（唐　琦）

【城乡建设】 2015 年，边城镇完成镇村总体规划修编，安置房、污水管网、天然气管网规划设计全部完成，“三旧”改造全面启动，完成永嘉礼品等 4 家集镇企业搬迁。完成大行线、友姜线等农路改造 15.23 公里，“一事一议”道路户户通 5.8 公里，铺设农村污水管网 15 公里，实施危房改造 5 户。完成塘坝防护 35 座，新建电站 19 座、蓄水塘坝 27 座，疏浚河塘 10 座，清淤河道 11 公里，新建动物无害化处理点 1 个。推进边城片区生态环境综合整治，总投资超亿元的八步山、狗头山等废弃矿山生态修复工程实施。推进污染企业关停工作，关闭污染企业12家、石灰窑9座。成片造林550亩。投入2500万元实施仑环水库除险加固、石泉坝、东昌河改造等工程。全年共完成12个自然村450余户的村庄整理工作，新增耕地近800亩；完成工矿废弃地复垦200亩、占补平衡170亩、土地收储350多亩。“百村万户”双达标工作完成，获“镇江市先进集体”。青山村创成“全国生态文化村”“江苏省美丽乡村”和“江苏省文明村”，佴池村创成“江苏省少数民族特色村寨”和“镇江市美丽乡村”。 （唐　琦）

【社会事业】 2015年，边城镇社保扩面深入推进，新农合参保率100%。新增被征地农民社会养老保险748人。开展创业培训406人次、农民培训448人次，新增就业岗位310个，办理创业贴息贷款160余万元。累计发放低保金、抚恤金、救济金等470余万元，慈善救助金20余万元。投入8600万元用于教育、医疗卫生事业。中学加固扩建工程完成，边城中心幼儿园主体竣工，边城中心小学具备开工条件，陈武中心幼儿园完成腾仓，社区教育中心、文体中心完成规划设计和项目报批。边城中学、中心小学创成“镇江市教育现代化先进学校”，边城中心小学创成“镇江市社团建设先进学校”。医养中心开工建设，边城卫生院特色中医馆建成使用，创成首批“全国群众满意乡镇卫生院”。连续七年被评为“双拥模范镇”。重点打造东乡文化品牌，建成青枫古韵宰相村并设立村使馆，编撰《最忆东乡》、《古村落—青山》两本书籍。 （唐　琦）

【千人看边城边城活动】 2015年1月10日，边城镇连续第四年开展千人看边城活动。此次活动以“喜看新变化，集聚正能量”为主题，通过参观走访边城镇大项目建设和重点民生工程建设现场，引导广大党员干部群众深入基层摸实情、做调研、谋发展。 （唐　琦）

【医养一体化工程建设启动】 2015年4月6日，医养一体化工程正式启动，该工程选址在原东昌中学内，一期工程新建13200平方米，二期新建18900平方米，建成后将结合养老、医疗、社会救助等多项服务功能。 （唐　琦）

【青山村被评为“全国生态文化村”】 2015年11月，青山村被评为“全国生态文化村”。青山村位于边城镇东部，自然生态环境优越，拥有边城三宝中的千年银杏树和亿年鱼化石，村内设村史展览馆，全村绿化面积达13000多平方米，村绿化率达36.5%。 （唐　琦）

白兔镇

【概况】 白兔镇坐落于句容市东部，距句容市区21公里，东与镇江市丹徒区相连，南与茅山镇接壤，西接华阳镇，北与边城镇交汇。122省道、沪蓉高速、扬溧高速穿境而过，距南京禄口机场、龙潭港、镇江大港均在30公里左右。全镇总面积115平方公里，人口4.1万，耕地面积4302公顷。辖15个行政村，2个居委会，拥有“全国美人指葡萄”、“全国无公害大棚草莓”两个国家级标准化示范区，享有“鲜果小镇”“中国草莓之乡”的美誉。全年全镇实现一般预算收入4025万元，其中国税1493万元，占年任务的110.59%；地税2532万元，与2013年相比，增长17%，超过全市平均水平。完成固定资产投资8.2亿元，增长15%，其中工业投资2.1亿元，增长54%，服务业投资6.1亿元，增长13%；工业增加值21.4亿元，增长8%；应税销售收入17.1亿元，增长13%。社会消费品零售总额3.53亿元，增长9%。新增民营经济注册资本3.48亿元，增长39%。 （笪倩倩）

【工业经济】 2015年，白兔镇推动工业经济快速发展。截至年底全镇共有高新技术企业5家，其中久维压力容器制造有限公司正在申报国家级高新技术企业。全社会研发投入占GDP比重达2.05%。申请专利245件，其中发明专利34件，实用新型专利33件，外观申请专利78件，发明授权1件。同时，牵头成立白兔针织行业商会，通过鼓励自营出口，技术改造，建立自主品牌，规范企业用工、销售报价等措施，促进传统针织业做大做强，截至年底商会已吸纳会员单位50家。 （笪倩倩）

【农业发展】 2015年，白兔镇积极引导传统农业与高效观光农业互补发展，大力推动农业结构调整，实现经济增效,农民增收。新增高效设施农业4823.7亩、高效设施渔业602亩、农业“三品”产量1.21万吨、高标准农田1万亩,成片造林410亩。投入2500多万元进一步完善果品交易市场及园区沟渠涵闸等配套设施,园区大道入口至东部干线延伸段建成通车。跃进河景观带升级改造基本完成,第二期国家水利重点县项目和茅庄、古隍新增千亿斤粮食产量规划田间工程任务完成。江南百竹园项目正式落户,该项目是江苏省内唯一以竹文化为主题,集采摘、休闲、民宿、度假、文化于一体的农业和服务业有机结合项目,总投资过亿元,占地900亩。开工建设“鲜果小镇·乡村盒子”项目,该项目位于草莓主题广场东侧,规划建设集装箱街区、房车营地、镇史馆、水上餐厅、游乐场、鲜果采摘六大主题功能区。解塘村农业产业园基本建成蓝莓(346亩)、花卉种子(900亩)、优质水稻(700亩)、茶叶(200亩)、四季鹅孵化养殖(100亩)5大基地。行香片区无花果基地完成规划设计。亚夫在线、农大大等电商平台白兔服务点正式上线,青蓝园艺在线日销售收入近万元。云兔草莓合作社的红颊草莓,在首届江苏“盐都大纵湖杯”优质草莓评比中获得金奖。(笪倩倩)

【乡村旅游】 2015年,白兔镇投入500余万元建成游客集散中心和草莓主题广场。包装出新农展中心、幸福阳光等跃进河沿线农家乐,引导农户由单一种植向特色经营转型。举办首届白兔草莓节和民间葡萄节。全年旅游综合收入达14.2亿元,比2014年增长1.59%。永丰农庄、万山红遍家庭农场被评为句容市星级休闲园区。(笪倩倩)

【城乡建设】 2015年,白兔镇稳步推进城乡建设工作。总长600米,宽10.5米的园区大道至东部干线连接道路建成通车。完成2015年度冬春水利建设任务,其中疏浚村级河塘16座,改造塘坝18座,总建设土方15万方。校安工程完成序时进度,已完成加固工程11685平方米,单体新建2844.4平方米,异址新建24028.4平方米。完成中心、高庙、西井、马里4个行政村12个自然村的村庄整理房屋置换工作,共整理土地614.49亩。投入700余万元。行香黄土桥、幸福后庄、高庙东后塘、龙山湖柘培头4个自然村创成省级绿化示范村。(笪倩倩)

【社会事业】 2015年,白兔镇新增就业786人,转移农村劳动力500人,其中妇女劳动力243人。农民人均纯收入达到1.88万元,比2014年增长10.59%。新增农保298人,超额完成全年总任务。募得慈善捐款127万元。发放低保金231万元,五保供养金75.2万元,残疾人生活救助金196万元,优抚安置金132万元。人口与计生工作通过镇江市“十二五”终期评估,被评为江苏省人口文化示范基地。建成农家书屋,绘制完成行香村1000平方米文化墙。创成“2012—2015年度镇江市级文明单位”3家。新增监控探头10个,已有189个监控终端正常运作,实现24小时动态监控。依法开展民事调解,共调解民事纠纷150起,调解成功率98%,挽回间接损失250万元。(笪倩倩)

【白兔草莓】 白兔镇是“全国无公害大棚草莓”国家级标准化示范区,享有“中国草莓之乡”之美誉,现在主要种植以“红颊”品种为代表的草莓。白兔草莓因白兔地处丘陵山区独特的气候环境和土壤,并通过采用“草莓+越光稻”草莓水旱轮作技术和大棚草莓山羊复合种养等技术,使得草莓果形端正、饱满,果面光泽亮丽。白兔草莓果实呈圆锥形、单果均重42克、是一般品种的两倍;口感鲜美,甜中带微酸,风味浓郁;果实硬度较大、耐贮运。经测定,白兔草莓每100克含有可溶性固形物11.8%、铁0.53毫克、磷4.5毫克、钾158.83毫克、膳食纤维1.2克、维生素C45毫克。

(笪倩倩)

【白兔针织行业商会成立】 2015年3月18日,白兔针织行业商会成立,并召开第一次会员大会。该商会的成立,将搭建起企业之间的“服务平台”、企业和政府部门之间的“沟通桥梁”,整合优势资源,合理规划转型升级,走出传统的纯加工模式,将白兔的针织业做大做强。(笪倩倩)

【首届白兔草莓节】 2015年3月28日,首届“果香白兔,莓飞色舞”句容白兔草莓节开幕。活动主办方专门为游客安排了游玩互动主题舞台、手工DIY体验室,并设置亲水平台、木栈道直接连接农户的草莓大棚,方便游客的采摘。首届草莓节共持续2个月。(笪倩倩)

【民间葡萄节暨圆梦慈善纳凉晚会】 2015年8月15日，白兔镇举办民间葡萄节暨圆梦慈善纳凉晚会，当天爱心人士共购买葡萄5000多箱，将近1.5万千克，筹集到善款100万元，并由团市委、广播电视台与白兔镇和慈善晚会发起人仲华等一行组成的爱心助学团将爱心助学款送到贫困学子手中。 （笪倩倩）

郭庄镇

【概况】 郭庄镇位于句容市西南部。东接天王、后白两镇，北连赤山湖风景区管委会，南与溧水县东屏镇交界，西与江宁区湖熟街道接壤。总面积117平方公里，耕地面积6596公顷。辖18个村民委会员和2个居民（社区）居委会。2015年末总人口55903人，总户数17772户。全年完成地区生产总值40.6亿元，同比增长15%，其中第一产业3.7亿元，第二产业20.7亿元，第三产业16.2亿元，完成公共预算收入8817万元，从全市第七名跃升至第四名，完成年任务的135.6%，同比增长60.1%；农民人均纯收入达18271元，同比增长11.9%；实际利用外资2200万美元，全面超额完成年度目标任务。粮食总产47233吨，油料总产3040吨，肉类总产6365吨，水产品产量3936吨。工业总产值103.6亿元，实现利税8.1亿元。有销售额2000万元以上企业53家，职工18411人。全镇现有中学1所，小学2所，幼儿园2所，在校中学生599人、小学生17078人。镇社区卫生服务中心有病床100张，医卫人员132人。参加农村社会养老保险19650人，参加新型农村合作医疗保险43465人，农村最低生活保障人数1055人。 （张　俊）

【经济发展】 2015年，郭庄镇工业应税销售收入38.8亿元，增幅150.8%，增幅位列全市第一；新兴产业销售收入增长30%。高新技术产业产值占规模以上工业总产值比重达40.1%。新增规模以上企业7家，达到64家；新增亿元以上企业3家，达到9家。固定资产投资28.6亿元，增长31.2%；工业技改投资9亿元，超过年任务数80%。“三集”园区功能不断完善，完成固定资产投资23亿元，增长25.3%；新建标准化厂房10万平方米，新增入园企业15家。南京中小企业产业园一期道路正式动工，已签约深苏电子、钢诺包装等企业，签约项目建设面积近33400平方米。东恒高新技术产业园一期工程主体全部竣工，已有20多家科技型企业和1家上市公司区域总部签约落户，并获得“江苏省现代服务业集聚区”和“江苏省科技企业孵化器”称号。总投资8亿元的东昇光伏组件项目全部投产，全年销售近24亿元。招商工作成果丰硕，总投10亿元的华君光伏、总投6亿元的中友光伏、总投15亿元的DHL路得跨境电商物流、总投8亿元的新加坡丰树物流等多个项目相继落户。新增省级科技企业孵化器1家，东恒高新技术产业园内众创空间被认定为镇江市众创空间。协鑫高科技产业园、东恒空港高新技术产业园被列入镇江市苏南国家自主创新示范区。启动省级高新技术产业开发区创建工作，现有镇江“169人才”15名、“331”人才项目5项，申报句容“313”人才25名、“福地英才”人才项目6项。服务业增加值占地区生产总值比重达40.1%。商贸物流业发展迅速，韵达物流一期厂房和办公楼主体工程基本竣工；奥特莱斯一期建成营业，入驻品牌90家，全年销售额近1亿元，二期工程已完成土地摘牌。 （张　俊）

【现代农业】 2015年，郭庄镇新增高标准农田6000亩、设施农业8500亩，农业机械化水平达到87%。新认证“三品”品牌达11个，“三品”认证产量占食用农产品生产总量的80%。新增农民专业合作社95家、家庭农场17家，农业规模经营比重达到65%。建成虬北村350亩现代高效农业示范园，成为全镇现代高效农业的示范基地。葛村西万亩圩12000亩高标准农田土地整治项目已经开始实施建设。水利设施持续加强，全年投入7000多万元，相继实施了“重点县”水利建设、高标准农田基础设施建设、水利专项工程、河塘疏浚等农田水利工程。 （张　俊）

【城乡建设】 2015年，郭庄镇推进农村道路升级改造工程，实施农村公路提档升级10公里。实施临泉路、恒达路、塘西路西延线、凤仪路等景观绿化提档升级，实施集镇、园区路灯亮化工程。对镇垃圾中转站进行升级改造，新增电动扫地车1辆，垃圾清运板车30多

辆，升级改造垃圾房、池80多个，全镇全年共收集转运镇村生活垃圾10000多吨。（张　俊）

【社会事业】 2015年，郭庄镇加大民生投入，财政用于民生的资金投入达到1.5亿元。城镇新增就业250人，扶持创业70人，创业带动就业350人，农村劳动力转移600人，城镇登记失业率控制在2%以内。完成“百村万户”双达标任务，全镇14个经济薄弱村和407户低收入户全部实现脱贫。新农合筹资标准提高至每人每年665元。城乡低保标准统一提升至每人每月580元，全年共发放救济、救灾款67万余元，为1055位农村低保户人员发放低保金414.2万余元，为11000多位老年人发放补贴1500多万元，为964户困难户发放慰问金56万元，发放五保散养金104.2万元。完成优抚、优待抚恤资金发放任务，全年共发放各种优待抚恤及定补款共560万余元，向烈属伤残军人、老复员、参战人员284人发放优待金292.5万元。开展教育现代化“双创”工作，郭庄小学、葛村小学、郭庄中学创成教育现代化示范学校。郭庄中心卫生院获国家卫计委颁发的“全国满意乡镇卫生院”称号。镇社会福利中心主体工程基本完工完成“六五”普法任务，建成法律服务中心。组织参加安全法律、法规知识及安全技能培训267人次，全年没有发生重大安全生产事故。连续三年被镇江市评为“信访工作先进”乡镇。注重挖掘郭庄历史文化，组织编写镇志和《凤仪郭庄》一书。（张　俊）

后白镇

【概况】 后白镇地处省级风景名胜区、道教圣地茅山西麓，距离句容市中心约17公里。境内总面积143平方公里，辖21个行政村，人口约7万，总户数约2.2万。2015年全镇实现地区生产总值41.43亿元，增长12.5%；完成公共财政预算收入6713万元；全社会固定资产投资15.5亿元。2015年，获得镇江市首家美丽宜居镇、全国生态文明先进镇、全国文明镇、国家卫生镇等多项荣誉称号。（后白镇）

【工业经济】 2015年，后白镇新开工亿元以上产业项目10个。启动占地3平方公里的农产品加工区建设，完成3000多亩土地流转和场地平整，总投资1.1亿元的“一纵四横”园区道路全线贯通，园区水、电、管网配套建成，首期30000平方米标准化厂房竣工并全部实现对外出租，落户华桠智能科技、花味道鲜花食品等成长型企业，开始占地120亩农产品加工区产业孵化园筹建工作。全年承担国家星火计划2项，省科技支撑项目3项，申请专利82件，高新技术产业产值占规模工业产值比重超过40%，科技对全镇经济增长的贡献份额达60%，被列为省级创新型试点乡镇。（后白镇）

【现代农业】 2015年，后白镇高效设施农业蓬勃发展，新增砂坪、应时鲜果、大棚蔬菜等4850亩，轩宇生态农业园、玫瑰花种植及深加工、设施园艺、果蔬综合示范基地等一大批设施农业项目落户，设施农业总面积达18680亩。全镇共发展“三大合作”组织176家，在册合作社成员24563户，入社率达100%，实现专业合作组织村级全覆盖。（后白镇）

【乡村旅游】 2015年，后白镇先后举办茅山杯”全国象棋冠军赛、“江苏乡村旅游节、“岩藤郁金香节”、“圣湖花海车友节”等一大批旅游活动，累计游客接待500万人次。岩藤农场、圣湖花海、张庙茶艺园等十大乡村旅游观光园实现提档升级，国际赛鸽村、希望田野、瀚星通用机场等一批农旅结合项目签约落户，总投资超过30亿元。岩藤农场创成全国五星级乡村旅游示范点，圣湖花海成为全省十佳赏花胜地。度假区形象宣传片获全国城市创新微电影奖和江苏省十佳旅游微电影奖。（后白镇）

【城乡建设】 2015年，后白镇持续推进“三新”建设，打造“基础设施完善、生态环境优良、特色风貌鲜明”的现代化新型城镇。全年改造道路4.6公里、硬化路面1万平方米，新建公共绿地1万平方米，增设景观亮化4处，实行垃圾清运电子巡查。张庙佳园一期4万平方米工程于7月顺利交付使用，提档升级11.5公里农村道路。改造危房37户，被授予“省农村危房改造试点镇”称号。完成绿化造林1600亩，植树50万株，农田林网2万株，道路绿化40公里，成功创成镇江市

首家美丽宜居镇。（后白镇）

【社会事业】 2015年,后白镇共发展农民合作组织154家,在4个村成立村级劳务合作社,合作社数量累计已达9个。依托省级农民合作社服务能力建设项目,成立农村劳务合作社指导站。严格落实各项惠民政策,发放国家惠农政策补贴1966万元。新增新农保参保701人,新农保续保缴费率达98%,新农合参保人数增至49128人,企保扩面579人,被征地保障4131人,全镇享受新农保退休待遇4411人,享受老年补贴7526人,基本实现农村社会养老保障金全覆盖。创成省农村劳动力转移充分就业乡镇。建成西城村千亩钢架大棚蔬菜创业孵化基地1家、农民创业示范园4家;开通"百村百社"网络信息系统,实现创业就业无缝指导。在2015年6月的特大洪涝灾害中,转移受灾群众2800多人次,向620户受灾家庭发放自然灾害救助资金32万元。设立村级慈善工作站21家,全年共募集慈善资金206万元,完成大病救助21人次,救助资金4.2万元;扎实开展优抚和双拥工作,全年共发放民政优抚经费320万元。完成2015年农村危房改造14户。加大农村文体设施投入,村村配备电子阅览室,建设农家书屋19个,新建农村体育休闲广场5家,开展送文化下乡、送戏下乡10余场次。投入100多万元,实施省文保单位"张家祠堂"落架大修。后白镇创成2012—2014年全国文明镇。（后白镇）

天王镇

【概况】 天王镇东与金坛市交界,西和溧水区接壤,南与溧阳市相望,北与本市的后白镇、郭庄镇为邻。位于句容市最南端,地处东经119度,北纬31度。总面积131.54平方公里,耕地面积4704公顷。2015年,户籍总数21355户,人口56627人,其中男性28589人,女性28038人。辖16个村委会,196个自然村,是句容的南部重镇。全年全镇实现财政总收入6805万元,同比增长26.8%;完成全社会固定资产投资13亿元,同比增长37.7%;实际利用外资807万美元,新增注册资本6.5亿元,各项主要经济指标均超额完成全年目标任务。（梁光成）

【工业经济】 2015年,天王镇先后成功引进落户总投1.5亿元的风力发电设备部套件项目、总投1亿元的双金属复合管生产项目、总投1亿元的高档木质家具生产项目和总投资4亿元的生物医疗器械项目。全市重点产业类项目胜源纸品竣工投产,2015年实现销售破亿元;天王汽车配件项目厂房建设基本竣工,进入生产设备安装调试阶段;江苏天王建材商贸城项目配套的仓储中心已完成钢结构主体工程;双金属复合管生产项目和高档木质家具已经开始试生产;"味特佳"被评为江苏省农业龙头企业。（梁光成）

【现代农业】 2015年,天王镇新增高效农业面积5430余亩,截至年底全镇共有百亩家庭农场199家,千亩现代农业基地2个。江苏省现代农业产业园区和天王苗木产业园区均达到万亩规模,新增投资近5亿元,万亩高标准农田完成5000亩建设计划。鼓励发展"互联网+"农产品营销模式,开通了"8090"、原味原鄉、味来味好等电商平台,谷品道原农业公司开通了天猫旗舰店,在木易园试点市场化运营机制,开发网络交易渠道。唐陵村被农业部认定为"全国一村一品示范村",戴庄"野山小村"越光有机大米获第十三届中国国际农产品展销会金奖,"野山小村"品牌获"江苏省著名商标",天王镇获"全国气象信息服务农业示范镇"称号。（梁光成）

【乡村旅游】 2015年,天王镇加速建设九大旅游园区,乡村旅游"一带一区"日渐成熟。天隆神怡全年完成投资达1.8亿元,并对外营业;花果原乡已建成500亩蔬菜大棚、四季果园,正在培育300亩芝樱园;大美庄园游客接待中心样板房已建成开放,正在推进2000平方米的休闲会所建设;高德庄园三期200亩的花海项目已经动工;5.4公里旅游通道天樱路全线贯通。2015年,举办第二届句容市樱花节,累计接待游客100万人次,园区招商和经营形成直接收益逾500万元,带动天王当地相关企业和民众收益4500万元。全年更新天王旅游微信平台46期,制作宣传片1部。获得"江苏省第三批特色景观旅游名镇"称号,天王木易园获得"江苏省四星级乡村旅游区"称号,句容花果原乡有机庄园获得“首批江苏省乡村旅游创新项目”称号,戴庄村创成全省唯一的“中国最美休闲乡村”。

(梁光成)

【城乡建设】 2015年,天王镇完成农路提档升级15公里,天坝路和天金路完成改造升级,天前线基本完工,天樱桥、朱巷桥和金山木桥等6座农桥全部改造到位。投资1000万元对天王坝进行整治改造,投资334万元完成村庄河塘疏浚24座、塘坝改造18座。交警队服务中心完成主体封顶,民营骨科医院开工。商业街区完成粮站旧址拆迁和土地挂牌工作。2015年,新开工建设安置房面积12万平方米,浦溪花园安置房交付住房950套,集镇建成区人口达3万人。完成6个村生活污水管网建设。全镇新增植树造林面积1500亩,创成省级森林生态示范村和绿化示范村5个,完成长江防护林管护工作2000亩。投资200万异地新建垃圾中转站1座。实施“美丽乡村”建设行动计划,斗门金山凹自然村创成镇江市美丽宜居乡村。

(梁光成)

【社会事业】 2015年,天王镇举办创业就业培训班3000余人次,帮助申请创业贷款300余万元,新增各类就业人员897人。完成城乡居民养老保险续保工作任务,续保8960人,续保率达94.25%,新增扩面314人,新增率104.67%,被征地农民参加社会养老保险基本做到应保尽保。成立农民工工资支付专项检查小组和劳动人事争议调解委员会5家,举办“百企百会”工程业务培训班2期,处理劳动人事争议案件30件,协调劳资纠纷25起,帮助职工追讨工资100余万元。新增低保五保72户,发放各类救助优抚资金620余万元。全年安全生产检查经营单位381家次,查出各类隐患876条,整改率达98.74%,获镇江市基层安全监管规范化建设优秀单位。2015年,天王镇获“镇江市综治平安建设先进镇”,浮山村被评为“镇江市平安村”,镇五保供养服务站被授予江苏省3A星级五保供养服务站,唐陵村创成省级“三社联动”示范试点村,朱巷村创成江苏省和谐社区示范村。 (梁光成)

【镇江市“三下乡”活动在戴庄村启动】 2015年2月7日,镇江市文化、科技、卫生“三下乡”活动在戴庄村启动。活动向当地农民发放了农村实用书籍,包括法律、生活、卫生、生产实用技术等,还为参加活动的农民义务体检,发放计生用品。 (梁光成)

【句容市第二届樱花节】 2015年3月28日,句容市第二届樱花节在浮山樱花园开幕,开幕前两天进园游客就达20多万人次。在为期一个月的赏樱活动中,进园游客达100万人次,比2014年首届樱花节高出近4倍。活动至4月1日落幕。 (梁光成)

【民营骨科医院开工】 2015年8月31日,天王镇民营骨科医院开工,该项目总投资4000万元,占地面积约20亩,总建筑面积12106平方米,将按照三级医院的标准进行建设和配备。 (梁光成)

茅山镇

【概况】 茅山镇紧邻茅山风景名胜区,位于句容市南部旅游板块核心区域,镇域面积81平方公里,下辖10个村、1个居委会,2015年年末总人口29500人,耕地面积3072公顷。全年完成地区生产总值16.61亿元,增长9%,完成财政一般预算收入2800万元,同比增长49.33%,完成固定资产投资5.3亿元,实际利用外资400万美元。实现工业销售收入33.91亿元,同比减少24.86%。新增注册资本1.93亿元,新增限额以上商贸企业1家、规模以上服务业企业1家,新注册企业30户、个体工商户128户,实现农民人均纯收入19005元。 (胡 元)

【工业经济】 2015年茅山镇新增规模以上企业2家,通过镇江统计局对该镇“规模以上企业”统计监督检查;新注册企业30户、个体工商户128户,新增个私注册资金5583万元。全年组织招商分队赴上海、南京、苏州、浙江等地开展招商近20批次,参加市级专题招商3次,总投6000万元的“千亩猕猴桃”项目顺利落户,大圆银泰项目基本落实。谭木匠木梳电子商务销售额超过5000万元,直接纳税额近1000万元。

(胡 元)

【现代农业】 2015年茅山镇按照省级农业园区标准，启动编制《茅山镇丁庄葡萄现代农业园发展规划》，编制完成丁庄核心区农业综合开发规划、库区移民幸福家园建设规划。组织葡萄种植户到中国台湾、日本学习考察。开工建设三处精品采摘园，成立丁庄万亩葡萄合作联社，统一推广使用“丁庄”品牌和包装，建成农旅结合“葡萄吧”四处。建立农产品电子商务交易平台，与顺丰冷链签订葡萄快递合作协议，全年网上销售葡萄8000箱、2万千克。引进种植水果桑葚新品种约100亩，探索生产桑果干、桑果茶等特色产品。“老方”葡萄获省著名商标称号，东方紫酒业公司创成省级农业龙头企业，茅山镇获评省级农业气象防御先进镇。（胡 元）

【乡村旅游】 编制完成《茅山镇乡村旅游核心区发展总体规划》，邀请凤凰传媒制作茅山镇第一部乡村旅游宣传片。中国得撒石磨豆腐村基本竣工，百亩梅花园、两百亩牡丹园完成种植及景观设置。茅宝葛根文化产业园建成并开园营业。建成春城路休闲驿站、丁庄葡萄小栈，“春城无处不飞花”雕塑等景观工程。策划实施第二届“紫酒桑果节”、第六届“葡萄节”，分别迎来游客5万和15万人次。（胡 元）

【城乡建设】 茅山镇连续两年累计投入4亿元实施集镇改造建设。春城佳苑、富春新苑安置小区建成并交付，富春新苑休闲广场、道路、绿化、水景、围墙等改造完成。3000米集镇主次干道竣工，并完成线路标识和监控安装；人行道改造结束，榉树等本地树种绿化完成更新，新安装高杆路灯136盏。新农贸市场启用，建成集镇新停车场，原停车场改建成市民活动广场。新增集镇公厕3座、改造1座；扩建垃圾中转站，并购置压缩设备和洒水车。长城路、富春路提档升级工程开工并完成基础柏油层摊铺，新建农村公路2公里、拓宽改造农路6.5公里、整修农村公路8500平方米，实施农村一事一议项目157.54万元。建成6个村级污水收集处理系统，石磨豆腐村片区污水收集管网、加压泵站完工。完成农村危房改造任务，建成5个村级居民健身点。丁家边南山子美丽乡村创建通过省级验收，创成镇江市级水美乡村。投入800万元，实施戴木坝小流域综合治理工程、南塘水库除险加固工程，新建滚水坝15座、涵洞80处、修建农桥5座，清淤河道4公里、河塘65座。（胡 元）

【民生事业】 2015年，茅山镇在全市率先完成新农保续缴任务，新农保扩面完成率达122.5%。失地农民继续“即征即保”，全年列入保障指标16名。新型农村合作医疗保险筹集资金370万元，重大疾病报销707万元。推进“百村百社”工作，丁庄、永兴等5个村成立劳务合作社，开展“春风行动”，帮助78人实现就业。动态管理低保户，全年退出19户、新增17户。镇、村两级慈善分别筹集捐款61万元、35万元，开展慈善“助学、助医、助残”活动，救助重大疾病患儿1名，资助学生57名。全年接待群众来访97批次，带案下访20批次，解决问题80件，成功调处矛盾纠纷43起。完成“六五”普法工作，帮助12名社区矫正人员融入正常生活。仙人山公墓完成征地、设计等前期工作。实施校安工程，总投入达7000万元，其中春城实验学校2栋教学楼、1栋实验楼竣工，幼儿园加固工程完成，于9月开学。卫生院新病房大楼投入使用。丁庄村成立丁庄诗社，编撰《丁庄葡萄诗词集》。开展送书下乡活动，全年赠送5万元各类书籍；组织送戏下乡4次。组织开展文明家庭、好婆媳、文明户等评选活动，宣传道德模范7名。在镇村两级设立专栏，修建文化墙2000米，竖立公益广告。（胡 元）

【丁庄葡萄产业】 句容市茅山镇丁庄地区属于典型的丘陵岗坡旱地，亚热带季风气候，气候条件优越，适合葡萄生长。句容市丁庄葡萄最早是在东晋年间，由道教学者、著名炼丹家、医药学家句容人葛洪引进而来，当时并未大面积推广。经过历代丁庄农民的辛勤培育和农业生产技术的进步，丁庄村的葡萄种植面积不断扩大，产量也越来越大。截至2015年年底，丁庄村葡萄种植面积近1万亩，形成以夏黑、巨峰、金手指、阳光玫瑰为主的30多个优良品种，年产葡萄约1万吨，年产值约1.5亿元。（胡 元）

【春城第二届桑果紫酒节】 2015年5月16日，以“春城五月天，醉美桑果园”为主题的句容市“春城第二届桑果紫酒节”开幕。期间，东方紫酒厂会场内举办紫酒品鉴会、五彩春城骑行活动醉美春城摄影、诗词展；茶博园会场内举办茶艺表演、采茶、品茶、制茶、游园、桑诗词会、猜谜、怀旧亲子活动;桑葚采摘区举办桑葚免费试吃采摘、春城农产品展销等活动。活动期间共吸引来自南京、镇江、丹阳等地超千名游客前来参加。

(胡　元)

【省政协副主席、省委统战部部长王雪非到茅山镇调研】 2015年6月27日,省政协副主席、省委统战部部长王雪非到茅山镇调研"同心工程"实验区建设情况。镇江市政协主席李国忠,镇江市政协副主席、市委统战部部长宦祥宝和句容市领导尹卫东、商震、胡现龙等陪同调研。王雪非一行实地察看了袁相村公共综合服务中心、袁相卫生室和千亩榉树致富林等地,并听取了相关情况汇报。(胡　元)

【第六届句容葡萄节】 2015年8月15日,第六届句容葡萄节在句容市老方葡萄园举行。本届葡萄节,茅山镇分别设立老方葡萄园、老毕葡萄园、二丫葡萄园、丁庄大观园入口"一主三副"四个会场,推出启程乐－开采仪式、亲子乐－葡萄总动员、缘分乐－七夕葡萄藤下的约会、休闲乐－葡萄爱上电影和葡萄美酒品鉴会摄影骑行等活动,共持续2个月。(胡　元)

【俄罗斯考察团到茅山镇考察高效农业】 2015年9月7日,俄罗斯米哈伊洛夫斯克市考察团到茅山镇进行考察,先后参观江苏农博园、丁庄葡萄园等地,实地考察了解该镇高效农业发展情况。(胡　元)

崇明街道

【概况】 句容市崇明街道位于句容市老城区,辖13个社区,现有户籍人口11万人,约占全市总人口的20%,行政区域面积约8.2平方公里。2015年,崇明街道获"档案工作先进集体"、2012—2014"平安家庭"创建活动示范街道称号。中凌社区获"全国社区侨务工作示范单位"、"省和谐社区建设示范单位"、"省级充分就业示范社区";东门社区获"全国综合减灾示范社区"、新村社区获得"省诗教先进单位"、梅花社区获"江苏省城市管理示范社区",东风社区获"江苏省科技示范社区"、2014—2016江苏省科普示范社区"等荣誉。所有社区全部创成省、镇江市级或句容市级文明社区。

(高　园)

【社区服务】 2015年,崇明街道为8户困难家庭申请最低生活保障金,取消变更18户低保家庭的保障金,对城区155户,291名低保户分类建档,实行动态管理,共发放低保金117076元;对120余户保障住房家庭进行年审工作。开展"慈善助学"、"大病救助"、"爱老助老"等各类困难救助活动,共捐赠资金达200155元,发放爱心款10万余元。依托美好时光居家养老服务中心信息化平台,对94名"三无"老人、低保老人、高龄特困老人、重点优抚对象提供由政府买单的无偿服务,由街道民政办对其服务进行监管。建成1家综合型助餐点和3家单一型助餐点,为符合政府购买条件的25位老人提供免费助餐服务。2015年共举办创业意识培训13期975人次,理初始创业补贴30人次;办理小额贷款190人次,创业带动就业人数达到400人。全年慰问独生子女、流动困难计生家庭159户,发放慰问金86200元;慰问失独家庭12户,发放慰问金11400元。举办句容农商行杯"感动句容　幸福瞬间"句容市首届睦邻微电影节之微视频大赛,征集作品200余部。开展1000多场次的"广场文艺晚会"、"邻里一家亲厨艺展"及篮球、门球、猜谜、跳绳等各类文体活动。

(高　园)

【社区建设】 2015年,崇明街道下辖13个社区根据自身特色分别打造了爱心超市、健康乐园、帮到家服务社、青春爱心驿站等服务品牌,每个社区平均配备了6名社工,其中拥有资质的专业社工达到31人,建立文体、公益、便民服务等各类社区组织110个,成立社区党员志愿者服务队伍,每月至少开展2次志愿服务活动。东门社区完成服务用房搬迁工作,梅花和马扎里社区完成主体工程建设,待拆迁的红旗、茅山社区协调迁入新的办公地址。利用网络移动技术,升级街道网站、开通微信公众平台、安装"智能快递柜"、开发社区服务APP等。(高　园)

【社区管理】 进一步完善社区网格长工作职责和工

作制度，规范了网格长聘用审批制度。截至2015年年底，已走访了2678户，填写《网格居民信息表》2678张，搜集居民意见建议113条，为居民办实事70多件。开展吸毒人员社会化管理服务工作，已有31名吸毒人员接受社区管理服务。推进综治信息化建设。实现街道、社区两级电脑终端、手机终端全覆盖，数据录（导）入、数据认领达100%，所有社区以网格为单位使用手机终端进行信息采集上报。共排查调处各类矛盾纠纷14起，调解率100%，调解成功率95.6%。全年数字化城管整改通知单3500余条全部解决；政府“12345”服务热线工单991件，办结率100%。（高　园）

茅山风景区管委会

【概况】　2015年，茅山风景区共完成一般预算收入4950万元。其中，国税完成750万元；地税完成4200万元。景区全年共接待境内外游客580万人次，实现门票收入7200万元。2015年春节，茅山景区累计接待游客同比增长12.46%，旅游综合收入同比增长21.02%。大年初五单日接待游客超7万人次，再次创下了历史同期最高纪录。景区依托康缘中华健康园项目，发展茅山度假养生旅游项目。大茅峰片区致力于打造顶级道家文化体验区。同时，向国家宗教局、全国道教协会申报，将道宫项目作为全国道教文化论坛的顶级场所，通过创建国家级的道教论坛中心，进一步提升茅山道教品牌影响力。（茅　管）

【经济发展】　2015年，管委会共外出招商11次，接待投资考察客商近200人次。截至2015年年底，管委会全年新签约项目数10个，新注册企业数30个。民营经济方面，全年新注册民营企业30家，新增个体工商户165户，新增注册资本12.36亿元。（茅　管）

【农业建设】　2015年，管委会推动农业产业化经营，形成了以农业龙头企业为主体，以特色农产品为支撑、以农村专业合作组织为纽带的农业产业化网络。截至2015年年底，景区农业产业化经营组织发展到168家，其中市级以上农业龙头企业3家，农民专业合作社62家，注册家庭农场71家。景区新型农业经营主体规模经营总面积达2.6091万亩。景区拥有各类合作社组织63家，覆盖蔬菜、水产、邻国和农机、农产品加工等行业，促进了农业发展的基地化生产、企业化加工和集约化经营。（茅　管）

【央视《走遍中国》到茅山拍摄】　2015年4月20日，中央电视台《走遍中国》摄制组到茅山景区，围绕茅山道教养生文化，对景区生态环境、顶宫、印宫、喜客泉等景点以及葛根等中药材进行专题拍摄。节目制作完成后于2015年5月、6月在中央电视台中文国际频道《走遍中国》栏目播出。（茅　管）

【茅山景区中心幼儿园开园】　2015年5月，茅山景区中心幼儿园主体建设全面竣工，并于下半年正式开园。该项目于2014年8月26日正式开工建设，位于景区太极路东侧、茅山村委会北侧，总用地面积30亩，共3栋建筑，总建筑面积5930平方米，总投资2000万元。幼儿园按12个班进行建设，大班、中班、小班各4个班，加设4个早教班，建设完成后能容纳适龄幼儿360人左右。（茅　管）

【新四军苏南抗战历史陈列馆开馆】　2015年8月31日，由中共镇江市委、镇江市人大、镇江市政府、镇江市政协主办的新四军苏南抗战历史陈列馆开馆仪式在镇江茅山新四军纪念馆举行。镇江市委常委、市委宣传部部长曹当凌主持仪式。（茅　管）

【纪念中国人民抗战胜利70周年活动】　2015年9月4日，纪念中国人民抗战胜利70周年活动在茅山苏南抗战胜利纪念碑广场举行。镇江市委、市人大、市政府、市政协全体领导，镇江市法院、检察院、驻镇部队主要负责同志，镇江市各民主党派主委、有关部门主要负责同志，句容市四套班子全体领导，新四军老战士及子女代表，其他老战士、老同志、老民兵，抗战烈士亲属代表，部队官兵、机关干部、青少年代表和当地群众等3000多人参加纪念活动。（茅　管）

【2015第六届环太湖国际公路自行车赛（句容赛段）】
2015年11月4日，第六届环太湖国际公路自行车赛

（句容赛段）在茅山景区举行，来自五大洲、22 支参赛队伍的 132 名运动员参加了本赛段比赛。来自荷兰公园酒店洲际队的选手塞诺提以 2 小时 55 分 46 秒的成绩摘得本赛段冠军。（茅　管）

赤山湖管委会

【概况】　赤山湖管委会位于句容城西南 15 公里处，紧邻南京，距南京城区 37 公里，距南京禄口国际机场 17 公里，距宁杭高速郭庄道口 5 公里，243 省道（机场路）穿境而过，交通便捷，区位优越。辖区总面积 24.72 平方公里，辖 4 个行政村，总人口 12239 人。2015 年，实现地区生产总值 61525 万元，财政补助收入 3840 万元，农民年人均纯收入 16244 元。（王　维）

【PPP 模式推进】　2015 年 4 月，赤山湖整体开发 PPP 模式完成招标，南京丰盛产业控股集团中标。6 月，完成 PPP 公司注册，注册资本 10 亿元人民币。管委会推进合作公司对原赤山湖生态环境建设发展有限公司的整体收购，提前做好土地挂牌、景区特许经营权谈判等前期工作，确保 PPP 合同签订后，各项工作高效有序推进。（王　维）

【重点工程建设】　2015 年，湖滨带景观绿化工程基本竣工，该工程总投约 1 亿元人民币，内湖 17 公里道路交通系统、观景平台、木栈道、湖滨带景观绿化等工程基本完成。总投 1.1 亿的环河清淤和大堤加固工程总体进展达 90%。同时，推进总长 6.5 公里的路网建设工程，包括新建 2 条 11 米宽道路、1 条 7 米宽道路及张朝路拓宽改造等建设。截至 2015 年年底，该工程 2 条道路已经完工，通达距离 3.3 公里。启动华兰墩精品湿地建设，该工程位于秦淮源大道西侧，紧临游客中心，面积 2000 亩，投资概算 5800 万元。推进白水荡退渔还湿工程，该工程是国家湿地公园生态保育区验收的重要项目，总面积 4000 亩，工程概算 8400 万元。（王　维）

【赤山湖湿地公园景区开园】　2015 年，赤山湖管委会成立注册资本 5000 万的赤山湖旅游运营有限公司，组建专门运营团队，景区运营管理基本步入正轨。新购置 3 辆轮式小火车，3 艘画舫，100 辆自行车，多辆电瓶车，形成了水、陆交通相互补充、较为完备的交通体系。“十·一”期间，赤山湖国家湿地公园景区开园，接待游客 1.7 万人，实现营业收入 20 多万。11 月 4 日，公园内举办第六届环太湖国际公路自行车开幕式及始发点赛事。（王　维）

【民生事业】　2015 年，管委会土地确权试点工作顺利完成，农户签字率达 98% 以上。认真做好信访维稳工作，全年共处理大小信访 223 起，调处 215 起。针对安置房延期交付的实际情况，发放延期过渡费补助，截至 2015 年年底 2300 户拆迁户延期安置过渡费已发放 2200 余户。（王　维）

黄梅街道

【概况】　句容市黄梅街道于 2014 年 12 月 10 日正式在开发区设立，行政区划面积 158 平方公里，下辖 19 个村（社区），总人口约 10 万人。街道 2015 年完成公共预算收入 12.332 亿元，同比增长 15.6%；实际利用外资 1.036 亿美元，同比增长 98%。完成地区生产总值 119 亿元，同比增长 14.23%；固定资产投资 103 亿元，其中工业投入 45 亿元，同比增长 8%；工业应税销售收入 100.8 亿元，同比增长 8.4%。（张　彦）

人物·荣誉

责任编校：陈龙浩

市领导简介

（2015年职务发生变动的）

尹卫东　句容市委书记、市人大常委会主任，2015年10月调离句容。

简介见《句容年鉴（2006）》。

王吉武　句容市委常委、江苏省句容经济开发区党工委书记，2015年7月调离句容。

简介见《句容年鉴（2011）》。

吕朝霞　句容市委常委、宣传部部长，2015年5月调离句容。

简介见《句容年鉴（2012）》。

王　琴　句容市政府党组成员、副市长，2015年7月调离句容。

简介见《句容年鉴（2008）》。

马云明　2015年7月任句容市委常委、副市长，同年9月任市政府党组成员。

1964年7月生，汉族，江苏丹阳人，1987年7月参加工作，1992年1月加入中国共产党，党校研究生学历。

1987年7月，润州区计经委工作，历任生产办副主任、能源办副主任、办公室主任；1994年3月，任润州区体改委办公室主任；1996年8月，任润州区七里甸镇党委组织委员；1999年11月，任润州区政府办党组成员、副主任；2003年2月，润州区中华路街道工作，历任党工委副书记、办事处主任、党工委书记、人大工委主任；2005年12月，任润州区金山街道党工委书记、人大工委主任；2008年2月，任润州区七里甸街道党工委书记；2011年3月，任镇江市环保局副局长、党委委员；2013年2月，任京口区副区长。

贾云亮　2015年7月任句容市副市长，同年9月任市政府党组成员。

1970年11月生，汉族，江苏丹阳人，1993年7月

参加工作，1993年6月加入中国共产党，党校研究生学历。

1993年7月，任京口区建委工作人员；1994年3月，任京口区委组织部组织科办事员；1996年1月，任京口区电化教育服务中心副主任；1996年11月，任京口区委组织部组织科副科长；1998年3月，任京口区环保局党组成员、副局长；1999年11月，任共青团京口区委书记；2001年10月，任京口区环保局党组成员、局长；2003年5月，任京口区象山乡乡长、党委副书记；2004年2月，任镇江市环保局党组成员（党委委员）、副局长；2007年5月，任徐州市邳州市副市长（挂职）。

侯华锋　2015年7月任句容市副市长，同年9月任市政府党组成员。

1971年6月生，汉族，江苏句容人，1993年3月参加工作，1998年7月加入中国共产党，党校研究生学历。

1993年3月，句容县（市）计经委工作，历任生产科科员、副科长；1996年4月，句容市委办公室工作，历任调研科、综合科副科长、科长、副主任；2003年7月，任大卓镇党委副书记、镇长；2005年12月，黄梅镇工作，历任党委副书记、政府召集人、党委书记；2010年7月，任郭庄镇党委书记；2012年2月，明确为副县级；2014年8月，任华阳镇党委书记；2014年8月，任华阳街道党工委书记。

胡现龙　句容市委统战部部长、市政协党组成员，2015年1月任句容市政协副主席。

1964年10月生，汉族，江苏句容人，1983年10月参加工作，1986年7月加入中国共产党，党校研究生学历。

1983年10月，部队服役，历任战士、班长、学员、营部书记、排长、副连职教员、修理所党支部书记、所长、副营职秘书，1996年9月，任句容市信访局科员；1996年11月，句容市委组织部工作，历任科员、党政干部科副科长、青年干部科科长、市委组织员、党政干部科科长、副部长；2004年9月，明确为正局级；2013年4月，任句容市委统战部部长、市政协党组成员。

（市委组织部）

模范人物简介

王　丽　句容市人民法院下蜀人民法庭庭长。2015年1月，被最高人民法院授予“全国优秀法官”称号。

1980年11月生，中共党员，大学学历。2004年7月参加工作，历任书记员、助理审判员、审判员、副庭长、庭长。2014年，调至下蜀法庭主持工作。

王丽在工作中善于运用群众语言，拉近法官与群众的距离，增进与百姓的感情；能够借助社会力量，共同化解纠纷。先后于2012年获“省级优秀法官”、“镇江市无涉诉信访法官”称号；2013年被省高院、省人社局授予“先进工作者”称号，被镇江中院授予“市级优秀工作者称号，被最高院评为“全国法院先进个人”；2015年，获评“江苏最美法官”。

（法　院）

石　磊　句容市供销合作总社办公室主任。2015年1月获中华全国供销合作总社信息报送工作先进个人称号。

1963年10月18日生，汉族，江苏宿迁人。中共党员，大专学历。1980年1月参加工作，先后担任句容县轧花厂主管会计，句容市华阳显像管厂总经济师，句容市亚龙贸易有限公司财务部经理，句容市供销合作总社财务科长、办公室主任。自担任句容市供销合作总社办公室主任以来，重视信息报送工作，一年来组织上报信息被市级以上媒体录用117条，单位信息报送工作连续三年被中华全国供销合作总社评为先进集体。

2013年2月，被句容市委、市政府评为信访工作先进个人；2014年2月～2015年2月，获句容市法治先进个人称号。（高云才）

纪荣喜　镇江市草莓协会会长，白兔云兔草莓合作社社长。2015年4月被授予“2015年全国劳动模范”称号。

1965年10月出生，1993年12月入党。1998年，和南京药科大学合作开发“草莓脱病毒苗工厂化育苗”科技项目，获省科技厅项目立项。1999年，牵头成立镇江市草莓协会并任会长，解决草莓产销过程中的一系列难题。2002年，和镇江四通公司承担“草莓温室保鲜剂的研制及示范应用”项目，获省科技厅立项并通过专家组评审，被句容市人民政府评为2003年科技进步三等奖。2003年，新品种“枥木少女高产栽培示范”获评句容科技项目。近年来，他还发展农业观光旅游，开辟新的致富通道。

纪荣喜先后获镇江市“新世纪新农村青年科技致富工程优秀产业带头人”、镇江市“农村青年科技兴农带头人”、“镇江市劳动模范”、“镇江市十佳农民经纪人”、省第六届“杰出青年农民”、“江苏省劳动模范”、“全国农村青年创业致富带头人”等荣誉称号。（白兔镇）

胡　鹏　残疾人运动员，2015年4月在全国第九届残疾人运动会上获得男子72公斤级举重金牌。

1989年出生，出生仅5个月，罹患小儿麻痹，左右下肢落下残疾，如今勉强能行走。自2001年开始，胡鹏在市体校练习举重项目，2004年代表句容市获得镇江市残疾人运动会举重冠军，2009年入选国家队。胡鹏具有丰富的大赛经验，并在各项赛事中多次获得佳绩。2009年6月，胡鹏在全国残疾人举重锦标赛中，夺得男子67.5公斤级冠军，同年获亚锦赛75公斤级冠军。2011年12月，在全国第八届残疾人运动会上，以200公斤的成绩获得75公斤级举重比赛的金牌。2012年9月4日，在伦敦残奥会上获得铜牌。（残　联）

阮祥云　句容市卫生和计划生育委员会妇幼健康服务科科长。2015年7月由国家计划生育药具不良反应监测中心授予“避孕药具不良反应工作先进个人”称号。

1981年1月出生，江苏省句容市人，大专学历，中共党员。2000年参加工作。先后在句容市计划生育指导站、句容市人口和计划生育委员会、句容市卫生和计划生育委员等单位工作。

阮祥云在工作中尽职尽责，重视开展培训学习，联系各部门通力协作。聘请全市各医院的妇产科主任为计生信息员，及时收集发生在卫生系统的计划生育手术，填写“计划生育手术登记表”，每年组织不少于2次的不良反应专题培训。先后被句容市计生委、镇江市计生委评为先进个人，被句容市机关工委评为优秀共产党员。（市卫计委）

陆才林　句容市关心下一代委员会主任。2015年8月由中国关工委、中央文明办联合授予“全国关心下一代工作先进个人”称号。

1946年出生，江苏省溧阳市人，中共党员，高中学历。原任句容市政协副主席兼统战部部长，2006年退休后任市关工委副主任，2010年任市关工委主任。

陆才林在工作中严于律己、尽职尽责、敢于创新。他把加强青少年的思想道德教育和法制教育作为关工委的一项根本任务，每年确定一个主题，及早拟定活动计划，谋划现场推进，抓好一批典型，使每年的主题教育成为青少年校外教育的有效载体。在他的带领下，2013年市关工委被中国关工委评为宣传工作先进集体；2014年郭庄村辅导站活动方案和活动视频获得省关工委二等奖。（市关工委）

赵亚夫　1941年4月出生，江苏省镇江市人大常委会原副主任、镇江农科所原所长、党委书记。2015年10月被授予“第五届全国道德模范”称号。

赵亚夫将全部精力倾注于带领群众发展农业，开辟了一条“农民共同富裕、农业生态高效、农村可持续发展”的新型农村小康之路。1989年，他带着巨峰葡萄到春城镇试点，带动发展了周边3000多亩葡萄园，1万多农民受益；2002年，他退休来到戴庄搞综合型有机农业合作社试点，利用5年时间，就把戴庄从最穷的贫困村变成了“小康村”。他在茅山老区累计推广种植了应时果品250万亩，直接给16万农民们带来了200多亿元的收益。他援川三年，先后18次飞往绵竹，培训农民200多人，增加效益3个亿，成为东部支援西部的成功典型。此外，他还培养科技骨干、培育新型农民，编写了多达百万字的农业科普读物，累计免费培训农民30多万人次。

赵亚夫先后获全国“十大三农人物”、中国好人、首届江苏省道德模范、50位新中国成立以来感动江苏人物、中组部表彰的“全国优秀领导干部”、“全国离退休干部先进个人”等荣誉称号。（市委宣传部）

梅月红　边城镇纪委任监察室主任。2015年11月获得中共中央政策研究室农业部表彰的全国农村固定观察点“模范调查员”称号。

1970年10月出生，大专学历，中共党员。1996年参加工作，先后在陈武镇农经站、边城镇农业服务中心、边城镇总工会、边城镇纪委工作，其间从2004年12月到2014年12月兼管农村固定观察点工作。

梅月红在工作上兢兢业业，在认真做好本职工作的同时加强自身业务素质、工作水平的提高。在农村固定观察点的岗位工作近十年，认真完成各项常规、专项调查，撰写调研报告，为上级领导提供了准确的基层数据。先后获江苏省委研究室固定观察点办公室“优秀调查员”称号，镇江市总工会职工帮扶先进个人，句容市、镇江市优秀工会工作者。（边城镇）

人物名录

·全国道德模范·

赵亚夫

·中国好人·

孔昭龙　赤山湖管委会胜利村毕家边自然村村民
赵　美　赤山湖管委会胜利村毕家边自然村村民

·江苏好人·

端正伟　后白镇二圣村村民
杜晓荣　郭庄镇葛村集镇居民
孔昭龙　赤山湖管委会胜利村毕家边自然村村民
赵　美　赤山湖管委会胜利村毕家边自然村村民

·镇江好人·

郑先兵　城管局特种垃圾处理中心城北垃圾填埋场场长
赵　勇　句容市镇村公交有限公司驾驶员
杜晓荣　郭庄镇葛村集镇居民
孔昭龙　赤山湖管委会胜利村毕家边自然村村民
赵　美　赤山湖管委会胜利村毕家边自然村村民
王秀燕　下蜀镇桥头村村民
王春保　郭庄镇葛村村民
刘学华　句容市天王镇北斗门村村民
崔有安　句容市天王镇北斗门村村民

先进人物名录

2015年句容市获省条线以上荣誉人物一览

表34

姓名	单　位	荣誉称号	授予单位	授予时间
王　丽	句容市人民法院	全国优秀法官	最高人民法院	2015－01
包贻婷	句容市公安局	全省公安机关执法示范岗	江苏省公安厅	2015－01
王朝亮	下蜀镇招商中心	2014年度江苏省非煤矿山安全生产先进个人	江苏省安监局	2015－01
王建明	句容市教育局	全省教育信息工作先进个人	江苏省教育厅	2015－01
石　磊	句容市供销合作社	2014年度信息报送工作先进个人	中华全国供销总社	2015－01
杨志国	句容市广播电视台	十佳优秀通联个人	中央电视台新闻中心地方记者部	2015－01
范爱平	句容市房屋白蚁防治所	先进个人	江苏省白蚁防治协会	2015－01
居　明	句容市房屋白蚁防治所	先进个人	江苏省白蚁防治协会	2015－01
曹巧顺	句容市科学技术局（知识产权局）	2015年度江苏省知识产权工作先进个人	江苏省科技厅、江苏省知识产权局	2015－02
李　超	句容市科学技术局（知识产权局）	2015年度江苏省专利行政执法工作先进个人	江苏省科技厅、江苏省知识产权局	2015－02
方道宏	句容市安全生产监督管理局	省冶金等工贸行业安全生产工作先进个人	江苏省安监局	2016－02
丁金芳	下蜀镇农村经济服务中心	第三次全国经济普查江苏省先进个人	江苏省第三次全国经济普查领导小组	2015－03
纪荣喜	句容市白兔镇云兔草莓专业合作社	全国劳动模范	中共中央、国务院	2015－04
苏成艺	兆鋆新材料有限公司	省五一劳动奖章	江苏省总工会	2015－04
李义龙	句容市人防办	全省民防宣传报道先进个人	江苏省民防局	2015－04
端正伟	后白镇二圣村	江苏好人	江苏省文明办	2015－04
杨　闯	句容市公安局	全省公安监管业务考核竞赛优胜个人	江苏省公安厅	2015－05
张雪峰	句容市人民医院呼吸内科	护理专业“巾帼建功标兵”	省卫计委、省妇联	2015－05
郑所勤	句容市红十字会	造血干细胞捐献工作先进个人	江苏省红十字会	2015－06
阮祥云	句容市卫计委妇幼健康服务科	避孕药具不良反应工作先进个人	国家计划生育药具不良反应监测中心	2015－07

续表 34

姓名	单　位	荣誉称号	授予单位	授予时间
陆才林	句容市关心下一代工作委员会	全国关心下一代工作先进工作者	中国关心下一代工作委员会、中央文明办	2015－08
陈建斌	句容市人社局	全省城乡居保“四个不出村”工作成绩突出个人	江苏省人力资源和社会保障厅	2015－08
韩维娜	市委统战部	全省优秀统战干部	江苏省委统战部	2015－08
范　勇	茅山镇永兴村党支部	吴仁宝式优秀村书记	江苏省委组织部	2015－09
杜晓荣	郭庄镇葛村集镇居民	江苏好人	江苏省文明办	2015－09
曾子杰	市崇明小学	江苏省第三届“美德少年”	江苏省文明办、省教育厅	2015－09
赵亚夫		第五届全国道德模范	中央宣传部、中央文明办	2015－10
孔昭龙	赤山湖管委会胜利村毕家边自然村村民	江苏好人	江苏省文明办	2015－10
赵　美	赤山湖管委会胜利村毕家边自然村村民	江苏好人	江苏省文明办	2015－10
张元祥	句容市公安局	“基础信息化大家谈”征文活动三等奖	江苏省公安厅	2015－11
梅月红	边城镇政府	全国农村固定观察点优秀调查员	中共中央研究室农村固定观察点办公室	2015－11
胡祖源	句容市司法局	江苏省“普法达人”	江苏省司法厅	2015－11
曾子杰	江苏省崇明小学六(6)班学生	江苏省第三届“美德少年”	江苏省文明办、江苏省教育厅	2015－11
王小军	茅山镇农业服务中心	2014～2015年度农业科普宣传工作先进个人	江苏省农村经济杂志社	2015－12
胡　群	句容市公安局	“江苏最美警察”特别奖	江苏省公安厅	2015－12
陈瑞卿	句容市公安局	“江苏最美警察”特别奖	江苏省公安厅	2015－12
王永刚	郭庄镇政府	省优秀工会工作者	江苏省总工会	2015－12
唐　军	下蜀镇宣体办	江苏省优秀农家书屋管理员	江苏省新闻出版局	2015－12
张远娥	句容市规划局	“十二五”全省村镇建设档案工作有突出贡献的个人	省住建厅	2015－12

（陈龙浩）

先进集体名录

2015 年句容市获省条线以上先进集体一览

表 35

单位(全称)	荣誉名称	授予单位	授予时间
句容市	国家现代农业示范区	农业部	2015－01
崇明街道司法所	社区矫正先进集体	江苏省省司法厅	2015－01
句容市教育局	全省教育信息工作先进单位	江苏省教育厅	2015－01
句容市审计局	全省审计系统先进集体	江苏省人社厅、江苏省审计厅和江苏省公务员局	2015－01
句容市人力资源和社会保障局	全省人力资源和社会保障系统先进集体	江苏省人力资源和社会保障厅	2015－01
句容市供销合作总社	信息报送工作先进单位	中华全国供销合作总社	2015－01
句容市	江苏省第三次全国经济普查先进集体	江苏省第三次全国经济普查领导小组	2015－02
东门社区	江苏省科技示范社区	江苏省科技厅	2015－02
句容市知识产权局	2014 年度江苏省知识产权工作先进集体	江苏省科技厅　江苏省知识产权局	2015－02
句容市知识产权局	2014 年度江苏省知识产权执法维权工作先进单位	江苏省知识产权局	2015－02
句容市供销合作总社	江苏省二十强县级供销合作社	江苏省供销合作总社	2015－02
句容市供销合作总社	2014 年度为农服务社提升工程优胜单位	江苏省供销合作总社	2015－02
句容市供销合作总社	2014 年度农民专业合作社建设优胜单位	江苏省供销合作总社	2015－02
句容市供销合作总社	2014 年度创新工作优胜单位	江苏省供销合作总社	2015－02
句容市人力资源和社会保障局	江苏省部门统计示范点	江苏省统计局	2015－02
江苏新顺福食品有限公司	全国主食加工业示范企业	国家农业部	2015－02
句容市安全生产监督管理局	省非煤矿山安全生产工作先进集体	江苏省安监局	2016－02
华阳派出所户籍大厅	江苏省巾帼文明岗	江苏省妇女联合会、江苏省城镇妇女巾帼建功活动领导小组	2015－03
中凌社区	江苏省和谐社区建设示范单位	江苏省民政厅	2015－03
东门社区	江苏省科普示范社区(2014－2016)	江苏省科协	2015－03
句容市教育局	江苏省教育宣传工作先进单位	江苏省教育厅	2015－04
句容市看守所	2014 年度全国一级看守所	公安部	2015－04
句容市交警大队车辆管理所	集体二等功	江苏省公安厅	2015－04
句容市残联	2014 年度按比例安排残疾人就业工作先进单位	省政府残工委	2015－04

续表 35

单位(全称)	荣誉名称	授予单位	授予时间
江苏南瓷绝缘子股份有限公司	省工人先锋号	江苏省总工会	2015－04
句容华通客运有限公司茅山线驾驶班	省工人先锋号	江苏省总工会	2015－04
下蜀镇财政所	江苏儿童慈善突出贡献单位	江苏省妇联	2015－05
句容市边城镇	2014 年度全省基层党员冬训工作示范镇	江苏省委组织部、江苏省委宣传部	2015－05
中医院脾胃病科	基层医疗机构中医特色专科建设项目	省中医药局	2015－05
中凌社区	全国社区侨务工作示范单位	国务院侨务办公室	2015－05
句容市	国家林下经济示范基地	国家林业局	2015－07
新村社区	省诗教先进单位	江苏省诗词协会	2015－07
句容市红十字会	全国红十字会青少年急救互救知识竞赛活动最佳组织一等奖	中国红十字会	2015－07
江苏农林职业技术学院	2015 年度全国毕业生就业典型经验 50 强高校	教育部	2015－07
茅山风景区管委会	江苏省诗教先进单位	江苏省诗词协会	2015－07
句容市交警大队	集体二等功	江苏省公安厅	2015－08
后白卫生院	江苏省乡镇卫生院示范中医科建设单位	省卫计委、省中医药局	2015－08
句容市教育局	全省学生资助工作绩效评价优秀	江苏省教育厅、江苏省财政厅	2015－09
边城镇青山村	全国生态文化村	中国生态文化协会	2015－09
马扎里社区	省级节水型社区	江苏省水利厅、江苏省发改委	2015－09
句容市红十字会	中国红十字会报刊宣传先进集体三等奖	中国红十字会	2015－09
江苏农林职业技术学院	2015 年江苏省平安校园建设优秀成果奖	江苏省综治委	2015－10
句容市红十字会	红十字会报刊宣传先进单位一等奖	江苏省红十字会	2015－11
边城镇青山村	全国生态文化村	中国生态文化协会	2015－11
下蜀镇财政所	省档案工作五星级规范单位	江苏省档案局	2015－12
句容市城建档案馆	“十二五”全省村镇建设档案工作有突出贡献的单位	省住建厅	2015－12
郭庄中心卫生院	国家级“群众满意的乡镇卫生院”	国家卫计委	2015－12
边城卫生院	国家级“群众满意的乡镇卫生院”	国家卫计委	2015－12
开发区九华村卫生室	江苏省示范村卫生室	省卫计委	2015－12
天王镇戴庄村卫生室	江苏省示范村卫生室	省卫计委	2015－12
郭庄镇东岗村卫生室	江苏省示范村卫生室	省卫计委	2015－12
后白镇泗庄村卫生室	江苏省示范村卫生室	省卫计委	2015－12

续表35

单位(全称)	荣誉名称	授予单位	授予时间
茅山卫生院	江苏省示范乡镇卫生院	省卫计委	2015－12
江苏南瓷绝缘子股份有限公司	省模范职工之家	江苏省总工会	2015－12
建华建材有限公司16班工会小组	省模范职工小家	江苏省总工会	2015－12
中凌社区	省级充分就业示范社区	江苏省人社局	2015
梅花社区	江苏省城市管理示范社区	江苏省住房和城乡建设厅	2015
东门社区	全国综合减灾示范社区	民政部、国家减灾委员会	2015

（陈龙浩）

正高级专业技术人员名录

2015年句容市正高级专业技术人员名录

表36

序号	姓名	工作单位	职称资格名称
1	孔祥富	江苏省句容中等专业学校	正高级讲师
2	蒋小庚	句容市林业科技推广中心	研究员级高级工程师
3	杨永安	江苏耐雀生物工程技术有限公司	研究员级高级工程师
4	曾晓文	江苏汤辰机械装备制造有限公司	研究员级高级工程师
5	高永河	句容市人民医院	主任医师
6	袁小燕	句容市人民医院	主任医师
7	张浩敏	句容市人民医院	主任医师
8	吴晓军	句容市疾病预防控制中心	主任医师
9	文　花	句容市妇幼保健院	主任医师
10	巫晓红	句容市妇幼保健院	主任医师
11	胡光春	句容市下蜀中心卫生院	主任医师

（陈龙浩）

中共句容市委员会　句容市人民政府关于印发《句容市关于发展众创空间推动大众创新创业的实施意见》的通知

句委发〔2015〕71号

各镇、街道、管委会，市各部委办局，市各金融单位，市各直属单位，驻句单位：

现将《句容市关于发展众创空间推动大众创新创业的实施意见》印发给你们，请认真遵照执行。

（2015年10月27日）

句容市关于发展众创空间推动大众创新创业的实施意见

为深入贯彻落实《国务院办公厅关于发展众创空间推进大众创新创业的指导意见》（国办发〔2015〕9号）、省委办公厅、省政府办公厅《关于发展众创空间推进大众创新创业实施方案（2015～2020年）》（苏办发〔2015〕34号）和《镇江市人民政府关于发展众创空间推进大众创新创业实施方案》（镇政发〔2015〕15号），加快苏南国家自主创新示范区建设，形成大众创业、万众创新良好局面，结合我市创新创业实际，提出本实施意见。

一、总体要求

以苏南国家自主创新示范区建设、宁镇扬同城化建设及省创新型试点市建设为契机，以构建众创空间等创业服务平台和提升创业孵化服务能力为突破口，通过整合创新资源，重构创业政策制度，进一步激发创业创新潜力，释放创业创新活力，为深入实施创新驱动战略提供新动能。到2020年，努力打造政策体系健全、服务体系完善、人才资源丰富、组织体系健全、富有句容特色的创业创新系统，全市建成一批满足“大众创业、万众创新”需求、具有较强专业化服务能力的众创空间等新型创业服务平台，各类新型众创空间数量不少于5家。创业人才队伍进一步集聚壮大，重点吸引创业青年、企业高管、科技人员、海归创新创业者等创业人才超过1000人。着力孵化培育一批科技型中小微企业，新增“科技小巨人”企业100家以上，新增高新技术企业超过50家；举办各类创业竞赛、创业沙龙、创业培训等活动超过30场；科技金融风险补偿专项资金规模达到2000万元，引进和培育创业投资机构超过5家，全市创新创业环境更加完善，全社会创新创业氛围更加浓厚，“创业福地，创新句容”的品牌形象进一步树立。

二、重点任务

（一）聚焦重点产业发展。把鼓励“大众创业、万众创新”作为全市加快建设“苏南国家自主创新示范区”的重要抓手、以推进路面新材料、新能源及现代装备制造、新型绿色建材三大新兴产业创新发展为重点，进一步激发全市创新创业新活力．推进经济发展方式加快转变。

（二）加快建设众创空间。鼓励社会力量在我市开办有利于促进大众创新创业的低成本、便利化、全要素、开放式的新型创业服务平台，为广大创新创业者提供良好的工作空间、网络空间、社交空间和资源共享空间，提供办公配套、研发支持、创新创业辅导、投融资对接、宣传推广等全方位、系统化的众创服务，促进创新与创业相结合、线上与线下相结合、孵化与投资相结合。支持开展虚拟孵化、异地育苗等形式，促进全市与国内外高校院所创新资源的交流，广泛集聚各类创新创业人才。鼓励开发区、宝华镇、下蜀镇、边城镇、华阳街道、郭庄镇充分依托南京科教资源优势，大力建设众创空间，吸引高校院所专家教授、毕业青年大学生等高层次人才来句创新创业。

（三）突出培育创业主体。继续以“福地英才”计划为抓手，积极对接国家“千人计划”、“万人计划”和省“双创计划”等重点人才工程，加快集聚一批高层次创业领军人物，引领示范和带动大众创业、万众创新。鼓励和推动青年大学生、80后、90后等各类青年创业创新，全面打造以大学生为代表的青年科技创业主力军。加大各类创业培训和扶持力度，鼓励创新型领军企业和行业龙头骨干企业面向企业内部员工和外部创业者提供资金、技术和平台，支持企业高管及连续创业者再创业。支持农民创新创业，鼓励外出打工者返乡创业，推进农业科技成果转化为现实生产力，扩大农民创业规模和富民效应。

（四）健全完善公共服务。最大程度开放政府的各种资源为创新创业提供服务；鼓励大学、科研机构的科研设备、技术平台等科技资源向众创空间开放；支持社会力量建设创新创业服务平台和服务机构，开展各类有利于大众创新创业的路演、比赛、沙龙、论坛、训练营等活动，为创新型企业提供投融资对接、法律、知识产权、财务、咨询、检验检测认证和技术转移等公共服务。

（五）发挥科技金融助推。加快科技金融结合，增强创业支撑力。以首投、首贷、首保为重点，着力完善“苏科贷”“科贷通”“科贷宝”“科技保险”等科技金融产品，为初创期企业提供专业服务，降低创业风险。积极引导和鼓励众创空间设立天使投资基金投资创业项目，充分发挥种子基金效益，吸引更多的知名天使投资人、天使投资机构等来我市落户，支持创新创业。引导金融专营机构创新金融产品和服务，加强对创新创业项目和科技型小微企业的金融支持。鼓励创新型企业在主板、中小板、创业板、新三板等各类资本市场挂牌上市。着力推进小额贷款保证保险试点工作，为有融资需求但缺少抵质押、担保的中小微企业提供增信支持和风险保障，增强金融对小微企业创新发展的支持。

（六）浓厚创新创业氛围。积极营造“崇尚创业、支持创业、宽容失败”的创新创业氛围，加大创新创业政策宣传，烘托活跃的创业气氛，大力培育企业家精神和创新文化，把奇思妙想转化为创新成果，把创新创意转化为创业活动。加强对大众创新创业的新闻宣传和舆论引导，全面浓厚创新创业氛围。加快培育专业化、社会化的优质创新创业服务载体，打造众创空间服务品牌。

三、落实措施

（一）加大财政资金支持力度。加强财政资金的引导，整合现有专项资金，采用财政专项补助和基金化运作相结合的方式对众创空间的发展予以支持。对天使投资人提供场租补贴及资金奖励，吸引更多天使投资人支持众创空间发展。对众创空间的服务场所、服务设施、宽带接入等费用和用于创新创业服务的公共软件、开发工具等给予一定额度补贴，降低运营成本。支持大学生创业引领计划的组织实施，引导社会资本投资众创空间内的创业人才、项目和企业，对大学生创业项目给予最高不超过2年的场租补贴和启动资助。

（二）强化创业培训与辅导。发挥财政、科技、人社、发改、农委、团市委等部门作用，对创业青年、返乡创业人员、转业军人等群体进行创业培训辅导。针对初创企业、成长企业需求，在企业家精神培育、团队打造、商业模式等方面对创业者开展无偿培训。建立全市性的创业导师资源库,实施创业导师制度,支持各类创业服务平台聘请成功创业者、天使投资人、知名专家担任创业导师,为创业者提供创业培训、创业辅导、创投对接等服务,所发生的相关费用采取政府购买服务方式给予一定额度补助支持。

(三)完善创业扶持政策体系。汇编创业政策“一本通”,扩大创业政策公众知晓程度。继续加大人才津贴、创业贷款、创业担保、创业补贴等创业优惠政策落实力度。逐步做大“启航贷”规模总量,为创业青年保驾护航,提高创业成功率。瞄准电子信息、新材料、新能源、生物医药、软件及服务外包、文化创意等战略性新兴产业和旅游产业、高效农业等特色产业领域,加快引进本科以上学历的紧缺人才创业创新。加快人才公寓、创业孵化基地、大学生创业园、人力资源服务产业园等创业载体建设,为创业创新提供宽松环境。

(四)降低创新创业门槛。深化审批制度改革,放宽众创项目注册资本、登记条件、交税等,允许毕业生首次创办企业“零出资”。放宽企业名称、登记条件,缩短登记时间,简化住所登记手续,可“一址多照”和“一照多址”,允许众创空间内按需注册企业。采取一站式业务代办窗口、多证联办等措施为众创项目提供快捷服务。

四、组织保障

(一)强化组织协调。围绕总体目标,加强对创业创新工作的调查研究,完善推进大众创业创新的政策措施,加强对发展众创空间的指导和支持。建立发展众创空间联席会议制度,统筹推进大众创新创业工作,研究制定改革试点政策,在落实工商注册、财税政策、人才流动和知识产权保护等方面加强联动,形成合力。加强各部门会商,统筹推进发展众创空间的规划编制、政策制定、任务推进等各项工作,积极争取上级部门对我市众创空间建设和大众创业的政策支持。鼓励现有园区利用各类科技创业载体为创业者提供工作空间、网络空间、社交空间和资源共享空间,形成上下联动、统一高效的工作机制。

(二)强化引导示范。积极响应“创业中国”苏南创新创业示范工程,主动融入镇江高新区辐射,大力引导和推动人才、技术、要素、资源向示范区集聚。改善和加强对众创空间、创业导师和创新创业服务机构的引导和管理。鼓励众创空间、投资人、创业者积极争创国家、省、市创新创业示范和先进。鼓励创新创业服务机构不断创新服务方式,提高服务质量,营造良好的创新创业环境,提高创新创业效率。

(三)强化考核推进。依照国家、省及镇江市对众创空间建设的要求,建立健全体制机制创新、服务标准规范、创业人才引进和企业成长培育等内容的评估体系,定期组织开展考核与评估。建立共性指标与个性指标相结合考核评价体系,根据区域的发展实际及错位发展的需求,突出特色,区别对待,切实加大政策扶持、资金投入、条件保障力度,加强对众创空间、创新创业的指导和扶持,最终达到共同发展、共同进步。

关于调整崇明街道、华阳街道、黄梅街道行政区域、社区范围及管理服务职能的决定

句政发〔2015〕139号

各镇人民政府、街道办事处、管委会,市各委办局,市各金融单位,市各直属单位,驻句单位:

为进一步提高城市社会管理水平和公共服务能力,优化社会管理布局,使各街道区域界线、管理服务职能更加清晰,根据市政府第26次常务会议精神,现对崇明街道、华阳街道、黄梅街道行政区域、社区范围及管理服务职能进行适当调整,具体如下:

一、明确崇明街道行政区域范围

调整后,崇明街道行政区域范围:西起洪武路—向北转文昌中路—向南转东昌中路—沿句容河西岸

(河滨西路)—宁杭路向南—二圣路—华阳南路延伸段—河滨北路—洪武路。(见附图)

二、崇明街道整合调整后所辖社区四至范围

调整后,崇明街道辖梅花、新村、马扎里、建新、中凌、葛仙、茅山、河滨、甲城、红旗、义台街、东门、崇明13个社区,行政区域面积约11.96平方公里,人口12.07万。(见附图)

(1)梅花社区:西起洪武路—向北转文昌中路—向东转华阳北路—沿双利路向南—玉清路—华阳西路(其中玉清小区、江家庄范围委托给开发区管委会管辖),辖区面积约1.36平方公里,人口1.37万。

(2)新村社区:西起玉清路—向东转双利路—向南转华阳北路—西回华阳西路,辖区面积约1.2平方公里,人口0.85万。

(3)马扎里社区:西起华阳北路—北至文昌路—南至句卓路转宁杭南路—向西至华阳西路,辖区面积约1.0平方公里,人口0.99万。

(4)建新社区:西起洪武路—北至华阳西路—东至华阳北路—南至人民路(其中华阳西路以南、人民路以北、葛仙湖西岸以西地区的陶家村委托给开发区管委会管辖),辖区面积约0.8平方公里,人口0.60万。

(5)中凌社区:西起洪武路—北至人民路—东至葛仙路—南至河滨北路(其中河滨北路以北,人民路以南,羊角山路向东转南工路向南转葛仙路以西的三台阁区域委托给开发区管辖),辖区面积约0.78平方公里,人口0.62万。

(6)葛仙社区:西起葛仙路—向东转人民路—向南转华阳南路—向东转东大街—向南转南大街—向西转河滨北路,辖区面积约0.59平方公里,人口1.33万。

(7)茅山社区:西起南大街—北至建设路—东至宁杭南路—南至河滨南路,辖区面积约0.9平方公里,人口1.11万。

(8)河滨社区:西起华阳南路—北至河滨南路—东至宁杭南路—南至二圣路,辖区面积约0.65平方公里,人口0.48万。

(9)甲城社区:西起宁杭南路—向东转华阳东路—向南转葛洪路—沿句容河西岸回转宁杭南路,辖区面积约0.78平方公里,人口0.99万。

(10)红旗社区:西起华阳南路—北至华阳东路—东至宁杭南路—向西转东大街—向北转宝塔路—西转人民路,辖区面积约0.57平方公里,人口0.64万。

(11)义台街社区:南起建设路—向北转宁杭南路—向西转东大街—向北转宝塔路—向西转人民路—南转华阳南路—东转东大街—向南转南大街—回建设路,辖区面积约0.55平方公里,人口0.62万。

(12)东门社区:西起葛洪路—北至文昌路—东至东昌中路—南至句容河西岸,辖区面积约1.48平方公里,人口1.28万。

(13)崇明社区:西起句卓路—转宁杭南路—南至华阳东路—东至葛洪路—北至文昌路,辖区面积约1.3平方公里,人口1.19万。

三、崇明街道委托开发区管委会(黄梅街道)管理的范围

崇明街道委托开发区管委会(黄梅街道)管理范围:西至洪武路—北至崇明西路—东至玉清路沿葛仙湖西岸转人民路—转羊角山路—转河滨北路—西回洪武路。(见附图)

四、崇明街道和华阳街道部分行政村(社区)管辖范围的调整

(1)原崇明街道东门社区提供服务的东方华城、维也纳花园、新华家园、御湖风景、水畔御景小区和原崇明街道甲城社区提供服务的嘉盛花园、美家福邸、润景美邻苑、颐和苑、容光雅居、杨家巷、陈家里、侯家、万家、毛巾厂、财政楼、教师楼、税务楼、河滨小区、句容河埂上、金水湾小区归属杨家巷行政村。

(2)原崇明街道河滨社区提供服务的明豪华庭、大自然花园、朝阳嘉园、五星家园、容城嘉苑、华城新村、状元新村、东方新村、化工厂宿舍区、前岗头别墅区、后岗头村归属北阳门社区。

(3)原崇明街道东门社区提供服务的东湖雅苑、碧水铭苑、嘉烨御花园、尚书房、公园道小区归属里巷口行政村。

五、明确托管区域和城中村管理服务职能

1. 崇明街道委托开发区管委会(黄梅街道)管理的区域内所有行政和服务事权全部移交给开发区管委会(黄梅街道)管理。

2. 将崇明街道调整给华阳街道的村(社区)的所有事权全部移交华阳街道。

3. 将崇明街道所辖范围内涉及开发区管委会的梅家边、滕家巷、朱家里、戴家桥4个城中村;涉及华阳街道的有振兴村、立新村、北阳门、金路村、后巷村、肖杆村、上阳村、西岗村、樊家边、崇明雅居和福地花园11个城中村的人社、民政、计生、残联、人武、环境卫生方面的社会服务性事务交由崇明街道负责。原行政隶属关系和经济职责及公安、信访、综治、司法等社会管理性事务仍有原责任主体负责。待上述城中村完全开发结束后，管理和服务工作全部交还崇明街道。

附：句容市崇明街道四至定位图

（2015年10月29日）

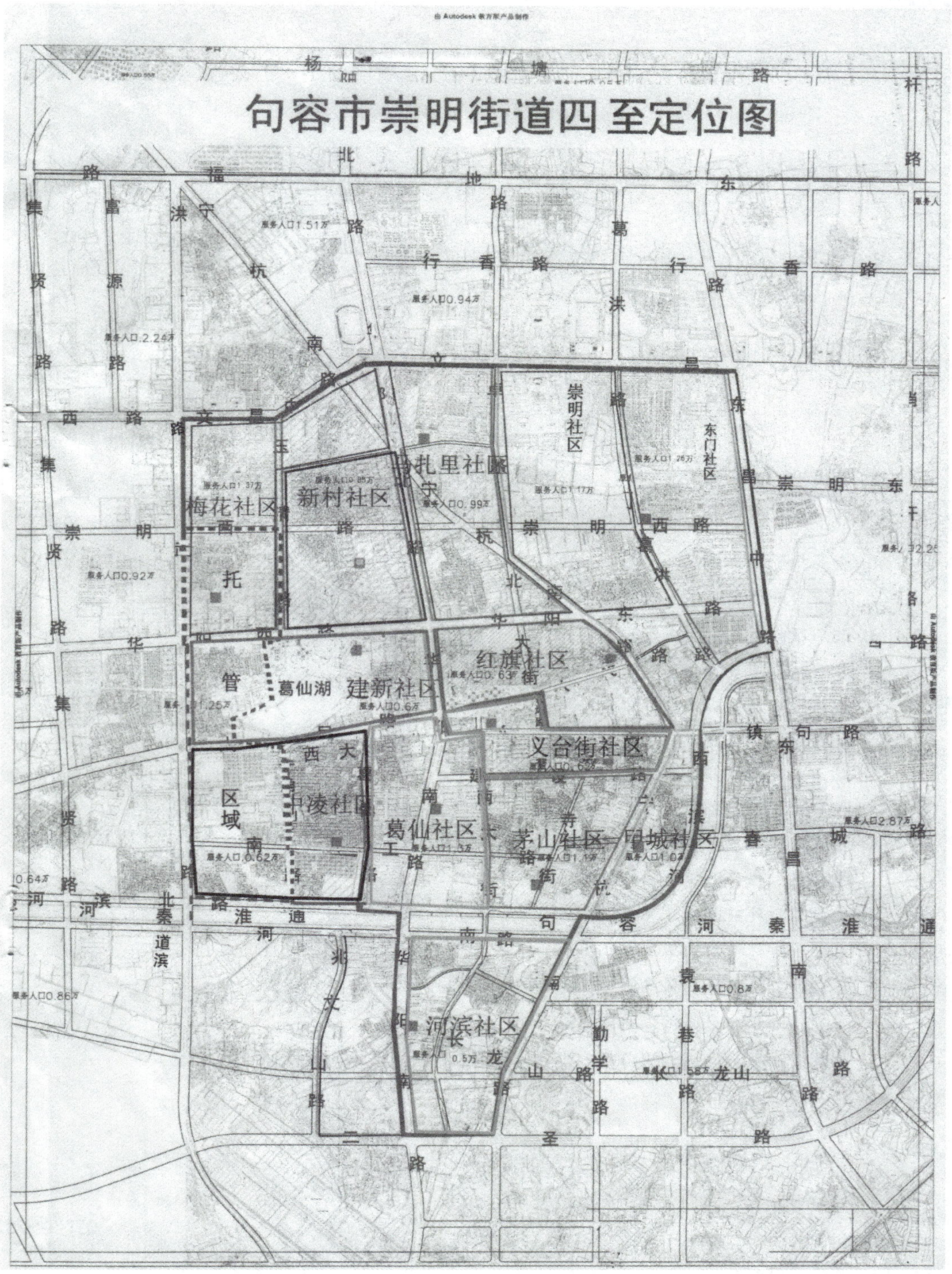

说明：1. 边界框内为崇明街道所辖区域，下设红旗、东门、崇明、葛仙、中凌、建新、河滨、甲城、新村、茅山、梅花、马扎里、义台街13个社区。

2. 辖区占地面积约11.96平方公里，服务人口约12.07万人。

3. 红色虚线范围内为开发区（黄梅街道）托管区域。

工作生活便览

责任编校：丁　阁

行政服务

2015 年句容市行政服务中心进驻单位情况一览

表 37

单　位	审　批　事　项	办公室电话
发改经信委	1. 企业投资项目核准	0511－87322035
	2. 企业投资项目备案	
	3. 政府投资项目建议书审批	
	4. 政府投资项目可行性研究报告审批	
	5. 政府投资项目初步设计审批	
	6. 外商投资项目核准	
	7. 外国政府贷款、国际金融组织贷款项目建议书、可行性研究报告（或核准、备案）审核上报	
	8. 征收发展散装水泥专项资金（建筑项目建设单位）	
环保局	1. 市管建设项目环境影响评价文件的审批	0511－87322027
	2. 建设项目环境影响登记表（包括一、二、三产）	
	3. 建设项目环境影响报告表（包括一、二、三产）	
	4. 建设项目环境影响报告书（包括一、二、三产）	
	5. 市管建设中污染防治设施的验收审批	
商务局	1. 限额以下（3000 万美元）非限制类外商投资企业项目审批及章程的修改（独资）	0511－87322037
	2. 限额以下（3000 万美元）非限制类外商投资企业项目审批及合同章程的修改（合资、合作）	
	3. 变更经营范围	
	4. 股权变更	
	5. 增资	
	6. 再投资限制项目	
	7. 变更出资方式/出资期限/经营期间	
	8. 减资	
	9. 合并与分立	

续表 37

办公室电话	审 批 事 项	联系人
商务局	10. 提前终止经营	0511－87322037
	11. 法定地址/企业名称/投资者名称变更	
规划局	1. 建设项目选址意见书	0511－87322082
	2. 建设用地规划许可证	
	3. 规划设计要点申报	
	4. 规划设计方案	
	5. 建设工程规划许可证(含临时)	
	6. 建设工程竣工验收	
国土局	1. 变更土地登记	0511－87322053
	2. 初始土地登记	
	3. 国有土地使用权抵押登记	
	4. 注销土地登记	
	5. 国有土地使用权招拍挂	
	6. 采矿权审批	
	7. 国有土地使用权划拨	
	8. 划拨国有土地使用权补办出让	
	9. 协议出让国有土地使用权	
	10. 临时用地	
住建局	1. 建设工程竣工验收备案	0511－87322086 0511－87322022
	2. 建筑工程施工许可	
	3. 建筑工程质量监督	
	4. 施工过程中安全监督	
	5. 建筑业企业资质－燃气燃烧器具安装、维修企业资质审批申报材料:	
	6. 瓶装燃气经营许可证	
	7. 瓶装燃气供应许可证	
	8. 确需停止供气、更换气种或者迁移燃气供应站点的批准	
	9. 燃气工程项目初步设计文件审查	
	10. 城市燃气企业工商登记前置审查(审核)	
	11. 因工程施工确需改装、迁移或者拆除燃气设施的批准	
	12. 房地产开发企业工商登记前置审查	
	13. 商品房预售许可	
	14. 拆迁产权不明确、产权人下落不明房屋补偿安置方案核准	
	15. 城市房屋拆迁许可	
	16. 建设工程施工图(抗震)设计审查	
	17. 涉及建筑工程主体和承重结构变动的工业和民用建筑加层,改变使用功能的改造设计方案审查	
	18. 涉及建筑工程建筑工程主体和承重结构变动的工业与民用建筑装饰装修设计方案审查	
	19. 房地产开发企业资质、城市房屋拆迁单位资质	
	20. 建设项目招标事项行政管理备案	
	21. 建设项目招标事项行政许可(公开招标)	
	22. 建设项目招标事项行政许可(邀请招标)	
	23. 建设项目招标事项行政许可(施工竞争性发包)	
	24. 建设项目招标事项行政许可(直接发包)	

续表37

办公室电话	审批事项	联系人
国税局	1. 税务登记(开业)	0511－87322033
	2. 税务登记(变更)	
	3. 车辆购置税征管(征税业务)	
地税局	1. 税务登记(开业登记)	0511－87322032
	2. 税务登记(变更)	
	3. 建立收支凭证粘贴簿、进货销货登记簿	
	4. 印花税代售许可	
安监局	1. 非煤矿矿山安全生产许可证	0511－87322052
	2. 危险化学品经营许可证	
	3. 危险化学品生产许可证	
	4. 烟花爆竹经营(零售)许可证	
	5. 矿山建设项目和用于生产储存危险物品的建设项目新、改、扩建工程安全设施“三同时”审查	
	6. 特种作业操作证申领	
公安局	1. 中华人民共和国护照申报	0511－87322058 0511－87322057
	2. 往来港澳通行证及签注	
	3. 前往港澳通行证申报	
	4. 大陆居民往来台湾通行证及签注	
	5. 台湾居民来往大陆通行证及签注申报	
	6. 外国人来华签证	
	7. 外国人居留许可	
	8. 临时身份证办理	
	9. 港澳台居民及外国人在华注意事项	
人社局	1. 开办职业介绍机构	0511－87322026
	2. 劳动合同鉴证	
	3. 新办企业社保登记证发放	
人防办	1. 结合民用建筑修建防空地下室	0511－87322087
	2. 人防工程报废和拆除	
	3. 人防工程易地建设费	
气象局	1. 施放气球	0511－87322060
	2. 防雷图纸审查	
	3. 工程竣工防雷验收	
文广体育局	1. 各类印刷企业的设立	0511－87322065
	2. 音像制品发行单位的设立	
	3. 音像制品出租、零售单位的设立(该项目除大型超市之外停止审批)	
	4. 书报刊零售、出租单位的设立	
	5. 电影放映单位的设立	
	6. 营业性演出单位团体的设立	
	7. 互联网上网服务营业场所的设立	
	8. 电子游戏经营场所的设立	
	9. 名片印刷企业(含打字复印)的设立	

续表37

办公室电话	审批事项	联系人
文广体育局	10. 歌舞娱乐场所经营单位的设立	0511－87322065
	11. 音像制品批发单位的设立	
	12. 音像制品连锁经营单位的设立	
	13. 演出经纪机构的设立	
	14. 中外合资经营的演出经纪机构、演出场所的设立	
	15. 中外合资娱乐场所的设立	
	16. 电子出版物经营单位的设立	
水农局	1. 取水许可	0511－87322063
	2. 水利工程(含河道水库等)管理范围内建设项目	
	3. 修建水库	
	4. 开发建设项目水土保持方案	
	5. 占用农业灌溉水源、灌排工程设施	
	6. 排污口设置	
	7. 河道采砂、取土等	
	8. 农业机械维修点评审发证	
卫生局	1. 公共场所餐饮单位和射线装置卫生许可	0511－87322062
	2. 一级医院、社会医疗机构厂矿企事业系统内设医疗机构设置审批、执业许可	
	3. 执业医师注册、重新申请医师执业注册	
	4. 供水单位卫生许可	
	5. 公共场所新建、改建、扩建卫生许可	
	6. 护士执业注册	
	7. 护士连续注册	
	8. 生活饮用水新、改、扩建卫生审查	
	9. 医疗广告内容审核(初审)	
质监局	1. 计量标准器具核准	0511－87322036
	2. 制造、修理计量器具许可	
	3. 承担国家法定计量检定机构任务的授权	
	4. 计量检定员资格核准	
	5. 计量器具检定	
	6. 组织机构代码证书、代码IC卡	
	7. 企业产品标准	
城管局	1. 建筑工程垃圾渣土和特种垃圾(含有害固体废物的处置)	0511－87322055
	2. 占道经营(临时摊点、亭棚)	
	3. 拆除环境卫生设施	
	4. 城市户外广告(店招店牌)设置	
	5. 临时占用城市绿化用地	
	6. 砍伐、移植城市树木	
	7. 变更城市绿地	

续表37

办公室电话	审批事项	联系人
农　委	1. 临时占用林地2公顷以下(除省级公益林)	0511－87322061
	2. 森林经营单位修筑为林业生产服务设施占用林地的(除国有林场及占用省级公益林)	
	3. 林木采伐许可证(除省级公益林、松木及县级以上河道的采伐)	
	4. 森林植物检疫	
	5. 木材运输证	
	6. 木材加工经营许可证	
	7. 林木种子生产许可证	
	8. 林木种子经营许可证	
	9. 动物诊疗许可	
	10. 动物防疫合格证	
	11. 兽药经营许可	
	12. 种畜禽生产经营许可	
	13. 兽药生产许可	
	14. 渔业捕捞许可	
	15. 水域滩涂养殖使用证	
	16. 水产种苗生产许可证	
	17. 水产种苗生产许可证	
	18. 饲料添加剂和添加剂预混合饲料生产许可和饲料生产企业登记	
	19. 森林经营单位修筑为林业生产服务设施占用林地的(国有林场和占用省级公益林的)	
	20. 临时占用林地2公顷以上及占用省级公益林的	
	21. 征占用林地	
	22. 林木采伐许可证(省级公益林、松木及县级以上河道的采伐)	
	23. 林权证	
	24. 陆生野生动物及产品的经营许可证	
	25. 野生植物的采集许可	
	26. 水生野生动物驯养繁殖运输及经营许可	
	27. 野生动物驯养繁殖许可证	
交通运输局	1. 超过限载标准的车辆行驶公路、公路桥梁(县、乡公路)	0511－87322080 0511－87322023
	2. 春节等法定节日和重大活动期间临时从事道路客运的核准	
	3. 道路货物运输经营许可(危险货物经营以外的货运)	
	4. 道路旅客运输经营许可(含道路客运班线经营、新增客运班线)	
	5. 道路运输辅助业(含:机动车综合性能检测,搬运装卸经营,运输代理、配载经营)	

续表 37

办公室电话	审　批　事　项	联系人
交通运输局	6. 道路运输站(场)经营	0511－87322080 0511－87322023
	7. 更新砍伐公路用地上的树木(县、乡公路)	
	8. 机动车驾驶员培训许可	
	9. 机动车维修经营许可	
	10. 因工程建设需要占用、挖掘公路或者使公路改线(县、乡公路)	
	11. 跨越、穿越公路修建桥梁、渡槽或者架设、埋设管线等设施以及在公路用地范围内架设、埋设管线、电缆等设施(县、乡公路)	
	12. 扩建公路建筑控制区内的建筑物和构筑物(县、乡公路)	
	13. 铁轮车、履带车和其他可能损害公路路面的机具在公路上行驶(县、乡公路)	
	14. 因工程建设需要占用、挖掘公路或者使公路改线(县、乡公路)	
	15. 因施工需要分流或者中断公路交通的批准(县、乡公路)	
	16. 在公路建筑控制区内埋设管线、电缆等设施(县、乡公路)	
	17. 在公路上增设平面交叉道口(县、乡公路)	
	18. 在公路用地内设置公路标志以外的其他标志(县、乡公路)	
	19. 在航道上建设桥梁以及在一至七级航道上建设或者设置与通航有关的设施(七级和等外级航道)	
	20. 在通航河流上设置专用标志(七级和等外级航道)	
	21. 港口经营许可	
	22. 建设港口的危险货物作业场所、实施卫生除害处理的专用场所	
	23. 使用非深水岸线建设港口设施	
	24. 在港口进行可能危及港口安全的采掘、爆破等活动	
	25. 在港口内进行危险货物的装卸、过驳作业	
地震局	1. 工程建设项目抗震设防要求确认、对地震监测设施和观测环境造成危害的项目批准(含商品房项目、技术改造项目)	0511－87322051
	2. 基本建设项目(含商品房项目)	
公安消防	1. 建设工程消防设计备案	0511－87322056
	2. 建设工程消防竣工验收备案	
	3. 消防安全检查	
工商局	1. 外商投资的有限公司设立申报	0511－87322078 0511－87322031
	2. 农民专业合作社设立登记	
	3. 农民专业合作社变更登记	
	4. 农民专业合作社注销登记	
	5. 有限责任公司设立登记	
	6. 一人有限责任公司设立登记	
	7. 公司变更登记	
	8. 公司注销登记	
	9. 非公司企业法人开业登记	
	10. 非公司企业法人注销登记	
	11. 分公司设立登记	
	12. 分公司变更登记	
	13. 分公司注销登记申报材料:	
	14. 外商投资企业变更为内资公司登记	
	15. 企业(公司)名称预先核准	
	16. 企业集团设立登记申报	

续表 37

办公室电话	审批事项	联系人
食药监局	1. 餐饮服务许可 2. 药品经营许可	0511－87330226
烟草公司	1. 新办烟草专卖零售许可证 2. 变更烟草专卖零售许可证 3. 延续烟草专卖零售许可证	0511－87330508

（行政服务中心）

交通服务

2015 年句容市内公交线路情况一览

表 38

线路	车辆数	班次	间隔时间	早班发车	末班发车	主要途径
1 路	8	169	10 分钟	客运中心 5：40 幸福花园 5：51	客运中心 20：30 幸福花园 21：00	客运中心－状元新村－南门菜场东－阳光花园－老长途车站－客运公司－江苏商贸城－建材市场－华阳名府－苏果超市－都市晴园－崇明小学－香江丽景－聚和园东门－实验高中－千禧小区－卫生大厦－南一路－南三路－妇保所－开发区中心小学－德院上城－幸福花园
2 路东（循环线）	5	77	11 分钟	5：45	20：30	客运中心－南风苑－明豪华庭－沁园－南门菜场－南门菜场东－阳光花园－老长途汽车站－客运公司－江苏商贸城－建材市场－西岗－北门市场－教育局－卫生大厦－南一路－南三路－妇保所－太阳星城－国税局－第三中学－华阳中心小学－财政局－北大街－实验幼儿园－市人民医院－凤凰花园－紫荆花园－明豪华庭－南风苑－客运中心
2 路北（循环线）	5	77	11 分钟	5：40	20：26	客运中心－南风苑－明豪华庭－紫荆花园－凤凰花园－市人民医院－实验幼儿园－北大街－财政局－华阳中心小学－第三中学－国税局－太阳星城－妇保所－南三路－南一路－卫生大厦－教育局－北门市场－西岗－建材市场－江苏商贸城－客运公司－老长途汽车站－阳光花园－南门菜场东－南门菜场－沁园－明豪华庭－南风苑－客运中心
3 路	4	46	30 分钟	三岔 6：25 交警大队 6：30	三岔 18：00 交警大队 17：10	三岔－阙巷－机场路－新坊－铃塘－南风苑－明豪华庭－沁园－南门菜场－南门菜场东－阳光花园－老长途汽车站－客运公司－江苏商贸城－第二中学－实验小学－北大街－正大公寓－香江丽景－聚和园－实验高中－国际花园－领秀星城－台北上上城－交警大队
4 路	3	46	30 分钟	客运中心 5：40 幸福花园 6：20	客运中心 17：40 幸福花园 18：06	客运中心－状元新村－南门菜场东－阳光花园－老长途车站－陈家里－东方华城－御湖枫景－哈佛星城－崇明雅居－学府雅苑－环保局－交通局－碧水铭苑－公安局－五里墩－下甸－少管所

续表 38

线路	车辆数	班次	间隔时间	早班发车	末班发车	主要途径
5 路	7	120	10 分钟	公交停车场 5：50 黄金花园 6：02	公交停车场 17：45 黄金花园 18：15	公交停车场－华阳政府－东方华城－陈家里－老长途车站－阳光花园－南门菜场东－南门菜场－沁园－紫荆花园－凤凰花园－市人医院－实验幼儿园－北大街－财政局－华阳中心小学－第三中学－特殊学校－妇保所－开发区中心小学－德院上城－黄金花园
7 路	5	90	15 分钟	客运中心 5：55 上海公寓 6：27	客运中心 17：35 上海公寓 18：06	客运中心－南风苑－明豪华庭－河滨路小学－许家－瓜子沟－温州商贸城－开发区派出所－太阳星城－神牛家具城－人民法院－海柏大酒店－实验高中－农林学院－华阳中学－上海公寓
10 路	11	164	8 分钟	客运中心 5：30 石狮加油站 6：05	客运中心 17：50 石狮加油站 18：24	客运中心－状元新村－南门菜场东－阳光花园－老长途车站－客运公司－江苏商贸城－第二中学－实验小学－实验幼儿园－丹桂苏果－物价局－葛仙湖公园南－西关转盘－幸福花园－玉兰花园－恒鑫塑钢－杜家山－皮业城－方便桥－石狮－石狮加油站
11 路	10	120	11 分钟	客运中心 5：45 巨宝科技 6：00	客运中心 17：40 巨宝科技 18：25	客运中心－华阳实验小学－朝阳家园－大自然花园－万家－润景美邻苑－东方华城－都市晴园－华阳名府－建材市场－江苏商贸城－客运公司－老长途车站－柴巷－中医院－文化宫－万宏天源城－市人民医院－新世纪广场南－新世纪广场北－华阳中心小学－第三中学－国税局－太阳星城－妇保所－梅花小区－人民法院－北佳房产－黄金花园－巨宝科技
18 路	6	82	15 分钟	公交停车场 5：30 柳桥 6：10	公交停车场 17：30 柳桥 18：10	公交停车场－华阳政府－东方华城－陈家里－客运公司－江苏商贸城－建材市场－五星电器－正大公寓－香江丽景－聚和园－实验高中－国际花园－领秀星城－上海公寓－杨塘岗－第二水厂－下荫－夏家边－大卓－柳桥
拥军线	10		10 分钟	客运中心 5：30 盘山部队 6：10	客运中心 17：35 盘山部队 18：18	客运中心－南风苑－明豪华庭－紫荆花园－凤凰花园－市人民医院－新世纪广场南－新世纪广场北－句容宾馆－卫生大厦－玉清广场－海柏大酒店－人民法院－包家巷－台湾小镇－赤岗－排岗－黄梅－新庄－前塘－后塘－汪江－盘山部队
拥军 2 线	3	30	45 分钟	客运中心 5：35 盘山部队 6：25	客运中心 17：40 盘山部队 18：22	客运中心－南风苑－明豪华庭－水岸名居－银河之都－南门菜场东－阳光花园－老长途车站－客运公司－江苏商贸城－建材市场－五星电器－财政局－句容宾馆－卫生大厦－千禧小区－国际花园－领秀星城－台北上上城－交警大队－吴家－宁杭路－排岗－黄梅－东营房－南巷大队

（公交公司）

2015年句容市城乡公交班次时刻情况一览

表39

序号	线路	终点站	首班	末班车	班车时间	城区线路走向	全程票价（元）	沿途主要站点票价
1	宝华线	宝华	5：50	17：30	流水发班	新站－华阳南路－华阳北路－122省道	7.00	黄梅2.00 新塘3.00 作厂4.00 孟唐5.00 下鲍亭6.00 和平7.00
2	句容－宝华下蜀－句容	循环	6：00	17：30	7：00、8：00、10：00、11：20、13：50、16：20、17：30	新站－华阳南路－华阳北路－122省道	10.00	栏江9.00 仓头10.00
3	下蜀线	下蜀	6：00	17：40	流水发班	新站－华阳南路－华阳北路－崇明东路－句卓路－文昌东路－句蜀路	8.00	张家边2.00 郤家边3.00 石山头4.00 姚林口5.00 亭子6.00 六里桥7.00 下蜀8.00
4	句容－下蜀宝华－句容	循环	6：00	17：00	6：00、7：30、9：00、10：40、12：20、14：20、15：20、	新站－华阳南路－华阳北路－崇明东路－句卓路－文昌东路－句蜀路	10.00	仓头9.00 栏江10.00
5	春茅线	茅山	7：00	17：00	7：00、9：00、11：00、13：00、15：00、17：00	新站－宁杭南路－镇句路－句春路	7.00	后村4.00 白马庄5.00 北镇街6.00 茅山7.00
6	春城线	春城	6：00	17：40	流水发班	新站－宁杭南路－镇句路－句春路	3.00	吉里2.00 茶厂3.00 春城3.00
7	句茅线	茅山	6：00	17：40	流水发班	新站－二圣路－东昌南路－句茅路	6.00	杨家边2.00 李家边3.00 后沟4.00 长城5.00 水厂6.00
8	后茅线	茅山	5：40	17：20	流水发班	新站－宁杭路	7.00	张庙2.00 二圣3.00 古村4.00 夏王5.00 茶厂6.00 茅山7.00
9	郭庄线	郭庄	5：55	17：50	流水发班	新站－机场路	8.00	张庙2.00 二圣3.00 古村4.00 窑厂5.00 葛村6.00 桑海园7.00 新谢里8.00 郭庄8.00
10	机场路1	郭庄	6：00	17：00	6：00、7：00、8：00、9：00、10：00、11：00、12：00、13：00、14：00、15：00、16：00、17：00	新站－宁杭路	7.00	新坊2.00 泗庄3.00 赤山湖大桥4.00 詹家边5.00 经戴6.00 郭庄7.00
11	机场路2	郭庄	6：30	16：30	6：30、7：30、8：30、9：30、10：30、11：30、13：30、14：30、15：30、16：30	新站－宁杭路	7.00	张庙2.00 邵家边3.00 赤山湖大桥4.00 詹家边5.00 经戴6.00 郭庄7.00
12	袁巷线	袁巷	6：30	16：30	6：30－16：30，半小时一班	新站－宁杭路	8.00	后白4.00 天王6.00 柏岗7.00 斗门8.00 袁巷8.00

续表 39

序号	线路	终点站	首班	末班车	班车时间	城区线路走向	全程票价（元）	沿途主要站点票价
13	天王线	天王	5：35	18：00	流水发班	新站－宁杭路	6.00	张庙 2.00 二圣 3.00 古村 4.00 李家桥 5.00 天王 6.00
14	白兔线	白兔	5：50	17：30	流水发班	新站－宁杭南路－镇句路	5.00	太平庄 2.00 下倍 3.00 行香 4.00 白兔 5.00
15	东昌线	东昌	5：50	17：30	流水发班	新站－宁杭南路－镇句路	5.00	暨南农场 2.00 陈塘 3.00 陈武 4.00 东昌 5.00
16	三岔线	赤山闸	6：00	17：30	流水发班	新站－宁杭路	4.00	张庙 2.00 放马岗 3.00 三岔 4.00
17	桥头线	桥头	6：30	16：50	6：30、8：00、9：30、10：50、12：30、14：10、15：40、17：10	新站－华阳南路－华阳北路－崇明东路－句卓路－文昌东路－句蜀路	7.00	张家边 2.00 部家边 3.00 石山头 4.00 姚林口句容林场 5.00 武岐 6.00 雷巷 7.00
18	磨盘线	磨盘	6：45	16：45	6：45、7：45、8：45、9：45、10：45、12：15、13：15、14：15、15：15、16：45	新站－宁杭路	8.00	唐陵 7.00 磨盘 8.00
19	白阳线	白阳			停班	新站－宁杭路	9.00	白阳 9.00
20	得撒豆腐村	得撒豆腐村	7：15	16：15	7：15、7：40、9：15、10：00、12：15、13：20、14：40、16：15	新站－宁杭南路－镇句路－句春路	4.00	得撒豆腐村 4.00

（公交公司）

2015 年句容市客运总站（长运公司）长途班车班次时刻情况一览

表 40

终点站	里程（km）	车型	票价（元）	发车时间	沿途主要停靠站点及票价
上海	271	大型高一	79.00	07：50 14：00	句容道口上高速
上海	271	大型高一	79.00	07：00 13：30	经天王
宁波	467	大型高一	167.00	08：10（隔日班）	慈溪 145 绍兴 117.00 上虞 129.00 萧山 102 杭州 96.00 湖州 63.00 长兴 54.00
杭州	279	大型高一	96.00	07：30 13：30	湖州 63.00 长兴 54.00
嘉兴	274	大型高一	83.00	06：40 13：00	盛泽 80.00 平望 78.00 吴江 71.00
铜陵	330	中型高一	82.00	09：40	配载班次：繁昌 72.00
利辛	359	大型高一	124.00	06：00	蒙城 112.00
合肥	217	中型中级	69.00	08：45	配载班次
芜湖	133	中型中级	48.00	08：30 13：40	配载班次：马鞍山 34.00
盛泽	254	大型高一	82.00	13：50	平望 79.00 吴江 72.00 苏州 67.00

续表40

终点站	里程（km）	车型	票价（元）	发车时间	沿途主要停靠站点及票价
苏州	206	大型高一	68.00	07：20 08：20 09：30 12：50 15：10	丹阳上高速
太仓	236	大型高一	75.00	07：40 12：25	
昆山	219	大型高一	71.00	07：30 13：30	
张家港	188	大型高一	55.00	07：00 12：35	
常熟	204	大型高一	63.00	06：35 12：45	
无锡	156	大型高一	51.00	06：55 07：50 08：40 09：30 10：20 11：20 12：30 13：20 14：10 15：00 15：50 16：40	丹阳上高速
无锡	156	大型高一	51.00	07：20 13：00	经天王
江阴	148	大型高一	42.00	07：45 13：10	
宜兴	114	中型高一	31.00	06：50 09：00 12：10 15：00	丁山35.00
常州	108	中型高一	32.00	05：40 06：10 06：20 06：30 07：00 07：30 08：00 08：40 09：10 09：40 10：20 11：00 11：40 12：00 12：10 12：35 13：00 13：30 14：00 14：30 15：00 15：30 16：00 16：40	皇塘22.00 金坛20.00 珠琳17.00 薛埠14.00 石墩头10.00 唐陵9.00
金坛	65	中型高一	20.00	09：25 15：20	珠琳17.00 薛埠14.00 石墩头10.00 唐陵9.00
溧阳	79	中型高一	22.00	07：50 09：50 12：40 14：30	南渡18.00 旧县16.00 老河口14.00 东岳庙13.00
南通	224	大型高一	78.00	06：40 13：05	
启东	299	大型高一	100.00	07：20	海门88：00
泰州	156	中型高一	49.00	07：40 09：50 14：00 16：30	
靖江	167	大型高一	50.00	07：15 10：10	
盐城	263	大型高一	84.00	07：05、	兴化60.00 江都34.00
大丰	300	大型高一	93.00	07：50	东台77.00 海安66.00 姜堰48.00 江都34.00
淮安	251	大型高一	84.00	07：10 13：30	楚州79.00
连云港	380	大型高一	125.00	08：20	灌云115.00 高沟96.00
赣榆	406	大型高一	135.00	05：30	
灌南	321	大型高一	102.00	06：45	高沟96.00 涟水91.00
徐州	414	大型高一	122.00	06：00	睢宁99.00
宿迁	314	大型高一	105.00	06：20 12：30	

续表 40

终点站	里程（km）	车型	票价（元）	发车时间	沿途主要停靠站点及票价
泗阳	283	大型高一	84.00	11：40	
洋河	329	大型高一	106.00	06：50	泗阳 84.00
沭阳	318	大型高一	95.00	07：40	洪泽 65.00
泗洪	258	大型高一	86.00	06：00	
扬州	78	大型高一	29.00	07：30 09：20 13：20 15：30	直达
南京小红山	50	大型高一	15.00	首班 06：50 末班 18：30（约 40 分钟一班）	直达
南京南站	52	大型高一	15.00	首班 06：00 末班 18：30（约 20 分钟一班）	直达
南京马群	42	大型中级	10.00	首班 05：30 末班 18：30（约 10－15 分钟一班）	麒麟门 8.00 坟头 6.00 汤山 5.00
溧水	47	大型高一	15.00	08：30 10：55 13：45 16：40	配载班次
高淳	95	大型高一	29.00	08：55	配载班次
镇江汽车站	44	大型高一	15.00	首班 05：30 至末班 18：20（约 15 分钟一班）	乔家门 11.00 石马 9.00 韦岗 8.50 小衣庄 7.00
镇江南站	44	中型高一	15.00	首班 07：05 至末班 15：20（约 60 分钟一班）	
扬中	97	中型高一	28.00	07：05 9：25 13：00 15：20	大港 22.00
丹阳	45	中型高一	13.00	首班 06：00 至末班 18：00（约 20 分钟一班）	全州 9.50 丁庄铺 9.00 屯甸 8.50 敖毅 7.50

（交通运输局）

句容市公共自行车城区站点分布图
1、公安局
2、碧水铭苑小区
3、行政中心
4、维也纳花园
5、环保局
6、城管局
7、哈佛星城
8、崇明雅居
9、农业技术学院
10、上海公寓
11、聚和园小区
12、农科所
13、千禧小区
14、曙光国际酒店
15、国际花园小区
16、领秀星城
17、久正集团
18、华阳北路交警大队
19、京蓉花园
20、锦绣句容小区
21、水利局
22、卫生局
23、商业街北二路
24、梅花小区东门
25、检察院
26、华阳中队
27、梅花苑西门
28、黄金花园东
29、黄金花园西
30、开元大酒店
31、神牛家具
32、玉清小区西门
33、工商局
34、房管处
35、句容西苑新村
36、中央美地
37、妇幼医院
38、规划设计院
39、葛仙湖北门
40、葛仙湖南门
41、苏南商贸城
42、市政处
43、今典花园
44、致远门
45、南工路容江超市
46、紫荆花园
47、河滨小学
48、明豪华庭
49、新客运站
50、河滨佳园北门
51、银河之都
52、南门菜场
53、凤凰花园
54、万宏东门
55、工薪商场
56、句容人民医院
57、肯德基
58、建设局
59、句容宾馆
60、崇华苑
61、香江丽景民生银行
62、句容财政局
63、大润发超市
64、市政府2
65、市政府
66、四牌楼
67、实验小学
68、天一商城
69、步行街苏果超市
70、文化宫
71、句容中医院
73、天上人间
74、华阳路苏果超市
75、都市晴园东门
76、崇明公园东
77、崇明公园南
78、万福广场
79、东方华城西
80、东方华城东
81、华阳镇政府
82、华阳四小
83、大自然花园
84、御东国际西
85、御东国际北
86、华阳派出所
句容市城市管理局制

公共自行车

乡村旅游景点

茶博园

江苏茶博园，是江苏农林职业技术学院第二实训基地，始建于2008年9月，坐落于茅山北麓20公里处，位于句容市东南部，距离城区9公里。该园区占地167公顷，水网错落，具有典型的"五山一水四分田"地形地貌。整个茶博园形成"一轴、一带、一环、四片、多景点"的立体化网络景观结构，是集休闲、养生、教学、科研、文化于一体的茶业博览园。

茶博园因幽美的环境、独具的特色，在2011年以"茶传古今，香飘中外"的长三角旅游城市群茶香文化体验之旅区域评审中，荣获"长三角城市群茶香文化体验之旅示范点"称号。

地址：句容市原高庙茶场

联系人：曹仁勇

联系电话：13921559683

（民宗旅游局）

花果大世界园

镇江农科所农业科技示范中心位于句容市华阳镇东南环路以东、谢家塘村以南，占地面积67公顷，投资1.5亿元，园区的功能定位为"现代农业的窗口、高效农业的龙头、新型农民的摇篮和游客观光的乐园"。按AAAA级景区规划设计，已初步建成"一年四季有花、有果、有菜、有礼"，打造华东地区知名的"花果大世界"。

地址：句容市华阳镇

联系人：聂德华

联系电话：0511-87265819

（民宗旅游局）

容南风景生态园

容南风景生态园位于句容市华阳镇句茅路，地理位置优越，交通便捷，是往茅山旅游的必经之道上。距离城区仅有3分钟车程，容南风景生态园是集特种种植、生态养殖、休闲垂钓、乡村休闲旅游为一体的大型生态园。

容南风景生态园拥有优美的自然风光，其中有水田面积8公顷，旱地面积14公顷，坡地64公顷，连片面积有85.38公顷，园区内有水果采摘区、自然观赏区、水上游乐区（含垂钓）、农家乐功能配套区（含野外烧烤区、滑草区）等，建有养猪场、养鸡场、有机鲜果区、有机蔬菜区、垂钓区及生态餐厅等乡村休闲观光旅游项目。

容南风景生态园坚持高起点、高规格，并以"人无我有，人有我精，人精我新"的理念打造苏南乃至江苏最具特色的农业科技循环示范园。

地址：句容市句茅路2.5公里

联系人：汤槿

联系电话：13705291559

（民宗旅游局）

桃花岛农庄

桃花岛农庄坐落于国家AAAA级茅山风景区脚下墓东水库，是一座集生态绿色餐饮、垂钓、休闲、观光、住宿于一体的人文生态农庄。这里山清水秀、林木茂盛、水库气候清新宜人，享有得天独厚的地理自然风光，其可谓"寻遍江南清丽地，桃花岛庄最宜人"，农庄拥有7公顷的山林草鸡以及140公顷水库自然生长的淡水鱼，其味道鲜美，肉质坚韧，营养极为丰富。

农庄注重文化品位，特设"聚虎画院"，众多文人墨客、书画爱好者前来留笔赠言，抒发对桃花岛太湖之源的自然景色以及农庄的生态环境、生态餐饮的真情实感！

地址：句容市茅山风景区墓东水库旁

联系人：李华

联系电话：13921551206

（民宗旅游局）

万山红遍农业园

万山红遍农业园位于句容市东部，距镇江35公里、南京55公里，是江苏省五大农业科技示范园之一，也是镇江地区三大观光农业园区之一。

园区占地面积33公顷，辐射面积1000公顷，园区从国外引进多种适合丘陵地区种植的各种应时鲜果，一年四季都可以为游客提供不同品种水果，已形成苏南地区最大的无公害果品生产基地，园区同时提供较为成熟的农家乐采摘、垂钓、果酒品尝、观光休闲等旅游服务。

地址：句容市白兔镇

联系人：刘照亭

联系电话：0511-87265410

（民宗旅游局）

岩藤农业园

句容岩藤农业发展有限公司坐落于中国道教圣地—茅山山麓，位于后白镇，总投资达1亿多元，占地面积200公顷。是一家专业的集观光、采摘、餐饮、休闲于一体的大型生态农庄，致力于优质特种农产品的有机生态培育、研发、生产、销售与配送服务，为客户提供安全、健康、新鲜、美味的产品。在这里不仅能为客户提供一个风光秀丽的周末务农、休闲旅游和青少年科普教育基地，更是一个环境清新、幽静，景色宜人犹如世外桃源般的理想生活与品味空间。

地址：句容市后白镇

联系人：徐进

联系电话：13905296484

（民宗旅游局）

怡景湾度假村

怡景湾度假村是中节能（深圳）投资集团有限公司按四星级标准投资兴建的度假山庄。度假村占地面积约27公顷，是中国首届十佳休闲观光农业生态园之一，中国节能环保集团培训中心。

度假村餐饮中心，可以同时接待500人用餐，会议中心可容纳1000人，拥有16个大中小型会议室。可容纳30桌宾客同时用餐，500人同时会议的超大型宴会厅。

度假村采摘园培植时令水果，种植20余种水果蔬菜。客房中心拥有280间客房，娱乐休闲设有卡拉OK包房，开放式演艺厅、瑜伽、棋牌、乒乓球、健身、汉蒸、台球、水上高尔夫球等休闲娱乐项目。可满足不同团体、个人进行休闲娱乐活动。

地址：句容市茅山镇丁家边行政村

联系人：郑哲

联系电话：0511-87872222

（民宗旅游局）

便民电话

特服电话

电话查询：114

报时台：117

天气预报：96121

中国电信客户服务热线：10000

江苏移动客户服务热线：10086

江苏移动话费查询热线：10086

中国联通江苏客户服务热线：10010　10060

中国联通江苏话费查询专线：10011

邮政特快揽收：11185

自来水报修：82754111

供电服务热线：95598

管道燃气报修：87267942

路灯报修：87280242

有线电视安装与维修：87271369

应急电话

报警求助：110

火警：119

医疗急救：120

交通事故报警：122

水上事故报警：87277643

常用电话

人才交流服务中心：87276475

社会保险咨询：87238150（企业）87238221（事业）87238517（农保）

失业保险咨询：87261048

医疗保险咨询：87279967

税收咨询热线：12366

客运服务热线：87222815

液化石油气钢瓶检验：87234005

投诉举报电话

纪检监察举报：87224220

检察院举报中心：87262403

法院执行：87996121

消费者投诉热线：12315

法律咨询：87265735

法律援助中心：87300269

公证处:87270771
职工热线：16642111
价格举报：12358
质量监督：87230433
环保监督：12369
假冒伪劣监督：87230416
药品质量举报：87239509
盐政管理：87268461
安全监督：87301110
国税干部队员举报：87273113
国税偷税举报：87263849
地税偷税举报：87228959
渔政监督：87302616
水政监察：87268995
城管监督：87231234　87272224
文化市场管理：85172110
防汛防旱：87262341
劳动监督：87276002
劳动仲裁：87263893
旅游投诉：87231012
公交、出租车投诉：87201112　87267111

新闻热线

市通讯报道热线：87271752
市电视台：85976920
市电台：85976911
镇江日报驻句容记者站：87272273

（史志办）

句容市市级机关、镇(管委会)及驻句容单位联系电话一览

表 41

单位	办公室	单位	办公室
党群系统			
市委办	87279898	侨联	87271753
人大办	87272382	科技局	87272670
政府办	87272848	地震局	87272269
政协办	87272162	科协	87272907
机关事务局	87310461	人力资源和社会保障局	87262968
接待中心	87272593	法制办	87273416
外事办	87272414	信访局	87287655
人防办	87271745	档案局	87273139
组织部	87272110	老干部局	87222448
纪委	87222795	关工委	87223594
监察局	87222795	行政中心	87285352
统战部	87272127	民族宗教旅游局	87310288
机关工委	87272250	台办	87273828
团市委	87272765	史志办	87310660
妇联	87272354	工商联	87263619
工会	87269047		

单位	办公室	单位	办公室
财贸系统			
财政局	87262981	审计局	87264653
国税局	87265640	工商局	87260840
地税局	87267915	烟草局	87262486
人保公司	87223868	人行	87262596
人寿公司	87274418	建行	87264951
太保公司	87276521	工行	87261403
粮食收储中心	87232131	中行	87267498
供销总社	87237393	农行	87263097
商务局	87262360	农发行	87271950
物价局	87273730	信用联社	87263211
政法系统			
政法委	87310003	消防大队	87277180
司法局	87272184	法院	87996112
公安局	87277000	检察院	87272783
交警大队	87277212	反贪局	87272048
刑警大队	87277151	民政局	87272840
经侦大队	87277171	残联	87278815
治安大队	87277131	双拥办	87260776

续表41

单　位	办公室	单　位	办公室
文　卫　系　统			
宣传部	87310216	医保中心	87279967
党　校	87238569	人民医院	87266454
行政干校	87233548	市二院	85978001
广播电视台	87272439	疾控中心	87222760
教育局	87272249	省句中	87276771
文　联	87275962	进修学校	87272227
文广体育局	87274650	职教中心	87201822
卫生局	87263319	市二中	87222647
食药监局	87239508	市三中	87264238
人口计生委	87272335	实验高中	87261095
红十字会	85179058	实验小学	87273513
工　交　系　统			
发改经信委	87224639	城投公司	85172807
供电公司	87995211	市政局	87271232
邮政局	87225544	纺织协会	87222435
电信公司	87263628	石油公司	87287821
环保局	87263440	矿业公司	87757234
质监局	87322108	物资总公司	87274798
安监局	87275609	九洲集团	87274798
盐务局	87276821	化轻集团	87270843
开发区	87265026	木材集团	87264189
社区办	87273048	方兴集团	87263180
统计局	87272871	远东水泥公司	87611121
交通运输局	87262384	化工集团	85170362
公路处	87262838	金猴集团	87285152
住建局	87265311	一马先集团	87237365
城管局	87189276	外贸公司	87263941
规划局	87289000		

单　位	办公室	单　位	办公室
农　水　系　统			
农业委员会	87272839	长江堤水站	87757287
国土局	87263989	气象局	87265958
水利农机局	87278532		
各镇管委会（政府办公室）			
华阳镇	87202818	后白镇	87401103
下蜀镇	87751307	天王镇	87456033
宝华镇	87781317	茅山镇	87871009
边城镇	87611003	茅山管委会	87828999
白兔镇	87671018	赤山湖管委会	87509552
郭庄镇	87561007	开发区管委会	87262758
驻句容单位			
人武部	87222136	江苏省未成年犯管教所	87209399
外商投资协会	87762222	江苏省边城监狱	87638091
台协句容联络委员会	87276662	江苏省句东劳教所	87706311
南京财经大学桥头校区	87762095	江苏省女子监狱	87707111
网通句容分公司	85170006	江苏省句容监狱	87731888
《镇江日报·京江晚报》句容记者站	87272273	二十一车队	87222241
省农林学院	87290000	六物基地	87265603
镇江农科所	87265819	移动公司	87260001
		联通公司	85171636

（市政府办）

2015 年华阳街道（社区）基本情况一览

表 42

村（社区）名	总人口（人）	办公地点	负责人		联系电话
			书记	主任	
新坊村	3116	新坊村	姚 伟	孙贤明	87206479
新生村	3920	新生村	章壮泽	徐国斌	87364838
北阳门社区	432	北阳门社区	部贤禄	陈兆生	87233879
上路社区	1666	上路社区	胡丕珍	李世才	87236621
周家岗村	4632	周家岗村	周道富	李学超	—
南亭村	3450	南亭村	徐淮江	徐淮江	87208876
吉里村	3200	吉里村	朱正贵	张修荣	87205884
钱家边村	1988	钱家边村	陈 勇	陆晓元	87203100
下甸村	4126	下甸村	笪玉华	戴平喜	87205969
里巷口村	2568	里巷口村	王荣华	王荣华	87205850
杨家巷村	4875	杨家巷村	常志培	蔡礼祥	87200016
云塘村	4788	云塘村	高启洪	王学文	87701179
吴岗村	1717	吴岗村	吴兆亮	解九方	87706806
赵塘村	3800	赵塘村	王 荣	经明春	87708520
城上村	3000	城上村	许爱芳	滕长江	87320807
北相村	1783	北相村	王 斌	巫纲根	
西岗村	2997	西岗村	赵森洪	部早宝	87711008

（陈 璐）

2015 年宝华镇村（社区）基本情况一览

表 43

村（社区）名	负责人		联系电话
	书记	主任	
栗庄村	肖 铭	姚祖东	13905299115
仓头村	赵贤财	翁锡武	13775395093
栏江村	周龙喜	王来贵	13952935829
铜山村	盛信明	宋永权	13625263819
和平村	成庆尧	戴家宝	13905298435
凤坛村	庄佩发	曹当亮	13952996521
宝华村	王心荣	王良海	13952991218
鲍亭社区	陈宗荣	陈宗荣	13912102895
鸿堰社区	吴慎虎	吴慎虎	13914591935

（郑晓虎）

2015 年下蜀镇村（社区）基本情况一览

表 44

村（社区）名	总人口（人）	办公地点	负责人		联系电话
			书　记	主　任	
下蜀村	4289	下蜀村	李仁琴	叶家政	87751230
祝里村	3042	祝里村	吴宗新	曹当贵	87771052
六里村	3977	六里村	严明瑞	夏前清	87757945
新村村	2969	新村村	王平	曹永才	87768860
桥头村	3028	桥头村	庄广云	沈京城	87761458
裕课村	4579	裕课村	张成法	杨志林	87766146
沙地村	3409	沙地村	谭红军	朱华春	87761681
华山村	3127	华山村	陶贤庚	吴和平	87738616
亭子村	3146	亭子村	徐本浩	董凡	87731046
空青村	2209	空青村	涂光金	马道荣	87737928
下蜀居委会	3170	下蜀集镇		徐旭东	87751324
桥头居委会	2153	桥头集镇		吕建国	87761299

（唐　军）

2015 年边城镇村（社区）基本情况一览

表 45

村（社区）名	总人口（人）	办公地点	负责人		联系电话
			书　记	主　任	
东昌	2890	东昌集镇	段同华	陈治强	87611918
衣庄	1167	西甸	洪阳林（副）	洪阳林	87611071
高仑	1370	高家边	王洪根	张荣云	87611601
光明	2297	张家边	张国富	张国富	87618355
桥东	1327	格桥	吴　勇	严平寿	87613932
友谊	1287	东家	周　俭	冯白生	87612822
青山	3270	东庄	汤春龙（副）	巫建强	87618046
戴村	2921	戴村	刘爱民	刘小冬	13775391898
佴池	3060	佴池	朱永群	张建民	87637001
大华	2768	东官桥	裔云喜	纪春来	87638870
陈武	2796	巫巷	欧海林	姚秀文	87633379
赵庄	1587	赵庄	汪　董	赵　生	87634609
双杨	2618	杨巷	张关生	陈　云	87632110
赵村	2262	赵巷	董阳宝	任玉忠	87634516

（唐　琦）

2015年白兔镇村(社区)基本情况一览

表 46

村(社区)名	总人口(人)	办公地点	负责人		联系电话
			书　记	主　任	
龙山湖	3639	行香集镇	王秀平	王秀平	13772258863
倪塘	1833	倪塘村	徐　华	蒋鹤林	13705291131
中心	1214	中心村	巫苏明	张云华	13451962821
西井	616	西井村	刘　涛	吴晋华	13952933635
太平	1081	太平村	巫海峰	高华富	13625261238
行香	2145	行香村	张洪生	朱庆丰	15996828298
古隍	3062	古隍村	朱照英	陈云虎	13952872195
马里	2745	马里村	殷和平	殷和平	13952961352
高庙	832	高庙村	张　博	张尚锋	15605297906
上荣	2409	上荣村	巫成贵	许　忠	13951407335
解塘	1816	解塘村	潘明福	张虎成	13905299537
幸福	2192	幸福村	陈虎生	笪洪正	13913401298
茅庄	2636	茅庄村	朱云荣	欧阳国祥	13775527859
唐庄	2330	唐庄村	李建中	步年华	13705290438
白兔	4372	白兔村	纪前瑞	纪前瑞	13905298150

(笪倩倩)

2015年郭庄镇村(社区)基本情况一览

表 47

村(社区)名	总人口(人)	办公地点	负责人		联系电话
			书　记	主　任	
郭庄	4183	郭庄	章　杰	王开春	13952990917
金星	2654	金星	葛龙兴	吴太明	13905297902
端王	2672	端王	邱　洲	唐法万	18952991809
百丈	3327	百丈	戴重荣	杨贤平	13952961313
甲山	2823	甲山	王廷勇	张绍文	13921558299
孔塘	2555	孔塘	蔡义明	蔡义明	13861377533
经戴	2163	经戴	俞正财	俞正财	13776379000
朝阳	3612	朝阳	杨金龙	杨金龙	13952897089
庄里	3013	庄里	李　明	陈世全	13852970707
葛村	4691	葛村	包献才	潘文华	13905298751
东湖	1978	东湖	祝小明	祝小明	13952969444
东方红	2368	东方红	经继国	经继国	13952939527
刘巷	3545	刘巷	刘士鹏	李长江	13775394092

续表 47

村(社区)名	总人口(人)	办公地点	负责人		联系电话
			书　记	主　任	
方溪	2077	方溪	曹永正	赵元柏	13952990137
东岗	3573	东岗	刘广忠	孙雪龙	13952931716
百里	2499	百里	谢四平	夏开明	13852971500
虬北	2108	虬北	蒋士顺	蒋士顺	13952995699
五渚坊	3672	五渚坊	周道才	端礼才	13952961619
郭庄集镇	1475	郭庄集镇	章　杰	王开春	13952990917
葛村集镇	906	葛村集镇	包献才	潘文华	13905298751

（张　俊）

2015 年后白镇村（社区）基本情况一览

表 48

村(社区)名	负责人		联系电话
	书　记	主　任	
后白	黄胜才	黄胜才	13905298501
淮源	翟俊华	王祖根	13775380193
古村	方银生	王志贵	13815168203
李桥	魏胜亚	袁厚政	13861377363
芦江	何振喜	严功斌	13605290201
夏王	王成义	王成义	13775391046
延福	王　伟	倪照清	13861377999
东湾	江大舜	王爱华	13812361661
西冯	李治顺	李治顺	13912105388
东风	任恒生	曹世富	13912105972
曹村	詹道林	陈德宝	13645293386
王庄	周云霞	周道富	13952966663
二圣	吴大军	曹祖元	13815164458
徐巷	许学智	陈永礼	13775520945
泗庄	张　冰	陈祥兵	13952967878
槐道	耿红伟	柴长青	13905298641
林梅	童建荣	李志宏	13775391280
张庙	吴烈进	王庆书	13952930967
五星	李高林	刘树生	13952872636
长里岗	曹永胜	汪书生	13775384602
西城	刘文林	周龙成	13505292136

（刘小青）

2015 年天王镇村(社区)基本情况一览

表 49

村(社区)名	总人口(人)	负责人	
		书记	主任
戴庄村	2650	李家斌	姚伟超
涧北村	1928	徐光顺	徐光顺
斗门村	2970	周守其	潘荣斌
竹园村	2209	王光志	李胜海
唐陵村	3299	刘树安	刘树安
朱巷村	3303	李太兵	李太兵
蔡巷村	4854	王纪龙	王纪龙
唐谷村	2091	刘　凯	魏宗连
农林村	3358	李德福	李德福
天王村	4533	程明杰	程明杰
前进村	5131	陈明安	陈明安
袁巷村	2141	杜玉华	杜玉华
西溧村	3164	余维秀	余维秀
金山村	2993	刘传国	刘传国
浮山村	2891	陈　浩	陈祖军
赵巷村	3835	杨先付	杨先付
居委会	4157		张爱林

（张靖丽）

2015 年茅山镇村(社区)基本情况一览

表 50

村(社区)名	总人口(人)	办公地点	负责人		联系电话
			书　记	主　任	
城墙村	3680	城墙村	邢凤根	唐虎生	87871275
丁庄村	3395	丁庄村	郭生林	魏付红	87878077
袁相村	2500	袁相村	戴绍白	袁学海	87879088
何庄村	3608	何庄村	王道钟	杨天根	87881178
前陵村	2335	前陵村	严仲平	方忠虎	87877617
长城村	3560	长城村	张冬俊	郭巧生	87875548
丁家边村	1929	丁家边村	唐万青	樊荣昌	87871636
永兴村	1608	永兴村	范　勇	朱贝庚	87876379
蔡门村	1601	蔡门村	张平	张平	87837678
东霞村	2970	东霞村	田礼双	田礼双	87873858

（何如冰）

2015 年赤山湖村(社区)基本情况一览

表 51

村(社区)名	负责人		联系电话
	书　记	主　任	
谢桥村	方循顺	潘林海	13645298300
赤山村	赵玉财	尹巧根	13913409489
芦亭村	颜清华	吴德金	13852977727
胜利村	赵农鸣	陈振宝	13952961398

（王　维）

2015 年茅山管委会村(社区)基本情况一览

表 52

村(社区)名	负责人		联系电话
	书　记	主　任	
墓东村	冷福安	冯明庆	13775383786
玉晨村	刘德春	杨龙华	13812368246
天乐村	赵国平	孔祥平	13218412278
后河村	权树林	史忠平	13912105708
茅山村	沈晓春	陈兆才	13952872038
夏林村	孙建炜	朱白林	13505291578
潘冲村	纪静芳	纪静芳	13912108728
马埂村	彭良洪	彭良洪	13952930878
上杆村	戴朝明	戴立群	13852976648
李塔村	简晓旺	朱明生	13861379758

（孔德琴）

2015 年崇明街道各社区居委会情况一览

表 53

社　区	负责人	服务热线	联系地址
东门	孙维群	87300745	哈佛星城小区物管 2 楼
东风	郭爱丽	87234185	西大街华联西侧井巷内
红旗	王新华	87273872	市政府对面中国银行西
红星	任青香	87305315	文化新村 12 幢 3 楼
茅山	张新天	87305747	茅山村 25 号
中凌	何　宏	87222624	羊角山 558 号东

续表 53

社 区	负责人	服务热线	联系地址
马扎里	闵文棋	87300977	华阳东路振兴二村
建新	饶凤梅	87272077	华阳西路 18 号
新村	王　超	87301153	锦绣句容小区内
梅花	李胜琴	87301358	梅花小区 7－1 幢
葛仙	徐延春	87230822	葛仙小区 10 幢
甲城	韩　红	87228428	步步高现代城
河滨	于　洋	87229972	南大街水岸名居

（吴治月）

2015 年开发区村（社区）基本情况一览

表 54

社区名	总人口（人）	总户数（户）	负责人	联系电话
三台阁	3494	1326	丁家林	87227377
西店	3873	1492	陶大庆	87281296
三里井	3005	1055	童华忠	87274811
杨塘岗	2264	771	戴修海	87266976
寨里	2995	997	华守旺	88112020
赤岗	2814	829	张远春	87283531
大卓	4043	1932	赵大云	87701182
下荫	2663	146	夏桂葆	87703567
黄梅	5813	2385	邱宽生	87381027
莲塘	3471	1111	戴圣信	88100092
九华	3911	1527	朱宏照	87320160
新塘	4142	1533	朱　敏	87383881
后塘	3885	1358	巫春来	87390352
南巷	2035	736	李　彬	87389689
杜家山	4042	1447	纪明金	87361889
后莘	3993	1217	张世金	
姚徐	3687	1256	徐公明	87366874
石狮	3902	1444	笪如飞	87363966
河桥	2877	1051	王立新	87362981

（开发区）

法律服务

2015年句容市律师事务所情况一览

表55

单位名称	姓　名	职　务	地　址	办公电话	联系电话
江苏民中律师事务所	刘　民	主　任	句容市文昌路检察院东	87310080	13905296302
	陈　忠	副主任		87310081	13905297556
	韩滨东	执业律师		—	13913406900
	李　花	执业律师		—	13921556598
	王　飞	执业律师		—	13952994123
	王　丽	执业律师		87310087	13862436223
	郑玉平	执业律师		87310087	13815168822
江苏民中律师事务所	杜　薇	执业律师	句容市文昌路检察院东	87310087	13222636599
	吴心伟	执业律师		87310087	13218812722
	费宁龙	主　任	句容市人民路钟楼3楼	88179958	13905299779
	章春源	副主任		—	13905296090
	华杨斌	副主任		88179977	13905297550
	王　政	执业律师		—	13862433922
	邢国新	执业律师		—	13952996124
	王　磊	执业律师		—	13400095060
江苏金风华律师事务所	陈龙华	主　任	句容市梅花小区17幢－6号	85979797	13905297797
	胡传喜	副主任		87287812	13305299996
	曹卫东	执业律师		87287813	13016813929
	陈道清	执业律师		87287814	13605292918
	裴　军	执业律师		87287815	13952933122
	李启云	执业律师		87287815	13952992652
	吕青斌	执业律师		—	13625267865
	朱旺艳	执业律师		—	13605292772
江苏巨荣律师事务所	毛一峰	主　任	句容市梅花小区25幢	87275148	13052941677
	陈方明	主　任		87275148	13003437086
	陈友春	执业律师		87275048	13952995819
	纪争平	执业律师		87275048	13052947115
	解小兵	执业律师		87275048	13052942705

续表 55

单位名称	姓　名	职　务	地　址	办公电话	联系电话
江苏永兆律师事务所	李祖宏	主　任	句容市东门金港大厦 3 楼	85170701	13952990969
	张云龙	副主任		87263928	13852976075
	张余进	执业律师		87263928	13921558170
	刘国林	执业律师		87263928	13705291529
	蒋太巧	执业律师		87263928	13776371152
江苏刘桂生律师事务所	刘桂生	主　任	句容市梅花小区法院对面	85977148	13905296747
	赵长健	副主任		85975048	13052945096
	蒋　玲	执业律师		85986148	13775525497
	高　峰	执业律师		85986148	13812360626
	郑宪成	执业律师		—	—
	王道荣	执业律师		—	13052943989

（司法局）

2015 年句容市法律服务所情况一览

表 56

单位名称	姓　名	职　务	联系电话
宝华法律服务所	高立仁	主　任	13952931592
下蜀法律服务所	蔡朝禄	主　任	13861373562
恒平法律服务所	许秀山	主　任	13952897426
黄梅法律服务所	巫延承	主　任	13179450089
东方法律服务所	洪卫东	主　任	13862433839
白兔法律服务所	刘文强	主　任	13852977676
春城法律服务所	江建安	主　任	13861377821
天王中心法律服务所	张恩金	主　任	13605290698
后白法律服务所	王桂平	主　任	13952930619
二圣法律服务所	许同益	主　任	13004357668
郭庄法律服务所	石坤明	主　任	13952937516
华阳法律服务所	李金龙	主　任	13605292698
开发区法律服务所	王小龙	主　任	13952996148

（司法局）

2015年句容市司法所联系情况一览

表57

姓　名	单　　位	职　务	办公室	联系电话
夏仁伟	宝华司法所	所长	87781902	18952815986
许忠明	下蜀司法所	所长	87752115	13921556726
张利民	黄梅司法所	所长	87265611	13705290808
郭柏生	边城司法所	所长	87614227	13912102618
程正保	白兔司法所	所长	87671030	13357775011
孟友新	茅山司法所	所长	87871215	13052948757
王宏保	天王司法所	所长	87456042	13052941468
吴春宝	后白司法所	所长	87183499	13912106308
姚饶生	郭庄司法所	所长	87565148	13775383158
戴显根	华阳司法所	所长	87200811	13605292448

（司法局）

申请法律援助须知

《法律援助条例》于2003年7月16日经国务院第15次常务会议通过，已于2003年7月21日公布，自2003年9月1日起施行。条例明确法律援助是政府责任，公民可以按照条例的规定获得法律咨询、代书、代理、刑事辩护等无偿法律服务。根据该条例第二章第十条和第十一条的规定，公民有下列事项，没有委托代理人的，可以申请法律援助。根据国务院和江苏省《法律援助条例》规定，公民就下列事项可申请法律援助：

1. 依法请求国家赔偿的；
2. 请求给予社会保险待遇或者最低生活保障待遇的；
3. 请求发给抚恤金、救济金的；
4. 请求给付赡养费、抚养费、扶养的；
5. 请求支付劳动报酬或因劳动关系请求经济补偿、赔偿的；
6. 主张因见义勇为或保护社会公共利益的行为而产生的民事权益的；
7. 因身体遭受严重损害请求赔偿的；
8. 因遭受家庭暴力、虐待或遗弃要求变更或解除收养、监护关系的；
9. 因遭受家庭暴力、虐待、遗弃、对方重婚或有配偶者与他人同居的受害方要求离婚的；
10. 犯罪嫌疑人在被侦察机关第一次询问后或者采取强制措施之日起，因经济困难没有聘请律师的；
11. 公诉案件中的被害人及其法定代理人或者近亲属，自案件移送审查起诉之日起，因经济困难没有委托诉讼代理人的；
12. 自诉案件的自诉人及其法定代理人，自案件被人民法院受理之日起，因经济困难没有委托诉讼代理人的；
13. 公诉人出庭公诉的案件，被告人因经济困难或者其他原因没有委托辩护人，人民法院为被告人指定辩护的；
14. 被告人是盲、聋、哑人而没有委托辩护人时，人民法院为被告人指定辩护人的；
15. 被告人是未成年人而没有委托辩护人时，人民法院为被告人指定辩护的。
16. 被告人可能被判处死刑而没有委托辩护人时，人民法院为被告人指定辩护的。

（司法局）

申请办理公证须知

自然人、法人或者其他组织申请办理公证,应当提交下列材料:

1. 自然人的身份证明,法人的资格证明及其法定代表人的身份证明,其他组织的资格证明及其负责人的身份证明;

2. 委托他人代为申请的,代理人须提交当事人的授权委托书,法定代理人或者其他代理人须提交有代理权的证明;

3. 申请公证的文书;

4. 申请公证的事项的证明材料,涉及财产关系的须提交有关财产权利证明;

5. 申请公证的事项有关的其他材料。(司法局)

报刊文章题录

2015 年句容市出版图书书目(部分)情况一览

表 58

书名	编著者	出版者	出版年月
女帝本色	卢菁	江苏凤凰文艺出版社	2015－06
归去来兮	史详	江苏大学出版社	2015－08
徘徊在乡村与城市之间	唐胜	河南人民出版社	2015－08
风之语	唐晓亮	团结出版社	2015－09
岭上多白云	杨莹	江苏大学出版社	2015－10
句容年鉴(2015)	句容市史志办公室	方志出版社	2015－10
出路	陈德根	江苏大学出版社	2015－11
句容历史文化新探	中共句容市委宣传部	江苏大学出版社	2015－11
句容历史人物	政协句容市委员会	江苏人民出版社	2015－12
句容市建设志	句容市建设志编纂委员会	方志出版社	2015－12
蜉蝣	张泯剑	团结出版社	2015－12

2015年句容市有关镇、单位发表的文章题录(部分)情况一览

表59

序号	单 位	文章标题	发表期刊
1	郭庄镇	小议乡镇党的群众路线教育实践活动宣传工作	《商情》 2015年42期
2	郭庄镇	浅谈基层新闻工作者思想政治工作面临新问题及对策探讨	《文化研究》 2015年10月
3	郭庄镇	浅议如何提高基层宣传干部的整体素质	《大陆桥视野》 2015年22期
4	茅山管委会	如何创新发展旅游行业思想政治工作	《江苏经济报》 2015年5月21日
5	茅山管委会	自身修养是计生政工人员的生命线	《江苏经济报》 2015年6月12日
6	茅山管委会	浅谈如何做好旅游企业中的政工师	《江苏经济报》 2015年6月25日
7	茅山管委会	浅谈基层计生领域思想政治工作如何创新机制	《江苏经济报》 2015年10月9日
8	茅山镇	多措并举合力推进双达标	《创新》 2015年3月
9	市文广体局	文化创新挺起城市脊梁——写在句容市创成“全国文化先进市”之际	《扬子晚报》专版 2015年2月4日
10	市文广体局	“句容文化”滋润城乡增魅力	《江苏经济报》 2015年4月2日

（陈龙浩）

索 引

说 明

一、本索引采用主题分析方法编制。标引词按第一字汉语拼音音序排列；第一字相同，按第二字排列，依次类推。

二、类目、分目（次分目上）名称用黑体字标明。标引词后的阿拉伯数字表示内容所在的页码，数字后的拉丁字母 a、b 分别表示从左至右第一、二栏。标引词后第二个页码起，表示该索引参见内容所在位置。

三、彩色画页未编索引。

A

B

C

K

L

Y

Z

句容市茅山风景区派出所

市委常委市政法委书记章壮钧到该所检查指导工作

定期在茅山新四军纪念馆组织重温入党誓词活动

茅山风景区派出所是句容市公安局下属单位，位于句容市茅山风景区集镇，成立于1979年5月，是公安部命名的一级派出所。派出所有民警10人。下设10个警务室，主要完成日常接处警、案件侦察、办理、矛盾调解、户籍办理等工作。

近年来，景区派出所在句容市公安局及茅山风景区管委会党委、政府的领导下，按照上级工作总体部署，围绕茅山风景区“AAAAA”景区建设这一主线，针对景区特点，狠抓严抓“黄牛”以及强买强卖等不良风气，以实现“发案少、秩序好、社会稳定、群众满意”为目标，积极采取有效措施，认真贯彻落实各项工作任务。在队伍建设方面，坚持“一手抓建设”、“一手抓队伍”，按照“抓班子、带队伍、促工作、保平安”的基本思路，依法治警，从严治警，在政治思想、纪律作风、工作能力上加强教育，全面推进公安队伍建设。

茅山风景区派出所先后荣立集体二等功1次、集体三等功4次，连续8年被公安部评为“一级派出所”。先后侦破入室盗窃案60余起、盗窃通信电缆案件10余起，摧毁盘踞在茅山景区内容留卖淫、寻衅滋事、贩卖假票等犯罪团伙一个。

民警冒雨进行环太湖国际公路自行车赛街道警戒线设置

教导员许永兵协助茅山风景区中心小学进行法律常识宣讲

成人 成才 成功
CHENGREN CHENGCAI CHENGGONG

江苏省句容

2015年，学校顺利通过国家中等职业教育改革发展示范校、镇江市教育现代化先进学校评估验收，目前正接受江苏省高水平现代化职业学校评估验收，通过创建，学校在办学条件、发展理念、专业建设、师资队伍、学校管理、信息化建设、服务能力等方面得到全面提升。

学校打通中等职业教育的升学通道，满足学生提升自身教育层次的需求，校内开办有省农林学院 “3+2”分段五年制高职班，省联合职业技术学院汽车检测与维修、数控技术应用两个专业五年一贯制高职班，江苏城市职业学院电子商务、工程造价两个专业五年一贯制高职班，南京晓庄学院、三江学院“3+4”中职与本科分段培养班。

学校已建成现代农艺、汽车应用与维修、旅游服务与管理、数控技术应用4个省级品牌专业，电梯运行与维护1个省级特色专业，现代农艺、旅游综合2个省级高水平示范性实训基地，茶叶生产与加工、农业机械使用与维修2个省级技能教学研究基地。成功引进德国汽车专业职业教育“中德诺浩”项目，实现国际通用职业资格证书，与境外优质课程体系、课程标准等对接。

2015年，对口高考61名学生被本科院校录取，全国技能大赛获1个一等奖，1个三等奖；省技能大赛获9个一等奖、15个二等奖、43个三等奖，居镇江市第一，省创新大赛4个作品分获一、二、三等奖和入围奖，省首届创业能力大赛获三等奖，是镇江市唯一获奖单位。

学校通过大力实施专业部负责制、教育教学督导制、每日值日行政通报制，制定和完善手机管理、学生管理“十项规定”、课堂“五不准”等一系列学生管理制度，全员化、全过程化管理，正风气、树新风，赢得学生家长和社会的认可。

中等专业学校

电梯运行与控制实训

汽车应用与维修实训

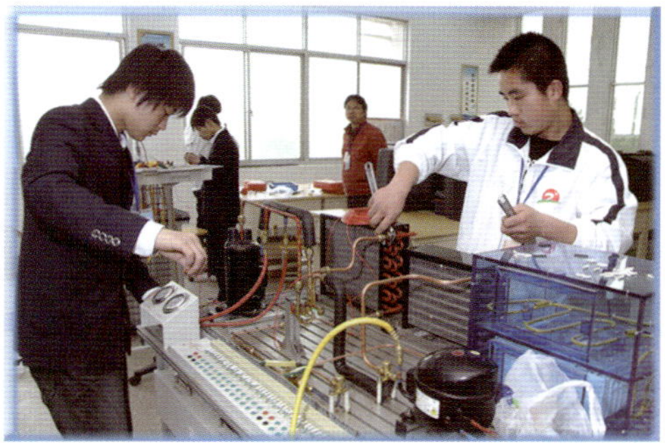

在校学生参加职业技能大赛

广播操表演

农业花卉培植大棚

餐饮服务实训室

学校内景

中国农业银行
句容市支行

与市政府签署战略合作协议

中国农业银行句容市支行坚持依法治行、从严治行，稳发展、强三农、促转型、控风险，坚定不移地走规模、质量、效益协调发展之路，努力建设面向“三农”、服务城乡的特色县域支行。

该行注重普惠金融的发展，力求突破县域金融中的信贷难点问题，加大创新力度，做出特色产品，为辖内的中小企业、新型农业经营主体和农户开拓出一条快捷、高效、特色的新型融资道路。

农总行“五一劳动奖章”获得者马豪成立马豪工作室

获句容农行首笔农机具抵押贷款的农户在接受电视台采访

发行金穗茅山旅游卡

走村串户，了解农户需求，送金融知识和金融产品

春节前为困难家庭送“爱心年夜饭”

在天王镇戴庄村设立“三农”服务基地

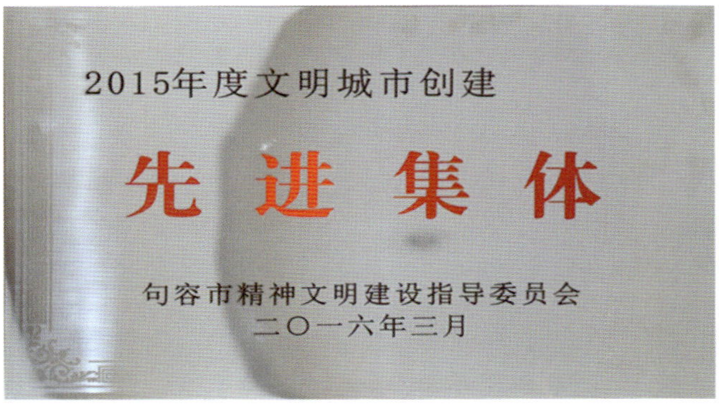

江苏银行 句容支行

BANK OF JIANGSU Jurong Sub-Branch

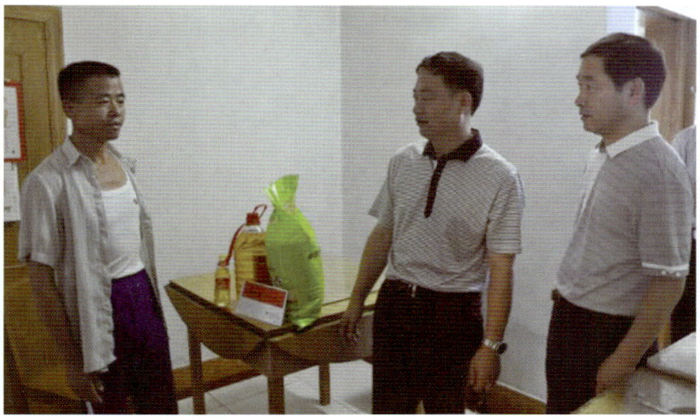

镇江分行副行长邹荣清在支行行长汤楠的陪同下慰问句容市马扎里社区困难党员

支行青年员工走进老年大学，为老年客户上门办理“幸福卡”，将金融服务送上门

江苏银行股份有限公司句容支行成立于2009年9月28日，下辖营业部、长江路支行两个网点。截至2015年末，该行各项存款余额23.11亿元，较年初新增8.20亿元，增幅55%，其中储蓄存款余额4.42亿元，较年初新增1.31万元，增幅42%，对公存款余额18.70亿元，较年初新增6.89亿元，增幅58%。各项贷款余额17.08亿元，较年初增长1.46亿元，增幅9%。不良贷款率0.32%，资产质量保持良好，实现拨备后利润5936万元。2015年KPI考核连续四个季度在镇江分行排名第一。2015年，江苏省金融办发文表彰了省内26家“科技金融特色支行”，该行作为句容市唯一一家银行受到命名表彰。由于零售业务发展突出，被江苏银行总行授予“旺季零售业务优秀县域支行奖”，成为镇江分行唯一获此殊荣的支行。在句容市2014年度银行业金融机构目标考核中荣获“一等奖”。通过句容市平安金融领导小组检查验收，荣获“平安金融单位”称号。被镇江市委、市政府授予“2012——2014年度文明单位”荣誉称号。

与句容市东门社区签订结对共建协议书

开展党员进社区宣传服务活动

组织青年员工参加镇江分行2015年全员田径趣味运动会

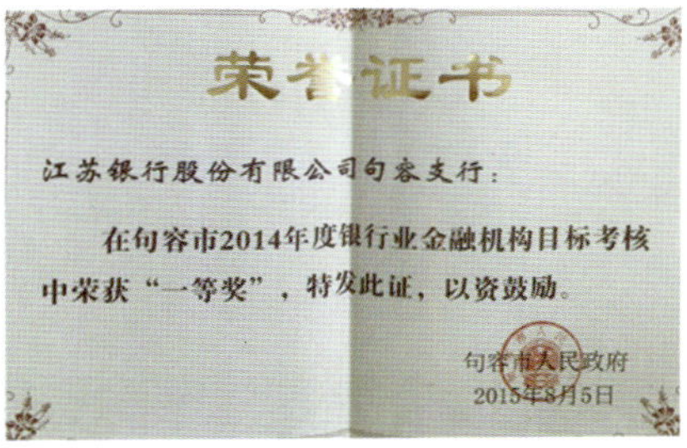

中国邮政储蓄银行股份有限公司

句容市支行

扶贫送温暖

观看合规警示教育片

2015年合规知识竞赛

中国邮政储蓄银行股份有限公司句容市支行成立于2008年4月，位于句容市华阳镇华阳东路4号，辖28个网点，其中自营网点6个。该行坚持服务“三农”、服务中小企业、服务城乡居民的大型零售商业银行定位，发挥邮政网络优势，自觉承担“普之城乡，惠之于民”的社会责任，走出了一条服务“三农”、服务中小企业、服务社区的特色发展之路，与国内其他商业银行形成良好的互补关系，有力地支持社会主义新农村和城镇化建设。打造了包括网上银行、手机银行、电话银行、微信银行在内的电子金融服务网络，持续做好储蓄存款、个人结算、信用卡、托管业务；重磅推出助农贷、富农贷、专业大户贷款、快捷贷、商圈贷、烟草贷、组合贷、消费贷等多种形式的个人贷款和小微企业贷款；涉足对公结算、公司理财、福费廷、银行承兑汇票、票据贴现业务。

截至2015年年末，句容市邮政金融储蓄存款余额达35.13亿元，各项贷款余额14.43亿元，不良贷款率0.6%，低于全市银行金融机构不良率0.03个百分点，支行运营稳健。

“三八”妇女节踏青

员工掼蛋比赛

员工羽毛球比赛

句容市后白镇西冯村

省水利厅厅长李亚平调研建设工程

镇江市委书记夏锦文调研西冯村工程

后白镇西冯村坐落于国家AAAAA级风景名胜区、道教圣地——茅山西麓，辖区面积12.8平方公里，人口2100多人。2015年村集体收入242万元，农民人均年收入28800元。

西冯村青山相映、绿水相依、苗木繁茂、茶园清绿、果园芬芳、空气新鲜、环境优美。多年来，西冯村致力转型发展，主要种植草坪、苗木、茶叶、葡萄等绿色产品，全村绿化覆盖率达69.6%。

西冯村先后获得全国农业综合化示范村、长三角最美乡村、江苏省最美乡村、江苏省水美乡村、江苏省特色景观旅游名村、江苏省农家乐示范村、江苏省生态村、江苏省社会主义新农村建设先进村、江苏省最具魅力休闲乡村、江苏省卫生村等荣誉称号。

东溪新貌

办公大楼

中国乡村公园

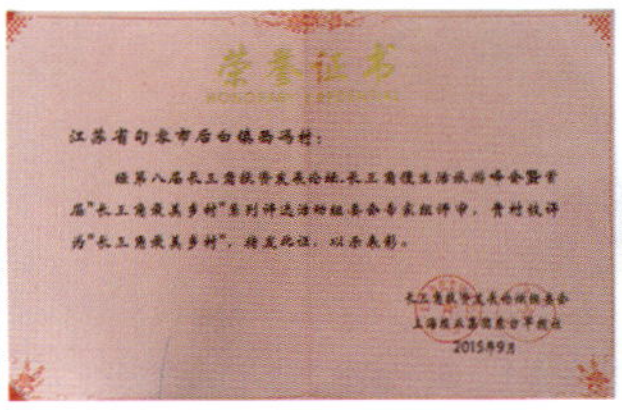

句 容 市 开 发

市财政局局长吴新梅、人行领导到分局调研开发区设立金库事宜

镇江市档案局领导检查分局档案四星级陈列室

开发区财政所成立于1998年，2014年8月被任命为句容第一个财政分局。自组建以来，开发区财政分局充分发挥财政职能作用，各项工作均取得了优异成绩，财政收入年年创新高，先后被评为江苏省档案工作四星级单位、江苏省巾帼文明岗、镇江市文明单位、镇江市青年文明号、镇江市税收十强乡镇、镇江市群众满意示范站所、句容市文明单位、句容市法治财政先进所等荣誉称号，并有多人次获省、市（县）及管委会党委、政府表彰。

2015年开发区累计完成一般公共财政预算收入123319万元，较去年同期增收14959万元，增长13.8%。其中国税完成23266万元，与上年同期增收4394万元，增长23.3%。地税完成100053万元，与上年同期增收10565万元，增长11.8%。

市地税局领导到分局召开税源分析会议

镇江市档案局到分局召开四星级档案工作测评会

区财政分局

召开局务会布置年终分配工作

市财政局局长吴新梅到分局听取分局年终工作总结报告

市财政局办公室、基层科到分局进行2015年乡镇财政工作考核

开发区财政分局支付大厅

开发区财政分局外观

句容市下蜀

举办2015年村会计财务培训

五星级档案测评会现场

2015年，下蜀镇财政所在镇党委、政府的领导下，以党的十八届四中、五中全会精神为统领，主动顺应新常态，积极应对复杂多变的财政形势和日益突出的收支矛盾，财政各项工作取得新成绩。全年完成公共财政预算收入30533万元、占任务的100.17%。落实强农惠农政策，投资1800万元进行亭子、华山片区改水工程，投入1600多万元进行村庄环境整治，全年发放粮食直补资金39.13 万元，发放农资综合补贴 210.7万元。对档案基础设施建设进行提档升级，以高分通过省档案工作测评组测评，成为镇江市首家通过省档案工作五星级测评验收的财政所。

镇财政所

丹阳市财政局到该所参观学习

丹徒荣炳财政所到该所参观学习

参加植树节活动

荣誉室

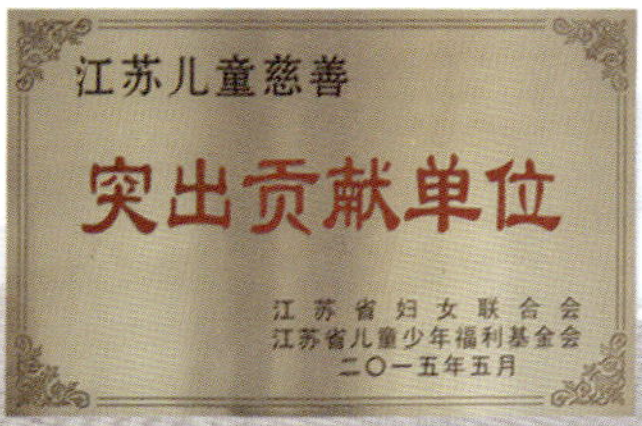

句容市后白

省财政厅副厅长宋义武到后白调研

深入茶厂了解茶农收成情况

参加镇燃气安全宣传活动

镇财政所

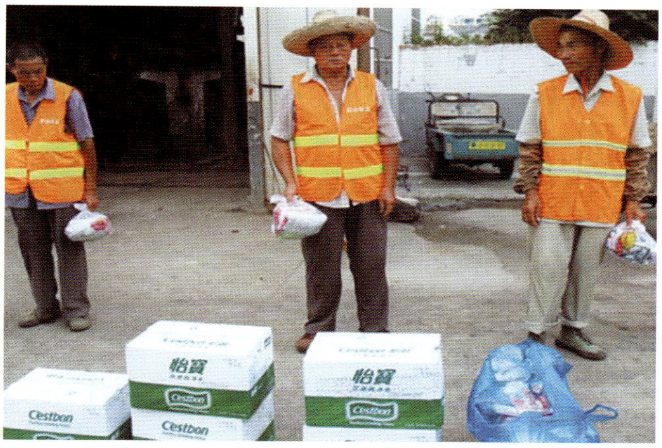
参加镇“送清凉保安全”活动

西冯村整治现场

生态村创建工作

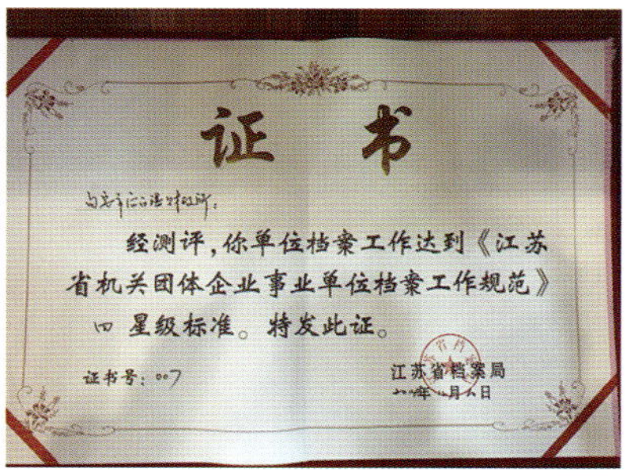

句容市自来水公司

省劳动模范徐怀兔和员工勘查自来水管线

严格监控

更新管道

正常运转的供水设备

二水厂鸟瞰图

句容市路灯养护所

工作人员现场安全操作

2015年，句容市路灯养护所立足本职、苦干实干，较好地完成了各项工作任务。确保了市区亮灯率，市区主干道达98%以上，次干道及巷道达95%以上，设施完好率达98%，维修及时率达100%，市民热线意见反馈率达100%。

为进一步提高服务水平，路灯养护所与全市13个居委会进行对接，专门设立道路照明服务热线，受理市民投诉、业务咨询、设施维修、抢险抢修，实现管理部门与市民的互动和零距离沟通。向各居委会发放路灯维护便民卡，居民发现社区路灯不亮或遭外力破坏，可直接拨打路灯所抢修电话，路灯维护人员在最短时间内赶到现场抢修。2015年，市路灯养护所按照文明城市创建要求对城区主次干道路灯进行了5次拉网式检修，出动528次维修，更换高压钠灯560只、镇流器250只，改造线路320米，接市民路灯报修108次、“12345”政府热线工单54份、数字化城管工单116份，方便了广大居民夜间的安全出行。

工作人员在东门小区现场安全操作

工作人员在南工路上现场安全操作

句容市拆迁安

俯瞰句容市南大街

句容市拆迁安置服务中心（副科级事业单位）于2010年11月26日由句容市拆迁安置办公室（股级）升格，隶属于句容市住建局，编制25人。中心主要职能有:根据有关法律、法规的规定具体负责实施城市房屋征收管理工作，同时负责对全市乡镇房屋拆迁工作的指导。

2010年以来，中心充分发挥城市经济建设和旧城改造中的“排头兵”、“先行官”作用，坚持“依法征收（拆迁）、阳光征收（拆迁）、惠民征收（拆迁）、和谐征收（拆迁）”，出色的完成了市委、市政府交办的各项任务。2010年完成赤岗、旧皂改造工程；2011年完成句容市首个房屋征收项目——城市综合体改造项目；2012年完成市体育场改造项目；2013年完成北部新城杨塘岗片区改造项目和苏南制药厂改造项目。2014年–2016年正在实施南大街片区房屋征收项目和华阳镇上路片区房屋置换项目。中心多次被授予“江苏省平安拆迁先进实施单位”、“江苏省平安拆迁创建先进单位”、“镇江市文明单位”、“句容市文明单位”、“句容市重点工程建设先进单位”、“句容市综治和平安建设先进集体”。

工作人员与征收户商谈征收事宜

施工人员在房屋拆除现场

置服务中心

听证会现场

华阳小商品市场拆除现场

钟楼拆迁前后对比照

南大街片区原金猴集团公司地块房屋进行拆除

句容市城投公司

化肥厂安置房建设项目

建设中的杨塘岗安置房项目

句容人民医院异地新建项目鸟瞰图

句容人民医院异地新建项目奠基仪式

句容市建设工程管理处

句容市建设工程管理处是句容市建设局下属事业单位，负责全市范围内建筑市场管理、建筑行业安全生产监督管理（安监站）、文明施工管理、企业资质管理、项目经理资格管理、安全生产许可证管理、企业信用管理、外地企业备案、建筑施工大型设备管理、建筑市场执法、安全生产执法、建筑施工企业职工教育培训及清理市建设领域拖欠工程款和农民工工资工作（清欠办）等。

建管处现有职工60人，下设办公室、财务科、劳资科、建管一科、建管二科、建管三科、建管四科、市场管理科、安全报监科、设备管理科、清欠科、综合管理科及城乡建设科技服务中心十三个科室。

句容市建设领域清欠工作布置会议

句容市《建筑业企业资质标准》和《建筑业企业资质管理规定》宣贯会

句容市高层建筑火灾应急救援演练观摩会

党代表服务直通车——送法制进工地

"安全生产月"期间，在句容电视台举办"梧桐墅"杯建筑施工安全生产知识竞赛

2015年"安全生产月"活动启动仪式

句容市建筑工程质量检测中心

检测中心委托接样

句容市建筑工程质量检测中心创建于1994年，隶属于句容市住建局，占地1.33公顷，建筑面积7000平方米。检测中心内设3室6科，为主任室、办公室、业务室、综合科、检测一科、检测二科、检测三科、市政检测科、前台服务科。中心具有一流的素质团队，在编（企、事业）68人，本科以上学历20人，工程技术人员占53%。其中，高级工程师5人，高级会计师1人，工程师19人，助理工程师16人。检测中心具备对现场结构检测、钢结构部分检测、市政道路检测、土工试验、地基基础检测、环境检测、水电检测、建筑节能检测、水泥检测、门窗检测、桩基检测等检测项目11大类61个大项、313个参数的检测能力，能满足全市工程检测需要，并实施数据实时监控自动传输，年常规检测达13万多批次。

检测宗旨：体现科学、确保公正、追求高效、注重廉洁。

检测中心前台取报告处

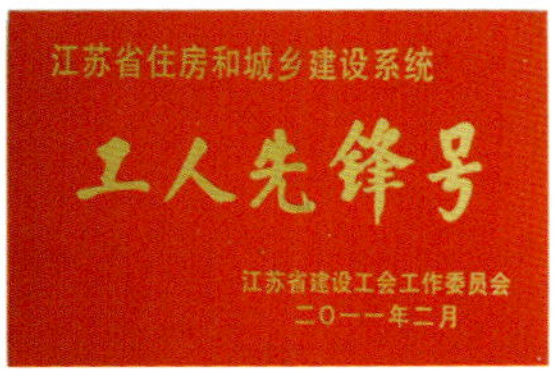

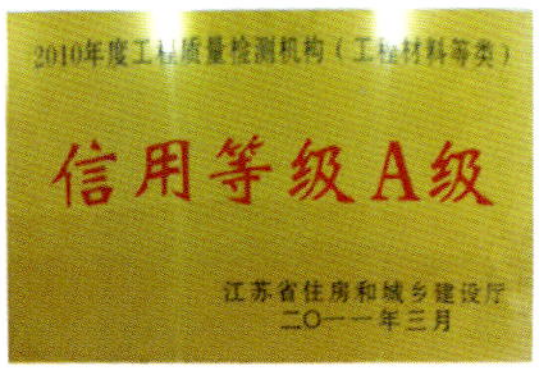

砖、瓦检测室

保温材料检测室

钢筋检测室

地址：句容市开发区富源路东侧　　电话：0511-87329973

句容市华通客运有限公司

句容首批纯电动公交车整装待发

南部中心客运站（天王汽车客运站）投入使用

为小学生举办乘车安全知识讲座

句容市华通客运有限公司位于句容市华阳镇宁杭北路4号，前身为句容市客运总公司，创建于1980年8月，2001年11月经句容市政府批准，由集体企业改制成有限责任公司。

公司是国家二级道路客运企业，有员工650人，各类中高档营运客车440辆，其中纯电动公交车100辆，拥有二级客运站1个、三级客运站2个、公交停车场1个、城区公用停车场1个，是一家集长途客运、城乡客运、城市公交、镇村公交、车辆维修及车身广告等为一体的综合性客运企业。

公司坚持以“开拓创新、艰苦创业”为企业精神，以市场为导向，实施客运为主、主副业齐上的经营战略，积极挖掘潜力，努力开拓客运市场，使公司长期保持增长势头，多次被省市有关部门授予安全文明单位、文明客运企业、文明单位、安全生产先进集体等荣誉称号。

公司员工组队参加镇江市职工演唱比赛

公交司机拾金不昧，群众送锦旗感谢

组织党员参观赵亚夫事迹展览馆接受再教育

句容市金鑫旅游产品有限公司

句容市金鑫旅游产品有限公司于 1997 年 1 月 13 日成立，是句容市旅游协会会员单位。公司主要经营金、银等箔类产品，金字招牌，纯金、银工艺画，水晶制品，旅游纪念品。加工销售句艺牌金箔贴金工艺品及天爱牌旅游纪念品等，是开业、厂庆、校庆、会议、同学、战友聚会等首选的高档工艺礼品。

镇江市第二届童话节奖牌

纯银酒具

木刻道德经

绢道德经

老子神像

金箔道德经

联系人：杨震　　联系方式：13605290780　　电话：0511-87202952
地址：句容市华阳镇农业推广中心院内　　网址：www.jrjxlycp.com

句容市边

总经理 潘金荣

句容市边城茶场创建于2006年，坐落于美轮美奂、世外边城，江苏农博园西侧，天滋地润，交通便利；空气清新，是一家集茶叶种植、加工、销售、茶文化推广为一体的综合性民营企业。 公司2010年创建“句容市阿琦茶叶种植专业合作社”，有社员114户，白茶基地20公顷、绿茶基地53公顷。2016年荣获“句容市科技型农业专业合作社”，同时申报两项国家发明专利。

句容市边城茶场先后多次参加江苏省及镇江市名特茶评比，多次荣获奖项。2012年被句容消费者协会认定为“消费者信得过单位”；“仑山湖”牌注册商标被镇江工商局认定为“镇江市知名商标”；江苏省农业委员会认定生产产地为“江苏省无公害茶叶产地”；2013年加盟镇江市消费者协会“诚信经营、放心消费”承诺企业联盟；被句容市工商行政管理局、句容市民营经济协会认定为“光彩之星”；2014年荣获国家知识产权局颁发“一种白茶的加工工艺”发明专利。2015年被认定为“句容市农业科技示范园区”；被句容市农业委员会及句容市关心下一代工作委员会认定为“青年农民创业示范基地”。

公司于2015年创建“江苏容乡叶茶业开发有限公司”，并注册商标“容乡叶”。寓意：容城情、东乡叶，以发展句容东乡文化，更好的推广句容本土产品，结合网络销售推广，为往后的发展奠定基础。

城 茶 场

省农委副主任张坚勇（左）、镇江市农委副主任郭东歌（右）察看茶场产品

“仑山湖”牌白茶

“仑山湖”牌茅山长青

茅宝葛园

葛洪（葛仙翁）

江苏茅宝葛园位于国家5A级风景区茅山北部--句容市茅山镇邱家.

经营项目有：葛根茶生产参观体验、旅游观光、餐饮、会议、垂钓、采摘.

地址：句容市茅山镇城盖村邱家（茅宝葛园）
电话：0511-87239629　0511-87239976
公司网址：www.zgmbs.com

大会议室

葛园宴会厅

茅宝®
首届中国养生（茅山）高峰论坛指定养生礼品
第十二届中国国际保健博览会指定产品
江苏省保健养生业协会公信力品牌
央视宣传品牌
江苏省著名商标
江苏名牌产品
茅山特产
养生之宝
茅宝® 葛根茶
北有人参 南有葛根
葛根茶（极品）
葛根茶（贡品）
葛根茶（精品）
葛根茶
《本草纲目》记载：
葛根气味甘，辛，平，无毒。医身大热，呕吐，诸痹，起阴气，开腠理，辽金疮，止胁风痛，解诸毒。
治消渴
扩张血管
降糖降脂
祛脂降压
益智作用
升阳止泻
调节内分泌
通便排毒
美容养颜
解酒护肝
解肌退热
生津止渴
垂钓中心

句容市凤鸣酒

董事长 张小祥

句容市凤鸣酒业有限公司创建于1996年5月，有员工100多名，年销售8000多万元，销售网络遍布全国各地。

凤鸣酒业凭借良好的社会信誉和较强的综合实力，成为句容地区五粮液专卖店、五粮春句容地区总经销商；五粮液五粮窖龄酒在江苏省的总经销商；洋河蓝色经典梦之蓝系列在句容的经销商；以及法国原瓶进口卡斯特卡拉德隆和班帝干红系列在中国的总运营商。公司为拓展业务，在南京成立南京祥虎酒业有限公司、南京祥虎国际贸易有限公司。

凤鸣酒业在发展的同时，关心社会公益慈善事业，公司成立以来，累计捐款达数十万元。为完善内部管理机制，先后成立“句容市凤鸣酒业有限公司工会”、“句容市凤鸣酒业有限公司党支部”。公司分别荣获“镇江市商品质量信得过企业”、“镇江市重合同守信用企业”、“镇江市放心消费创建活动先进单位”、“江苏省光彩之星”、“江苏省青年文明号”等荣誉称号。

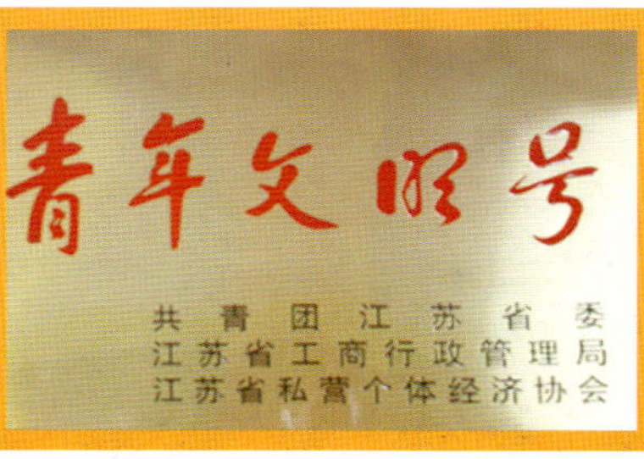

句容市一言酒鼎（天瑞酒业）

总经理　夏强

句容市一言酒鼎（天瑞酒业）创立于2005年春季，公司自创建以来一直坚持诚实做人、诚信经商的经营思想受到广大消费者、客户和厂方的一致称赞！经过十多年的发展历程，公司建立了完善的营销和售后服务体系，营销网略遍及全市每个角落，现有分销渠道商、终端零售商、餐饮、团购等网点3000余家，成为镇江地区最具影响力的公司之一。目前主要运营的品牌有：五粮股份有限公司战略亲民品牌--“五粮迎宾酒”、全国生榨椰子汁开创品牌--“特种兵生榨椰子汁”等国内知名品牌，年销售总量5000万元以上。在激烈的市场竞争环境下，一言酒鼎（天瑞酒业）正在以高昂的斗志和敏锐的营销思维，向着更高更远的目标迈进，百尺竿头、更进一步！

特种兵生榨椰子汁 生榨就是鲜
• 纯鲜椰肉榨汁 • 不加香精 • 不加色素 • 不含防腐剂
生榨就是鲜！
李小璐
特种兵饮品
五粮迎宾酒
宜宾五粮液股份有限公司
常务理事单位
(2015.3—2020.3)
江苏省酒类行业协会
江苏省工商联酒类行业商会

镇江一马先

缝制车间

包装车间

镇江一马先制衣有限公司创建于1981年3月，是一家专业从事外贸出口服装的服装生产企业，也是1996年成立的江苏一马先集团的龙头企业。公司具有从服装打样到投产、包装、自营出口全过程的服装生产经营能力。公司位于苏南句容市城区（华阳镇），是宁镇扬、苏锡常等长三角都市群的腹地。公司占地面积7万平方米，建筑面积6.6万平方米，固定资产4800万元。

公司服装生产设备先进，工艺布局合理，技术力量雄厚，有各种类型服装专业设备600余台。公司有职工460人，其中技术人员30人，管理人员18人。公司拥有10条服装生产线，月生产可达20万件。服装原料以化纤、棉织面料为主，可生产各种类型休闲衫、休闲裤、牛仔套装、童装、茄克、睡袍等，产品远销欧美、东南亚等20多个国家和地区。公司获得国家和省部级各类表彰、奖项及荣誉称号20多项（次）。

公司重视服装质量、环境和职业健康安全管理工作，2006年推行GB/T28001-2011标准将职业健康安全管理与质量管理合为一体化管理，并通过中国质量认证中心（CQC）的认证。2012年，公司将质量、环境和职业健康安全三体系整合，标志着公司的综合管理水平又上了一个新的台阶。

制 衣 有 限 公 司

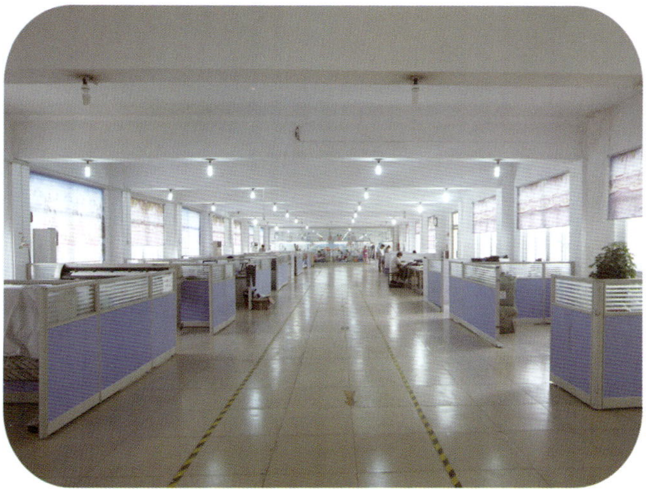

综合办公室

公司一角

办公楼

句容市清真饭店

总经理　丁振军

首届镇江老字号授牌盛典

清真饭店创始人丁清林

句容市清真饭店坐落于句容城南，始创于1955年，是一家有着60年历史的老字号饭店。它既是本地第一家清真餐馆，也是当地硕果仅存的老品牌之一，其品牌具有丰富的历史、文化和宗教内涵。

包间一

总经理丁振军华永权夫妇在销售现场

包间二

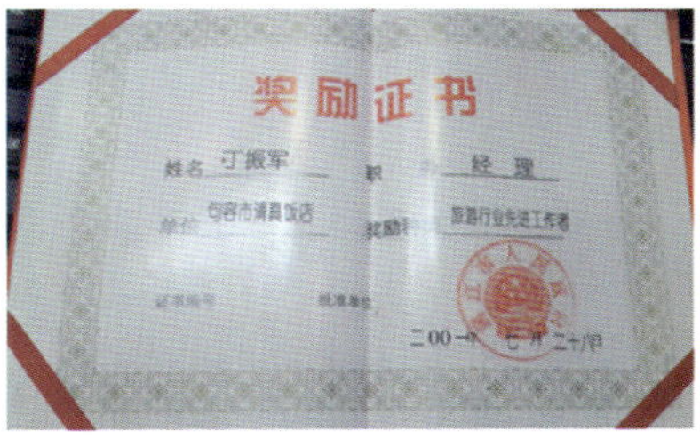

饭店全体员工

句容市鸿兴隆大酒店

40桌的豪华宴会大厅

宴会大厅

句容市鸿兴隆大酒店位于风景秀丽的茅山景区北麓、句容新城老城区核心，南距繁华商业街800米，长途客运站1000米。酒店按五星标准装修，客房闭路电视、空调、独立浴室、程控电话、自动消防报警系统一应俱全，设有豪华套房、标准间、单人间。可为宾客代办车、船、机票等服务。这里，让顾客体验舒适的环境，感受贴心的服务，品尝精致的美食，清新高雅的装饰风格让顾客在这里用餐倍感心情舒畅。

豪华包厢

客房

订餐热线：0511-87288132　　订房热线：0511-87087709

句容移动公司

总经理 张伟平

句容移动公司一直践行“正德厚生、臻于至善”的企业核心价值观，经过十几年的发展，已从单一的话音业务运营，增至话音及数据业务运营，再至当下的全业务运营；从成立之初仅面向大众客户市场的营销与服务，扩充至集团客户、家庭客户的融合营销与服务，再拓展至各信息化领域的研发。句容移动公司有员工162人，本科以上学历达46%以上，公司团队年轻而富有活力，是一个典型的成长型企业。作为句容市非工业企业纳税十强单位，公司以服务地方经济为己任，积极履行企业责任，依托多年信息化建设经验，2015年陆续建设完成国土卫士、建管处工地实名制监管平台、农商行网络集中管理系统、气象局防汛防旱一体化平台、公安消防大队特勤楼网络安全系统等一系列项目，形成了良好的企业口碑。

骑行助阵“2015年第六届环太湖国际公路自行车赛”

开展“我与4G健行”户外活动

积极开展“春风行动”，为外来务工人员提供便捷通信服务

参加镇江移动第三届趣味运动会

東方紫
ORIENTAL PURPLE
東方紫
句容市东方
尊贵品质 健康人生
桑椹功效
·滋阴补血，治便秘《新修本草》
·单食，止消渴，利五脏关节，通血气，久服不饥，变白不老《本草纲目》
·安神利水消肿，甘寒益血而除热《本草经疏》
·滋养润燥，乌须黑发《本草求真》
·解风湿，补充血液，令人安眠《随息居饮食谱》
·能提高细胞免疫功能，调节免疫平衡《抗衰老中药学》
天然富硒
东方紫酒100%桑椹酿造　天然、绿色、健康！
畅饮东方紫酒，品味健康人生！
句容市東方紫酒业有限公司

酒业有限公司

东方紫酒业句容厂区位于江苏省句容市，紧邻有“天下第一福地”之称的道教圣地茅山。公司自1999年起从台湾引进优质的酿酒专用“桑果1号” 桑椹种苗。经过十几年的发展，桑椹种植面积已达到1万多亩，是目前世界上面积最大的绿色无污染、酿酒专用桑椹种植园。

东方紫酒是以优质的桑果为原料，采用国际一流的设备和工艺，结合古代秘方酿造而成，保留了桑果宝贵的营养及药用成份，酒香浓郁幽雅，口味醇厚舒畅。东方紫是世界紫酒的开创者。

正阳汽配商城
ZHENGYANG
AUTOMORIE SPARE–PARTS CENTER

办公及酒店公寓

商务公寓

标准商铺

沿街商业

配送及结算中心

配套商业

大型商铺

招商中心

商务会所

CITY VILLA LIFE
錦隆花園
一亩一院
350万/栋
宝华山国家森林公园+1200亩低密大盘
15分钟直达仙林新城
115万方天然氧吧
1200亩环山别墅
超大私家院落
360度山景视野
VIPLINE
025- 6875 3999
仙林东·宝华山森林公园北大门对面
开发商/江苏锦隆投资有限公司
本广告仅为要约邀请，所涉及图片及文字仅供参考，最终以合同约定为准

岩藤花海（蔡苏宁）

图书在版编目(CIP)数据

句容年鉴. 2016 / 句容市史志办公室编. —北京：
方志出版社，2016. 10
ISBN 978-7-5144-2120-0

Ⅰ. ①句… Ⅱ. ①句… Ⅲ. ①句容—2016—年鉴
Ⅳ. ①Z525. 34

中国版本图书馆 CIP 数据核字(2016)第 242231 号

句容年鉴(2016)

编　　者：句容市史志办公室
责任编辑：张　昊

出 版 人：冀祥德
出 版 者：方 志 出 版 社
　　地址　北京市朝阳区潘家园东里 9 号(国家方志馆 4 层)
　　邮编　100021
　　网址　http://www.fzph.org
发　　行：方志出版社发行中心
　　电话(010)67110500
经　　销：各地新华书店
照　　排：镇江文苑制版印刷有限责任公司
印　　刷：丹阳市兴华印刷厂

开　　本：889×1194　　1/16
印　　张：21.75
字　　数：685 千字
版　　次：2016 年 10 月第 1 版　2016 年 10 月第 1 次印刷
印　　数：0001～1200 册

ISBN 978-7-5144-2120-0　　定价：280.00 元